U0369991

张荣芳文集

第三卷 中国古代史与岭南文化丛稿（增订本）

张荣芳◎著

中山大学出版社
SUN YAT-SEN UNIVERSITY PRESS

·广州·

图书在版编目（CIP）数据

中国古代史与岭南文化丛稿/张荣芳著. —增订本. —广州：中山大学出版社，2023.12
（张荣芳文集；第三卷）
ISBN 978 - 7 - 306 - 07946 - 6

Ⅰ．①中…　Ⅱ．①张…　Ⅲ．①中国历史—古代史—文集　②地方文化—广东—文集　Ⅳ．①K220.7 - 53　②G127.65 - 53

中国国家版本馆 CIP 数据核字（2023）第 222156 号

ZHONGGUO GUDAISHI YU LINGNAN WENHUA CONGGAO（ZENGDINGBEN）

出 版 人：王天琪
策划编辑：王延红
责任编辑：高　洵
封面设计：周美玲
责任校对：郑雪漫
责任技编：靳晓虹
出版发行：中山大学出版社
电　　话：编辑部 020 - 84111946，84113349，84111997，84110779
　　　　　发行部 020 - 84111998，84111981，84111160
地　　址：广州市新港西路 135 号
邮　　编：510275　　　　　传　真：020 - 84036565
网　　址：http://www.zsup.com.cn
　　　　　E-mail：zdcbs@ mail.sysu.edu.cn
印 刷 者：恒美印务（广州）有限公司
规　　格：787mm×1092mm　　1/16
总 印 张：239
总 字 数：4818 千
版次印次：2023 年 12 月第 1 版　　2023 年 12 月第 1 次印刷
总 定 价：780.00 元（全九卷）

自 序

 1995 年，中山大学出版社出版我的《秦汉史论集》（外三篇），这是我的第一本论文集，收入 1995 年以前发表的主要论文 15 篇。2005 年，中华书局出版我的《秦汉史与岭南文化论稿》，收入我 1996 年至 2005 年十年间写的 46 篇文字。我 2006 年 1 月 65 周岁退休，至 2019 年，又过了 13 年。这 13 年名曰"退休"，实际上我仍然笔耕不辍，而且没有教学任务和行政工作的压力，能够集中时间和精力从事写作。我的学生对我说：老师退休后写的文字比退休前还多。我笑而答曰：我确实比退休前还忙。这本《中国古代史与岭南文化丛稿》收入的文字，主要是 2006 年至 2019 年（也就是退休之后）所写的关于中国古代史与岭南文化的文章；只有一小部分在 2006 年前发表过，但没有收入以前出版的两本文集的文章，共 83 篇。

 这本文集的内容，大致分为四部分：一是专题研究的论文和应报刊之约而作的时文，共 28 篇；二是为学生、朋友的著作而写的序文和对学界出版的论著的评论，共 41 篇；三是纪念师友的文字，共 10 篇；四是附录我的治史心得和一篇译文，共 4 篇。

 一些同事和朋友都知道我近年来致力于对陈垣先生的研究，也发表过一些论著。我确实从 2004 年开始，以比较多的时间和精力，从事对陈垣史学的研究，也出版过《近代之世界学者——陈垣》、合著《陈垣》（二十世纪中国著名科学家书系）等著作。2010 年还在中山大学主持过"纪念陈垣先生诞生 130 周年学术研讨会"，主编过这次会议的论文集《陈垣与岭南》。我曾发愿在以上基础上，对陈垣史学分专题进行研究。从 2010 年至今，若干专题已成稿（一部分已发表），因身体原因，还有原拟的两个专题尚未完成。如果身体允许，争取年内完成，届时把这些专题研究成果结集成《陈垣》一书出版，以请教于学界。所以，对陈垣研究的论文，没有收入这本文集。这是应该向读者说明的。

 我已年届八十，出版这本文集，主要是为了总结和探寻自己的学术道路，看清它的行进轨迹。书中存在的缺点错误，请读者批评指正。

张荣芳

2019 年 5 月 25 日于中大康乐园寓所

目　录

论文·文章

序·评

纪念师友

附　录

论文·文章

论秦汉封建专制主义中央集权制度

中国封建社会的政体是专制主义中央集权制度。这种制度始建于秦汉而被历代封建王朝所继承。本文主要论述秦汉封建专制主义中央集权制度的重要内容，分析它的历史作用及其影响，论证它赖以存在的经济基础，借以对秦汉封建专制主义中央集权制度有一个客观的认识。

一、 秦汉封建专制主义中央集权制度的建立和完善

历史上任何一种社会制度都不是偶然产生的，它是历史发展的产物，有其产生、发展和完善的过程，封建专制主义中央集权制度也不例外。秦汉时期封建专制主义中央集权制度的建立和完善，经历了由秦始皇建立、汉武帝加强、东汉光武帝完善这三个阶段。

（一）秦始皇建立封建专制主义中央集权制度

秦始皇于公元前221年统一六国，结束了长期的封建诸侯割据的局面，建立了一个以咸阳为首都的统一的幅员辽阔的国家。他以秦国原有的政治制度为基础，吸收东方六国政治制度中一些积极成分，在全国范围内建立起专制主义的中央集权制度。这种制度主要包括以下内容。

第一，建立皇帝至高无上的权力。他把传说中的"三皇""五帝"的名号合一，自称"始皇帝"，准备后世子孙代代相承，递二世、三世以至无穷。又制定了一套尊君抑臣的朝仪和文书制度。这样，国家最高权力由世袭的皇帝一人行使。法国资产阶级启蒙思想家卢梭说："专制政治是不容许有任何其他主人的，只要它一发号令，便没有考虑道义的职责的余地。最盲目的服从乃是奴隶们所仅存的唯一美德。"（《论人类不平等的起源和基础》）

第二，建立庞大的国家官僚机构，在中央设三公九卿。三公即丞相、太尉、御史大夫，分别协助皇帝管理政务、军事和监察百官。三公之下设九卿，分掌具体政务。九卿之外还有列卿，如掌京畿警卫的中爵、掌治宫室的将作少府等。三公九卿以及列卿都由皇帝直接任命，他们议论政务，大事总汇于丞相，最后由皇帝裁决。

第三，彻底废除"封诸侯，建藩卫"制度，全面实行郡县制。郡县之下设里、正、亭等基层组织。从中央到地方，各级组织都严密地控制在皇帝手里。

第四，皇帝直接掌握军队。秦制规定，以铜虎符发兵，虎符剖半，右半由皇帝掌握，左半由领兵将领保存，左右合符，才能调动军队。

第五，以秦律为基础，参照六国法律，制定了全国统一的法律，建立起比较完备的法律制度。

第六，加强意识形态领域的统治。采用战国时期阴阳家的五德终始说，论证秦朝取得天下是天道使然，不能违抗。又通过复杂的祭典和封禅等活动，向臣民灌输皇权神秘观念。

皇权的加强和神化、郡县制的全面推行、庞大的官僚机构和各种制度的建立、法律的完备和统一、皇帝对军队控制的加强，等等，这些都是秦始皇建立的专制主义中央集权制度的主要内容。

（二）汉武帝时期封建专制主义中央集权制度的加强

秦始皇建立了封建专制主义中央集权制度，但由于秦的暴政，秦王朝很快被农民起义所推翻。刘邦建立西汉王朝。迫于形势的需要，刘邦曾分封过异姓诸侯王和同姓诸侯王，所以汉初的政体是郡国并存。汉初几十年，诸侯王国的势力得到发展，形成对中央的威胁，专制主义中央集权相对减弱。到汉武帝时，在经济繁荣、府库充实的基础上，他开始"改弦更张"，加强专制主义中央集权，以适应统一国家的需要。

第一，进一步削弱诸侯王国的势力。经过文、景时期的"削藩"，王国势力虽然有所削弱，但是有的王国仍然连城数十，地方千里，威胁着西汉中央政权。汉武帝颁布"推恩令"：诸侯王除了由嫡长子继承王位以外，可以"推恩"把王国土地的一部分分给子弟为列侯，由皇帝制定这些侯国的名号。按照汉制，侯国隶属郡，地位与县相当。因此将王国拆为侯国，即缩小王国的封地和扩大朝廷直辖的土地。这样，就使王国的势力越来越小。汉武帝还以举行饮酎大典时，列侯酎金斤两成色不足为名，削夺 106 个列侯的爵位。此外，还颁布《左官律》和《附益法》，对王国官吏加以歧视，限制士人与诸王交游。此后诸侯王唯得衣食租税，不能参与政事，有些王侯与一般豪富无异了。

第二，设"内朝"（或称"中朝"），削弱丞相权力。汉初，任丞相者都是功臣封侯，他们位高权重，对皇帝敢于直言不讳，甚至敢于言所不当言。这不利于加强皇权。汉武帝时，从贤良文学、上书言事的人以及现任官吏中，选拔文才出众的人，在他们的本职以外，另给侍中、常侍、给事中等加官，让他们出入禁省，随侍左右，顾问应对，参与大政。武帝还参用宦官为中书，掌尚书之职，侍从禁省，出入文书。这种人多在皇帝的左右，逐渐形成一个宫内决策的机构，称为"内朝"（"中朝"），与以丞相为首的政务机关"外朝"相对应。皇帝依靠内朝，加强统治；内朝则恃皇帝之重，凌驾外朝。这样，皇权就进一步加强了。

第三，加强中央军力，在首都长安组建侍从皇帝和禁卫首都的两部分军队。先后建立起由八校尉率领的禁卫军和期门、羽林等侍从军，使首都兵力大大加强。八校尉的士卒都是招募的职业兵，后来发展成为西汉的军事主力。

第四，设立刺史，定期巡视所部郡国，考察吏治，奖罚官员，断治冤狱，加强中央对地方的控制，起到"强干弱枝"的作用。

第五，任用"酷吏"，严惩武断乡曲、破坏中央法纪的地方豪强，以提高皇权。武帝还采取迁徙强宗大姓的办法，拆散他们的势力。

第六，实行察举制度，建立太学。汉初的选官制度是"任子"或"赀选"。这个制度有利于大地主、大官僚的子弟入选为郎，出仕朝廷。汉武帝接受董仲舒的建议，实行察举制度，令郡国每年向中央荐举孝、廉各一人。并规定二千石如果不举孝，就是不奉行诏令，以不敬论罪；不兴廉，就是不胜任，应当免官。

实行察举制度和建立太学后，大官僚、大地主子弟垄断官位的局面有所改变，一般地主子弟或少数出身下层的人，也得到入仕的机会。在这种制度下，皇帝通过策问和考试，可以在较大的范围内按自己的旨意选择称职的官吏。这对于加强专制皇权具有重大作用。

第七，"罢黜百家，独尊儒术"。秦朝尚法家，汉初文、景时崇尚道家。经过几十年的实践、比较，随着社会的发展变化，道家的理论已不能适应需要。到汉武帝时，董仲舒提出"罢黜百家，独尊儒术"的主张，武帝接受这一建议，使儒家取得独尊的地位。这时期的儒家已不是先秦时期原始的儒家，而是经过了董仲舒改造过的新儒家。新儒家在先秦儒家仁义学说之外，吸取了阴阳家神化君权的学说和法家"尊君抑臣"的思想，是一套完整的客观唯心主义的哲学思想和尊君的政治思想体系。它首先鼓吹"君权神授"，人君受命于天，对天下进行统治，人间的灾异祸福都与天有联系，即所谓"天人感应"。人君在人间统治，应效法天道，天道之大者在阴阳，阳尊阴卑，君、父、夫为阳为尊，臣、子、妻为阴为卑，以此建立起"君为臣纲""父为子纲""夫为妻纲"的人伦纲常。董仲舒认为"道之大原出于天，天不变，道亦不变"。这里所说的"道"，就是上述封建伦理道德的统治秩序，这一切都是上天的安排。董仲舒据《公羊春秋》之说，主张一统，认为《春秋》大统一是天地之常经、古今之通义。董仲舒通过对儒学的改造，论证了君权的至高无上和封建统治秩序的永恒性。这套理论成为强化专制主义皇权的精神支柱。

汉武帝采取上述措施，使封建专制主义中央集权得到加强，汉武帝时期成为西汉王朝的鼎盛时期。

（三）东汉封建专制主义中央集权制度的完善

西汉后期皇权旁落，王莽代汉，绿林、赤眉起义，使汉朝统治者触目惊心。

刘秀即帝位后，进一步采取措施使专制主义中央集权制度完备起来。

第一，"退功臣，进文吏"，皇帝"总揽权纲"。东汉初年，功臣众多，但都是武将，不懂得如何治理国家。这些人居功自傲，不易制驭。刘秀采取给他们崇高地位和优厚待遇的办法，剥夺了他们的实职实权，转而起用文臣，重礼征聘隐居山林不仕王莽新朝的士人。"退功臣，进文吏"使刘秀达到了"总揽权纲"的目的。

第二，削弱三公权力，加强尚书台权力。使三公中居高位，但徒有虚名，实权属于尚书台。尚书台设千石的尚书令和六百石的尚书仆射，下设六曹尚书，各司其职，每曹有丞、郎若干人，构成一个组织完善的中央行政机构，在皇帝直接指挥下成为决策和发号施令的中枢机关。所以，尚书台的专权用事，就是专制皇权的加强。

第三，完善监察制度。东汉初年，就恢复了西汉时御史台、司隶校尉和刺史三套监察机构，监察中央和地方官吏，对加强皇帝权力起了重大作用。

第四，集军权于中央。刘秀一再削弱地方的军权，加强中央的军权。其措施是废除内郡的地方兵，裁撤郡都尉，并其职于太守；取消郡内每年征兵操练的都试，让地方兵吏一律复员为民。从此，地方军队规模很小，一般不能作战。大的战争都依靠中央的军队。中央军队常常由招募来的农民或征发的刑徒组成，指挥权完全集中在中央和皇帝手中。

以上是秦汉封建专制主义中央集权制度建立、发展和完善的主要内容。

二、 秦汉封建专制主义中央集权制度的作用和影响

关于专制主义中央集权制度的历史作用问题，学术界尚有不同意见。有的同志持肯定乃至歌颂的态度；有的同志持否定、批判的态度。我们认为，对中国封建专制主义中央集权制度的历史作用，要做历史、辩证、客观的分析。中国封建社会有其形成、发展和衰亡的过程，专制主义中央集权制度贯穿封建社会的始终，其历史作用随着封建社会的形成、发展和衰亡的不同阶段而有差别。秦汉时期是中国封建社会形成和发展的时期，其生产力得到迅速发展，专制主义中央集权制度有其历史合理性，对社会发展产生过积极的作用。恩格斯曾经说过："集权所具有的矛盾是无可争辩的，但是我们也承认集权有其存在的历史的和合理的权利！"[①] 下面我们具体分析一下秦汉专制主义中央集权制度对社会发展的积极的和消极的作用和影响。

---

① 中共中央马克思恩格斯列宁斯大林著作编译局译：《马克思恩格斯全集》第 41 卷，人民出版社 1982 年版，第 396 页。

从积极的方面看，这种政治体制促进了秦汉社会经济的发展。中央集权制保证了秦汉时期全国的统一，而全国大一统的局面保证了全国安定，为经济发展提供了有利的政治环境。战国时期，各国争战不休，给社会经济造成很大的破坏，一个大战役造成的损失，"十年之田而不偿也"（《战国策·齐策五》）。秦始皇统一全国后，"元元黎民得免于战国"，"人人自以为更生"（《史记·平津侯主父列传》）。秦汉的大一统，使一个版图辽阔、幅员广大、人口众多的封建大帝国屹立于世界东方。勤劳的人民在安定的政治环境下，用自己的辛勤劳动，创造了巨大的物质财富和精神财富。所以，秦汉时期是中国封建社会发展的第一个高峰。

秦汉封建专制主义中央集权制的形成并不是为了兴修大规模的灌溉工程，但统一的集权局面毕竟有利于治理黄河和修建大规模的水利工程。我们知道，秦汉时期的黄河经常泛滥成灾，给人民的生命财产带来很大的损失。元封二年（前109）汉武帝下决心堵塞决口，治理黄河，动员几万民工参加，并亲自巡视工地，命随从官员自将军以下都背着柴草参加施工。经过这次修治，黄河80多年未成大灾。到东汉时，黄河又多次决口，兖州、豫州地区人民大受水害，明帝永平十二年（69）派水利专家王景主持治理黄河。这次治河规模相当大，数十万人参加，施工时间整整一年，所花经费以百亿计，工程终于顺利完成。西汉的水利工程，除了大规模修治黄河之外，全国各地还兴修了许多较大的河渠水井。在关中地区开凿了许多渠道，如漕渠、石渠、郑国渠、龙首渠、六辅渠、灵轵渠、成国渠等，形成一个水利网，在农业灌溉和漕运方面都发挥了重要作用。统一的中央集权是发展水利事业，推动农业发展的重要政治前提。

统一的中央集权的政治环境还有利于全国范围内的经济交流和商品流通。战国时代，各国各自为政，关卡林立，不利于经济交流和商品流通。秦汉出现大一统局面，"海内为一，开关梁，弛山泽之禁，是以富商大贾周流天下，交易之物莫不通得其所欲"（《史记·货殖列传》）。统一的中央集权所创办的水陆交通，如秦修驰道、汉代的交通驿站，虽然都出于政治、军事需要，但客观上有利于经济交流和商品流通。秦汉中央集权国家还实行全国统一的货币和度量衡，对商业的发展起了积极的作用。

全国统一的强大的中央集权的政权，有利于开拓边疆，使劳动人民在非常广泛的范围内交流生产经验、生产技术和生产工具，促进边疆经济的发展。秦统一六国之后，随即统一了岭南，大批人民"谪戍"五岭以南，中原人民与百越人民共同开发了祖国的南疆。两汉时代，朝廷下令在西域屯田，也使中原地区的先进技术和工具传入西域，开拓和发展了西域的经济。因而，秦汉经济的发展不是一隅一地的发展，而是在辽阔的领土范围内更高层次的发展。

专制主义中央集权对我国多民族国家的形成有决定性作用。中国多民族国家形成的真正原因，是秦汉时代，在华夏族的基础上，逐渐形成汉族，并采用了中央集权的政治体制，使汉族成为一个有共同语言、共同地域、共同心理素质的稳定的共同体，并且有较高的经济、文化水平，故能作为一个核心民族，克服周边各民族的离心力，使它们产生向心力。如果没有形成专制主义中央集权制，则不但中国各族不能联合成一个国家，甚至汉族本身也可能分裂成很多国家。秦汉时代，周边各少数民族的社会发展阶段一般都比汉族落后，它们常常对汉族发动掠夺战争，例如匈奴族对汉族的战争。汉族中央集权制的国家体制保证了本民族的统一，有利于在民族战争中保卫自己。这个时代，尽管有许多残酷的民族战争和民族征服，但这是多民族国家形成过程中不可避免的现象。没有汉族的中央集权制，就失却汉族在民族战争中取胜的重要条件。因此，对中央集权制在我国多民族国家形成过程中的作用应予以足够的重视。

我们在充分肯定秦汉专制主义中央集权政治体制的历史作用的同时，也应看到其消极影响。

首先，在中央集权的政治体制下，从中央到地方豢养着大量的专职官吏和职业兵，这就必然加重劳动人民的赋税、徭役和兵役的负担。在生产力发展水平还比较低、社会财富还不是很充裕的情况下，沉重的赋役落在人民身上，必然延缓社会扩大再生产的进程。同时还必须指出，政治的高度集中，同经济分散发生严重的矛盾。秦汉时代的国都一带集中大量的官吏和军队，需要从全国各地调运大量物资供其消费。在自然经济占支配地位，各地区间缺乏天然密切的经济联系和交通比较落后的条件下，这种大规模调运物资本身就是人民的一个沉重的负担。秦朝冯去疾、李斯、冯劫向秦二世分析秦末农民起义的原因时说："皆以戍、漕、转、作事苦，赋税大也。"（《史记·秦始皇本纪》）这里所说的"漕""转"，就是输送粮食和物资，即陆路的运输和水道的漕运。秦汉这种往京师运输物资之举，耗费极大。汉代的桑弘羊就已经看到"天下赋输或不偿其僦费"。《史记索隐》引服虔曰："雇载云僦，言所输物不足偿其雇载之费也。"（《史记·平准书》）显然，这种集权政治造成的资源浪费，必然拖住社会发展的步伐。

其次，尽管秦汉中央集权对经济交流和流通起过积极作用，但对这种作用不能估计过高。因为中央集权对商品流通有其不利的一面，这主要表现在中央集权国家对商品生产、商品流通进行政治干预，采取抑商政策，征收沉重的商税，违反了商品流通的价值规律。商品生产与交换是历史发展的产物。封建社会尽管以自然经济为特点，但是任何人都必须同商品经济保持不同程度的联系，都离不开工商业。因此，统治阶级中一部分人主张保持工商业。但是专制主义中央集权制主张抑制和打压私人工商业，加强和控制官营工商业。在封建社会中，商品经济特别是商业的发展，乃是整个社会经济发展变化的起点，堵塞了商品经济发展的道路，窒息了它的生机，也就是妨碍了整个社会经济的发展。至于官营工商业，由于官吏管理无能，效率甚低，弊病丛生，尤其产品质量低劣，价格昂贵，损害人民利益，所以"百姓疾苦之"，妨碍了经济发展。

最后，秦汉专制主义中央集权制对阶级矛盾和阶级斗争也产生过重要影响。专制主义中央集权从中央到郡县的各级封建政权把整个社会紧紧地捆绑起来，严密地控制劳动人民。而大量的官俸、兵饷均来自农民阶级所负担的课役。繁重的课役往往促使阶级矛盾尖锐化，导致农民起义。由于中央集权统治严密，农民阶级如不进行大规模的发动，就很难进行有效的反抗和斗争，加上中央集权是一切政治压迫的总机关，因此，秦汉时期的农民起义和农民战争规模特别大，而且把斗争的锋芒直接指向封建皇权。

三、 秦汉封建专制主义中央集权制度的经济基础

秦汉专制主义中央集权制度，是秦汉封建社会的上层建筑。按照马克思主义经济基础和上层建筑的理论，经济基础决定上层建筑。也就是说，封建的经济基础和上层建筑构成了巍峨的封建社会大厦。那么，秦汉专制主义中央集权制度赖以存在的经济基础是什么？也就是说，它建立在什么样的经济基础之上呢？到目前为止，学术界还是众说纷纭，莫衷一是。

一种意见认为，秦汉专制主义中央集权制的经济基础是以自然经济为特征的个体小家经济。按照马克思主义理论，上层建筑是要为经济基础服务的。按上述意见，在理论上就会导致下列结论：封建专制主义中央集权制不是为地主经济和地主阶级服务的，反而为小家经济和农民阶级服务。这种结论，显然是站不住脚的。

另一种意见认为，秦汉专制主义中央集权制的经济基础是封建土地国有制。持这种意见的同志，根据马克思和恩格斯关于东方不存在土地私有制的提示，认为在中国的封建社会，以皇帝为代表的封建国家拥有全部土地的最高所有权，而私人对于土地只有占有权和使用权。这就使专制主义皇权具有绝对的权威。在这里必须弄清楚两个问题：第一，马克思、恩格斯所说的"不存在土地私有制"的东方，是否包括中国在内？第二，即使包括中国在内，这种说法是否符合中国历史的实际？就中国历史来说，从秦汉开始已经存在大量的私有土地。封建土地国有制只是秦汉时代土地所有制的一种形式，但并不是主要的形式。在上文我们说过，从秦朝到东汉初年，专制主义中央集权制度经历了不断强化和完备的过程，但是，国有土地在国家经济生活中的地位和作用却不断被私有土地所有制排挤和削弱。东汉末年，由于战乱，国有土地大大增加，但封建专制主义中央集权却分崩离析。这种情况说明，专制主义中央集权的盛衰，与国有土地数量的增减并没有必然的联系。所以，把土地国有制说成是专制主义中央集权制的经济基础，也是难以令人信服的。

要找出秦汉专制主义中央集权制度的经济基础，必须从当时封建生产方式的基本特点去寻找问题的答案。从秦汉时期开始，中国封建生产方式是地主土地所有权和租佃制，不同于西欧中世纪的领主制。15 世纪以前，西方没有出现中央集权制，是由于封建领主世袭土地，稳定地占有领地和农奴；他们在领地上亲自掌握行政权、司法权和军事权。领主不需要在地方上另设一套完整的官僚机构，就能够在庄园中对农奴进行统治。与此相反，我国的秦汉时代，土地所有制形式主要是私有制，土地可以买卖或转让，因而地主对土地的占有也不稳定。地主本身不能亲自掌握行政权、司法权和军事权。这些权力从土地所有权游离出来以后，必须归专门的官吏掌握，于是形成了一套完整而复杂的官僚机构。这种机构体现在地方政权上，就是郡县制，也就是贯彻中央集权精神的关键所在。统治者任用官吏的原则是"择人以尹之"，官职对于个人不是固定的、永久的，官吏只能对皇帝负责，一切权力最后集中于中央。可见中央集权、专职官吏与郡县制度是三位一体的。郡县官吏由皇帝任免、调迁，向皇帝负责，在政治、法律、军事上服从中央政令。这就体现了以皇帝为首的专制主义中央集权精神。所以，我们认为，地主土地所有制才是秦汉专制主义中央集权制的经济基础。

作为上层建筑的专制主义中央集权制度，怎样为它的经济基础和阶级基础——地主土地所有制和地主阶级服务呢？

第一，专制主义中央集权制国家为地主土地所有制的发展创造了充分的条件。地主土地所有制封建生产方式的一个重要特点，就是土地私有。秦始皇统一中国后，"令黔首自实田"，就是让土地所有者向政府申报所占有的土地，政府承认其所占有土地并以此为根据征收赋税。这就是用法律形式确立和承认土地私有。土地私有的一个重要标志就是可以买卖。官僚、贵族通过受赏赐、贿赂、俸禄等途径，积累了大量货币财富，购买了大量土地；新兴的工商业者和高利贷者是社会的暴发户，拥有大量的货币财富，也购买了大量土地；甚至自耕农民，只要积累了货币财富，都可以购买土地而成为地主。因此，在秦汉时代，地主阶级可以肆意进行土地兼并，王公贵族和富商大贾"田连阡陌"，有的人的地产甚至大到跨州越郡，"馆舍布于州郡，田亩连于方国"（《后汉书·仲长统传》）。虽然皇帝在某些时候对土地兼并曾进行限制，发布过"限田"的诏令，但是，由于法律保护土地私有和买卖，"土地所有者可以象每个商品所有者处理自己的商品一样去处理土地"①，加上中央集权中的皇帝、官吏本身参与土地兼并，因此这种限制是无力的，"限田"的诏令只是一纸空文。专制主义中央集权承认并保护土地私有，就为地主土地所有制的发展创造了条件。

第二，封建专制主义中央集权国家为地主阶级登上政治舞台开辟了辽阔的途

---

① 马克思：《资本论》第 3 卷，人民出版社 1975 年版，第 696 页。

径。我们知道，地主阶级不会只满足于占有土地财富，当他们积累了足够的财富之后，必然要求在政治上占有统治权力。封建专制主义中央集权的政治制度，恰恰满足了他们的这种要求。因为专制主义中央集权制是依靠从中央到地方的一套官僚机构来进行统治的，官僚机构越庞大，地主阶级做官的机会就越多。秦汉时代从中央到地方的官僚机构，尽管千变万化，但是这些机构的官吏，不仅是地主阶级的代表，而且本身就是地方士绅。秦汉时做官有财产方面的限制，"家贫不得仕"（王嘉《拾遗记》）。汉景帝时曾放宽限制，把"赀算十以上得官"改为"赀算四得官"（《汉书·景帝纪》），即有家产四万钱就可以获得做官的资格。所以，秦汉时代绝大部分官吏都来自地主阶级。汉武帝时，封建地主经济进一步发展，为了加强专制主义中央集权，必须更广泛地从地主阶级各阶层中选拔人才，这样就逐渐形成了一套比较完整的选拔官吏的制度。到东汉时，地主、商人、官吏三者结合，卖官鬻爵愈演愈烈，灵帝公开"榜卖官爵，公卿州郡下至黄绶各有差"（《后汉书·崔骃附崔烈传》）。许多豪强地主不仅拥有大量的土地，而且在政府机构中拥有强大的政治势力。

第三，专制主义中央集权国家为地主阶级对农民阶级的超经济强制提供了可靠的保证。所谓"超经济强制"是指在封建制度下地主阶级施于农民的一种以人身依附关系为特征的经济之外的强制形式。它是地主阶级借以维持和加强对农民进行封建剥削的经济外的条件。在西欧中世纪，领主对农奴的超经济强制，由于领主在庄园内不但有土地所有权，而且具有司法权和行政权而得到保证。中国的秦汉时代，地主虽然有土地所有权，但没有司法权和行政权。因此，就单个地主来说，他对农民的超经济强制显然不如西欧的领主那样有保证。而专制主义中央集权制却可以为地主阶级对农民阶级的超经济强制提供可靠的保证。中央集权通过地方郡、县、乡、里组织把农民严格束缚在封建制度内，进行编户齐民。农民有固定的户籍，不得随意迁徙，不能随便选择地主，逃亡的佃户是可以被抓回来送还原主的。还有一部分农民，长期是地主的私属或奴仆。因此，秦汉时代的农民，在专制主义中央集权下是没有人身自由的，只能依附于封建地主或封建国家，这是地主对农民实行超经济强制的必要条件。

第四，专制主义中央集权国家是地主阶级压迫农民阶级的机关和工具，这使阶级压迫、统治的"秩序"合法化、固定化，具有缓和阶级矛盾和调节统治阶级内部关系的职能。专制主义国家的这种作用，也是为地主制经济基础服务的一种表现。

秦汉封建社会的基本矛盾是农民阶级和地主阶级的矛盾。在地主所有制的生产方式下，土地兼并必然造成小农的破产，当广大小农连简单的再生产都无法维持下去时，整个社会生产就会发生危机，最后导致农民起义和农民战争的爆发。专制主义国家为了缓和阶级矛盾，往往把维护小农经济作为自己的一项任务，因而采取了一些限制土地兼并、减轻封建剥削的措施。秦汉时期皇帝的一些诏令和封建国家所颁布的一些政策法令，如减免田租、假贫民公田、限田方案等，都属于这类措施。这些措施确实在维护小农经济，但维护小农经济、缓和阶级矛盾的目的，是维护和巩固地主制经济和封建生产方式。

在统治阶级内部也存在着各种矛盾和冲突，例如代表地主阶级整体利益的中央集权国家和地主阶级个人之间的矛盾、不同的地主阶级集团之间的矛盾，等等。所以，在统一的中央集权的封建国家内部，又总是存在一定的离心力，乃至出现分裂割据的状态。在这种情况下，就需要一种力量来调节统治阶级内部的关系，并把这种离心的，乃至分裂割据的倾向统一在地主阶级的整体利益之下。而这种力量，就是专制主义皇权。如果皇帝是明君，他就能够处理好统治阶级内部的关系，使其统治得以维持。如果皇帝是昏君，他就不可能处理好统治阶级内部的关系，整个地主阶级的统治就会发生危机。所以，专制主义中央集权的国家调节统治阶级内部关系，是为整个地主阶级利益服务的，是巩固地主经济的一种手段。

简而言之，秦汉时期的封建地主土地所有制，产生了专制主义中央集权制；专制主义中央集权制又为地主土地所有制服务，维护和巩固这种制度。牢固的地主制经济基础和庞大的专制主义中央集权制上层建筑，构成了巍峨的秦汉封建社会大厦。

原载中文本科自学考试《刊授指导》1989 年第 1 期（总第 49 期）。

从西汉南越王墓出土的玉器看秦汉时期岭南文化与中原文化的融合

一、 西汉南越王墓玉器出土情况

1983 年广州解放北路象岗发现西汉南越国第二代王赵眜的墓，这是岭南地区迄今为止发现的规模最大、出土陪葬品最丰富、墓主身份明确的一座绘画石室墓。出土陪葬品共一千多件（套），品类繁多，其中以铜、铁、陶和玉所占数量最大。出土的玉器计有玉衣、鼻塞、觿、璧、璜、环、组玉佩、舞人、各种佩饰件、玉具剑饰、带钩、印章、六博子、铜框镶玉卮、铜框镶玉盖杯、角形杯、盒和铜承盘高足玉杯等 19 种共 244 件。这座墓出土玉器数量之多、品类之广以及墓中保存状况之好是汉代考古发现中前所未有的。

这座墓分前后两部分共 7 个室，除后藏室为储藏各种禽畜、海产以及粮、果等食品和各种陶、铜容器和饮具的"御厨"之室外，其余六个室都有玉器出土。

前室 一殉人葬于左（东）边，出土三璧（A49、A52、A1）、二环（A2、A3）、二璜（A4、A5）和一个鎏金铜环组成的组玉佩饰，各器件基本纵列成行，排列有序。在这串组玉佩旁有铜印一枚，鱼钮、阴刻篆文"景巷令印"四字。景巷令即永巷令。汉廷中央后宫有永巷令，为少府詹事属官，均以宫中宦者充任。这殉人身佩"景巷令印"，当为职掌南越国王室家事的宦者。从出土位置判断，这串组玉佩饰原是覆盖在殉者身上的。

东耳室 此室是放置宴乐用器的藏所。有一殉人，可能是乐伎。此室出土玉器不多，分 3 种：一是 12 枚六博棋子；二是一串组玉佩饰，有佩、璧、璜、环各一件；三是与上述组玉佩没有共存关系的玉环 2 件。

西耳室 此室是储放各种用器、药品与珍玩的库藏，即所谓"百物杂陈"的库房。出土的玉器分 5 处，计有玉剑饰 43 件、玉璜 4 件、玉璧 6 件、玉环 1 件、圆雕玉舞人 1 件。

主棺室 此室为墓主棺椁所在，最重要的玉器出于此室。棺椁的侧壁是紧贴的，但前后两端则留出较大的空余，形成一个外椁的"头箱"和一个"足箱"。椁盖面的四角处各置一块大玉璧（D16、D190、D30、D114）。棺椁内玉器出土情况：

内棺中的玉器："丝缕玉衣"一件，共享玉片 2291 片。分头套、面罩、上衣身、左右袖筒、双手套、左右裤筒和双鞋。玉衣的前头，平放着 3 件精美的玉饰：一为铺着卸璧（D156），一为虎头金钩玉龙（D93），一为透雕凤纹牌形饰（D158）。双鞋之下还踏着一件双连璧（D186）。面罩上盖有"瞑目"，"瞑目"下面还有一璧（D157）一环（D62）。

在玉衣的胸腹位置处，出土许多精美的玉饰件，计有玉印 6 枚，3 枚无字，3 枚分别有"泰子""帝印""赵眜"文字；组玉佩饰一串，由玉璧、玉璜、玉人和金珠、玉珠、玻璃珠、煤精珠共 32 件组成；由 6 块大璧和 4 块小璧组成的组玉璧；两个玉衣手套各握一枚龙形的玉觿；蝶形玉饰 4 件；铺底大玉璧 5 块。

揭去玉衣片，露出墓主的遗骸，遗骸上排列玉璧 14 块。其中头套处有 2 块，其余 12 块，分成 3 行排列，正中一行下面的一块最小，是透雕三龙璧（D50 - 13）。

玉衣两侧的腰间有 10 把铁剑，其中 5 把是玉具剑（D70、D89、D90、D141、D143）。

在内棺的左侧置有 3 块玉璜（D161、D167、D184）、右侧置 3 块玉璧（D27、D180、D191）。

外椁"头箱"中的玉器：在两个大漆奁上叠置 7 块青玉大璧；在漆奁之后，放置一批精致的玉器：青白玉角杯、镶玉盖杯、青白玉盖盒各一件，青白玉带钩 3 件。

外椁"足箱"中的玉器：陶璧 139 块、玉璧 2 块，共 141 块，混合堆放，显然都是当作玉璧随葬的。

东侧室室内埋葬 4 位夫人，各有印玺随葬，身份清楚。出土玉器以殉人随身佩带的组玉佩最为突出，可复原的计有 7 组。

"右夫人"的随葬玉器：在龟钮阴刻"右夫人玺"四字篆文的金印之南，有一串组玉佩饰（编为 A 组），排列成行。佩饰由一件连体双龙玉佩（E149 - 3）领头，共排列 9 件玉饰和各种串珠。在佩饰旁还有无字玉印两枚。在 A 组组玉佩西侧，有玉环、玉璜、玉管各两件，玉舞人一件，相迭一块。这串组玉佩编为 B 组。此外，还有两组组玉佩饰，其中编为 F 组的有一璜三璧，编为 G 组的有一璧、一佩、三璜。

"左夫人"的随葬玉器：出土一颗鎏金阴刻"左夫人印"四字篆文的铜印和一串组玉佩饰（编为 C 组）。

"口（部）夫人"的随葬玉器：出土一枚鎏金龟钮阴刻"口（部）夫人印"四字铜印及几件玉佩饰，计有璧、舞人、璜各一件，觿两件，参考其出土位置，设想复原（编为 E 组）。

"泰夫人"的随葬玉器：出土一枚阴刻"泰夫人印"四字篆文的鎏金铜印及由玦、佩、璧、璜各一件玉饰组成的组玉佩（编为 D 组）和一对龙形佩。

西侧室室内埋葬墓主的庖厨隶役和猪、牛、羊三牲。室内殉葬 7 人。出土随葬物共 125 件，其中玉器 12 件，多属殉人的佩饰。

这座墓葬出土的 200 余件玉器，其中以 71 块玉璧、11 套组玉佩、58 件玉具剑饰和多件玉制容器最为精彩。墓主身穿"丝缕玉衣"，在汉代考古中亦属罕见。①

二、 随葬玉器反映的中原礼仪和葬俗

西汉南越王墓出土的 200 多件玉器，充分反映了墓主人崇尚中原地区的礼仪和葬俗。主要表现在以下几个方面。

第一，用玉器随葬是中原地区乃至江南地区的礼仪和葬俗之一。中国最早的玉器出现于 7000 年前的新石器时代。在河姆渡文化、大汶口文化、良渚文化、红山文化、龙山文化遗址中，均有精美的玉器出土。原始社会的玉器具有一定的实用价值。玉簪、玉环、玉璜、玉玦，供装饰之用，仅玉璧、玉琮可能用于祭祀。人死后以实用的玉器或祭祀的玉器随葬。发展到商代时，玉器种类增多，殷墟妇好墓出土玉器 755 件，可分为礼器、仪仗、工具、生活用品、装饰品等。殷周时期对玉尤其重视，儒家经典中，"比德于玉"，《礼记·聘义》说玉具有十一德，《管子·水地》说有九德，《荀子·法行》说有七德，《说文解字》说有五德。由于儒家的"玉德"思想，玉的社会价值、政治价值被无限拔高。统治阶级把玉广泛使用于朝聘、典礼、祭祀、装饰、丧葬等活动中。《礼记·玉藻》说："君子无故，玉不去身。"出于对玉的崇拜和迷信，生前佩玉，死后葬玉，已成为社会的时尚，并成为一种葬俗。此风经历殷周、春秋战国至秦汉时期，且愈演愈烈。南越王墓用大量的玉器随葬，正是墓主人崇尚中原礼仪和葬俗的反映。

第二，夏鼐先生根据中原汉文化系统的汉代玉器的器形和用途，把它分为四类：礼仪用玉、葬玉、装饰用玉、浮雕圆雕的美术品。② 而南越王墓中，这几类玉俱全。

礼仪用玉，在先秦时代，有所谓六种"瑞玉"，即璧、琮、圭、璋、璜、琥。据夏鼐先生的研究，这六种"瑞玉"在汉代只有璧和圭可能仍继续作为礼

① 参考广州市文物管理委员会、中国社会科学院考古研究所、广东省博物馆编《西汉南越王墓》（上下册），文物出版社 1991 年版；麦英豪：《汉玉大观——象岗南越王墓出土玉器概述》，见广州西汉南越王墓博物馆、香港中文大学文物馆、求知雅集、两木出版社编《南越王墓玉器》，香港两木出版社 1991 年版。

② 夏鼐：《汉代的玉器——汉代玉器中传统的延续和变化》，载《考古学报》1983 年第 2 期。

仪上使用的玉器，璜和琥都已只作为佩饰之用，琮和璋似乎已不再制造。① 南越王墓没有出土圭，只有璧一种，共出 71 件。麦英豪先生按其纹饰造型不同，分为五型，而依其出土的层位与组合关系，可分别归入礼仪用玉、丧葬用玉和装饰用玉三类之中。②

葬玉，"是指那些专门为保存尸体而制造的随葬玉器，而不是泛称一切埋在墓中的玉器。后者是随葬物，但不算做葬玉。葬玉一名'保存［尸体］玉'，在汉墓中颇普遍，主要是四种：玉衣、玉塞、玉含（多作蝉型）和玉握（作璜型或豚形）"③。南越王墓出土的玉器中属于葬玉类的有玉衣、玉握（觿）、玉鼻塞和玉璧四种。玉衣，在汉代文献中，一般称"玉匣"或"玉柙（椢）"。据目前已知的考古材料，可确定为玉衣或玉衣片的已有 40 多例。④ 从南越王墓出土的玉衣、玉握、玉塞、玉璧等的造型和纹饰来看，除了玉衣是丝缕之外，与中原地区出土的无多大差别。

装饰用玉，夏鼐先生将它分为两小类。一是随身装饰物，主要是佩玉。佩玉的风俗从原始社会就有，殷商西周时盛行，但这时的佩玉一般是一两枚璧璜，色调比较简单。到春秋战国时期，在"玉德"思想的支配下，出现了组合非常繁杂的"组玉佩"（又称组佩玉或玉饰组佩），而且广泛流行。少则一璧一环，多则璧环璜珑之外，配以玛瑙、水晶、玻璃等多种不同质料的饰物。如 1990 年发掘的三门峡 2001 号虢国墓中，出土了主体由 7 件从小到大依次递增的玉璜，间以左右对称的双排两行玛瑙与琉璃串连缀而成的"组玉佩"。⑤ 著名的曾侯乙墓，时代属战国早期，墓中出土玉石等 7 种不同质料的饰物 528 件，多数发现于墓主身上，一般有穿孔，并且大多成组串缀，其中的 16 节龙凤玉挂饰尤精彩。⑥ 西汉时代的"组玉佩"也出土了不少，"其装饰成分虽然日趋浓烈，但作为基本要

① 夏鼐：《汉代的玉器——汉代玉器中传统的延续和变化》，载《考古学报》1983 年第 2 期。

② 参考广州市文物管理委员会、中国社科院考古研究所、广东省博物馆编《西汉南越王墓》（上下册），文物出版社 1991 年版；麦英豪：《汉玉大观——象岗南越王墓出土玉器概述》，见广州西汉南越王墓博物馆、香港中文大学文物馆、求知雅集、两木出版社编《南越王墓玉器》，香港两木出版社 1991 年版，第 44 页。

③ 夏鼐：《汉代的玉器——汉代玉器中传统的延续和变化》，载《考古学报》1983 年第 2 期。

④ 黄展岳：《丝缕玉衣和玉组佩》，见广州西汉南越王墓博物馆、香港中文大学文物馆、求知雅集、两木出版社编《南越王墓玉器》，香港两木出版社 1991 年版；史为：《关于"金缕玉衣"的资料简介》，载《考古》1972 年第 2 期；卢兆荫：《再论两汉的玉衣》，载《文物》1989 年第 10 期。

⑤ 《虢国墓地再次出土大量珍贵文物》，载《中国文物报》1991 年 1 月 6 日。

⑥ 《曾侯乙墓》，第 418－420 页。

素的璧、环、璜并没有改变，有相当一部分西汉佩玉的器形，与中原出土的战国同类器很相似，甚至难以区别"①。南越王墓共出土组玉佩11套，在已知汉墓中为数最多。而这11套组玉佩从器形到佩带方法与中原战国时代和西汉时代其他地方发现的组玉佩是一致的。另一类装饰玉为实用物，如玉簪、玉印、玉带钩、玉剑饰等。这几种玉器在南越王墓中都有出土。尤其引人注目的是玉剑饰。墓主人身上佩剑10把，其中5把为玉具剑，所附的剑饰共15件。另外，在西耳室的一个漆盒中盛有玉剑饰43件。两者合计共58件。一座墓葬出土如此大量玉剑饰是汉墓中首见。玉剑饰包括剑首、剑格、剑璏、剑珌4种。剑上用玉作装饰，据最近考古新发现，最早于西周晚期墓②。春秋战国时期都有出土，但都是零星不全的。根据考古发掘材料可以断定，一柄长剑附有4件玉剑饰始于汉代，汉代画像石的人物佩剑中常见这种剑饰。这是当时较为流行的一种定制。南越王墓出土的玉剑饰反映的正是中原流行的制度。此墓出土玉印9枚，6枚无字，3枚有字，文字分别为"赵眜""帝印""泰子"。"赵眜"印应是墓主名章，以名章随葬，也是中原流行的制度。出土玉带钩4件，同为龙虎（或双龙）合体钩。从造型、纹饰、大小看都与中原出土同时期的带钩相接近。

浮雕圆雕的美术品，在中原汉文化系统的墓中时有出土。南越王墓也出土有玉舞人、动物等圆雕，风格与中原无异。

在这里还需要指出，南越王墓出土5件玉制日用容器：青白玉角形杯、圆球状玉盒、铜框镶玉盖杯、玉卮、承盘高足杯。玉制日用容器在汉墓中极少发现，已发掘的全国各地汉墓以万计，仅见过三杯一盘，③ 而南越王墓出土5件，无疑是汉玉中一次重大发现。玉制容器在汉代是十分珍贵的，此墓出土5件，或许与南越二主赵眜僭号称帝的身份相符。

第三，此墓出土的19种244件玉器中，饰以龙纹或浮雕圆雕龙形的有46件，约占19%，而71块玉璧中，外区饰动物纹的共有23件，几乎都是双体龙纹，外区饰凤鸟纹的，只有1件。这批玉器中，透雕龙凤纹重环佩（D62）、透雕游龙涡纹璧（D157），透雕龙凤涡纹璧（D77）、金钩玉龙（D93）、连体双龙佩（E143-9），都有独立的龙纹，是这批玉器中的极品。这批玉器以龙凤纹为饰的较多，而且属龙凤纹配合出现的，龙必居中，凤或双凤都处附属的位置。这一现象说明龙在南越的观念中是十分重要的。

龙同中华民族，尤其是同其中的汉族文化、历史存在着密切的关系。自距今

① 黄展岳：《丝缕玉衣和玉组佩》，见广州西汉南越王墓博物馆、香港中文大学文物馆、求知雅集、两木出版社编《南越王墓玉器》，香港两木出版社1991年版，第65页。

② 《虢国墓地再次出土大量珍贵文物》，载《中国文物报》1991年1月6日。

③ 麦英豪：《汉玉大观——象岗南越王墓出土玉器概述》，见广州西汉南越王墓博物馆、香港中文大学文物馆、求知雅集、两木出版社编《南越王墓玉器》，香港两木出版社1991年版。

7000余年的新石器时期直到今天，龙几乎贯穿这一漫长而复杂的文化发展历程。因此引起古今中外众多学者的极大关注，投入精力加以研究。或以为龙是中华民族"发祥和文化肇端的象征"①；或以为龙"是中国各族人民大融合的历史见证"②；或以为龙象征着中华民族的"祖先"，所谓"龙的传人"即源于此，至今对遍居世界各地的华人依然具有一定的凝聚力。那么，龙究竟是什么？它是如何起源，又是如何演变的？这是中国文化中的一个谜。

根据近年的研究，刘志雄、杨静荣给龙下了这样一个定义："龙是出现于中国文化中的一种长身、大口、大多数有角和足的具有莫测变化的世间所没有的神性动物。"③

龙，作为中国文化中的一种特殊现象，它的出现不是偶然的，而有着深刻的文化、历史背景的。据学者研究，在中国新石器时代一些动物纹像，与后世的龙纹有着渊源关系。因此，将这些动物纹像统称为"原龙纹"。计有流行于渭河流域（陕西）的鱼纹、漳河流域（河南）的鳄纹、渭水流域（甘肃）的鲵纹、辽河流域（辽宁）的猪纹、太湖流域（江苏、浙江）的虎纹、汾水流域（山西）的蛇纹，等等。各机"原龙纹"无一不是特定历史条件下的特定环境中的产物。所谓特定环境，包括自然、地理、政治、经济、文化、习俗等多种因素。根据严文明先生的研究，在新石器时代中、晚期，中国存在着3个经济文化区：旱地农业经济文化区、稻作农业经济文化区、狩猎采集经济文化区。每个经济文化区根据考古学文化的特征还可以划分出许多较小的文化区。位于中国中心的是中原文化区，其他"五个文化区都紧邻和围绕着中原文化区，很像一个巨大的花朵，五个文化区是花瓣，而中原文化区是花心。各文化区都有自己的特色，同时又有不同的联系，中原文化区更起着联系各文化区的核心作用"④。上述6种"原龙纹"，分布于4个文化区之中。其中，猪纹分布在燕辽文化区；鲵纹分布在甘青文化区；虎纹分布在江浙文化区；鱼纹、鳄纹、蛇纹分布在中原文化区。尽管各种"原龙纹"都有着独立的发生、发展系统，但它们的产生与含义却有着惊人的一致性：都是以审美为目的的动物形象的简单再现，都包孕着浓厚的宗教观念，是应原始巫术的需要而产生；而沟通天地的媒介和传递人神之间信息的使者，是它们共有的，也是最主要的含义。这种原始宗教观念的基础是动物崇拜。"原龙纹"所共有的宗教含义是后世龙纹宗教含义的基础。以往的龙的起源研究基本都执一元论的观点，即认为龙起源于某种单一原型，这是难以自圆其说的。其实，中国的史前文化是多元的，出现在各类型文化的"原龙纹"也是多元的，

① 闻一多：《龙凤》，见《闻一多全集·神话与诗》，开明书店1948年版。
② 王大有：《龙凤文化源流》，北京工艺美术出版社1988年版。
③ 刘志雄、杨静荣：《龙与中国文化》，人民出版社1992年版，第12页。
④ 刘志雄、杨静荣：《龙与中国文化》，人民出版社1992年版，第12页。

因此龙的起源必然是多元的。多元的"原龙纹"经过长时间的并行、共存之后，全部汇集到商文化中。因此，真正龙纹的形成在商代。①

大约在公元前 21 世纪，中国中原地区建立了中国历史上第一个国家政权——夏王朝。夏代与龙有关的纹像均为河南偃师二里头早期文化陶器上的刻画纹饰。尽管这种纹饰普遍具有图案化的特点，但是还没有形成头上有角、形态怪异的真正龙纹，它们还应属于"原龙纹"，而且多取象于蛇。

距今 3700 年左右建立的商王朝，其文化虽有自己独立发展系统及文化特征；然而它又是多元的，吸收了大量的其他系统文化的营养。上述诸"原龙纹"全部殊途同归于商文化中，从而构成真正龙纹形成的基础。迄今为止，我们发现了大量的商代青铜礼器。这些青铜器，几乎全部布满纹饰，在这种纹饰中就出现了屈体龙纹、爬行龙纹、蟠龙纹，等等。甲骨文中已有龙字，但写法不统一，据有关专家统计，竟多达 70 余种，但"龙"字的原型来自龙纹应是毋庸置疑的。龙纹一经出现，就在群兽麇集、怪异奇诡的商代纹饰中占据着重要的地位。而商代概念中的龙，既是人神通天的助手与坐骑，又是影响云雨河泽的神兽和显示吉祥灾变的灵物。这都是当时人们的一种宗教观念。

西周时代的青铜纹饰，由商代的侧重龙纹转向侧重凤纹，其目的是宣扬上天赐予的祥瑞征兆，以示周人上承天命取得政权的合法性，而龙纹则更多地依从美学规律，出现向艺术化、图案化发展的趋向。

东周时期中央集权崩溃，天下群雄并起，礼崩乐坏，宗教观念发生大的变革，阴阳五行学说盛行，并成为当时宗教观念的核心。在这种宗教观念的笼罩下，东周龙形造型与纹饰，其含义多以阴阳交合为主旨，其主要类型有交龙、龙凤合璧、龙虎门等。这种含义为"阴阳合交"的龙凤纹与龙虎纹，已成为吉祥图案而深受人们的喜爱。

秦汉时代是龙纹盛行、普及的时代。在此期间，不仅龙的形象趋于成熟，而且龙纹的运用也更为广泛。有的学者认为："龙在汉代，在形式上达到了一个新的空前的高度。汉代是龙的真正的定型期。"② 因此，汉代龙纹大量出现于墓室壁画、画像砖（石）、帛画及各种器物之上，不同载体上的龙纹往往具有不尽相同的特定含义：或为通天神兽，或为吉祥瑞兽，或为东宫龙宿。

龙的形成是统治阶级政治需要的产物，必然被统治阶级所利用。最初有以龙喻人的，最典型的例子，是孔子以龙来比喻老子。《庄子·天运》篇说：

　　孔子见老聃归，三日不谈。弟子问曰："夫子见老聃，亦将何规哉？"
孔子曰："吾乃今于是乎见龙。龙，合而成体，散而成章，乘乎云气而养乎

① 徐乃湘、崔岩峋：《说龙》，紫禁城出版社 1987 年版。
② 徐乃湘、崔岩峋：《说龙》，紫禁城出版社 1987 年版。

阴阳。予口张而不能胁，予又何规老聃哉！"

春秋时代有人用龙、蛇来比喻君臣。《史记·晋世家》说，晋献公二十二年（前655）晋国发生内乱，公子重耳出逃国外，介子推等臣僚随之流亡，19年后，重耳返国继位，是为晋文公。晋文公遍赏群臣之时，竟忘记了介子推。介子推失望之余，携老母入山隐居。"介子推从者怜之，乃悬书曰：'龙欲上天，五蛇为辅。龙已升云，四蛇各入其宇，一蛇独怨，终不见处所。'"

如果说介子推从人所做的比喻尚带有一定的随意性的话，那么，秦汉时代以龙来比喻帝王则完全是为了一定的政治目的了。《史记·秦始皇本纪》载：

> 秦王政三十六年秋，使者从关东夜过华阴平舒道，有人持璧遮使者曰："为吾遗滈池君。"因言曰："今年祖龙死。"使者问其故，因忽不见，置其璧去。使者奉璧具以闻。始皇默然良久，曰："山鬼固不过知一岁事也。"退言曰："祖龙者，人之先也。"使御府视璧，乃二十八年行渡江所沉璧也。

《史记集解》载苏林曰："祖，始也。龙，人君象。谓始皇也。"通过这段充满神秘色彩的故事，可以看出龙已成帝王的化身了。

进一步衍变，天子成为龙种。《史记·高祖本纪》载：

> 高祖，沛丰邑中阳里人，姓刘氏，字季。父曰太公，母曰刘媪。其先刘媪尝息大泽之陂，梦与神遇。是时雷电晦冥，太公往视，则见蛟龙于其上。已而有身，遂产高祖。高祖为人，隆准而龙颜，美须髯，左股有七十二黑子。……常从王媪、武负贳酒，醉卧，武负、王媪见其上常有龙，怪之。

刘媪与龙交合而生刘邦，刘邦是龙种。这当然是一种杜撰，却给刘邦的统治披上了神秘的色彩。《史记·外戚世家》记入宫一年多而"不得幸"的薄姬，"汉王心惨然，怜薄姬，是日召而幸之。薄姬曰：'昨暮夜妾梦苍龙据吾腹。'高帝曰：'此贵征也，吾为汝遂成之。'一幸生男，是为代王。其后薄姬希见高祖。"后来代王刘恒，在惨烈的政治斗争中，即位为汉文帝。汉文帝刘恒也披上了"龙种"的色彩。西汉以降，由于刘邦的始作俑，人们编造了大量将帝王的身世与龙联系起来的神话，甚至统治者对龙纹进行了垄断，而且越演越烈。

以上我们叙述了龙起源于中原地区新石器时代的"原龙纹"，正式形成于商代，经西周、东周到秦汉，它的含义及形象都发生了一定的变化，但始终是中原汉文化系统中一个组成部分。南越王墓出土如此多龙纹的玉器，说明岭南文化受中原汉文化影响之深。

三、 岭南文化与中原汉文化融合的历史见证

西汉南越王墓出土大量的玉器，不但说明岭南文化受中原汉文化的影响，而

且是秦汉时期岭南文化与中原汉文化融合的历史见证。

第一，秦汉以前岭南地区出土玉器甚少，在墓葬中出土的玉器更少。而秦汉时期岭南地区墓葬中用玉器随葬的情况和变化与相邻地区及中原地区的情况相一致。麦英豪先生在《汉玉大观》一文中，选取了4座汉武帝初年的诸侯王的墓葬所出玉器的类型、数量做比较，同时选取了岭南地区、江西、湖南、河南洛阳等地部分汉墓出土玉器列表比较，其结论是"西汉初年是中国玉器发展史上进入最高峰的时期，武帝以后这种发展势头就日见衰减了"①。岭南地区的一种制度的兴起、发展与衰落与中原地区几乎同步，这是两种文化融合得很好的证明。

第二，关于南越王墓出土的玉器的产地问题，发掘报告中指出："南越王宫廷中必有规模不小的玉雕作坊。从玉器的制作方法、玉器造型和雕刻风格上看，南越玉雕工艺应是中原内地的影响下发展起来的。南越的玉雕工……保留了中原和楚地的传统玉雕风格，来岭南后，吸收当地文化，又有自己的一些创造，以致形成南越玉器具有汉、楚、越三种文化汇合的独特风格。"② 据对这批玉器的质料进行科学鉴定的结果，认为可能来自今广东曲江一带。③ 在南越王宫廷的玉雕作坊，利用岭南地区所产的玉料，用中原地区的制作方法，吸收中原、楚地及南越玉器造型和雕刻风格制造出来的玉器，本身就是几种文化，尤其是岭南文化与中原文化融合的物证。

第三，文化，现在一般分为三大类：物质文化、行为文化（制度文化）和精神文化（意识文化）。区域之间文化的融合，或民族之间文化的融合，一般是潜移默化的。物质文化的融合是比较容易的。行为文化（制度文化）和精神文化（意识文化）的融合则是比较难的，或者需要的时间较长，这种融合是高层次的文化融合。南越王墓出土的玉器所反映的礼仪和葬俗以及玉器中的大量龙纹饰，是行为文化、精神文化的东西。从这里可以看出，岭南地区在接受了中原文化的影响之后，经过一段时间的接触、交流、碰撞、吸收之后，在较高的层次上与中原汉文化融合了。南越王墓的文物是这一结论的历史见证。

原载饶宗颐主编《华学》第二辑，中山大学出版社1996年版。

---

① 见广州西汉南越王墓博物馆、香港中文大学文物馆、求知雅集、两木出版社编《南越王墓玉器》，香港两木出版社1991年版，第54页。

② 见广州西汉南越王墓博物馆、香港中文大学文物馆、求知雅集、两木出版社编《南越王墓玉器》，文物出版社1991年版，第343页。

③ 参考广州市文物管理委员会、中国社会科学院考古研究所、广东省博物馆编《西汉南越王墓》附录二《西汉南越王墓玉器的考古地质研究》，文物出版社1991年版。

南越王墓解开了千古之谜

1983 年 8 月，在广州市区越秀山西边，解放北路西侧的象岗山上发现一座大型石室汉墓，墓内发现一颗龙钮金印，印面阴刻篆文"文帝行玺"四个字，还有"赵眜"名章、"帝印"封泥，"文帝九年"铭刻，可以确定这是第二代南越王的墓葬。这是迄今为止岭南地区发现的汉墓中，能够确定墓主和年代的规模最大的一座石室墓。墓内出土一千多件文物，这是继河北满城汉中山靖王墓和湖南长沙马王堆汉轪侯家族墓之后的又一重大考古发现。这座汉墓的发现，为研究南越国历史和秦汉时期岭南地区的经济、文化提供了极其重要的实物资料，因而引起了国内外人们的极大关注。本文陆续介绍已经公布出土的文物及其研究成果，并说明这个时期的历史、经济与文化。

文王是否称帝

根据《史记》《汉书》记载，南越王国从赵佗称南越王开始，历五世九十三年。其简单的历史是这样的：

秦始皇三十三年（前 214），秦朝统一岭南，设南海、桂林、象郡三个郡。当时南海郡设在番禺（今广州），任嚣为郡尉。赵佗是河北真定（今正定）人，随秦军南下，任南海郡所属的龙川县令。秦末农民起义爆发后，任嚣与赵佗密谋反秦自守。不久任嚣病死，赵佗遂行南海尉事，他向各县发布命令，诛杀秦所置长吏，并出兵并吞桂林、象郡，自立为南越武王。汉高祖十一年（前 196），派遣陆贾立赵佗为南越王。吕后时，下令禁止铁器和雌的马牛羊供应南越，赵佗以为是长沙王挑拨离间，曾多次发兵攻打长沙边邑，并自僭号为南越武帝，出入用汉朝皇帝一样的仪仗。汉文帝时期，陆贾出使南越，说服赵佗去帝号，并长期称臣于汉。汉武帝建元四年（前 137），赵佗死，孙赵胡（眜）继立，在位十多年，病死，谥为文王。婴齐为表明一心服汉，废弃其祖父的武帝印玺，去其僭号，遣儿子次公入长安参加卫戍部队（实质上是作为人质），立后妻邯郸女子樛氏所生儿子赵兴为太子。不久，婴齐死，谥为明王。赵兴继为王，樛氏为王太后。这时南越统治集团中，掌握实权的吕嘉一派企图反叛汉朝，杀死赵兴、太后樛氏及驻在南越的汉朝使者，拥立婴齐原配越女所生的儿子赵建德为王。汉武帝派遣伏波将军路博德、楼船将军杨仆等率兵十多万人，分兵几路，水陆并进，于元鼎六年（前 111）平定叛乱，在原来南越国管辖的地方设置南海、苍梧、郁林、合浦、九真、日南、交趾、儋耳、珠崖九个郡，从此南越国亡。

我们从上述世系中可以看出，在吕后时期，赵佗曾经一度称"南越武帝"。史籍有明显记载。从秦始皇开始，"皇帝"一词代表了至高无上的权力，除了皇帝之外，任何人都不得称帝，中原王朝绝不容许诸侯称帝，如有诸侯王称帝，必被视为大逆不道，受到谴责与讨伐。赵佗自己亦知道称帝的罪责，所以当陆贾第二次出使南越，责备赵佗称帝时，他非常害怕，赶忙谢罪，说："老臣窃自称帝，是为了自己玩的，开开玩笑而已，岂敢惊动天子呢！"马上下令去帝号，向汉朝称臣。赵佗对开发岭南是有历史功绩的，但称帝一事，不利于祖国的统一，不利于各民族的团结，因而是不足取的。

第二代南越王赵胡（眜）是否也像赵佗一样称帝呢？《史记》《汉书》没有记载他称帝的事实。《史记》记载第三代南越王婴齐继位时，说"藏其先武帝玺"，《汉书》却把这句话写成"藏其先武帝、文帝玺"，多了"文帝"两个字。《史记》《汉书》的记载哪个对呢？历来学者争论不决。这里关系到文王是否称帝的问题。

现在，南越文王墓的发掘，解开了这个千古之谜。它以无可辩驳的事实，证明了《汉书》的记载是正确的，文王也曾称帝，其证据：

第一，墓内出土一颗"文帝行玺"龙钮金印。这颗金印，书体端庄，刀法谨严；钮背蟠龙，虎虎有生气。据汉朝蔡邕的《独断》一书说：秦以前，人们皆以金玉为印；秦以来，天子独以印称玺，其他人的印不得称玺。可见秦以来玺专指皇帝的印。这是赵胡（眜）称帝时用的印章。

第二，墓内出土一套铜铙，共八件。铜铙都有铭刻，铭曰，"文帝九年乐府工造"，"第一"至"第八"。书体端庄，大小均匀，刀法刚劲。这"文帝九年"当然不是指西汉文帝，而是指南越文帝，有自己的纪年，正是称帝的标志之一。

墓主是第二代南越王，这是毋庸置疑的。按《史记》《汉书》记载，第二代南越王是赵佗的孙子叫赵胡，对赵佗的儿子只字未提，但墓主身上发现的名章是"赵眜"。而且发现两枚"泰子"印，一枚金印，一枚玉印。由此而出现了一些疑问：第二代南越王是赵佗的儿子还是孙子？叫赵胡还是叫赵眜？这些问题都必须研究。

"泰子"即太子，指预定继承君位的皇子，一般为皇帝的嫡长子，由皇帝选定册立。墓内出两枚"泰子"印，我疑心墓主人即赵佗之子，而《史记》《汉书》误写为"孙"，而且把"眜"误写为"胡"。因此，《史记》《汉书》"佗孙胡为南越（粤）王"一句，应改为"佗子眜为南越（粤）王"。这是一种推测，不知对不对。

南越比中原落后吗？

岭南地区自古以来就是古越族人民的聚居地。秦始皇统一岭南以前，古越族尚处于由原始社会跨入奴隶社会门槛的时期，社会经济比中原地区落后，这点是毋庸置疑的。从秦始皇统一岭南，设置三郡，到南越国灭亡，这一百年左右时间里，岭南地区的社会经济发展怎样呢？有些历史学者根据《史记》《汉书》的记载，认为岭南地区"地广人稀"，古越族"断发文身"，"好相攻击"，所以各方面都比中原落后，称为"蛮夷"之地。但是南越王墓的出土文物，以雄辩的事实说明了南越国时代的岭南地区并非一切都落后，有些生产领域已达到相当高的水平。

首先，我们看看青铜冶铸业。在秦始皇统一岭南以前，岭南地区有没有经过青铜时代，这是研究岭南考古和历史的学者要探讨的重要课题。经过半个多世纪的探索、调查、采集和发掘，积累了相当丰富的青铜器实物资料。据不完全统计，广东地区出土的青铜器有 800 件以上。从这些青铜器的形制及冶铸技术来看，岭南地区的青铜冶铸业是直接在中原地区特别是楚文化的影响下建立起来的，它虽然有自己的特点，但可以说是中原商周青铜文化的一个分支。虽然迄今为止，岭南尚未发现青铜时代的铸铜遗址，但在海丰县和香港曾出土过石范、陶质鱼钩和斧范；而且这些青铜器有一定的地方特色。因此，可以说这些青铜器中的一部分是在岭南铸造的。

南越文帝墓出土 500 多件青铜器，其中有数十件是南越式的鼎、鍪（móu）、提筒等炊具和酒器。两套青铜编钟，一套铜铙，在岭南的汉墓中还属首次发现。铜铙一套八件，刻有"文帝九年乐府工造"和"第一"至"第八"的铭文。这些铜器的出土说明了南越国内有青铜冶铸业。特别是"文帝九年乐府工造"铜铙，既说明是南越国制造的，又说明与中原汉王朝的形制是一样的。铜铙是古代乐器，形似铃而较大，无舌，身体短宽，有中空的短柄可安装木把，使用时执把，铙口朝上，用槌敲击，因为用手执，所以一般又称为执钟。一般以三个或五个为一组。汉代的铜器制造业，有官营的，也有私营的。就官营而言，中央政府中少府的属官尚方令和考工令，在首都负责制造皇帝用和官用的铜器。汉朝政府还在各地设工官，其所属作坊也有制造铜器的。汉朝诸侯王宫室的官制与汉朝中央官制相同。"乐府工造"是乐府工官所造。"乐府"，是官署的名称，在秦朝就开始设置了，汉承秦制，设而不改，到汉武帝时乐府的规模很大，掌管朝会、宴享、出行时所用的音乐，兼采集民间诗歌和乐曲。南越王国仿汉朝中央设"乐府"官署，并设有工官，掌管制造铜器。在这座墓葬中，出土两件漆绘人物画像铜镜和一件带托铜镜。其中一件漆绘人物画像镜直径 41.5 厘米，在已知的汉代圆形镜中可能是最大的。带托镜面背分铸，然后用黏合剂把镜面套入镜托凹槽中，镜背镶嵌绿松石，有精细纹饰。用这种工艺制作的铜镜，在考古发掘中还是首次发现。广西贵县罗泊湾一号汉墓，其时代也属南越国时期，该墓出土三件铜盘，内底有明显的在冲压过程中产生的辐射线，这可能已是简单的机械手工制品。这些出土文物都说明了南越国时期青铜制造业已发展到相当高的水平，并不比中原地区落后。

其次，我们看看铁器的制造。《史记》《汉书》记载，吕后时为了制裁南越国赵佗，下令实行铁器禁运，禁止中原的铁器运往南越，此举引起赵佗的强烈反应，后者甚至出兵攻打长沙，威胁朝廷。从这件事可以看出铁器对于岭南的重要性。以往的历史学家亦以此为根据，认为南越国时期岭南还不会自己制造铁工具，使用的铁器都是从中原输入的。南越王墓的出土文物说明这个结论是不符合历史实际的。该墓出土大型南越式铁鼎，70多件冶铁工具，成捆的铁剑、铁矛、铁戟、铁弓、铁镞和完整的铁铠甲，其数量之大、锻造技术之精良，是岭南考古所罕见的。这些铁器是否完全是南越国自己制造的呢？我们不能做出肯定的回答。但是，大型南越式铁鼎的出土，说明了南越国已掌握了锻铸铁器的技术（一般来说具有地方特点的大型器物，都是当地所制造）。南越国自己制造铁器，完全证明了岭南地区已经进入使用铁器的时代。铁器对农业生产和手工业生产的发展起着无法估量的作用。

最后，我们看看漆器制造。中国漆器的出现可以上溯到六七千年前的新石器时代。到了商代，漆器上的花纹和装饰已经相当精致。战国时代，漆器制造业获得突飞猛进的发展。到汉代漆器制作精巧，色彩鲜艳，花纹精美，装饰精致，而且又相当耐用，是当时珍贵的日用器物。其价值相当昂贵，据《盐铁论》说，一件漆器的价值相当于十件铜器。汉代许多地方都出产漆器，南越国也有自己的漆器制造业。南越王墓出土了大批漆器，从出土现象观察，当时入葬时漆器数量之多、制作之精，完全可以与长沙马王堆轪侯墓相媲美。在以前的南越国时期的墓葬中，广州西村石头岗一号墓出土一件木胎长形椭圆形漆盒，木胎上有篆文"蕃禺"两字烙印。"蕃禺"即"番禺"。番禺是南海郡属的一个县，又是南海郡治，即现在的广州。这证明番禺能够制造漆器。1976年广西贵县罗泊湾一号汉墓，也属南越国时期，出土大量漆器，其中十多件底部烙印"布山"两字，字外有方框，烙印"市府草""市府□"各一件。"布山"是郁林郡的首县，也是郡治，即今天的广西贵县。烙有"布山"印文的漆器，当是"布山"制造。"草"字即"造"字，两字音义相通。"市府草"即"市府造"。"市府"是什么呢？市府就是封建政府的市井官署。汉代在县以上的城市都设有市，市成为一个地方固定的商业和手工业活动中心，于市设有"市令"或"市长"等官吏，管理市场的行政和贸易活动，这种管理市井的官署设于"市楼"，又称为"市府"。

从"布山""市府草"的铭文可知，"布山"制造漆器，而且由"市府"管理、经营。

铜器制造、铁器制造、漆器制造，在古代的手工业部门中，难度是比较大的。既然此三项在南越国已具有比较高的水平，而且是地方官府经营，可以想见其他手工业也具有相当的水平。因此，"南蛮"一切都落后的观点是传统的偏见。

原载《历史大观园》1985 年第 1、第 2 期。

论开拓岭南的功臣赵佗社会和谐思想与实践

　　胡锦涛同志在党的十七大报告中指出："面对新形势新任务，我们要坚持以邓小平理论和'三个代表'重要思想为指导，深入贯彻落实科学发展观，继续解放思想，坚持改革开放，推动科学发展，促进社会和谐，为夺取全面建设小康社会新胜利而奋斗。"并且将科学发展、社会和谐定位为"发展中国特色社会主义的基本要求"，把构建社会主义和谐社会提到确保党的事业兴旺发达和国家长治久安的战略高度来部署。实现社会和谐，是人类共同追求的一种美好的社会理想。我国两千多年的封建社会发展孕育了悠久的和谐社会发展史，产生了内容丰富、思想深刻的和谐社会的思想理论和文化，从思想理论和社会实践上都给我们留下了丰厚的和谐社会建设遗产。当然，古代社会和谐与现代社会和谐不能同日而语，面临的时代环境、社会条件、政治、经济、文化基础不同，和谐的具体内涵也有差异，但是，以史为鉴，总结古代社会建设和谐社会的经验教训，对我们今天建设社会主义和谐社会仍有借鉴意义。本文就以西汉初期在岭南建立南越国的赵佗为例，阐述赵佗建设和谐社会的思想与实践，供我们参考和借鉴。

　　赵佗（？—前137）一生经过军旅生活、县令郡尉岁月、帝王春秋三个阶段。他在秦王朝统一岭南战争中发挥过重要作用；在任龙川县令约六年时间里，筑城凿井，发展生产，奠定了统治基础；在治理南越国的六七十年岁月里，为岭南社会经济的发展做出了开拓性的贡献。汉高祖刘邦在封他为南越王的诏书中说他"居南方长治之，甚有文理，中县人以故不耗减，粤人相攻击之俗益止，俱赖其力"（《汉书·高帝纪下》）。汉高祖对赵佗的评价十分中肯。赵佗的一生贯穿着建设和谐社会的思想，并在实践中加以实现。

一

　　赵佗治理军队坚持和谐思想，减轻对人民的压迫，处理好各种矛盾，稳定军心，是取得胜利的保证。

　　司马迁《史记·南越列传》说："南越王尉佗者，真定人也，姓赵氏。"真定即今河北正定，战国时属赵国，《汉书》卷九五颜师古注云："真定，本赵国之县也。"秦于公元前228年兼并了赵国，赵佗加入秦军，并被征发到南方对楚作战。楚国灭亡后，公元前222年（秦始皇二十五年），始皇令王翦挥师"南征百越之君"（《史记·白起王翦列传》），但此次用兵，未能逾五岭之南。而赵佗在秦灭楚后，又继续南下对百越作战。第一次是屠睢、赵佗攻越，公元前218年，秦"使尉（佗）、屠睢将楼船之士南攻百越"（《史记·主父偃列传》），总共50万大军，分兵五路进攻百越（《淮南子·人间训》）。但由于屠睢等一批秦军军官采取了错误的政策，使秦军"伏尸流血数十万"，伤亡惨重，作为主帅之一的屠睢也被杀死，改由赵佗等率领秦军采取守势，于是秦征服岭南的战争进入持续三年的对峙阶段。第二次是任嚣、赵佗攻越，公元前214年（秦始皇三十三年）秦命令任嚣、赵佗"将楼船之士南攻百越"（《晋书·地理志》），这次进攻，秦军势如破竹，很快取得胜利，并在岭南设置桂林、象郡、南海三郡（《史记·秦始皇本纪》）。

赵佗治军的思想与任嚣的治军思想是一脉相承的。赵佗是赵国人，据考，任嚣也是赵国人。据任嚣的墓碑碑文，推知他是高乐人。高乐，秦县，今河北之南皮。据《史记·张耳陈馀列传》，南皮为陈馀封邑，属赵，故知赵佗、任嚣均为赵国人。①《史记·南越列传》载南海尉任嚣在病危之际，急召时任龙川令的赵佗商讨在天下大乱之中，如何治军立国："闻陈胜等作乱，秦为无道，天下苦之，项羽、刘季、陈胜、吴广等州郡各兴军聚众，虎争天下，中国扰乱，未知所安，豪杰畔秦相立。南海僻远，吾恐盗兵侵地至此，吾欲兴兵绝新道，自修，待诸侯变，会病甚。且番禺负山险，阻南海，东西数千里，颇有中国人相辅，此亦一州之主也，可以立国。郡中长吏无足与言者，故召公告之。"即被佗书，行南海尉事。嚣死，佗即移檄告横浦、阳山、湟溪关曰："盗兵且至，急绝道聚兵自守！"因稍以法诛秦所置长吏，以其党为假守。秦已破灭，佗即击并桂林、象郡，自立为南越武王。从这段记载可以看出，任嚣、赵佗虽是武人出身，但他们颇具战略眼光，高瞻远瞩。他们治军立国的理念如下。

（1）"中国扰乱"，即各地人民起义，是由于"秦为无道，天下苦之"，即秦对人民压迫过甚，所以人民起来推翻它。要统治好南越大地，必须减轻人民的负担。

（2）绝秦道聚兵自守。因为赵佗恐怕秦派遣军队来镇压，所以派兵坚守横浦、阳山、湟溪三关，因为这三关是秦通岭南的必经之道，绝了此三关，就是断绝了秦军南下的通道。

（3）"稍以法诛秦所置长吏，以其党为假守。"赵佗虽行南海尉事，但此时秦所置长吏还很多，"长吏"系秦在边郡之地所设置的官，隶属于郡尉，"掌兵马，秩皆六百石"（《汉书·百官公卿表上》）。赵佗恐怕他们不听号令，故杀秦所置长吏，提拔自己的心腹党羽担任郡守、县令、长吏之类的重要职务，使自己真正成为岭南的最高长官，为以后称王奠定基础。

---

① 龙川地方志编纂委员会编：《龙川县志》，广东人民出版社1994年版，第676－677页。

（4）"击并桂林、象郡"。赵佗虽代任嚣行南海尉事，但桂林、象郡内的一些越人部族，亦趁中原大乱之势，纷纷独立，不受南海尉的节制。赵佗要立国，必须兼并桂林、象郡，达到岭南统一于自己的统治之下。这是赵佗非常有远见之举。

（5）修筑关防城池，加强防卫力量。

第一，筑乐昌"赵佗城"。乐昌，是北江的重要支流武水流经的重要地点，武水源于湖南南部的宜章，流入广东后，经乐昌、韶关，与浈水合流为北江。故在湖南顺武水而下，可达北江，然后顺流下番禺等地。所以，武水是一条有战略意义的河流，乐昌傍武水，近南岭，具有十分重要的战略地位。因此，任嚣任南海尉时，即在乐昌傍武水，抵泷口处筑"任嚣城"，并置备屯兵。赵佗继任后，在任嚣城的河对岸"乐昌西南二里上抵泷口"处（即今乐昌市南五里处），修筑了"赵佗城"（刘远铎《乐昌县志》卷十九）。20世纪80年代初，广东省考古工作者进行文物普查时，在乐昌城南武水北岸洲仍发现了西汉早期建的城址，有石柱础、绳纹板瓦、筒瓦堆积以及利用河卵石而砌成的城墙基址，被认为可能是赵佗用以隔绝通岭北险要水道的屯兵防守城①。赵佗傍"任嚣城"而修筑"赵佗城"，不仅可以牢牢控制武水水道，而且还可以对湖南地理形势起一定的控制作用，即清初屈大均所说的"扼楚塞"（《广东新语·水语》），阻止敌军由此南下；而且"赵佗城"与"任嚣城"夹武水而筑，加强了乐昌附近的防卫力量，与附近的秦关防联为一体，形成较大区域的军事防卫区，更有效地阻击敌军南下。

第二，新筑仁化城。仁化亦紧邻湖南，为防卫前沿之一，赵佗在"仁化北一百三十里，即今城江筑城"（屈大均《广东新语·地语》），到了明朝，"城址尚存，勒'古秦城'三字"（胡居安《仁化县志》卷五、卷一），清朝重修时曾勒"古秦城"之横匾。屈大均认为仁化之城"仁化接壤桂阳，乐昌接壤郴州，当时东岭未开，入粤者多由此二道"，而赵佗在乐昌、仁化筑城，就可防备从南安（今江西境内）间道从彬、桂直趋而入粤之敌军，"此佗设险之意也"（《广东新语·地语》）。

第三，英德、清远筑"万人城"。英德城南，有浈水流经浈阳峡，峡长20里，水流湍急。浈水之上源为洭水。秦时即在洭水、浈水交接处设浦关。赵佗"为城于此山（浈山）中，名万人城"（刘远铎《乐昌县志》卷十九）。

清远距番禺仅一宿之路程，其北为英德，系"两粤之孔道，北吏之门户"，地理位置亦重要，赵佗亦在此"筑万人城"（黄佐《广东通志》卷一二〇），以利于士卒北上驰援英德、南下保卫番禺。

除乐昌、仁化、英德、清远的城址外，近年的考古发现证明，在广东的澄

---

① 朱非素：《广东考古三十五年概述》，载《广东省博物馆馆刊》1991年第2期。

海、始兴都有汉代城址，也有可能为赵佗时所筑。

第四，首筑龙川城。赵佗首任龙川县令，他在龙川经略六七年，首筑龙川城。龙川县具有十分重要的战略地位，它位于广东北部，与江西定南县和寻乌县接壤，处于东江、韩江上游，在两江流域分界线上，雄踞两流域交通要冲。清嘉庆《龙川县志》载："郡据上游，当江赣之冲，为汀漳之障，则固三省［粤、闽、赣］咽喉，四州门户，可不谓岩邑哉。"赵佗任龙川县令，亲自踏勘当地山川形胜，选择城址，指挥筑城。唐朝丰昌明在《越王井记》中说他"登山望景"，最后确定"建池于嶅湖之东，阻山带河，四面平旷"（《全唐文》卷八一六）。赵佗建的佗城，三面环山，山峰秀丽，南临东江，江水如龙，易守难攻，既利于运输，又方便汲水，甚为得当，故历千年城址没有搬迁。①

第五，加强国都番禺城的防卫。番禺是南海郡治，也是南越国国都。它处于东、西、北三江交汇处，负山面海，内河航道发达，海道亦交通频繁，是政治、经济、文化的中心，地理位置十分重要。

任嚣任南海郡尉时，亦在此筑"任嚣城"。赵佗建南越国，定都于此，在"任嚣城"的基础上，扩建成"赵佗城"。"任嚣城""赵佗城"即番禺城（广州最早的城市）。经过最近几十年的考古，发现了南越国的宫殿遗址、宫署走道、大量的巨型建筑材料、"万岁"瓦当、越王井等。根据考古材料结合有关文献，赵佗建番禺城的大致范围：其南界大约在今中山四路向南 300 米处，即广州市第一工人文化宫东侧，西界大约至今人民公园，北界与宋代子城北界相接，约当今东风路以南，东界在今仓边路。②

赵佗驻重兵于番禺西边的北江的天然险要之一——石门。明朝胡荣《粤会堂记略》称，"距番禺上流四十里，有山对峙曰石门"。可知石门系因两山夹江而得名，地理位置险要，也是水道交通要冲。倘若石门被攻破，"则南越之险夺矣"（屈大均《广东新语·事语》）。

这样，赵佗就以番禺为中心，建立了三道防线：最外面的一道防线，以湟溪、阳山、横浦三关为主，辅以乐昌城、仁化城，使得关、城连为一线，部署最强兵力；第二道防线，集中于南海郡中北部，以北江中游为中心，在英德、清远两座万人城布防，配置一定的兵力；第三道防线则为石门要塞。③ 这样，番禺城就固若金汤，万无一失了。

第六，稳定南越军队。南越的军队多是中原人。秦始皇南征百越的 50 万大

---

① 参见王子今《龙川秦城的军事交通地位》、司徒尚纪《赵佗经略龙川与东江流域早期开发》，此两文载《佗城开基客安家》，中国华侨出版社 1997 年版。

② 麦英豪：《广州城始建年代及其他》，载《中国考古学会第五次年会论文集》，文物出版社 1988 年版。

③ 张荣芳、黄淼章：《南越国史》，广东人民出版社 1995 年版，第 63 页。

军，全部留在南越"谪戍以备之"（《汉书·严助传》）。赵佗"使人上书，求女无夫家者三万人，以为士卒衣补。秦皇帝可其万五千人"（《史记·淮南衡山列传》）。这一措施对减轻士兵思乡、思家之情，安定他们的情绪，消除不稳定因素，起了很大作用。

通过上述分析，可知赵佗的治军思想，就是要减轻人民的负担，利用岭南的有利地理形势，建立自己的绝对统治；加强军力，巩固边防，稳定军心，建立和谐的军队环境，这是治国安邦的基本保证。

二

在政权建设上，赵佗建立了一个强有力的汉越联合政权，正确处理民族关系，使治理工作有条不紊地进行，南越国是一个社会和谐的政权。

任嚣以自己的丰富经历和敏感的政治嗅觉向赵佗提出，在岭南立国的有利条件之一是"颇有中国人相辅"（《史记·南越列传》）。这"颇有中国人相辅"的"中国人"，应包括两方面的人，一是南征百越大军的 50 万人，既有各级官吏，也有广大士兵；二是一批在岭南长久居住的中原人。如史定，据说其先为越人，但其祖辈史禄是随秦军入南越的，后居于揭阳，赵佗便授史定为东部重镇揭阳令。赵佗需要原属中原而长久居住南越的人士帮助治国，是因为他们有较高的文化，也有中原的传统观念。他们久居南越，多少融入了越人社会，融合了两地文化。这是南越政权的一股重要力量。

南越政权的另一股势力，就是赵佗任用越人酋长为吏、为将，作为地方长官去治理其地。这些越人与中原来的人共同组成强大的统治集团。如吕嘉，号称"越人之雄"，赵佗拜之为丞相，并以其弟为将军，吕氏家族中许多人都得以担任官职。吕嘉的儿子娶赵佗的女儿，女儿嫁赵佗的儿子。吕嘉是南越政权中的核心人物。此外，南越国册封了一些王侯，如西于王，驰义侯何遗，归义侯郑严、田甲，膘侯毕取；任命一批文武官员，如瓯骆左将军黄同，桂林监居翁、越郎都稽，交趾、九真二郡的典郡使者等。这些人也有相当一部分是越人。[①]

这两部分人在统治集团中，由于利益相一致，彼此之间没有疑虑，因此相处得很好，团结一致，使行政权力运作顺畅。这是社会和谐表现的重要一面。

南越国政权采取合乎时宜的民族政策，概言之，就是文献上所说的"和辑百越"。

首先，鼓励汉越通婚。一个民族与另一个民族联姻，从来是和睦民族关系、消除民族间隔阂的重要措施。赵氏王室从自身做起，带头与越人通婚。如第三代

① 张荣芳、黄淼章：《南越国史》，广东人民出版社 1995 年版，第 147 页。

明王婴齐娶越女为妻，生子建德。第二代文帝赵眜墓东侧室出"右夫人玺"金印，同出"赵蓝"象牙印，这位"右夫人"可能是越女，从夫姓赵。丞相吕嘉的宗族中"男尽尚王女，女尽嫁王子弟宗室"（《汉书·两粤传》）。吕氏家族还与南越所封的苍梧王赵光家族联姻。在赵氏统治集团的带头与鼓励下，中下级官吏兵卒及其他中原人与越族的通婚更为普遍。汉越通婚为南越政权建立和谐社会提供了基础。

其次，中原人入境随俗，遵从越人风俗习惯。风俗是一个地区、一个民族因水土、气候、物产等自然条件不同而形成的风尚和社会行为习俗。风俗习惯属于一个民族共同的心理因素，注入了一个民族的感情。对于越族的风俗习惯，如果轻蔑地加以否定，则会伤害越族人民的民族感情，不利于统治；如果遵从之，则会有助于汉越人民的相互了解与和睦相处，有利于统治。赵佗居粤多年，对此深有体会。因此，他对越族的风俗习惯采取良则从之，恶则禁之的态度。他自称"蛮夷大长"，以越族的衣冠和礼仪，"椎结箕踞"接见陆贾，就是他从越俗的见证。在他的治理下，"粤人相攻击之俗益止"，则是他禁止越族不良习惯的历史记录。所以汉越民族日益融合。

最后，让部分越人"自治"。岭南越族支系众多，各部越人的社会经济发展极不平衡。赵佗因地制宜，让一部分地区，实行由越人"自治"。如对交趾地区，赵佗仅派二使者前往"典主"，同时又在交趾地区分封了一位"西于王"，让他们"自治"西瓯地区。

赵佗在南越国建立的汉越联合政权，实施较正确的民族政策，比较成功地处理好民族关系，收到了较好的效果。南越国内民族关系和睦，汉越人民友好相处，不仅"和辑百越"，"粤人相攻击之俗益止"，而且也使"中县人以故不耗减"（《汉书·高帝纪下》）。南越国政权政通人和，是一个和谐的社会。

三

以人为本，大力发展岭南经济，努力解决民生问题，为岭南的社会经济发展到第一个高峰奠定了基础。

岭南地区属于边疆地区，古人多称之为"南蛮之地"。中华人民共和国成立以来，两广地区的考古工作取得了重大的成就，不但发掘了一些重要遗址，而且发掘和清理了数以万计的墓葬。如广州南越国宫署遗址、广州象岗第二代南越文帝墓、广西贵县罗泊湾汉墓、两广的汉代墓群等，都有十分重要的发现，出土了大量珍贵的历史文物。把这些文物结合历史文献研究，可以比较清晰地勾画出南越国时期岭南地区经济发展面貌。

由于大量中原人南迁，他们带来了铁制农具、生产技术和科学文化知识，对岭南地区的开发起了关键性的作用。考古资料证明，秦汉时代岭南地区已进入铁器时代，生产力水平发展到了一个新的阶段。例如农业，农作物种类繁多，园圃业发达；耕地面积日益扩大，粮食产量不断提高；生产的水果蔬菜，源源北上。手工业生产有突破性的发展。青铜铸造业已达较高的水平，有铸造和锻造两种，而以铸造为主，并且懂得了先进的"失蜡铸造法"。已经有了冶铁业。岭南地区的陶瓷业发展到第一个高峰。纺织业有长足的发展，西汉南越王墓出土一套铜制印花凸版，被认为是到目前为止世界纺织史上最早的一套彩色套印工具。岭南出土的丝织品，种类繁多，工艺精湛，基本上赶上了中原地区的水平。漆器制造业达到了相当成熟的程度，南越国都番禺和桂林郡治布山两地都设有市府作坊制造漆器，成为岭南漆器制造中心。玻璃制造业取得了举世瞩目的成就，南越王墓出土22块平板玻璃，为我国汉墓中首次发现，是目前为止时代最早的平板玻璃，经专家鉴定，这些玻璃一部分是岭南地区自己制造的。玉器制造业的成就令人鼓舞，南越王墓出土玉器244件（套），随葬玉器数量之多、品种之繁和保存之好，为全国汉墓所仅见。这些玉器精致美丽，造型和设计风格与中原地区无多大的区别，而且大部分是南越国宫廷作坊制作。总之，南越国时期，农业、手工业都获得了长足的发展，为秦汉时期岭南地区社会经济发展到第一个高峰奠定了基础。

这些成就的取得，与赵佗以人为本，努力解决民生问题，大力发展经济的思想和实践是分不开的。

赵佗任龙川县令六七年时间。秦制，县行政长官称县令或县长，万户以上为县令，秩千石至六百石，减万户为县长，秩五百石至三百石，官阶即俸禄有一倍之差，反映了县的等第。赵佗既为龙川县令，说明龙川的政治地位高，地理和军事交通地位重要。龙川置县之初，辖区包括现在的龙川、河源、和平、连平、兴宁、五华、梅县、平远、蕉岭、大埔、丰顺、梅江等，以及新丰、陆丰、紫金、寻乌等县市的部分地方。可见当时龙川县的范围相当辽阔。当时龙川密林遍布，瘴气袭人，自然条件恶劣。土著越人用刀耕火种方法开垦土地，仍未脱离原始农业阶段。秦统一岭南，中原人带来先进生产工具，尤其是铁工具使砍伐大片森林取得土地，兴修水利，深耕细作成为可能。赵佗指导当地人民开荒辟田、兴修水利、发展农业。唐代韦昌明在《越井记》中说："南越王赵佗氏，昔令龙川时，建池于嶅湖之东，阻山带河，四面平旷，登山景望，惟此为中。厥土沃壤，草木渐包，垦辟定规制。"（《全唐文》卷八一六）所见为一望平畴沃野，草木丛生景观，生态环境非常良好，适于人类开垦繁衍。所谓赵佗在龙川"垦辟定规制"，自然包括土地利用方式、耕作制度，以及相应技术措施、管理和环境保护等。赵佗为开发龙川、改变龙川的落后面貌做出了重要贡献。

赵佗以人为本，为民生解决实事，发展南越国经济，最显著的例子莫过于《史记》《汉书》记载的高后采取"别异蛮夷"政策，令赵佗大为不满。

《史记·南越列传》载："高后时，有司请禁南越关市铁器，佗曰：'高帝立我，通使物，今高后听谗臣，别异蛮夷，隔绝器物，此必长沙王计也，欲倚中国，击灭南越而并王之，自为功也。'于是佗乃自尊号为南越武帝，发兵攻长沙边邑，败数县而去焉。高后遣将军隆虑侯灶往击之。会暑湿，士卒大疫，兵不能逾岭，岁余，高后崩，即罢兵。"《汉书·两粤传》载："高后自临用事，近细士，信谗臣，别异蛮夷，出令曰：'毋予蛮夷外粤金铁田器；马牛羊即予，予牡，毋与牝。'老夫处僻，马牛羊齿已长，自以祭祀不修，有死罪，使内史藩、中尉高、御史平凡三辈上书谢过，皆不反。又风闻老夫父母坟墓已坏削，兄弟宗族已诛论。吏相与议曰：'今内不得振于汉，外亡以自高异。'故更号为帝，自帝其国，非敢有害于天下也。……老夫处粤四十九年，于今抱孙焉。然夙兴夜寐，寝不安席，食不甘味，目不视靡曼之色，耳不听钟鼓之音者，以不得事汉也。今陛下幸哀怜，复故号，通使汉如故，老夫死骨不腐，改号不敢为帝矣。"我们对这两段记载略做分析，可以看出赵佗对发展南越国经济的关注，并为此而做不懈的努力。

第一，"有司请禁南越关市"。"关市"对于南越国的经济发展是至关重要的。因为南越的社会经济比中原地区落后，赵佗十分重视与周围邻国和汉朝的关系和商业贸易，充分利用秦平南越时开辟的新道，设置"关市"，从中原引进南越所无的商品、先进的技术和先进的文化。同时亦将南越的特产在"关市"向中原销售。"禁关市"等于对南越国实行经济封锁，这点赵佗是不能容忍的。

第二，"禁南越铁器""毋予蛮夷外粤金铁田器"。铁器在当时是先进的生产力的代表，南越需要从中原输入。正是因为南越从中原获得大量铁农具和铁手工业工具，才使南越的农业、手工业获得突破性的发展。"禁南越铁器"，也是对南越经济封锁的一个方面，这点也使赵佗暴跳如雷。

第三，"马牛羊即予，予牡，毋与牝"。马、牛、羊在南越奇缺。马是主要的交通工具，牛是主要的农耕畜牲，羊是主要的肉食之一。马、牛、羊与南越的社会经济和人民生活息息相关。吕后的政策，"予牡，毋与牝"，即只供给雄的，不能提供雌的，唐颜师古注《汉书》说"恐其蕃息"，使马、牛、羊在南越不能繁衍。吕后的政策是非常毒辣的，这使赵佗寝食难安。

第四，这三件事，对于关注南越经济发展，重视民生的赵佗来说，如五雷轰顶。他"夙兴夜寐，寝不安席，食不甘味，目不视靡曼之色，耳不听钟鼓之音"，他要想办法解决这些问题。一是"使内史藩、中尉高、御史平凡三辈上书谢过"，希望吕后改变政策。但吕后不但不依从，反而扣留这三人于京，不让返回南越。二是派兵攻打长沙国边邑。三是"自尊号为南越武帝"。万变不离其宗，总的目的，是要吕后改变封锁南越经济的政策以改变民生。

赵佗关注民生，重视发展经济的举措之一是带领民众，在南越广筑水井。水井的发明，是人类从居无定所走向定居，从靠采集天然食物为生走向发展种植农业的必然结果。水井的发明为人类摆脱傍水而居的限制，从河湖两岸走向内陆提供可能，是人类不断提高对自然界的开发能力的表现，是人类对水资源利用的重大进步。赵佗任龙川县令时，在龙川筑有越王井。据韦昌明《越井记》称"井周围为二丈许，深五丈。虽当亢旱，万人汲之不竭。其源出螯山，泉极清冽，味甘而香。自秦距今，八百七十余年，其迹如新"（《全唐文》卷八一六）。韦昌明认为，在龙川筑井，是赵佗的政绩之一。此井在当时可供万人汲用，估计是供县城戍卒及附近居民的饮用井，对于改善县城居民的饮水卫生状况，保障军民健康均有重要意义。据新编《龙川县志》载，井位于龙川旧县城佗城镇光孝寺内。井为砖石结构，深40米，井口开有一直径0.6米的圆形汲口，井台高出地面0.7米。六角形的台面，以四块石板平铺而成。井膛用三层红色方石叠砌，叠石下用青砖铺至井底，中部直径约2.5米。越王井现保存完好，是县级重点文物保护单位。

广州也有赵佗修建水井的文献记载和遗址。《太平寰宇记》说："（越王井）深百余尺，云是赵佗所凿。诸井咸卤，惟此井甘泉，可以煮茶。"《岭表录异》记载："（越王井）在州北越王台下，深百尺余，砖甃完备，云南越赵佗所凿。广之井泉率卤碜，唯此井冷而且甘。"越王井又名天井、越台井、赵佗井，后因宋番禺县令丁伯桂在井上盖上九孔石井盖，故又名九眼井。屈大均《广东新语》云，九眼井"相传尉佗所凿。其水力重而味甘，乃玉石之津液。志称佗饮斯水，肌体润泽，年百有余岁，视听不衰"，"广州诸井此最古"。此井位于今广东科学馆后花园内，直径2.1米，全身用石块砌筑，井底淤积深达70米。[1] 此井不但井深，结砌讲究，且远离珠江而紧靠越秀山，故水质清澈而甘甜。

关于南越国时期的水井，近年来在南越国宫署遗址发现多口，特别是1996年在蕃池遗址之西发现的一口食水砖井至为精巧，该井建在一个圆井坑中，井圈用特别制造的弧扇形砖叠砌而成，井底铺垫细沙，起过滤作用。其上平铺五块砂岩石板，石板中心和四周各凿一个圆孔以透地下水。井圈与井坑壁之间再用纯净的黏土夯实，以隔断地表污水渗入井内，以保持食水清洁。这是目前岭南发现年代最早的砖井，说明当时广州已掌握先进的造井技术。此外，还发现有用陶井圈叠砌的渗水井、用木方架设的蓄水井，还有竖穴土坑井。从井的所在位置和井的类型以及深度来看，这类井应是用于浇花的灌溉井。由此看来，广州地区已根据不同的需要，运用不同的材料来建造不同类型的水井。

南越国时期，水井的运用已深入社会的各个阶层和各个地区。两广南越国时期的墓葬中出土大量陶井模型，这些墓葬有达官贵人的，也有平民百姓的。井有

---

[1] 《广州文物志·越王井》，广州出版社2000年版，第142页。

用于汲饮的，也有用于灌溉的，而且有井盖，说明人们已懂得饮水卫生。

以上材料是赵佗以人为本，努力解决民生问题、发展社会经济、促进社会和谐的生动体现，也是他建设社会和谐思想与实践的历史见证。

四

坚持"和而不同"的理念，吸收各种不同文化的精华，建立和谐的社会文化。

中华民族精神是一种文化会通精神，对待不同文化主张"和而不同"。什么是"和"？什么是"同"？"和"就是能够吸收、消化、融合各种不同文化精神的精华，善于博采众家之长，创立一种新的精神文化，也就是多样性的统一。"同"就是单调、呆板的统一，听不进不同意见，对异己采取排斥的态度。春秋时期，晏子对齐景公说，"和"就像八音的和谐，一定要有高下、长短、快慢各种不同的声调，才能组成一首完整和谐的乐曲。"同"就正相反，如果琴瑟的音调是一样的，那么怎么听呢？（《左传·昭公二十年》）孔子说："君子和而不同，小人同而不和。"（《论语·子路》）就是说，君子以"和"为准则，听取各种不同的意见和声音，独立思考，不要盲从附和。小人则正好相反。

赵佗在统治南越国时期，对待不同的文化正是采取"和而不同"的态度。赵佗首先吸收了中原文化的精华，建立了与中原大抵相一致的政治制度和文化、礼仪制度。

首先，在南越国建立郡国并行制。秦始皇建立郡县制，汉初刘邦根据当时的政治形势，实行郡国并行制，除了推行郡县制外，还实行了分封制。与此相适应，建立了一套由上而下，从中央到地方，体系庞大的官制系统。赵佗建立南越国之后，仿汉制，在南越国设立南海郡、桂林郡、交趾郡、九真郡，每郡下设若干县，同时又分封苍梧王、西于王等。郡县制和分封制并行，并建立一套完整的官僚制度，这是汉初刘邦根据当时的政治形势而制定并首创的制度，对汉初社会的安定、和谐发展起了重要作用。赵佗仿效汉朝制度，在南越国实行郡国并行制，并建立完备的官制，对南越也起了同样的作用。

其次，在文化、礼乐制度上积极汉化。积极推广汉语言文字，史称"赵佗王南越，稍以诗礼化其民"（黎崱《安南志略》），使得岭南"华风日兴""学校渐弘"（黄佐《广东通志》卷四十）。考古资料中的汉文材料十分丰富，简牍、皇帝印玺、公私印章、御用乐器、随葬器物、常用各种质料的器物（如陶器、铜器、漆器以及棺椁）等，均刻写有汉字。广西贵县罗泊湾一号汉墓出土木牍《从器志》，写有汉字达372个。特别在广州市南越国宫署遗址的一口井中发现百余枚木简，简文内容主要是籍簿和法律文书。简牍形制与中原和西北发现的简牍大同小异。这是南越国考古的重大发现，是南越国推广汉语言文字的铁证。①

赵佗在南越国推行汉朝的度量衡制度。广西贵县罗泊湾一号汉墓中，出土了计量实物多件，可以说是度、量、衡俱全。经研究，证明南越国的度量衡制与中原汉朝的制度基本一致。②

葬制亦仿中原。南越国时期的墓葬，其形制以土坑墓、土坑木椁墓为主，随葬品也往往配有一套效法中原的陶质礼器，如鼎、壶、钫、盒等。南越文王墓的葬制仿中原葬制，是最具代表性的。南越文王墓凿山为墓，系仿中原汉室帝王之葬制；南越文王入殓时身着丝缕玉衣，系仿中原汉代王侯之制；文王墓中出土了数套青铜编钟、编磬、勾鑃，不仅证明南越国设有仿效汉朝乐府的主管音乐的机构，而且证明南越国也盛行汉朝的礼乐制度。

仿汉朝实行纪年。汉朝高祖刘邦用在位的年序纪年，如高祖元年、二年、九年等，一直到高祖驾崩。南越文王墓出土一套勾鑃，皆阴刻有篆书"文帝九年乐府工造"及"第一"到"第八"的序号。③ 据查，南越文王九年为汉武帝元光六年（前129），表明南越国仿汉实行纪年制度。

汉朝实行敬老制度。汉朝提倡"以孝治天下"，其措施之一是实行尊老。景帝下诏称："赏赐长老，收恤孤独，以遂群生。"（《汉书·景帝纪》）尊老的一项重要内容就是赐老人以鸠杖。鸠杖就是带有鸠首的木杖，受鸠杖的老人，"比六百石，入官府不趋，吏民有敢殴辱者，逆不道，弃市"。汉朝的鸠杖出土较多，如甘肃武威就曾出土过三根鸠杖。1982年，广州市郊瑶台柳园的一座汉墓中发现一根杖的鸠首，这是南越国实行尊老制度的见证。

最后，广东是岭南文化的发祥地，南越国时期是岭南文化发展的重要阶段。岭南文化是在土著文化的基础上，接受中原及各地优秀文化，并吸收海外文化精华，从而形成自己特色的本地区文化。岭南文化的兼收并蓄、多元化的特色，在南越国时期已显露出来，西汉南越文王墓的随葬物就是历史见证。南越文王墓的遗物，具有秦文化、巴蜀文化、匈奴文化、吴越文化、齐鲁文化、楚文化、南越文化以及海外文化因素。④ 在已发掘的全国40余座诸侯王墓中，具有这么多文化因素的器物并存，南越文王墓是唯一的。这说明赵佗是用开放的精神，兼收并蓄的气魄，创造了南越的文化氛围，才在他的孙子文王的墓葬中有这种多元、兼容的文化气象。

胡锦涛同志在党的十七大报告中说："要全面认识祖国传统文化，取其精华，

---

① 广州文物考古研究所等：《广州市南越国宫署遗址西汉木简发掘简报》，载《考古》2006年第3期。

② 张荣芳、黄淼章：《南越国史》，广东人民出版社1995年版，第101页。

③ 《西汉南越王墓》上册，文物出版社1992年版，第40－42页。

④ 参看《西汉南越王墓多元文化研究》，中山大学出版社2015年版。

去其糟粕，使之与当代社会相适应，与现代文化相协调，保持民族性，体现现代性。"中华传统文化中的和谐思想，就是我们应当吸收的精华。在西汉初期，赵佗在岭南建立南越国，是开拓岭南的功臣。他治理南越国的社会和谐思想与实践，是一笔可供我们借鉴的历史遗产。陕西是中华民族的重要发祥地之一，是中华文明的源头。陕西省人民政府，为贯彻党的十七大精神，在纪念人文初祖黄帝的时候，召开建设民族精神家园学术研讨会，是非常有意义的。我对陕西省人民政府和本次研讨会组委会的邀请，表示衷心的感谢。

原载《纪念人文初祖黄帝建设民族精神家园学术研讨会论文选集》，陕西人民出版社 2008 年版。

论赵佗对客家文化的贡献

　　河源市委、市政府将河源市形象定位为"客家古邑·万绿河源"，这一定位是非常准确的。兹就"客家古邑"和赵佗对客家文化的贡献问题，陈述一点意见。

一、客家古邑龙川

　　我们说龙川是"客家古邑"有三个理由。

　　第一，《史记·秦始皇本纪》载："三十三年，发诸尝逋亡人、赘婿、贾人，略取陆梁地，为桂林、象郡、南海，以谪遣戍。"所谓"陆梁"，历来有不同解释，据司马贞《索隐》云："谓南方之人，其性陆梁，故曰陆梁。"张守节《正义》则谓："岭南之人多处山陆，其性强梁，故曰陆梁。"裴骃《集解》引徐广曰："五十万人守五岭。""三十四年，适治狱吏不直者，筑长城及南越地。"《正义》："谓戍五岭，是南方越地。"此"陆梁地""南方越地""南越地"都是指五岭以南，广大越人居住之地。秦始皇三十三年，秦朝平定岭南，在此地设桂林、象郡、南海三郡，每郡下设若干县。这是岭南第一次划入中原王朝的政治版图，也是岭南第一次设立郡县制。

　　南海郡下设的县，可考者有番禺、龙川、博罗等县。秦龙川县地域有多大？历代史志记载不十分清楚，也多有歧义。今龙川县委宣传部为彻底解决秦代龙川县的地理范围，聘请专家学者成立"秦代龙川县境地域考证组"，除在北京、广州等地遍查史志文献外，还到江西、福建等地实地考察，一直深入乡、村及祠堂中，查验相关族谱。这种"读万卷书，行万里路"的治学风格和研究方法是值得赞扬的。该课题组的结论为：秦代龙川包括今之龙川周边的粤中县市，向东辐射到福建厦门边界，向北辐射到粤北韶关大部，北抵江西、湖南。主要包括河源市（源城区、紫金县大部、龙川县、连平县、和平县、东源县）、梅州市（梅江区、兴宁市、梅县、大埔县、丰顺县、五华县、平远县、蕉岭县）、揭阳市（榕城区、普宁市、揭东县、揭西县、惠来县）、潮州市（湘桥区、潮安县、饶平县）、汕头市（金平区、龙湖区、濠江区、潮阳区、潮南区、澄海区、南澳县）、汕尾市（城区、陆丰市、海丰县、陆河县），以及韶关市的新丰、始兴、南雄、英德、乐昌、仁化、翁源及清远的大部分、惠州的小部分（惠阳县等），福建云霄、诏安、漳浦、东山等县，江西寻乌、安远、定南等县。而且，赵佗任龙川县令时，其所辖龙川的势力范围：北境偏西抵及湖南郴县、桂阳县、零陵县、道县、江永县等，北境偏东抵及江西安远、龙南、全南、定南、寻乌、南康、南野等县，向西抵达广西贺县等，总计约为今天的 60 个县区。① 可见，秦代龙川县的辖地相当广阔。

秦代龙川县的辖地，按今天广东的文化区域划分，有潮汕民系，有客家民系，但主要是客家民系。司徒尚纪在《广东文化地理》一书中，将今之广东划分为广府、客家、潮汕三大文化区域。客家文化区域主要分布在粤东梅江流域、粤中东江流域、粤北北江流域。客家文化分布与秦代龙川县所辖的粤东、粤中、粤北范围基本一致。从这一点上说，龙川是客家先民生活、繁衍之地，龙川称为"客家古邑"是名正言顺的。河源，属于古龙川之地，现在，龙川又在河源市的范围之内，所以说河源市是"客家古邑"，也是"实至名归"。

第二，秦代"谪遣戍"之民确有一部分为客家先民。在龙川县古迹"越王井"旁，有唐代翰林学士韦昌明所撰之《越井记》碑记，碑文收入《全唐文》中，文曰："秦首置南海，即以龙川隶焉。则越之封，肇于春秋。而龙（川）之壤，则启自越王佗也。井周围为二丈许，深五丈。虽当亢旱，万人汲之不竭。其源出螯山，泉极清冽，味甘而香。自秦距今，八百七十余年，其迹如新。稽《史记》列传，称汉既平中国，而佗能集扬越，以保南藩称职贡，则佗之绩，良足为多。又秦徙中县之民于南方三郡，使与百越杂处，而龙（川）有中县之民四家。昌明祖以陕中人来此，已几三十五代矣，实与越井相终始。故记之如此。乾符五年十月之吉，邑人翰林学士韦昌明记。"（《全唐文》卷八一六）此段碑文说明几个问题：①韦昌明的先人是"秦徙中县之民于南方三郡，使与百越杂处"者，到韦昌明时，已传了 35 代。②韦昌明的先人是从"陕"来龙川的。"陕"，即河南陕县，周初为周、召二公分治处。春秋时为虢国，后灭于晋，战国时属魏。可见，韦昌明之祖是魏国之民。秦徙中县之民，绝大部分是战国赵、魏两国的中原人。③到唐代时，龙川有中县之民四家，这四家之民"实与越井相终始"，即都是秦徙民。据新编《龙川县志》载，赵、韦、官、任四姓居民是第一代进入龙川与当地南越人杂处的中县人。④唐代的龙川，已形成客家民系。因此，可以说龙川是"客家古邑"。②

第三，龙川县的建立以及赵佗在此地经营开发，为客家先民和以后形成的客家人的发展打下了牢固的基础。赵佗在任龙川县令及在南越国时期对龙川和客家先民的贡献，学者做了大量的研究，发表了很有见地的论文，我在拙文《论开拓岭南的功臣赵佗社会和谐思想与实践》中，也谈了一些看法。在此不赘。

---

① 中共龙川县委宣传部编：《秦代龙川县境地域考》，2008 年，第 34 页。

② 参见邹观林《赵佗与客家人》。

鉴于以上三点，我们有理由说，龙川是"客家古邑"，赵佗对客家先民有重大贡献。

二、 客家的人文精神始于赵佗

在讨论客家文化中，许多论著都谈到客家精神及客家文化特质。"客家学"最早的著作徐旭曾的《丰湖杂记》说："客人之风俗俭勤朴厚，故其人崇礼让，重廉耻，习劳耐苦，质而有文。"这是对客家人文精神的一种概括。一个民系的人文精神，不是凭空产生的，也不是由某人随意杜撰出来的，而是由生存环境决定的。我认为客家有几种人文精神与赵佗在岭南的创业是密切相关的。

（一）艰苦创业的精神

我们知道，客家人基本住地在万山环抱之中，山高林深，田少干旱，虎狼为害，瘴疠肆虐。客家人这种生存环境，形成了他们披荆斩棘，与恶劣环境做斗争的艰苦创业精神。这种精神始于赵佗。赵佗初到岭南，密林遍布，瘴疠袭人，自然条件很恶劣。土著越人用刀耕火种的生产方式，生产力水平低下。赵佗率领南下中原人和当地越人，战胜各种恶劣环境，开发龙川。正如唐韦昌明《越井记》中所说："南越王赵佗氏，昔令龙川时，建池于嶅湖之东，阻山带河，四面平旷，登山景望，惟此为中。厥土沃壤，草木渐包，垦辟定规制。"赵佗"垦辟定规制"，当包括开垦荒地，改进耕作制度，改良环境等措施。这就是一种艰苦创业的精神，并代代相传，成为后来客家人的一种精神。

（二）崇文重教精神

客家有崇文重教的文化传统，在人们喜闻乐见的民谚中，有许多劝学内容："生子唔读书，不如养头猪""目不识丁，枉费一生""路不走不平，人不学不成""捡漏趁天晴，读书趁年轻""读书肯用功，茅寮里出相公""家有千金，不如藏书万卷"等。居民中的门联、楹联，也有鼓励耕读的内容，如"干国家事，读圣贤书""种德承先业，藏书启后昆"等。这都是客家崇文重教的表现。这种精神也可以追溯到赵佗治理岭南。岭南文化在先秦时代是较中原落后的，故中原人称岭南为"南蛮之地"。赵佗来到岭南之后，大力推广中原文化，首先建立郡县制，推广中原王朝政治制度。其次，在文化、礼乐制度上积极汉化，推广汉语言文字，兴办学校。史称"赵佗王南越，稍以诗礼化其民"（黎崱《安南志略》），使得岭南"华风日兴""学校渐弘"（黄佐《广东通志》卷四十）。故后人述评，"广东文始尉佗""南越文章，以尉佗为始"。明清之际的屈大均说："予撰广东文选以佗始，佗孙胡次之，重其文，亦重其智也。"赵佗在龙川任县令六七年，许多崇文重教的措施在此试行，在王南越国时进一步推广。赵佗开先河以后，龙川"唐宋以来，宗工哲匠，接踵而生"。据统计，唐代以降，龙川有进士 28 人，举人 112 人。客家地区先民也自赵佗以来，兴办学校，人才辈出，在广东文化中占重要地位。

（三）重农抑末发展经济的经世致用思想

客家各地的方志都记载了客家人根据当地的生态环境，养成重农抑末的思想，如"力稿不事商贾""鲜商贩，惟务农力产""土瘠民贫，农知务本""程民自服耕外无别业可治"（清康熙《程乡县志·风俗》），"男不逐末而事农功，妇不蚕丝而专绩纺""男子力农事，重于离土；妇女勤麻绩作布"（明正德《归化县志·风俗》）。这是因为当地万山环抱，舟车不通，商贾闭塞，只能采取这种男耕女织的单一经济结构。这是一种经世致用的思想，也可以追溯到赵佗。

赵佗治理岭南，以人为本，努力解决民生实事。如高后采取"别异蛮夷"政策："有司请禁南越关市""禁南越铁器""毋予蛮夷外粤金铁田器""马牛羊即予，予牡，毋与牝"（《史记·南越列传》《汉书·两粤传》）。这些政策阻碍了南越的经济发展，使南越人更民不聊生。赵佗重视民生，吕后这些毒辣政策，使他"夙兴夜寐，寝不安席，食不甘味，目不视靡曼之色，耳不听钟鼓之音"（《汉书·两粤传》）。赵佗想办法解决这些问题，一是派人到汉"上书谢过"，希望吕后改变政策；二是派兵攻打长沙边邑；三是"自尊号为南越武帝"。万变不离其宗，总的目的，是要吕后改变封锁南越经济的政策，以解决民生问题。这不就是一种经世致用的精神吗？

（四）加强民族团结，建设和谐社会的思想

客家人讲义气，重团结。在家族之内，尊祖敬宗，孝顺父母，友爱兄弟，夫妻间同甘共苦；在社会上，朋友间重言诺，守信用，邻里间互相帮助，路见不平，拔刀相助；在国家有难、民族危亡关头，客家人讲精忠报国，抛头颅，洒热血，以其爱国热诚和民族气节彪炳于青史。其目的就是要使社会和谐，国泰民安。这种精神也可以追溯到赵佗。

赵佗治理南越，建立强有力的汉越联合政权，正确处理民族关系，使社会和谐发展。赵佗建立南越国，"颇有中国人相辅"（《史记·南越列传》），这"中国人"就是从中原来的汉人。同时任用越人酋长为吏、为将，与汉人共同治理南越。鼓励汉越通婚。中原人入境随俗，遵从越人风俗习惯。南越国内民族关系和睦，汉越人民友好相处。汉高祖刘邦对赵佗的评价，说他能"和辑百越"，"粤人相攻击之俗益止"，而且使"中县人以故不耗减"（《汉书·高帝纪下》）。这是很中肯、恰当的评价。

通过以上论述，我们认为，赵佗确实对客家文化有卓越贡献，"客家古邑"龙川是他开创的，他所率领的中原军民，成为首批客家先民。后来形成的客家民系的若干人文精神，也可以追溯到赵佗。今天在河源市召开"龙川县令赵佗与客家文化"学术研讨会，为举办好第23届世界客属恳亲大会重要内容之一的国际客家文化学术研讨会打基础做准备，是很好的。我因有公务不能与会，特致歉意。谨撰拙文，略陈己意，请专家批评指正。

原载《客家河源与天下客家》，黑龙江人民出版社2010年版。

论贾谊对待匈奴的战略思想

贾谊（前200—前168）生活于西汉初年，经历汉高祖、惠帝、吕后、文帝四朝。汉初社会面临着两大主要矛盾，一是中央政府与诸侯王的矛盾，二是汉王朝与匈奴之间的矛盾。贾谊对这两大社会矛盾都站在战略的高度，提出解决这些矛盾的建议和主张。本文谨就贾谊对待匈奴的战略思想，略陈己见，就教于同好。

一、 汉初匈奴势力的扩张与汉的 "和亲" 政策

匈奴，在先秦典籍中称"山戎""猃狁""荤粥"。他们居住在中国西北部边境地区，过着游牧生活，经常对中原地区以农业为主的民族进行骚扰。战国时期，秦、赵、燕等国为了防御匈奴的侵扰，都在边境地区修筑了长城。"后秦灭六国，而始皇帝使蒙恬将十万之众（《汉书·匈奴传》云'将数十万之众'——引者）北击胡，悉收河南地。因河为塞，筑四十四县城临河，徙适戍以充之。而通直道，自九原至云阳，因边山险堑溪谷可缮者治之，起临洮至辽东万余里。有渡河据阳山北假中"，对防御匈奴起了一定的作用。

匈奴最强大的时期，是在冒顿即位之后，《史记·匈奴列传》说："至冒顿而匈奴最强大。"冒顿于公元前209年杀父自立，也就是刘邦称汉王前三年。冒顿死于汉文帝六年（前174），在位35年。这时期正是汉高祖、惠帝、吕后、文帝时期，也就是贾谊生活的时期。这时期匈奴势力大大扩张，不仅大破东胡王，"西击走月氏，南并楼烦、白羊河南王"，而且利用秦灭、汉楚之争，中国疲于兵戎的机会，"悉复收秦所使蒙恬所夺匈奴地者，与汉关故河南塞，至朝那、肤施、遂侵燕代"。这时期匈奴之强盛，空前绝后。它所统治的地域，大体上东至兴安岭，西达北海，南至燕代而至肤施，有些已越过长城。就整个面积来看，比秦和西汉初年的版图要大。冒顿在匈奴族内的统治权更加巩固，所以《史记·匈奴列传》说："于是匈奴贵人大臣皆服，以冒顿单于为贤。"

刘邦统一天下之后，感到匈奴冒顿的威胁。汉高祖六年（前201），派韩王信到代，驻扎马邑，以防备匈奴。匈奴大攻马邑，韩王信抵抗不住，投降匈奴。匈奴遣兵南逾句注，攻太原，至晋阳下。汉高祖觉得事态严重，亲自带领了30多万兵去攻击匈奴，希望给匈奴以重大打击。结果适得其反，汉高祖被匈奴围困于平城白登山。匈奴围汉高祖的骑兵分四种，"其西方尽白马，东方尽青骓马，

北方尽乌骊马，南方尽骍马"。汉高祖被围七日之久，与外面消息断绝，粮食将尽。汉高祖乃用陈平计，派人去见冒顿的阏氏，馈赠厚礼，于是阏氏乃对冒顿说，"两主不相困，今得汉地，而单于终非能居之地。且汉王幽深，单于察之。"于是单于引兵而去，平城之围得解。

汉高祖平城白登之困，对汉王朝是一件奇耻大辱。汉高祖问计于刘敬，刘敬说："天下初定，士卒罢于兵，未可以武服也。冒顿杀父代立，妻群母，以力为威，未可以仁义说也。独可以计久远，子孙为臣耳！然恐陛下不能为。"上曰："诚可，何为不能！顾为奈何？"刘敬对曰："陛下诚能以适长公主妻之，厚奉遗之，彼知汉适女送厚蛮夷，必慕以为阏氏，生子必为太子，代单于。何者？贪汉重币。陛下以岁时汉所余彼所鲜，数问遗，因为辩士风谕以礼节。冒顿在，固为子婿，死，则外孙为单于，岂尝闻外孙敢与大父抗礼者哉？兵可无战，以渐臣也。若陛下不能遣长公主，而令宗室及后宫诈称公主，彼亦知，不肯贵近，无益也。"高帝曰："善！"欲遣长公主。① 这就是汉朝著名的"和亲"加送礼政策。吕后知道后，日夜啼哭，她说她只有一位太子和一位公主，为什么要把她唯一的女儿嫁到匈奴呢？高祖听了吕后的话，于是另择宗室之女代替，并派刘敬赴匈奴结和亲之约。《史记·匈奴列传》载："高帝乃使刘敬奉宗室女公主为单于阏氏，岁奉匈奴絮缯酒米食物各有数，约为昆弟以和亲。"这一政策经历了高祖、惠帝、文帝、景帝，乃至武帝初年，延续了六七十年。如惠帝三年（前192）、文帝六年（前174）、景帝元年和五年（前156和前152）先后遣送公主，财物更是年年奉送。

但是，这一"和亲"加送礼的政策，并没有达到预期的目的，匈奴继续南侵骚扰。当时的陇西、北地、上郡、云中、上谷、辽东等郡（当今甘肃临洮、庆阳，陕西榆林，内蒙古托克托，河北怀来，辽宁辽阳一带）经常遭到侵扰。匈奴骑兵所到之处，毁坏庄稼，劫夺财产，杀略吏民，抄掳人口，对社会经济造成极大的损坏。

汉高祖死，吕后当权，冒顿除了继续南下侵扰外，还写了一封极其狂妄无礼的信给吕后，信说："孤偾之君，生于沮泽中，长于平野牛马之域，数至边境，愿游中国。陛下独立，孤偾独居。两主不乐，无以自虞，愿以所有，易其所无。"（《汉书·匈奴传》）这是对吕后极为侮辱的言辞。《通鉴》指出"辞极亵慢"，吕后阅毕大怒，欲发兵去攻打冒顿。后来由于季布的劝告，吕后才忍气吞声回了信。《汉书·匈奴传》载，信说："单于不忘弊邑，赐之以书，弊邑恐惧。退日自图，年老气衰，发齿堕落，行步失度，单于过听，不足以自污。弊邑无罪，宜在见赦。窃有御车二乘，马二驷，以奉常驾。"冒顿得信之后，遣使到汉谢罪：

---

① 参见《史记·刘敬列传》，中华书局点校本。

"未尝闻中国礼义，陛下幸而赦之。"同时，他送马给吕后并修和亲之约，但吕后六年（前182）匈奴又入侵狄道攻阿阳。过了一年，匈奴再次入侵上述地方，并且掠走两千余人。

吕后死，文帝即位，匈奴不断南下侵掠。文帝三年（前177）匈奴右贤王入侵，占据河南地，侵盗上郡，杀掠人民。文帝下诏曰："汉与匈奴约为昆弟，无侵害边境，所以输遣匈奴甚厚。今右贤王离其国，将众居河南地，非常故。往来入塞，捕杀吏卒，驱侵上郡保塞蛮夷，令不得居其故。陵轹边吏，入盗，甚骜无道，非约也。"① 于是文帝乃遣边吏车骑八万到上郡高奴，遣丞相灌婴带领军队去攻击右贤王。右贤王见汉兵来攻，逃到塞外。

文帝四年（前176）冒顿为了右贤王入侵事，曾致书文帝，倒打一耙，说："汉边吏侵侮右贤王，右贤王不读，听后义卢侯难支等计，与汉吏相恨，绝二主之约，离昆弟之亲。"② 表示愿与汉和好复故约。文帝得书后，召集公卿们会议，讨论和亲，还是攻击匈奴。公卿们皆说："单于新破月氏，乘胜，不可击也。且得匈奴地，泽卤非可居也，和亲甚便。"文帝遵从公卿们的主张，继续和亲。文帝六年（前174）写信给冒顿说：您的来信说"愿寝兵休'士'，除前事，复故约，以安边民，世世乐平"，朕甚嘉之。此古圣王之志也，愿和亲如旧。③

对于在汉初实行六七十年的"和亲"加送礼的政策的是非功过，历来有不同的看法。陈序经在《匈奴史稿》中说，这是汉朝"为了边塞安宁而作的妥协"④。林幹则说："汉初的和亲是一种消极的政策，是一种变相的纳贡，是在当时的历史条件下迫不得已的一种妥协。"⑤ 这些看法都是很有道理的。

二、 贾谊的 "战德" 思想

对于汉初对匈奴的"和亲"政策，当时的许多大臣是反对的，《史记短长说》卷下载叔孙生的一段话说：

> 大汉方一宇宙，超三五，乃无故而饰爱女以为匈奴御，得无贻笑后世哉！夫匈奴豺狼也，其父之不恤而手摘之以死，何有于妇父，冒顿之有子也，而见其大父之死于冒顿也，则曰吾父且不武，何以独忍吾大父而弗忍外大父也？不然，而以十万骑入塞牧，曰："均而孙也，吾何以无汉分地，请

① 《汉书·匈奴传》，中华书局点校本。
② 《汉书·匈奴传》，中华书局点校本。
③ 《汉书·匈奴传》，中华书局点校本。
④ 陈序经：《匈奴史稿》，天津古籍出版社 1989 年版，第 181 页。
⑤ 林幹：《匈奴通史》，人民出版社 1986 年版，第 52 页。

得九州之偏若幽冀者寓牧焉。"奚辞捍之。

这段记载不见于正史，但许多政治家反对和亲是见于正史记载的。贾谊是其中之一。《汉书·贾谊传》载贾谊在给汉文帝的上疏中，激愤地说：

> 今匈奴慢侮侵掠，至不敬也，为天下患，至亡已也。而汉岁致金絮采缯以奉之。夷狄征令，是主上之操也；天子共贡，是臣下之礼也。足反居上，首顾居下，倒悬如此，莫之能解，犹为国有人乎？

贾谊认为，汉朝和匈奴的关系，犹如首足，而今首足颠倒，如同"倒悬"，是可忍，孰不可忍。他对于匈奴侵扰边境表示极大的不满和愤慨，在《新书·解县》中说：

> 今西郡、北郡，虽有长爵不轻得复，五尺已上不轻得息，若甚矣。中地左戍，延行数千里，粮食馈馕至难矣。斥候者望烽燧而不敢卧，将吏戍者或介胄而睡，而匈奴欺侮侵掠未知息时，于焉望信威广德难。①

在《新书·威不信》中说：

> 古之正义，东西南北，苟舟车之所达，人迹之所至，莫不率服，而后云天子；德厚焉，泽湛焉，而后称帝；又加美焉，而后称皇。今称号甚美，而实不出长城，彼非特不服也，又大不敬。边长不宁，中长不静，譬如伏虎，见便必动，将何时已。昔高帝起布衣而服九州，今陛下杖九州而不行于匈奴，窃为陛下不足，且事势有甚逆者焉。②

面对这样的局面，贾谊大声疾呼，要彻底解决匈奴侵扰边境的问题。他在《新书·匈奴》③篇中，阐述一套制服匈奴贵族的战略思想。这种思想集中到一点就是"战德"，即强调"宜以厚德怀服四夷，举明义博示远方，则车之所至，人力之所及，莫不为畜，不孰敢愤然不承帝意"。他的"战德"思想包括以下内容。

第一，正确估计敌我力量。贾谊估计匈奴的骑兵大抵六万，如果按五口之家出一骑兵的话，则匈奴户口30万人，这个数字，"未及汉千石大县也"。他指出："臣窃料匈奴之众不过汉一千石大县，以天下之大而困于一县之小，甚窃为执事羞之。"认为对匈奴的退让太过分了。为了治理匈奴，宜"立一官，置一吏，以主匈奴"，"以耀蝉之术振之"。何为"耀蝉之术"？《荀子·致士》："夫耀蝉者

---

① 王州明、徐超校注：《贾谊集校注》，人民文学出版社1996年版，第128页。
② 王州明、徐超校注：《贾谊集校注》，人民文学出版社1996年版，第131-132页。
③ 以下引文皆见王州明、徐超校注《贾谊集校注》，人民文学出版社1996年版，第134-151页。

务在明其火、振其树而已。火不明，虽振其树，无益也。今人主有能明其德者则天下归之若蝉之归明火也。"这就是说要用施行恩德的方法来瓦解、征服匈奴，就像用明火的方法来捕蝉一样。用这样的方法，必然天下大治。贾谊说，"陛下肯听其事"，"将必以匈奴之众为汉臣民，制之令千家而为一国，列处之塞外，自陇西延至辽东，各有分地以卫边，使备月氏、灌窳之变，皆属之其置郡。然后罢戎休边，泯天下之兵。帝之威德，内行外信，四方悦服，则愚臣之志快矣"。贾谊说："臣闻强国战智，王者战义，帝者战德。"这是传统的儒家思想。

第二，要"与单于争其民，则下匈奴犹振槁也"。我们争取到匈奴的民众，解决匈奴侵扰的问题，犹如摇落枯树枝叶一样容易办到。怎样才能做到"与单于争其民"呢？贾谊提出"建三表，设五饵"。

所谓"三表"，就是"以事势谕天子"之信、爱、好。贾谊说：

> 陛下肯幸用臣之计，臣且以事势谕天子之信，使匈奴大众之信陛下也。为通言耳，必行而弗易。梦中许人，觉且不背其信；陛下以诺，若日出之灼灼。故闻君一言，虽有微远，其志不疑；仇雠之人，其心不殆。若此则信谕矣，所图莫不行矣，一表。臣又且以事势谕陛下之爱，令匈奴之自视也，苟胡面而戎状者，其自以为见爱于天子也，犹弱子之遌慈母也。若此则爱谕矣，一表。臣又且谕陛下之好，令胡人之自视也，苟其技之所长与其所工，一可以当天子之意。若此则好谕矣，一表。爱人之状，好人之技，人道也；信为大操，帝义也。爱好有实，已诺可期，十死一生，彼必将至。此谓三表。

贾谊所讲的"信"，就是"言必信，行必果"；所谓"爱"，是爱"胡人"（匈奴）的面目外貌；而"好"则是喜欢其精湛的技艺。他说，"爱人之状，好人之技，人道也"，也就是"仁"的表现。而在信、爱、好三者之中，"信为大操"，是帝者守信义的一种表现。可见，贯穿"三表"的基本思想是儒家的"战德"。

贾谊所说的"五饵"，其一是以锦绣华饰坏其目，这就是所谓"匈奴之来者，家长已上固必衣绣，家少者必衣文锦，将为银车五乘，大雕画之，驾四马，载绿盖，从数骑，御参乘，且虽单于之出入也，不轻都此矣。令匈奴降者时时得此而赐之耳。一国闻之者、见之者，希心而相告，人人冀幸，以为吾至亦可以得此，将以坏其目"。其二是以美菜膳炙坏其口，即所谓"匈奴之使至者，若大降者也，大众之所聚也，上必有所召赐食焉。饭物故四五盛，美菜膳炙，肉具醢醯，方数尺于前，令一人坐此，胡人欲观者固百数在旁。得赐者之喜也，且笑且饭，味皆所嗜所而未尝得也。令来者时时得此而享之耳。一国闻之者、见之者，垂羡而相告，人憛悇其所自，以吾至亦将得此，将以坏其口"。其三是以音乐舞蹈坏其目，即所谓"降者之杰也，若使者至也，上必使人有所召客焉。令得召其

知识，胡人之欲观者勿禁。令妇人傅白墨黑，绣衣而待其堂者二三十人，或薄或
弇为其胡戏以相饭。上使乐府幸假之但乐，吹箫鼓鞉，倒絜面者更进，舞者、蹈
者时作。少间击鼓，舞其偶人。昔时乃为戎乐，携手胥强上客之后，妇人先后扶
持之者固十余人，使降者时或得此而乐之耳。一国闻之者、见之者，希盱相告，
人人伋伋惟恐其后来至也，将以此坏其耳"。其四，是以财富厚赏坏其腹，即所
谓"凡降者，陛下之所召幸，若所以约致也。陛下必时有所富，必令此有高堂邃
宇，善厨处，大囷京，厩有编马，库有阵车，奴婢、诸婴儿、畜生具。令此时大
具，召胡客，享胡使，上幸令官助之具，假之乐，令此其居处乐虞、囷京之畜，
皆过其故王，虑出其单于或时时赐此而为家耳。匈奴一国倾心而冀，人人伋伋唯
恐其后至也，将以此坏其腹"。其五，是厚待胡人贵族及其子弟，以坏其心，即
所谓"于来降者，上必时时而有所召幸，拊循而后得入官。夫胡大人难亲也，若
上于胡婴儿及贵人子好可爱者，上必召幸大数十人者，为此绣衣好闲，且出则
从，居则更侍。上即飨胡人也，大觳抵也，客胡使也，力士武士固近侍旁，胡婴
儿得近侍侧，胡贵人更进得佐酒前，上乃幸自御此薄，使付酒酦，时人偶之。为
闲则出绣衣，具带服宾余，时以赐之。上即幸拊胡婴儿，搯道之，戏弄之，乃授
炙幸自啗之，出好衣闲，且自为赣之。上起，胡婴儿或前或后，胡贵人既得奉
酒，出则服衣佩绶，贵人而立于前，令数人得此而居耳。一国闻者、见者，希盱
而欲，人人伋伋惟恐其后来至也，将以此坏其心"。

　　贾谊的"五饵"，饵，就是诱饵，都是属厚赏的内容，即对于匈奴民众，尽
量用各种办法满足他们的物质欲望和精神享受，达到"牵其耳、牵其目、牵其
口、牵其腹，……又引其心，安得不来"的目的。贾谊认为，只要实行"三表"
"五饵"，便可以争取匈奴的民众，孤立单于，并进而降服，这是一种站得非常
高的战略思想。他说：

　　　　故三表以谕，五饵既明，则匈奴之中乖而相疑矣；使单于寝不聊寐，食
　　不甘口，挥剑挟弓而蹲穹庐之隅，左视右视，以为尽仇也。彼其群臣，虽欲
　　毋走，若虎在后；众欲毋来，恐或轩之，此谓势然。其贵人之见单于，犹迒
　　虎狼也；其南面而归汉也，犹弱子之慕慈母也。其众之见将吏，犹靁迒仇雠
　　也；南向而欲走汉，犹水流下也。将使单于无臣之使，无民之守，夫恶得不
　　系颈顿颡，请归陛下之义哉！此谓战德。

　　贾谊所说的"战德"内容，就是儒家所主张的"德治""礼治"的思想。

　　第三，贾谊对他这套"耀蝉之术"和"三表""五饵"的战略，具有很大的
信心，他向汉文帝毛遂自荐，愿意亲自来实现此计划。他说："陛下有意，胡不
使臣一试理此？夫胡人于古小诸侯之所铚权而服也，奚宜敢捍若此？以臣为属国
之官，以主匈奴，因幸行臣之计，半岁之内，休屠饭失其口矣；少假之间，休屠
系颈以草，膝行顿颡，请归陛下之义，唯上财幸。而后复罢属国之官，臣赐归伏

田庐，不复涝末廷，则忠臣之志快矣。"① 贾谊忧国忧民的赤子之心，对汉文帝忠心耿耿之情跃然纸上。

对于贾谊"三表""五饵"的战略，过去人们的评论，往往说它迂疏。班固在《汉书·贾谊传·赞》中说："及欲试属国，施五饵三表以系单于，其术固以疏矣。"鲁迅在《汉文学史纲要》中，比较贾谊与晁错在对待匈奴的不同主张时也说："然以二人之论匈奴者相较，则可见贾生之言，乃颇疏阔，不能与晁错之深识为伦比矣。"② 但是历史上也有人从正面肯定贾谊的主张。例如宋代程颐在读到此事时说："贾谊有'五饵'之说，当时笑其疏，今日朝廷正使著，故得着许多时宁息。"③ 朱熹也同意程颐的说法，说："伊川尝言，本朝正用此术。契丹分明是被金帛买住了。今日金虏亦是如此。"④ 在程朱看来，贾谊"三表""五饵"之说，是对付匈奴的怀柔手段，未尝不可以使用。有学者认为，"这种手段也就是战争中经常使用的诱降"⑤。其实质就是打着"信""爱""好"的旗帜，用各种物质利益和精神享受来满足匈奴民众的需要，达到分化瓦解其内部的人心，用和平的手段征服匈奴的目的。这在当时不失为一种高瞻远瞩的战略思想。

三、"战德" 与 "民本" 思想

贾谊的治国方略是仁政思想。仁政思想的核心是以民为本，只有坚持"民本"才是国之"大政"。民在政治、社会生活中的重要性，在《新书·大政上》的开篇有一段概括的论述：

> 闻之于政也，民无不为本也。国以为本，君以为本，吏以为本。故国以民为安危，君以民为威侮，吏以民为贵贱。此之谓民无不为本也。闻之于政也，民无不为命也。国以为命，君以为命，吏以为命。故国以民为存亡，君以民为盲明，吏以民为贤不肖。此之谓民无不为命也。闻之于政也，民无不为功也。故国以为功，君以为功，吏以为功。国以民为兴坏，君以民为强弱，吏以民为能不能。此之谓民无不为功也。闻之于政也，民无不为力也。故国以为力，君以为力，吏以为力。故夫战之胜也，民欲胜也；攻之得也，民欲得也；守之存也，民欲存也。故率民而守，而民不欲存，则莫能以存

① 《新书·势卑》，见王州明、徐超校注《贾谊集校注》，人民文学出版社 1996 年版，第 155—156 页。
② 《鲁迅全集》卷八，人民文学出版社 1959 年版，第 291 页。
③ 《二程集》，第 44 页。
④ 朱熹：《朱子语类》卷一三五。
⑤ 王兴国：《贾谊评传》，南京大学出版社 1992 年版，第 336 页。

矣；故率民而攻，民不欲得，则莫能以得矣；故率民而战，民不欲胜，则莫能以胜矣。故其民之为其上也，接敌而喜，进而不能止，敌人必骇，战由此胜也。夫民之于其上也，接而惧，必走去，战由此败也。故夫灾与福也，非粹在天也，必在士民也。……夫士民之志，不可不要也。

在《大政上》篇中，论民之重要性，除这段集中的话论述外，还有多次谈及，如说："故夫民者，至贱而不可简也，至愚而不可欺也。故自古至今，与民为雠者，有迟有违，而民必胜之。""夫民者，唯君者有之，为人臣者助君理之。故夫为人臣者，以富乐民为功，以贫苦民为罪。故君以知贤为明，吏以爱民为忠。""夫民者，万世之本也，不可欺。凡居于上位者，简士苦民者，是谓愚；敬士忧民者，是谓智。""故夫民者，大族也，民不可不畏也。故夫民者，多力而不可适［敌］也。""与民为敌者，民必胜之。""故夫士民者，国家之所树而诸侯之本也，不可轻也"等。①

在这里，贾谊用"本""命""功""力"等概念，来说明民众在历史上的地位和作用。他认为"本"是根本，民众是国家的根本；"命"是生命，民众是国家的生命；"功"是功效，要提高治理国家的功效，必须依靠民众；"力"是力量，民众是国家的力量。他清楚地说明一个道理，即民众是国家的根本，所以民众能够制约国家的命运，决定国家的兴败与强弱。

因为民是国家的根本，所以君主必须爱民，说"为人君者敬士爱民，以终其身""德莫高于博爱人"②。贾谊在《新书》的《谕诚》《连语》等篇中，列举了先秦的许多历史故事，来说明实行德治、抚爱民众者得到人民的拥护，统治得以巩固；反之，背道弃义、肆虐民众者，得到可耻的下场。只有坚持爱民之道，忧民之忧，乐民之乐，君主才能得到可靠的保卫者。

要爱民就必须惠民，给民众们看得见的好处与实惠，使民众的物质利益得到满足。贾谊在《修政语上》中引帝喾的话说："政莫高于博利人。"又引大禹的话说："民无食者，则我弗能使也；功成而不利于民，我弗能劝也。"如何才能做到惠民，最关键的一条就是富民。他在《修政语下》中引用周成王的话说："寡人闻之，圣人在上位，使民富且寿云。"只有使人民富起来，君主的地位才得以巩固。

上述贾谊对匈奴的"战德"就是建立于民本的思想的基础之上。他的"耀

①《新书·修政语下》，见王州明、徐超校注《贾谊集校注》，人民文学出版社 1996 年版，第 371 页。

②《新书·修政语上》，见王州明、徐超校注《贾谊集校注》，人民文学出版社 1996 年版，第 357 页。

蝉之术""三表""五饵"集中到一点就是争取匈奴的民众，给匈奴民众以物质利益和精神享受，像对待汉族民众一样来对待匈奴的民众，把匈奴民众与单于分开来，孤立单于，达到安宁边境、发展生产的目的。两千多年前的贾谊有这样高的战略思想是难能可贵的，我们应该加以借鉴、学习和继承。

原载《高敏先生八十华诞纪念文集》，线装书局 2006 年版。

朱绍侯先生与军功爵制研究

朱绍侯先生是我国著名的秦汉史研究专家。他在秦汉土地制度与阶级关系、军功爵制和简牍学等研究领域，都有很多建树。其中，对军功爵制的研究用力尤多、历时最久，成就也最为显著。鉴于学界对军功爵制的产生及兴衰过程、阶级属性、历史作用等问题的模糊认识，早在 20 世纪 50 年代，朱先生就开始研究军功爵制，意欲通过对军功爵制产生、确立、发展、演变直至衰亡全过程的考察，"把这个长期不为史学家所重视，并已模糊不清的军政制度，通过研究，钩沉索隐，考证探微，寻找其来龙去脉，恢复它在历史上的原有地位，使它在历史上所起过的作用得以澄清"①。经过近半个世纪的不懈探索，也的确达到了这个目的，并使自己对军功爵制的研究在学术界独树一帜，自成一家之言。现就朱先生在军功爵制研究领域的突出成就，略述荦荦大者数端如下。

一、 厘清了军功爵制产生、 发展和衰亡的基本线索

1. 春秋时期军功爵制的产生

所谓军功爵制，是指按军功（也包括事功）赐予爵位、田宅、食邑和封国的爵禄制度，是为适应春秋战国时期新兴地主阶级的崛起而建立的一种封建等级制度，它与西周奴隶制下世袭的五等爵（即公、侯、伯、子、男）制有着明显的区别。在西周宗法制下，各级奴隶主贵族地位世袭，故其所受爵位也大致是固定不变的。五等爵制的主要内容是"授民授疆土"，受封者不仅辖地而且领民；在军功爵制下，不论身份贵贱、地位高低，所有臣民都可按其军功大小获得相应的爵位和利益，故又称因功赐爵制。但即使爵位最尊的封君，也只能在其封邑内"衣食租税"，并不能完全占有土地和人民。因此，军功爵制的产生，是对世袭的五等爵制的否定。

从五等爵制到军功爵制的演变，是当时社会政治经济急剧变化的反映。朱先生将军功爵制置于春秋战国时期奴隶制趋于崩溃瓦解和封建制逐渐产生确立的大背景下，结合春秋时期齐、晋、秦、越、宋、楚等国赐予"田宅爵禄"的史实，对其进行了深入全面的考察，以翔实的资料和缜密的分析，论证了军功爵制在春秋时期已经出现，并成了各国新兴地主阶级笼络人心、吸引人才和壮大自己势力

---

① 朱绍侯：《军功爵制研究》，上海人民出版社 1990 年版，第 3 页。

的手段。及至春秋晚期，军功爵制更成为他们向奴隶主贵族的夺权工具。西周奴隶制下的世卿世禄制和"工商皂隶，不知迁业"（《左传·襄公九年》）的格局已被打破，出身低微的齐国管仲和鲍叔牙、晋国狐偃和赵衰以及楚国孙叔敖等人，分别受到春秋霸主齐桓公、晋文公和楚庄王的重用和赏赐，均为其例。晋定公时赵鞅在誓师词中关于"克敌者，上大夫受县，下大夫受郡，士田十万，庶人工商遂，人臣隶圉免"（《左传·哀公二年》）的承诺，既是军功爵制在晋国的具体运用，也是赵氏壮大自己势力的主要手段。通过这种赐爵制度，大夫、士人可得到爵位封邑和土地，庶人工商等各种身份者也可获得自由，甚至由此步入上层政治舞台。这无疑是对宗法制下"天子建国，诸侯立家，卿置侧室，大夫有贰宗，士有隶子弟，庶人、工、商，各有等衰"（《左传·桓公二年》）的等级制度的否定，也是对日趋腐朽没落的奴隶主贵族势力的沉重打击。因此，"如果说五等爵制是西周奴隶主阶级所建立的奴隶社会等级制度的话，那么军功爵制就是适应春秋战国时期新兴地主阶级在政治、经济等方面的需要，而建立的封建等级制度"①。不过，当时的周天子虽已大权旁落，但他在名义上仍然是天下"共主"，在政治上仍具有一定的号召力。因此，春秋时期军功爵制的产生，并不意味着五等爵制的彻底废除。直到战国中期，随着魏、齐、赵、韩、秦、燕、宋等国诸侯的相继称王，五等爵制才最终退出历史舞台。

2. 战国时期军功爵制的确立

及至战国时期，各国新兴的地主阶级相继掌握了国家政权。为了进一步打击奴隶主贵族势力，巩固地主阶级政权，各国先后进行了一系列变法改革，其中军功爵制是各国普遍推行的改革措施之一。如魏国李悝变法，主张"夺淫民之禄，以来四方之士"；根据"食有劳而禄有功，使有能而赏必行，罚必当"的原则，以功劳授爵禄，改变了以往"其父有功而禄，其子无功而食之"（刘向《说苑·政理》）的世卿世禄制。楚悼王任用吴起变法，鉴于长期以来楚国"大臣太重，封君太众"而形成的"上逼主而下虐民"的状况，吴起主张"使封君之子孙三世而收爵禄，绝灭百吏之禄秩，损不急之枝官，以奉选练之士"②。又如韩国申不害改革，也实行了"见功而与赏，因能而授官""循功劳，视次第"的任官赐爵制度。（《韩非子·外储说左上》《战国策·韩策》）其他如齐国、燕国，也都推行"明爵禄""无功不当封"（《孙膑兵法·杀士》《战国策·燕策》）的制度。至于秦国，更是集各国军功爵制之大成，并将其发展到完备的程度。《史记》卷六十八《商君列传》载，秦孝公任用商鞅变法，推行"有军功者，各以率受上爵；……宗室非有军功论，不得为属籍。明尊卑爵秩等级，各以差次名田宅，臣

---

① 朱绍侯：《军功爵制研究》，上海人民出版社1990年版，第6页。

② 参见《韩非子·和氏》及《史记》卷六十五《吴起列传》。

妾、衣服以家次"的军功爵制。司马贞《索隐》载,"谓宗室若无军功,则不得入属籍。谓除其籍,则虽无功不及爵秩也","各随其家爵秩之班次,亦不使僭侈逾等也"。可见,当时是严格按照军功大小以"明尊卑爵秩等级"的。有无军功已成为衡量人们政治地位的重要因素,以致在时人看来,"有功者显荣,无功者虽富无所芬华"。由此不难看出,战国时期各国已普遍建立了军功爵制。

3. 秦代军功爵制的演变

由于资料缺失,战国时期各国军功爵制的具体内容已无从考证,但文献中却不乏秦国和秦代二十级军功爵制的材料,只是各书记载不尽相同而已。如《商君书·境内》与《汉书·百官公卿表》所记的爵制就有所不同。若就爵名及其排列顺序而言,从一级到九级,二者完全相同,但从十级以后却有显著差异。其所以如此,正是军功爵制前后承袭和发展变化的反映。前者是商鞅变法时秦国的爵制,后者则是秦统一后的爵制。前者显示的军功爵制自一级以下至小夫,还有校、徒、操三级;一级以上只有十七级而非二十级,其最高级爵为大良造。由于战国中期各国国君都是以侯为号,故其爵制中没有侯爵,最高者称君。如著名的"战国四公子"(即齐国孟尝君田文、赵国平原君赵胜、魏国信陵君魏无忌和楚国春申君黄歇)均被封君而未封侯;辅佐秦孝公变法改革且功效卓著的商鞅,也被封为"商君"而不称"商侯",其正式爵称则是大良造。直到惠文王以后,秦国才出现侯爵,而且封侯者极少,以至秦始皇大将王翦有"为大王将,有功终不得封侯"(《史记》卷七十三《白起王翦列传》)之语;至于大量分封关内侯、伦侯和彻侯等侯爵,则是秦统一六国以后的事。

秦统一六国后,继承商鞅军功爵制的原则和办法,将其发展成为一套完备的二十级军功爵制。凡有爵者,均可据其爵位高低获得相应的政治地位和经济利益,故秦政府非常重视军功爵制的贯彻落实,建立了一套从中央到地方完整的管理、评议、颁赐军功爵的机构,并采取了相应的措施。在各级军队中,则有一套劳、论、赐的评功赐爵程序。因此,秦代的军功爵制有着实际的政治、经济价值和意义。但是,从大量有爵者沦为"居赀"以赎债的情况看,军功爵制在秦末已趋于轻滥。[1]

4. 汉代军功爵制的日渐轻滥与衰亡

汉承秦制,秦代军功爵制也为汉代所承袭。但是,所谓"汉承秦制"并非完全承秦不改。汉承秦代爵制,是指刘邦入关以后。在此以前,则沿用楚国旧制,故刘邦在入关前颁赐其部下的九种军功爵(七大夫、国大夫、列大夫、上间

---

[1] 参见朱绍侯《军功爵制研究》,上海人民出版社 1990 年版,第 192 - 200 页;朱绍侯《从〈秦谳书〉看汉初军功爵制的几个问题》,见李学勤主编《简帛研究》第二辑,法律出版社 1996 年版。

爵、五大夫、卿、执帛、执珪、侯）均为楚爵。及至入关以后，为适应形势的变化，争取人心，遂放弃楚制而改行秦制。刘邦在汉高祖五年（前202）五月五日诏令有云："今天下已定，令各归其县，复故爵田宅。"（《汉书》卷一下《高帝纪》）其中所谓"故爵"即指秦爵而言。

但是，刘邦在沿用秦代爵制的同时，又对其进行了改革。其最大的变化是在二十级爵位之上，又增加了王爵。秦代废封建、立郡县，故其爵称中无王爵；汉朝建立后，刘邦在铲除异姓诸侯王的同时，又错误地"惩戒亡秦孤立之败"，大封同姓子弟为王，不仅王爵可世袭，而且其子弟还可封侯。于是，汉代军功爵制中有了宗室王、侯二等爵。其次是高爵级别的变化。秦时七大夫（即公大夫）以上即为高爵，故在前引汉高祖五年五月五日的诏令中有"七大夫、公乘以上，皆高爵也。……异日，秦民爵公大夫以上，令、丞与亢礼"之说。但不久就提高一级，规定"非公乘以上，不得冠刘氏冠"（《汉书》卷一下《高帝纪》）。即公乘以上才算高爵。汉惠帝即位后，令"爵五大夫、吏六百石以上及宦皇帝而知名者，有罪当盗械者，皆颂系"（《汉书》卷二《惠帝纪》）。实际上将高爵界限又提高一等，即九级五大夫始为高爵。同时，汉代高爵特别是最高爵所享有的特权也比秦代优厚，而低爵者的待遇则比秦时更少、更低，反映出汉代获得高爵的当权派漠视低爵者利益的事实。但是，直到吕后时期，包括低爵在内的军功爵仍然具有实际价值（详后）。文景以后，由于大规模战争的结束，军功爵制失去了原来奖励军功的作用，因功授爵、因能授官的原则也遭到破坏，汉朝政府不仅滥赐民爵，而且还将军功爵赐给不与战事的后宫嫔妃。汉代还大量卖爵，不仅政府出卖爵位，百姓也可买爵。此外，中央政府对诸侯王势力的打击，使其权势和地位均大不如前。于是，军功爵制日渐轻滥，以致汉武帝对匈奴作战，不得不创立新的武功爵"以宠战士""以显军功"。[1] 此举非但没有遏制军功爵制的轻滥，反而加剧了这种趋势。到西汉末年，军功爵制遂由轻滥而走向衰亡。及至东汉建立，豪强地主势力的膨胀，察举、征辟制的推行和募兵制的兴起，使军功爵制完全失去了获得官位和减免赋役的作用。因此，人们得爵不喜，夺爵不惧。到东汉末年，曹操又建立了新的爵制，虽然继续保留了列侯、关内侯和五大夫的爵称，但除了列侯和关内侯外，都是空有名号而无封邑，也不食租税的"虚封"而已。而且五大夫已由九级提高到十五级，与以前相比名同实异，其他高爵则不复存在，至于公乘以下的民爵，更是徒有其名而已。军功爵制的衰亡自然是不可避免了。

---

① 参见《汉书》卷六《武帝纪》、《汉书》卷二十四《食货志》。

二、 军功爵制的价值

军功爵制是作为五等爵制的对立面而产生的，对当时的政治、军事和社会经济都产生了重大影响。特别是经过商鞅变法，军功爵制已非常完备，故其地位和作用也更加突出，以致秦代人们的政治地位和生活待遇，几乎取决于有无爵位和爵位的高低。汉代军功爵制虽日渐轻滥，但在西汉初年却仍具有真实的价值；西汉中期以后，军功爵对一般百姓已无实际意义，但在军队中仍具有一定的作用。① 简牍材料显示，在秦汉的户口登记和断案治狱等官文书中，都有关于当事人有无爵位和爵位级别等内容的详细记录。朱先生在《军功爵制在秦人政治生活中的地位》② 一文中，将秦代七级以下低爵者享有的政治地位和生活待遇概括为以下四个方面：一是当官为吏和乞庶子的特权，二是赎罪和减、免刑罚的特权，三是赎免身为奴婢的亲人的权利，四是生活上的优待。汉代军功爵拥有者所享有的特权和优待虽不及秦代，但在政治、经济等方面仍具有实际价值。尤其是张家山汉简张家山二四七号③《二年律令》的出土，为我们认识汉初军功爵的价值提供了弥足珍贵的新材料。

朱先生从经济价值、政治价值和以爵赎人、赎罪等方面，论述了军功爵制在汉初的实际价值。④ 本节以下关于汉代军功爵制价值的论述，多参阅此二文，恕不一一注明。其经济价值主要表现在占有田宅、减免赋税和卖钱、折价等方面。根据《二年律令》的有关记载可知，汉初按六个等级授予田宅，第一至第四等级分别是侯爵（彻侯和关内侯）、卿爵（大庶长至左庶长）、大夫爵（五大夫至大夫）和小爵（不更至公士），第五等是无爵位的公卒、士伍和庶人，第六等是犯有轻罪的司寇和隐官。不同等级者所受田宅多少悬殊。侯爵和卿爵所受田宅数量庞大，其中关内侯最高，可受田九十五顷、宅九十五（彻侯因有封国，故无受田记录，只受宅一百零五）；卿爵中最高的大庶长可受田、宅各九十顷、座，以下依次递减二顷、二宅，至最低的左庶长也可受田七十四顷、宅七十四。至大夫爵则数量骤减，最高的五大夫仅可受田廿五顷、宅廿五，大夫仅受田五顷、宅五；小爵所获田宅更少，分别只有四顷（宅）至一顷（宅）半。至于没有爵位

---

① 参见朱绍侯《军功爵制研究》，上海人民出版社1990年版，第51－72、179－251页。

② 朱绍侯：《军功爵制研究》，上海人民出版社1990年版，第179－191页。

③ 汉墓竹简整理小组：《张家山汉墓竹简（二四七号墓）》，文物出版社2001年版。以下所引张家山汉简均出此书，文中只注篇名，不再写书名。

④ 参见朱绍侯《从〈二年律令〉看与军功爵制有关的三个问题——〈二年律令〉与军功爵制研究之三》《从〈二年律令〉看汉初二十级军功爵的价值——〈二年律令〉与军功爵制研究之四》，载《河南大学学报（社会科学版）》2003年第1、2期。

的士伍、庶人等，只能各获一顷一宅，而司寇、隐官等轻刑犯人可各获半顷、半宅。军功爵制的经济价值还表现在有爵者可依其爵位高低享有减免赋税的特权，这在《二年律令》中都有具体规定：

> 入顷刍稿，顷入刍三石；上郡地恶，顷入二石，稿皆二石。令各入其岁所有，毋入陈，不从令者罚黄金四两。收入刍稿，县各度一岁用刍稿，足其县用，其余令顷入五十五钱以当刍稿。刍一石当十五钱，稿一石当五钱。刍稿节贵于律，以入刍稿时平贾入钱。——《田律》
>
> 卿以上所自田户田，不租，不出顷刍稿。——《户律》
>
> 卿以下，五月户出赋十六钱，十月户出刍一石，足其县用，余以入顷刍稿入钱。——《田律》

一般百姓"入顷刍稿，顷入刍三石……稿皆二石"。他们与"不租，不出顷刍稿"的卿以上爵位者和"五月户出赋十六钱，十月户出刍一石"的卿以下爵位者的负担，显然有别。尤其是那些占有大量田宅的"卿以上"爵位者，却享有不出田租、刍稿等税的优待。足见汉初军功爵仍具有重要的经济价值。

虽然汉代已出现官重爵轻的趋势，但有爵者仍然享有相应的官级待遇。就《二年律令》反映的汉初与元帝时的官爵对比关系而言，有两个显著特点：一是低爵与官级对比由细到粗，高爵与高官对比则由粗到细；二是中低爵者地位日渐下降，而高爵者地位不断提高。说明军功爵制虽日渐轻滥，但有爵者（特别是中高级爵位）仍然享有较高的政治地位和待遇。

汉初军功爵的政治价值还表现在爵位的继承权。特别是作为彻侯、关内侯"后子"的嫡长子，可以继承其父的所有政治、经济特权，实际上是世袭制。其他如卿级爵（左庶长到大庶长）、大夫级爵（大夫到五大夫）和小爵（不更到公士）的嫡长子，均为降级继承（自降九级到降二级不等），其他众子所继承的爵位就相当低了。按照降二级继承的原则，上造、公士的嫡长子已无爵位可继承，只能进入庶民阶层。

军功爵原本是对战争中立有军功者的赏赐，即使非军功赐爵，除后宫嫔妃外，一般也仅限于男子，故史书中屡见有诸如"赐民爵一级，女子百户牛酒"之类的记载。① 但在张家山汉简《二年律令·置后律》中，却明确规定"女子比其夫爵"。此外，另有四条关于对逃亡和犯罪的"上造、上造妻以上"和"公士、公士妻以上"如何减轻处罚的律文，足证汉初拥有军功爵者之妻，也可享有与其夫同等的待遇。在丈夫死亡后，以寡妻立户者，还可继承其夫的爵位，即《置后律》所谓"寡为户后，予田宅，比子为后者爵"。"女子比其夫爵"，是军

---

① 参见《汉书》之《文帝纪》《武帝纪》《宣帝纪》《元帝纪》《成帝纪》《哀帝纪》及《王莽传》等篇。

功爵政治价值的又一体现。

根据《二年律令·钱律》可知，汉初军功爵也可赎罪免刑，而且一级爵位即可免除死罪一人，或免除城旦舂、鬼薪、白粲二人，隶臣妾、收人、司空（一岁刑及刑徒之类）三人为庶人，如被判为肉刑而未上报者，则不再行刑。足见军功爵在当时确有非凡的价值。[①]

拥有爵位者不仅在生前享有各种特权和待遇，在其死后也因有无爵位和爵位高低之别而有不同。如在政府赐予各类人员的丧葬费中，给卿级爵和五大夫以下爵者的棺椁钱就有明显差别，无爵者则只有少量棺钱而无椁钱。

军功爵的政治、经济价值并不是截然分开的，而是相互关联的。如占有田宅和减免租赋，既是其经济价值，也是获爵者政治地位的体现。其他如出差途中的食宿、车马服务，皇帝赐予酒食的数量，以及死者棺椁钱的多少等，都是如此。不过，军功爵制具有如此重要的价值，仅限于西汉初期吕后当政及其以前，自此以后，军功爵制逐渐轻滥。到西汉末期，除高爵尚有实际意义外，所谓"民爵八级"只是一种荣誉而已，没有任何经济利益，以致到东汉时，连学识渊博的王充也不知道"民爵八级"有何用处了。通过这些论述，军功爵制在秦汉政治生活中的重要性具体地显现出来，进而折射出军功爵制兴衰存废的历史轨迹。

三、 军功爵制与名田制的关系

名田制是军功爵制的经济基础，这是朱先生一再强调的观点。他曾"对名田制的性质进行过反复探讨，认识也有一个反复变化的过程。起初认为名田制是土地长期占有制，后来又认为是土地私有制，最后又恢复是土地长期占有制的认识。但是，对于名田制始于商鞅变法，名田制是军功爵制的经济基础，名田制就是秦的受田制等认识则是前后一致的"[②]。他在《试论名田制与军功爵制的关系》一文中，将军功爵制与名田制联系起来进行考察，得出了这样的结论："如果说西周五等爵制的经济基础是井田制的话，那么军功爵制的经济基础就是名田制。名田制与军功爵制是在井田制、五等爵制破坏的基础上，同时产生和发展起来的，在历史的演变过程中，两者又是同时遭到破坏，同时走向衰亡的。"[③] 春秋时期是军功爵制的草创阶段，军功爵制与名田制的关系尚不明朗。到战国时期，各国法律中已有了根据爵位高低占有相应数量的田宅奴婢的规定。秦国商鞅变

---

① 参见朱绍侯《从〈二年律令〉看汉初二十级军功爵的价值——〈二年律令〉与军功爵制研究之四》，载《河南大学学报（社会科学版）》2003 年第 2 期。

② 朱绍侯：《论汉代的名田（受田）制及其破坏》，载《河南大学学报（社会科学版）》2004 年第 1 期。

③ 朱绍侯：《军功爵制研究》，上海人民出版社 1990 年版，第 141 页。

法，为奖赐军功，实行"明尊卑爵秩各以差次，名田宅臣妾衣服以家次"的政策，正式确立了军功爵制和名田制。所谓名田，即以名占田，是根据户籍上的人名和军功爵高低等，占有不同数量的田宅制度，汉高祖五年诏书中所谓"法以有功劳行田宅"之"法"，即指此而言。它是以户籍上有名为前提的，即所谓"上有通名，下有田宅"。据《商君书·徕民》载，商鞅在劝说秦孝公招徕三晋之民时，曾说"（晋）民上无通名，下无田宅"。这正说明秦国是"上有通名，下有田宅"的。① 在名田制下，不论有无爵位，都是由政府按不同的等级授予相应数量的田宅，并由接受田宅者长期占有，一般授出后就不再收回，因此，名田制实际是一种土地的私人长期占有制，而不是土地私有制。然而，政府对授出的田宅也并非完全放任不管，如对田宅的继承和买卖等，还是有所约束和干预的，尤其是对田宅买卖或冒名占有他人田宅等行为，是有明确规定的。如《二年律令·户律》云：

> 田宅当入县官而诈代其户者，令赎城旦，没入田宅。
>
> 欲益买宅，不比其宅者，勿许。为吏及宦皇帝，得买舍室。
>
> 受田宅，予人若卖宅，不得更受。
>
> 代户、贸卖田宅，乡部、田啬夫、吏留弗为定籍，盈一日，罚金各二两。
>
> 诸不为户，有田宅，附令人名，及为人名田宅者，皆令以卒戍边二岁，没入田宅县官。为人名田宅，能先告，除其罪，有（又）畀之所名田宅，它如律令。

从上引律文来看，政府并不反对田宅的买卖和转移，它所关注的并不是田宅的归属，而是将田宅落实到户口上。也就是说，田宅分割后必须"定籍"。因此，政府鼓励田宅分割后单独立户定籍，甚至对冒名占有田宅而能自首者予以重赏，而对不及时办理定籍手续的乡部官吏则给予重罚。《二年律令·置后律》中对妇女田产的处理律文和《户律》中对关于"民宅园户籍、年细籍、田比地籍、田命籍、田租籍"等"副上县廷"封存保管的规定表明，汉朝政府对授出的田宅不仅有严格的管理制度，而且得以认真执行。其目的就在于将田宅的变动反映在户籍上，进而保证租税的征收。②

土地一旦被长期占有，就必然迅速演变为土地私有，进而又必然导致土地兼并，这是不以人的意志为转移的，名田制也不例外。商鞅变法以后，已经出现土

---

① 参见朱绍侯《秦汉土地制度与阶级关系》，中州古籍出版社 1985 年版，第 20 页。

② 参见朱绍侯《吕后二年赐田宅制度试探——〈二年律令〉与军功爵制研究之二》，载《史学月刊》2002 年第 12 期；朱绍侯《论汉代的名田（受田）制及其破坏》，载《河南大学学报（社会科学版）》2004 年第 1 期。

地买卖和土地兼并。秦统一六国后，"使黔首自实田"，在全国范围内正式确立了土地私有制。由商鞅变法所确立的军功爵制在秦代也得到进一步发展和完善。秦亡汉兴，刘邦乃诏令"复故爵田宅"，即恢复秦的军功爵制和名田制。这份诏令还强调："且法以有功劳行田宅，今小吏未尝从军者多满，而有功者顾不得，背公立私，守尉长吏教训甚不善，其令诸吏善遇高爵，称吾意，且廉问有不如吾诏者，以重论之。"可见汉初确已实行按军功赐田宅、爵位的制度，不仅对获得军功爵者赐予田宅，对一般官吏也有名田宅的规定。由于秦人重爵，官爵相称，有爵就有官，故只有按军功而名田的制度，不必有按官级名田宅的规定。汉代重官轻爵，有爵者未必有官，有官者也未必有与其官职相称的爵位，故对官吏也有名田宅的规定。① 这从张家山汉简《二年律令·户律》中关于自彻侯、关内侯以下，以至无爵位的公卒、士伍、庶人和犯有轻刑的司寇、隐官等授予田宅的有关内容可得到印证。虽然秦汉时期的具体方案未必完全相同，但直到西汉初年，按军功爵秩等级授予田宅的原则依然未变。

汉文、景之世，土地兼并日益严重，以致"有卖田宅、鬻子孙以偿债者矣"（《汉书》卷二十四《食货志》）。到汉武帝时，出现了第一次土地兼并高潮，"富者田连阡陌，贫者无立锥之地"。这次土地兼并浪潮虽然由于汉武帝的严厉打击而被遏制，但却无法挽回名田制被破坏的局面。东汉建立后，豪强地主已代替军功地主而掌握政权，以军功爵位高低而授田的名田制再也没有恢复。

四、 军功爵制所反映的社会政治变迁

研究某一历史现象，不仅要认识其产生、确立、发展和衰亡的历史轨迹，更重要的是透过现象揭示其本质特征。军功爵制的产生和确立，是春秋战国时期奴隶制向封建制过渡的形势下，为适应新兴地主阶级向没落的奴隶主阶级夺取政权和巩固政权斗争需要的产物。军功爵制的演变是一个客观历史过程。朱绍侯先生通过对此问题的探讨，揭示了春秋战国以至秦汉时期，军功地主集团由逐渐崛起到日益衰落所反映的社会政治变迁，这对于我们更加全面、准确地把握该时期社会政治的内在特点具有重要的指导意义，因为"西汉军功爵制的变化是一个现象，反映出西汉军功地主集团势力的衰落，豪强地主集团势力的兴起，这才是本质"②。军功爵制的兴衰过程，是春秋战国以至秦汉时期社会政治变革的缩影。换言之，军功爵制的盛衰是当时社会政治发展变化的反映，军功爵制随社会政治

---

① 参见朱绍侯《秦汉土地制度与阶级关系》，中州古籍出版社 1985 年版，第 27–28 页；朱绍侯《军功爵制研究》，上海人民出版社 1990 年版，第 148–149 页。

② 朱绍侯：《军功爵制研究》，上海人民出版社 1990 年版，第 221 页。

的变化而变化，某一时期社会政治的变迁又直接影响着军功爵制的内容。

如前所述，军功爵制是作为五等爵制的对立面而产生的。军功爵制的出现，是西周末年以来，天子衰微，诸侯崛起，奴隶制等级制度渐趋崩溃的反映。随着社会生产力的发展和私田的不断开垦，西周奴隶制赖以存在的经济基础井田制遭到破坏；世袭奴隶主贵族的腐朽没落，又使自身失去了管理国家和控制局势的能力。同时，"工商食官"的局面被打破，世袭等级观念已发生动摇，周天子作为天下"共主"的权威受到日益严重的挑战，"礼乐征伐自天子出"的局面不复存在。作为新兴地主阶级政治代表的各国诸侯，为笼络人心、壮大自己以称霸天下，在经济上采用新的剥削方式，在政治上打破了奴隶主贵族的世袭垄断，从下层的士、鄙人和工商业者中选拔人才，因功赐予爵位、田宅等的军功爵制遂应运而生。到战国中期以后，各国已普遍推行军功爵制，军功爵已成为人们政治地位高低的重要标志。

春秋战国时期军功爵制由产生而确立，反映了该时期以周天子为代表的腐朽没落的奴隶主贵族势力和以各国诸侯为代表的新兴地主阶级势力此消彼长的历史过程。如果说，军功爵制在春秋时期对于地主阶级势力的发展壮大及其向奴隶主贵族的夺权斗争中，起过一定作用的话，那么到战国时期，军功爵制就成了新兴地主阶级巩固封建政权，打击奴隶主贵族残余势力的工具。[①] 虽然秦的二十等军功爵制基本上是商鞅变法时确立的，但在秦统一前后，爵秩和爵称都有很大变化。如商鞅变法时，在一级爵位以下还有校、徒、操三级，而在高爵中没有侯爵；秦统一后，取消了校、徒、操三级爵称，但在高爵中出现了侯爵。这种变化，正是当时社会政治和军事形势发展演变的反映。一方面，春秋战国时期各国间在政治、经济和军事等领域的争夺非常激烈，人心向背对局势的发展具有重要影响；另一方面，车兵是当时的主要兵种，除了征召黔首当兵外，还需要大量服杂役的奴隶和罪犯。在一级军功爵之下再设校、徒、操三级爵位，既是部队作战的客观需要，也带有争取包括奴隶和罪犯在内的广大下层群众的目的；至于在高爵中无侯爵，则是当时秦国国君尚称公而未称王的缘故。而秦国雷厉风行地贯彻军功爵制，其目的在于通过国家的强制力量，将有无爵位和爵位高低与个人社会地位的升降和经济利益的大小结合起来，从而将全国上下都纳入战争的轨道，以适应封建兼并和统一战争的需要。秦统一后，各国间的争夺不复存在，以军功起家的官僚地主已完全控制了政权，加之兵源增多，步兵已取代车兵而成为主要兵种，军队中无须再征召奴隶、罪徒服杂役，为奖励徒隶的校、徒、操三级爵位也随之取消。

汉承秦制，秦代按军功赐予田宅爵位的原则也为汉初统治者所继承，但秦与

---

① 　朱绍侯：《军功爵制研究》，上海人民出版社 1990 年版，第 18 页。

汉初以及汉初不同阶段，军功爵制的具体内容却各不相同。在秦统一战争和楚汉战争期间，为了争取各阶层人民的支持，对立有军功的各级将士，都给予优厚的奖赏。然而，一旦时过境迁，军功爵制的具体内容也随之变化。正如朱先生所论：在汉政权稳定后，情况就发生了变化，当权的统治者已变成既得利益集团，获得高爵的当权派，就尽量扩大自己的特权，而对于获得低爵的人，就不太关心，甚至是漠视，这就是低爵的待遇不断降低的原因之一。另外，秦实现统一，主要依靠政府军的力量，它可以使立有军功获得低爵的士兵，去役使无爵的农民。或让获有低爵、出身于奴隶的士兵，用爵位去换取父母和妻子的解放。刘邦实现统一依靠的是农民军队，他不可能让获得低爵的起义农民，去役使不起义，或起义而没有获得爵位的农民。同时，有些奴隶在起义中已经获得解放，获得低爵的农民军战士，也不需要用爵位去换取他们父母和妻子的自由。这也应该是汉代取消"乞庶子"和以爵位免除父母妻子为隶臣妾制度的一个原因。① 就总体而言，从汉高祖刘邦到惠帝、吕后时期，因军功赐田宅的精神并未改变，但"七大夫以上皆食邑"的优惠已被取消，而代之以除彻侯外皆赐田宅，并对"卿"以上爵位者给予不出田租和刍稿税的特权，这一明显袒护军功大地主的政策，与当时"吏多军功""公卿皆军吏"和"公卿皆武力功臣"② 的政治形势是相适应的。"吕后要想巩固政权、稳定政权，必然要拉拢以军功起家的文臣武将及各级官吏。于是通过吕后的赐田宅制度，又培植了一大批军功地主"③，形成了汉初军功地主掌权的局面。

文、景以后，军功爵制的轻滥是军功地主开始衰落和朝廷政策重大转变的表征。一方面是非军功赐爵的日益增加和政府大量卖爵，另一方面是民爵与吏爵有了严格界限和军功赐爵限制转严，从而使军功爵失去了原有的地位和价值。这种变化，反映出西汉军功地主集团衰落和豪强地主集团势力兴起的事实。朝廷政策的转变对军功地主衰落的影响主要表现在两个方面：一是汉王朝为加强中央集权而对王侯势力的铲除、削弱和打击，二是选官用人政策的改变。汉初以来较为宽松和缓的休养生息政策，使许多经营农牧业生产和工商业者，积累了大量财富，所谓"网疏而民富"。他们通过买爵大大提高了自己的社会地位，有的则跻身于官僚队伍。加之朝廷提倡文教、尊崇儒学，通过察举征召、贤良对策和博士弟子等途径选拔官吏，为大量非军功起家的豪强地主走上政治舞台创造了条件，以至各级官吏"彬彬多文学之士矣"。他们的崛起，极大地冲击甚至取代了往日的武力功臣。非军功赐爵范围的扩大，就是为了抬高豪强地主集团的地位；确定民爵

① 朱绍侯：《军功爵制研究》，上海人民出版社 1990 年版，第 70－71 页。

② 参见《汉书》卷五《景帝纪》、卷四十二《任敖传》及卷八十八《儒林传》。

③ 朱绍侯：《吕后二年赐田宅制度试探——〈二年律令〉与军功爵制研究之二》，载《史学月刊》2002 年第 12 期。

与吏爵的严格界限和对军功赐爵限制转严，是为了杜绝一般吏民通过军功爬上政治高位，掌握政权。改变"无功不封"的原则，也是为适应凭借经济、文化优势而非军功掌握政权的豪强地主集团的需要。可见，"军功爵制的变化，是与西汉地主集团势力变化趋势相一致的。西汉中期，军功地主集团腐朽没落已成定局，失去了左右政权的能力，而豪强地主集团已经成长起来，并逐渐成为西汉政权的支柱。……因此，西汉政府不得不改变因军功赐爵的原则，无功也可以授爵，以适应从各种途径爬上政治高位的豪强地主集团的需要，使他们也能享受到封爵食邑的特权"[1]。

秦汉之际军功爵制的变化是当时社会政治变革的反映，而且具有鲜明的阶级性和等级界限。"如果说在秦以前，在军功爵制草创阶段，新兴地主阶级集团需要吸收各阶层人为他们出力卖命，因而军功爵制的阶级性、等级界限还不太严格的话，那么在汉代，封建统一中央集权制政权已开始巩固，军功爵制已基本定型，这时军功爵制的阶级性和等级界限就显得突出了。"[2] 从军功爵制的发展情况来看，春秋时期的赐爵对象主要是政府中的上层，到商鞅变法时虽规定士卒也可授爵，但他们只能获得较低的爵位，七大夫以上的高爵实际上是对有官职者而言的，至于侯爵，更不是一般人所能得到的。汉惠帝时又将高爵界限提高两级，五大夫以上始为高爵。张家山汉简《二年律令》显示，汉初已将军功爵分为侯级爵、卿级爵、大夫级爵和小爵四个等级，各等级之间待遇相差悬殊。在此基础上又有了吏爵（即官爵）与民爵之分，并规定一般百姓爵不得过公乘（八级爵），爵过公乘者，必须转让给其兄弟子侄；至于因"斩首捕虏"赐爵者也不超过五大夫（九级爵）或左庶长（十级爵）。这就使官爵与民爵之间界限森严，不可逾越，一般百姓自然难以进入统治阶级的行列。通过划分爵级和区分官爵与民爵，其所体现的等级观念是不言而喻的。

五、 军功爵制的历史作用

军功爵制是春秋战国时期奴隶制走向崩溃，封建制逐渐产生和确立的形势下出现的新的军政制度。东汉时期，随着豪强地主势力的日益膨胀，军功爵制也趋于衰亡。军功爵制对于新兴地主阶级的成长、壮大和夺取政权，对于秦汉封建统一国家的建立和巩固以及在战争中鼓舞士气、提高军队战斗力等，都发挥了极其重要的作用。同时，军功爵制也助长了对敌方士卒和平民的大屠杀，甚至在己方士卒间也不惜杀良冒功。所有这些，都不可避免地产生了很大的负面影响。

---

① 朱绍侯：《军功爵制研究》，上海人民出版社1990年版，第221页。

② 朱绍侯：《军功爵制研究》，上海人民出版社1990年版，第65页。

（1）打击了奴隶主旧贵族势力，有利于新兴地主阶级的成长、壮大。

春秋时期，随着生产工具的改进和耕作技术的提高，大量荒田被开发利用，私田日渐增多，井田则由于"民不肯尽力"而大量荒芜。许多奴隶和平民通过开垦荒地，逐渐摆脱了奴隶主贵族的控制和束缚而成为自耕农。"工商食官"的局面被打破，工商业部门逐渐摆脱了官家的豢养，出现了私营工商业者。但是，不论是自耕农，还是私营工商业者，他们虽然在经济上积累了一定的财富，但在政治上仍然处在社会底层，尤其是那些富商大贾，虽然"能金玉其车，文错其服，能行诸侯之贿"，但仍然被视为"无寻尺之禄"的人（《国语·晋语八》）。更不能与那些拥有世袭爵禄的卿大夫相提并论。军功爵制的推行，使出身于士、鄙人和工商业者等社会下层者，如管仲、鲍叔牙、孙叔敖之属，也可因功而得到较高的爵禄，进而跻身社会上层，成为新兴地主。不仅如此，新兴地主阶级还将军功爵制作为他们与奴隶主贵族集团进行夺权斗争的工具。前述赵鞅在誓师词中对"克敌"的上大夫以至庶人工商、人臣隶圉等的各种承诺，实际上就是利用军功爵制以壮大自己。奴隶主的君主们要奋发图强，改革政治，需要有才干的人辅佐；地主阶级或正在向地主阶级转化的鄙人、士和工商业者，也要求有相应的政治地位。"奴隶主的君主想用田宅爵禄换取臣下的效力，而新兴地主阶级的代表们，则利用得到的田宅爵禄壮大了自己的力量，并培养出更多的新兴地主。"但是，历史的发展趋势，必然是新兴的地主阶级战胜腐朽的奴隶主阶级。在春秋时期新旧制度的转变过程中，军功爵制起了很大的作用。①

（2）有利于新兴地主阶级巩固政权，打击复辟的奴隶主贵族残余势力。

战国时期，虽然新兴地主阶级大多已掌握国家政权，但奴隶制残余势力依然很强大，世卿世禄的世袭观念在社会上仍有一定的影响。为了彻底剥夺奴隶主贵族的世袭特权，各国普遍进行了政治改革，建立了以"食有劳而禄有功""见功而与赏，因能而授官"和"循功劳，视次第"为原则的军功爵制。燕国则实行了"无功不当封"的制度。（《战国策·燕策》）秦国商鞅变法，进一步完善了军功爵制，《史记》卷六十八《商君列传》载，"秦王显岩穴之士，……序有功，尊有德"，实行"有军功者，各以率受上爵；……宗室非有军功论，不得为属籍。明尊卑爵秩等级，各以差次名田宅，臣妾衣服以家次"的政策，就是为了使"有功者显荣"，以打击旧贵族势力。而甘龙、杜挚等人，主张"缘法而治""不变法而治"，甚至提出"法古无过，循礼无邪"，实际上是要"安于故俗"，即维护奴隶主贵族的世袭等级制。裴骃《集解》引《新序》称商鞅变法，"内不阿贵宠，外不偏疏远，是以令行而禁止，法出而奸息"。正是由于商鞅变法剥夺了旧贵族的世袭特权和既得利益，引起他们的激烈反对，以致"商君相秦十年，宗室

①　参见朱绍侯《军功爵制研究》，上海人民出版社 1990 年版，第 13 页。

贵戚多怨望者"。

当时的一些政治家、思想家如墨子、商鞅、韩非、石仇等人，都高度评价军功爵制对于巩固政权、稳定统治的作用，甚至将其列为立政"三本"和为政"三节"的重要内容，足见其在国家政治生活中是何等重要。如《墨子·尚贤中》云："何谓三本？爵位不高，则民不敬也；蓄禄不厚，则民不信也；政令不断，则民不畏也。"而商鞅更将是否有效推行军功爵制，提到了关乎国家"存亡之机"的高度。（《商君书·错法》）《说苑·敬慎》引石仇列举的九种足以亡国的原因，其中一条就是"国爵不用，足以亡"。他们的论述，虽有夸大之处，但军功爵制在战国政治生活中具有不可忽视的作用，则是毋庸置疑的。[①]

（3）有利于秦汉封建统一中央集权制国家的建立和巩固。

秦的统一，是大势所趋，人心所向。但秦国所以能次第消灭关东六国，建立起空前统一的封建国家，与其推行军功爵制是密切相关的。正如李斯在狱中的上书所云：

> 先王之时，秦地不过千里，兵数十万。臣尽薄材，谨奉法令，阴行臣谋，资之金玉，使游说诸侯；阴修甲兵，饰政教，官斗士，尊功臣，盛其爵禄，故终以胁韩弱魏，破燕、赵，夷齐、楚，卒兼六国，虏其王，立秦为天子。（《史记》卷八十七《李斯列传》）

李斯此言，实为自陈己功，以期秦二世"寤而赦之"，故其陈述应是可信的。他将秦"卒兼六国"的原因，归结为"修甲兵，饰政教，官斗士，尊功臣，盛其爵禄"，足见军功爵制在秦统一六国中的作用之大。又如秦军攻赵，"秦王闻赵食道绝，王自之河内，赐民爵各一级，发年十五以上悉诣长平，遮绝赵救及粮食"（《史记》卷七十三《白起王翦列传》）。秦在临战之际，"赐民爵各一级"，其动员民众，鼓舞士气的目的是显而易见的。

军功爵制对刘邦战胜项羽和最终建立汉朝，同样发挥了重要作用。如汉高祖五年（前202）五月，当刘邦在洛阳南宫举行的一次宴会上，令群臣尽言汉得天下而项羽失天下的原因时，高起、王陵就认为，汉得天下，在于"陛下使人攻城略地，所降下者因以予之，与天下同利"；而项羽失天下，是由于嫉贤妒能，"战胜而不予人功，得地而不予人利"。（《史记》卷八《高祖本纪》）实际上是说项羽没有利用军功爵制，奖赏立有军功的将士以笼络人心。此前，护军中尉陈平在项羽大军兵临荥阳的危急关头，对刘邦分析楚汉双方优劣时也说："项王为人，恭敬爱人，士之廉洁好礼者多归之。至于行功爵邑，重之，士亦以此不附。今大王慢而少礼，士廉洁者不来；然大王能饶人以爵邑，士之顽钝嗜利无耻者亦

---

① 参见朱绍侯《军功爵制研究》，上海人民出版社1990年版，第25页。

多归汉。诚各去其两短，袭其两长，天下指麾则定矣。"他建议先用反间计离间项羽与其"骨鲠之臣"范增、钟离眜等人的关系，再举兵攻之。随后，陈平离间项羽君臣关系，即"宣言诸将钟离眜等为项王将，功多矣，然而终不得裂地而王，欲与汉为一，以灭项氏而分王其地。项羽果意不信钟离眜等"（《史记》卷五十六《陈丞相世家》）。由此可见，能否认真实行军功爵制，对楚汉之争是有很大影响的。

刘邦在楚汉相争和后来稳定统治的过程中，都非常重视利用军功爵制笼络人心，故在其登基称帝之时，群臣皆曰："大王起微细，诛暴逆，平定四海，有功者辄裂地而封为王侯。"后来，刘邦为铲除异姓诸侯王，也屡次"论功，与诸列侯剖符行封"。如在平定燕王臧荼后，即封陈豨为阳夏侯，以其为赵相国。在刘邦看来，"豨尝为吾使，甚有信。代地吾所急也，故封豨为列侯，以相国守代"。（《史记》卷八《高祖本纪》）可见，高祖最初封陈豨为侯，是欲通过军功爵进一步笼络陈豨，使之驻守代地。

虽然军功爵对于笼络人心有重要作用，但若封赏失当，也会激化矛盾。据《史记》卷五十五《留侯世家》载，汉六年正月，刘邦封张良、萧何等二十多人为侯，"其余日夜争功不决，未得行封"，结果引起诸将不满和抱怨。张良分析说："今军吏计功，以天下不足遍封，此属畏陛下不能尽封，恐又见疑平生过失及诛，故即相聚谋反耳。"为消弭群臣的不满和顾虑，高祖乃依张良建议，先封他平素最不喜欢的雍齿为侯，然后"急趣丞相、御史定功行封"，从而化解了矛盾。终高祖之世，功臣、外戚及王子封侯者凡一百四十三人。"其有功者，上致之王，次为列侯，下乃食邑，而重臣之亲，或为列侯。"以至汉高祖也得意地认为："吾与天下贤士、功臣，可谓亡负矣！"（《汉书》卷一下《高帝纪》）

（4）军功爵制之弊。

虽然军功爵制对于春秋战国时期新兴地主阶级的成长壮大和夺取政权，对于秦汉封建统一国家的建立和巩固以及在战争中鼓舞士气、提高军队战斗力等，都发挥了重要作用，但其消极影响也是不容否认的。特别是商鞅变法所确立的"计首授爵"制，助长了战争中的大屠杀，故秦国被时人称为"弃礼义而上首功之国"（《史记》卷八十三《鲁仲连邹阳列传》）。朱绍侯先生在《"计首授爵"之弊与吕不韦、尉缭在秦统一战争中的贡献》[①] 一文中，列举了自商鞅变法至秦昭王五十一年（前256）秦军的历次大屠杀记录。他指出，在此前后110年间，共有161.7万人惨遭杀戮。其中秦昭王时就有14次大屠杀，死者125.3万人。这种灭绝人性的大屠杀，正是秦国"计首授爵"奖励军功政策的必然后果。为了立功受奖，就要多杀人，为了增加斩首的数量，甚至不惜杀良冒功。因此，《史

---

① 朱绍侯：《军功爵制研究》，上海人民出版社1990年版，第160－178页。

记》卷八十三《鲁仲连列传》"集解"所引谯周关于"秦用卫鞅计，制爵二十等，以战获首级者计而受爵。是以秦人每战胜，老弱妇人皆死，计功赏至万数"之说，是可信的。朱先生还援引《睡虎地秦墓竹简·封诊式》中记载的两个夺首争功的案例，进一步说明在"计首授爵"政策的蛊惑下，秦军杀良冒功已非个别现象。这必然引起关东六国人民普遍而激烈的反秦情绪，许多地方都顽强抵抗，誓死不降，从而使秦的统一战争遇到了前所未有的困难。直到吕不韦当政期间（前249—前237），秦国改变了单纯"计首授爵"的奖励军功政策，才扭转了秦军日益严重的大屠杀趋势。秦王政十三年（前234），秦军攻赵平阳时，又发生了大屠杀的暴行。幸有国尉尉缭，再次扭转了单纯"计首授爵"制，故在秦统一六国的战争中，未见有大屠杀的记录。秦用十年的时间，以摧枯拉朽之势，迅速消灭关东六国，最终完成统一大业，固然与秦始皇"奋六世之余烈"不无关系，但更主要的还在于"振长策而御宇内"。而接受尉缭的军事思想，适时改变策略，也是其"振长策"的重要内容。正如朱先生所论，如果秦不改变在战争中的大屠杀政策，就不可能完成统一六国的大业。这个结论，无疑是颇有见地的。

朱先生对军功爵制的研究，绝不仅限于此，但仅就以上数端来看，不论是其研究范围，还是研究深度，都取得了前所未有的成就。这对于我们全面认识军功爵制的演变过程，恢复其历史的本来面貌，正确把握军功爵制的性质、作用和历史地位，都具有重要的指导意义。他在研究中旁征博引，用具体的史实和大量的数据，将定性分析与定量分析相结合，得出的结论信而有征，颇具说服力，而且往往能从细微处看全局，从平常中见卓识。他的研究自成一家之言，但并不故步自封。正如朱先生所说，他对军功爵制的研究经历了长期的过程，对某些问题的认识也有一个不断深化，甚至是从否定到否定的过程。他在研究中还特别注重利用考古新材料，及时充实和完善旧说，近年来利用张家山汉墓等地出土的简牍材料所写的多篇系列研究论文，就是很好的例证。这种求真务实的科学态度、一丝不苟的敬业精神，为学界后学树立了榜样，更是值得敬佩的！

与高荣合著，原载《史学月刊》2005 年第 10 期。

论汉代 "以孝治天下" 与和谐社会构建

胡锦涛同志 2006 年 4 月 21 日在美国耶鲁大学的演讲中说，"现时代中国强调的以人为本、与时俱进、社会和谐、和平发展，既有着中华文明的深厚根基，又体现了时代发展的进步精神"，"中华文明历来注重社会和谐，强调团结互助。中国人早就提出了'和为贵'的思想，追求天人和谐、人际和谐、身心和谐，向往'人人相亲，人人平等，天下为公'的理想社会"①。

中国两千多年的封建社会，汉代是一个奠基时代，它是封建大一统和社会大发展的历史时期。汉代所确定的政治和社会文化格局，基本上奠定了此后两千多年中国封建社会的发展方向。汉代"独尊儒术"，以经治国，其社会历史具有独特的儒家文化风貌。尤其提出"以孝治天下"，以伦理的形式实行政治职能，这是儒家德治高明之处。研究汉代"以孝治天下"的历史，对今天建设社会主义和谐社会有一定的参考借鉴意义。

一、 孝的含义与儒家孝道理论创造的完成

何为孝？《尔雅·释训》对孝的解释是"善事父母为孝"。《说文》的解释是"善事父母者，从老省、从子、子承老也"。许慎认为"孝"字是由"老"省去右下角的形体，和"子"字组合而成的一个会意字。"孝"字在金文中就存在，徐中舒主编《汉语大字典》说："金文'孝'字部上部像戴发伛偻老人。唐兰谓即'老'之本字，'子'搀扶之，会意。"有学者指出，"孝"的最初的意思是年轻人"参（搀）扶族中老者"，"孝之本谊（义），恐非限于父母，诸父诸祖亦应善事"。②

"孝"的古文字形与"善事父母"之义完全相合。孝是子女对父母的一种善行和美德。孝是一种道德，按唯物史观，人的伦理道德观念来源于人类的社会实践。"孝"的道德，实际上是对老年家庭成员的尊重、敬爱、赡养和祭祀。它的形成，当然与这些老年家庭成员为家庭做出过贡献有关，他们的生产、生活经验对后代有指导、教育作用，应该受到敬重。这应是"孝"的最初含义。

---

① 中央文献研究室：《党的文献》，见《文献与研究》编辑部编《治国与读史——领袖人物谈历史文化》，中央文献出版社 2008 年版，第 260 – 261 页。

② 《金文诂林》卷八"孝"字条下，张日昇说。

西周是宗法社会，西周春秋以来，孝不仅要"善事父母"，还要尊祖敬宗。西周金文中，常出现"享孝""用享用孝"等词，《诗经》中，常以"以孝以享"的连文或对举，可见享献与祭祀是孝的表现形式。《礼记·祭统》："祭者，所以追养继孝也。"又云："是故孝子之事亲也，有三道焉：生则养，没则丧，丧毕则祭……尽此三道者，孝子之行也。"周人将孝这一道德伦理观念与宗法社会中最普遍的宗庙祭祀联系起来，所以《国语·周语上》："夫祀，所以昭孝也。"《鲁语上》："夫祀，昭孝也，各致斋敬于其皇祖，昭孝之至也。"实行孝，就要在宗庙中祭祀，就是尊祖敬宗。

西周春秋以来，孝还有生育子女、传宗接代的含义。金文中的"孝"大多是以求子为目的的一种祖先祭祀，即祈求祖先保佑多子多孙。有学者研究《诗经》中共出现"孝"字 17 次，其含义主要有三种：①生儿育女，继承祖业。如《周颂·闵予小子》："于乎皇孝，永世克孝。"②以传宗接代为美德、善行。如《大雅·卷阿》："有冯有翼，有孝有德。"③祈求子孙繁衍的祖先祭祀。如《周颂·载见》："率见昭孝，以孝以享。"此外，《诗经》中还出现了"孝子"一词，朱熹在《诗经传》中说："孝子，主人之嗣子也。"可知"孝子"即"后代"，与后世"孝子"的含义不同。《大雅·既醉》："威仪孔时，君子有孝子，孝子不匮，永锡尔类。""其类维何？室家之壸。君子万年，永锡祚胤。"大意是说，君子的后代永远不会断绝，祖宗在天之灵，保佑其家族人丁兴旺，儿孙满堂，子子孙孙无穷尽也。① 孝的这种含义，在儒家早期经典中，都有记载。如《大戴礼记·曾子大孝》"孝有三：小孝用力，中孝用劳，大孝不匮"，《孟子·离娄上》"不孝有三，无后为大"，都把传宗接代，摆在孝的首位。

孔子是儒家孝道理论的鼻祖。孔子处于春秋时代，当时社会处于大变动、大转型时代，西周宗法制度已土崩瓦解，"礼崩乐坏"已成为时代的主旋律。周礼中的"亲亲""尊尊"已名存实亡。春秋列国废嫡立庶、废长立幼、臣弑君、子弑父的现象时有发生。君不君、臣不臣、父不父、子不子已成为社会上司空见惯的事情。孔子为了重建西周的社会秩序和礼乐制度，创立了仁的学说。孔子的仁可以说是人行为的最高准则。要实行仁，必须从孝开始，"孝为仁之本""仁者，人也，亲亲为大"（《礼记·中庸》）。一个人只有先爱其亲，才能推及爱人，由爱父母和血缘亲人推广到爱一切人。实行孝道，是"为仁"的起点，假如每个人都能做到孝，则"犯上作乱"者就少了，社会道德风尚就好了，社会秩序就安定了，也就能够恢复到西周盛世，达到"天下为仁焉"。由此可见，孔子是儒家孝道理论的开山鼻祖。

曾子是孔子的学生，他继承和发展了孔子的孝道理论。曾子的著作大部分已

---

① 肖群忠：《孝与中国文化》，人民出版社 2001 年版，第 21－22 页。

佚，但现存《大戴礼记》中有《曾子立事》、《曾子本孝》、《曾子立孝》、《曾子大孝》、《曾子事父母》、《曾子制言》（上、中、下）、《曾子病》、《曾子天圆》10篇，是曾子著作的遗篇。这当成为研究曾子孝道思想的主要依据。

曾子把孝发展成为一种抽象的、天经地义的永恒的原则，成为一切道德的总和。他说："民之本教曰孝。……夫仁者，仁此者也；义者，义此者也；忠者，忠此者也；信者，信此者也；礼者，礼此者也；行者，行此者也；强者，强此者也。"（《大戴礼记·曾子大孝》）仁、义、忠、信、礼、行、强，这些道德都是孝。曾子认为，孝存在于社会的每个角落，所有的社会关系和政治行为都关系到孝，说"居处不庄，非孝也；事君不忠，非孝也；莅官不敬，非孝也；朋友不信，非孝也；战阵无勇，非孝也"，"断一树，杀一兽，不以其时，非孝也"（《大戴礼记·曾子大孝》）。他把孝的范围推向极致，说："夫孝，置之而塞于天地，衡之而衡于四海，施诸后世，而无朝夕，推而放诸东海而准，推而放诸西海而准，推而放诸南海而准，推而放诸北海而准。《诗》云'自西自东，自南自北，无思不服'，此之谓也"（《大戴礼记·曾子大孝》）。显然，曾子把孔子"孝为仁之本"的命题全面泛化了，使孝成为超越时空的永恒主题，是人类社会一切领域的终极法则，把孝置于至尊的地位。①

儒家的孝道理论，由孔子提出，经曾子、孟子、荀子的继承和发展，到《孝经》，标志着儒家孝道理论创造的完成。《孝经》成为宣传儒家孝道理论的经典。

关于《孝经》作者、成书时代及书名的由来，历来众说纷纭，总计有八种说法：孔子说、曾子说、曾子门人说、子思说、孔子门人说、齐鲁间儒者说、孟子门人说、汉儒说。后三种说法，都把《孝经》看成是后人编撰的，当然就是伪书。自20世纪70年代以来，地下出土了大量的战国、秦汉简帛之书，整理研究的结果，证明《孝经》不是伪书。《孝经》记载了孔子向曾参（即曾子）讲述孝道的言论，孔子当然是《孝经》的作者。但是孔子最初的讲述是零散的、不系统的、口语化的。他的学生把这些言论归纳整理，甚至还进行过文字上的润饰、加工。最初的整理者可能是曾子，后来是曾子的学生。从这个意义上说，孔子、曾子和他们的学生，都是《孝经》的作者。

《孝经》的成书年代，至迟不晚于公元前241年，这一年《吕氏春秋》修成，其中《察微》篇、《孝行》篇引用了《孝经》文字。所以，汪中《经义知新记》说："《孝行》《察微》二篇并引《孝经》，则《孝经》为先秦古籍明。"

关于《孝经》的名称，也是长期争议的问题，有人认为《孝经》的"经"字，像《易经》《诗经》《书经》一样，是汉人把儒家著作奉为经典之后加上去的。但有学者认为，《吕氏春秋》已引用了《孝经》这一名称，可见它在战国时

---

① 参见肖群忠《孝与中国文化》，人民出版社2001年版，第42－43页。

甚至在最早成书时固已有之，并不是后代将它奉为经典之后才加上去的。《孝经》的经字，是道理、原则、方法的意思。《孝经》就是"关于孝的道理""行孝的方法"的意思。①

《孝经》不足两千字，分18章，但是它全面、系统地讲述了儒家孝道的理论与方法，成为儒家的经典之一。内容大体上可以分为三个部分。

第一部分，关于"孝"的基本理论。包括《开宗明义章》第一、《天子章》第二、《诸侯章》第三、《卿大夫章》第四、《士章》第五、《庶人章》第六。这一部分讲"孝"是"德之本"，"教所由生"，提出了"孝"由初级到高级的三个阶段，即"始于事亲，中于事君，终于立身"，并分别规定了天子、诸侯、卿大夫、士、庶人五种不同的"孝"的内涵。

第二部分，讲"孝道"与政治的关系。包括《三才章》第七、《孝治章》第八、《圣治章》第九、《五刑章》第十一、《广要道章》第十二、《广至德章》第十三、《广扬名章》第十四、《感应章》第十六、《事君章》第十七。这一部分讲"以孝治天下"的道理和方法。提出以孝化民，便能"天下和平，灾害不生，祸乱不作"。

第三部分，讲"孝道"的实行。包括《纪孝行章》第十、《谏诤章》第十五、《丧亲章》第十八以及散见于各章中的零星的句子。这一部分讲实行孝道的一些原则与礼法。②

孝道，本来是一种具有浓厚亲情的伦理道德，《孝经》把它全面、系统地政治化，并纳入统治天下的纲常法规之中。历代的封建专制统治者，利用《孝经》来为其服务，以达到稳定社会、巩固统治的目的。

二、 汉代 "以孝治天下" 的理论与实践

我们知道，西汉初年，黄老思想占统治地位。儒家利用汉初几十年宽松的政治环境和学术比较自由的条件，经过不断发展和改造，逐渐适应现实政治的需要，到汉武帝时，"罢黜百家、独尊儒术"，儒家终于成为汉代封建正统思想。

在中国历史上，汉代以"以孝治天下"而著名。汉代以孝作为治国安民的主要理论基础。

汉代封建统治者怎样利用儒家孝的理论来为其政治服务呢？首先使"孝"与"忠"结合起来，《孝经》中说："夫孝，始于事亲，中于事君，终于立身。"（《孝经·开宗明义章》）汉代统治者以"孝"的内容解释"忠"的意义，如陆

① 胡平生：《孝经译注》，中华书局1996年版，第11页。
② 胡平生：《孝经译注》，中华书局1996年版，第28页。

贾说：“在朝者忠于君，在家者孝于亲。”（《新语·至德》）严助也说：“臣事君，犹子事父母也。”（《汉书·严助传》）董仲舒说：“五行者，乃孝子忠臣之行也。”（《春秋繁露·五行之义》）这样，孝子与忠臣结合在一起，孝子必为忠臣。“孝忠一体”的思想，是“以孝治天下”的理论基点。① 其次，使孝之理论纲常化，即把孝纳入“三纲五常”的封建道德的总纲目之中。董仲舒系统地论证了“君为臣纲”“父为子纲”“夫为妇纲”的“三纲”学说，确定了父尊子卑、君尊臣卑、夫尊妇卑的地位。孝直接服从于“父为子纲”的道德范畴。董仲舒说：“父者，子之天也。”（《春秋繁露·顺命》）强调父尊子卑，要求子顺从父命。东汉时，《白虎通义》把父子关系做了进一步发挥，说：“父子者，何谓也？父者矩也，以法度教子也；子者，孳孳无已也。”（《白虎通义·三纲六纪》）父亲是封建之“矩”，按照封建法度来管教儿子；儿子是庶贱之人，罪恶不止，必须老老实实地接受父亲的管教，使自己的言行按照父亲的教育，达到封建道德的要求。这种孝道的纲常化、绝对化，对以后的两千多年的封建社会有着深刻的影响。第三，董仲舒以阴阳五行、天人感应学说来解释孝，使孝道具有神秘色彩。《孝经》中说：“夫孝，天之经也，地之义也，民之行也。”（《孝经·三才章》）董仲舒加以阐发说：“天有五行，一曰木，二曰火，三曰土，四曰金，五曰水。”五行相生，犹如父子，“故五行者，乃孝子忠臣之行也”（《春秋繁露·五行之义》）。董仲舒将父子相承的家庭关系，纳入五行相生的神秘构架，将父子之序的血缘直系比拟天次系列，将父子相依比喻为五行授受，归结为父为子纲，乃天道之常，父子尊卑犹如天地之别。这样，使本来来源于社会实践的孝的观念，变成了先天的、附会于五行的神秘理论。而且，这种理论为西汉中后期至东汉流行的天人感应、谶纬迷信思潮开了先河。《孝经》中有天人感应的论述，《感应章》中说：“子曰：昔者明王事父孝，故事天明；事母孝，故事地察；长幼顺，故上下治。天地明察，神明彰矣。……宗庙致敬，鬼神著矣，孝悌之至，通于神明，光于四海，无所不通。”这里说天子孝顺父母，至善至美，就会感天动地，神明赐福祉于天子，这种孝道将充塞于天下，光大于四海，没有任何一个地方不能达到。这种天人感应的孝道观念被汉代统治者进一步论证、渲染、阐发，使其充斥于汉代的历史。因不孝而屋室遭天火，因不孝而家中出怪异之类的记载多见之于《后汉书》。《后汉书·循吏传》载：“孟尝字伯周，会稽上虞人也。其先三世为郡吏，并伏节死难。尝少修操行，仕郡为户曹吏。上虞有寡妇至孝养姑，姑年老寿终，夫女弟先怀嫌忌，乃诬妇厌苦供养，加鸩其母。列讼县庭，郡不加寻察，遂结竟其罪。尝先知枉状，备言之于太守。太守不为理，尝哀泣外门，因谢病去，妇竟冤死。自是郡中连旱二年，祷请无所获。后太守殷丹到官，访问其故，

---

① 刘厚琴：《儒学与汉代社会》，齐鲁书社 2002 年版，第 82 页。

尝诣府县陈寡妇冤枉之事……丹从之，即刑讼女而祭扫墓，天应澍雨，谷稼以登。"这是天人感应的孝道观念的典型例子。

汉代统治者及其御用文人为了巩固封建统治秩序，对先秦孝道理论，加以与时俱进的论证、阐释、附会，使孝道理论更加政治化、纲常化、神秘化，并推之于社会实践，使汉代成为"以孝治天下"的典型。其具体措施有以下几项。

第一，皇帝以身作则，带头行孝，以孝率先垂范。

《孝经·天子章》："子曰：爱亲者，不敢恶于人；敬亲者，不敢慢于人。爱敬尽于事亲，而德教加于百姓，刑于四海。盖天子之孝也。"这是说天子将对自子父母的孝心和敬爱之情，扩大到天下所有人的父母；竭尽全力去实行孝道，并以孝道来教育百姓。这就是天子之孝。汉代皇帝除高祖刘邦和光武帝刘秀外，自西汉惠帝以下和东汉明帝以降，皆以孝为谥。颜师古说："孝子善述父之志，故汉家之谥，自惠帝以下皆称孝也。"（《汉书·惠帝纪》注）汉皇帝以孝为谥，目的何在？《汉书·霍光传》说："汉之传谥，常为孝者，以常有天下，令宗庙血食也。"唐代张守节说："五宗安之曰孝，慈惠爱亲曰孝，秉德不回曰孝，协时肇宗为孝。"（《史记正义·谥法解》）释义认为，应通过世代不绝的爱亲尊祖，实行孝道，以求一族一姓的统治权绵延不绝，"以常有天下"。所以，汉皇帝非常注意对祖先的祭祀、追忆和缅怀。汉元帝时，丞相韦玄成奏罢太上皇寝庙园，平当反驳说："此汉之始祖，后世所宜尊奉以广盛德，孝之至也。"（《汉书·平当传》）。

第二，以"孝廉"为标准，选择各级官吏，建立以"孝廉"占一定比例的各级统治机构。

汉代选择官吏，实行"察举"制度，就是考察后予以荐举的意思。以"孝廉"为察举的标准，始于何时？《汉书·武帝纪》说："元光元年冬十一月，初令郡国举孝廉各一个。"元朔元年，武帝下诏："兴廉举孝，庶几成风，绍休圣绪。""有司奏议曰：……不举孝，不奉诏，当以不敬论。不察廉，不胜任也，当免。"自此以后，孝廉就成为选择官吏的标准。孝廉，颜师古注曰："孝谓善事父母者，廉谓清洁廉隅者。"考察两汉历史，文献中有"举孝廉"，也有"举孝"，也有"察廉"，三者是一种什么关系呢？据黄留珠教授的研究，认为初始阶段的孝廉是"举孝""察廉"与"举孝廉"的混合体，以后彼此逐渐分离有所区别。①"举孝廉"的要求，一为岁举，二是一定要由郡国向朝廷（中央）荐举，三有人数限制。东汉和帝永元之前规定每郡两人，以后按郡国人口比例察举。

两汉文献中，关于皇帝"举孝廉"的诏书很多，几乎每个皇帝都下过有关诏书，从汉武帝元光元年（前134）初令郡国举孝廉，迄汉献帝刘协禅位曹丕的

① 黄留珠：《秦汉仕进制度》，西北大学出版社1985年版，第94页。

350 余年间，共举孝廉 7.4 万余人，远远多于其他科目所选取的人数。所以，徐天麟在《东汉会要》卷二十六《孝廉》条按语中说："汉世诸科，虽以贤良方正为至重，而得人之盛，则莫如孝廉，斯以后世之所不能及。"不过，通过两汉文献及各种碑刻，今可考见的两汉孝廉，只有 307 人（西汉 21 人，东汉 286 人），其中能确定家世者有 184 人。家世可以分官僚贵族（128 人，占 69.6%）、豪富（11 人，占 6%）、平民（29 人，占 15.7%）、贫民（16 人，占 8.7%）四类。由此可见，两汉的举孝廉制度，被举者绝大多数是官僚贵族子弟，广大民众子弟被举者只是少数。

上述 307 个孝廉中，可以断定其资历者有 234 人。资历大体可分为儒生（75 人，占 32.1%）、州郡吏（58 人，占 24.8%）、兼有儒生及州郡吏双重身份者（31 人，占 13.2%）、曾入仕为官的故吏（10 人，占 4.3%）、儒生之外不曾为官者（60 人，占 25.6%）五类。这个数字表明，两汉孝廉个人资历以儒生为最多，儒生和兼有儒、吏双重身份的人合计起来，占将近二分之一。

上述 307 个孝廉中，被任用的情况怎样呢？任用情况可考知者计有 183 人，其中由孝廉拜官授职者 159 人，占 183 人的 86.9%，可见绝大多数的孝廉，都被任官。孝廉所拜授的官职，既有中央属官如光禄勋、少府、太仆、将作大匠、城门都尉等，约占 69.8%，也有地方官吏，约占 30.2%。地方官吏主要是郡国长官的高级助手和县级长官。孝廉拜授官职，其秩最高者为千石，不过这部分人占比例很小，大多数为秩六百石或六百石以下的官吏。郎官在孝廉拜授的诸官职之中，占比例最大，约占 50%。①

以上举孝廉的资料，说明孝廉在中央和地方州郡县的各级官僚机构中，占有一定比例，他们为贯彻执行中央和地方的治国方略、法律法规发挥着重要作用。汉桓帝诏书说："孝廉、廉吏皆当典城牧民，禁奸举善，兴化之本，恒必由之。"（《后汉书·桓帝纪》）这是统治者的一种心声。

我们还应该指出，两汉政权在县以下，有乡、里、亭一套系统的基层统治机构。乡是县以下的一级政府机构，设有三老、啬夫、游徼等乡官。《汉书·百官公卿表》说："乡有三老、有秩、啬夫、游徼。三老掌教化。啬夫职听讼，收赋税。游徼徼循，禁盗贼。"《后汉书·百官志》说："乡置有秩、三老、游徼。本注曰：……三老掌教化。凡有孝子顺孙，贞女义妇，让财救患，及学士为民法式者，皆扁其门，以兴善行。"中国古代是政、教互相配合以统治人民。三老掌教化，为百姓之表率，故把三老摆在乡官之首。②"三老掌教化"，按照中央朝廷的意旨，表彰孝悌，力田者。《汉书·惠帝纪》载，惠帝四年，"举民孝弟力田者

---

①　以上资料参考黄留珠《秦汉仕进制度》，西北大学出版社 1985 年版，第 142 页。

②　安作璋、熊铁基：《秦汉官制史稿》下册，齐鲁书社 1985 年版，第 188 页。

复其身人"，目的是"欲以劝励天下，令各敦行务本"（《汉书·高后纪》）。《汉书·文帝纪》十二年三月诏曰："孝悌，天下之大顺也；力田，为生之本也；三老，众民之师也；廉吏，民之表也。朕甚嘉此二三大夫之行。今万家之县，云无应令（师古曰：无孝悌、力田之人可应察举之令），岂实人情？是吏举贤之道未备也。其遣谒者劳赐三老、孝者帛，人五匹；悌者，力田二匹；廉吏二百石以上率百石者三匹。及问民所不便安，而以户口率置三老、孝悌、力田常员（师古曰：计户口之数以率之，增置其员，广教化也），令各率其意以道（导）民焉。"终两汉之世，一直重视三老、孝悌、力田，经常赐爵、赐帛、免除徭役等。

在《汉书》《后汉书》的本纪中，全国性地对孝悌的褒奖多达 32 次，至于地方性的褒奖则更多。皇帝巡行各地，常有褒奖孝悌的事。对于有名的孝子，皇帝更加重视，把他作为弘扬孝道的榜样和工具。提倡孝道，褒奖孝悌力田，是汉代以孝治天下最明显的标志。① 这样，孝道观念成为维系汉代社会从中央到乡村基层统治的纽带。

第三，在思想教育上，把孝道作为教育的重要内容。

首先提高《孝经》的经学地位，汉武帝立五经博士，以后增《论语》为六经，徐儒宗在《人和论——儒家人伦思想研究》中增《孝经》为七经。并将《孝经》定为"人人必读之书"。《孝经》被视为"三才之经纬，五行之纲纪"（郑玄注《孝经序》）。皇帝培养太子，以《孝经》为基本教材。昭帝始元五年（前 82）下诏令举贤良文学以治《孝经》，在学校把《孝经》作为必修课。最早设置《孝经》课的是汉宣帝，他于地节三年（前 67）诏令，在乡聚的庠序置《孝经》师一人（《汉书·宣帝纪》）。《汉书·平帝纪》载，元始三年（3），安国公奏立学官，"序庠置《孝经》师一人"。民间私学也是一样，《后汉书·邴原传》载，邴原入私学，"一冬之间，诵一《孝经》《论语》"。东汉不仅要求儒士读《孝经》，而且要求宫廷卫士也必须读《孝经》。《后汉书·樊准传》载，明帝时，期门、羽林、介胄之士也要诵读《孝经》。一般平民百姓，也是如此，《四民月令》说："十一月，研水冻，命幼童读《孝经》《论语》篇章。"这样，汉代统治者，依靠教育手段，使孝道观念渗透到人们的精神生活之中，以达到巩固、稳定其统治的目的。

第四，在法律上体现孝的精神，维护孝道。

汉代法律体现孝的精神，表现在：①将"不孝"定为重罪。《孝经·五刑章》说："五刑之属三千，而罪莫大于不孝。要君者无上，非圣者无法，非孝者无亲。此大乱之道也。"认为"非孝"与"要君""非圣"一样，是"大乱之道"，对其处罚要"斩首枭之"。②将"亲亲相隐"作为法律原则。在汉代法律

---

① 徐儒宗：《人和论——儒家人伦思想研究》，人民出版社 2008 年版，第 303 页。

上，掩盖父母的过错在原则上可以得到保护。汉宣帝地节四年（前66）诏曰："父子之亲，夫妇之道，天性也。虽有患祸，犹蒙死而存之。诚爱结于心，仁厚之至也，岂能违之哉！自今子匿父母，妻匿夫，孙匿大父母，皆勿坐。"子隐匿父母的过错可以不追究责任，相反，不为父母隐，则要受到惩罚。《汉书·衡山王传》载，衡山王太子坐告父不孝，弃市，就是显例。③出现代刑。汉代罪人的子孙兄弟可以请求代刑，遇到这种情况，政府往往酌情减刑或赦免罪，这也体现汉代法律注重孝的观念。④为父母报仇而杀人者，往往可以得到政府的宽宥。《后汉书·申屠蟠传》载，申屠蟠为同郡因报父仇而杀夫氏之党的女子玉申诉说："玉之节义，足以感无耻之孙，激忍辱之子，不遭明时，尚当表旌庐墓，况在清听，而不加哀矜。"在他的劝谏下，外黄令梁配对玉放弃了死刑。这种事例在《汉书》《后汉书》中记载甚多。东汉时甚至还制定法律，对为父母报仇者加以保护。《后汉书·张敏传》载："建初中，有人辱人父者，而其子杀之，肃宗贳其死刑而降宥之。自后因以为比，是时遂定其议。"这项法令后因张敏的建议取消了，但它反映了孝的观念对汉代法律的影响。

第五，推广尊老、养老政策。

《孝经》是倡导孝行的一面旗帜，它肯定了尊老、敬老、养老、送老的原则，在人类文明史上具有进步性。汉代的尊老、养老政策，是推行孝治的一个重要形式。西汉时贾山说："尊养三老，视孝也。"（《汉书·贾山传》）汉高祖西入关中时，"存问父老，置酒"（《汉书·高帝纪》）。汉文帝时正式公布了《养老令》。汉文帝二年（前178）三月诏令曰："老者非帛不暖，非肉不饱。今岁首，不时使人存问长老，又无布帛酒肉之赐，将何以佐天下子孙孝养其亲？今闻吏禀当受鬻者，或以陈粟，岂称养老之意哉！具为令。有司请令县道，年八十以上，赐米人月一石，肉二十斤，酒五斗，其九十以上，又赐帛人二匹、絮三斤。"（《汉书·文帝纪》）《后汉书·光武帝纪》诏曰："其命郡国有谷者，给禀高年鳏寡孤独及笃癃无家属贫不能自存者，如律。"这里的律，就是养老的专项规定。

这种《养老令》，除文献记载外，各地还出土了考古资料证明之。1957年和1981年，甘肃省武威县磨嘴子东汉墓中两次出土记载着优老、养老法令和案例的简册。有关法令主要有：

> 制诏御史：年七十以上，人所尊敬也。非首杀伤人，毋告劾，它毋所坐。年八十以上，生日久乎？年六十以上毋（无）子男为鳏，女子年六十以上毋（无）子男为寡，贾市，毋租，比山东复。复人有养谨者扶持。明著令。兰台令第四十二。

> 孤独、盲、侏儒、不属隶人，吏毋得擅征召，狱讼毋得系。布告公下，使明知朕意。夫妻俱毋子男为独寡，田毋租，市毋赋，与归义同。沽酒醪列肆。尚书令臣咸再拜受诏。建始元年九月甲辰下。

高皇帝以来至本始二年，朕甚哀怜耆老，高年赐王杖，上有鸠，使百姓望见之，比于节；吏民有敢骂詈殴辱者，逆不道；得出入官府节（廊）第，行驰道中，列肆贾市，毋租，比山东复。

制诏御史：年七十以上杖王杖，比六百石，入官府不趋；吏民有敢殴辱者，逆不道，弃市。令在兰台第四十三。①

上述诏令规定，在政治上，给老人赐给"王杖"，顶端有鸠鸟的装饰，亦称"鸠杖"，这种"鸠杖"，各地都有出土，在广州的汉墓中也出土过一件。由于"鸠杖"的木已腐朽不存，只有铜"鸠首"保存下来。持有王仗的老人享有六百石官吏的礼仪待遇；可以出入官府，不必行"趋走"之礼；可以在官家道路（驰道）上行走；官吏和百姓要尊敬老人，不得征召、指使或谩骂、殴辱；老人如有犯罪，不是为首杀人的话，可以免于起诉；吃官司可以不捆绑。在经济上，政府对老人免除劳役和租赋，允许他们从事商业经营活动和卖酒，并免除赋税；凡有人赡养侍奉鳏夫寡妇，可免除他们的劳役和租赋。在两份简册中，还记录了一些案例。一名叫吴赏的官吏，指使随从殴打了持有王杖的老人，被判"弃市"处死。这些案例中共计有游击一人、亭长二人、乡啬夫二人、白衣（平民）三人因违反尊老、优老的诏书令而被判处死刑。这些尊老、养老的诏令，是实行于全国的，包括边疆地区，上述甘肃武威出土的简册和广州出土的"鸠杖"就是明证。

以上汉代实行"以孝治天下"的几项措施，产生什么社会效果呢？我以为有几点是值得肯定的。

第一，提倡孝道，实施"举孝廉"制度，为巩固和加强汉代封建统治起了重要作用。我们知道，"举孝廉"制度是汉武帝独尊儒术的重要措施之一。由于这一制度的实行，各地的儒生通过"举孝廉"进入汉王朝官吏的行列，使汉朝各级政府的官吏中，"孝廉"占一定的比例，使官吏队伍逐渐儒学化。自汉武帝以来，逐渐形成的以儒学化的官僚为主体的地主阶级统治得到加强，中央得到巩固，在当时是有积极意义的。由于孝廉每年由郡国举荐，搜罗的孝廉人才最多。在这一制度刺激下，读书人竞相讲求孝行、廉洁，社会注重名节的风气逐渐形成。这种风气对抑制腐败和公开的卖官鬻爵是有一定作用的。

第二，提倡孝，往往与悌连在一起，即孝悌之道，这种观念，有它的合理性，是人的一种优良的道德品质。孔子创立仁的学说，以孝悌为根本，说"孝弟（悌）也者，其为仁之本与"（《论语·学而》）。孟子进一步把孝悌提升为尊老爱幼、团结他人的一种社会公德，当成"治国""平天下"的方略。《孝经·开宗

---

① 参见《武威汉简》《汉简研究文集》，转引自胡平生《孝经译注》，中华书局1996年版，第38页。

明义章》记孔子曰，"先王有至德要道，以顺天下，民用和睦，上下无怨"，"夫孝，德之本也，教之所由生也"。孔子说先代的圣帝贤王，有一种至为高尚的品行，至为重要的道德，用它可以使得天下人心归顺，百姓和睦融洽，上上下下都没有怨恨和不满。那就是孝。孝是一切道德的根本，所有的品行的教化都是孝行派生出来的。孔子这几句话道出了宣扬孝道是为了治理天下和建立社会秩序，以期达到万民和睦、天下太平的和谐境界。中国古代的历史，有所谓"汉唐盛世"之说，这应是"以孝治天下"的一种社会效果。但我们也应该指出，在汉代"孝悌"观念中，有被统治阶级所利用的消极成分，把孝悌绝对化、神秘化，这是应该扬弃的。

第三，孝道观念促进了汉代社会经济的发展。汉代是小农经济社会，孝的观念与社会秩序结合起来，协调社会各阶层之间的关系，缓和社会矛盾，使社会处于相对稳定的局面，这为小农经济的发展提供了有利的条件。因为小农经济是以一个和睦团结、共同协作的家庭关系为基础的"家和万事兴"，家庭和睦不仅是农业生产、民众社会生活的需要，也是社会稳定和发展的必要基础。西汉时期小农经济出现的繁荣局面，户口增加，说明了汉继亡秦以后所确立的以孝为中心的新型社会秩序基本上是成功的，并为后来的历代建立社会秩序，提供了借鉴。有学者说"两汉皇朝延续400年之久，同其以孝为核心建立的新型的社会伦理秩序有密切关系"①，有一定的道理。

三、"孝道"的当代价值

"孝道"是中国传统道德之一，罗国杰先生指出，"中国传统道德具有鲜明的矛盾性和两重性。它既有民主性的精华，又有封建性的糟粕""对于中国传统道德，我们既不能全盘否定，也不能全盘继承。全盘否定势必导致历史虚无主义；全盘继承必导致复古主义。这两种倾向都是错误的。正确的态度是以历史唯物主义为指导，坚持批判继承、弃糟取精，综合创新和古为今用的方针"②。我们认为，孝道的民主性精华，是指基于人类自然血缘关系而产生的对父母亲人的亲爱之情、忠敬之行，这是一切仁心善德的基础。只要人类亲子关系存在，它就有存在的合理性，而且具有某种永恒的价值。孝道的封建性糟粕，是指封建统治阶级把孝道作为宗法等级统治的精神基础，并不断加以极端化、神秘化、愚昧化，作为巩固他们专制统治的工具。区分孝道的民主性精华和封建性糟粕，是十分复杂的工程，需要专门的研究。我只就今天建设社会主义和谐社会，应该吸取

---

① 刘厚琴：《儒学与汉代社会》，齐鲁书社2002年版，第88页。
② 罗国杰：《中国传统道德》简编本，中国人民大学出版社1995年版，第4页。

孝道那些积极方面来"古为今用"，谈两点认识。

第一，传统孝道的基本内涵是尊老、敬老、养老、送老。今天，"尊老"首先是尊重老人在生产、生活、科学研究和革命斗争中的成功经验和失败教训。这些经验和教训是宝贵的社会财富，我们应该加以继承和发扬。"敬老"，就是对老人的关心、爱护和必要的照顾和优惠。"养老"，是保证老人有幸福、愉快的晚年生活，不仅满足其物质生活，更要满足其精神生活。"送老"，是指妥善地安排和处理后事。这些基本精神是适合社会主义的经济利益和政治利益的。这是社会主义新型的人际关系，是社会主义对人民的爱护和关心的体现。

第二，孔子和儒家主张把"孝悌"推广到全社会，对于敦厚民风、劝民亲爱，具有很大的教化作用。《孝经·广要道章》记孔子说："教民亲爱，莫善于孝；教民礼顺，莫善于弟（悌）。"曾子更认为"孝"是处理人伦关系的大经大法："夫孝者，天下之大经也。"认为孝是贯通天地的常道，是行之百世，放诸四海而皆准的真理。曾子的论述，诚然有夸大之嫌，但是把孝悌视为古今每个人应遵循的普遍道德则是合乎情理的。"孝悌"强调子女对父母的奉养责任，强调兄弟姐妹的和睦亲爱，并主张把这种品德进而推己及人，以至于推广到全社会。这是一种美好、高尚的情操，这对于人们不断提高自我素质修养，获得家庭的幸福和美满，保障社会和谐、安定、发展，都有积极的作用。这些主张，符合正常的人情，符合人类社会向着"真善美"发展的总趋势。我们应该继承和发扬，让它在今天构建和谐社会中发挥积极作用。

原载《"清明·感恩与社会和谐"学术研讨会论文集》，陕西人民出版社2011年版。

广州秦汉考古与岭南社会风俗

一、 风俗释义

关于风俗的含义，古人多有解释，如《汉书·地理志下》云："凡民函五常之性，而其刚柔缓急，音声不同，系水土之风气，故谓之风；好恶取舍，动静亡常，随君上之情欲，故谓之俗。"《新论·风俗》篇亦曰："风者气也，俗者习也。土地水泉，气有缓急，声有高下，谓之风焉；人居此地，习已成性，谓之俗焉。"从这些古人的解释中可以看出，"风"是指因水土、气候、物产等自然条件不同而形成的风尚，而"俗"则是由社会生活条件不同而形成的社会行为习惯。两者加起来就是风俗，即风俗是一个地区和民族长期形成的社会风尚和民众习惯的合称。风俗是人类社会普遍存在而又非常独特的一种文化现象，它生动而具体地反映一个国家、一个民族，一个地区的社会风貌。

秦汉时期风俗状况，文献中留下许多材料，最系统的是《史记·货殖列传》，它反映了战国后期到西汉中期以前的风土人情；《汉书·地理志下》班固所辑汉成帝时朱赣条陈各地风俗，则展示了西汉中期至西汉后期各地风俗概况。

二、 风俗的地位和作用

在我国悠久的历史中，风俗具有重要的地位和作用。历代统治者和儒家士大夫往往将风俗提到安邦治国的高度，风俗与国家和民族的兴衰息息相关。如《汉书·贾山传》说贾山在《至言》中说："风行俗成，万世之基定。"东汉应劭在《风俗通义·序》中说："为政之要，辨风正俗，最其上也。"《淮南子·泰族》说："若不修其风俗，而纵之淫辟，乃随之以刑，绳之以法，虽残贼天下弗能禁也。"正因为如此，他们提倡移风易俗，强调风俗的教化作用。《荀子·乐论》说："移风易俗，天下皆宁，美善相乐。"《说苑·政理》曰："圣人之举事也，可以移风易俗，而教道可以施于百姓。"《孝经》云："移风易俗，莫善于乐。"可见风俗的教化和示范作用。据《风俗通义·序》所述，应劭是在东汉末年"王室大坏，九州幅裂，乱靡有定，生民无几"的社会背景下撰写此书，目的在于纠正时俗的"迷昧"，为汉王朝的复兴提供资鉴。因此，研究中国风俗的历史，总结中国风俗的演变规律和经验教训，对我们深入了解中国历史文化，推动物质文明和精神文明建设有重要意义。

三、 秦汉时期岭南地区的社会风俗

秦汉时期岭南地区的风俗，文献记载相当稀少。但近50年来，仅两广地区发掘汉墓达2000多座，还有其他遗址发现。汉代提倡"以孝治天下""事死如事生"，于是办理丧事要"厚资多藏，器用如生人"，因此衣食住行，生老病死，文化娱乐，都要做成模型，放到墓中随葬，好让死者在阴间如同在人间一样生活。我们凭着这些出土的实物资料，结合文献记载的材料，可以勾画出当时岭南的社会风俗状况。

风俗的内涵极其广泛，涉及物质生活和精神生活的诸多层面。

岭南原为百越之地，南越民族为岭南地区的土著居民，由于自然条件的不同，社会发展相对落后，其生活方式和风俗习惯与同期的中原地区的汉族有较大的差异。秦始皇统一岭南后，派驻了大批秦军，又流放了中原数十万"罪人"到岭南，"与越人杂处"，岭南正式纳入全国中央政权的统治，接受中原文化的教化，风俗渐变。汉武帝重新统一岭南后，以儒家学说为核心的封建文化借助政治力量在岭南得以推广，大大地促进了南越民族的汉化。自汉末以后大批中原及江南人为躲避战乱，先后进入相对安定的岭南地区，改变了岭南原来的人口成分，加速了南越族与汉民族融合的过程。到两宋期间，岭南大部分土著居民已基本汉化，汉族成为岭南居民的主体，并形成广府、客家、福佬三大民系，中原汉族的风俗文化成为岭南风俗文化的主导。明嘉靖黄佐的《广东通志》云："自汉末建立至东晋永嘉之际，中国之人，避乱者多入岭表，子孙往往家焉。其流风遗韵，衣冠气习，熏陶渐染，故习渐变而俗庶几中州。"光绪《高州府志》亦云："海滨遐陬，冠婚丧祭，秉遵典礼，蔼然无异于中州。"所以，岭南地区的风俗与中原地区大同小异。

我这里主要就广州出土之文物，介绍一下秦汉时期岭南的社会风俗。

（一）衣

1. 衣服的主要原料

（1）麻。1983年发掘的南越王墓，随葬物中有丝麻织物，但都已炭化。从炭化的残迹鉴定出，麻类织物有麻布，墓主身穿的丝缕玉衣用麻布作衬里。还有麻袋，用来包装随葬物品。

（2）丝。在汉代，根据织法不同，丝织物有许多品种和称谓，如素、缣、纱、绢、罗、锦等。素是平纹无色的，贵族用作丧服，称"缟素"；缣比素要结实些，是双丝织成；绢亦平纹，是生丝织成的；而锦是丝织物中属于高水平的代

表作，它能织出彩色的大花纹。

广州南越王墓西耳室中丝织品的数量相当多，品种极为丰富。据鉴定报告称有：

原匹织物。在西耳室的 2.8 平方米范围内，多层叠放，厚 20 - 30 厘米，估计不下 100 匹。

包装用织物。随葬的铜器、玉石器、铁器等多数用丝绢包裹，用绢数量十分惊人，有如现代用纸装物一样。

编织的绶带与组带。用来穿系器物的丝带，如镜绶、玉璧上的组带和佩饰上的组带等。

属于平纹织物的有绢和纱，属于罗组织的有绉纱、罗，属重经组织的有素色锦、朱黑二色锦、绒圈锦等。

（3）1976 年广西贵县罗泊湾一号汉墓，在器物坑出土一批木质纺织工具，计有：翘刀 3 件，纬刀 10 件，卷经版 8 件，吊杆 35 件，调综棍 2 件，绕线棍 2 件，绕线筒 12 件，滚棒 2 件和锥钉 3 件。此外，该墓还出土 1 件木质"从器志"（记录随葬物品的清单）。据此可知，墓中随葬的纺织品，有大批成匹的缯、布和用缯、布缝制的衣服及装载物品的囊袋等。残留的丝麻织物经鉴定，丝织品有平纹的绢和纱，麻织品的原料为黄麻和大麻。

2. 汉服举例

（1）冕服。（如图 1 所示）古代帝王及公卿大夫的礼服。主要是由服饰及各部位的颜色不同，而区别其身份职位的高低。

（2）深衣。（如图 2 所示）汉人男女都穿长袍（由上衣、下裳组成），又叫深衣，宽松舒适，即所谓宽袍大袖。衣襟（裾）由左向右复绕（胡服是向左的，所谓"披发左衽"）。

（3）劳动者服，上穿短袖褐衣，下着短裤。（如图 3 所示）四川出土的两个陶俑，均穿短袖筒的衣裤，一持锸，一持畚箕，为东汉的农夫形象。汉时还有一种短裤叫"犊鼻裈"，类似今天的三角裤，山东沂南汉画像石有穿这种短裤的农夫的形象。

（4）广州汉墓出土的木俑、陶俑，表现了当时的服装。番禺出土的东汉男俑，周身划线纹表示衣服式样；番禺出土的女俑发髻盘起，双耳戴环，脑后以划线表示头发，双乳突出，双手抱婴，婴儿做睡眠状。（如图 4 所示）此女俑身份或为侍婢。东汉侍俑，有男有女，男俑，着袍，下摆呈喇叭口形；女俑，头戴高冠，着大袍，下摆及地呈斜壁筒状。南越王墓铜力士俑、托灯陶俑，有男有女，其脸型有深目高鼻的特点，应为胡人。东汉后期托灯陶俑；西汉陶俑座灯，颈下刻画 X 线纹显示身披交襟薄纱；西汉末东汉初陶俑灯座，男性，裸体，用刻画线纹显出浓眉和络腮胡须。乐俑，身着交襟长裙，跪坐，或在击节，或在弹奏。东

图1 汉武帝冕服

图2 深衣

汉后期陶乐俑、歌舞俑，着长袖上衣，下束如喇叭形花裙。南越王墓出土玉雕舞人。（如图5所示）上述俑除托灯俑之外，都穿汉服。当时越人的衣着如何，还没有考古资料可以说明。

图 3　劳动者服
（1．持烛者　2．拥彗者　3．持锸农夫　4．持畚箕者　5．穿犊鼻裈的农夫）

图 4　番禺出土的女佣

图 5　南越王墓出土的玉舞人（左）

论文·文章

85

（二）食

1. 稻谷

古人把主食的谷物称为"五谷"，五谷是指哪五种粮食，有不同说法，结合考古资料考察，汉代的五谷，就是指稻、稷、麦、豆、麻。这里主要介绍稻谷的情况。

水稻，岭南人喜欢吃稻米饭，司马迁《史记》记载岭南以"饭稻羹鱼"著称。这种生活习俗起源很早。粤北的曲江马坝新石器时代晚期石峡遗址中，发现有炭化和半炭化的稻谷，据鉴定，属于人工栽培的籼稻和粳稻类型。证明广东地区在新石器时代晚期已开始人工栽培水稻。

到汉代，水稻在广东已开始大面积的推广种植，还出现了双季稻。《太平御览》卷八三九引杨孚《异物志》："交趾稻夏冬二熟，农者一岁再种。"广东佛山澜石汉墓出土的一个陶水田模型中，展示了双季稻抢收抢种的场面。广州番禺也发现陶水田模型，四边砌埂，内砌十字埂，形成"田"字形地块；田中有七戴笠俑，表现出插秧的劳作场面。

广东、广西的汉墓中经常有稻谷发现。西汉南越王墓后藏室的几个陶罐中，装有不少于200只黄胸鹀（禾花雀），这种候鸟每年立秋过后，成群结队从北方飞到珠江三角洲的稻田区，啄食水稻吐穗扬花之后开始灌浆的稻谷，这是农业的害鸟。广东人大概已掌握了禾花雀怕人、怕光、怕影和白天采食稻谷、傍晚栖于禾田的习性，懂得张网捕捉，才能获得如此大量的个体。说明广东种植水稻之盛。

2. 肉食

广东人的肉食范围很广，包括地上走的、天上飞的、水中游的。两广汉墓发现的肉食以南越王墓出土的种类为最多，根据动物遗体鉴定有鸡、家猪、山羊、黄牛、黄胸鹀、竹鼠等。在两汉墓葬中，随葬的木制、陶制禽畜俑中，最常见的有鸡、鹅、鸭、猪、牛、羊、狗，陶屋中附设有禽舍和猪栏、羊圈，说明到汉代，家禽家畜饲养成了肉食的主要来源。

海产鱼类则有龟、笠藤壶、楔形斧蛤、泥蚶、青蚶、笋光螺、耳状耳螺、河蚬、虾、大黄鱼、鲤鱼、广东鲂和中华花龟、中华鳖（水鱼）等。

在肉食方面，岭南人与中原人相比已有很大的特色，喜欢吃鱼类及江湖海的各种蚌、蛤、蚶、螺等贝类，同时，还把蛇、禾虫、鼠类等视为美食。《淮南子·精神训》载："越人得髯蛇以为上肴，中国得而弃之，无用。"《盐铁论·记菑》篇载："盖越人美蠃蚌，而简太牢。"太牢是指牛、羊，即越人少食牛、羊而喜爱海产品。晋代张华《博物志·五方人民》载，"东南之人食水产"，"食水产者，龟、蚌、蛤、螺以为珍味，不觉其腥臊也"。清屈大均《广东新语·兽语》亦说："东南少羊而多鱼，边海之民有不知羊味者，西北多羊而少鱼，其民亦然。"今天广东的肉菜市场上，十之八九出售猪肉和鱼，牛肉不多，羊肉更少。这种饮食习惯已沿袭了两千多年。

3. 蔬菜和水果

两广地区的汉墓中，已发现的蔬菜和水果有芋、葫芦、黄瓜、冬瓜、姜、花椒、人面子、甜瓜、木瓜、青梅、杨梅、铁冬青、酸枣、橄榄、柑橘、桃、李等。1975年广西合浦堂排一座西汉晚期墓出土一件铜锅，盛有稻谷和荔枝，荔枝的果壳和内核都完好。史载南越王赵佗曾把荔枝送给汉高祖刘邦。又据《三辅黄图》载，汉"元鼎六年破南越，建扶荔宫，以植所得奇草异木，菖蒲百本，山姜十本……龙眼、荔枝、槟榔、橄榄、千岁子、甘橘皆百余本"。

4. 炊具和饮食器具

炊具有铜制（部分铁件）和陶制的，铜制的基本为实用器，出土时许多尚留下使用痕迹，陶制的有部分属于陪葬用的明器。

炊具，主要有鼎、鍪、釜、甑、锅、烤炉、煎炉等。南越王墓出土的器体大、器类全、数量多。

铜鼎有36件，分汉式、越式和楚式。

越式铜鼎。越式鼎有三个特点，一是三个扁足均外撇；二是平底，未见有圆底的；三是都不带盖。

鍪、釜、甑。出土16个，由小而大五个形成套列，下面有一个铁三脚架承接，便于烧柴炭。

铜煎炉，颇像一个长方形双层的铜架，下层烧炭火，上层煎肉，类似今日的铁板烧。（如图6所示）

图6 南越王墓后藏室铜煎炉

铜烤炉，大小 3 个，大的一个炉下四角安装圆轮，可以推动，上面有练索，又可以吊起来。出土时炉旁还放有烧烤用的铁双股叉、三股叉及串肉烧烤用的铁钎两束，约有 40 支。（如图 7 所示）2000 多年前的岭南人就喜欢吃烧烤。

图 7　南越王墓双股叉、三股叉

炉灶。炉灶的普遍出现，是汉代炊事上的一大进步。两广地区汉墓中常见陶灶模型，灶面有两个或三个圆形灶眼，上置釜、锅，有的还在左右灶壁附设水缸，有一到六个之多。连眼灶可以节约柴薪，灶旁附贴水缸，煮饭之后有热水可用，说明岭南人已经认识到节约能源了。这种灶式是中原等地汉墓所未见的。

饮食器。有盛菜肴用的盘，盛饭的碗，取食的箸（有竹的、木的、铜的），饮酒、喝汤的耳杯（有漆的、铜的、玻璃的、玉的和陶的），盛食物的案（有漆的、铜的，陶案多为明器）。案有长方形的，四足；圆形小案，三足。岭南出土的饮食器与中原大体是相同的。下面介绍几种具有岭南特色的饮食用器。

联罐。（如图 8 所示）广州汉墓出土的联罐有双联的、三联、四联、五联的。这些联罐有什么用途？两广汉墓中多次发现罐内盛有酸梅的果核，可能是用来贮盛酸、甜、咸、辛、苦五味的罐子。

酒器。有贮酒的壶、钫、瓿、提筒、瓶和酒樽、温酒樽等。广州南越国时期墓出土的广圈足铜壶和铜提筒，颈部都附一对复耳，外耳较大是穿绳提取的，内耳为贯耳，系小绳以固定器口的木盖的，这是典型的越式大型贮酒器具，还有取酒的陶勺。怎样知道它是贮酒器呢？因为广州东汉墓出土过一个陶提筒，内有高粱，盖里有墨书"臧酒十石令兴寿至三百岁"十一字。由此得知这类铜、陶提筒是贮酒用的。

5．日食两餐

上古时一般人是日食两餐，到秦汉时仍然是日食两餐。第一顿饭叫"朝食"，又叫"饔"，大约是上午 9 时，此时叫"食时"。第二顿饭叫"铺食"，又叫"飧（孙）"，一般是申时（下午 4 时左右）吃。《孟子·滕文公上》："贤者与民并耕而食，饔飧而治。"饔飧是指一天中的两顿正餐。日食两餐在考古材料中得到证明。1975 年在湖北云梦睡虎地秦墓出土的秦简，有《传食律》和《仓律》，简文载明，当时普通的官吏、卒人、仆役、罪徒等，是每日早、晚各一餐，而且粮食定量。

图 8　西汉前期陶联罐

6. 石刻庖厨图

在山东、河南、江苏等地发现不少反映饮食文化的画像砖、画像石和壁画。下面选两幅略做说明。

（1）庖厨图画像石刻。1967 年在山东诸城凉台村发现的一座大型砖石合构墓，时代为东汉，残存六块石刻画，有一块刻的是庖厨图。画面中再现了当时豪门富户中的奴仆们正在忙于杀牛、杀猪、宰羊、屠狗、切鱼、割肉、脱毛、沥酒、淘洗、劈柴、烧灶、做面食等场面。

（2）酿酒、造豆腐画像石刻。1960 年河南密县（今郑州新密）打虎亭村发现两座并连的东汉砖石合构墓。画像石中有一幅主题是表现酿酒和磨豆腐的场面。画面分上、中、下三层：上层是存酒的酒窖，在一个大几案上排列六个酒坛，每个坛都放入竹编的篓中，几案之前放着四口大缸，还有酒壶、酒樽；中层表示酿酒的场面，当中的四人有捧大盆的，有拿尖底过滤的，有蹲的，有站的，左右两侧堆放许多酒樽、酒壶；下层是制豆腐的作坊场面，当中一支大烛台，高灯远照，一个穿宽袖深衣的人，左手挽袖似在指挥各人劳动，有磨豆的，有过滤的，有压浆的，显示了制作豆腐的三个程序。

岭南没有发现像上述描绘饮食文化的壁画或石刻，但两汉时期岭南的风俗与社会生活，与中原已逐渐接近，这些庖厨图，可以作为我们研究和理解岭南社会风俗的参考。

（三）住

一般认为中国的传统民居主要有四大类型：以北京地区为代表的四合院，在闽、粤、赣接壤地区的客家土楼，南方丘陵地适应潮湿多雨的干栏式，西北黄土高原的窑洞。由于岭南地区至今为止未发现秦汉时期的村落遗址，所以对其居住情况、第宅分布等了解不多。但在两广的汉墓中发现不少建筑明器，主要是陶制的，也有铜的、木的或用滑石雕制的。借助这些明器，我们可见当时的民居建筑情况。

1. 居室建筑

从出土明器看，建筑类型有干栏式、曲尺式、三合式、楼阁式。

（1）干栏式。（如图9所示）在广州汉墓出土的干栏建筑明器，结构分上下两层，上为人居，下做圈栏，饲养禽畜。其底层的四周用矮墙围绕，有如"基座"。正面设梯，供上下之用。矮墙一侧或背面的墙根处开一个窦洞，方便禽畜进出。上层的人居部分，平面有呈长形的，但多为曲尺形，即正面横长方形用作居室，后面的一侧处用作厕所。居的上盖为两坡的悬山式，下面开门，辟窗户以采光通风。这种建筑，应该就是《旧唐书·西南蛮传·南平獠》所说的"人并楼居，登梯而上，号为干栏"。《新唐书·南蛮传下·南平獠》："山有毒草，沙虱、蝮蛇，人楼居，登梯而上，名为干栏。"这种干栏建筑在我国古代沿海及江南地区早已流行，在浙江河姆渡遗址发现有距今5000年前的干栏建筑实例。

（2）曲尺式。（如图10所示）平面方形，分前室、右后室及底层的畜圈、后院。横前室左侧开一长方形门，右侧上方有七个窄条形窗。后壁左半部到顶，上方开一方形窗与后院相通，右半部内进成一后室，并隔作上下两层，下层为畜圈，不与前室相通，上层

图9　东汉前期干栏式建筑

形成一个小间。前室内有五俑。左壁、右壁和后室后壁都开有直棂窗和通风口。后院墙根处开有圆形窦洞，院内有猪两头在长方形槽前就食，另一猪正从窦洞爬出。

图 10　曲尺式

还有一建筑明器，通身施黄绿釉，平面方形，由横前室、左右室及底层畜圈、后院组成。横前室正中开长方形门，门板两扇，一扇半启，门上有衔环铺首，面墙左右菱格窗及地，檐下还开有一排条形窗孔。前室后壁的右半到顶，上方开四个条形窗，形成与正面窗穴的空气对流。左后半部分隔成上下两层，下为畜圈，墙根有圆形窦洞。上层是厕间。

（3）三合式。（如图 11 所示）由前面横堂后连两室组成，呈"凹"字形平面，换言之，这是曲尺式后部的左右两室对称，当中连的矮墙，形成后院。这种房子有个特点，后部的两室多数是两层的，其上一为厕所，另一做养羊的圈栏。围栏入口处还设有斜梯，供羊群进出。厕所与羊圈的下层与后院相通，既用为积集人、畜粪便用于肥田，又兼做养猪的圈舍。

图 11　东汉前期三合式建筑

（4）楼阁式。出现于东汉时期，为二或三层的楼房结构。中轴明显，布局对称，或前后低，或中座高耸，而左右和前后都稍低矮一些。这个陶楼，平面略呈正方形，布局略似"三合式"，堂屋右角上面增建四阿式顶的望楼，成上下两屋的结构。望楼正面、右面均开窗，各有一陶俑守望。堂屋正面架空底层与后院连通，可能是厕所。右廊屋为畜舍，开一小门，设斜梯，在堂屋右侧门有一俑驱赶家畜沿梯进入畜舍。

2. 防御建筑（陶城堡）

广州的东汉墓多次发现陶城堡模型，陶城堡四周是高墙，四角有角楼，前后有望楼。大门有守卫的执兵武士，城堡里面都布列两幢房子，屋里有坐在矮榻上或凭几而坐的主人，其前有拱手弓腰的，有匍匐于地的，有跪地朝拜的吏役。这类防御建筑即汉代的"坞壁"，为军事上作为防守用。当时各地豪强集团割据称雄，一般庄园主都有私家武装，其居所都与军事防卫结合起来。这类模型是当时真实情况的写照。

3. 居室与水井

秦汉时人已普遍使用水井，在住宅周围挖有水井。《太平经》卷四十五《起土出书诀第六十一》中说："一大里有百户，有百井；一乡有千户，有千井；一县有万户，有万井；一郡有十万户，有十万井；一州有亿户，有亿井。"这种说法或许有些夸张，但反映了人们已普遍使用水井。在广州汉墓中发现了不少水井的模型。有四阿井亭，十字脊交叉处塑一展翅翘尾的飞禽。井栏分立四柱，上承井亭。一俑趴在井栏边，右臂伸入井中，似在汲水。右臂已残。

4. 居室与灯具

夜间室内照明使用各种灯具，全国各地秦汉考古中发现各种各样的灯具。在广州的汉墓中也出土不少灯具，特别是陶俑灯座特别多。南越王墓出土的铜灯有直筒插座，显然是用于插蜡烛的。汉代与蜡烛有关的文物，大多出于两广地区，推测岭南地区使用蜡烛程度可能超过北方。

（四）行

1. 出行交通工具

古人出行，陆路坐车，水路乘船，车船是人们代步的重要交通工具。在广州的秦汉考古中，也发现了车、船模型。

车的发现。南越王墓前室随葬一辆漆木车的模型，已朽坏，仅见散落的鎏金铜车饰。在西耳室还有数十件铜铁车饰。此外，在南越国时期的大墓，也有车饰件随葬，有少数木椁墓也见漆木车的模型，因朽坏无法复原。出土的陶车有牛车、马车、车厢为卷棚式顶，就是一般的交通大车。近年在广州番禺也出土一个东汉陶车，墓被盗，仅存车厢。平面呈长方形，由拱篷、厢板、前门楣和后门帘组成；车内一俑高冠大袍，端坐。

船。广州发现的船模不少于 20 件，在全国的汉墓中，广州汉墓发现船模最多。现举几例。

东汉陶船。1955 年出土于广州东郊东汉晚期墓。全长 54 厘米，首尾狭，中部较宽，平底，船内分前、中、后三个舱室，后舱即舵楼，旁有小屋做厕所，船前系锚，船后有舵，船舱内和两弦直道上共有陶俑六个，动态各异。

西汉木船。1956 年出土于广州西村。长 80.4 厘米，船底由整木凿出，平底，船中分设两个舱室，前部有四个木俑，端坐于板凳上在划桨，船尾处亦有一木俑，在把舵。

南越刻画战船。（如图 12 所示）1983 年南越王墓东耳室出土的一个铜提筒，器身中部刻画四艘战船纹，首尾相连，绕成一圈。四船的形制大同小异，以两船为一组，其分别主要是船舱的表现形式与船上刻画的人物活动状态有所不同。类似的刻画在铜鼓上的船纹，在四川、贵州、云南，以及越南都有发现。这些刻画纹的内容，各有各的解释，大家可以研究。我们在此只强调在秦汉时代，用船已很发达。

图 12　铜提筒刻战船纹拓本（上）及摹本（下）

2. 出行礼俗及旅途生活

在秦汉人心目中，出行充满着危险。因此，出行有各种礼俗。出行时间十分重要，睡虎地秦简《日书》、甘肃天水放马滩秦简《日书》对出行日子和禁忌都有具体限定。出行前要进行各种巫术和宗教仪式、送别宴饮，出行坐姿、伴行的人都有规定。这些只能见诸文献，很难在出土文物中求得证明。在岭南地区也大概如此。

道路沿线设有不同类型的旅舍。官方所设具有旅舍性质的机构主要有传舍、邮和亭舍。据文献记载，传舍除去传送各种公文外，兼为过往官吏或朝廷征聘的贤达无偿提供食宿。在甘肃敦煌悬泉发现汉代传舍遗址，称为"悬泉置"。这个遗址由坞院、房屋、马厩和附属建筑构成。在岭南还没有发现这类型的遗址。除官方的旅舍外，还有私人开的旅舍，称为递旅和私馆，为人们的出行提供方便。

（五）婚姻风俗

婚姻风俗只能根据文献，很难找到考古材料加以证明。而且岭南的婚姻风俗与中原有何不同，也难以说清楚。我在这里只根据通例做一些简单的介绍。

1. 婚龄

汉代文献中常见"男三十而娶，女二十而嫁"，但实际情况并非如此。经学者研究，一般认为，两汉时期，男子初婚年龄在 14～20 岁；女子初婚年龄在 13～16 岁。在一个家庭中，通常按照兄弟姐妹的年龄次第完婚。丈夫一般较妻子的年龄长 1～3 岁。求婚年龄一般在成婚年龄的 1～2 年前。汉代属于早婚型。

2. 择偶

秦汉人选择配偶的标准很多，或以门第，或以容貌，或以才德，或以卜相。而这些择偶标准，在每个家庭中的地位及重要性的排序都不同，或者门第为第一位，或者相貌为第一位，或者人品为第一位。汉代流传着这样一个有趣的故事：齐人有女，有两家向她求婚，东家子人长得丑，但家里很富有；西家子人长得英俊，但家境贫寒。齐人夫妻犹豫不决，遂征求女儿的意见，他们怕女儿羞于开口，便说喜欢哪个就脱下哪边的袖子，结果女儿脱下了两只袖子。父母十分奇怪，问她原因。她回答说，想到东家吃饭，到西家住宿。（《艺文类聚》卷四十引《风俗通义》）这个故事反映了当时人择偶观念的多面性。

3. 婚姻程序

先秦时期，婚姻程序必须依"六礼"而行。所谓六礼即纳采、问名、纳吉、纳征、请期、亲迎。到秦汉时期，普通百姓大多不拘泥于六礼，操办婚事更加实际，大体经过以下程序。

议婚。子女的婚事通常由父母或家族的家长操持，通过媒人介绍婚姻对象。媒人上门提亲被称作"介"，"为介"指的是较为郑重的求婚仪式。一旦对方答允求婚，男方家即派人会见女方，观其容仪，即所谓纳采。

问名占卜。若对女方感到满意，接下来便是策告祖宗，进行订婚占卜，即所谓问名。占卜的目的之一是看婚嫁双方是否有同姓关系，"同姓不婚"仍是当时婚姻中的一项禁忌。占卜的另一目的是看这桩婚事是否吉利。

订婚聘礼。如果占卜的结果是吉兆，就要把合婚佳音通知女方，即所谓纳吉。之后便给女方家送聘礼。这是具有实物和象征意义的对婚姻的认定。

选择婚期。纳聘之后，男方家便开始着手选择婚期。婚期通常由占卜来决定。根据出土的《日书》记载，若在非吉日结婚，将导致许多恶果；若在良日结婚则意味着夫妻恩爱的美满结局。

迎亲。男方家庭迎亲和女方家庭送亲是婚礼的前奏。男方要亲赴女家迎亲。女方家在送女儿出门前，循例会对女儿进行一番嘱咐，诸如孝敬公婆、恪守妇德等。出门时男子要走在女子前面。

婚礼。无论贵贱贫富婚礼皆操办得隆重喜庆。参加婚礼的人主要包括三类：一是婚家双方的亲族成员，二是婚家的友人，三是婚家的邻居。参加婚礼的人，送礼极丰，有学者推测在百钱以上。新人穿得华丽漂亮。新妇人入门后的第一项仪式是拜见公婆。初入夫家，新娘略带羞怯，微步徐行。婚礼仪式后举行酒宴，婚宴将婚礼的喜庆气氛推向高潮。婚礼上宴客亲朋与新人嬉笑取乐，无所顾忌，甚至有对新郎进行棰杖者，甚至出现过失杀人的悲剧。

4. 离婚与再嫁

当时婚姻伦理的基调是维护家庭的稳定，但离婚现象仍然存在。男女方主动提出离婚的都有，但男方主动提出离婚的比例要高。离婚是否要办一定的手续？文献没有记载，但睡虎地秦简记载，秦代人离婚要去官府办理正式手续。而汉代是否有规定还不清楚。

离异和鳏居为女子再嫁提供了可能。应该说秦汉时期男女交往相对松懈，性观念相对开通。当时男子和女子可以在一起饮宴，可以结伴同路甚至同车而行，女子也能单独会见男宾。考古发现的大量汉代裸体男女塑像和画像反映出当时性意识的通达。在这种社会环境中，女子改嫁乃一种自然的符合人伦的行为。当时尽管"贞"的观念已广泛存在，但社会上婚姻伦理的主流观念更为强调"孝"，而不是"贞"。

（六）丧葬风俗

1. 厚葬成风

人们对于死者的善后处理，谓之丧葬。秦汉人认为灵魂不死，死不过是向另一个世界即阴间过渡。汉代提倡"以孝治天下""事死如事生"，于是办理丧事要"厚资多藏，器用如生人"。因此，秦汉时代厚葬成风。秦始皇之葬，则达到了空前的高峰。秦始皇陵，目前尚保存高 46 米、底 350 米×355 米的夯土陵丘。出土的兵马俑坑，被认为是世界第八大奇迹。汉代诸帝的陵墓也十分令人吃惊。随葬品除珠玉珍宝之外，还有绶印、金钱财物、食物、饮食用具、日常用器、乐器、兵器、飞禽走兽，以及偶马车铜人和其他明器，还有活人殉葬的（当然法律是不允许的）。

厚葬之风亦影响岭南地区。地方史志记载，第一代南越王赵佗死后，修了一个十分神秘的陵墓，葬积珍玩，把生前的许多奇异珍宝都放入墓中。出殡时四套形式一样的灵柩分别从东南西北四个城门出去，不知哪个灵柩是真的，以防后人盗墓。赵佗的陵墓还未发现，详情不得而知。1983年在广州象岗山发现了第二代南越王赵眜的墓，也是岭南厚葬的一个典范。这是一座石室墓，构筑在象岗腹心20米深处，是"依山为藏"的建制，采用大揭顶深挖墓圹，由山顶凿出一个深20米如"凸"字形的土圹，再在土圹中以大石板砌筑墓室，南辟斜坡墓道。总的来说，墓坑采用竖穴加掏洞的形式，然后用红砂岩石块贴靠坑壁砌筑墓室。共分为前后两部共七个室。墓道和前室、主室之间，有两道石门封闭，前部三室，分别是前室、东西耳室，后部四室为主棺室、后藏室、东侧室和西侧室。

南越王墓出土丝缕玉衣、陪葬品包括金银铜铁器、礼乐用器、玉石珍玩、甲胄弓镞、车马帷帐、五色药石、丝织衣物、竹木漆器、象牙制品、印玺封泥、墨丸石砚、铁石陶器等，共一千余件（套），举凡南越王生前所用的东西，都放在墓中陪葬。南越王墓是目前岭南地区发现规模最大、随葬品最丰和殉人最多的一座墓葬。

2. 丧葬之礼

丧葬之礼以葬礼为中心分为三个阶段。

第一阶段：葬前的丧礼。包括招魂、哭丧停尸（殡）等项内容。

第二阶段：葬礼。这是丧葬礼仪中最为隆重者。包括告祭典、送葬、尸体处理（葬法）三个环节。

第三阶段：葬后服丧之礼。一般推行的是服丧三年。

3. 岭南的墓葬形式

西汉时期岭南的墓葬葬式，都是采用仰身直肢一次葬，即人死后，用棺椁装殓，直接埋入土中，死者仰面朝天，四肢平放。西汉尚未发现二次葬或屈肢葬，东汉发现有二次葬的夫妻合葬墓。墓葬可分为五种。

（1）竖穴土坑墓。土坑墓起源很早，广东马坝石峡遗址、佛山河岩遗址都发现这类墓葬。秦汉时这类墓葬十分普遍。竖穴土坑墓一般规模较小，无墓道，无坟丘。四壁较平整，填土用原坑土回填，长宽比例约为2：1。随葬极少，只有罐、壶、鼎、盆、釜、三足盒、瓿等几件陶器。多数有木棺，以单人葬为主。

（2）竖穴木椁墓。墓的规模比竖穴土坑墓大，随葬品也较多，有的墓底铺河卵石、棺底设腰坑，腰坑内放一件陶瓮。凡是有腰坑或墓底铺河卵石的墓，不见有汉文化的陶器、铜器陪葬，所出的陶器全部带有南越地方特色，主要是瓮、罐、瓿、小盆、盘口鼎等。这一类墓的墓主可能是土著越人。中原汉人或汉化的越人，其墓葬，多数是竖穴木椁墓，地表部分有坟丘，随葬器物以陶器为主，有汉、楚文化特点的鼎、盆、壶、钫等组合和带南越特色的印纹硬陶瓮、罐、瓿、小盆等。

（3）带墓道的竖穴木椁墓。它和竖穴木椁墓不同的是前面带有斜坡墓道，墓室大多数分为前室和后室两部分，都设椁室。椁室结构可分为井椁室、封门式、上下双层、前后分室4种。后室是主室，前室用于祭奠。这一类墓，规模大，随葬器物较多，一般除了陶器外，还有铜器、铁器、漆器、玉石器等。在陶器中常有戳印职官或官署的陶文。重要的铜器有鼎、钫、壶、鍪、盆、熏炉、带钩等，铁器有剑、矛、凹口锄、削等，玉器有璧、璜、环、佩饰和耳珰等。有的还有印章随葬。

（4）石室墓（见西汉南越王墓）。

（5）砖室墓。这类墓出现于东汉时期。有直券顶砖室墓、横直券顶砖室墓、穹隆顶合券顶砖室墓等类型。这类墓一般都比较大，墓室用砖砌成。墓内分甬道、前堂（或前室）和棺室三部分。各室底部铺砖。券顶特高。这类墓多被盗，贵重的陪葬品多被劫走，所余多为陶器。

（七）敬老风俗

1. 尊老成风

秦汉时期对于老年人的界定各代略有差异，有70岁、80岁、90岁三种限定，70岁标准更为常见。尊老养老在中国有着悠久的历史。两汉时代，国家也提倡这种风俗。刘邦曾颁令"举民年五十以上，有修行，能帅众为善，置以为三老，乡一人。择乡三老一人为县三老"，给予其"与县令丞以事相教"的政治地位，免除徭役以及每年十月"赐酒肉"的优惠政策。此后郡亦设三老。汉文帝时下诏改善老年人的生活状况："年八十以上，赐米人月一石，肉二十斤，酒五斗。其九十以上又赐帛人二匹，絮三斤。"又对孝悌者予以物质奖励和精神褒扬。所以，尊老养老成为时代潮流。

2. 王杖的出土

为了尊老敬老，朝廷赐老人以王杖，而且这种习俗涉及社会各个阶层。文献记载王杖长九尺，因杖首"以鸠鸟为饰"，故又称"鸠杖"。为什么杖头饰以鸠鸟？有各种说法。有的说："鸠者，不噎之鸟也。欲老人不噎。"有的说汉高祖刘邦与项羽打仗，失败后逃入丛林，项羽追之。其时鸠鸟在树上叫，追捕的人以为有鸟在，说明没有人在，于是退兵，刘邦得救。"后及继位，异此鸟，故作鸠杖以赐老者。"关于鸠杖的本义可以进一步讨论。

据甘肃武威磨咀子汉墓出土的木简，宣帝时，政府开始向年龄80岁以上的老人颁发王杖，成帝时又改为70岁以上。70岁授王杖制度也为东汉沿袭。武威磨咀子王杖完整，长 194 厘米，接近文献记载。除木鸠外，也发现饰有铜鸠的王杖。质地的差异，可能表明王杖不是由中央统一制作发送，而是由各地自行制作。广州曾发现一件新莽时期的铜鸠杖首，铸造，中空；昂首，目视前方；足贴于腹下，双翅收敛，作待飞神态。全身錾刻羽翼，下腹接一圆形短管，銎内残留一截朽木，当系木杖的残余。广州发现鸠杖，说明尊老敬老之风风靡岭南。

王杖是老人身份的荣耀和权威，上自朝廷下到百姓均十分看重王杖。汉成帝时曾下令"王杖不鲜明，得更缮治之"。对持王杖者的不敬要受到严惩。折损王杖属于大逆不道，要严惩，甚至"弃市"。

（八）西汉越人的宗教观念

上面所说的风俗都为南下汉人或汉化的越人的风俗。岭南在秦汉以前是百越族聚居之地，越人本身也有一些宗教观念（但还不能称为宗教信仰）。

1. 图腾崇拜

图腾崇拜指原始社会中的氏族认为自然界的某一种动物、植物、无生物或自然现象为自己的祖先。越人流行过图腾崇拜。

蛇图腾崇拜。在《国语》《吴越春秋》中有不少关于越人崇敬蛇的记载。越的象征、标志是蛇。越人有文身的习俗，为什么要文身呢？因为在身上刻画"像鳞虫"和"如蛟龙之状"的花纹，使自己"像龙子"（即蛇），以避免被其他动物伤害。

鸟图腾崇拜。岭南地区出土的文物，常见鸟的图形或雕像，其中以"羽人"最为常见。南越王墓出土的铜提筒的羽人纹饰，广西出土铜鼓的鹭鸟纹饰，都反映了越人的鸟图腾崇拜。

2. 信鬼神

越人迷信、崇敬、祭祀鬼神，在文献中有明确记载。《汉书·郊祀志》记载汉武帝"既灭两粤，粤人勇之乃言粤俗鬼，而其祠皆见鬼，数有效。昔东粤王敬鬼，寿百六十岁，后世怠慢，故衰耗"。

3. 鸡卜

占卜是巫术的一种。中原占卜主要是用龟甲及牛羊等动物的肩胛骨，而岭南越人则流行鸡卜，《史记》《汉书》都有记载。怎样进行鸡卜？唐张守节在注解《史记·孝武本纪》中说："鸡卜法用鸡一、狗一，生，祝愿讫，即杀鸡狗煮熟，又祭，独取鸡两眼，骨上自有孔裂，似人物形则吉，不足则凶。今岭南犹此法也。"可见，唐代岭南还流行鸡卜。宋范成大《桂海虞衡志》也有关于鸡卜过程的记载。

4. 厌诅之术

厌诅之术也是一种巫术。它是通过一定的仪式，利用祈请的祝福或恶毒的诅咒来实现某一美好的意愿。西汉南越人亦流行厌诅之术。据《汉书·景十三王传·江都易王传》记载，江都王刘建因专为淫虐，自知罪多，恐被汉武帝杀，心内不安，于是与王后成光"共使越婢下神，祝诅上"，用越人厌诅之术诅咒汉武帝。可见汉代诸侯王相信越人行厌诅之术更为灵验。

越人的厌诅之术也被用于治病。据《后汉书·方术传·徐登传》载，东汉东阳人赵炳"能为越方"，李贤注"越方，善禁咒也"，赵炳以越方而"行禁咒，所疗皆除"。葛洪在《抱朴子》中亦认为"吴越有禁咒之法"。

2008 年 3 月 7 日应香港中文大学历史系之邀，在该系做讲座，未刊稿。

三国屯田制度述论

　　屯田制度是中国封建土地所有制的一种重要形式，中国封建社会中的许多朝代都采用过它。有的朝代在边疆地区实行屯田制度以巩固国防；有的朝代不但在边地实行，而且在内地也实行。三国时期的魏、蜀、吴都不同程度地实行过屯田，尤其是曹魏的屯田，影响更大。本文主要论述屯田制度的历史渊源，介绍魏、吴、蜀三国屯田的情况，并分析三者的异同及其影响。

一、屯田制度的历史渊源

　　屯田是指经营国有土地的一种方式，它首先是由于军事上的需要而产生的。国家为了巩固边防，把国有土地分给士兵耕种。这种屯田，把驻防和生产结合起来，"且耕且战"，用这个办法解决军需供给的问题。

　　这种"且耕且战"的屯田始于秦朝。秦始皇三十二年（前215），秦军从匈奴手中收复河套后，曾向这一带地区迁徙谪徙和农民，进行屯垦。这一措施已具备了上述屯田的两层含义，已属屯田性质。但由于秦朝短命，屯田效果不显著。

　　到汉文帝时，晁错总结了秦的历史经验，结合当时的实际情况，提出"徙民实边"的建议。他认为要使边防巩固，抵御匈奴，必须把大量的人民、罪人、刑徒、奴婢等迁往边疆，分给他们土地、房屋、衣服、粮食、耕种工具等，令他们长期居住边疆，一方面种地，一方面戍边。晁错这一建议，被汉文帝所采纳。但由于河套地区未收复，边地有限，效果也不显著。

　　汉武帝时与匈奴进行大规模的战争，并取得巨大的胜利，边疆的土地大大扩展，驻守士兵日益增多。为了避免从内地转输大量粮食的巨额耗费和运输困难，并在边境地区建立一套防御体系，充实边郡人口，发展粮食生产，加强守备力量更成必要。汉武帝及桑弘羊等大臣们，总结了历史经验，把从秦朝开始的移民实边的屯田措施，逐步发展成为大规模的系统化的屯田制度。

　　武帝元朔二年（前127），汉收复河套一带，募民十万居之。元狩二年（前121），得匈奴河西地区后，又向这一带移民。此后陆续不断地移民，规模最大的一次是元狩四年（前119）将关东受灾贫民七十二万五千余口迁徙到朔方（今内蒙古杭锦旗北）、陇西（今甘肃临洮）、北地（今甘肃庆阳西北）、西河（今内蒙古东胜东南）、上郡（今陕西榆林东南）等地。这些移民由政府派官吏护送到边郡，假与公田，贷与耕牛及其他产业，组织他们兴修水利，开始屯垦时还供给衣食，政府则向他们征收"假税"。这些都属于民屯。

除民屯外，武帝又实行军屯。元鼎年间，开始在朔方以西至于令居（今甘肃永登西北）屯田，置田官、吏卒五六万人。张掖、酒泉设郡以后，征发塞卒六十万屯戍。此后军屯不断扩展。各地士卒到边塞以后，大部分从事军事任务，称戍卒、障卒；一部分屯田，按其分工称田卒、河渠卒、守谷卒等，军情紧急时也要参加战斗。

为了经营屯田，从元狩（前122—前117）初年起在边郡设置农都尉和各级屯田官。农都尉隶属大司农，但也受郡守节制；边郡的郡都尉兼主屯田的，其职衔上带有"将兵护屯田"或"将屯"字样，其属下也有屯田官，如护田校尉、农令、候农令、部农长丞、农亭长、代田长、水长、别田令史等；西域都护的属下也有屯田校尉等农官。

东汉初年，战乱未息，政权未稳，经济凋敝，为了解决大量士兵和官吏的粮食问题，东汉政府曾在今河南、湖北、陕西的一些地区实行屯田，收效颇大。此后，随着东汉的向外扩展，为了抵御匈奴、乌桓和西羌，边郡屯田又发展起来，从北边、陇上到西域的伊吾卢（今新疆哈密），至东北方的玄菟（今辽宁沈阳东），都有屯田的设置。主其事者有边郡的将军、校尉、都护、太守、都尉、长吏，以及专职农官如宜禾都尉、农都尉等。

汉代的屯田起了积极的作用：第一，这种"且耕且战"，耕战结合、兵民结合的措施大大加强了汉政府控制边塞地区的力量，并相对解决了边郡大量军队和官吏的粮食供应问题，甚至有时还可将屯田所得粮食调往内地救荒；第二，促进了边疆地区经济的开发，形成了"长城以南，滨塞之郡，马牛放纵，蓄积布野"的兴旺景象；第三，促进了内地先进生产工具和技术如铁器、牛耕、代田、穿井、修渠等向边郡和少数民族地区推广。

在秦汉时代，由于军事上的需要而采取屯田措施，后来逐步发展成为大规模的、系统的屯田制度，并取得了积极的效果。这在人们的心目中，尤其是在统治阶级的心目中，刻下了深深的烙印，当他们在战争中或治国中遇到困难时，很自然地想起了汉代的屯田。因此，三国时代的屯田制度，不是偶然发生的，也不是某几个人的独创，而是秦汉时代屯田制度的继续和发展。

二、 曹魏的屯田制度

东汉末年波澜壮阔的黄巾大起义，给东汉政权以沉重的打击，其统治趋于瓦解，军阀割据与混战的局面出现，给社会经济造成极大的破坏。洛阳、长安等城市变成一片废墟，大量人口死亡或流徙，"名都空而不居，百里绝而无民"（《后汉书·仲长统传》）。从汉献帝初平年间到建安之末，"三十年中，万姓流散，死亡略尽"（《晋书·山涛传附子简传》）。在这种情况下，粮食奇缺，饥馑连绵，造成"人相食"的惨景。曹操在《蒿里行》这首乐府诗中说"白骨露于野，千里无鸡鸣"，可以想见当时荒残凄凉的景象。

曹操在这样的社会背景下登上历史舞台，他所面临的社会问题有两个。第一，粮食问题。由于人民流亡，造成土地荒芜，粮食奇缺。袁绍的军队仰给桑椹，袁术的军队取给蚌蛤。当时各个割据势力为了能够存在下去，并进而战胜敌方，就必须发展农业生产，解决粮食问题。第二，流民问题。汉末以来，人民流徙迄未解决，各个割据势力要使人民成为自己的兵源、役源、税源，就必须把人民重新与土地结合起来，把流民重新固定在土地上，进行生产。西汉以来实行的屯田制，是国有土地与人民结合，解决流民问题，发展农业生产，解决粮食问题的最好组织形式。当时荒芜无主的土地，都变成为国家的土地，国家掌握这些土地，为实行屯田提供了可能；同时，曹操镇压了青州的百万黄巾军，选其精锐者，改编为"青州兵"。曹操既获得了大批劳动力，又控制了大量的国有土地，具备了实行屯田的客观条件。所以，他听取大臣们的建议，在自己控制的领土内实行屯田。曹操自己说过："秦人以急农兼天下，孝武以屯田定西域，此先代之良式也。"（《三国志·魏书·武帝纪》"建安元年"条注引《魏略》）。可见他确是在总结了历史经验的基础上才创立屯田制的。

曹魏的屯田制，经历了汉献帝初平末年到兴平年间的局部试行阶段、建安年间以民屯为主的发展阶段和曹丕建国到魏末军屯民屯并重的发展过程。屯田分布地区，西起凉州，经关中地区，东到海滨，北到燕蓟，南至江淮的广大地区，都有曹魏屯田的分布。其中，同吴国接壤的江淮地区，与蜀国邻近的上邽、天水地区及水利条件较好，土地肥沃的伊洛平原、漳水流域等地，屯田格外集中。

曹魏屯田亦分军屯和民屯两种，其组织管理系统和剥削方式不同。民屯的组织系统和管理机构不属州郡，由中央大司农直接管辖。凡有民屯的郡或国，均设典农中郎将，秩二千石，或设典农校尉，秩比二千石，二者均相当于郡国守、相，主管该郡国内民屯。凡有民屯的县，均设典农都尉，秩六百石或四百石，相当县令长，主管该县内民屯。典农所属屯田民，称"屯田客""客""租牛客户""典农部民"等，他们不同于郡县管辖下的编户齐民，不由郡县乡里组织管辖，而是由许多按军事组织形式编制起来的"屯"去管理，每屯五十人，设司马一人，称为"屯司马"。这些"屯田客"不能自由迁徙，不能向郡县管辖的编户民转移，只能世世代代为官府屯田。"屯田客"所受的剥削是很重的，用政府的牛耕种，收获物的六分交政府，自己只得四分；用自己的牛耕种，收获物与政府对分。屯田民除缴纳收获物百分之五十到六十的高额地租外，还有一定的兵役、徭役负担。所以，当时的"屯田客"过着农奴式的生活，被人们视为贱类，连他们自己也承认是官府的"御隶"。

军屯的组织管理系统，除由各军将吏自行"劝课"士兵耕作之外，又由大司农派司农度支校尉、度支都尉到军屯所在地，专管军队中的屯田事宜。军屯以营为单位，每营有田兵六十人，田兵也称为"田卒""屯卒""士"等。因为兵士粮食全部由国家供给，所以田兵屯田的收获物，也全部归国家所有。曹魏时期的兵士，称为"士"，其子叫"士息"，其妻叫"士妻"，士及其家叫"士家"，其户籍叫"士籍"。兵士的妻室儿女，不能随军居住，并先后集中于邺城与洛阳，作为人质，以防兵士的逃亡或叛变。兵士的身份是世袭的，一旦被列入士籍，就不能改业，世代相袭为兵士。甚至兵士身死后，其妻也被改配士家，其子女也只能在士家之间婚配。兵士的身份如此低贱，作为屯田的田兵，其待遇自然不会好的。

曹魏实行屯田制度，一定程度上解决了当时所面临的社会问题——粮食和流民问题，产生了积极的社会效果，这主要表现在以下几个方面。

第一，民屯上的劳动者主要是来自已经脱离生产的流民、徙民，军屯上的兵士原来也不从事农业生产，屯田制度把他们吸引到国有土地上来，把他们束缚在土地上，与土地结合起来，由物质财富的消费者变成了物质财富的生产者，这对社会经济的发展是起积极作用的。

第二，汉魏之际，地方上的豪强武装，兼并土地，纵横寇掠，如同盗贼，一般的自耕农民是很难维持生产的。当时能够比较正常进行生产的，一个是世家豪强的庄园，一个是政府的屯田，因为它们都有武装保护。所以，在军阀混战的情况下，曹魏屯田制度对农业生产起了保障作用。

第三，当时的流民转徙无定，生活毫无保障，或"漂薄风波，绝粮茹草"（《三国志·许靖传》），或"食草饮水，无衣履"（《三国志·管宁传》注引《魏略》），过着非人的困苦生活。当他们成为屯田客之后，虽然身份低下，所受的剥削重，却有了自己的经济来源，生活情况有所好转，所以，他们对生产有一定的兴趣，使农业生产得以发展。由于曹魏屯田制度具有上述一些积极因素，因此它的广泛推行，对惨遭战乱破坏的社会经济的恢复和发展起了有力的促进作用。当时凡经过屯田的地区，荒地开辟，水利兴修，田园重建，人口增多，一改昔日荒凉残败的景象。史籍记载，几乎到处出现"官民有蓄"（《三国志·刘馥传》）、"仓廪丰实，百姓竞劝乐业"（《三国志·任峻传》）和"百姓殷足"（《三国志·司马芝传》）的局面，社会经济的恢复和发展，在政治上和军事上为曹操战胜其他割据势力和统一北部中国提供了良好的物质基础，正如曹操自己所说，"遂因此大田，丰足军用，摧灭群逆，克定天下"（《三国志·任峻传》）。

曹魏屯田制实行几十年之后，便逐渐遭到破坏，主要原因有二。

第一，曹魏政权是代表世家豪族利益的政权。在曹操时代，出于政治上的需要，虽然一度执行抑挫世家豪族势力的措施，但以后随着曹魏政权的巩固，曹操制定的抑挫大族的措施越来越削弱，而保障大族利益的政策越来越发展。为了保障大族的利益，从曹魏初年开始就逐渐形成了一套向世家豪族出身的官僚赐给土地、耕牛和劳动力的制度。《晋书·王恂传》说，"魏氏给公卿以下租牛、客户，数各有差"，说明以土地、耕牛和劳动力赏赐给公卿，是曹魏的一项制度。而用来赏赐的土地、耕牛和劳动力，主要都是属于屯田系统的。除了国家赏赐之外，世家豪族还公开侵夺屯田土地、耕牛和客户。少帝齐王曹芳时，曹爽"（何）晏等专政，芝分割洛阳、野王典农部桑田数百顷"（《三国志·曹真传附子爽传》），表明国有土地的屯田，日益被世族豪强侵占为私有。司马氏父子当权之后，为了讨好世家豪族，便招募屯田民充当私属，并使之制度化，"自后小人惮役，多乐为之，贵势之门动有百数"（《晋书·王恂传》）。这样，许多屯田民纷纷逃到世家豪族的庄园，成为他们的佃客。所以，屯田的土地、耕牛、劳动力被世家豪族通过合法的、非法的途径侵占为私有，破坏了屯田制。

第二，屯田制苛重的剥削，引起屯田客的反对，也是导致屯田制破产的原因。屯田制的剥削量，开始是用官牛者占百分之六十，用私牛者占百分之五十，至魏末晋初，剥削量提高到用官牛者，官得八分，士得二分，持私牛及无牛者，官得七分，士得三分。这种高额的剥削量，使屯田农民难以维持最低的生活标准，他们对屯田越来越不感兴趣，开始是逃亡到世家豪族的庄园去做佃户，继而进行武装起义反对屯田制度。据查，曹魏时期31次农民起义中，有三次明确记载是屯田农民的起义。屯田制已走向自己的反面，它从促进生产力发展的因素，变成了阻碍生产力发展的桎梏。屯田制最后被废除，被西晋占田制所代替。

西晋泰始二年（266）正式宣布，废除屯田制，但主要是针对民屯而言，军屯此后仍继续存在。不过，西晋统一全国后，军事屯田也相应减少，屯田制在农业生产中，已不占主要位置，而让位给新的占田制。

三、 孙吴的屯田制度

孙吴也是在战乱中建国，军粮民食急待解决。江南气温较高，水利资源充足，为东吴发展农业创造了有利的条件。但在当时战乱的环境下，发展农业生产的关键，在于使流民归农。因此，与曹操在北方推行屯田制的同时或稍晚，孙氏父子在其割据范围内实行屯田制。建安初年，孙策（孙权之兄）任命太史慈为"建昌都尉"，试行屯田制。建安五年（200），孙权继孙策统治江东，不久就实行了屯田制，并有"屯田都尉"之设置。226年以后，孙吴屯田制逐渐推广。

东吴屯田分布地区十分广泛，但就其分布范围来说，有如下特点。第一，同曹魏接壤的江北地带，是东吴屯田集中的地区之一。这一地带与曹魏直接对峙，用兵作战，急需军粮，因此，东吴屯田多集中于这一地区。第二，长江之南的毗陵、丹阳、豫章、鄱阳、江夏等郡，是东吴屯田集中的另一地带。这一地带有优越的水利条件，屯田又可以支援江北的军粮需要，因此，也具有战略意义。第三，山越人集中的地区，也往往是东吴屯田集中的地区。上述丹阳、豫章、鄱阳三郡，加上吴郡、新都郡、会稽郡等是山越人较集中的地区，也是东吴屯田集中的地区。在这些地区进行屯田，一方面是镇压山越人，吸收了他们的劳动力的结果，同时也有防止山越人反抗之意。

东吴屯田也分为军屯和民屯两大类型。军屯以兵士屯田，并携带家属随军，也参加屯田。民屯的民，称为屯田民或客。军屯和民屯分别属于两个不同的组织系统，由不同的机构与官吏管理之。军屯最基层的组织叫"屯"，屯以上的其他组织，大抵与原有军队编制相同，其管理权也操在各级将领之手。民屯的基层的组织也叫"屯"，设"屯吏"以主其事。凡有民屯的县，设"屯田都尉"，又称"典农都尉"，相当于县级的农吏。中央设"监农御使"，统领诸郡、县的民屯。至于东吴屯田兵、民的被剥削情况，大抵军屯收入，全部缴纳以充军粮，然后兵士领取廪食而已；至于民屯，除了要向政府缴纳地租外，还得向政府"供给众役"。

东吴实行屯田制，使孙氏集团能在江东站稳脚跟，与曹魏抗衡；同时，东吴屯田，对江南地区的开发、水利事业的兴建和民族之间的融合，起了促进的作用，为东晋以后江南经济的发展打下了良好的基础。

东吴的屯田制，也像曹魏屯田制一样，适应战争形势，用军事编制把农民强制固着于国有土地之上的一种生产组织形式，等到三国局势相对稳定之后，屯田也就随之而破坏。

与曹魏屯田制做一比较，东吴屯田制有自己的特点。

第一，东吴民屯组织与郡县组织分治的制度，不如曹魏严格和明显。由于分治制度不严格，就出现了军事将领、郡县官吏与主管民屯的将领、农官三者合一或互相兼领的现象。例如陆逊、徐盛等人，既是郡县官又是农官；陈表、顾承等人，既是领兵将领又是农官；蒋钦、吕逊、程普、周泰、甘宁、朱治、吕范等人，均以将领身份兼领郡县守令。这些人既有领兵之权，又有主管屯田之利，还有主持郡县民政之势，集军、政、财权于一身。

第二，东吴民屯的劳动力来源与曹魏民屯亦有不同之处。曹魏民屯的劳动力来源，除了招募流民之外，主要是役使被镇压的黄巾起义军以为屯田民。而东吴民屯的劳动力来源主要靠镇压山越人，用各种办法引诱、征调、降服山越人，使他们成为屯田民。东吴屯田制推行的过程，也就是镇压山越人的过程。因此，东吴屯田制的推行，给山越人民带来深重的灾难，不过，这只是问题的一个方面。问题的另一个方面是，屯田制的广泛推行，在客观上起了开发山区和发展江南经济的作用。

四、 蜀汉的屯田制度

蜀汉建国于四川，南至云南、贵州，北达陕西中南部，在三国中疆域最小。但四川素称"天府之国"，土地肥沃，物产丰富，成都平原是著名的粮仓。特别是东汉末年，天下大乱，军阀混战，唯独四川遭受破坏较轻。蜀汉建国后，即注意发展农业生产，兴修水利，开垦荒地，使农业生产处于继续发展之中。所以在蜀汉建国后，粮食不像曹魏那样紧张，比孙吴的处境也好一些。但是，当时三国鼎立，战争频繁，蜀汉北要抗曹魏，东要防孙吴，而四川多山，道路崎岖，军粮运输不便，如诸葛亮北伐，几次都因军粮供应不足而退军。《三国志·诸葛亮传》说："亮每患粮不继，使己志不申，是以分兵屯田，为久住之基。"为了支持战争，保证军粮供应，蜀汉政权也实行了屯田。

关于蜀国屯田制的资料最少。从现有资料看，蜀汉的屯田分布，北方集中于汉中地区，《三国志·吕乂传》载："吕乂为汉中太守兼领督农，供继军粮。""督农"一官，意近"典农"，应为主管屯田之官，可见汉中有屯田。在汉中附近的黄沙、谷口、沔阳、阳平、赤崖口等地也有屯田，是汉中屯田区的组成部分。汉中屯田区是诸葛亮北伐军粮供应基地。在汉中以北，由于山险路陡，运输条件困难，军粮仍感供应不足，于是诸葛亮在渭水之滨也建立屯田区。蜀汉在南方的屯田，主要在庲降地区，《三国志·霍峻传》说，霍弋"后为参军，庲降屯副贰都督"。《水经注》卷三十三《江水》载："汉水又迳宁州建宁郡，州故庲降都督屯，故少人谓之屯下。"可见，庲降是一个屯田区。庲降在今云南曲靖，三国时称南中，是蜀汉经营云贵的重镇。汉中、庲降两大屯田区南北呼应，是蜀汉政权进可攻、退可守的两大屏障。

蜀汉屯田亦有军屯、民屯之分。从上述吕乂以汉中太守兼领"督农"来看，知蜀汉主管民屯的郡级农官叫"督农"，而且系以太守兼领并不另设。至于县级农官的名称，史书缺载。其他如对屯田民的剥削方式、剥削量、军屯的管理机构等，都因资料缺乏而不得其详。

五、 对三国屯田制度的几点认识

如果把魏、吴、蜀三国的屯田制度做综合分析，我们可以得出下列几点认识。

（1）从屯田的规模和效果来看，魏国最大，东吴次之，蜀国最小。这种情况是由于各国的地理环境等不同条件而决定的。魏国地处中原，遭受战乱破坏最严重，流民最多，主要依靠屯田来恢复和发展农业生产，因此屯田的规模最大，组织管理系统最严密，效果也最好。东吴地处江东，战乱较少，农业生产尚处于发展之中，因此，屯田不像魏国那样急迫。但是吴国地广，与魏、蜀两国接触面宽，需要在长江沿岸全面布防军队，为了保障军粮供应，需要较大规模的屯田支撑局面。蜀汉地小，而且本土基本没有遭受战乱破坏，又有成都平原大粮仓，军粮民需都有保证。只是由于道路崎岖，山陵水险，运输困难，才在汉中、庲降北南两地屯田，而且蜀国军队不断转移，屯田区也不断变换，所以，屯田规模和效果都不如魏、吴。

（2）从屯田制度本身来说，三国情况大同小异。从性质上看都是经营国有土地的一种形式，利用国有土地剥削士兵和屯田客；从类型上看，都分为军屯和民屯两种，两种类型有两种管理系统。曹魏的屯田组织管理最严密、最清楚。东吴屯田组织管理系统稍异于曹魏而具有自己的特色，已如上述。蜀汉屯田的组织管理系统由于资料缺乏，尚暧昧不清，但基本与曹魏大同小异。这种情况反映了三国的统治集团在政治上、军事上虽处于敌对的局面，但在典章制度上，他们都承袭了西汉的制度，而且互相之间有所学习，有所影响，有所借鉴。三国屯田制度上的共性，为西晋统一全国后废除屯田制，推行占田制打下了基础。

（3）在三国实行屯田制的同时，在三国的内部也存在着世族地主土地私有制和自耕农小土地所有制。国有土地的屯田制与世族地主土地私有制始终存在着争夺土地和劳动力的矛盾和斗争。当三国政权采取压抑世族地主的政策，限制他们兼并土地的时候，屯田制度就顺利推行，并取得积极的效果，如曹魏、东吴政权的前、中期。但是，随着时间的推移，在曹魏、孙吴政权的纵容、扶持下，世族地主土地私有制迅速发展起来，并且在魏国建立了"赐公卿以下租牛客户制"，在东吴建立了"复客制"，这种制度实质上就是政府把大量国有土地和劳动力赏赐给官僚、世族地主，最后导致了屯田制度的破产。所以，国有土地的屯田制的破产，归根到底是世族地主土地私有制发展、膨胀的结果。

（4）三国时期屯田制下的兵士和屯田客所受的剥削是非常重的，地位是非常低下的。军屯的收获物全部归政府，政府供给屯田兵士粮食。这种制度与曹魏的"士家制度"、东吴的"世袭领兵制度"结合，使屯田的兵士，变为国家控制下的世袭农奴。民屯的屯田客，政府按军事编制把他们控制起来，他们把收获的五成、六成，甚至七成、八成缴交政府，还要服一定的劳役和兵役，所以，他们的生活没有得到保障，他们的身份，实质上也是国家控制下的农奴。因此，从屯田民的身份来看，他们原来都是自由的农民，现在变成了国家严格控制下的农奴，他们的身份是下降了。屯田制这种降低生产者身份的消极作用，影响是深远的，两晋南北朝时期，存在大量身份低下与卑贱的佃客部曲，都可以从这里找到根源。

原载中文本科自学考试《刊授指导》1989 年第 3 期。

冼夫人维护祖国统一和民族团结
历史贡献之成因

冼夫人是 6 世纪时我国古代南方少数民族的杰出首领，也是中华民族历史上著名的女英雄。关于她的族属，史学界历来意见不一，总的来说，持冼夫人非中原之汉族而为岭南越族，且是越族中的俚人一说证据比较充分。持冼夫人为汉族说者，多以族谱为主要线索，而族谱对本族源流的记载，欠缺严格的历史考据，且多有为炫耀祖先而攀附者，有不少漏洞，只能作为参考。关于冼夫人的生卒年代，学术界有多种说法，有存年 80 岁、83 岁、90 岁、93 岁、96 岁等意见①。她的一生，历经南朝梁、陈及隋三代，致力于维护祖国统一，主张民族和睦相处，促进俚人社会发展，对岭南的人民生活的安定和经济发展做出了突出贡献，对祖国各民族的团结和祖国的统一更是功不可没。她因此三次受到朝廷册封，最后被封为谯国夫人，成为岭南少数民族的著名领袖，在历史上产生了深远的影响，受到时人和后人的景仰和纪念。至今在湛江和海南岛的许多地方，仍保留着不少冼夫人庙宇和纪念活动，在广大群众中，广泛流传着冼夫人的故事和传说。

冼夫人能够取得如此伟大功绩的原因是什么呢？学术界做过深入探讨②。本文拟从社会、思想、历史、人品等几个方面来探讨分析表象背后深刻的历史成因。

一、 冼夫人能够顺应时代潮流， 把握时代精神， 和中央王朝始终保持密切的关系

在魏晋南北朝 300 余年间，中国社会呈现出两个不同的特征。其一，除西晋时有过短暂的统一安定局面外，中国长期处于分裂割据状态，战争频繁，朝代屡替，社会动荡不安，民族矛盾和阶级矛盾尖锐复杂。长期的动乱使社会经济遭到严重的破坏，人民群众陷于水深火热之中。各族人民厌恶长期的混战，希望实现祖国的统一，过上和平安定的生活。统一，成为国民认同的观念心态。其二，国内各民族经过长期迁徙、杂居、通婚、交往，经济文化交流和民族融合都在加速

---

① 参考广东炎黄文化研究会等编辑《冼太夫人史料文物辑要》的《冼夫人年谱》，中华书局 2001 年版。

② 参见练铭志先生《谈谈冼夫人登上政治舞台的历史条件》，载《广东民族学院学报（哲学社会科学版）》1985 年第 1、第 2 期合刊。

进行。冼夫人所处的时代，在北方，以汉族为主体的民族融合局面已经基本形成，民族矛盾得到缓和，为政治上的统一奠定了基础。在南方，中原汉族自秦汉以来不断迁徙南方，少数民族在与汉族交往的过程中，越来越多地接受了汉族的先进文化，民族间的交往越来越密切，也要求实现祖国的统一。因此，重新实现祖国的统一，既是当时各族人民的共同要求，也是历史发展的必然趋势，更是当时强烈的时代精神所在。冼夫人正是认清了时代精神，在其一生的事业中，牢记这个宗旨，并成为其坚定的信念和世界观。正是在这种时代精神和爱国主义精神的支配下，冼夫人才能够顺应历史潮流，一生反对分裂割据，为维护和巩固祖国的统一做出了重大贡献。

梁武帝太清二年（548），侯景发动叛乱，次年攻破建康（今南京）台城，梁武帝萧衍病饿而死。在侯景之乱中，梁朝皇族及一些地方实力派纷纷割据称雄。简文帝大宝元年（550），高州刺史李迁仕也乘机造反，派其部将杜平虏北上，与陈霸先的勤王部队交战。在陈霸先和李迁仕之间，冼夫人支持谁、反对谁，态度是很鲜明、坚决的，其取舍标准就是看谁的行动对整个国家有利。她看出李迁仕"被召援台，乃称有疾"，反而"铸兵聚众"，显然包藏不利于国家的阴谋，于是冼夫人亲率千余人马智败李迁仕。在击败李迁仕之后，她不像当时那些地方实力派（包括地方官吏和豪强）那样，浑水摸鱼，乘机扩充势力，割据称雄，而是乘胜毅然北上，与陈霸先会合，给他以进一步的支持。侯景之乱，是梁朝腐败统治的结果，在一定程度上反映了当时的阶级矛盾，同时变乱给繁荣的江南社会经济带来了严重的破坏。陈霸先讨平侯景，是符合人民愿望、得到人民拥护的，对国家和人民都是有利的。① 陈霸先所以能够创造出这些历史功绩，关键在于他能冲破种种困难，从广东举兵北上。当时岭南地区的实力派如萧勃、李迁仕等千方百计破坏他、反对他，各地豪强如蔡路养、刘蔼等沿途拦击他、阻挠他；而冼夫人独能给他以大力支持，帮助他冲破种种难关，得以顺利北上。这是冼夫人对国家的贡献，也是她的爱国精神的具体表现。

陈霸先建立陈朝后，处境是极为不妙的。梁广州刺史萧勃在侯景之乱后据有岭南（《南史·梁元帝本纪》），激烈反对陈霸先称帝，岭南各州郡大乱，陈王朝处于极不稳定之中。在此种情况下，冼夫人毅然怀集百越，使数州安定，给予陈霸先以有力的支持。永定二年（558），她遣其年仅九岁的儿子冯仆"帅（岭南）诸首领朝于丹阳（即建康）"（《隋书·谯国夫人传》），表示对中央政权的竭诚拥护。陈宣帝太建元年（569），广州刺史欧阳纥叛乱，陈朝派车骑将军章昭达率师

---

① 《陈书·高祖本纪》载，陈霸先在广东起兵声讨侯景时，始兴豪杰侯安都、张偲等率千余人来附，进入江西，归附者益众，有"甲士三万人，强弩五千张，舟舰二千乘，贮军粮五十万石"。

讨伐，纥派人胁迫冼夫人的儿子冯仆到南海一起造反，冯仆派人告知冼夫人，夫人说："我为忠贞，经今两代，不能惜汝，辄负国家。"（《隋书·谯国夫人传》）为了反对地方割据，维护国家的统一，她甚至准备牺牲自己儿子的生命。于是，冼夫人率领百越酋长迎接章昭达，与其内外夹击，欧阳纥兵败被擒。冼夫人为巩固陈王朝统治，维护地方安定，起了一定的积极作用。

至于冼夫人迎接隋朝大将韦洸入广州，使岭南悉定，这是她对全国统一事业的一大贡献；她助隋平定王仲宣之乱及安抚岭南诸州，是她对全国统一事业的进一步贡献。

冼夫人不但自己致力于民族团结和国家统一事业，还把这种维护统一、反对分裂的思想，言传身教给其子孙后代。她将梁、陈、隋三代御赐物品珍藏起来，每逢年节庆典，将其陈列于厅堂之上，教育子孙曰："汝等宜尽赤心向天子；我事三代主，惟用一好心，今赐物具存，此忠孝之报也。愿汝皆思念之！"（《隋书·谯国夫人传》）其孙冯盎对唐王朝重新统一岭南地区做出了积极的贡献，是和冼夫人的思想教育分不开的，是冼夫人维护祖国统一精神的延续和发展。

二、 岭南文明的跃进与冼氏家族的历史渊源

在秦始皇统一岭南之前，当时南方民族种类繁多，各部族在不同地区自成部落，互不统属，各有君长，甚或互相攻伐。聚居于岭南的南越族处于散乱无序的原始社会末期或者说是不发达的奴隶制时期。秦始皇统一六国不久，即派遣50万大军，兵分五路南下岭南，并于始皇三十三年（前214）统一岭南，置南海、桂林、象郡三郡，将岭南纳入秦王朝封建大帝国的版图，从此岭南各族结束了原始社会末期的部落酋长制阶段，踏进了封建社会阶段。而岭南行政机制的健全却是从赵佗治南越期间真正开始的。从文献记载来看，秦始皇虽设立了岭南三郡，但实际上只派了南海尉做行政长官，象郡、桂林虽列入秦帝国之版图，行政机制并未健全。赵佗雄踞岭南时，怀柔南方各民族并同中央王朝保持较好的关系。虽然各部族受他统辖，但赵佗并没有对他们施行高压政策，却融合了不少越族文化，故吴薛综说："赵佗起番禺，怀服百越之君，珠官之南是也。"（《三国志·薛综传》）秦末汉初，中原统治者对岭南鞭长莫及，赵佗统治下的南越基本上与中央王朝保持较好的关系。赵佗统治的70年间，岭南安定，不但有利于当时，为后来岭南的发展也打下了良好的基础。这可以从《汉书·高帝纪》十一年的诏文中得到证明，诏文中说："越人之俗，好相攻击，前时秦徙中县之民至南方三郡，使与百粤杂处。会天下诛秦，南海尉赵佗居南方长治之，甚有文理，中县人以故不耗减，粤人相攻击之俗益止，俱赖其力。"阮元《广东通志·谯国夫人冼氏传》的后面附录有如下一段文字，提供了冼氏家族的一些情况：

《粤中记闻》：别有冼氏……秦末，五岭扰乱，冼集兵保境，蛮不敢侵，及赵佗称王，冼赍军装物用入见，佗与论时事及兵法，智辩纵横，莫能折，乃委以治高凉，恩感振物，邻郡赖之。

《通志》编者对这段记事采取了否定的态度。但在我们今天看来，这倒是一段有价值的史料，即使只算作一种传说，其所述冼氏在秦末的政治活动可以给我们一点启示：首先，冼氏远在秦汉之际已据有高凉，根基深厚，经过七八百年的发展，传到冼夫人时代，拥有"部落十余万家"，其势力由大陆跨及海外，实非偶然；其次，从这位首领对赵佗的谈话内容，可见在古代南越诸部落中，冼氏是接受汉文化较早、知识水平较高的一个；再次，从这位首领和赵佗的关系，可见冼氏与汉人之间早已建立了友好合作的关系。① 秦末汉初，赵佗据南越称王，自夸"老夫身居百越之地，东西南北数千里，带甲百万有余"（《汉书·西南夷两粤朝鲜传》载赵佗上汉景帝书中语）。汉使陆贾说他有众"数十万，皆蛮夷"（《史记·陆贾传》）。可见他的称王，是以取得南越诸部落首领的密切合作为基础的，高凉冼氏当是大力拥护和支持他的一个。

冼氏这段历史，对于冼夫人及其事业，无疑是会有一定影响的。

三、 岭南的开发与冼氏家族显赫的社会地位

自秦始皇平定百越立南海、桂林、象郡，及汉武帝平定岭南开设九郡之后，汉族向岭南移民逐渐增加，汉越的物质文化交流日益频繁，尤其是汉族先进的生产方式的南传，如东汉时交趾太守锡光、九真太守任延教民耕作，铸作田器（《后汉书·循吏列传》），桂阳太守茨充教民种麻养蚕，制作衣履（《广东通志》卷231《宦绩录》引《东观汉记》），更促进了岭南经济的发展。武帝虽开设岭南九郡，而后续措施不力，既未选德才之士出任其地方长官，又不省暴乱缘由，及暴乱起，只知使用高压政策，效果不佳。西汉在岭南的官吏，只有交趾刺史罗弘，能问民间疾苦，整顿贪官，似可称道者，其余多属无大作为甚或是暴吏。东汉建立后，一改西汉之弊病，前后派良吏多人出镇岭南，岭南的面貌也因此有了显著的改变。② 随着岭南的经济发展，中央王朝开始重视岭南。

另一方面，自古以来，岭南地区许许多多越族部落首领凭借着实力和山隘险阻，据地自雄。秦朝统一岭南地区后，推行郡县制，各族酋长才逐渐归属。特别是南越国建立后，赵佗怀服百越之君，开始吸收土著民族的人士加入其政权之中。汉以后，岭南的土著首领常与地方统治者抗争，造成了汉族封建统治势力深

① 王兴瑞：《冼夫人与冯氏家族》，中华书局1984年版，第15页。
② 胡守为：《岭南古史》，广东人民出版社1999年版，第48页。

入的重大障碍。故三国时薛综上孙权书中有"地广人众，阻险毒害，易以为乱，难使以治"（《三国志》卷五十三《薛综传》）之语。汉族统治者面临这种困难，只能用绥抚羁縻政策以安定岭南地区，正如《汉书·西南夷两粤朝鲜列传》所说："自古圣王不臣异俗，非德不能及，威不能加，知其'兽'心贪婪，难率以礼，是故羁縻而绥抚之。"直到晋朝，情况还是"广州南岸，周旋六千余里，不宾属者乃五千余户，及桂林不羁之辈，复当万户；至于服从官役，才五千余家"（《晋书·陶璜传》）。南朝以后，出现在历史舞台上的土著豪帅逐渐增多，特别是梁朝末年侯景之乱后，"群雄竞起，郡邑岩穴之长，村屯邬壁之豪，资剽掠以致强，恣陵侮而为大。高祖应期拨乱，戡定安辑，熊昙朗、周迪、留异、陈宝应虽身逢兴运，犹志在乱常"（《陈书》卷三十五"传论"）。这里所谓"郡邑岩穴之长，村屯邬壁之豪"即是指地方土豪。陈寅恪先生指出："侯景之乱，不仅于南朝政治上为巨变，并在江东社会上，亦为一划分时期之大事。其故即在所谓岩穴村屯之豪长乃乘此役兴起，造成南朝民族及社会阶级之变动。盖此等豪酋皆非汉末魏晋宋齐梁以来之三吴士族，而是江左土人，即魏伯起所谓巴蜀溪俚诸族。是等族类在此以前除少数例外，大抵为下层被压迫之民族，不得预闻南朝之大政及居社会高等地位者也。"[1] 除此而外，胡先生在《岭南古史》一书中，列举了梁、陈年间岭南土著首领事迹，如陈文彻，是西江俚帅（《南史》卷五十一《萧励传》）；李迁仕是南康（今属江西）的土著首领，欧阳颁、欧阳纥父子和侯安都都是始兴的土著豪帅，宁猛力为廉州（今广西合浦）人，其家族世为俚帅；陈佛智为开阳（今广东罗定南）人，代为岭表酋长，实为岭南土著首领。[2] 南朝岭南土著豪帅纷纷在政治上显露头角，和当时的统治者致力于岭南的开发，土著的文明程度随之提高有关。统治者为了加强对越族人民的剥削和控制，在岭南地区大量设置州县，将酋长豪帅安置于当地做行政长官，授以刺史、太守等职。《隋书·食货志》说："晋自中原丧乱，元帝寓居江左。……而江南之俗，火耕水耨，土地卑湿，无有蓄积之资。诸蛮陬俚洞沾王化者，各随轻重，收其赆物，以称国用。又岭外酋帅，因生口、翡翠、明珠、犀象之饶，雄于乡曲者，朝廷多因而署之，以收其利。历宋、齐、梁、陈皆因而不改。"这种"以夷制夷"之手段，在当时不失为明智之举。陈寅恪先生指出，永嘉南渡之寒族北人，已丧失其原来善战之能力，江东士族遂起而代其任，当亦是重要原因。

这是整个岭南的政治情况。至于冯家世宦的高凉地区，由于地处偏远，地势险阻，交通不便，更有利于地方豪强的割据。光绪《高州府志》卷六《舆地》

---

[1] 陈寅恪：《魏书司马传江东民族条释证及推论》，见《金明馆丛稿》初编，上海古籍出版社 1980 年版。

[2] 参见胡宇为《岭南古史》，广东人民出版社 1999 年版，第 277－278 页。

云："是郡山丛土厚，溪洞联中，隋初冯盎盘踞三世，跨有八州之地，形势使然也。"虽然府志所说的是隋唐之际的地方势力割据情况，前此更可想而知。汉族的封建政治势力就更加薄弱。三国时，孙吴为开辟兵源和掠夺劳动力，对岭南越族加以武力镇压，在高凉地区，就遭到不断的反抗。吕岱为交州刺史，始立高凉郡以加强统治。① 但在孙权赤乌年间（238—249），仍频频发生"高凉'贼'率仍弩等破略百姓，残害吏民"（《三国志·吴书·钟离牧传》注引《会稽典录》）之事。正因为高凉难治，所以当吕岱从交州刺史任上被召还时，薛综上疏言事，特别反映这种情况，并提醒孙吴统治者特加注意。疏云：

> 今日交州虽名粗定，尚有高凉宿"贼"，其南海、苍梧、郁林、珠官四郡界未绥，依作寇盗，专为亡叛逋逃之薮。若岱不复南，新刺史宜得精密，检摄八郡，方略智计，能稍稍以渐［能］治高凉者，假其威宠，借之形势，责其成效，庶几可补复。如但中人，近守常法，无奇数异求者，则群恶日滋，久远成害。故国之安危，在于所任，不可不察也。（《三国志·吴书·薛综传》）

了解这些具体的历史情况，对于冯家"三世为守牧"而"号令不行"的僵局，就不会感到奇怪了。然而这种僵局，由于冯融巧妙地运用了联姻政策，终于被打破了。

冼氏在当时的广阔地区的俚人中是有极高的威信的。明黄佐《广州人物传·冯融传》云：

> 初，融之莅政也，虽三世为守牧，然他乡羁旅，号令不行，乃为其子高凉太守宝婚于郡大姓冼氏，俚人始相率受约束。融所以结人心者，婚冼氏之力也。

唯其如此，以后冼夫人才能"怀集百越"，被岭南数郡奉为共主，"号为圣母"；她的孙儿冯盎才能跨据八州，占地数千里，称雄岭表，甚至图谋与唐朝相对抗。

其次，从语言、风俗方面，也可得到佐证。《隋书·地理志》记俚人"铸铜为大鼓……俗好相杀，多构仇怨，欲相攻，则鸣此鼓，到者如云。有鼓者号为都老，群情推服"。而这种称首领为"都老"的方言和鸣铜鼓聚众的风俗，在冼氏所在地区正好存在。如冼夫人的家翁——罗州刺史冯融，"每行部所至，蛮酋焚香具乐，望双旌而拜迎者相望，辄戒其下曰：'冯都老来矣。'"（明黄佐《广州人物传·冯融传》）。

---

① 《水经注》引王氏《交广春秋》，转引自《广东通志》卷一八一。

四、儒家思想在岭南地区的传播、灌输、发展，使岭南的伦理道德深深地打上了儒家的烙印

东汉至三国时期，百越族后裔之一的俚族在岭南西部分布极广。《南洲异物志》载："广州南有贼曰俚。此贼在广州之南，苍梧、郁林、合浦、宁浦、高凉五郡中央，地方数千里。往往别村，各有长帅，无君主，恃在山险，不用王。自古及今，弥历年纪。"同书又说："民俗蠢愚，唯知贪利，无有仁义道理。土俗不爱骨肉而贪宝货及牛犊，若见贾人有财物水牛者，便以其子易之。夫或鬻妇，兄亦卖弟。"至于俚人的风尚，《隋书》云："其俚人则质直尚信，诸蛮则勇敢自立，皆重贿轻死，惟富为雄。巢居崖处，尽力农事。刻木以为符契，言誓则至死不改。父子别业，父贫，乃有质身于子。"（《隋书》卷三十一《地理志》）这是对俚人风尚习俗的概述，可知，"质直尚信"是俚人的民族性格"父子别业"的习俗，显然大异于汉人的伦理道德观念。

《广州记》则记录了俚族社会的另一面："俚獠贵铜鼓，惟高大为贵，面宽丈余方以为奇。初成，悬于庭，克晨置酒，招致同类，来者盈门，其中富豪子女，以金银为大叉，执以扣鼓竟，留遗主人，名为铜鼓叉。风俗好杀，多构仇怨，欲相攻击，鸣此鼓集众，到者如云，有是鼓者极为豪强。"（《太平御览》卷785"俚"引）俚獠不但以铜鼓为财富的象征，发生战斗时，鸣鼓能集众，它又是权力的象征。

汉武帝"独尊儒术"以后，儒家学说成为正宗的封建意识形态。秦汉时期的岭南地区，北方南下的士人和岭南籍的人士都积极兴办公私学校。儒家文化在岭南地区的传播和灌输，有效地改变了岭南"不识礼义，不闲典训"的落后状况，不但提高了岭南人的文化素质，而且加强了岭南人的凝聚力和对中原的向心力。延至魏晋南北朝，封建文化和思想在岭南地区得到广泛传播，社会风气也随之改变。从冼夫人的一生来看，其儒家思想的色彩甚为浓厚。她从小就受到了儒家礼教的熏陶，儒家的忠孝节义观念已经在她的心灵深处扎根。① 崔翼周的《诚敬夫人庙碑铭》说她"解环质佩，善读阃外《春秋》"，可见她从小就接受了儒家封建思想教育，具有一定的文化教养。

冼夫人与冯宝的婚事具有重大意义：冯家传统的封建文化修养和民族精神对她产生了积极的影响。《新会县志》说："初，融之莅政也，虽世为守牧，而酋之狡黠者尚未慑服，乃为其子高凉太守宝娶大姓冼氏。氏贤能，约束诸酋，远近怀畏。"（光绪《高州府志》卷二十五引）《隋书·谯国夫人传》也说，冼夫人认

---

① 何成轩：《儒学南传史》，北京大学出版社2000年版，第144页。

真"诫约本宗，使从民礼"。可见冼夫人的做法，是在南越部落中大力推广汉族的先进文化和儒家的伦理道德，又用汉人的法令来约束越族豪强，从而加强了封建统治。冯家在南越的威信也大大提高了，统治地位巩固了，然后才能进一步推行"教化"。史载冯融"能以礼义威信镇其俗，汲引文华，士相与诗歌，蛮中化之，蕉荔之墟，弦诵日闻。每行部所至，蛮酋焚香具乐，望双旌而拜迎者相望"（明黄佐《广州人物传·冯融传》）。可见，冯家不仅儒家礼教气氛浓厚，而且还深刻地影响了当地的少数民族，使得岭南地区读书学文之风一时兴盛起来。稍后，令狐熙出任桂州总管时，又在"俚獠"地区的郡县"建城邑，开设学校，华夷感敬，称为大化"，"虽未能顿革夷风，颇亦渐识皇化了"（《隋书·令狐熙传》）。由此说明，汉族封建文化已在岭南地区广为传播了。冼夫人出身于俚族大姓，其夫家又是一个汉族官宦、礼义之家，她受到儒家思想和封建礼教的影响是不言而喻的。冼夫人在其统治高凉的数十年中是以儒家的封建思想为其主导思想的。从她的思想根源可以看到，儒家的忠、仁、礼、义、信及大一统的观念在她一生的事业中发挥了积极的作用。反过来，她的言行又促进了儒家思想和伦理道德及封建文化在岭南地区的更广泛传播。

五、 冼夫人具有勇敢多谋的雄才大略、 进步的政治思想和英明的政治才干

《隋书·谯国夫人传》说她"幼贤惠，多筹略，在父母家，抚循部众，能行军用师，压服诸越"。可见她是个沉着勇敢、足智多谋兼备的少年英雄，具有非凡的政治才能，而且早就参加了实际政治活动，是越族具有雄才大略的优秀领导者和组织者，在越族内部和当地都有着重要的影响。罗州刺史冯融正是"闻夫人有志行，为其儿子高凉太守冯宝聘以为妻"（《隋书·谯国夫人传》）的，可见除政治原因之外，冼夫人的才华也是冯融考虑的一个重要因素。婚后，冼夫人能与丈夫一起讨论决定政事，及其后一生的政治活动都反映了她是一位卓越的政治家。

更重要的是，在政治思想上，冼夫人有一套相当成熟的统治策略，与其兄冼挺形成尖锐的对立：冼挺是"恃其富强，侵略旁郡"；而她是"每劝亲族为善"，并对冼挺的做法"多所规谏"。从这里可见冼夫人高明的统治路线。其结果，冼挺所带来的是"岭表苦之"；而她所获得的是"信义结于本乡"，"怨隙止息，海南儋耳归附者千余洞"。这是冼夫人对民族间（包括汉越之间和越族内部各部落之间的两个方面）团结友好所做出的初步贡献，为她后来的辉煌业绩奠定了基础，更是她所具有的进步的政治思想和英明的政治才能的充分表现。

冼夫人支持陈霸先之事迹则充分表现了她的政治远见和独到的政治眼光。当

然她支持陈霸先，首先因为她认为陈霸先是个具有正义感的爱国军人，其勤王行动也是正义的；尤其在赣石与其会见之后，她观察到陈霸先得到广大爱国军民的拥护，一定能够平定侯景之乱，安定国家，因而决定给他以更大的支持。

洗夫人的沉着勇敢和足智多谋还表现在她一系列的政治活动中。尤其是智败李迁仕一役，将她的机智和胆略表现得淋漓尽致。《隋书·谯国夫人传》对此有生动的描绘：

> 遇侯景反，广州都督萧勃征兵援台，高州刺史李迁仕据大皋口，遣召宝，宝欲往，夫人止之曰："刺史无故不会召太守，必欲诈君共为反耳。"宝曰："何以知之？"夫人曰："刺史被召援台，乃称有疾，铸兵聚众而后唤君。今者若往，必留质，追君兵众，此意可见。愿且无行，以观其势。"数日，迁仕果反，遣主帅杜平虏率兵入赣石。宝知之，遽告。夫人曰："平虏，骁将也，领兵入赣石，即与官兵相拒，势未得还，迁仕在州，无能为也。若君自往，必有战斗；宜遣使诈之，卑辞厚礼，云身未敢出，欲遣妇往参。彼闻之喜，必无防虑。于是我将千余人，步担杂物，唱言输赕，得至栅下，贼必可图。"宝从之。迁仕果大喜，觇夫人众皆担物，不设备。繁夫人击之，大捷。迁仕遂走保于宁都。

在这场复杂尖锐的政治军事斗争中，这位出身于越族而年仅 30 多岁的妇人，在政治上的远见实在令人惊叹！"唱言输赕"妙计的运用，亲率士卒迅速出击的行动，活灵活现地表现出她的沉着、机智、勇敢的性格，也是非常人可及的。

六、 冼冯的政治联姻与民族融合的进一步发展

洗夫人对南越各族，采取以怀柔为主的民族政策。她还在父母家时，已显示出非凡的才能，凭借武力慑服诸越，同时抚慰怀柔各族民众。古时越人有好斗之恶习，虽经秦汉以后赵佗等人的教化，随着岭南土著文明程度的提高而逐渐减少，但陋习仍在一定程度上存在于俚人社会之中。当时高凉地区的俚人社会可能还处于奴隶制阶段，即所谓"越人之俗，好相攻击"，"多构仇怨"。他们在相互侵扰，掠夺生口和财富，"以富为雄"（《太平寰宇记》高州条）。洗夫人的哥哥南梁州刺史洗挺，就是一个"恃其富强，侵略旁郡"，残害百姓的典型（《隋书·谯国夫人传》）。洗夫人对其兄暴行"多所规谏"，"使其兄辑和"诸部落。于是俚人各部落之间，相互解仇息兵，消除了彼此攻战的宿怨，带来了"自是溪洞之间，乐樵苏而不罹锋镝者数十年"（道光《广东通志》）的和平安定的大好局面，民族内部的团结得到了加强，相互攻击和掠夺的恶习得到革除。

洗夫人和冯宝结婚，对岭南民族团结与民族融合有着积极的推动意义。这是一桩具有强烈的政治目的的联姻：冯家为汉族地方长官，洗家为土著民族大姓，

冯冼联姻主观上包含互相利用的政治色彩，但在客观上，它是汉越融合的典型事例，是汉越关系新发展的标志（《北史·冯跋传》）。之前，汉越之间的通婚早已存在于普通民众和下层人士之中，并且得到了社会舆论和汉越民族思想观念上共同的认可。汉越之间的通婚虽早已存在，但冼冯高层次的联婚，却具有重要的意义。冼冯联姻有利于民族和睦，对汉越民族通婚起到鼓舞的作用，对民族和睦团结和冼夫人的伟大事业都有着积极的影响。冼冯联姻意味着国家政权机构与地方民族势力在政治上的结合，冯家的统治政策得以顺利贯彻，有利于汉族先进的封建文化在南越的传播和发展，越族文化水平和文明程度进一步提高；更重要的是，凭借冯家的政治地位，此后她可以参与更多的、更广泛的国家政治活动，充分发挥她的智慧和能力，扩大她的事业范围，成为在岭南地区起着举足轻重的作用的人物。从此，民族融合得到了进一步的发展，各部落、各族之间的侵略战争减少，出现了长期的和平局面，生产得以正常进行，人民比较安居乐业。显然，这不仅为冯家事业奠定了基础，而且初步改变了高凉地区的面貌，为后来本地区进一步发展创造了条件，正如光绪《高州府志》卷六所说："高凉自冯氏浮海北来，世捍南服，驰声上国，风气日开。"这是符合整个国家和高凉地区人民利益的。

其次，冼夫人以俚女而为汉妇，这种特殊的社会关系，使她成为促进汉越民族团结的一位理想人物，从而有可能在这方面做出更大的贡献。冼夫人"每与夫宝参决辞讼，首领有犯法者，虽是亲族，无所纵容"，并经常规劝"亲族为善，由是信义结于本乡"（《北史·谯国夫人冼氏传》）。人人皆信服她了。至于顽横之徒，冼夫人"辄锦散宝幌"以讨之，故俚獠人均称呼为"锦散夫人"（《北史·谯国夫人冼氏传》），远近竞相感敬，也就是苏轼所吟咏的"锦散平积乱"的事迹。冼夫人诚约本宗从民礼，又秉公执法，不偏袒宗族亲属，因而信誉卓著，各族百姓心悦诚服。"至宝卒，岭表大乱。夫人怀集百越，数州宴然。""后遇陈国亡，岭表未有所附，数郡共奉夫人，号为'圣母'，保境安民。"（《隋书·谯国夫人传》）惩处无法无天的豪酋，转变社会风气和维护社会秩序，使各族人民能够相安乐业，和睦相处。冼夫人所做的民族团结工作，成效是显著的，得到了各族人民的信任和拥护。

由于冼夫人实行民族和睦政策、推行封建制，改革社会陋习，不仅使各族人民相安乐业，秩序井然，出现较为安定的局面，而且促进社会经济的发展和社会生产力的提高，使封建制得到不断的发展。

冼夫人所处的时代正是中国由分裂走向重新统一的历史转变时期，在这样重大的历史关头，冼夫人能够一生坚持统一，反对分裂，为维护祖国的统一立下了不朽的功勋，其精神直到今天仍有巨大的现实意义。同时，冼夫人在其一生中，为民族团结和民族间的和睦，也做出了不懈的努力。此外，冼夫人的一生坚持正义，反对贪官污吏，也是我们学习的榜样。总之，幸赖冼夫人的崇高威望、巨大影响和不懈努力，岭南地区得以维持比较安定的社会秩序，社会经济得到进一步发展，先进的汉文化得到广泛传播，少数民族的文明程度得到提高，各族人民能够和睦相处。冼夫人被各族人民奉为"圣母"，在那样的历史时代，应该说是当之无愧的。这也是今天人们仍然怀念和纪念冼夫人的原因。

与贺红卫合著原载《岭峤春秋——"冼夫人文化与建设广东文化大省"学术研讨会论文集》，香港出版社 2006 年版。

为郑天挺、谭其骧主编《中国历史大辞典》断代分卷《魏晋南北朝史》（胡守为、杨廷福主编）撰写辞目释文

1. **丁奉**（？—271） 三国时庐江安丰（今河南固始东南）人，字承渊。少属甘宁、陆逊等，数随征伐，有战功，迁偏将军。孙亮即位，为冠军将军，封都亭侯。吴建兴元年（252），败魏将诸葛诞于东兴（今安徽含山西南），迁灭寇将军，进封都乡侯。太平二年（257），拜左将军。孙休即位，与张布等诛杀大将军孙，迁大将军，加左右都护。永安三年（260），假节领徐州牧。六年，魏伐蜀时，奉命率军救援。蜀亡，军还。孙休卒，遂与丞相濮阳兴等从万彧之言，共迎立孙皓，迁右大司马左军师。建衡元年（269），攻晋无所获。三年，卒。

2. **二乔** 即桥（乔）公二女。《三国志·吴书·周瑜传》载，东汉建安四年（199），周瑜从孙策攻拔皖（今安徽潜山），得乔公二女，皆国色。策纳大乔，瑜纳小乔，后称"二乔"。唐杜牧《赤壁》有"东风不与周郎便，铜雀春深锁二乔"句。

3. **万佛堂石窟** 在今辽宁义县西北9千米万佛堂村南、大凌河北岸悬崖上。分东、西两区。西区共九窟，建于北魏太和二十三年（499），分上下两层。第五窟内有《平东将军营州刺史元景造像碑》。东区共七窟，系景明三年（502）由韩贞等74人开凿。在第五窟门楣上刻有《韩贞造像题记》。今石窟内造像风化严重。遗存的碑刻、题记是研究辽宁地方历史的宝贵资料。元景碑书法，后世赞誉颇高。

4. **士壹** 三国时苍梧广信（今广西梧州）人。东汉末为郡督邮。后为司徒黄琬所用。以董卓乱起，亡归乡里，兄燮表为合浦太守。建安十五年（210），孙权遣步骘为交州刺史时归附，权封为偏将军、都乡侯。因燮子徽自署交趾刺史，拒不奉命，为吕岱所杀，壹亦免为庶人，后仍被杀。

5. **士燮**（137—226） 三国时苍梧广信（今广西梧州）人，其先本鲁国汶阳（今山东宁阳东北）人，字威彦。少游学京师，察孝廉，举茂才，后迁交趾太守。东汉献帝时，天下大乱，道路断绝，乃表请弟壹领合浦太守、领九真太守、武领南海太守，贵盛无比。因不废贡职，诏拜安远将军，封龙亭侯。中原士人往依避难者甚多。建安十五年（210），孙权遣步骘为交州刺史时，归附权，加为左将军。后以诱导益州豪姓雍闿附于吴，迁卫将军，封龙编侯。在郡四十余年卒。

6. 三体石经　又名正始石经、曹魏石经。碑刻名。三国魏齐王曹芳正始二年（241）刻，碑文皆用古文、小篆及汉隶三种字体书写，故名。所刻为《春秋》《尚书》二经。书有卫觊、邯郸淳、嵇康诸说，但无确证。立于洛阳太学前（即今河南偃师市佃庄乡）。早在晋代已崩坏，以后屡经丧乱，没于土中。宋代以来常有残石出土，前后所出约得 2500 字。清光绪年间出土者，今存数残石，分藏各家，《尚书》残石在西安碑林。

7. 上尊号奏碑名　又名《劝进碑》。在今河南临颍县繁城。立碑年月不明，但据碑之内容，当为三国魏黄初元年（220）。隶书 32 行，行 49 字。额篆书题"公卿将军上尊号奏"八字。碑文记东汉延康元年（220）十月魏公卿将军劝进事。世传王朗撰文，梁鹄书写，钟繇镌刻，但均无确证。隶法遒古，与《魏受禅碑》并称于世。清翁方纲云，两碑书法同出一手，均方整，渐开唐隶之门。

8. 马蹄寺石窟群　北魏石窟群。在今甘肃肃南裕固族自治县马蹄河西岸。包括金塔寺，千佛洞，南、北马蹄寺，上、中、下观音洞等七个石窟。金塔寺有东、西两窟。东窟规模较大，深广约 6 米，中央方形塔柱，塔柱四面开龛设像，塑像分三层，有如来全跏坐像、坐佛以及胁侍菩萨立像等。龛与群像之间，装饰以飞天及供养菩萨，采用高玉雕制作手法，别具一格。属北魏艺术风格。西窟形制与东窟相同，而规模较小。马蹄寺石窟开凿在马蹄山东侧悬崖峭壁间，南北两寺中隔一小山岗。南寺洞窟较少；北寺石窟三十余，有俗名"三十三天"者，共七层，21 个洞窟。各层洞窟之间有隧道相连，为中国石窟营造史上所仅有。千佛洞距马蹄寺二三里，石窟数量较多，均在崖壁上，外面有雕刻石塔，多已风化。石塔造型优美，似为北魏早期作品。塔下方有洞窟，为僧人修禅之处。

9. 云冈石窟　在今山西大同市西武周山（又名云冈）南麓。依山开凿。东西绵延 1 千米，为中国最大的石窟群之一。今存主要洞窟 53 个，造像 5.1 万余尊，最高者 17 米，最小者仅几厘米。始凿于北魏兴安二年（453），主要洞窟完成于太和十八年（494）迁都洛阳之前，而造像工程一直延续到正光年间。后世曾多次修缮，尤以辽金两代规模最大。此窟石雕造像气魄雄伟，菩萨、力士及飞天等形象生动活泼，在塔柱上雕造的蟠龙、狮、虎和金翅鸡等动物形象千姿百态，在中国艺术史上占有重要地位。雕刻技艺，在继承和发展秦汉石雕艺术的基础上，吸收外来艺术的精华，形成独特的风格。几十个石窟中以昙曜五窟开凿最早、气魄最雄伟。

10. 韦昭（约204—约273）　三国时吴郡云阳（今江苏丹阳）人，《三国志》避晋讳改昭为曜，字弘嗣。少好学，能属文，孙权时从丞相掾，除西安令，还为尚书郎，迁太子中庶子。孙权废太子孙和后，为黄门侍郎。孙亮即位，为太史令，与华覈、薛莹同撰《吴书》。孙休时，为中书郎、博士祭酒。孙皓即位，封高陵亭侯，迁中书仆射，职省为侍中，领左国史。皓欲为父作纪，他以孙和未登位，不当为纪。皓不悦，渐见责怒，乃自陈衰老，求去官著书，不听。吴凤凰二年（273），以不奉诏命下狱。因狱吏上辞，狱所著书，冀以此求免，终被诛。所撰《吴书》，为陈寿著《三国志·吴书》之主要资料。

11. **天龙山石窟**　在今山西太原市西南天龙山腰。石窟分布于山之东西两峰，东峰八窟，西峰十三窟。为东魏至隋唐时期所建，以唐代最多，达十五窟。雕刻风格细致，体态生动，姿势优美，衣纹流畅，具有很高的艺术价值。因遭破坏，佛像、菩萨、飞天、藻井等大都仅存残肢断臂。

12. **太史慈**（166—206）　东汉末东莱黄县（今山东龙口东）人，字子义。少好学，仕郡奏曹史、避祸走辽东。时北海相孔融被黄巾围于都昌（今山东昌邑西），为谢融赡恤之恩，乃从辽东还，突围求救于平原相刘备，围遂解。兴平二年（195），渡江投同郡扬州刺史刘繇。繇因其出身低微，不肯重用。因繇为孙策所败，遂遁入山中，称丹阳太守，于泾县（今安徽泾县西）立屯，招附山越。策亲自攻讨，执之。即署门下督，还吴拜折冲中郎将。受策命往豫章安抚刘繇，如期而返。又用为建昌都尉拒刘表。孙权统事，仍委以南方之事。

13. **丹阳胡桥南朝墓**　南朝齐墓葬。在今江苏丹阳市城东北胡桥镇。1965年在鹤仙坳发掘齐景帝萧道生修安陵。1968年在吴家村发掘可能是齐宣帝萧承之永安陵或齐高帝萧道或泰安陵。前者先依山开凿墓坑，长18米、宽8米、深4米，在坑中起砌砖室。墓室平面长方形，四壁外凸呈弧形，上收聚成穹隆状顶。全墓工程巨大。墓内壁面上嵌有拼砌的大幅模制砖画多幅，有"狮子""大虎""甲骑具装""立戟卫侍""竹林七贤""鼓吹骑从"等内容。由于墓葬早遭盗扰，仅清理出一些残存遗物。大墓前面有天禄、辟邪石雕，线条生动，气魄雄伟。后者形制及墓室内壁砖画，与前者大致相同，而砖画保存比前者为好。

14. **文殊山石窟**　北魏石窟。在今甘肃肃南裕固族自治县西北部文殊山山谷中。传说文殊菩萨曾居此山，故名。洞窟大多分布在前后两山崖壁上，今存窟龛十多个，多已残破。千佛洞、万佛洞两窟较为完整，均属早期北魏支提窟。塑像虽经后代重修，但尚保存早期塑像艺术风格。壁面色彩绝丽，风格典雅。

15. **甘宁**　三国时巴都临江（今重庆忠州区）人，字兴霸。少好游侠。初属东汉益州制史刘璋，为蜀郡丞。兴平元年（194），与荆州别驾刘阖等反璋，败走荆州依刘表。后转托黄祖，未得重用，乃归孙权。向权进计先于曹操取刘表，而取刘表宜先取黄祖，然后渐窥巴蜀。权遂西向，果擒祖，尽获其士众。建安十三年（208），从周瑜破操，攻曹仁别部于夷陵。十九年（214），从权攻皖，擒庐江太守朱光，拜折冲将军。随鲁肃拒关羽，以功任西陵太守。操进军濡须（今安徽巢湖市东南），受任为前部督，率兵百余夜袭曹营，使魏军大惊。次年，从权攻合肥，兵退，为魏将张辽所袭，力战护权脱走。其卒，权痛惜之。

16. **古阳洞**　龙门石窟的洞窟之一。在今河南洛阳市龙门山（西山）南部。

建于北魏孝文帝迁都洛阳前后，为龙门石窟中开凿最早、内容比较丰富的一个洞窟。北魏王室、贵族发愿造像多集中于该洞。佛龛拱额和佛像背光精巧富丽，图案纹饰丰富多彩。供养人像姿态虔诚持重，生动逼真。造像题记，书法古朴，所谓"龙门二十品"，十九品即在此洞窟内。是为研究北魏石窟艺术和书法史珍贵资料。

17. **龙门石窟** 又名伊阙石窟。在今河南洛阳市南伊河两岸的龙门山（西山）和香山（东山）上。为中国最大石窟群之一。开凿于北魏太和十八年（494）迁都洛阳前后，历经东魏、西魏、北齐、北周、隋、唐、五代、北宋几百年大规模营造，窟龛密似蜂窝。今存洞窟 1352 个，像龛 750 个，造像十万余尊，题记和其他碑刻 3600 多品，佛塔 40 余座。造像艺术丰富多彩，为研究古代历史和艺术的重要资料。题记、碑刻是中国书法艺术珍品。其代表性洞窟有北魏时之古阳洞、宾阳洞、莲花洞及唐代之潜溪寺、万佛洞、奉先寺、看经寺等。

18. **石门铭** 摩崖刻石。在今陕西汉中市石门东壁。北魏宣武帝永平二年（509）刻。王远书。楷书 28 行，行 22 字。首题"石门铭"三字，末题"石师河南郡洛阳县武阿仁凿字"。记梁秦二州刺史羊祉重开汉褒斜道石门故道事。宋人尚能见此碑，明代为萝葛所隐没，不为世人所知，直至清代才再现于世。

19. **石头城** 古城名。①简称"石城"，又名"石首城"。故址在今江苏南京市西清凉山。南北全长约 3000 米，城基遗迹为赭红色，系自然山岩凿成。本战国时楚威王金陵邑。东汉建安十六年（211），吴主孙权自京口徙治秣陵（今南京市），次年在金陵邑原址筑城，取名石城。东晋义熙时又加固。唐以前，长江主流逼近山麓，城依山面江，控扼江险，南临秦淮河口，当水路交通要冲，形势险要，有"石城虎踞"之称，为建康军事重镇、兵家必争之地，常以心腹大臣镇守。隋平陈，在此置蒋州。唐武德四年（621）为扬州治所。八年，扬州移治江都（今江苏扬州市），此城遂废。②故址在今新疆塔什库尔干塔吉克自治县县城附近。相传建于南朝梁以前。城以石头为基，上部由土块砌成，略成椭圆形。此即古代丝绸之路所经之地。今存基址，传为元代在原基础上所重修，清代又再次整修。

20. **石窟寺** 简称石窟。佛教重要遗迹。就山崖开凿而成。起源于印度，有两种：一种较大，左右及后壁上多开凿小龛，称为毗诃罗或精舍，即寺庙之意；一种较小，中心近后壁上留崖柱琢成塔形，称为支提或制底，即塔庙之意。中国开凿石窟约始于公元 4 世纪中，以北魏至隋唐时最盛。在建筑形式上分为有中心柱及无中心柱两种。窟内雕刻或彩绘佛像和佛教故事。中国石窟寺数量多，分布广，时间连续性强，著名的有云冈、敦煌、龙门等处。这些石窟寺不但反映了中国古代劳动人民的卓越创造能力，而且是研究历史和艺术的珍贵资料。

21. **归命侯**（242—283） 即孙皓。三国时吴国皇帝。公元 264—280 年在位。字元宋；一名彭祖，字皓宗。孙权孙、南阳王孙和子。永安元年（258）封乌程侯。七年（264），景帝卒，左典军万彧与皓相善，屡向丞相濮阳兴、左将军张布称皓才识明断，奉遵法度，兴、布遂说朱太后迎立皓，改元元兴。旋即杀兴、布。甘露元年（265），徙都武昌（今湖北鄂州）。宝鼎元年（266）十二月又还都建业（今江苏南京）。粗暴骄盈，多忌讳，好酒色，后宫数千，不合意者辄杀之。又好兴功役，滥用民力，是以上下离心。天纪四年（280），晋军六路攻吴，遂出降，赐号归命侯。后死于洛阳。史称末帝。

22. 冯素弗墓 十六国时北燕墓葬。在今辽宁北票市西官营子。1965 年发掘。共两座，为同坟异穴、石椁结构墓室，出土"范阳公""辽西公""车骑大将军""大司马"四颗印章，证明为十六国时期北燕冯素弗及其妻属之墓葬。出土大量陶器、铜容器、漆器、玉器、玻璃器、铁工具、兵甲马具、仪仗车器、文具、服章杂用器等。椁顶及四壁白质面上绘有彩画，但大部残脱。内容有日月星辰、人物出行、家居、建筑物等。此墓葬为研究北燕的政治、经济、文化和北方民族融合的历史提供了重要实物资料。

23. 汉魏洛阳故城 东汉、三国魏、西晋及北魏等王朝都城遗址。汉魏两朝为繁盛时期，因称汉魏洛阳故城。城址在今河南洛阳市东 18 千米处。东起寺里碑，西到白马寺，南起大郊村，北到邙山，大体呈南北长方形。洛河从城中穿过，南城垣早被洛河冲毁，今存西、东、北三面城垣。西垣残长约 4290 米，东垣残长约 3895 米，北垣残长约 3700 米。城垣均为版筑夯土墙，基部宽度不一。已探出城门 14 座，绝大多数城门的位置历代相沿而不改。城内主要街道已探出八条：东西向横街四条，南北向纵街四条，宽 2040 米。宫城位于全城中轴线北部，分南宫太极殿、北宫德阳殿两部分。宫城以北直至大城北垣这一区域，为朝廷禁苑所在地。城内最大寺院为永宁寺，位于宫城南门西南约一千米处。城南有辟雍、大学、明堂、灵台等大型建筑遗址。1982 年被列为全国重点文物保护单位。

24. 永宁寺 在今河南洛阳市东 18 千米汉魏洛阳故城内，位于宫城南门西南。建于北魏熙平元年（516），永熙三年（534）毁于火。为北魏洛阳城内最大寺院。平面呈长方形，南北约 305 米、东西约 215 米，周长 1060 米。东、南、西三面墙壁保存较好，每面各一门；北壁破坏较甚。正对南门，寺院中心尚存方形塔基一所，高出地面约 5 米许，塔北有殿堂残迹。北魏杨衒之《洛阳伽蓝记》载，寺中有九层塔一所，高一千尺，有金铎 120 枚，"殚土木之功，穷造形之巧，佛事精妙，不可思议"。菩提达摩赞叹为神功，历涉诸国，未见有如此寺之精丽者。在塔基中出土有石雕、瓦、瓦当、珍珠、玛瑙、水晶、象牙等文物，特别出土有 300 余件从壁上剥落之小型影塑，塑工精湛，手法细腻，为北魏陶塑中之精品。

25. 永固陵　俗称祁皇坟。北魏陵墓。在今山西大同市北 25 千米西寺儿梁山（古称方山）南部。墓主为文成帝文明皇后冯氏。太和五年（481）开始修建，十四年（490）冯氏死后入葬，历时九年。是见于文献记载之北魏早期陵墓，结构坚实，为已发掘的南北朝时期最大墓葬之一。在墓冢前面分布有大量建筑遗址。墓室砖筑，包括主室、前室、墓道等部分，全墓总长达 23.5 米。主室平面近方形，四壁微向外凸呈弧形，向上内收成四角攒尖顶。墓室屡遭盗掘破坏，随葬品已被劫一空。1976 年发掘清理，只发现一些残石俑、铁矛、铁镞、铜簪、玻璃小环和陶器残片。今存墓冢封土高 22.87 米，基底呈方形，南北长 117 米，东西宽 124 米。

26. 辽阳壁画墓群　东汉、魏、晋时期壁画墓。在今辽宁辽阳市北部棒台子、三道壕、北园一带。墓的形制有异，大小有别，但结构基本相同。墓室均用石板建造，平面多呈"工""T"字形。一般由墓门、棺室、前廊、左右耳室等部分组成。墓顶均有高大的方锥形封土。各墓除出土大量殉葬遗物外，墓室四壁都有彩色壁画，内容丰富多彩，有车骑仪仗、宴饮、乐舞、杂技、斗鸡、仓廪、庖厨、武士等画面，有的并有榜题。壁画多用墨线勾勒，涂以各种颜色。为研究当时历史的珍贵资料。

27. 司马金龙夫妇墓　北魏墓葬。在今山西大同市东南石家寨村西南。1965 年至 1966 年发掘。是一座大型砖室墓，墓室总长度近 14 米，加上墓道全长超过 45 米。有主室、前室、甬道、耳室、斜坡墓道，墓顶成四角攒尖顶。在墓门券顶上部，嵌砌石质司马金龙墓表。墓砖侧有"琅琊王司马金龙墓寿砖"十字阳文铭文。墓葬早年被盗，但发掘时仍出土大量陶俑、陶器、瓷器、铁器、石雕和漆木器的残片，还出土有太和八年（484）司马金龙墓表和墓志各一方，及延兴四年（474）姬辰墓志一方。司马金龙是降附拓跋氏的西晋皇族后代，据出土墓表，官至"使持节侍中镇西大将军吏部尚书羽真司空冀州刺史琅琊康王"。

28. 巩县石窟寺　在河南巩县（今郑州巩义市）城东北大力山下。原名希玄寺，宋代名十方净土寺，清改今名。创建年代，或曰北魏熙平二年（517），或曰普泰元年（531），或曰景明年间。东魏、西魏、北齐、隋、唐以及北宋，相继在此凿窟造像。今存 5 窟，256 龛，7743 尊佛像和数十篇题记。石窟呈方形，有中心柱，柱四周凿龛造像。佛像脸型方圆，衣纹疏朗。第一窟门内两侧雕《帝后礼佛图》，构图简练生动，为中国现存较完整的古代浮雕。

29. 吕岱（161—256）　三国时广陵海陵（今江苏泰州）人，字定公。初为郡县吏，东汉末避乱南渡。后附孙权，出守吴丞，拜昭信中郎将。建安二十年（215）平定长沙等三郡有功，迁庐陵太守。延康元年（220）代步骘为交州刺史，平王金等于南海，迁安南将军，封都乡侯，督兵击平交趾太守士燮子士徽之变，进封番禺侯。又遣使游说扶南、林邑、堂明诸王奉贡。权嘉其功，进拜镇南将军。吴黄龙三年（231），以南土清定，奉召还屯长沙沤口，后徙蒲圻，率兵平廖式乱，拜交州牧。后权分武昌为两部，岱督右部，自武昌上至蒲圻，迁上大将军。孙亮即位，拜大司马。为官清身奉公，临终遗令殡葬从俭，有时誉。

30. 吕蒙（179—220） 东汉末汝南富波（今安徽阜南东南）人，字子明。初依孙策部将邓当。当死，代领其部属，拜别部司马。从孙权讨丹杨，以功拜平北都尉，领广德长。从破黄祖，迁横野中郎将。参与赤壁之战，又随周瑜破曹仁，取南郡，拜偏将军，领寻阳令。曾献败关羽五策，深受鲁肃赏识。建安十九年（214）随权败曹军于皖，拜庐江太守；又计取长沙、零陵、桂阳三郡，拒曹操于濡须，拜左护军、虎威将军。肃卒，代领其军，拜汉昌太守。二十四年（219），大败关羽，遂定荆州，拜南郡太守，封孱陵侯。旋病卒。少不好读书，每陈大事，常口占为笺疏。后从孙权劝告，发愤博览典籍，大有进益，肃本轻视蒙但有武略，至是称其"学识英博，非复吴下阿蒙"。

31. 吕范（？—228） 三国时汝南细阳（今安徽太和东）人，字子衡。少为县吏，后避乱寿春（今安徽寿县），率私客百人归孙策。时策母在江都，乃使迎之共就丹阳太守吴景。东汉兴平二年（195），从策攻破庐江，又平丹阳山民，迁都督。建安二年（197），率策命击败吴郡太守陈瑀及豪强严白虎，平定七县，拜征虏中郎将。后与周瑜等破曹操于赤壁，拜裨将军，迁平南将军。吴黄武元年（222），督五军以水军拒魏征东大将军曹休于洞口（今安徽和县），因遇大风，船缆悉断，船人多丧亡。后拜扬州牧。七年，迁大司马，病卒。

32. 全琮（？—247） 三国时吴郡钱唐（今浙江杭州）人，字子璜，孙权长史、桂阳太守全柔子。东汉末，倾家给济中州人士避乱至江南者数百人，遂显名远近。孙权以为奋威校尉、东安郡太守，使讨山越，得精兵万余人，迁偏将军。建安二十四年（219），因献袭取关羽之计，封阳华亭侯。吴黄武元年（222），魏兵出洞口（今安徽和县），以轻船钞击，乃率军破之。迁绥南将军，进封钱唐侯。七年，与陆逊败曹休于石亭（今安徽潜山东北）。黄龙元年（229），迁卫将军、左护军、徐州牧。娶公主鲁班。赤乌四年（241），与魏将王凌战于芍陂（今安徽寿县南），军败。九年后迁右大司马、左军师。子寄以阿附鲁王霸罹党祸。余子多降魏。

33. 会稽王（243—260） 即孙亮。三国时吴国皇帝。252—258 年在位，字子明。孙权少子。赤乌十三年（250），立为太子。太元二年（252）权卒，遂继位，诸葛恪辅政。建兴二年（253），孙峻伏兵杀恪于殿前，遂以峻为丞相。太平元年（256），峻病卒，以峻从弟为大将军、领中外诸军事。二年始亲政。三年恶专恣，欲诛之，事败被废为会稽王。永安三年（260），会稽郡谣言亮当还为天子，遂被黜为侯官侯，遣送途中自杀，一说鸩杀。史称废帝、幼帝。

34. 朱治（156—224） 三国时丹杨故鄣（今浙江安吉西北）人，字君理。

初为县吏，后察孝廉，辟从事，从孙坚出征，历任司马、行都尉及督军校尉。坚卒，辅助孙策，依就袁术。后知术政德不立，乃劝策还江东。策卒，与张昭等共尊奉孙权。东汉建安七年（202），任吴郡太守，行扶义将军。吴黄武元年（222），封毗陵侯。二年，拜安国将军，徙封故鄣。曹操破荆州，孙权从兄贲欲遣子人质，因加以劝阻。为权所重，恩敬特隆。

35. 朱桓（177—238）　三国时吴郡吴县（今江苏苏州）人，字休穆。东汉末从孙权，为余姚长。平丹杨等地山民有功，迁裨将军，封新城亭侯。后代周泰为濡须督。吴黄武二年（223），在濡须（今安徽巢湖市东南）击退魏将曹仁，斩仁将常雕，掳王双。封嘉兴侯，迁奋武将军，领彭城相。七年，鄱阳太守周鲂伪降于魏，诱魏大司马曹休出兵，乃献计请率部断夹石、挂车两道，可尽歼曹军，陆逊不从。后魏军果败经此地。黄龙元年（229），拜前将军，领青州牧，假节。性耻为人下，然轻财贵义，卒时家无余财。

36. 朱然（182—249）　三国时丹杨故鄣（今浙江安吉西北）人，字义封。本姓施，年十三，以甥过继朱治为子。与孙权同学。至权统事，历任余姚长、山阴令、临川太守、偏将军等。东汉建安二十四年（219），从讨关羽，与潘璋断羽退路，俘羽。迁昭武将军，封西安乡侯。吕蒙病重，举以代己，遂假节镇江陵。吴黄武元年（222），与陆逊并力拒刘备于宜都（今湖北枝城），破其前锋，断其后道，拜征北将军，封永安侯。二年，江陵（今属湖北）为魏围攻，坚守凡六月，魏兵乃退，由是名震内外。改封当阳侯。黄龙元年（229），拜车骑将军、右护军。赤乌四年（241），率军围攻魏樊城（今湖北襄阳）破其外围。九年，征柤中（今湖北南漳），杀掠数千人，拜为左大司马、右军师。治军常备不懈，故辄有功。

37. 冰井台　在今河北临漳县三台村。为曹操在邺城西北所筑三台之一。东汉建安十九年（214）筑，南距铜雀台60步（一步约五尺），台高八丈，因台上有藏冰之井而得名。台上冰室用以储藏冰块、煤炭、粮食等。与铜雀、金虎两台之间有浮桥式阁道相通，连成一体。后赵、东魏、北齐时都曾大加修葺。北齐改名为崇光台。元代尚存台址，明代遗址已荡然无存。

38. 刘繇（157—198）　东汉末东莱牟平（今山东烟台西）人，字正礼。举孝廉。为郎中，除下邑长。后弃官。避乱淮浦，诏以为扬州刺史、振武将军。时袁术已据州治所寿春（今安徽寿县），乃渡江屯曲阿（治今江苏丹阳）。术自置扬州刺史，并遣吴景等合力攻之，岁余不能下。兴平二年（195）被孙策击败奔丹徒，南保豫章，驻彭泽（今江西九江东南），寻病卒。

39. 孙坚（155—191）　东汉末吴郡富春（今浙江富阳）人，字文台。少为县吏。熹平元年（172），任郡司马，镇压句章（今浙江余姚东南）许昌起事，拜为盐渎丞。中平元年（184），率兵千余人，从中郎将朱儁击黄巾，拜别部司马。二年，又从司空张温西讨边章等，还拜议郎。旋为长沙太守，破区星等部，封乌程侯。以董卓专权，引兵北上，杀荆州、南阳二太守。与袁术联合攻卓，术表为行破虏将军，领豫州刺史。于阳人（今河南汝州西）大破卓军。入洛阳，得传国玺，后还军鲁阳（治今河南鲁山）。初平二年（191），率军攻刘表，为表将黄祖部下射杀。兄子贲帅将士归袁术。

40. 孙和（224—252）　三国时吴郡富春（今浙江富阳）人，字子孝。孙权子。少受中书令阚泽教书艺。赤乌五年（242）立为太子。后以母王夫人被全公主谮毁忧死，宠稍衰。鲁王霸欲夺其位。陆逊等屡陈不可改易，而霸党谮言日盛，权犹疑历年，后遂幽闭之。赤乌十三年（250），被废，徙于故鄣（今浙江安吉西北）。太元二年（252），封为南阳王，遣之长沙。权卒。诸葛恪秉政，或言恪有迎立意，后孙峻诛恪，并夺其玺绶，徙新都，遣使者赐死。

41. 孙峻（219—256）　三国时吴郡富春（今浙江富阳）人，字子远。孙坚弟孙静曾孙。初为武卫都尉，迁侍中。孙权卒，受遗命辅政，领武卫将军，故典宿卫，封都乡侯。建兴二年（253），伏兵杀诸葛恪于殿堂，迁丞相大将军、督中外诸军事、假节，进封富春侯。五凤二年（255），魏将文钦叛入吴，他厚待之。将军孙仪等谋杀峻，事泄，仪等自杀。三年，从文钦说攻魏，至石头（今江苏南京西清凉山），暴疾死。

42. 孙策（175—200）　东汉末吴郡富春（今浙江富阳）人，字伯符。孙坚长子。坚死，往依母舅丹阳太守吴景。兴平元年（194），赴寿春见袁术，术许还丹阳招募，得数百人，却为泾县大帅祖郎所袭，几至危殆。术才以坚余兵千余人还之，表拜怀义校尉。二年（195），求助舅讨江东，术许之，表为折冲校尉。周瑜将兵迎之，乃渡江，先后击败下邳相笮融、扬州刺史刘繇。建安元年（196），术欲称帝，遂与之绝。又败会稽太守王朗、宗帅严白虎，自领会稽太守。次年，诏拜骑都尉，袭爵乌程侯。三年，遣使贡献于朝，表为讨逆将军，封吴侯。四年，讨破庐江太守刘勋。又得豫章太守华歆归降。五年，西击黄祖，还击广陵太守陈登。军至丹徒（今属江苏），为故吴郡太守许贡客射杀。

43. 麦积山石窟　在今甘肃天水市城东南麦积山上。山高142米，形如堆积的麦秸，故名。开凿于十六国晚期，其后历代均有建造。今保存北魏、西魏、北周、隋、唐、五代、宋、元、明、清各代洞窟194个，泥塑像、石雕像7000余尊，壁画1300多平方米。造像逼真，风格清新秀丽，极富生活气息。石窟开凿于距山基20～30米、70～80米高的悬崖峭壁上，层层相叠，上下错落，密如蜂窝。窟内还有七座北朝"崖阁"，为研究中国古代建筑艺术的重要资料。

44. 克孜尔千佛洞　又称"赫色尔石窟"。在今新疆拜城县克孜尔镇东南，凿建于木札特河河谷北岸悬崖上。约始凿于东汉末年，多数系十六国时期至唐代之遗存。今存洞窟236个，其中74个窟形较完整，保留壁画也多，为天山南麓规模最大之石窟群，分支提窟和毗河罗窟。塑像已大都被毁。壁画具有犍陀罗因素，题材丰富多彩，以本生故事画为主，也有反映当时生产、生活和民间习俗画面。石窟后壁有不少古代龟兹文题记。为研究新疆历史、文化艺术的富贵资料。

45. 邺城遗址 古代著名城址。在今河北临漳县城西南约 12.5 千米。分南北两城，北临漳水。北城始筑于春秋齐桓公时，城有七门。东汉建安十八年（213），曹操为魏公，建都于此，因旧城增筑，东西 3.5 千米，南北 2.5 千米。在城西北自北而南筑冰井、铜雀、金虎等三台，城内筑宫殿、衙署、苑囿等。十六国时期后赵、冉魏、前燕、北朝东魏、北齐皆定都于此。后赵石虎征调男女民夫 16 万，广筑宫室，营造林苑。南城筑于东魏初年，后加扩建，南北城相接。北周大象二年（580），杨坚焚毁邺城。因历年漳水泛滥，遗址大都埋没，地面尚存铜雀、金虎两台遗址。近代漳水南移，邺城故址大部分已隔在北岸。为全国重点保护单位。

46. 步骘（？—247） 三国时临淮淮阴（今江苏淮安市西南）人。字子山。汉末避难江东。孙权为讨虏将军，召为主记。建安十五年（210）任交州刺史。次年追拜使持节、征南中郎将。诱杀刘表所置苍梧太守吴巨，南土归附，拜平戎将军，封广信侯。吴黄武二年（223），迁右将军左护军，改封临湘侯。赤乌九年（246）代陆逊为丞相，次年卒。曾数十次上书孙权，劝以明德慎罚，任贤使能。权虽不能悉纳，然亦时采其言。

47. 吴景帝（235—264） 即孙休。三国时吴国皇帝。258—264 年在位。字子烈。孙权第六子。太元二年（252）封琅琊王，居虎林（今浙江杭州）。权卒，孙亮继位，诸葛恪秉政，被徙于丹阳。数受郡守李衡侵侮，自请徙他郡，遂徙会稽。太平三年（258），孙废亮为会稽王，迎立为帝。以权重谋逆，乃与辅义将军张布定计，杀于殿堂。永安三年（260）贬孙亮为侯官侯，遣赴封地，亮自杀。卒谥景皇帝。

48. 吴天玺纪功碑 一名《天发神谶碑》。因石断为三，俗称"三段碑"。三国吴碑刻。天玺元年（276）立，为孙皓在亡国前四年，为维护其统治，制造"天命永归大吴"之舆论，伪称天降神谶而刻此石。第一列 21 行，第二列 17 行，第三列 10 行。在篆书中用隶书笔法，字体奇伟。相传为华核撰文，皇象书，但无确证。石原在南京孔庙，清嘉庆十年（1805）毁于火。北京故宫博物院藏有宋拓本。周在浚、王著、吴玉搢《天发神谶碑考》，汪照《天发神谶碑续考》，罗振玉《天发神谶碑补考》等文，考订甚详。

49. 佉卢文木牍 或称佉卢虱底、驴唇体文。用佉卢文所写之木牍。佉卢文全称为佉卢虱吒文（Kharosthi），系古印度一种文字。横书左行。属塞姆语系的阿拉米文系统。最早出现于公元前 3 世纪孔雀王朝阿育王时代，使用于今印度西北地区和巴基斯坦一带。后来向北传播，曾流行于今阿富汗、乌兹别克斯坦、塔吉克斯坦及中国新疆自和田至罗布泊一带。4—5 世纪因受梵文排挤，逐渐绝迹。19 世纪末 20 世纪初，英国人斯坦因等在新疆等地发现大量佉卢文书，绝大多数写在木牍上，少数写在绢帛、皮革、桦皮或纸上。木牍的形式大小不一，大都上下两片合在一起，文字写于下片光滑面，两片以一根双股麻绳缚住，加封泥，盖印章。文书内容绝大多数是契券、公文、书信、簿籍等，反映了当地的社会、经济、政治、法律、文化和风俗习惯，具有重要史料价值。20 世纪 50 年代以后，中国考古工作者在新疆发现佉卢文书已超过 100 件。

50. 沂南画像石墓　俗称"将军冢"。东汉晚期画像石墓。在今山东沂南县城西 4 千米北寨村，1954 年发掘。墓室用石材筑成，宽 7.55 米，长 8.70 米，体积 326.34 立方米。分前、中、后三主室，附东三侧室，西两侧室，合计八室。用石料 280 块砌成，其中画像石 42 块，画像 73 幅，画面总面积 442.27 平方米。画像主要内容有攻战、祭祀、出行、丰收宴享、乐舞百戏、神话人物、奇禽异兽、仙草嘉禾等。表现出墓主人生前之奢华及死后葬丧仪式之隆重。是研究当时政治、经济、思想、文化之重要资料。墓室建筑气魄雄伟，结构谨严。画像采用多种雕刻技法，以凸面线刻为最多，刀法圆熟、细腻，图像真切、清晰，为雕塑、绘画艺术史中珍品。墓葬年代，一说东汉末灵帝、献帝之际，一说魏、晋时期。

51. 陆抗（226—274）　三国时吴郡吴县华亭（今上海松江区西）人，字幼节。吴丞相陆逊子、孙策外孙。年二十拜建武校尉。永安六年（263），蜀为魏所并，而巴东守将罗宪拒降吴，乃率众三万攻之，以魏军侵西陵救宪而退还。建衡二年（270），以镇军大将军都督信陵、西陵、夷道、乐乡、公安诸军事，治乐乡。多次上疏抨击弊政。又与晋荆州都督羊祜互通使节，各保分界。凤凰元年（272），因西陵督步阐降晋，乃引军于西陵城外筑围，内攻外御，遂拔西陵。加都护。二年，拜大司马、荆州牧。次年病卒。

52. 陆凯（198—269）　三国时吴郡吴县华亭（今上海松江区西）人，字敬风。陆逊族子。吴黄武初为永兴、诸暨长，所在有治绩，拜建武都尉。赤乌五年（242），以兵三万讨珠崖（治今广东徐闻西）、儋耳（治今海南儋州西北），除儋耳太守，迁为建武校尉。十三年（250），率兵拒魏荆州刺史王基于西陵，败还。五凤二年（255），镇压零陵（今属湖南）山民陈毖起事，拜巴丘督、偏将军，封都乡侯。孙休即位，拜征北将军，假节领豫州牧。孙皓立，迁镇西大将军，都督巴丘，领荆州牧，进封嘉兴侯。宝鼎元年（266），迁左丞相。时皓居武昌，奢侈无度，乃上疏切谏，引童谣"宁饮建业水，不食武昌鱼"等语。表疏皆指实事，不为文饰。

53. 陆逊（183—245）　三国时吴郡吴县华亭（今上海松江区西）人，本名议，字伯言。孙策婿。出身江南士族。二十一岁即入孙权幕，后出为海昌屯田都尉，并领县事，又招兵镇压山民，拜定威校尉。曾率兵击破丹阳大帅费栈，得精兵数万人。东汉建安二十四年（219）蜀关羽攻魏将曹仁于襄阳，吴陆口守将吕蒙称病还建业（今江苏南京），诱使关羽放松南郡守备。孙权乃以逊代蒙，遂与蒙军攻克南郡。以功封华亭侯。晋爵娄侯。吴黄武元年（222）刘备攻吴，受任大都督，率军在猇亭（今湖北枝城北），用火攻大破蜀军四十余营（详"夷陵之战"），加拜辅国将军，领荆州牧，封江陵侯。七年，又击败魏扬州牧曹休步骑十万于石亭（在今安徽怀宁、桐城间），斩获万余。黄龙元年（229），拜上大将军、右都护。嘉禾三年（234），孙权征合肥，奉命与诸葛瑾出兵襄阳。权军不利，却不即行退兵，反而率军指向襄阳，乘魏人还保城时，乃徐整部伍而退。赤乌七年（244），代顾雍为丞相。时鲁王霸得宠，太子不安，上疏论宜分嫡庶，不听。而外甥顾谭等以亲附太子被流徙，吾粲又因数与其通消息下狱死，累为权所责，愤恚致死。

54. **陆绩**（188—219）　东汉末吴郡吴县（今江苏苏州）人，字公纪。年六岁，做客于袁术，怀橘遗母，时称其孝。曾论宜以道德取天下，与孙策、张昭等所论以武治平天下不同，昭等奇之。及长，博学多识。孙权辟为奏曹掾，以直谏见嫌。后出为郁林太守，加偏将军。无意于军政，不废著述，作《浑天图》，注《易经》，撰《太玄经注》。今存明、清辑本注《易》数种。

55. **陈武**（177—215）　东汉末庐江松滋（今安徽宿松东北）人，字子烈。十八岁时从孙策，以战功拜别部司马。建安四年（199），策攻破刘勋，多得庐江人，集其精锐使督之。及孙权统事，转督五校。屡有功劳，进位偏将军。二十年（215），从权攻合肥，兵败战死。

56. **张昭**（156—236）　三国时彭城（今江苏徐州）人，字子布。察孝廉，徐州刺史陶谦举茂才，皆不就。东汉末年，避乱渡江。孙策创业，命为长史、抚军中郎将，文武之事，一以委之。策卒，受遗命辅立孙权。曹操既平荆州，致书孙权劝降，因言操挟天子以征四方，势众，不如迎之。权不从，责其只顾妻子，挟持私虑，深失所望。及至议置丞相，众议举之，权终不用。权称帝后，以老病，上还官位及所统领，更拜辅吴将军，改封娄侯。辽东太守公孙渊向吴称藩，权遣使至辽东封渊为燕王，他切谏，与权反复辩论，权不纳，乃称疾不朝。卒谥文侯。著有《春秋左氏传解》《论语注》，今佚。

57. **张温**（193—230）　三国时吴郡吴县（今江苏苏州）人，字惠恕。孙权东曹掾张允子。少修节操，为权所知，拜议郎、选曹尚书，徙太子太傅。黄武三年（224），以辅义中郎将使蜀，蜀人甚贵其才。使还，授兵往豫章讨山越。后权恶其称美蜀政，又因声名太盛，恐终不为己用，借暨艳事斥还本郡。将军骆统为之说情，亦不为权所纳。后六年病卒。

58. **张猛龙碑**　碑刻名。北魏孝明帝正光三年（522）立。今藏山东曲阜孔庙。碑文楷书，碑阳二十四行，行四十六字。碑额楷书题"魏鲁郡太守张府君清颂之碑"三行。无撰书人姓名。碑文记载张猛龙任鲁郡太守之政绩。书法劲健雄俊，额书尤险劲，碑阴题名亦颇流动。其结构精能，格调高古，为著名北魏碑书之一。

59. 金虎台 又名"金兽台"。在今河北临漳县三台村。为曹操在邺城西北所筑三台之一。东汉建安十八年（213）筑，北距铜雀台60步（一步约五尺），台高八丈，台上有殿宇135间。与铜雀、冰井两台之间有浮桥式阁道相通，连成一体。北齐天保七年（556），在三台大建宫殿，改名圣应台。元代也曾修建。台为漳河冲毁，今存残址。经实测，南北长122米，东西宽70米，最高处12米。

60. 周泰 三国时九江下蔡（今安徽凤台）人，字幼平。初随孙策，署别部司马，屡战有功。后归孙权。曾因救护孙权，在宣城（今安徽南陵东）力战击退山民数千，身被十二创。被策任为春谷长。东汉建安八年（203），用为宜春长。十三年（208），与周瑜、程普等败曹操于赤壁，围曹仁于南郡。二十二年（217），操攻濡须（今安徽巢湖市东南），不克而退，遂留督濡须，拜平虏将军。后权欲进图蜀，拜为汉中太守、奋威将军，封陵阳侯。吴黄武中卒。

61. 周瑜（175—210） 东汉末庐江舒县（今安徽庐江西南）人，字公瑾。少与孙策友善，将兵佐策平江东，授建威中郎将，时年二十四，吴中皆呼为"周郎"。策欲取荆州，以为中护军，领江夏太守，从攻皖，拔之。策卒，与张昭同辅孙权。建安七年（202），曹操下书责权送质子，众人犹豫，则上言反对，权母吴夫人赞其议，遂定。十一年（206），攻下麻、保二屯（在今湖北嘉鱼），俘获山民万余口。十三年（208）为前部大督，时操率军南下，他力驳迎降之议，以为操北土未安，水战非其所长，且军士不习水土，必可破之。并亲率吴军，以火攻大败操军于赤壁（参见"赤壁之战"）。又进军南郡，击败魏征南将军曹仁于夷陵（今湖北宜昌东南），次年迫使曹仁自江陵（今属湖北）撤军。拜偏将军，领南郡太守，镇江陵。操曾密遣蒋干说降，干还白操，称其雅量高致，非其词所能离间。拟进取蜀，旋病卒于巴丘。精音乐，当时有"曲有误，周郎顾"之语。

62. 郑文公碑 全称《魏故兖州刺史荥阳文公郑羲之碑》，或称《郑羲碑》。北魏摩崖刻石。宣武帝永平四年（511）刻。有两碑：一在今山东平度市天柱山崖，称上碑；一在今山东莱州市东南云峰山摩崖，称下碑。两碑文大体相同，但上碑比下碑字小。因下碑结衔下刻"草"字，故有草稿之说。内容记载郑羲生平事迹及著述，但碑文谀辞失实。因与郑羲季子道昭在云峰山等处的题名、题诗，如出一手，清包世臣即以为郑道昭所书，并大加赞赏。楷书，笔力雄强，为书法家所推崇。

63. 柏孜克里克石窟 新疆著名石窟之一。在今新疆吐鲁番市城东木头沟水两岸。创建于南北朝末期，迄于元代。今存洞窟57个，30个保存较好。有采取开凿石崖与土坯砌建并用建筑形式而成之石窟，颇具特色。以横顶直洞为主，亦有中柱式洞、方形双套洞和圆顶方形洞。壁画大部分残毁，但仍相当丰富，还保存了许多汉文和回鹘文题记。为研究古代高昌地区历史重要遗迹。

64. 封氏墓群 又名"封家坟""十八乱冢"。北朝墓葬群。在今河北景县城东南 7.5 千米。为北魏至隋封氏家族按当时风俗"集族而葬"之墓群。1948年曾被挖掘，出土遗物 300 余件。1955 年进行收集，有大量铜器、青瓷和陶器、陶俑，其中青瓷莲花樽造型精美，是北朝青瓷中的珍品。还出土了北魏正光二年（521）封魔奴，东魏兴和三年（541）封延之，北齐河清四年（565）封子绘，隋开皇三年（583）封子绘妻王氏、九年（589）封延之妻崔氏等人墓志，对补正史料具有重要参考价值。

65. 响堂山石窟 在今河北邯郸市峰峰矿区。因洞内拂袖即能发出锣鼓之声而得名。分南北两窟。南响堂在西纸坊鼓山南麓，北响堂在和村西鼓山之腰。两地相距约 15 千米。始凿于北齐文宣帝高洋时期。隋、唐、宋、元、明历代均有增修。南北响堂共有石窟 16 座，大小造像 3400 余尊。石像造型优美，栩栩如生。民国时破坏严重，佛像大都失去头部。

66. 炳灵寺石窟 旧名"龙兴寺"，又名"灵岩寺"。著名石窟。在今甘肃永靖县西黄河北岸积石山中。"炳灵"为藏语"千佛"或"十万佛"之意。开凿于西秦建弘年间。现保存西秦、北魏、北周、隋、唐，直至明清各代洞窟 34 个，龛 149 个。内有大小石雕佛像 679 尊，泥塑 82 尊，壁画 900 平方米。塑像高者 27 米，小者 20 余厘米。造型丰满潇洒，栩栩如生，艺术造诣甚高。现编号 169窟，壁画上有"西秦建弘元年（420）"墨书题铭，此为目前全国石窟中最早之题记。

67. 骆统（193—228） 三国时会稽乌程（今浙江义乌）人，字公绪。少时乡里饥荒，因布施而显名。孙权领会稽太守，试为乌程相，治民甚有条理。权召为功曹，行骑都尉。随陆逊破蜀军于宜都，迁偏将军。吴黄武初，与严圭破魏将军常雕有功，封新阳亭侯。后为濡须督。黄武三年（224），权以张温声名太盛，恐终不为己用，罢黜之，乃上表为之辩解，权不纳。又屡上书指陈时政。

68. 贺齐（？—227） 三国时会稽山阴（今浙江绍兴）人，字公苗。少为郡吏，东汉建安元年（196），察为孝廉，为永宁长，领南部都尉。后拜平东校尉、威武中郎将。十三年（208）往攻丹阳黝、歙山民，大破之。孙权分其地为新都郡，使为太守，加偏将军、奋武将军。二十一年（216），鄱阳民尤突受曹操印绶，陵阳、始安、泾响应，他与陆逊率兵平定，得精兵八千人，拜安东将军，封山阴侯。吴黄武元年（222），魏将曹休出洞口（今安徽和县），吴军失利，唯其军后至独全，迁后将军。二年（223），督糜芳等袭蕲春（治今湖北蕲春西北），掳降魏将晋宗而回。

69. **莲花洞**　龙门石窟的洞窟之一。在今河南洛阳市龙门山（西山）。因窟外左上方有明代书刻"伊阙"二字，又名伊阙洞。建于北魏晚期，为龙门石窟中北魏时期的代表洞窟之一。主佛释迦牟尼立像，高 5.1 米。洞中佛龛较多，构图精美多彩，刻工精细，富于变化。

70. **莫高窟**　俗称"千佛洞"。在今甘肃敦煌市东南鸣沙山东麓断崖上，南北长 1600 多米。是中国最大之石窟群之一。据碑刻记载，始凿于前秦建元二年（366）。今尚保存北魏、西魏、北周、隋、唐、五代、宋、西夏、元各代壁画和塑像的洞窟 492 个，壁画 4.5 万多平方米，彩塑 2415 身。窟形主要有两类：一是具长方形前后室的中心柱窟；一是方形平面，后壁开一龛的盝顶形窟。最大者高 40 多米，最小者高不盈尺。造像均为泥质彩塑，有佛像、弟子、菩萨、天王、力士等。最大者 33 米，小者 10 厘米。壁画内容有佛像、佛教史迹、经变、神话、供养人等题材和装饰图案。窟内金碧辉煌，绚丽夺目，为中国现存规模最大、内容最丰富的石窟艺术宝库。清光绪二十五年（1899，一说光绪二十六年）发现藏经洞后，斯坦因、伯希和、华尔纳、鄂登堡等人曾攫取窟内大量历史文物及艺术珍品。1943 年设立敦煌艺术研究所。中华人民共和国成立后改为敦煌文物研究所，1986 年扩大规模，称敦煌研究院，对洞窟进行全面维修、保管和研究工作。

71. **顾雍**（168—243）　三国时吴郡吴县（今江苏苏州）人，字元叹。出身江南士族。少从蔡邕学琴书。州郡表荐为合肥长，后转娄、曲阿、上虞，皆有治绩。孙权领会稽太守，以为丞，行太守事。权称吴王，累迁大理、奉常，领尚书令，封阳遂乡侯。吴黄武四年（225），改为太常，进封醴陵侯，代孙邵为丞相，平尚书事。嘉禾二年（233），辽东太守公孙渊叛魏向吴称臣，权遣张弥、许晏等航海前往封渊为燕王。曾力谏，权不听，张弥等果为渊所杀。后又断骄横之校事吕壹狱，杀之。为相 19 年卒。

72. **贾思伯碑**　北魏碑刻，在今山东兖州，孝明帝神龟三年（520）刻。楷书 24 行，行 44 字。但残缺甚多，能读之字极少。碑阴上截为宋绍圣三年（1096）温益题记，楷书 10 行，行 19 字。谓唐褚遂良笔法得自此碑。下截刻元人题记，楷书 16 行，行 10 字，此碑笔法高古，极珍贵。

73. **晋三临辟雍碑**　全称为《大晋龙兴皇帝三临辟雍皇太子再莅之盛德隆熙之颂碑》。晋碑刻。武帝咸宁四年（278）十月立。1930 年在河南偃师出土。碑、额俱隶书，正文 30 行，行 55 字，记晋武帝立辟雍（太学）、置学官、并三临辟雍及皇太子再莅辟雍事。碑阴列行政学官、博士等教职人员及学生四百余人的姓名和籍贯。字体灵活，具有独特风格，为研究晋代历史及书法珍贵资料。

74. **徐盛**　三国时琅琊莒县（今属山东）人，字文向。东汉末，客居吴。孙权任为别部司马，守柴桑，黄祖子射率数千人来攻，以不满 200 人相拒，败之。升为校尉、芜湖令。徙中郎将，督校兵。后迁建武将军，封都亭侯，领庐江太守。吴黄武元年（222），魏将曹休出洞口（今安徽和县），吴军败，遂收余兵抵御，魏军不能克。迁安东将军，封芜湖侯。三年，于临江设疑城数百里，魏文帝出广陵（治今江苏扬州西北），欲渡江攻吴，望城愕然，而江水大涨，遂引军退，黄武中卒。

75. 宾阳洞　龙门石窟的洞窟之一。在今河南洛阳市龙门山（西山）北部。共三洞，为龙门石窟中北魏时期的代表洞窟之一。中洞北魏景明元年（500）开凿，正光四年（523）建成，历时24年，用工802366个。造像面相清瘦略长，衣纹折叠规整而稠密，体现了北魏造像的艺术特色。洞口内壁两侧为大型浮雕，分《维摩变》《佛本生故事》《帝后礼佛图》《十神王像》四层。《帝后礼佛图》中华人民共和国成立前已被盗往国外。南洞和北洞始刻于北魏。唐初完成。

76. 凌统（约189—约217）　三国时吴郡余杭（今浙江余杭西南）人，字公绩。东汉末，以父操从孙权征黄祖战死，拜为别部司马，领父兵，时年十五。建安十三年（208），权复征黄祖，以为前锋，以功拜承烈都尉。从周瑜破曹操于赤壁，遂攻曹仁，迁为校尉。二十年，与吕蒙西取长沙、桂阳、零陵三郡，又调往合肥。时权攻合肥不下，退兵，为张辽追击，因率亲军力战救权出围，拜偏将军。后病卒。

77. 诸葛恪（203—253）　三国时琅琊阳都（今山东沂南南）人，字元逊。诸葛瑾长子。少有才名，拜骑都尉，为吴太子孙登宾友。辩论敏捷，孙权甚异之，欲试以事，令守节度。嘉禾三年（234），被任为抚越将军，领丹杨太守，率兵攻山越。用围困夺粮之术使山越饥穷出降。以功拜威北将军，封都乡侯。赤乌中，陆逊卒，迁大将军，假节，驻武昌，代逊领荆州事。权卒，辅立孙亮，拜太傅，改善国政，颇得人心。建兴元年（252），败魏兵于东兴，进封阳都侯，加荆、扬州牧，督中外诸军事。遂有轻敌之心，力主再攻魏。二年，攻魏新城不克，士卒多伤病，退兵，国内怨声载道。旋被皇族孙峻所杀。

78. 诸葛瑾（174—241）　三国时琅琊阳都（今山东沂南南）人，字子瑜。诸葛亮兄。东汉末避乱江东，得孙权优礼，任为长史。建安二十年（215），使蜀，与亮俱秉公办事，深为权所信任。后以绥南将军代吕蒙领南郡太守。吴黄武元年（222），迁左将军，督公安，假节，封宛陵侯。与平北将军潘璋击破围南郡（治今湖北公安）之魏军。五年，攻襄阳（今湖北襄樊），为司马懿所败。黄龙元年（229），权称帝后，拜大将军、左都护，领豫州牧。嘉禾三年（234），权围合肥，乃与陆逊屯夏口（今湖北武汉）以呼应，旋退还。赤乌四年（241），率军攻祖中（今湖北南漳），懿驰救，遂引军退。旋卒。子恪、融俱典兵，后皆被杀。

79. 高湛墓志　全称《魏故假节都督齐州诸军事辅国将军齐州刺史高公墓志

铭》。东魏碑刻。孝静帝元象二年（539）刻。清乾隆十四年（1749）山东德州运河决东岸时得此石，移置德州学宫。文字尚全，共六百五十二字，今损残甚。志文记高湛事迹，可补史籍之缺。志文楷书二十五行，行二十七字。字形方扁，《金石萃编》称其字笔法秀劲，为唐代虞褚诸家所本，极为珍贵。

80. **黄盖**（？—约215）　三国时零陵泉陵（今湖南永州）人，字公覆。初为郡吏，察孝廉、辟公府。从孙坚起兵，拜别部司马。建安四年（199），为行武锋校尉从孙策讨黄祖。后任春谷长、寻阳令，迁丹阳都尉。任内屡攻袭山越。十三年，随周瑜与曹操战于赤壁，议用火攻，并领战船十艘载薪草、灌油其中，诈称投降，乘机纵火，大破曹军。以功任武锋中郎将。为武陵太守，镇压招抚武陵蛮。又击破长沙益阳山民，加偏将军。病卒于官。

81. **曹操宗族墓群**　俗称"曹家孤堆"。东汉墓葬群。在今安徽亳州市城南郊。周围十余里。据北魏郦道元《水经注·阴沟水》载，今亳州城南有曹腾、曹褒、曹嵩、曹炽、曹胤等人墓。1974—1977年发掘清理五座。其中一座规模宏大，墓室内有大型画像石刻、彩绘；另一墓出土"曹宪印信"。墓葬除出土有银缕玉衣、牙质雕饰、鎏金铜器、玉器、陶器、瓷器外，最引人注意者为出土约300块墓砖刻辞。刻辞内容大体分刑隶、反抗、怨恨、悲吟、奠敬、曹族、方吏、题名、记时及计数等类；字体有篆书、隶书、章草、今草、真书、行书等，为研究中国古代书体演变历史重要资料。字砖所注年代为延熹七年（164）、建宁三年（170）。

82. **铜雀台**　又称"铜爵台"。在今河北临漳县三台村。为曹操在邺城西北所筑三台之一。东汉建安十五年（210）筑，台高10丈，殿宇120间。与金虎、冰井两台之间有浮桥式阁道相通，连成一体。十六国后赵石虎时更增二丈，筑五层楼于台上，高十五丈，于楼顶置大铜雀，舒翼若飞。北齐、元代都曾修建。台大部于明末为漳水冲毁，今存残址。经实测，南北长60米，东西宽20米，高5米。

83. **象山王氏墓群**　东晋墓葬群。在今江苏南京市北郊新民门外象山（俗称人台山）上。从1965年至1970年发掘七座，其中六座系东晋墓葬，六座中四座出土有纪年石刻或砖刻墓志。根据墓志，可知为琅琊王氏之一支王彬家族墓地，葬有晋尚书、左仆射王彬继室夫人夏金虎，其子兴之夫妇、长女丹虎、孙闽之。王彬墓早已破坏。各墓规模大致相近，属砖砌单室券顶墓。墓室平面长方形。出土物除日用青瓷器皿外，尚有铜器、铁器、金器、琥珀、绿松石、琉璃珠等。出土墓志，除反映其身份外，并为研究书法史提供宝贵资料。另一座属东晋早期，无墓志，但规模较大，出土物更为丰富，反映出墓主身份更高。

84. **蒋钦**（？—约219）　东汉末九江寿春（今安徽寿县）人，字公奕。孙策东渡，拜别部司马。后历迁葛阳尉、西部都尉。平吕合、秦狼于会稽、东冶五县。徙讨越中郎将。建安二十年（215），随孙权征合肥，为魏将张辽追击，与诸将于津北力战，迁荡寇将军，领濡须督。后召还，拜右护军，典领词讼。虽富贵荣显，能折节好学，权常称之有国士之风。二十四年，因讨关羽，督水军入沔，还，于道病卒。

85. 韩当（？—226）　三国时辽西令支（今河北迁安西）人，字义公。东汉末，从孙坚征战，为别部司马。及孙策东渡，迁先登校尉，建安四年（199）十二月，从策讨黄祖，大败之。八年，领乐安长，讨山越。后任中郎将，与周瑜等拒破曹操，又与吕蒙袭取南郡（治今湖北公安），迁偏将军，领永昌太守。吴黄武元年（222），猇亭之役，与陆逊等大破刘备军，徙威烈将军，封都亭侯。二年，封石城侯，迁昭武将军，领冠军太守，后又加都督之号。卒后，子综袭侯领兵，旋率众叛降魏。

86. 程普（？—215 年）　东汉末右北平土垠（今河北丰润东南）人，字德谋。初为州郡吏。从孙坚征黄巾，破董卓。后助孙策经营江南，先后任吴郡都尉、丹杨都尉、荡寇中郎将、零陵太守。建安四年（199），从策攻黄祖。策卒，与张昭等共辅孙权。八年（203），击平山越于乐安（今江西德兴）。十三年（208），与周瑜各领万人，大破曹操于赤壁，围曹仁于南郡。拜裨将军，领江夏太守。瑜卒，代领南郡太守。旋迁荡寇将军。以其年长，时人皆呼程公。尝以年长数辱瑜，瑜终不与计较，遂与之亲重。

87. 鲁肃（172—217）　东汉末临淮东城（今安徽定远东南）人，字子敬。家富于财，尝以仓米之半三千斛与周瑜为资粮，遂相亲结，后被荐于孙权。为陈时务，以为唯有保守江东，以观天下之变。为权所器重。建安十三年（208），曹操南下荆州（今湖北江陵），刘备仓皇奔走欲南渡江，遂往劝备并力拒操。时诸将多主张迎操，他与周瑜主战，权遂任为赞军校尉，旋即助瑜大破操军于赤壁。十五年（210），瑜以病上疏求以之代己，即拜奋武校尉、汉昌太守、偏将军。时备据荆州，又定益州，权欲索回荆州诸郡，备不许，遣关羽至益阳（今属湖南）。因邀之相见，切责之。会操入汉中，备恐失益州，遂割湘水为界而罢军。治军严，禁令必行，常手不释卷。及卒，权为举哀，又临其葬。

88. 虞翻（164—233）　三国时会稽余姚（今属浙江）人，字仲翔。少好学，本为会稽太守王朗功曹。东汉建安元年（196），会稽为孙策所破，乃护朗浮海至东冶（今福建福州）。朗遣之还，策复命为功曹。四年，奉策命说降豫章太守华歆。孙权以为骑都尉，数直谏，坐徙丹阳泾县（今安徽泾县西）。吕蒙因其知医术，请以自随。性疏直，又言世无神仙，为权所恶，遂徙交州。吴嘉禾二年（233），权使周贺等至辽东，从公孙渊求马，乃作表示交州刺史吕岱，认为辽东绝远，去人财求马，既非国利，又恐无获。为吕岱所谮，复徙苍梧（今广西苍梧西北）。后贺等果无功，权思其言，乃召之回，已先卒。他被贬十余年，讲学不倦，门徒常数百人，为《老子》《论语》《国语》作注，均已佚。

89. 阚泽（？—243） 三国时会稽山阴（今浙江绍兴）人，字德润。少好学，家贫，常为人抄书，博览群籍，兼通历数。察孝廉，除钱唐长，迁郴令。孙权称帝，任尚书。嘉禾中，任中书令，加侍中。赤乌五年（242），拜太子太傅，节经传文之要及诸注说以授太子。以儒学勤劳，封都乡侯。从徐岳学刘洪之乾象法，故又著《乾象历注》，今佚。

90. 潘璋（？—234） 三国时东郡发干（今山东冠县东南）人，字文珪。从孙权讨山民有功，署别部司马。后迁豫章西安长，转领建昌。加武猛校尉。东汉建安二十年（215）从权攻合肥，战不利，他驱军还战，以功拜偏将军。二十四年（219），从权攻关羽，羽败，所部马忠擒杀羽，拜固陵太守、振威将军，封溧阳侯。吴黄武元年（222）与陆逊大破刘备于猇亭（今湖北宜都北），拜平北将军、襄阳太守。五年（226），从权攻石阳（今湖北黄陂西），不克，乃断后退兵，魏军追击，赖朱然力战方免，及权称帝，拜右将军。性奢侈无度，数不奉法，权惜其功而辄不问。

91. 薛综（？—243） 三国时沛郡竹邑（今安徽宿州北）人，字敬文。少依族人避地交州。孙权召为五官中郎将，除合浦、交趾太守。从吕岱攻交趾，至九真。事毕还都，守谒者仆射。以擅词辩著名。吴黄龙三年（231），任镇军大将军虑长史。嘉禾二年（233），迁尚书仆射。时孙权欲亲征辽东太守公孙渊，因切谏止之。赤乌三年（240），徙选曹尚书。五年（242），以名儒兼为太子少傅，仍兼选举，甚为优重。所著诗赋难论数万言，名《私载》，今佚。

92. 魏受禅碑 三国魏碑刻。黄初元年（220）刻。在今河南临颍县繁城。记述文帝受权汉禅事。隶书 22 行，行 49 字。额篆书题"受禅表"三字。世传王朗撰文，梁鹄书写，钟繇镌刻，但均无确证。与《上尊号奏》并称。清翁方纲云，两碑书法，同出一手，均方整，渐开唐隶之门。

93. 濮阳兴（？—264） 三国时陈留（今河南开封县东南）人，字子元。孙权时任上虞令，稍迁至吴尚书左曹，以五官中郎将使蜀，还为会稽太守。时琅琊王孙休居会稽，乃深与相结。及休即位，被任为太常卫将军、平军国事，封外黄侯。永安三年（260），主建丹阳湖田，作浦里塘，费用不可胜数，士卒死亡者多，百姓怨恨。五年（262），迁为丞相，与左将军张布以佞巧相表里。七年（264），休卒，与布采纳左典军万或之言，废休谪子而迎立孙皓。加侍郎，领青州牧。旋为或所谮，徙广州，追杀于道。

94. 爨龙颜碑 简称"大爨"。南朝宋碑刻。大明二年（458）立。今存云南陆良县城南贞元堡（又称薛光堡）。清道光年间，阮元出任云贵总督时访得，始著于世。爨道庆撰文，楷书 24 行，行 45 字。额题"宋故龙骧将军护镇蛮校尉宁州刺史邛都县侯爨使君之碑"六行。碑文记述爨氏世系及爨龙颜祖孙三代仕历。碑阴刻职官题名三列，记录职官组织及参加政权人员情况。书法多带隶意，向为金石家和书法家所推崇。与东晋《爨宝子碑》并称为"二爨"。

95. 爨宝子碑 又称"小爨"。东晋碑刻。义熙元年（405）立。今存云南曲靖市第一中学爨碑亭内。清乾隆四十三年（1778）出土于曲靖县城南扬旗田。道光十五年（1835）《云南通志》始著录。楷书 13 行，行 30 字。内容多为谀辞。额题"晋故振威将军建宁太守爨府君之墓"。碑末职官题名，记录当时建宁太守属官名称。为研究古代边远地区少数民族历史珍贵资料。书体在隶楷之间，为迄今所见由隶书过渡到楷书之典型实物。与南朝宋《爨龙颜碑》并称为"二爨"。

原载《中国历史大辞典·魏晋南北朝史》，上海辞书出版社 2000 年版。

隋唐均田制浅议

均田制创始于北魏孝文帝太和九年（485），中经北齐、北周、隋朝和唐朝，每朝都曾颁行均田令，继续均田。唐朝安史之乱之后，均田制开始破坏。及至唐德宗建中元年（780），杨炎建议实行两税法后，均田制才从历史上消失。唐朝政府并没有明令废止均田制，但建立在均田制基础之上的租庸调制被两税法所代，就意味着均田制的彻底破坏。均田制在中国历史上存在 300 年之久，是中国封建社会的一种重要的土地制度。均田制的内容历朝都有所沿袭和变化，但其性质都是封建国家土地所有制，是国家将农民束缚在国有土地上，以便保证封建国家对劳动人民征取租调力役的一种手段。

在讨论隋唐时期均田制时，学术界有两种意见：一种意见认为，均田制是很理想的制度，真正实行了"均田"；另一种意见认为，均田制是一纸空文，是"虚假的外皮"，是骗人的，有没有实行过都值得怀疑。我们认为这两种意见，各持一个极端，都有其偏颇之处。在考虑隋唐均田制时，必须注意以下几点。

（1）均田制确实实行过，从下列几方面得到证明。

第一，《隋书·食货志》《旧唐书》《唐会要》等文献都记载了隋唐实行均田制的均田令和具体的均田方法。

第二，《唐律疏议》中相当详细地记载了应受田地的类别，土地买卖的规定，占田过限的处分，盗种和妄认公私田地的处分，官吏侵夺私田的处分，里正应依令造籍授田及违反田令时的处分，等等。此书在唐朝具有实际法律效力。

第三，唐朝吏部通过考试选拔官吏，其中要试身、言、书、判四项，书、判二者更重要。"书"指文字学和各种书法，"判"指对案件判决所拟的判词。《全唐文》中收入关于均田方面的判词颇多，这恰好是当时实行均田制的反映。

第四，除文献记载外，甘肃敦煌和新疆吐鲁番发现的唐朝户籍残卷，更有力地证明了均田制的推行。

1900 年发现的敦煌石室藏书中，有唐代敦煌郡敦煌县的户籍残卷，每户下一般都注明是课户还是不课户，户内各口下都注明男女和黄中丁老寡等不同的性别和年龄，注明应受田和已受田、未受田数字，并注明已受口分田、永业田、园宅田各若干亩。看到某户若干人口，其中丁、老、寡几人，谁为户主等，就可推知此户应受田若干。看到户内的丁口是白丁还是有官职的，是丁壮当户或只有老寡当户，即可知其为课户或不课户。现举一例以说明之。

　　户主　刘智新　载贰拾玖岁　白丁，

下下户，空，课户，见输。

祖母　王　　载陆拾玖岁　老寡空

母　索　　载肆拾玖岁　寡空

妻　王　　载贰拾壹岁　丁妻

天宝

三载籍后漏，附，空

敦煌郡敦煌县龙勒乡都乡里天宝六载籍

弟　知古　载壹拾柒岁　小男空

妹　仙云　载贰拾玖岁　中女空

妹　王王　载七岁　　　小女空

合应受田壹顷陆拾叁亩，陆拾捌亩已受，20 亩永业，47 亩口分，1 亩居住园宅，九十五亩未受（见《敦煌资料》第一辑）

中华人民共和国成立后在吐鲁番（即唐代西州交河郡治）也有出土的唐代户籍残卷和许多欠田、退田、给田文书，这也是唐代实行均田制的例证。

（2）虽然实行均田制，但农民一般都没有真正得到按均田令所规定的应得土地，普遍受田不足。韩国磐先生曾根据所见敦煌户籍残卷各户受田情况做了一个统计：56 户中三户全未受田，一户受田类别不明。其余 52 户，11 户全无口分田；41 户虽有口分田，但受足者仅一户，余均不足，少者仅受一亩或二亩。永业田在 52 户中唯一户未受，七户未受足，所欠不多，其余 13 户均受足。说明口分田的受田数严重不足，而永业田则基本上受足了。

受田不足的现象，不但边疆地区存在，在首都附近也一样存在，唐朝官府文书，也不得不承认这一事实，如开元二十九年（741）敕："京畿地狭，民户殷，计丁给田，尚犹不足。"（《唐会要·内外官职田》）

农民受田不足的原因是多方面的，首先，政府不可能将所有由政府掌握的土地拿来均田，当时政府用以屯田的土地很多，据《通典·屯田》所载，唐屯田的分布范围很广，天宝时每年屯田收入将近二百多万石。这些屯田土地，当然不会拿出来进行均田。此外，政府还掌握着大量的官田荒地，用以赏赐官僚贵族。大量土地又通过皇帝赏赐，成为官僚贵族的私产。再者，大地主土地所有制依然存在，许多地主占有大片土地，这些土地政府也不可能拿来均田。至于那些占有小块耕地的个体农民，绝大多数耕地不足，还须政府予以补受，更无余田地可供均田之用。所以，政府用于均田的土地是有限的，因而农民受田不足是很自然的事情。

（3）农民虽然普遍受田不足，但均田制仍起了相当重要的作用。

第一，均田制使无地少地的农民多少获得一些土地，使游离于土地之外的流民固定在土地上；同时封建政府对租调力役亦做了适当的调整，免除了正税以外的苛敛，多少减轻了剥削。因此，社会阶级矛盾有所缓和。隋朝开皇时，"躬节俭，平徭赋，仓廪实，法令行，君子咸乐其生，小人各安其业，强无凌弱，众不暴寡，人物殷阜，朝野欢娱。二十年间，天下无事"（《隋书·高祖纪下》）。唐朝贞观年间，"关中半熟，咸自归乡，竟无一人逃散"（《贞观政要·论政体》）。这些记载，虽然有封建史官歌功颂德之词，但在一定程度上反映了阶级矛盾较为缓和的社会现实。

第二，推行均田制，开垦了不少荒地，扩大了耕地面积。唐朝的均田令规定，农民在条件许可的情况下，可以迁往宽乡，鼓励在地广人稀的宽乡开垦荒地。法律还规定，倘若田地荒芜，户主和州县官吏都要遭受惩罚。均田令、法令鼓励垦荒，通过农民的辛勤劳动，垦辟了不少荒地，"开元、天宝之中，耕者益力，四海之内，高山绝壑，耒耜亦满"（《元次山集·问进士》）。唐朝政府还在增辟的土地上增设了许多州县。耕地面积扩大，是生产力发展的表现。

第三，均田制虽然不能完全制止土地兼并，但多少有点抑制作用。据文献记载，隋朝官吏李圆通、唐朝长孙颖德都曾追夺官僚侵地以还给人民。这种抑制豪强侵夺土地的作用，在均田制的初期，作用大一些。以后随着土地买卖之风日盛，其作用越来越少。

第四，均田制巩固了府兵制。自隋朝开皇十年后，兵农合一制度化，府兵制下的兵士，就是均田制下的农民。府兵皆可受田，受田的兵士要自备饷械，这就减少了封建国家一大笔军费开支。故朱礼在《汉唐事笺后集》中说："当盛唐时，天下户口八百余万，而府兵四十万，皆自食其力，不赋于民……是以国富民裕，亦不失其兵强也。田制既坏，府兵亦废，而唐常有养兵之困。"均田制巩固了府兵制，府兵制使唐朝前期军力强盛，维护了中央集权和统一。

第五，均田制对于恢复和发展农业生产起了一定的作用。隋朝开皇年间，"男子相助耕耘，妇人相从纺绩"，社会经济欣欣向荣。唐朝贞观年间，"马牛布野，外户不闭。又频至丰稔，米斗三、四钱。行旅自京师至于岭表，自山东至于沧海，皆不赍粮，取给于路"（《贞观政要·论政体》）。从这里可以看出唐朝前期封建经济空前繁荣的景象。

综上所述，隋唐时期实行均田制，这是毋庸置疑的；但农民普遍受田不足，这也是事实。尽管如此，均田制在隋唐历史上仍然起着相当重要的作用，应给予足够的重视。

原载中文本科自学考试《刊授指导》1989 年第 3 期。

清代石城县黎正进士考论

一、 王安国三篇重要遗文

清代广东省高州府石城县（今廉江市）雍正二年（1724）进士黎正后人黎法钦、黎法玲先生，最近把"廉江市黎正进士文化研究室"搜集到的有关黎正的资料送给我，嘱我研究黎正，并就此写一篇文字。我是史学工作者，又是廉江人，对此义不容辞。

我在阅读有关黎正的资料时，在 2003 年续修的《廉江市汶塘黎氏族谱》①中，发现三篇重要文献：①钦命巡抚广东等处地方提督军务兼理粮饷都察院左御史年弟王安国撰《户部黎公墓志》录文（后来黎法玲寄来墓志拓片和照片）；②雍正十二年（1734）黎正辞职别京回故乡石城归隐，王安国于雍正十二年九月任提督广东肇高学政，三次探望黎正，有一次王安国回京道出石门山，作《石门山别友诗》寄赠黎正；③王安国撰《桢（黎正避雍正皇帝讳，榜名桢）公母陈太夫人寿文》。②（三篇遗文的原文见文末附录一、二、三）

王安国在《清史稿》和《清史列传》中都有传记。1922 年罗振玉辑《高邮王氏遗书》，1925 年排印出版。该书内容分三部分：第一部分是高邮王氏的家状志传；第二部分是王念孙的学术著作；第三部分是高邮王氏祖孙三代（安国、念孙、引之）的遗文，即《王文肃公（安国）遗文》《王石臞先生（念孙）遗文》《王文简公（引之）文集》。我们从《王文肃公遗文》及其有关传记中，没有找到《黎氏族谱》收录的上述三篇文献，属于王安国遗文，这三篇遗文对于研究王安国和黎正有重要的文献价值。

首先看《户部黎公墓志》。死者墓前立碑的习俗起源很早，在西汉末年已经开始。东汉时墓前立碑蔚成风气，由于碑文多有颂扬文字，有失实之嫌，晋代曾一度禁止。唐宋以后准许一定级别的官员墓前立碑，但形制和趺座有严格的规定。明清时代，士大夫去世之后，其亲友会以行状、祭文、小传、像赞、墓志铭、神道碑等文体记述其生平事迹，这些文献多收录在族谱、家谱之中，常能提

① 罗振玉辑本《高邮王氏遗书》，江苏古籍出版社 2000 年版。
② 廉江市汶塘黎氏续修族谱理事会组编：《廉江市汶塘黎氏族谱》2003 年印制，第 773、750、751 页。以下简称《黎氏族谱》。

供治史者相当重要的传记资料。立于墓外或墓道的谓之碑（也有称志者），或称墓表，长方形；置于墓内的谓志，近正方形。

通常死者的亲朋、门生或故吏会先整理出行状，将其生平事迹及家庭状况等基本材料详加表述，然后请有文名的人或官品显赫之人撰写墓碑、墓志或小传。王安国撰的《户部黎公墓志》中说：黎正死后"卜葬于邑西偏之河村。属余为志。余与公系年谊，同朝数载，深知公学养兼优，体用俱备，爰镌斯石，并附挽句，以垂不朽！当户锄兰悲彼美，满梁落月照遗颜"①。通观全文，应为王安国所撰。关于墓志的流传，《族谱·坟山志》记曰：

> 一九七三年四月，政府因搞田园化，搬迁位于廉城西二里河村仔墩国朝（按：清朝）桢公墓。闻讯（按：应为"讯"之误）前来观看之群众约千余人。据说湛江、廉江等县市博物馆亦派员到现场采访，管辖单位廉江县石城公社（镇）派来十多名治安队员维持秩序。桢公后裔水尾、黎屋塘、贺村等地兄弟，亦被通知派来三十多人参加迁葬。
>
> 挖开墓盖，穴中有桢公部分仙骨，一颗官帽绿顶珠和其儿道炳敬撰、镌刻在大理石枕上之墓志铭。穴之四壁外，有作为防腐剂之松香。墓外有钦命巡抚王安国撰写之墓志铭青石墓碑，余无他物。缘顶珠由湛江博物馆同志取去，大理石枕由水尾黎法裕管理，青石墓碑由水尾黎法德收藏。两人为族上保护文物三十年，其功不小。现石枕、石碑都作为汶塘黎氏珍贵历史文物保护，留传后世。②

由黎正之子道炳撰写的墓志铭云："皇清进士户部山西司员外郎黎公之墓。府君讳正讳桢，字端伯、号建峰，石城县人，世居县治东南街。康熙庚子科经魁，雍正甲辰科进士。历官户部山东司主事，转升山西司员外郎，休志回籍。生于康熙十七年戊午正月初四日巳时，终于乾隆八年癸亥三月念三日巳时，寿六十有六。乾隆九年八月念八日子时葬。孤子雍正乙卯科拔贡生黎道炳志。"③（照片见本文附录四）

由此可见，《户部黎公墓志》和《墓志铭》是真实的，而且实物流传至今，可作为研究王安国和黎正的重要参考文献。

《石门山别友诗》。《族谱》载，文渊阁大学士王公安国，与户部桢公为年友至交。当王公奉命视学广东，按试高凉时，曾数过访。此诗系王公回京道出石门

① 《黎氏族谱》，第773页。

② 《黎氏族谱》，第774页。据上水美村村民回忆，"黎法裕、法贤、法严、法章等前往把黎正公墓志、石板、石枕拉回水美村。石枕由法裕保藏，墓志由法德（法平之弟）保藏。"以上材料由廉江市黎正进士文化研究室提供。

③ 《黎氏族谱》，第773页。

山，寄与桢公赠别。① 诗中有"北接梅关道，南连穗石城"，可见此诗是寄赠在石城的友人的，而在石城能与王安国有关联而且有深厚友谊的人，只有黎正。因此，此诗也是研究王安国及黎正的有价值的参考文献。

《桢公母陈太夫人寿文》。寿文亦称寿序，即祝寿的文章，盛行于明中叶以后。明归有光《震川集》正集、补集有寿序多至116篇，可见明清时代写寿序之盛行。《族谱》记："前任广东学政文渊阁大学士王安国撰。"寿文曰："大农部奉直大夫，建峰黎年友先生寿序：今春履端四日，余齐年友建峰翁先生六旬初度，有拟献寿者，先生固辞。兹一阳月二十九日乃年母陈太夫人八旬开一诞辰，其亲知征廉使瑟斋公为锦序，从先生拜祝北堂，亦上先生寿章，先生可复辞乎？"王安国借此写了寿文，故题为《桢公母陈太夫人寿文》。《族谱》对此寿文有一按语："一阳月二十九日为桢公母陈太夫人寿诞，本另有寿章。此寿序系王公为桢公而作，因桢公六旬晋一寿辰，固辞亲知献寿，遂于拜祝陈太夫人寿诞时为公献此寿词，故本篇题为陈太夫人寿文，实则桢公寿文也。"② 由此可见，此文亦可作为研究王安国及黎正的重要参考文献。

我们根据此三篇重要文献，结合《清史稿》《清史列传》、阮元《广东通志》、乾隆年间修《高州府志》、民国二十年（1931）修《重修石城县志》和《黎氏族谱》等文献资料，梳理出黎正家族世系、黎正与王安国的年谊、黎正留给我们宝贵的精神财富等问题，就教于学界同仁。

二、 黎正家族世系考

黎正于清雍正十二年甲寅（1734）辞去京官归籍石城，十月创修汶塘黎氏族谱，并亲自写序。序曰：

> 桢聚族石城，五世于兹，肇自端州高明县罗俊乡，祖庆余之六世孙合辛，季子始俊，迁仙村；传及九世镇宁公，号元哲。长子逸居，在明万历十五年，创居于石，即桢高祖考也。初分六房，迄今数传，计丁二百十五有奇。

> 曾太公孝廉觉于公，卜居汶塘，别房散居各邨，其幼子童孙，问有不相识者，桢心窃忧之！因遍询其名，知为某某所生，载笔记之，仿欧阳氏谱法，编辑成帖。其中昭穆爵寿，生娶卒葬，书之必详，俾阅谱而知祖宗，则思所以孝；知族属，则思所以睦；知传世久远，则思所以继述不忘也。遂序而弁于简端。

---

① 《黎氏族谱》，第750页。
② 《黎氏族谱》，第751页。

序文的落款："雍正十二年十月初八日　赐进士出身奉直大夫户部山西清吏司员外郎前户部山东司主事　五世裔孙桢叩首。"①

这是关于黎正家族历史的最有力的根据。王安国《户部黎公墓志》记黎正"其先自肇之高明仙村，迁居石邑，积德仁，五世而及公"，《桢公母陈太夫人寿文》记"询厥家世，原古籍肇之高明，高祖逸居公始迁石城，贻谋启绪，长发其祥"。这些记载是一致的，说明黎正的高祖逸居公从肇庆迁石城，五世而及黎正。

《族谱·人物志》从逸居公（敬）开始记载较详。

> 逸居公，少最豪荡，自高明县遍游雷廉各郡，中年肇居石邑。凡事尽入检点不治浮华，粗衣蔬食，坦如也。生平以方便邻里为第一要务，适元旦有邻人死而无棺者，俗忌出财，公遂慨然以钱助之！大约赋性直，而和以应世，居家澹，而善于济人。教六子，各因其性质成之，卒年七十有三。（见邑志）②

查康熙六年《石城县志》下编卷三《人物》的《齿德》中和民国二十年（1931）《重修石城县志》人物志，有黎敬传，记载与此略同。③

黎正的曾祖民铎，字觉于，是黎家的显赫者，《族谱》载：

> 觉于公，少有大志，潜心力学，年三十二岁，中式崇祯癸酉科举人，甲戌副榜。因时当鼎革，恬淡家食，杜绝千（按：疑是干之误）谒（按：有所企图或要求而求见显达的人），日以书垂训为事。立社日聚奎，会友日课文，岭西道周公轼，赠著其扁曰：道风励世；又尝捐资置田入庙，乐善作福，本县李公琰题其扁曰：第应千佛。邑中童叟无不矜式，其善气迎人，虽强贼亦多感化，不特后学仪型已也。著有《易经信》《怀古编》《道存录》《汶塘诗集》等书传世。（见邑志）④

关于黎民铎的著述，《重修石城县志》记为《易经旨意道存录》《汶塘诗集》，《黎氏族谱》，第 722 页。《族谱》与《县志》记载有异，存疑于此。《重修石城县志》卷八《艺文志》集部收入《汶塘诗集》（一卷）和《汶塘填词》一卷。《县志》收入《汶塘诗集》陈爌的序。陈序对黎民铎诗评价颇高，曰：

> 近流寓梅水西坡，忽石城觉于黎先生寄《汶塘集》稿，相示披卷，静

---

① 《黎氏族谱》，第 1 页。
② 《黎氏族谱》，第 722 页。
③ 《广东历代方志集成·高州府部》《石城县志》；民国二十年（1931）《重修石城县志》，1999 年廉江市志办点校本，第 252 页。
④ 《重修石城县志》，1999 年廉江市志办点校本，第 252 页。

览懵然。惊叹曰："嗟乎！是余二十年来所欲求，而不易得者，乃今日见之。今海内所为诗歌，岂尽负吾怀者哉？"盖先生之诗，非有意为诗也。情有不能自已者，遇景赋物，寄意遥远，虽江篱晦蕙，无非山榛隰苓之思。惟渊明田居诸咏，子美秋兴诸章，意况差，堪比似若。徒以汉魏之雄壮，拟先生之古风；以盛唐之温厚，拟先生之近体；以太白、昌龄之清妙，拟先生之绝句；以易安、少游之婉而多风，拟先生之长短调。是知先生之诗之品，而未知先生真诗之所在，犹未足以读先生之诗也。今先生亦以《汶塘集》行于世，不尽藏其声影矣。余愿海内读先生诗者，知先生真诗之所在，则先生之诗，达于海内者，岂徒诗也哉？①

《族谱》的《文摘》编收入《汶塘集》诗36首，词13首，注明录自《汶塘集》。我们阅读黎民铎的诗词，感觉最大的特色有两点，一是体现诗与情的关系。关于诗歌创作，历来有"诗言志"和"诗缘情"之争。固然"诗言志"没有错，但诗歌的创作，"情"是第一位的，诗人所写的发自内心的真情实感的作品，才是真正意义上的好诗。"诗缘情而作"，"情动而辞发"，"情动于中而形于言"。上引陈爤对黎民铎的评价说：先生之诗，不是"有意为诗"，乃是"情有不能自已者，遇景赋物，寄意遥远"，这一评价是很到位的。黎民铎自己也说："人情一感，随物曲折，而吐其绪。"② 我们看他的《山中杂咏》15首，他信步于月下、林间、泉边、溪旁，欣赏风物美景，领略自然风光，触景生情，有感而作，发出"山中何所有？"的问题，抒发他对大自然之美之赞叹，以及自己的爱好、悠闲、恬情的生活情趣。他的情与景是融为一体的。另一个特色，他认为有感情的诗，是可以起教化作用的。他在《汶塘填词》自序中说："每于风雨晦明之际，诵岳武穆之《满江红》与文丞相'枯木寒鸦'之句，悲壮凄（按：此处疑有脱字），其不觉忽移我情。"③ 说明诗词是感情的流露，有真情实感的诗词，足以感化人，"移我情"。

黎民铎所做的另一贡献，是汇编《石城县志》。石城县第一次修县志是明嘉靖二十四年（1545），但此本已很难找到。现在见到的《石城县志》最早的本子是清康熙六年（1667）纂修，康熙十一年（1672）重订的本子。康熙六年修的县志，是知石城县事古晋梁之栋纂修，本县举人黎民铎汇编。这个本子，由于体例比较完备，内容丰富，文简意赅，为历代修志者所重视。④

黎氏第三世，《族谱》载，沐郎公，庠士。好学能文，孝友慈和。延师教

---

① 《重修石城县志》，1999 年廉江市志办点校本，第 349 页。
② 《重修石城县志》，1999 年廉江市志办点校本，第 349 页。
③ 《重修石城县志》，第 349 页。
④ 《石城县志》，见《广东历代方志集成·高州府部》，岭南美术出版社 2009 年影印版。

子，各有成立。且善治家，多置田宅，值兵燹之秋，赋重差繁，独能力持门户，艰难守业，均分四子，寿六十而卒。诒谋之功，后人实嘉赖焉。① 王安国《桢公母陈太夫人寿文》曰："祖沐郎公，邑庠名宿。"与《族谱》记相同。

第四世，《族谱》载，黎正的父亲克濬（浚），字睿水，岁贡生，候选儒学导训，黎民铎之孙。"幼承祖训，长接薪传，盛暑严寒，手不释卷，经史之籍之外，无所容（用）心。捐资以修远祖之坟，解橐时济族党之急，其处世接物，宽厚和平，能以善气而化人之不善，人皆以长者事之！兼谦光自逊，虽家居县城，而性喜简静，敬事谨言，如市之门，不轻投刺。"② 王安国《桢公母陈太夫人寿文》说"睿水公，膺岁荐，敦行力学，经术湛深，督课维勤，于以知渊源有自来矣。"与《族谱》所记是吻合的。

以上是黎敬从肇庆迁来石城县定居，经历四世的简要情况。

三、 黎正与王安国的年谊

第五世黎正是黎氏家族中最显赫者。

黎正，讳正，榜名桢，字端伯，号建峰。生于清康熙十七年（1678），终于乾隆八年（1743），享年 66 岁。他于雍正二年（1724）甲辰科与王安国同考中进士。王安国中赐进士及第第一甲第二名（即榜眼）。黎正中赐同进士出身第三甲第 86 名（三甲共 215 名）。③ 黎正中进士时 46 岁，王安国中进士时 30 岁。科举时代，同年登科者互称年家，相互间的友谊谓之年谊。黎正与王安国在长期同事中，结下深厚真挚的友谊，相知甚深。

王安国，字春圃，江苏高邮人。生于康熙三十三年（1694），卒于乾隆二十二年（1757），享年 63 岁。《清史稿》《清史列传》都有《王安国传》。把两传结合罗振玉辑的《高邮王氏遗书》研究，大体可以勾勒出王安国为官履历及其政绩和对清朝文化建设的贡献。

王安国于雍正二年甲辰科中赐进士及第第一甲第二名之后，"授编修"。明、清时代设翰林院，在所有进士中选拔一部分人入翰林院为翰林官。清朝设翰林院掌院学士满、汉各一人，下设侍读学士、侍讲学士、侍读、侍讲、修撰、编修、检讨等职，王安国"授编修"，说明他是翰林官，翰林官为清朝要职，历来为人所重，翰林官享有极高的荣誉，升官也快。雍正十一年（1733）"擢司业"。"司业"，为国子监祭酒之副，清制为正六品之官，额设满、蒙、汉人各一个，一般

① 《黎氏族谱》，第 722 页。

② 《黎氏族谱》，第 722 页。

③ 汪庆柏编：《清朝进士题名录》，中华书局 2007 年版，第 1442、1591 页。

均以翰林出身者为之。十二年，"迁侍讲"。九月，"提督广东肇高学政"。十月，"擢侍读学士"。侍读侍讲学士，在清朝翰林院额定实官中为最高一级，从五品升到从四品。员额满、汉各三人。"提督广东肇高学政"，提督学政，简称学政，各省各一人。其所掌为学校徒生考课黜陟之事。每三年一任，三年之内两次巡历所属之府及直隶之州，集府、州、县所取之童生，复加考试，合格者即列为府、州、县学之生员（俗称秀才），是为士人进身之始。学政除负责监察学校师生之学业行动外，兼管所辖地方一切有关教化文物学术之事。清代的学政，以翰林出身为主。学政皆同钦差官待遇，与各省总督、巡抚平行，知府以下皆执属员礼。学政虽不能干预行政，但可以根据巡视访查所得，对督、抚以下密折纠劾。可见学政的权力是很大的。

乾隆四年（1739）五月，"迁左副都御史"。清朝设都察院，为全国最高监察机构。掌察核官常，振饬纲纪。有纠弹官吏，建言政务及会同刑部、大理寺处理重辟大案之责。主官为左都御史，并得参预朝廷大政，"左副都御史"，协理院事，满、汉各二人。九月，"擢左都御史"。十一月，"擢刑部右侍郎"。刑部，为中央吏、户、礼、兵、刑、工六部之第五部，主断狱事。刑部尚书为刑部长官，设左右侍郎，为刑部副长官，掌佐尚书管理部务。五年（1740）三月，转为"刑部左侍郎"。九月，"以左都御史衔管广东巡抚事"。巡抚与总督同为封疆大吏，为正二品官。巡抚为一省之最高行政长官，总揽一省军、政、司法大权，职位略次总督，仍属平行。九年（1744）正月，"晋兵部尚书"。兵部为清代掌管全国绿营兵籍和武职官员任免、升降、考核、奖惩等政令之机构。"兵部尚书"，设满、汉各一人，综理部务。兵部尚书的地位与吏部尚书相埒。十年（1745）十一月，"授礼部尚书"。礼部掌管礼仪秩序，典领学校贡举事务。礼部尚书，没满、汉尚书各一人，以领部务。二十年（1755），"迁吏部尚书"。吏部掌管文职官员的任免、升降、考核、奖惩之机构。吏部尚书，设满、汉尚书各一人，综理部务。我们从以上王安国的为官履历来看，他为翰林院官，中央六部中，在刑部、兵部、礼部、吏部四部任过尚书，在都察院任过左都御史；在地方，任过提督广东肇高学政、广东巡抚。他是受皇帝重用、仕途通畅的高官。

王安国为官清廉、正直，大刀阔斧整顿吏治，得到社会的好评。乾隆二年（1737），曾上疏皇帝曰："丁忧官员回籍守制，亲赴省会，易衣冠，拜院司，送礼赴席，恬不知怪。请严行禁止。"① 他认为各省官员，回籍守制居丧，到省会拜访高官，送礼请客，这是不应该的，建议皇帝严行禁止。吏部通过这一奏议，下令禁止。

乾隆五年（1740），两江总督马尔泰揭发广东巡抚王謩徇私舞弊，皇帝命令

---

① 《清史列传》卷十七《王安国传》，中华书局点校本 1987 年版，第 1310 页。

王安国去督查，结果是事实清楚，确有其事，皇帝把王謩召回北京，派王安国以左都御史衔管广东巡抚事。安国曰："吾奉命勘事而即得其位，古所讥蹊田夺牛者非欤？"上疏力辞，皇帝不许。① "蹊田夺牛"是一个典故，出自《左传·宣公十一年》。蹊，践踏，牵牛的人让牛踩了田地，因此，被人把牛夺走。后世以此比喻惩罚过重。王安国以此做比喻，说明他为官正直，不是官场中的"落井下石"之徒。

王安国任广东巡抚期间，关心民生。上疏裁减冗员，乾隆七年（1742），裁大埔坪、大官田同知二员、高廉运判一员，三水县西南清远、安远、曲江县芙蓉，英德正阳驿丞四员，阳江县那龙司、澄迈县新安司巡检二员，崖州、陵水、感恩、昌化等州县训导四员，吏部同意执行。② 八年（1743）十月上疏："江西应拨广东漕粮十万石，水陆所经，溯滩逾岭，挽运维艰。请改于湖南拨运，一水可通，实为便利。"③ 议如所请，"官民称便"④。又言，"广东之钦州与安南接界，商贩出洋贸易，贫民业操舟者不可数计"，很难管理，建议政府发给船户水手护照，回国时交还政府。暂居安南者，可以延期三年，过期而不归籍者，"拿送正法"。⑤ 这些奏疏，都能有效执行，方便百姓，促进贸易。

王安国十分关心教育，雍正十年（1732）主福建乡试，翌年任国子监教习。他认为教育要使学生"知廉耻，长气节"⑥。乾隆十四年（1749）六月，皇帝召见王安国，王安国面陈目下正届科试，各省学臣尚有未除积弊，皇帝令其"缮折具奏"。王安国奏曰，"上科乡试之后，颇闻学臣中因录科例严，转开侥幸之门，或于省会书院博督抚之欢，或于所属义学徇州县请，或市恩于朝臣故旧，或纵容子弟家人乘机作弊，以致取录不尽公明"，并举出尹会一、陈其凝、孙人龙、吕炽、邓钊等营私、滥取等不当行为。⑦

王安国对清朝文化建设也做出过重大贡献。他中进士的第二年（雍正三年），即参与纂修第一版《大清一统志》。此书始修于康熙二十四年（1685），乾隆八年（1743）成书，计340卷，这是清朝第一部一统志。雍正十年（1732）受命校对正在编修中的第一版《八旗通志初集》。此书为清鄂尔泰等奉敕纂，250卷，成书于乾隆四年（1739）。本书乃有关八旗制度和人物之专门志书。乾隆十二年（1747），他又受命为第三版《大清会典》及第一版《大清通礼》兼职总裁

① 《清史稿》卷三〇四，中华书局点校本（缩印本），第 2700 页。
② 《清史列传》卷十七《王安国传》，中华书局点校本 1987 年版，第 1310 页。
③ 《清史列传》卷十七《王安国传》，中华书局点校本 1987 年版，第 1310 页。
④ 阮元：《广东通志》卷二五五《宦绩录》，上海古籍出版社影印本，第 4441 页。
⑤ 《清史列传》卷十七《王安国传》，中华书局点校本 1987 年版，第 1310 页。
⑥ 阮元：《广东通志》卷二五五《宦绩录》，上海古籍出版社影印本，第 4442 页。
⑦ 《清史列传》卷十七《王安国传》，中华书局点校本 1987 年版，第 1311 页。

之一。《大清会典》第三版，100 卷，汇编清代各官衙的执掌、政令、事例，以及职官、仪礼等制度，乃研究清代典章制度的重要资料。《大清通礼》第一版 50 卷，清来保等奉敕撰，乾隆元年（1736）开始修，二十四年（1759）完成。它记载朝庙大典及颁布重要诏书的仪式，以及叙述祭祀的吉礼、冠婚的嘉礼、宾客的宾礼、军旅的军礼、丧葬的凶礼五礼。《大清会典》和《大清通礼》是互为补充的姐妹篇。这两部著作展示了清代礼制的基本情况，为研究清代礼仪者所必读。王安国参与编纂的以上几部著作，是清朝文化建设的重大事项，可见他为此做出的努力和贡献。

王安国于乾隆二十二年（1757）卒，谥文肃。在封建社会朝廷对大臣的谥号是很讲究的，有严格规定和解释。根据死者生前的事迹，谥法所用的字，大抵有三类：褒奖、贬斥、怜悯。褒奖的有文、武、孝、桓、献等字，王安国谥文肃，据《谥法解》，经纬天地曰文，朝廷对王安国的评价是很高的。他为人行事自有准则，且自奉极俭。《清史稿》和《清史列传》记载他提升为兵部尚书，不久父亲病逝。广州将军策楞奏言："安国孤介廉洁，归葬无资，与护巡抚讬庸等助银回籍。"[1] 后人评价说："他累居高位，依然清贫，一心为国不计其它。"[2] 这个说法是公允的。他为什么能够做到这样呢？《清史稿》载："安国初登第，谒大学士朱轼，轼戒之曰：'学人通籍后，惟留得本来面目为难。'安国诵其语终身，至显仕，衣食器用不改其旧。"[3] 他一生以朱轼的警戒为座右铭，可见朱轼对他影响之深。

王安国这样一位高官，对其同年登第的"年家"黎正关怀备至，在任"提督广东肇高学政"期间，三次探访赋闲在家的黎正，并留下有关黎正家族、生平、思想、评价等三篇遗文，为我们研究黎正提供了宝贵的资料。

四、黎正留给我们宝贵的精神财富

关于黎正，《黎氏族谱》留下如下记载：

> 国朝黎正公，榜名桢，字端伯，号建峰。雍正甲辰进士，性孝友，沉潜好学，虽恬静醇谨，而其中介然以气节自负。当谒选赴部日，籤制得福建龙溪知县，即具疏陈肇庆府瓮峒地方，界连九县，荒僻险阻，请另增一营驻扎瓮峒山内，以资防守。世宗奇其奏，改留部曹，后部议允行，至今地方宁

---

① 《清史列传》卷十七《王安国传》，中华书局点校本 1987 年版，第 1311 页。

② ［美］A. W. 恒慕义主编，中国人民大学清史研究所译：《清代名人传略》中册，青海人民出版社 1995 年版，第 60 页。

③ 《清史稿》，中华书局点校本（缩印本），第 2700 页。

谥，居民赖之。历官户部员外郎，遇事守正不阿，上官常欲中伤之，遂谢病而归，杜门却扫，手一卷，至老孜孜不倦。高邮王冢宰督学肇高日，重其学行，尝造庐见焉。年六十六而卒，所著有《光斋堂诗文集》藏于家。（见邑志）①

《族谱》并附录《陈请增兵驻劄瓮峒山奏折》原文，落款为雍正七年（1729）四月二十七日。查《石城县志》，记载略同，但未附《陈请增兵驻劄瓮峒山奏折》，而附录王安国《石门山别友诗》（郝《通志》）。②

把《族谱》所记，并结合第一节展示的王安国三篇重要遗文，大抵可以勾勒出黎正为官履历：雍正二年中进士之后，被派往福建龙溪县任县令数年。雍正七年（1729）龙溪县令任内上《陈请增兵驻劄瓮峒山奏折》，雍正帝"奇其奏，改留部曹"。王安国《户部黎公墓志》说："特简授民部主政，职司山东粮课，兼统天下醝差务。"所谓"特简"就是皇帝特别批准。又说"自己酉［雍正七年］列民曹，忧勤五载，志节昭然"，在户部任职五年。另据1973年黎正墓迁葬时，在墓内发现由其子黎道炳撰的墓志铭，记载黎正曾任户部山东司主事，转升山西司员外郎。③ 主事，为清朝各部、院及其中央机构中之司官，位次于员外郎，秩正六品，掌章奏之移及缮写诸事。员外郎，为部下各司的副主官，通称副郎，位次于郎中，秩从五品。《户部黎公墓志》说："甲寅［雍正十二年］告归，而辞朝十绝，忠义凛凛！""终于乾隆八年癸亥三月念三日巳时，享寿六十有六。"④ 黎正的从政经历是比较简单的，最高做到户部山西司员外郎，秩从五品，授奉直大夫诰命。清制，凡深恩及三年考满，例给封赠。封赠职官本身称为授，封赠职官之曾祖父母、祖父母、父母及妻，存者称封，殁者称赠。从五品授奉直大夫。一至五品授以诰命。

王安国给黎正以很高的评价，说"公尊严庄重，卓立如鸡群之鹤，稠人广众中，一望而知其为端人也"。"余与公系年谊，同朝数载，深知公学养兼优，体用俱备"。王安国的挽词曰："当户锄兰悲彼美；满梁落月照遗颜。"意思是说，被锄的兰花令人悲悯它的芳香，满山的月光照耀着逝者的坟墓。即是以兰花比喻黎正的高尚，借冷月的清凄寄托对黎正的哀悼。我们从他的从政经历及王安国的评价，可以概括出黎正留给我们的宝贵的精神财富有以下几点。

（1）勤奋好学，努力举业，为石城县人民争了光。

科举制度是中国封建社会选用人才的主要方法。明清两朝科举的基本制度和

---

① 《黎氏族谱》，第 722－723 页。

② 《重修石城县志》，1999 年廉江市志办点校本，第 255 页。

③ 《黎氏族谱》，第 773 页。

④ 《黎氏族谱》，第 773 页。

考试秩序大体是一致，进士科考试最为重要。进士科正式考试共分三级：院试、乡试、会试和殿试。不过在院试之前，还要经过县试和府试，可以看作科举的预备性考试。读书人在参加正式的科举考试之前，首先要接受由本县知县主持的考试，俗称县试。县试通过后，再接受由知府主持的府试。府试及格的称为"童生"。取得童生身份后，才有资格参加正式的科举考试。由于有的人多年参加县试、府试方才成为童生，或者有的童生多次参加科举的院试都没有通过，所以童生的年龄不一定都小，甚至有白发老人。

院试，是国家科举考试的最初一级，在府城或直属省的州治举行。主持考试的长官是学政。学政由皇帝任命进士出身的翰林院、六部等官员到各省去任职，任期为三年。院试包括岁试和科试两种考试。岁试的基本任务是从童生中考选出秀才。童生通过岁试，就算是"进学"了，即成为国家的学生，称为生员，俗称"秀才、相公"。这些秀才被分别安排在府学（属于府一级的国家学校）或县学（属于县一级的国家学校）读书。做了秀才，地位就比普通人高出一等。岁试成绩优良的生员，方可参加科试。科试通过了，才准许参加更高一级的乡试。

乡试，在京城及各省省城举行，三年考试一次。乡试的正副主考官，一般由皇帝任命在京的翰林及进士出身的部院官充任。乡试有正规的考场，叫作贡院。贡院内建有明远楼，为考试时供监试、巡察等官登临眺望，防察考生、役吏作弊。乡试共考三场，每场都很严格，考试都采取弥封、糊名、誊录等做法来防范舞弊。乡试取中的称为"举人"，第一名叫"解元"。考中了举人，不仅可以参加全国性会试，就是会试未能取中，也具备了做官的资格。黎正于康熙四十九年（1710）庚寅科中乡试第三名举人（经魁）。

会试和殿试，是最高一级的考试，其中会试是带有决定性的考试，而殿试只定名次，不存在被黜落的问题。

会试由礼部主办，在京城的贡院举行。会试一般在乡试的第二年举行。参加会试的是全国的举人，录取名额少则几十人，多时可达400余人。会试被录取的人，称为"贡士"，第一名叫作"会元"。会试的主考官多以翰林官充当，称主考官为"大总裁"，由内阁大学士或六部尚书充任。还有副总裁、同考官、执事官等多人。会试考场的各种规矩，与乡试基本一致。新录取的贡士，在殿试之前，还需进行一次复试，按成绩分一、二、三等，这个等级与以后授予官职关系密切。

殿试，名义上是由皇帝亲自主持。此外还要任命阅卷大臣、读卷大臣，协助皇帝评阅试卷。殿试只考策问一场。出榜分为三甲：一甲为赐进士及第，只有前三名，为状元、榜眼、探花，合称"三鼎甲"；二甲为赐进士出身若干人，第一名称"传胪"；三甲为赐同进士出身若干人。在一、二、三甲的都泛称"进士"。中了进士，功名就到了尽头。殿试后，皇帝赐进士宴，朝廷还要赐给银两、彩花等，并在国子监立石碑，上面镌刻新进士姓名并进行其他一些繁缛礼仪。

殿试以后还要进行一次考试，叫朝考。最后根据贡士的复试、殿试、朝考三次成绩得出录取等级，根据等级确定授予的官职。①

我们从上述可知，清朝一名读书人，从童生到秀才，到举人，到进士，到朝廷任官，经过多么漫长的道路，经历多少艰难困苦。没有刻苦学习、努力进取的精神是不可能做到的。根据汪庆柏编《清朝进士题名录》统计，清朝259年间，共举行文科常科考试112次，包括正科84科，加科2科，恩科26科。取中进士26849名。② 黎正是清朝石城县唯一通过科举考试被录取的进士③，实属凤毛麟角，为石城人民争了光。

（2）学问渊博，运用优秀传统文化服务社会。

王安国在《户部黎公墓志》中说"深知公学养兼优，体用俱备"。在《桢公母陈太夫人寿文》中说："叩其学则贯通经史濂洛关闽诸书，他如兵营钱谷、律历阴阳，靡不穷究，余心折服。"这两段话说明黎正学问渊博，贯通经史，运用儒家文化、中国历史经验，指导从政，在治理国家中取得优异成绩，即所谓"学养兼优，体用俱备"。

"濂洛关闽"，是指宋代濂学、洛学、关学、闽学四大理学学派。"濂学"，是北宋周敦颐创立的理学学派，因其晚年在庐山莲花峰下建濂溪书堂讲学，故世称其学为"濂学"。宋代理学四大学派中，以濂学为首。北宋五子：周（敦颐）、程（颢）、程（颐）、张（载）、邵（雍），以周敦颐领衔。濂学开创的理论，对于中国封建社会后期的儒学发展，产生了深远影响。明太祖"令学者非五经、孔孟之书不读，非濂、洛、关、闽之学不讲"。

"洛学"，北宋程颢、程颐所创理学学派。因二程长期在洛阳讲学，故世称其学为洛学。又因为二程均为洛阳人，后颐又居监伊川，二人讲学于伊洛之间，故又称其学为"伊洛之学"。洛学直接导源于周敦颐的濂学，为北宋理学的最大学派，并吸收了佛、道思想，建立了新儒学。

"关学"，北宋唯物主义思想家张载所创理学学派。因张载长期在陕西关中地区讲学，故名。又因张载家居眉县横渠镇（今陕西眉县横渠乡），又称横渠学派。关学主张"以躬行礼教为本""学贵有用"，注重恢复和倡导古代儒家的礼仪制度，以"气"作为哲学思想的最高范畴，创立了"天人一气""万物一体"

---

① 以上各种考试的论述，参见李世愉、胡平《中国科举制度通史·清代卷》的相关章节，上海人民出版社2015年版。

② 汪庆柏：《清朝进士题名录》，中华书局2007年版，第1591页。

③ 据民国二十年（1931）《重修石城县志》卷六《人物志》选举表载，宣统朝有"恩赐进士"蔡发祥，蔡屋箔人，光绪十八年壬辰科。此"恩赐进士"与通过科举考试正式录取的进士是不同的。见《重修石城县志》，1999年廉江市志办点校本，第221页。

的世界统一性学说。

"闽学"，南宋思想家朱熹创立的理学学派。因朱熹一生大部分时间在福建讲学，故名。"闽学"集理学之大成，形成一个以"天理"为基础的庞大新儒学体系。"闽学"最推崇四书；朱熹的《四书集注》被钦定为阐释儒家经典的教科书，为科举考试的命题、答案标准。闽学充当了封建社会后期的官方哲学，对于儒学的发展起过积极作用。

黎正精通"濂洛关闽"理学的证据，除王安国所说之外，我们在《黎氏族谱》中也找到证据。《黎氏族谱》附录吏部尚书朱轼题"黎母淑正陈太君之墓"墓碑："太子太傅吏部尚书通家生朱轼拜题。"①

朱轼为黎正母题写墓碑，说明黎正与朱轼的关系非同一般。朱轼在《清史稿》《清史列传》中都有传记。朱轼，字若瞻，号可亭。康熙四年（1665）生，乾隆元年（1736）卒，江西高安人。康熙三十三年（1694）进士。历任湖北潜江知县、刑部郎中、陕西学政、浙江巡抚、左都御史、吏部尚书、文华殿大学士、加封太子太傅。病重时，乾隆帝亲自探病，逝世时，皇帝辍朝一日，亲往祭奠，发帑治丧，谥文端，入祀贤良祠。乾隆对他评价曰："兹览遗疏，拳拳以吏治民生念，具见忠悃。"② 朱轼属于张载的关学派，任陕西学政时，在那里推行关学，尤重礼仪之道，注重身体力行甚于注重"性""命"之说。他重新刊印张载的全集《张氏全书》十五卷，他的著作《周易传义合订》一书，试图将程颐、朱熹的学说融为一体。说明朱轼为宋明理学的重要人物。他题黎正母墓碑曰"通家生朱轼拜题"。"通家"，谓世代有交谊之家③，尤其指学问相同，有世代之交。朱轼以"通家生"称，"生"有自谦之意，说明他们之间友谊之深。尤其值得指出的是，上述王安国曾以朱轼的警戒作为座右铭，影响他一生。看来黎正与朱轼、王安国有共同的思想基础、执政理念，是心灵相通的同僚。

（3）为官清廉，生活俭朴，为民办实事。

王安国对黎正从政的理念及其政绩，在《桢公母陈太夫人寿文》及《户部黎公墓志》中有过论述。我把王安国的论述，分几个层次加以分析。

第一，"才识精敏"，"在他人方襄未遑，先生材裕于政，常觉其裕如也"。

这是说黎正有从政的才华和见识，有先见之明，别人没有想到的治理方略，他能提出见解，并在实际中执行。最明显的例证，是他任福建龙溪知县时，向雍

① 《黎氏族谱》，第772页。

② 《清史列传》，第1001页。

③ 《后汉书》卷七十《孔融传》：（河南尹李膺）敕外自非当世名人及与通家，皆不得白。融欲观其人，故造膺门。语门者曰："我是李君通家子弟。"门者言之，膺请融，问曰："高明祖父尝与仆有旧恩乎？"融曰："然。先君孔子与君先人李老君（聃）同德比义，而相师友，则融与君累世通家。"

正帝上《陈请增兵驻劄瓮峒山奏折》。《黎氏族谱》中记载奏折原文，今撮述其大意：窃念广东肇庆府，瓮峒地方，上枕深山，下通大海，连接九县，其地横亘三百余里，荒僻险阻，烟村寥寂，昔为盗贼巢穴。自康熙十八年，集师驱除，始设官田、河头、腰鼓等汛（汛为清绿营基层组织。即千总、把总、外委所统属的绿营兵），以资防守。但各汛布置相隔实远，兵数无多，仅以数十名之汛兵，守此九县交界之荒壤，欲其必无疏忽，势所甚难。臣请另增一营，驻劄瓮峒山内，即于本省督提标下酌拨兵丁，轮派武职带领弹压，以靖草窃窝藏之处，俾匪类无所托迹，此亦弭盗安民之一端也。将见一营添设，而九县之盗源俱消，广肇二府之人民皆赖安堵，即高雷廉琼四府之商旅，亦永保无虞矣。臣因地方起见，不揣微贱，愚昧条陈。① 雍正帝"奇其奏，改留部曹，后部议允行，至今地方宁谧，居民赖之"。说明黎正有从政的智慧，见识过人，雍正"特简授民部主政"，历官至户部员外郎。

第二，"洁己裕民"，"性孤高恬淡，不许干谒"，"人以私事相托，必拒绝之"。

这是说黎正为官廉洁，淡泊名利，做事为民着想。耻于与权奸同流合污，不事权贵，反对官场上假公济私，吃吃喝喝，对有所企图或要求的人求见，一概拒之门外，一身正气。

第三，"尝数造庐，寒暄之外，即系民瘼，未尝中语及私"，"平昔不治生产"，"居处服食，不改寒素"。

这是说黎正生活俭朴，王安国数次登门拜访，只谈民间疾苦，从不谈及私事。平生不治产业，粗茶淡饭。辞官返乡之后，每见缙绅归里，赫然自大，出则乘车骑，拥仆从，夸耀乡间。而黎正亲故往来，偕行缓步，未见过他的人，真不知他是一位高官。所以，王安国说他"去七松处士，五柳先生，亦复不远"。

（4）热爱桑梓，为家乡建设做贡献。

黎正雍正十二年（1734）辞官离京回乡，至乾隆八年（1743）去世，在家乡生活了十年。其间王安国奉朝廷意旨，多次请他复出，他以侍奉老母为由婉拒。他在家乡做了几件事，一直为百姓所怀念。

兴办学校，培养后代。王安国说黎正"近构别墅，课训儿孙，后学来谒，与讲经史，较文艺昼夜勿休""贤子照南，为余选拔士，诸孙头角岿然，悉为国器"。据黎氏后人忆及，黎正曾建建峰学舍，在此执教。《黎氏族谱》载，黎正哲嗣道炳，字照南，号哲斋，乙卯科拔贡。拔贡，是清代科举制度中贡入国子监生员之一种，每府学二名，州、县学各一名，各省学政从生员中考选。入京后，由礼部奏请廷试，不合格者，或斥革，或发回原学，入一、二等者参加保和殿复

---

① 《黎氏族谱》，第 723 页。

试。复试入一、二等者，授以七品京官或知县、教职等。照南授广州府龙门县儒学教谕。《族谱》说他"少秉庭训，长切力行，其庄重尊严，学养体用，俱有乃翁之风"①。王安国说"贤子照南，为余选拔士"，此事当与王安国有一定关系。"诸孙头角峥然，悉为国器。"说明黎正在家乡办学，为国家培养人才，取得较大成绩。

黎正建有"宛在轩"书斋，《黎氏族谱》中记载黎正撰《宛在轩诗》二首。其一：轩外环池外城，红尘隔断水盈盈。有时夜静同鱼乐，一叶浮空趁月明。其二：坐对青山面碧池，此中真趣有谁知？飘然一我全无物，八极神游自在时。②这两首诗反映他晚年的心境，正如王安国所说"城府一如山林，嚣尘不染。"

为家乡兴办公益事业。王安国说黎正"小龄失恃，能养父志，事继母如所生，最得欢心，且追及水源木本，建家庙，修先茔，睦族敬宗，无间远近"。他在石城城西二里河村仔处，捐资创建建峰桥，方便行人来往。《黎氏族谱》记载《建峰公批紧水仔义田照文》："始祖逸居公，生下六房子孙，旧置田产无几，今端伯出力承此项海地开垦，定议成熟后，捐为合族义田。所获租粒，尽归公用，递年完粮修祠、辨祭、子弟读书、膏火，并族中极贫而婚丧不能举者，酌量周济。"文末示"端伯亲笔。乾隆四年十一月二十日批"③，这是黎正在家乡举办公益事业的见证。

以上所举黎正留给我们的宝贵精神财富，是中华优秀传统文化的一部分，我们应该继承和弘扬，使它在实现植根于中华优秀传统文化之中的国家富强、民族振兴、人民幸福的伟大中国梦中发挥应有的作用。

附录：

一、王安国撰《户部黎公墓志》

户部黎公墓志此甲辰年友黎公之兆也。公讳正，榜名桢，字端伯，号建峰。其先自肇之高明仙村，迁居石邑，积德行仁，五世而及公。公尊严庄重，卓立如鸡群之鹤，稠人广众中，一望而知其为端人也。自己面④。列民曹，忧勤五载，志节昭然；甲寅告归，而辞朝十绝，忠义凛凛！余初督学肇高，尝数造庐，寒暄之外，即系民瘼，未尝中语及私。岁庚申，余复膺巡抚广东之命。公务繁冗，未暇一使通殷勤，方谓晋接有待，忽得讣报，而公已厌尘世矣！公生于康熙十七年戊午正月初四日巳时，终于乾隆八年癸亥三月念三日巳时，享寿六十有六。越明

① 《黎氏族谱》，第 723 页。
② 《黎氏族谱》，第 749 页。
③ 《黎氏族谱》，第 775 页。
④ 按："己面"应为"己酉"之误。

年，卜葬于邑西偏之河村，属余为志。余与公系年谊，同朝数载，深知公学养兼优，体用俱备。爰镌斯石，并附范句①以垂不朽！

当户锄兰悲彼美

满梁落月照遗颜

钦命巡抚广东等处地方提督军务兼理粮饷都察院左御史年弟王安国顿首拜撰。

（录自廉江市汶塘黎氏续修族谱理事组编：《廉江市汶塘黎氏族谱》第773页。公元二〇〇三年岁次癸未年仲秋印制。《户部黎公墓志》照片，据《墓志》原物所拍）

二、王安国撰《石门山别友诗》

北接梅关道，南连穗石城。潮随沧海落，山与白云平。

远岫呈秋色，斜阳弄晚晴。仅离三舍影，遥见半轮明。

绿树栖霞锦，金波漾翠琼。牛羊来草野，烟火起柴荆。

归客心千里，行途驿几程。群英罗伟饯，樽酒叙别情。

风起轻②帆急，潮平去掉轻。鸥飞樯近白，山过目留青。

对景图堪写，搜诗句易成。琼台入烟雾，儋耳入③蓬瀛。

惜别思投辖，铭心若断缨。为公歌此曲，感激意纵横。

按：清文渊阁大学士王公安国，与户部桢公为年友至交。当王公奉命视学广东，按试高凉时，曾数过访。此诗系王公回京道出石门山，寄与桢公赠别。

（录自《黎氏族谱》，第750页）

三、王安国撰《桢公母陈太夫人寿文》

大农部奉直大夫，建峰黎年友先生寿序：今春履端四日，余齐年友建峰翁先生六旬初度，有拟献寿者，先生固辞。兹一阳月二十九日，乃年母陈太夫人八旬开一诞辰，其亲知征廉使瑟斋公为锦序，从先生拜祝北堂，亦上先生寿章，先生可复辞乎？年家子李道南、曾正方，暨其小院帝简皆余门下士也，远来问序，余何以寿先生哉？自甲辰通籍叙同谱，见先生温乎其容，蔼乎其言，无非道德之气。叩其学则贯通经史濂洛关闽诸书，他如兵营钱谷，律历阴阳，靡不穷究，余心折服。询厥家世，原占籍肇之高明，高祖逸居公始迁石城，贻谋启绪，长发其祥；曾祖觉于公登崇祯乡进士④，树德著书，品行载邑乘；祖沐郎公，邑庠名

① 按："范句"应为"挽句"之误。

②③ 按：民国二十年（1931）《重修石城县志》卷七《人物志》（下）黎正条下附录《石门山别友诗》，有两字不同："风起轻（《县志》为'征'）帆急；儋耳入（《县志》为'限'）蓬瀛。"并说明录自郝《通志》。

④ 按：《族谱》载觉于公"年三十二，中式崇祯癸酉科举人，甲戌副榜"。"进士"应是"举人"之误。

宿；尊先生伯睿水公，厝岁荐，敦力学，经术湛深，督课维勤。于以知渊源有自来矣。需次邑大尹，戊申夏，得进友溪①。此弹冠条奏称。

　　旨

　　特简授民部主政，职司山东粮课，兼统天下醴务。才识精敏，洁己裕民，王公大人，咸器重之。时余居史馆，频相过从，樽酒论文，极其欤洽。在他人方襄事未遑，先生材裕于政，常觉其裕如也。性孤高恬淡，不许干谒，守官数载，始晋郎秩，甫两月，忽念慈帏，恳请归省，抵家遂不复出，一卧沧江五载矣。每见缙绅归里，赫然自大，出则乘车骑，拥仆从，夸耀乡闾，先生居处服食，不改寒素，亲故往来，偕行缓步，未谋面者，几不知为尚书郎也。先生少龄失持②，能养父志，事继母如所生，最得欢心，且追及水源木本，建家庙、修先茔，睦族敬宗，无间远近。平昔不治生产，仅馀负郭之田，即从官而返，亦惟适安居，城府一如山林，嚣尘不染。近构别墅，课训儿孙，后学来谒，与讲经史，较文艺画③夜勿休，人以私事请托，必拒绝之，其为人如此。

　　贤子照南，为余选拔士，诸孙头角岿然，悉为国器，先生有太邱长之宽洪，而子孙亦如纪谌风范，先生有万石君之严肃，而子孙亦守建庆家规，行看扶摇直上，聚笏鸣珂，操若左胜矣。

　　先生告归未几，余即奉命视学广东，按试高凉，随抵雷琼，道出里第，曾三过访，寒暄之外，只谈风月，固余两人之素志也。庭列图书，园栽花木，徜徉自适，赋性咏怀，其去七松处士，五柳先生，亦复不远。余尘缨未濯，对之滋愧！既而思我辈所学何事？将以大有为也！际明盛之世，而急流勇退，岂曰皓首为郎，存不足于中乎？如粤中先达邱文庄、梁文康，俱暮牢④入阁为名辅；方文襄受知早，声名反不逮，是通显何争迟速哉？余期及瓜，不获登先生之堂，晋一卮酒，先生为我致意，绛县四百，漆园三千，华封三多之说，徒供世人作颂祷耳，余所期于先生者不仅是：先生年逾六十，精彩无异少时，指日紫书南下，起谢傅于东山，召温公于洛柱，恐七松五柳间，未许高卧也。况移孝作忠，厝封一品以荣亲，孝莫大焉。余以功架者寿先生，先生即以寿身者寿斯世，将立功立名，为邱梁二公，后先彪炳，诚千秋不朽盛事，先生其是余言！是为序。

　　按：阳月二十九日为桢公母陈太夫人寿诞，本另有寿章。此寿序系王公为桢公而作，因桢公六旬晋一寿辰，固辞亲知献寿，遂于拜祝陈太夫人寿诞时为公献此寿词，故本篇题为陈太夫人寿文，实则桢公寿文也。

　　（录自《黎氏族谱》第 750～751 页）

---

①　按："友溪"应是"龙溪"之误。
②　按："少龄失持"之"持"应是"恃"之误。
③　按："较文艺画"之"画"应是"昼"之误。
④　按："墓牢"应是"暮年"之误。

四、黎正之子黎道炳撰黎正墓志铭

户部黎公墓志

黎正之子黎道炳撰黎正墓志铭

原载《广州文博》第9辑，文物出版社2016年版。

东塾之学与陈澧的教育思想

著名学者刘禺生在《世载堂杂忆·岭南两大儒》中说："东塾之学，悉本之阮元。元督粤，以粤人不治朴学，乃创学海堂以训士，东塾遂为高材生。"① 东塾是晚清岭南著名学者陈澧（1810—1882）的号。刘禺生的这句话，一语道出了阮元督粤对陈澧及其东塾之学的重要影响。阮元创办学海堂，一改岭南自明代兴起的心性、帖括之学而为重视考据训诂之汉学。可以说，东塾之学的出现，是岭南新学风形成的标志。

陈澧一生主要有参加科举考试和著书育人两件事。中年以前主要是从事前者，中年以后则纯为治学与教学。他毕生勤于著述，成果丰硕。2008年上海古籍出版社出版黄国声主编的《陈澧集》（全六册），近250万字，包括其主要学术成果在内的著作、别集30余种，其中新辑的《东塾集外文》六卷，以及录自其读书笔记《东塾遗稿》的《东塾读书论学札记》《默记》等，均为首次刊行。尤以《东塾集》《东塾读书记》《切韵考》《声律通考》《汉书地理志水道图说》《水经注西南诸水考》《汉儒通义》等闻名学界。陈澧是一位于小学（包括文字、音韵、训诂）、经学、史学、地理学、方志学、诗词、声律、书法、篆刻领域造诣精深的学人，是晚清岭南学术界的领袖人物。陈澧的著述及其学术成就构成了被学界认可的"东塾之学"，影响了岭南学术界乃至全国学术界。

（一）东塾之学的主要内容

下面我们将"东塾之学"的主要内容做一介绍。

（1）小学

古人把语言文字之学称为"小学"。"小学"之称的含义，有一个历史演变的过程。我们从《汉书·艺文志》小学类著录图书与类序所述可知：第一，汉前，小学指称幼童始受启蒙教育时学习识字课事（字书）的场所，即学校；至汉，将小学语意转移引申，将在小学所学识字课本即字书称为"小学"。第二，小学类只著录字书，而不著录词书。第三，小学类著录的"训故"书，意在正音读，故皆为训音而作之书。以后《隋书·经籍志》《旧唐书·经籍志》等都著录小学类图书。至南宋晁公武撰《郡斋读书志》，于经部小学类之类序曰："文字之类凡三：其一体制，谓点画有纵横曲直之殊；其二训诂，谓称谓有古今雅

---

① 刘禺生：《世载堂杂忆》，中华书局1960年版，第280页。

俗之异；其三音韵，谓呼吸有清浊高下之不同。论体制之书，《说文》之类是也；论训诂之书，《尔雅》《方言》之类是也；论音韵之书，沈约《四声谱》及西域反切之学是也。三者虽各名一家，其实皆小学之类。"① 晁公武把小学称为"文字之学"，所指三个方面的内容，为字形（体制）、字义（训诂）、字音（音韵），即通常所说的文字学、训诂学、音韵学。

清代小学的研究很发达，梁启超在《中国近三百年学术史》中说："小学本经学附庸，音韵学又小学附庸，但清儒向这方面用力最勤，久已蔚为大国了。方才说他们最大的贡献在训诂，他们为什么能有这种贡献？就因为小学音韵学成为专门之业。"② 陈澧 24 岁时被选为学海堂专课生，受过严格的小学训练。道光十六年，吴兰修编刊《学海堂二集》，收入陈澧考课文四篇和一首赋：《騄牝三千解》、《春秋刘光伯规杜辨》（二篇）、《书江艮庭征君六书说后》、《素馨灯赋》。此数文均为《陈澧集·东塾集外文》卷一收录，《书江艮庭征君六书说后》文末有黄国声按语云："《东塾读书记》卷十一《说文叙》条目注云：'六书惟转注难明，澧旧有说，刻于《学海堂二集》。今觉其未安，故弃之。'所指即此篇。"③ 从此四文看，陈澧此时对小学已有相当造诣，并能娴熟地运用小学进行经史的研究。

陈澧晚年著作《东塾读书记》卷十一"小学"，专讲训诂、文字、音韵之学。他在这卷的最后说："国朝诸儒小学，度越千古，其始由于顾亭林作《音学五书》。亭林之意，惟欲今人识古音。乃古音明，而古义往往因之而明，此亭林始愿不及者也。盖字形字音，所以载字义者也，诸儒读《说文》而识字形，读《音学五书》而识字音。其识字义，乃自然之理，此犹生于三代之地，识其文字及语音，自识其所言之意也，吾辈生诸老先生之后，实为厚幸。读其书二三年，无不通晓，不须更费心力。但持此以读经，可以通经矣。即不能通经，而但通小学，亦非俗士矣！"④ 陈澧之意，通小学就能通经，即使不能通经，通小学，"亦非俗士矣"。他很重视小学的研究，并有多种小学著作行世，主要有《说文声表》和《切音考》。

《说文声表》，据黄国声整理说明：此书初稿为陈氏 30 岁以前（即道光二十年，1840 年）所著，后陆续有所修订。据陈氏《自记》及《与杨黼香书》等，陈氏先欲撰《篆说》，后改作《说文声类谱》，又改名《说文声统》，准备付梓之

---

① 晁公武：《郡斋读书志》卷四。

② 梁启超：《中国近三百年学术史》，见朱维铮校注《梁启超论清学史二种》，复旦大学出版社 1985 年版，第 329 页。

③ 黄国声、李福标：《陈澧先生年谱》，广东人民出版社 2014 年版，第 41 页。

④ 《东塾读书记》，见黄国声主编《陈澧集》（二），上海古籍出版社 2008 年版，第 227 页。

际名《说文声表》。① 此书陈澧生前有过出版计划，并为此写了《说文声表序》，但出版之事没有实现。1971 年台湾文海出版社据抄本影印《说文声表》，书后附陈氏曾孙陈之迈跋，说明此书影印本出版的来龙去脉。②

关于此书撰写的根据、方法及发明，陈澧在《说文声表序》中说：

> 上古之世，未有文字，人之言语，以声达意。声者，肖乎意而出者也。文字既作，意与声皆附丽焉。象形、指事、会意之字，由意而作者也。形声之字，由声而作者也，声肖乎意，故形声之字，其意即在所谐之声。数字同谐一声，则数字同出一意，孳乳而生，至再至三，而不离其宗焉。澧少时读《说文》，窥见此意，以为《说文》九千余字，形声为多，许君既据形分部，创前古所未有。若更以声分部，因声明意，可以羽翼许书。乃以暇日为之编次，以声为部首，而形声之字属之。……依段氏古韵定为十七卷。其后读戴东原书，知其尝劝段氏为此书，谓以声统字，千古奇作。窃自幸所见，不谬于前人。……澧尝欲为笺附于许君解说之下，以畅谐声同意之旨，其后更涉他学，不暇为此，姑俟异日。古人有自悔其少作者，澧编此书，年未三十，然本昔人之意，非自出臆见，虽未必为奇作，世之治小学者，或有取焉，不必悔也。其书有等级，故名曰《声表》。③

这段序文，说明许慎《说文解字》"据形分部，创前古所未见"。而自己的发明，则是"以声为部首，而形声之字属之"。陈澧对这部著作非常自信，"虽未必为奇作，世之治小学者，或有取焉，不必悔也"。据陈澧曾孙之迈所述：初稿既成，原拟请桂星垣（文燿）先生检校一过，然后刻版，后因星垣有他事而未能实现，遂以底本送徐子远（灏）先生，并嘱其作笺，亦未成。陈澧殁后，是书誊本之一由澧之门人廖泽群（廷相）保存；另一誊本由澧之子庆龢（字公睦）保存。但都没有刻印出版。以后全面抗战八年，"该稿遂散佚无迹"。但庆龢在战后家书中一再揭起刊刻《说文声表》之事，有"此稿非刻不可""此事非汝不能办也"之言。后来经过陈之迈的诸多努力，此书才得以在台湾影印出版。④ 说明陈澧及其门人和后代对此书的重视。

陈澧在《东塾读书记》卷十一"小家"中说："盖天下事物之象，人目见之，则心有意。意欲达之，则口有声。意者象乎事物而构之者也。声者，象乎意而宣之者也。声不能传于异地，留于异时，于是乎书之为文字。文字者，所以为意与声之迹也。未有文字，以声为事物之名；既有文字，以文字为事物之名，故

---

① 黄国声主编：《陈澧集》（四），上海古籍出版社 2008 年版，第 3 页。
② 黄国声主编：《陈澧集》（四），上海古籍出版社 2008 年版，第 734 - 735 页。
③ 黄国声主编：《陈澧集》（一），上海古籍出版社 2008 年版，第 124 - 125 页。
④ 黄国声主编：《陈澧集》（四），上海古籍出版社 2008 年版，第 734 - 735 页。

文字谓之名也。"① 后来，语言文字学家刘师培称陈澧此意"鞭蕴至精"。刘氏未见《说文声表》，故叹"后儒有作，若于古韵各部建一字，以为众声之纲，以音近之字为纬，立为一表，即音审义，凡字音彼此互同者，其义亦可递推矣"②。这显然即陈澧所阐释之"以声统字"之意。③ 这足以说明《说文声表》的发明及对后世的影响和意义。

《切韵考》分内外篇。《内篇》六卷，第一卷序录，第二卷声类考，第三卷韵类考，第四、五两卷考证的韵类列成表，第六卷通论，即探讨某些理论问题。《外篇》是从等韵家的观点来重新排列《内篇》的内容，除序之外，分三卷。第一、二卷是韵表，相当于《内篇》的第四、五卷，第三卷相当于《内篇》的第六卷。④

作者认为，唐陆法言的《切韵》是研究语音系统的著作，虽然亡佚了，但是间架保存在《广韵》里，所以可以利用《广韵》来考证《切韵》的语音系统。《切韵考》是第一部利用反切研究韵书音韵系统的专著。《切韵》用反切注音，研究《切韵》的语音系统，一般分两步进行：先考求出声、韵类别，然后再构拟出它们的具体音值。因此要弄清楚《切韵》的声、韵类别，就必须在反切的分析和归纳上下一番功夫。陈澧在《切韵考》一书中，通过《广韵》反切，对《广韵》的声、韵类别进行了全面的研究，根据反切上字取声、下字取韵的基本原理，创造了一个研究反切的著名方法，后来称之为"系联法"。他用"系联法"考证出《切韵》有40个声类、311个韵类。陈澧在卷首《条例》中自述了他的方法，概括起来，有下列几点：①反切上字或下字同用的，被切字的声母或韵母必然同类；②反切上字或下字互用的，被切字的声母或韵母必然同类；③反切上字或下字递用的，被切字的声母或韵母必然同类；④《广韵》同音的字不会设立两个不同的反切，因而两个反切下字同类的，上字必不同类；⑤反切上字有时两两互用，因而有实同类而不能系联的现象；⑥反切下字有时也两两互用，因而也有实同类而不能系联的。就利用反切本身以考求《广韵》的声、韵类别来说，陈澧的方法基本上是站得住的。他的不足之处，在于把"系联法"绝对化了。实际上，由于用汉字拼音不易准确，加上历史音变因素的干扰，反切经常有不合常轨的现象，单纯依靠系联，并不能分清所有的声、韵类别。但是，语言学界多赞赏陈澧创造的"系联法"。⑤

---

① 黄国声主编：《陈澧集》（二），上海古籍出版社 2008 年版，第 224 页。

② 刘师培：《左盦集》卷四。

③ 於梅舫：《学海堂与汉宋学之浙粤递嬗》，社会科学文献出版社 2016 年版，第 137 – 138 页。

④ 黄国声主编：《陈澧集》（三），上海古籍出版社 2008 年版。

⑤ 《中国大百科全书·语言文字卷》，中国大百科全书出版社 1988 年版，第 318 – 319 页。

　　陈澧在《切韵考·序》中说："盖治小学，必识字音；识字音，必习切语。故著为此书，庶几明陆氏之学，以无失孙氏之传焉。"① 在《与子韶书》中说："仆考《切韵》，无一字渥略，盖专门之学必须如此，但恐有武断处，如段茂堂之于《说文》耳。仆为甚辛苦，若有疏误，亦犹亭林先生之古韵，后人因而加密可矣。"② 可见陈澧撰此书之艰辛以及对它的自信。梁启超在《中国近三百年学术史》中说："《切韵考》为绝作。""这部书除对于《切韵》本身严密研究发明外，还有附带的价值。他对于切韵学发达的历史，叙述得详赡而有体要。他的外篇有一张表，切韵和守温（按：中国唐末五代和尚。敦煌石窟曾经发现一个署有'南梁汉比丘守温述'的韵学写本残卷。守温《韵学残卷》载有三十字母。标目和总数跟敦煌唐写本《归三十字母例》一致。后来有人调整三十字母的排列顺序，并增加六个字母，形成等韵里通行的三十六字母。证明等韵学最晚起源于唐末五代）字母对照，对于守温的长短得失批评得最为公平。"③ 黄侃平生最钦佩陈澧，他说："行者，古韵、今韵、等韵之学，各有专家，而若无条贯，自陈氏出，而后《广韵》之理明，《广韵》明，而后古韵明，今古之音尽明，而后等韵之纠纷始解。此音学之进步也。"④ 又说："顾、江、段、王虽能由《诗》《骚》《说文》以考古音，然舍《广韵》，亦无以为浣准……番禺陈君《切韵考》，据切语上字以定声类，据切语下字以定韵类，于字母等子之说有所辨明，足以补阙失，解拘挛，信乎今音之管籥，古音之津梁也。"⑤

　　陈澧对《广韵》的研究，还著有《广韵增加字考略》，此书作为《切韵考》《切韵考外篇》的附录，收入《陈澧集》（三）。点样、整理者罗家豪教授在点校说明中说，书稿简介始见于1940年12月广东文物展览会编印的《广东文物》卷九《广东未刻之书籍》。书稿现存香港大学冯平山图书馆，未正式出版。1998年3月，罗教授赴港学术访问，抄录此书稿，并做点校与辨析。据罗教授的研究，《考略》写在《切韵考》之前。但《考略》有个别条目未列入《切韵考》，而《考略》比《切韵考》论述更详细。《考略》可能是《切韵考》的部分稿本，所考的字不多，但据此可更深刻认识《广韵》的反切与《切韵》《唐韵》《集韵》的相互关系。《考略》比《切韵考》更多引用《集韵》，比较《广韵》与《集韵》分韵定切的异同，从中亦可了解《七音略》与《韵镜》列字的优缺点，足

---

　　① 黄国声主编：《陈澧集》（三），上海古籍出版社2008年版，第2页。

　　② 《东塾集》卷四，见黄国声主编《陈澧集》（一），上海古籍出版社2008年版，第176页。

　　③ 朱维铮校注：《梁启超论清学史二种》，复旦大学出版社1985年版，第350页。

　　④ 黄侃：《声韵略说》，见《黄侃论学杂著》，中华书局1964年版，第94页。

　　⑤ 黄侃：《声韵通例·附与人论治小学书》，中华书局1964年版，第149页。

见《考略》对深入研究《广韵》的声类、韵类具有重要参考价值。①

陈澧关于音韵学的研究，还著有《东塾初集·音学》。此书收入《陈澧集》（三）的附录。据《陈澧先生年谱》，此书作于咸丰元年辛亥（1851），是年陈澧42岁。② 陈澧在《与徐子远书》（一）中说："澧近著音韵书一种，甚有法，以授小儿女，四声，清浊，双声，叠韵，累累然脱口而出，老夫侧耳听之莞然。昔年颇耗心力，以成此学，冀异时门生儿子能传之，并颁以贻同好。""此正可与《象形文释》（按：徐子远所著）并传"，"俾家家塾师皆能为学堂传授为佳"。③ 在《与徐子远书》（八）中又说："近又复理故业，如《切韵□□》之类，欲从头修改一过便以付梓，其教学学童之《音学》，尚需增数条。"④ 此所说的"音韵书"就是指《初学编·音学》一书。此书稿本现藏广东省立中山图书馆特藏部善本室。整理、点校者罗伟豪说，稿本首页说明"昔附欲作《初学编》数卷，先作《音学》一卷，尝刻于板。今失其板矣。此稿尚存，欲重刻之。丁卯（1867）小除夕兰甫记"⑤ 可见陈澧十分重视此书稿，撰此书的目的就是启蒙初学。陈澧这一启蒙初学的工作，得到其老师张维屏的赞赏。张维屏《古诗赠陈兰甫学博即送北上》有句云："小学尤专门，嘉惠到童稚。"自注："君以近儒小学书皆奥博，著《初学篇》。于六书、训诂、音韵皆浅言之，使初学易晓。"⑥

陈澧还著《广州音说》一文，说："广州方音合于隋唐韵书切语为他方所不及，约有数端。余广州人也。平上去入四声，各有一清一浊，他方之音多不能分上去入之清浊。""广音四声皆分清浊，故读古书切语了然无疑也，余考古韵书切语有年，而知广州方音之善，故特举而论之，非自私其乡也。他方之人宦游广州者甚多，能为广州语者亦不少，试取古韵书切语核之，则知余言之不谬也。朱子云：'四方声音多讹，却是广中人说得声音尚好。'（《语类》一百三十八）此论自朱子发之，又非余今日之创论也。至广中人声音之所以善者，盖千余年来中原之人徙居广中，今之广音，实隋唐时中原之音，故以隋唐韵书切语核之而密合如此也。请以质之海内审音者。"⑦ 此论也是陈澧的一个重要发现。陈垣对此著

① 陈澧：《广韵增加字考略》，见黄国声主编《陈澧集》（三），上海古籍出版社2008年版，第462—465页。

② 黄国声、李福标：《陈澧先生年谱》，广东人民出版社2014年版，第94页。

③ 《东塾集外文》，见黄国声主编《陈澧集》（一），上海古籍出版社2008年版，第454页。

④ 《东塾集外文》，见黄国声主编《陈澧集》（一），上海古籍出版社2008年版，第460页。

⑤ 《东塾集外文》，见黄国声主编《陈澧集》（一），上海古籍出版社2008年版，第425页。

⑥ 张维屏《松心诗录》卷十，见《张南山全集》（三），广东高等教育出版社1994年版，第188—189页。

⑦ 《东塾集》卷一，见黄国声主编《陈澧集》（一），上海古籍出版社2008年版，第57—58页。

十分肯定，而且要在广州生活的儿子陈约认真阅读学习。陈约 1936 年 8 月 25 日致函陈垣，陈垣 9 月 1 日批复曰："《东塾集》有《广州音说》，甚精，不可不读。"① 陈约 1936 年 9 月 13 日致信陈垣说："《广州音说》曾细看，陈氏辨音最为精审。"陈垣批复曰："兰甫先生极通音乐，为近代大儒。汪宗衍有《东塾先生年谱》，见《岭南学派》，甚佳。"②

陈澧关于训诂学也有许多精辟的论述，《东塾读书记》卷十一"小学"中说："诂者，古也；古今异言，通之使人知也。""盖时有古今，犹地有东西，有南北，相隔远，则言语不通矣。地远则有翻译，时远则有训诂。有翻译，则能使别国如乡邻；《方言》，即翻译也。有训诂，则能使古今如旦暮，所谓通之也，训诂之功大矣哉！"③ 说明训诂对于读懂古书的重要性。《尔雅》是中国讲训诂最早的书，其作者及成书年代，学术界多有分歧意见。关于作者，或曰西周初周公姬旦，或曰孔子门人，或曰秦汉之际儒生，或曰汉儒。从《尔雅》的内容看，许多是采自春秋战国时期的训诂资料。可见不可能是周公或孔子门徒作。东汉赵岐撰《孟子题辞》："汉兴，除秦虐禁，开延道德。孝文皇帝欲广游学之路，《论语》《孝经》《孟子》《尔雅》皆置博士。"可见汉文帝时已有《尔雅》。由于秦焚书禁学，《诗》《书》百家语毁灭殆尽，入汉，惠帝、景帝、文帝世开献书之路，先秦古籍才陆续复出。显然，广辑先秦诸多文献训诂资料为一书，汉初不具备这样的社会与文献条件。可见此书不可能是汉初所编。一般认为，《尔雅》选辑的训诂资料，既非编于一时，又非成于一人之手，经过长期积累汇辑，于战国末年编纂成书，而有不少资料为书成后增益文字，说明入汉后又增益部分内容。④ 阅读古籍，首先要通晓训诂，了解词义和各种名物制度，《尔雅》正是这样的书，所以一向为学人所重视。特别是汉代独尊儒术以后，读经书成了读书人进入仕途的必由之路，而经师解说经义大都根据《尔雅》以证古义，所以，钱大昕说："夫六经皆以明道，未有不通训诂而能知道者。欲穷六经之旨，必自《尔雅》始。"⑤《汉书·艺文志》著录于"六艺略"的《孝经》类之后，《隋书·经籍志》著录于经部的《论语》类之后，处于儒家经典的附属地位。唐文

---

① 陈智超编注：《陈垣来往书信集》（增订本），生活·读书·新知三联书店 2010 年版，第 1008 页。

② 陈智超编注：《陈垣来往书信集》（增订本），生活·读书·新知三联书店 2010 年版，第 1011 页。

③《东塾读书记》卷十一，见黄国声主编《陈澧集》（二），上海古籍出版社 2008 年版，第 215 页。

④ 张衍田：《国学教程》，中华书局 2013 年版，第 279 页。

⑤ 钱大昕：《与晦之论尔雅书》，见吕友仁校点《潜研堂集》（上），上海古籍出版社 2009 年版，第 605 页。

宗时，径升尊位，成了经书中的正式成员。清《四库全书总目》卷四十，《尔雅注疏》曰：晋郭璞注，宋邢昺疏。"特说经之家多资以证古义，故从其所重，列之经部耳。"①

陈澧对《尔雅注疏》有深入的研究。他说："郭氏《尔雅序》云：'夫《尔雅》者，诚传注之滥觞。'郑渔仲《尔雅注序》云：《尔雅》'出自汉代笺注未行之前。'是也。其后则有以汉代经注增入者，如《释训》'是刘是濬。濬，煮之也'。此显然取之《毛传》矣。'子子孙孙，引无极也'以下三十余句，皆用韵，必是古人一篇文字，而取入《尔雅》也。""《尔雅》训诂同一条者，其字多双声。郝兰皋《义疏》（按：指郝懿行《尔雅义疏》）云：'凡声同声近声转之字，其义多存乎声。'……澧谓此但言双声，即足以明之矣。""《释诂》《释言》《释训》，既通之使人知，则至今知之矣。""《尔雅》遂为类书之祖矣。""邢疏之精善者。如《释言》'畛，珍也'，郭注云'谓珍绝'，邢疏云：'《周颂·载芟》云"徂隰徂畛"。《毛传》曰"畛，场也"。《地官·遂人》云"十夫有沟，沟上有畛"。则畛谓地畔之径路也。至此而易之，故以畛为场，易则地绝，故得为畛。'观此，则邢氏之于训诂甚通。"陈澧十分赞赏郝兰皋的《尔雅义疏》，他的成绩"度越前人"。陈澧认为："郝氏之学，出于阮文达公。文达《与宋定之论尔雅书》云：'以声音文字为注《尔雅》之本，则《尔雅》明矣……'……《与郝兰皋论尔雅书》云：'今子为《尔雅》之学，以声音为主而通其训诂，余亟取之。'……郝氏疏则深得文达之法。文达集中《释门》《释且》《释矢》《释鲜》诸篇，旁推交通，妙契微茫，尤其有以开其门径也。"② 由此可见，陈澧精通《尔雅》，对历代研究《尔雅》的郭璞、邢昺、郝兰皋、阮元的著作十分熟悉，并有自己的心得体会。

（2）经学

经学，一般来说，是指历代知识分子对儒家经典进行的解释、阐述、整理、考订、研究和评论，不管是今文经学家、古文经学家还是理学家，都不会超过这个范围。陈澧对儒家十三经，没有留下专门研究某一经的著作，但对十三经都有深入的研究，对经学研究有深刻的思想。陈澧对经学研究的贡献，主要体现在以下几个方面。

第一，主张通读一部经典，从经文到历代注疏，真正弄懂一部经典的意义；反对支离破碎的考证，以猎取名声。他在《示沈生》中说：

> 所谓经学者，非谓解先儒所不解也。先儒所解，我知其说；先儒诸家所

---

① 《四库全书总目》（上册），中华书局 1965 年版，第 338–339 页。
② 以上引文见《东塾读书记》卷十一，见黄国声主编《陈澧集》（二），上海古籍出版社 2008 年版，第 216–219 页。

解不同，我知其是非；先儒诸家各有是各有非，我择一家为主而辅以诸家，以之谓经学。若随意涉猎，随手翻阅，得一二句辄自出其说以驳先儒，假令先儒起而驳我，我能胜之否耶？即胜之矣，而先儒解全经，我但解一二句，其与先儒相去岂不远哉！仆读书数十年，谨守《儒行》一言，曰"博学以知服"。盖惟博学乃知服古人，不知服古人者，学不博故也。故《学记》曰："学然后知不足。"奉劝足下收敛聪明，低头读一部注疏，勉为读书人。若十三部注疏未读一部，辄欲置喙于其间，此风断不可长。戒之，慎之。①

陈澧这段论述，把如何读经的意见提示得痛快淋漓。在《与王峻之书五首》中又说：

> 所谓经学者，贵乎自始至末读之、思之、整理之、贯串之、发明之，不得已而后辩难之，万不得已而后排击之，惟求有益于身，有用于世，有功于古人，有裨于后人，此之谓经学也。有益有用者，不可不知；其不甚有益有用者，姑置之；其不可知者，阙之。此之谓经学也。②

这里陈澧把读经与致用的关系阐述得十分清晰。陈澧在《菊坡精舍讲稿》中又说："为学以经学为主。经学必专习一经，自古以来，经师未有不专习一经者也。"习经必须读注疏，"学问贵识源流。诸经注疏，乃诸经最古之学也。不先读此，而读后世说经之书，虽多读，仍不知其源也"，"治经必先读注疏矣"③。陈澧这些意见，主要是针对他所处的道光、咸丰时代，汉学开始走向衰落，一些学者把注意力完全集中于经书中的咬文嚼字，浮光掠影的涉猎，死抠某些章节或文字，而从不肯花时间从头到尾读一部经典及其注疏的空疏学风，这是针砭时弊的至理名言。

著《东塾》

《东塾读书记》，是陈澧的一部重要著作。同治十年（1871）二月，作《自述》一篇，置于《东塾读书记》卷首。云：

> 余年六十有二，大病几死。自念死后书我墓石者，虚誉而失其真，则恧矣。生平无事可述，惟读书数十年，著书百余卷耳。……少好为诗，及长弃

----

① 《东塾集》卷四，见黄国声主编《陈澧集》（一），上海古籍出版社 2008 年版，第182 页。

② 《东塾集》卷四，见黄国声主编《陈澧集》（一），上海古籍出版社 2008 年版，第179 页。

③ 《东塾集外立》卷一，见黄国声主编《陈澧集》（一），上海古籍出版社 2008 年版，第 320 页。

去，泛滥群籍。中年读朱子书，读诸经注疏子史，日有课程。尤好读《孟子》，以为《孟子》所谓性善者，人性皆有善，荀、杨辈皆未知也。读郑氏诸经注，以为郑学有宗主。……魏晋以后，天下大乱，而圣人之道不绝，惟郑氏礼学是赖。读《后汉书》，以为学汉儒之学，尤当学汉儒之行。读朱子书，以为国朝考据之学源出朱子，不可反诋朱子。又以为国朝考据之学盛矣，犹有未备者，宜补苴之。①

陈澧在《复刘叔俛书》中又说：

中年以前治经，每有疑义则解之，考之，其后幡然而改，以为解之不可胜解，考之不可胜考，乃寻求微言大义、经学源流、正变得失所在，而后解之，考之，论赞之，著为《学思录》一书，今改名曰《东塾读书记》。此书自经学外，及于九流诸子、两汉以后学术，至宋以后，有宋、元、明学案之书，则皆略之，惟详于朱子之学。大皆在不分汉、宋门户，其人之晦者，则表章之。②

陈澧在《与黄理厓书》中又说：

读书三十年，颇有所得，见时事之日非，感愤无聊，既不能出，则将竭其愚才，以著一书，或可有益于世。惟政治得失，未尝身历其事，不欲为空论，至于学术衰坏，关系人心风俗，则粗知之矣，笔之于书，名曰《学思录》。来诗所云，澧诚不敢当，然天之生才，使之出而仕，用也；使之隐而著述，亦用也。但有栖托之地，陋室可居，脱粟可食，著成此书，生平志业亦粗毕矣。③

陈澧在《东塾读书记序》中说：

澧性好读书，于天下事惟知此而已。读书有所得则记之，有所论则记之，积久成编，其有益于天下之读书乎？不得而知也。敬慕亭林先生《日知录》，然此所记惟读书一事，不敢窃比也。有及于读书之外，谓之余记。东塾者，余家东偏有一书塾，澧数十年读书处也。④

从陈澧以上自述可知，《东塾读书记》是仿顾炎武《日知录》而作，初名

---

① 《东塾读书记·自述》，见黄国声主编《陈澧集》（二），上海古籍出版社2008年版，第10-11页。

② 《东塾集》卷四，见黄国声主编《陈澧集》（一），上海古籍出版社2008年版，第167页。

③ 《东塾集》卷四，见黄国声主编《陈澧集》（一），上海古籍出版社2008年版，第165页。

④ 《学思录序目》，见黄国声主编《陈澧集》（二），上海古籍出版社2008年版，第768页。

《学思录》（《论语》曰："学而不思则罔，思而不学则殆。"乃题其书曰《学思录》。①）陈澧为著此书，前后花去了30多年时间，其后半生主要的精力用于此。他的《与赵子韶书六首》中有一首曰："钱竹汀先生无经学书，仆竟似之。昔年亦有辨正、注疏之作，欲钞为一篇，题曰'碎义'，此二字出《汉书·艺文志》，所谓学之大患也。此不可刻，但择数篇入文集可矣。文集亦无好文章，不足传，且看《学思录》何如耳。"② 他原拟定共25卷，分别为卷一孝经、卷二论语、卷三孟子、卷四易、卷五书、卷六诗、卷七周礼、卷八仪礼、卷九礼记、卷十春秋三传、卷十一小学、卷十二诸子、卷十三西汉、卷十四东汉、卷十五郑学、卷十六三国、卷十七晋、卷十八南北朝隋、卷十九唐五代、卷二十宋、卷二十一朱子、卷二十二辽金元、卷二十三明、卷二十四国朝、卷二十五通论。陈澧生前陆续写定卷一、二、三、四、五、六、七、八、九、十、十一、十二、十五、十六、二十一，共15卷。此书在光绪年间有两个版本：光绪十二年东塾门人梁鼎芬、陈树镛编的15卷本；光绪十八年门人廖廷相编成由菊坡精舍刻印的16卷本，后者是公认的较好的版本。1998年生活·读书·新知三联书店出版由杨志刚校点的竖排本《东塾读书记》，除了收入15卷正文之外，还附录陈澧文录10篇和人名索引、书名索引。③ 黄国声主编《陈澧集》，《东塾读书记》由钟旭元、魏达纯点校，在"点校说明"中说："据陈澧《自述》称'西汉一卷，未成'，后来虽有刻本传世，但我与黄国声先生细读后的感觉相同，就是这部分'立意行文均似札记草稿，不若其他卷之考订精详、记断骈出'，因将其附于全书之末，以供读者研究参考。"④ 此书《续修四库全书总目提要》把它收入"子部"。⑤ 但综观全书，陈澧从宏观上对十三疏进行考释、阐发，通论古今学术，以寻求群经大义及其源流正变得失所在，是一部经学书，陈澧对此书也十分自信，说："予之学，但能抄书而已，其精者为《汉儒通义》，其博者（自注：非今人所谓博）为《学思录》，其切挚者为《默记》，不复著书也。"⑥

---

① 《学思录序目》，见黄国声主编《陈澧集》（二），上海古籍出版社2008年版，第767页。

② 《东塾集》卷四，见黄国声主编《陈澧集》（一），上海古籍出版社2008年版，第177页。

③ 钱锺书主编：《中国近代学术名著：东塾读书记（外一种）》，生活·读书·新知三联书店1998年版。

④ 《东塾读书记·点校说明》，见黄国声主编《陈澧集》（二），上海古籍出版社2008年版，第4-5页。

⑤ 《续修四库全书总目提要·子部》，上海古籍出版社2015年版，第543页。

⑥ 《默记》，见黄国声主编《陈澧集》（二），上海古籍出版社2008年版，第748页。

革 《汉儒通义》

陈澧于咸丰四年（1854，时年 45 岁）开始着手编辑《汉儒通义》，咸丰八年刻成此书，前后历时四年。陈澧青年时代致力于汉学研究，深知文字、音韵、训诂、名物制度考证的重要性。但是，经过乾嘉时代汉学的发展，到道咸时代，一些学者附庸风雅，往往陷于一字一物的烦琐考证而不能自拔，不自觉地夸大了考证的功用，忽视对义理的探索，使考证学走入歧途。而宋学又攻击汉学不求义理。汉学宋学门户壁垒，派别林立，败坏了求真致用的学风。

陈澧为了纠正这种不良的学风，编辑了《汉儒通义》一书。他在"序"中说：

> 汉儒说经，释训诂、明义理，无所偏尚。宋儒讥汉儒讲训诂而不及义理，非也。近儒尊崇汉学，发明训诂，可谓盛矣。澧以为汉儒义理之说，醇实精博，盖圣贤之微言大义，往往而在，不可忽也。谨录其说，以为一书。汉儒之书，十不存一，今之所录，又其一隅，引伸触类，存乎其人也。节录其文，隐者以显，繁者以简，类聚群分，义理自明，不必赞一辞也。窃冀后之君子，祛门户之偏见，诵先儒之遗言，有益于身，有用于世，是区区之志也。①

他在《复王棣甫书》中说："《汉儒通义》一书，采两汉经师义理之说，分类排纂，欲与汉学、宋学两家共读之。"② 在《与黎震伯书》中又说，《汉儒通义》一书，乃多年费心力为之书，"百余年来，说经者极盛，然多解其文字而已，其言曰：'不解文字，何由得其义理？'然则解文字者，欲人之得其义理也。若不思其义理，则又何必纷纷然解其文字乎！仆之此书，冀有以药此病耳"③。

由此可见，陈澧编著此书的目的是调和汉宋，他提倡治汉学者应发挥微言大义，才会中正无弊。而汉儒确有义理，而且汉儒义理与宋儒义理实为一家，它们之间有许多相似之处。他从汉儒注释中摘录讲义理的论述："凡所录皆经部之书，

---

① 《汉儒通义·序》，见黄国声主编《陈澧集》（五），上海古籍出版社 2008 年版，第115 页。

② 《东塾集》卷四，见黄国声主编《陈澧集》（一），上海古籍出版社 2008 年版，第162 页。

③ 《东塾集》卷四，见黄国声主编《陈澧集》（一），上海古籍出版社 2008 年版，第178 页。

史、子、集皆不录，所录皆汉儒之书。""三国以后之书不录。"① 据他的弟子胡锡燕在《跋》中说："先生早年读汉儒书，中年读宋儒书，实事求是，不取门户争胜之说。以为汉儒之书，固有宋儒之理。""此书初稿凡三千条，而删存者止此，此固在精不在多，然亦有有意删之者。"② 此书分7卷，卷一分5目，卷二分6目，卷三分20目，卷四分9目，卷五分4目，卷六分8目，卷七分15目，共67目。这些条目如天地、阴阳、五行、圣贤、经史、道、理、心、性、命、情、仁义礼智信、善、中和、诚实、欲、君臣、父子、冠、昏、出处、义利、交游、生死、政事、任贤、爱民、教化等等，都是宋学的分类。由于汉儒郑玄、许慎等从未专门探究义理，更无个人文集，他们的讲义理只能体现在经注中，陈澧从汉儒的经注中辑出讲义理的内容，置于每个条目之下，一目了然，说明汉儒也讲义理，而且汉儒义理与宋儒义理没有本质差别。宋儒在义理方面的阐述多本于汉儒，他举例说：

> 今人言汉儒之学，乃指其训诂之学耳。其实，汉儒义理之明、德行之高，皆不亚于宋儒。澧取其讲义理者编为《汉儒通义》一书矣，惟《通义》之书不加案语，今取数条而发明之。如：《春秋繁露》云"圣者法天，贤者法圣"，即濂溪所谓"贤希圣，圣希天"也……汉魏人说"性情"，宋人说"理欲"，名目不同，其意则一也。③

陈澧把汉儒义理与宋儒义理相比附，是否正确妥当，可以讨论，但他这样做的目的，一是消除汉学家轻视义理的借口，二是堵住宋汉家攻击汉学家不讲义理的口实。《汉儒通义》在调和汉宋之争中起到积极的作用，陈澧也很自信说这部著作是他著作中的"精者"。④

史　学

陈澧一生治汉学，以经史为主，读史书不少，虽然留下的著作以史命名的不多，但《东塾读书记》《声律通考》等均可作为通史或专门史来阅读。据汪宗衍《陈东塾先生年谱》附录《陈东塾先生著述考略》和黄国声、李福标《陈澧先生

---

① 《汉儒通义·条例》，见黄国声主编《陈澧集》（五），上海古籍出版社2008年版，第119页。

② 《汉儒通义·跋》，见黄国声主编《陈澧集》（五），上海古籍出版社2008年版，第246页。

③ 《东塾杂俎》卷二，见黄国声主编《陈澧集》（二），上海古籍出版社2008年版，第448－449页。

④ 《默记》，见黄国声主编《陈澧集》（二），上海古籍出版社2008年版，第748页。

年谱》附录《陈澧先生著述考录》所载与史有关的著述如《汉宙考》《历代选举考》《谏臣录》《循吏录》《选举通考》《大清名臣言行录》《大清官仪》《本朝谳法》《史志》等，或有规划而未完成，或完成而散失之。① 现就收入《陈澧集》的几种史学著作做一介绍。

《毛本梁书校议》，本书有南海黄任恒写的《后叙》，云：

> 余近得《梁书》三册，汲古阁刻本（阙卷四十六以下一册），行间有圈点，眉上有标识，皆不知其用意所存。书中文字，确知其误者，径改之；疑而未定者，旁乙之；上下倒置者，钩勒之。至史事之是非得失，更加评论于上方，朱笔灿然，古色古香，审其字迹，盖番禺陈东塾先生之所校也。考先生有《自记》一卷（稿本，未刊）云：咸丰五年十月，读《梁书》。六年正月，读《陈书》。时先生四十六岁，两月间全书卒业，精细异常，其心力之闳通，讵非有加人之量者哉！二十年来，先生藏书已多散出……此书先落人间，藉获保存，诚不幸中之大幸矣。……先生之校此书，虽匪周详，然硕果仅存，亦读《梁书》者之所不可少也。爰随编摘录，釐为一卷，复以宋蜀大字本、明余有丁刊本、乾隆武英殿校本互为复勘，异者少而同者多，因叹先生读书思误，独具性灵，固非后学所能企及者矣。此书校字而兼论史，余故名之曰《校议》云。②

本书收入《陈澧集》时，整理者对原文及黄任恒校语并加标点，改正个别误字，以中华书局点校本《梁书》校对引文，可见陈澧校字之认真。上有十一条评议，由此可见陈澧的是非标准及史观。如卷十三《沈约传》："兴宗尝谓其诸子曰：'沈记室人伦师表，宜善事之。'"澧评云："兴宗误矣，沈记室岂足当此。"又："君明于上，臣忠于下，岂复有人方更同公作贼。"澧评云："约亦知此是作贼也。"又："兢鄙夫之易失，惧宠禄之难持。长太息其何言，羌愧心之非一。"陈澧曰："鄙夫句及篇末愧心句，皆非虚语。"卷十五《谢朓传》："谢朓之于宋代，盖忠义者欤？当齐建武之世，拂衣止足，永元多难，确然独善，其疏、蒋之流乎。洎高祖龙兴，旁求物色，角巾来仕，首陟台司，极出处之致矣。"澧评曰："若当永明之世，拂衣止足，则诚忠义者也。当云璻出处之致矣。"卷十七《张齐传》："王珍国、申胄、徐元瑜、李居士，齐末咸为列将，拥强兵，或面缚请罪，或斩关献捷，其能后服，马仙琕而已。仁义何常，蹈之则为君子，信哉！"澧评曰："仁义云云，不知其何所指。"卷三十三《刘孝绰传》："先圣以'众恶之，必监焉；众好之，必监焉'。"澧评云："改'察'为'监'，盖避讳

---

① 汪宗衍：《陈东塾先生年谱》，香港商务印书馆 1964 年版，第 129－322 页。

② 《毛本梁书校议》，见黄国声主编《陈澧集》（五），上海古籍出版社 2008 年版，第 553－554 页。

也。"黄本骥《避讳录》二云:"宣帝名督,《刘孝绰传》'察'作'监',盖唐姚思廉仍《梁史》旧文,未及改正。其论有姚察之名,则直书作'察'。"卷四十一《刘潜传》:"潜字孝仪,秘书监孝绰弟也。孝绰常曰'三笔六诗',三即孝仪,六孝威也。孝仪服阕,仍补洗马。第二兄孝能早卒。第五弟孝胜,历官邵陵王法曹。第七弟孝先,武陵王法曹。"澧评云:"《梁书》多书字,此则本传亦书字,与书他人字者又不同,尤非史法。"① 凡此皆反映了陈澧评判历史的是非标准及史观史法。

《申范》卷

《后汉书》作者南朝宋范晔于文帝元嘉二十二年冬遭诬陷谋反被惨杀。清王鸣盛《十七史商榷》卷六十一有"范蔚宗以谋反诛"一条,说范蔚宗世擅儒学,"蔚宗亦博涉经史,善为文章,仕宋贵显,忽坐谋反,与其四子一弟同死于市。计蔚宗性轻躁不谨,与妄人孔熙先往还,是其罪耳,决不当有谋反事也"②。王鸣盛据《宋书》《南史》等史籍,考证范晔被诬的历史事实。进行剖析,揭明历史真相,断言范晔"不反"。清著名学者李慈铭也说:"案王氏此论,卓识迈前,千古定案。尝谓蔚宗此狱,揆之于事,于势于情皆所必无,徒以不绝熙先之徒,闻其言而不先发,遂横见引逮,朝士素嫉,共成其罪,凡犬豕相遇之言,妹妾流涕之诀,皆忌者妄传之耳。"③

陈澧为什么要写这部《申范》著作呢?他在"序"中说:

> 呜呼!千古之至冤,未有如范蔚者也。杀其身,杀其子侄,诬以谋反,诬以不孝,诬以内乱,举人世之大恶,无一不备。当时之人诬之,后之史家载之,读史者从而唾骂之,千百余年于兹矣。
>
> 澧读《宋书》《南史》而疑其冤,及读王西庄氏《十七史商榷》,言蔚宗不反,叹为先得我心。而以其说犹未尽也,复取《宋书》《南史》读之,平心考核,诬妄尽出。盖蔚宗负才嫉俗,骤蒙恩宠而不自防检。其甥谢综与孔熙先谋反,蔚宗知之,轻其小儿,不以上闻,遂被诬害以死。乃为书一卷,以畅西庄氏之说,辞繁而不杀,语质而不饰,如谳大狱,不可不详且实也。

---

① 《毛本梁书校议》,见黄国声主编《陈澧集》(五),上海古籍出版社 2008 年版,第544–551 页。

② 《范蔚宗以谋反诛》,见黄曙辉点校《十七史商榷》,上海书店出版社 2005 年版,第485 页。

③ 转引自黄曙辉点校《十七史商榷》,上海书店出版社 2005 年版,第 487 页。

夫三代以下，学术风俗莫如后汉，赖有范书以传之，袁彦伯《后汉纪》不及也。其书大有益于世，而著书之人负千古之冤，安得而不申之，以告世之读其书者哉。故是编者，所以申范蔚宗也，即所以尊《后汉书》也。①

陈澧怀着深沉的同情和史家的良知，对《宋书·文帝本纪》《宋书·范蔚宗传》中关于范晔谋反的记载逐一考核，以案语之形式，指出其记载不实；又列举事实，以证"蔚宗不反"。诚如点校《十七史商榷》的黄曙辉说，陈澧"《申范》一卷，取《宋书》范晔本传一一为之辨正，所推盖密"②。

梁启超在《中国历史研究法补编》分论一"人的专史"中说，从前史家有时因为偏见，或者因为挟嫌，对于一个人的记载完全不是事实。我们对于此种被诬的人，应该设法替他辩护。

譬如作《后汉书》的范晔，以叛逆罪见杀，在《宋书》及《南史》上的范晔本传中，句句都是构成他的真罪状，后人读起来，都觉得晔有应死之罪，虽然作得这么好的一部《后汉书》，可惜文人无行了。这种感想，千余年来深入人心。直到近代陈澧（兰甫）在他的《东塾集》里面作了一篇《申范》，大家才知完全没有这回事。当时造此冤狱，不过由几位小人构煽，而后此含冤莫雪，则由沈约一流史家挟嫌争名，故为曲笔。陈兰甫替他作律师，即在本传中，将前后矛盾的语言，及各方可靠的证据，一一陈列起来，证明他绝无谋反之事。读了这篇之后，才知道不特范晔的著作令人十分赞美，就是范晔的人格也足令人十分钦佩。③

由此可见陈澧《申范》一书的重要价值和意义。

陈澧对《资治通鉴》特别重视，他认为"为官不可不读史，读史不可不读《资治通鉴》"。读《通鉴》是他的家学传统，他父亲"性寡嗜好，惟喜读《资治通鉴》，老病犹卧读之"④。《东塾集》卷二有两篇关于他家族读《通鉴》的文章。《先府君所读资治通鉴书后》一文说：

家藏《资治通鉴》一部，澧八九岁时见先府君日手一卷，夜则携以就枕，穴布帐，补以轻纱，置镫帐外，卧读之，其精勤如此。……稍长，读书史而未读《通鉴》，忽念此先府君所读书，澧不读可谓不肖，乃自课日读一卷，一年而毕。保护卷帙幸不失坏。夷寇破城，避居横沙，携此书课儿子宗

① 《申范》，见黄国声主编《陈澧集》（五），上海古籍出版社 2008 年版，第 512 页。

② 黄曙辉点校：《十七史商榷》，上海书店出版社 2005 年版，第 487 页。

③ 梁启超撰，汤志钧导读：《中国历史研究法》，上海古籍出版社 2011 年版，第 188 – 189 页。

④ 《先考知县府君事略》，《东塾集》卷五，见黄国声主编《陈澧集》（一），上海古籍出版社 2008 年版，第 202 页。

谊读之，且告之曰："吾当以此传家，子孙读书者，必读一过。"宗谊读未毕而夭死。……孤露之身，忽忽年过五十，学业无成，惟保护此书终身焉已矣。后人能读，固所愿也；不能读，慎勿失也。①

在《传鉴堂记》中又说："鉴者何？《资治通鉴》也。传者何？先考所传也。澧生十岁而孤，七八岁时，窃见先考读《通鉴》日夜不辍。""先考既没，其书置书堂中，澧保持而敬读之。""名其堂曰'传鉴之堂'。澧尝窃论北宋之学，后儒皆尊二程子，然司马氏之学不在程氏下，学者读《孝经指解》《家范》《书仪》以治身治家，读《通鉴》以知天下治乱兴亡，可以为士矣。""坦然如大路而无门户之争也，朗然如日月而无风气之异也。邵康节谓司马公为脚踏实地人，司马公之书即脚踏实地之书也。以澧之愚，又早孤露，幸有先考遗书，四十余年屡更兵燹而未失坠，又尽得司马公诸书，窃愿终身敬读之，传之后叶敬守之。""吾陈氏子孙世世能读之，则吾家之幸也。士有从吾游者，亦愿其人人读之，则吾道之幸也。澧老矣，尤有望于后之人也。"② 由此可见，他认为读《通鉴》可以使士"知天下治乱兴亡"，是"治身治家"的法宝，使学术"无门户之争"。《通鉴》是"脚踏实地之书"，世世代代都要读，其弟子必须认真习读。这是陈澧对"通鉴学"的重要贡献。

地理学、方志学

陈澧关于地理学的著作，收入《东塾集》的短篇有《黑水说》《禹贡道水次第说》《说长白山》《样牁江考》《书汉书地理志后》《书海国图志后呈张南山先生》《书章云軿古郡县图后》《记地图三本》《邹特夫地图序》《汉西域图考序》《地理说约序》等③11篇。收入《东塾集外文》的短篇有《考正胡氏禹贡图序》《禹贡说序》《禹贡新图说序》《与邹叔绩书》《广东图说凡例》等篇。④

这些著作反映了陈澧对中国最早的地理书《禹贡》以及关于地理学的理论有深刻的研究和见解。而陈澧对地理学做出的最大贡献，是收入《陈澧集》（五）的《汉书地理志水道图说》和《水经注西南诸水考》两部著作。

---

① 《先府君所读资治通鉴书后》，《东塾集》卷二，见黄国声主编《陈澧集》（一），上海古籍出版社 2008 年版，第 93 - 94 页。

② 《传鉴堂记》，《东塾集》卷二，见黄国声主编《陈澧集》（一），上海古籍出版社 2008 年版，第 94 - 95 页。

③ 《东塾集·目录》，见黄国声主编《陈澧集》（一），上海古籍出版社 2008 年版，第 9 - 16 页。

④ 《东塾集外文·目录》，见黄国声主编《陈澧集》（一），上海古籍出版社 2008 年版，第 267 - 274 页。

陈澧在年青时代就显示了地理学家的智慧和敏锐。道光十三年（1833），陈澧24岁，广州发生一场大水灾，上游基围被洪水冲决，水浸广州街衢，田地变成泽国。为什么会发生这样的大水灾呢？陈澧写了一首《大水叹》长诗，提示造成水患的原因，一方面是人们在珠江上游无限制地毁林开荒，造成水土流失，诗云：

> 君不见大庾岭上开山田，锄犁狼藉苍崖巅。剥削山皮剩山骨，草树铲尽胡能坚？山头大雨势如注，洗刷沙土填奔川。遂令江流日游浅，洲渚千百相钩连。

另一方面，人们在下游拦海造田，堵塞江水入海之路，诗云：

> 又不见海门沙田日加广，家家筑垒洪波上，海潮怒挟泥沙来，入此长围千万丈。三年种得草青青，五年输租报官长。海门日远路日纡，坐见沧溟成土壤。阳侯束手敢与争？迫窘诘屈难为情。欲留不能去不得，暂借君家田上行。人情贪得死不悔，岂知世事浮云改。欲驱山海尽成田，反使田畴尽成海。①

这是对广州造成水患原因的深刻分析，无异于当今地理学家的一篇科学论文。② 下面再分析他两部重要地理学著作。

《汉书地理民水道图说》，陈澧用三年时间完成分七卷，在道光二十八年（1848）写的"序"中说："读史不可不明地理，考地理不可无图。""惟以地理之学，水道尤难，乃考《汉志》水道，为之图说，起于蒲昌，讫于黑水，自西而东，自北而南，刺取志文，编排次第，以今释古，著其源委，而略其中间，循班《志》之例也。"③ 这是陈澧早期的力作，获得当时学者的赞誉。

《汉书·地理志》（以下简称《汉志》）是我国二十四史中的十六部含《地理志》的首创，修得最好，被称为历代《地理志》的典范。它内容丰富，史料价值高，是研究我国疆域政区必读的文献。《汉志》所载的水道是《水经注》以前我国古籍中关于水道最翔实的记载。《汉志》叙水道，除少数不著首尾或首尾不全外，通常都在发源地所在的县下注出某山某水，或某谷、某地、某方位，或流向某方位，至某县入某水，或某陂泽、津梁，或某海，大水并加过几郡，行若干里。这类记载对于考究水道源流极有帮助。历代研究《汉志》的学者不少，出

---

① 《陈东塾先生遗诗》，见黄国声主编《陈澧集》（一），上海古籍出版社2008年版，第551－552页。

② 陈泽泓：《博学多才的学者陈澧》，见《番禺人杰》，中山大学出版社2017年版，第169－170页。

③ 《汉书地理志水道图说序》，见黄国声主编《陈澧集》（五），上海古籍出版社2008年版，第254页。

版的著作可谓"汗牛徒充栋"。但专释《汉志》水道的则是凤毛麟角。除陈澧此著之外，还有洪颐煊的《汉志水道疏证》、吴承志的《汉书地理志水道图说补正》等。

关于《汉书地理志水道图说》成书之前，陈澧在《书章云轺古郡县图后》中说：

> 古图若干幅，章云轺孝廉凤翎所绘。始余欲为此图，颇购求古今地理图书，惟性不耐作细字，故未施手。时云轺馆余家，余属为之。云轺欣然，昼夜考索不倦，甫一年，两汉、三国、晋、宋、北魏郡县草稿略具，其志之锐，功之勤，不可及也。已而云轺会试留京师，余时时思此图稿不置。及其归里，余索观之，以其未绘水道，乃考《汉志》水道为之图说。云轺俏取余图加绘水道，则成《汉书·地理志图》矣。惟郡县更宜博考，以此诸图惟就余家所有书为之，当时余蓄书未富也。然即此而观，蝇头细书，丹墨纷然，今十余年犹想见当日篝灯伏案，心力俱劳，深叹为此之不易，固宜珍而藏之耳。[①]

说明章云轺在陈澧指导下，利用陈澧所藏地理图书，绘就两汉、三国、晋、宋、北魏郡县举图，"以其未绘水道，乃考《汉志》水道为之图说"。

在《与邹叔绩书》中又说：

> 《汉·地理志》之说，今欲合章云轺与拙著之图，先刻一格版，依董图式，以红印之。乃使抄胥以银朱影抄董图，然后以墨写拙著之图于朱写之上，再以墨写章图县名，其与拙著图县名不合者则不写，如此，《汉书·地理志图》草创已成。乃以《水经》核之，以洪氏府、厅、州、县志，《大清一统志》核之，则可定矣。然后俟拙著《汉志山图》卒业，复写其上，则《汉书·地理志图》可成矣。[②]

由此可见，陈澧对《汉书·地理志》的研究有一个庞大的计划，据江宗衍《陈东塾先生著述考略》说，有"《汉地理图》一书，见《自记》，未成[③]。而最后成书的是《汉书地理志水道图说》七卷。而关于历代地图，陈澧在致桂皓庭的第三十五通信中，有详细论述：

> 仆弱冠时为历代地图不能成，至今以为憾。其后属章云轺为之，自西汉

① 《东塾集》卷二，见黄国声主编《陈澧集》（一），上海古籍出版社 2008 年版，第 93 页。

② 《东塾集外文》卷五，见黄国声主编《陈澧集》（一），上海古籍出版社 2008 年版，第 451 页。

③ 江宗衍：《陈东塾先生著述考略》，见《陈东塾先生年谱》，香港商务印书馆 1964 年版，第 127 页。

至北魏，郡县略具，而水道未备，此仆之《地理志水道图》所以作也。云辈既久不为此学，邹特夫云欲为之，今不知其所成若何。然昔闻其自明代逆溯而上，鄙意以为如此则尤不易成耳。今仆之图粗已写定，用此绘西汉地图甚易，由此而顺考东汉以下，势若破竹。星南劝仆为之，然仆为此数年，目力已昏，今欲属之吾弟，以钱献之《地理志》，注章图辈《地理志郡县图》，及仆之《地理志水道图》，合而裁之为《西汉地图》，凡钱氏、章氏之失，仆既稍稍正之，仆之失则有望于弟之正之也。由此而绘东汉以后，使历代具备，则真为千古绝作，凡读史者必有乐乎此也。①

《汉书地理志水道图说》（以下简称《水道》），对研究《汉志》的贡献有以下两点：

《汉志》记述水道 258 条、河泽 20 个、水池 7 个、水渠 5 条，其他江河水系 22 条。但由于作者班固对西汉以前的地理材料，未加鉴别，仍然照录；对当时的地理现象实地考察少。因此，难免出现一些失误。陈澧《水道》一书，在"以今释古"时，吸收别人的研究成果，对《汉志》水道记载的失误做了匡正。《水道》整理者郭培忠把陈澧对《汉志》水道的匡正列表说明，共有 60 处之多。这些匡正主要有几个方面：水道名称、水道流向流程、水道流经地名、水道入口处等。此外对《汉志》的脱文、衍文都加以匡正。诚如作者所说："凡《志》文之误，齐次风、全绍衣、赵诚夫、钱晓徵、钱献之、王凤喈、王怀祖诸家所考正者，今悉采之。"郭培忠把《水道》匡正《汉志》之处，对照当今谭其骧主编的权威著作《中国历史地图集》第二册"西汉图"和第八册"清时期图"，可以清楚地看出，"陈澧论证基本上是正确的"②。

陈澧对《汉志》水道"以今释古"做了一番认真的考证，进行阐释。他参考了大量的古籍，如《水经注》《水道提纲》《康熙舆地全图》《乾隆舆地全图》《大清一统志》《清会典》《山海经》《十三州志》以及各种地方志等，进行考释。郭培忠把《水道》对《汉志》的阐释，与今天的《中国历史地图集》与赵永复编的《水经注通检今释》进行核查，其正确部分有 75 处，其失误部分有 52 处。这说明陈澧对《汉志》水道"以今释古"所取得的成就令世人瞩目，"大多经过时间的考验，直到今天仍然有着重要的价值"③。今天我们对《水道》一书的评价，既要充分肯定该书的成绩，又要看到该书存在的严重不足，不能苛求于

---

① 《东塾集外文》卷五，见黄国声主编《陈澧集》（一），上海古籍出版社 2008 年版，第 441 页。

② 郭培忠：《汉书地理志水道图说整理后记》，见黄国声主编《陈澧集》（五），上海古籍出版社 2008 年版，第 427 页。

③ 郭培忠：《汉书地理志水道图说整理后记》，见黄国声主编《陈澧集》（五），上海古籍出版社 2008 年版，第 436－445 页。

前人。

陈澧对地理学的另一重要贡献是对《水经注》的研究。据今天的材料，陈澧对《水经注》研究的著作有四种。

一是《水经注表》。汪宗衍《陈东塾先生著述考略》著录，但至今未见其书。

二是《水经注提纲》四十卷。汪宗衍《考略》曰见《自述》。据黄国声、李福标《陈澧先生著述考录》，引《订补》：《东塾遗稿》二十九："昔所抄《水经注》名曰《水道提纲》……删去记事及写景语，乃易刻。"丁仁长等纂《番禺县续志》卷三十二《艺文》载：《东塾遗书》十七种，其中三种未刊，《水经注提纲》四（十）卷即其中之一。"今按：《与徐子远书》第五通亦提及此书编刻之事。"① 在《与赵子韶书》第五通云："仆昔年所抄《水经注》未有名，今定其名曰《水经注提纲》，将来删去记事写景之语，则易刻矣。仍为四十卷。"② 但此书亦未见。

三是《牂牁江考》。此文虽不是专门研究《水经注》，但指出"考牂牁江者，其说不一，其误则自郦道元始"③。其结论是"牂牁江者，今广西红红水河，首受南北两盘江，东南流曰都泥江，曰浔江，曰龚江，入广东界曰西江，至广州府境分数支入海"④。笔者20年前曾写过《西汉蜀枸酱入番禺路线初探》一文⑤，对牂牁江的研究有过涉猎，当时没有见到陈澧的《牂牁江考》。根据谭其骧主编的《中国历史地理图集》第二册与文献记载，我认为贵州历史与考古学者王燕玉在《牂牁沿革考》中对牂牁江的考证是可取的，他认为牂牁有精义、泛义两说：

> 从精义说，专指今南、北盘江在望谟境内会合后，自西向东流于黔、桂界上的盘江，一名红水河，独称牂柯江，即所谓"夜郎者，临牂柯江，江广百余步，足以行船"与"发巴、蜀卒治道，自僰道指牂柯江"里所说的牂柯江。这是原始的牂柯江，古牂柯国即因最初兴起于这个流域而得名，江名

---

① 见黄国声、李福标《陈澧先生年谱》，广东人民出版社 2014 年版，第 319 页。此处有误，查《与徐子远书》第五通未记述此事，在十七通则云："澧为《水道图》及郦氏书考异，今欲缮写。"[《陈澧集》（一），第 465 页] 应是《与赵子韶书》第五通之误。

② 《东塾集外文》卷五，见黄国声主编《陈澧集》（一），上海古籍出版社 2008 年版，第 472 页。

③ 《牂牁江考》，《东塾集》卷二，见黄国声主编《陈澧集》（一），上海古籍出版社 2008 年版，第 72 页。

④ 《牂牁江考》，《东塾集》卷二，见黄国声主编《陈澧集》（一），上海古籍出版社 2008 年版，第 71 页。

⑤ 张荣芳：《秦汉史与岭南文化论稿》，中华书局 2005 年版，第 161 – 172 页。

在先，国名在后。从泛义说，包括：今南盘江和北盘江……南、北盘江会合于望谟南境后叫盘江，又名红水河；它流经黔、桂界上，入广西至武宣北部会东北来的柳江合名黔江，至桂平东北会西南来的郁江合名浔江，至梧州会北来的桂江入广东名西江，至三水西则与东北来的北江、东来的东江会合，又分两流，正流过广州城南的番禺江，经番禺入海。首尾二千余里，全流共经四省，古总称牂柯江。①

这样，今天的云南、贵州、广西、广东四省区通过牂柯江沟通起来。晚清时期陈澧对牂柯江的研究，与今天运用历史学、考古学、地理学、民族学的知识并结合实地考察的研究，得出的结论大体上是一致的，可见陈澧的智慧和敏锐。

四是《水经注西南诸水考》三卷。

此书对《水经注》卷三十六的青衣水、若水、沫水、存水、温水和卷三十七的淹水、叶榆水、泿水八条水道进行考释。道光二十七年（1847）二月写的"序"中说：

> 郦道元身处北朝，其注《水经》，北方诸水大致精确，至西南诸水，则几乎无一不误。……阮太傅《浙江图考》绘郦《注》之图而指其误，斯可为善。读郦《注》者，盖郦君之书讲水道者，固宜奉为鸿宝，然于郦君之误说，墨守而沿袭之，以误后人，不可也。余固爱读郦氏书，其北方水道，间有小差谬者不暇论。因读《汉志》豚水、郁水，知郦氏《温水》《泿水》二篇注之谬，因连而及之，知《若水》《淹水》《沫水》《青衣水》《叶榆水》《存水》诸篇之注之谬，又连及《江水》篇，自发源至若、淹二水入江以上之注之谬，条而辨之，既正以今日水道，复就郦《注》为图，俾览者晓然，于其差谬而弗相沿焉。②

此段序文把作此书的缘由说得十分清楚，对于陈澧的考证的结论是否正确，学术界可以见仁见智，但此书的意义及影响是必须指出的。

陈澧的此篇著作，使他跻身于"郦学"的行列之中。

我们知道，《水经》是我国第一部记述河道水系的专著（作者有二说，一说是郭璞，一说是桑钦，学界一般认为是桑钦），共载水道"一百三十七条"。北魏的郦道元对《水经》作注，所载水道补充发展为一千二百五十二条（一说原书记载大小水体三千左右），为《水经》的十倍。注原以为点评30万字，比《水经》增加近20倍。郦道元在记述水道时穷源究委，旁征博引，不仅记述它们

---

① 王燕玉：《贵州史专题考》，贵州人民出版社1980年版，第42页。
② 《水经注西南诸水考》，见黄国声主编《陈澧集》（五），上海古籍出版社2008年版，第450页。

的发源和流向，而且详细叙述流经地区的山陵、原隰、城邑、关津亭障、建置沿革、古城遗址、农田水利、土地物产等情况，有关的历史事件、人物、神话传说等，无不繁征博引。该书的学术价值很高。历代学者对之进行研究，使《水经注》的研究成为一门专门的学问，称为"郦学"。

著名《水经注》研究专家陈桥驿在《论郦学研究及其学派的形成与发展》一文中说：北宋以后，金礼部郎中蔡珪撰写《补正水经》三卷，这是学者深入研究《水经注》的嚆矢。到明万历年间，朱谋㙋撰《水经注笺》，"把《水经注》的研究作为一门专门的学问，即郦学，朱谋㙋实开其端"。朱氏研究郦注，深校细勘，旁征博引，进行了大量考证，从而促成了郦学研究中第一个学派，即考据学派的诞生。此一学派进入清以后，在乾隆年间出现全祖望、赵一清、戴震诸名流，对《水经注》精心琢磨，使《水经注》研究的考据学派达到极高的水平。与此同时，自明季钟惺、谭元春创始之词章学派，也获得充实与发展。此外，自明末黄宗羲首重地理以后，清初许多著名地理学家如顾炎武、顾祖禹、胡渭、阎若璩等，均以郦学与舆地之学相辉映，郦学于是步入经世致用之道。而杨守敬、熊会贞师生，殚精竭虑，终于创建郦学研究中之地理学派。郦学自此根柢深固，树叶荣茂，形成一门内容宏高、涵涉广泛之硕大学问。①

郦学研究的历史源远流长，有学者搜集研究水经注的史料，最著名的为香港著名学者郑德坤、吴天任，于 1984 年在台北艺文印书馆出版《水经注研究史料汇编》（上下册），收入陈澧《水经注西南诸水考》。② 1991 年吴天任撰《郦学研究史》，在《清代水经注研究之盛况及其成绩》一目中，列举了 55 名清代学者，陈澧列入其中，说《水经注西南诸水考》"其书篇幅不繁，流传颇广"③。在广东籍学者中，列入郦学队伍中的学者寥寥无几，陈澧能跻身于此，可见其有一定的影响。

对《水经注西南诸水考》的评论，学者见仁见智。

民国治郦学取得最高成就的杨守敬、熊会贞，在其合撰的《水经注疏》中，对陈澧《水经注西南诸水考》的结论，有的采纳入《疏》中，有的则提出不同意见，例如：卷三十六，对存水之《疏》，守敬按："陈澧云：刚水即存水，与《经》云存水为周水不合。"④ 同卷对温水之《疏》，守敬按："陈澧以镡封为今西林县，夜郎为今凌云县，温水为今同舍河，近之。郦氏叙温水迳滇池，则以今

① 陈桥驿：《论郦学研究及其学派的形成与发展》，见《水经注研究二集》，山西人民出版社 1987 年版，第 1 – 18 页。

② 郑德坤、吴天任纂辑：《水经注史料汇编》上册，台北艺文印书馆 1984 年版，第 157 页。

③ 吴天任：《郦学研究史》，台北艺文印书馆 1991 年版，第 248 – 249 页。

④ 杨守敬、熊会贞：《水经注疏》下册，江苏古籍出版社 1989 年版，第 2973 页。

南盘江上源为温水，而近世地学家以为典据者也。今依《注》文释之。"①

梁启超《中国近三百年学术史》，在《清代学者整理旧学之总成绩》（二）中说："陈兰甫先生（澧）以郦氏当时，滇黔之地沦于爨谢，故注记东北诸水详而确，西南则略而讹，乃为《水经注西南诸水考》补而纠之，在本书诸家著作中最为别裁。但先生于西南诸水亦未经实测，恐不能多优于郦氏也。"②

当代研究《水经注》的权威陈桥驿在《水经注校释》中，对《水经注》卷三十六的释文曰：

> 以上所述是《水经注》记载的这个地区的河流与现代河流比照的大概情况，由于郦道元未履其地，完全依靠当时搜集的文献资料从事撰述，所以错误甚多。清陈澧为此在道光年间专门撰写了一本《水经注西南水道考》，并序云："郦道元身处北朝，其注《水经》，北方诸水，大致精确；至西南诸水，则几乎无一不误。"陈澧在该书中对《温水》《浪水》《若水》《淹水》《沫水》《青衣水》《叶榆河》《存水》等篇作了纠谬。③

《水经注》卷三十七的《释》文曰："《水经注》记述叶榆水，其中一部分流程似与今元江及越南的红河相合，但又和滇池、温水等相牵涉，所以错误极多，无法按某一现代河流考实。陈澧在《水经注西南诸水考》中已有论述。"④

陈桥驿为了把历代郦学家治郦的"毕生苦学，力攀高峰"与"后代学者吸取前代学者的研究成果和当代学者之间的合作互助"精神⑤，代代相传，编辑了《历代郦学家治郦传略》。该书选择了历代郦学家125位，为他们撰写治郦传略，其中有陈澧，说他"治地学甚精。著有《水经注西南诸水考》及《汉中地理志水道图说》等书，《清史稿》并云其尚有《水经注提纲》四十卷之著，但此书不见。今唯《水经注西南诸水考》流行较广。"对此书的肯定意见前已引述，在此不赘。接着引杨守敬的意见：

> 杨守敬对陈澧此书颇有指责，《水经注疏要删自序》云："当郦氏时，滇黔之地，沦于爨谢，两汉州郡所在，未必一一得实，然去古未远，必犹有�籍可寻。观于桥温乱流，豚郁异氏，婉转以求合班书，必不肯凿空附会。惟叶榆水截温水而下，浪水枝津逆东江而上，更始水下入酉阳，縠水东迳鸟

① 杨守敬、熊会贞：《水经注疏》下册，江苏古籍出版社1989年版，第2974页。
② 《中国近三百年学术史》，见《梁启超论清学史二种》，复旦大学出版社1985年版，第378页。
③ 陈桥驿：《水经注校释》，杭州大学出版社1999年版，第638页。
④ 陈桥驿：《水经注校释》，杭州大学出版社1999年版，第657页。
⑤ 陈桥驿：《历代郦学家治郦传略序》，见《郦学新论——水经注研究之三》，山西人民出版社1992年版，第354、360页。

伤，颇乖地势，必其所据之图未精，遂致斯谬其他固未可凭臆移易也。而陈氏未明互受通称之例，又不计其中肯变迁流移，但据今日之图与郦氏不甚合，别为《水经注西南诸水考》以驳之，将豚水移而南，而郦氏所指两汉故县尽行易位，曾不思武帝伐南越，由夜郎下牂柯，必不逾南、北盘江，始行登舟也。王氏合校本不录陈书，似有微意。陈氏所著《汉志水道图说》，弊与此书同。"陈澧生平事迹，见《清史稿》四八二本传。①

由此可见，陈澧《水经注西南诸水考》一书，学界见仁见智，有不同意见，但可存一说。在而他能列入历代郦学学者名单，可见亦有相当大的影响。

关于方志学

清代是我国方志编纂的鼎盛时期。就广东而言，阮元督粤于嘉庆二十三年（1818）开局重修《广东通志》，体例仿谢启昆《广西通志》而略有增损。道光三年（1823）书成，共334卷。由于取材博雅，内容翔实，考订精审，其价值为学界所公认，年人称为《阮通志》。清后期广东各府州县修志都以《阮通志》为楷模。道光期间，以《阮通志》的修纂为契机，广东形成一次修志高潮，出现了一些比较好的方志。同治、光绪朝又出现了第二次修志高潮②，陈澧的修志活动主要在这个时期。

同治十年（1871），开修《番禺县志》，广聘儒林，慎编纂之才，设采访之使。总纂为史澄、何若瑶。陈澧是分纂之一。此书《沿革》一卷，《前事》二卷，为陈澧所纂。③

同治十二年（1873），重修《香山县志》，聘陈澧为总纂。香山修志创自明永乐中，明成化、嘉靖、清乾隆年间多次重修，然名称不尽相同。道光七年（1827），祝淮任香山知县，倡议纂修新志，例称"祝《志》"。同治十二年，知县田明曜倡议重修，继任者张鸿舫、杨春霖踵行其事，与修者有何小宋、黎凤栖、刘固堂、彭敬海、郑玉轩、李紫亭等，陈澧为总纂。书成于光绪五年（1879）十二月，而卷首称"同治十二年香山县志"，以次重修始于此年故。

此次重修，仍以前志为基础，保存前志之内容，增添新材料或增创新体例。祝《志》八卷，分题舆地、经政、古迹、选举、列传、艺文等类，类下或分细目。与前代志相比优点甚多，首重舆地图地，一志在手，山川道里如在掌中，又

---

① 陈桥驿：《郦学新论——水经注研究之三》，山西人民出版社1992年版，第449–450页。

② 李绪柏：《清代广东朴学研究》，广东省地图出版社2001年版，第170页。

③ 黄国声、李福标：《陈澧先生著述考录》，见《陈澧先生年谱》，广东人民出版社2014年版，第320页。

《金石》《海防》皆补旧志所阙。是志二十二卷，卷一《图》及卷二《图说》为祝《志》原本；卷三《新图》，列其目而未刊刻；卷四以下分题舆地、建置、经政、海防、古迹、职官、选举、宦绩、列传、艺文、纪事等类，各大类下双有细目不等，如《舆地》类下更题沿革、疆域、晷度、山川、都里、气候、风俗、物产等目，较之祝《志》，内容增益甚多。

县志体例较祝《志》亦有变化，如以"学刊"单立一目，隶卷七《经政》类中；祝《志》以澳门附于海外，是志则以其他入卷四《舆地》类下之《山川》目，其事入卷二十二《纪事》类；而赁居外国人之风俗则入《纪事》类之《附记》。

是志精于考核，于前志之错谬多所匡正；又详于编裁，于历史事件考证补阙、记载详细，颇为可贵。① 陈澧写了《重修香山县志序》，论曰："香山自宋绍兴分东莞县地自为县，至明代而有黄文裕公，硕学高文，为岭南之冠。国朝则吾师曾卓如先生，道光时称名臣。其余学行事功可传于世者，指不胜屈，今载在列传，灿然可考，澧故曰香山人才之盛也。""此志既成，后之览者当自得之，其为书较之旧志盖有过之无不及，则诸公之力，而澧得附其姓名云尔。"②

重修《广州府志》，163 卷，史澄、李光廷任总纂，陈澧等分纂。《重修广州府志》体例悉遵阮文达公《广东通志》，考核精详，较旧志尤为明备。其编集所采访启事，取去谨严，勿遗勿滥，洵足补前人之所未及而昭示后来于无穷。此书《舆地图》一门为陈澧分纂。③

陈澧撰《学海堂续志》。《学海堂志》为学海堂早期学长林伯桐于道光十九年（1839）编撰。林于该堂创建发展，均有参与，故所记详悉。至同治五年（1966），陈澧在原志基础上，将道光十九年后的变迁及新增事项作为续编，附系于相应条下。光绪刊《学海堂志》，在目录后有陈澧题识云："月亭先生撰此志，今将三十年矣。中更兵燹，复有前后小异，不可以不记，辄为续之。其不必续者，不赘也。同治丙寅季夏，陈澧谨识。"④ 例如：《学海堂章程》一目，陈澧续了三条：

> 卢前部堂（按：指卢坤）颁发"日程"，有句读、评校、抄录、著述四项工夫，应令肄业诸生每日读书用红笔挨次点句，毋得漏略凌乱，以杜浮躁。至于评校、抄录、著述三项，视乎其人学问浅深，凡为句读工夫者，不

① 《续修四库全书总目提要》（史部），上海古籍出版社 2014 年版，第 320 页。

② 《重修香山县志序》，《东塾集外文》卷三，见黄国声主编《陈澧集》（一），上海古籍出版社 2008 年版，第 373 页。

③ 黄国声、李福标：《陈澧先生著述考录》，见《陈澧先生年谱》，广东人民出版社 2014 年版，第 320 页。

④ 《学海堂志》，见黄国声主编《陈澧集》（五），上海古籍出版社 2008 年版，第 614 页。

限以兼三项。为三项工夫者，必限以兼句读。期使学问风气，益臻笃实。

一、肄业诸生课程，每年四季由学长评定高下。

一、肄业诸生定以三年为期，期满复行举报更换，以期后来之秀，接踵相望。①

又例如《建置》一目，陈澧续了《设祠祀》内容："仪征公既没，同人议建祠以祀，而山堂周垣以内无其地，惟启秀山房气象崇深，于祠祀为宜，乃奉神牌于其中，改题为阮太傅祠。每岁春祭以正月二十日，秋祭以八月二十是，其品物礼节仿照名宦祠礼：帛一，羊一，豕一，笾四，豆四，尊一，爵三，行三叩礼。"②又例如《课业》一目，陈澧续的内容："郭中丞（按：指郭嵩焘）谕云：卢前部堂设课业诸生，各择一书肄习。本署部院仍照卢前部堂所定章程，于所治经史专集之外，加增数学一门，仍以十人为率，将来再行推广。公举专课肄业生十名（按：名单略）。"③

陈澧的续补，使《学海堂志》更加完备。

修方志有其原则和条例，陈澧学生廖泽群向他请教修《顺天府志》的方法，他在《复廖泽群书》（三）中谈了几点意见："《顺天府志》宜以府尹所管之地为限断，京城之地不归府尹管辖者，可不入此志"，"府志是官书，当遵国朝官制"；"《武功县志》太简略，亦不必效之。祠祀不宜兼寺观在内，凡祠庙虽以僧道司祝者，皆不得谓之寺观，惟奉佛道者乃为寺观耳"；"城郭当与官署、津梁之类为一门，而分列子目，不当入古迹，或故城已废者，可入古迹"；"章实斋《文史通义》说修志事宜甚详，《粤雅堂丛书》有刻本，宜阅之"。④ 这几条原则，对今天修志仍有借鉴意义。

陈澧应署理肇庆知府王五福之请拟修志大纲，陈澧撰《肇庆府修志章程》与之，该章程共14条，最主要的有下列几条：

修志之事。拟分三节，一曰述旧，二曰增新，三曰删正。述旧者，抄录通志、旧府志、各县志，无稍遗漏，乃合纂以成一编，名曰底本，此述旧也。增新者，抄录案牍，抄录群书，抄录采访册，无稍删改，乃分类增入底本内，于是名之曰长编。然后加以删正。凡虚妄者，削去之；冗蔓者，剪截之；鄙俚者，修饰之；讹误者，订正之；或长编排纂错乱者，移易之。则成新志矣。

编底本之事。众人分阅诸志书，抄录相关资料，依门目分开编排次第，如此

① 《学海堂志》，见黄国声主编《陈澧集》（五），上海古籍出版社 2008 年版，第 618 页。

② 《学海堂志》，见黄国声主编《陈澧集》（五），上海古籍出版社 2008 年版，第 622 页。

③ 《学海堂志》，见黄国声主编《陈澧集》（五），上海古籍出版社 2008 年版，第 641 页。

④ 《与廖泽群书》（三），《陈澧集外文》卷五，见黄国声主编《陈澧集》（一），上海古籍出版社 2008 年版，第 478－479 页。

则成底本矣。旧府志、各县志必须全抄，阮通志只抄肇府事。仍要全部查阅，恐有肇府事在各府卷内者，亦必勾勒发抄。

抄录案牍之事。依阮通志门目查阅府署及各悬置案牍，抄录相关资料，增入底本各门内。

抄录群书之事。凡阮通志所采之书，今日所能采到者聚于志局，请众人分阅，凡有肇庆府事者，皆摘录之，增入底本各门内。

抄录采访册之事。抄录采访册相关资料，增入底本各门内。

采访之事，为修志之至要，必须有堪胜纂修之人，然后堪胜采访。

修志之体例，略仿阮通志。昔阮文达公修通志时，遍选各志书，以谢中丞启昆所修《广西通志》为最佳，故《广东通志》仿其体例。嗣后各府、县修志，多依阮通志体例。今修《肇庆府志》，亦宜依阮通志体例。

阮通志以物产入舆地之内，颇觉未善。肇庆物产以砚石为最，此甲于天下者，尤以他物不同。兹拟分物产为一门，砚石又为一门。①

这个章程实是修志的原则与方法。特别是述旧以成底本，增新以成长编，删正以成新志，此三法可视为清后期广东修志实践活动在理论和方法上的一次全面总结。陈澧对这一文件也十分重视，作为修志的参考，他在致蕴玉仲的信中说："兹因修广府志商议章程，弟前拟肇庆府志章程，如尚存，祈检发一阅，为荷。"②

同治三年（1864），清廷下旨命令各省绘制地图进呈。当年三月，两广总督毛鸿宾、广东巡抚郭嵩焘于广州府学宫开设舆图局，聘请陈澧总核广东舆地图事，同核者有邹伯奇、徐灏、赵齐婴、桂文灿等人。他们都是娴熟地理之学、有著述行世的专家。邹伯奇、徐灏是陈澧好友，赵齐婴、桂文灿是陈澧门人，因而广东舆图局自然而然以陈澧为核心，其是实际负责召集人。陈澧在《复胡伯蓟同生兄弟书》中说，"仆今年为同乡诸君请校重刊省志，督抚二公奉旨绘地图，亦命司其事"③，即是指此事而言。在《复张彦高书》中又说："弟老矣，不能学矣，弟与特夫（按：指邹伯奇）皆为督、抚二公请绘地图，据文武官呈督、抚之图以志书考核之。然此摹绘繁密，亦非衰老所能办，此则辛苦而无补者也，聊

① 《肇庆府修志章程》，见黄国声主编《陈澧集》（五），上海古籍出版社2008年版，第600－603页。

② 《与蕴玉仲书》，《东塾集外文》卷五，见黄国声主编《陈澧集》（一），上海古籍出版社2008年版，第487页。

③ 《复胡伯蓟同生兄弟书》，《东塾集》卷四，见黄国声主编《陈澧集》（一），上海古籍出版社2008年版，第174页。

备一种官书而已。"① 为此陈澧制定了《广东图说凡例》二十条。凡例的主要内容，包括：

> 奉谕旨绘广东地图，檄行通省文武各官绘造图册以为底本。乃以《广东通志》及府、厅、州、县志书所载地图详加考核，又采访近日商民所绘水程海岛之图以参订之。自来志书绘图皆多不确……今以府、厅、州、县交界之山水为定，其余不合者，长短疏密，逐渐移改……虽未必尽其真，而较详于旧图矣。

> 今以初刻《广东通志》之图为底本，转以文武官新绘之图参订之……其海滨岛屿沙礁、零星屈曲，皆近今采访所得，亦较旧志之图更为详细。

> 省城之经纬是实测所得，真确不误。其余府、厅、州、县治所，旧志虽有经纬之数，大都以道里约略定之，不尽出于实测。今以《广东通志》之经纬为底本，以文武官新绘之图核之，有未确者，稍为移置。

> 唐《元和郡县志》旧有四十七图、冠诸镇之首，今窃仿此制。

> 钦奉谕旨地图之后系之以说，凡有建置、沿革，前后不同者，谨遵钦定《大清一统志表》，不敢增易。

此外，对山谷、道路、营讯、古迹、水道、乡镇、驻军、八排瑶人、香港、澳门、汕头等相关问题，都做了具体细致的规定，以便实施操作。②

凡例起草定编后，舆图局的工作正式进入正轨。但这工作并不顺利，内部意见分歧，一波三折，耗费陈澧不少时间和精力。这工作的关键是绘测地图。陈澧门人赵齐婴担任了这一繁重的任务。他勤勤恳恳，任劳任怨，出力最多，贡献最大，是陈澧的得力助手。最后他积劳成疾，以身殉职，年仅40岁。赵齐婴死后，家里贫穷无钱安葬，陈澧特地将此事告诉郭嵩焘，请求帮助。郭嵩焘十分同情，予以优厚抚恤。办完丧事之后，陈澧写了《上巡抚郭公书》，代表赵齐婴的寡妻及其5岁的儿子表示感谢。在信中引用历史上郭隗说燕昭工以千金使人求千里马的典故，称赵齐婴是"今之千里马也"。说明陈澧对赵齐婴的高度赞赏。③ 赵齐婴死后，陈澧又推荐自己的学生高学耀接替赵齐婴，担任舆图局绘图兼总校的工作。此后，绘制地图的主要任务，基本上由高学耀承担完成。经过几年的合作努力，终于编成了《广东图》20卷、《广东图说》92卷，并陆续刊刻付梓。陈澧

---

① 《复张彦高书》，《东塾集外文》卷五，见黄国声主编《陈澧集》（一），上海古籍出版社2008年版，第450页。

② 《广东图说凡例》，《东塾集外文》卷六，见黄国声主编《陈澧集》（一），上海古籍出版社2008年版，第501-506页。

③ 《上巡抚郭公书》，《东塾集》卷四，见黄国声主编《陈澧集》（一），上海古籍出版社2008年版，第159页；李绪析：《清代岭南大儒陈澧》，广东人民出版社2009年版，第115页。

在《复杨柳岑》中说："弟承令地图之役，于今三年，业已写定；惟据文武官图为底本，为之钩心斗角，费尽精神，而仍不知其确否。"① 质量虽不尽如人意，但毕竟是近代广东全省一次规模较大的综合地图集。这是陈澧对广东编纂方志的一大贡献。

书法与篆刻

陈澧是晚清岭南著名的书法家，篆书、隶书、楷书、草书都有作品传世。因为陈澧是大学者，学界称他为学者型的书家，既有很高的艺术造诣，又有浓郁的风雅情调。②

陈澧在《与陈懿叔书》中，说他青少年时的爱好，"嗜好乃益多，小学、音韵、天文、地理、乐律、算术、古文、骈体文、填词、篆隶真行书无不好也。""有索诗者则为诗，不摹仿古人诗矣。有索书者，则书字，不临写古人书矣。"③ 书法是他一生的爱好。陈澧的篆书学自黄子高。黄子高的篆书有很高的成就，康有为在《广艺舟双楫》卷二之《说分第六》中说："道光间，香山（按：应为番禺）黄子高篆法茂密雄深，迫真斯相，自唐后碑刻，罕见俦匹。虽博大变化，不逮完白，而专精之至，亦拔戟成队。此犹史迁之与班固，昌黎之与柳州，一以奇变称能，一以摹古擅绝，亦未易遽为优劣。世人贵耳贱目，未尝考古辨真，雷同一谈，何足以知之？"④ 在广东书坛，以篆得康氏如此赞誉者，仅此一人而已。陈澧一代文学家，精通《说文解字》，对金文、石鼓文很有研究，金文取法《虢季子白盘铭》。该器铭记叙了周宣王十二年北伐严狁大胜而归的一些事情。虢季子白因斩获颇丰而受赏铸器，所以铭文的风格有着强者的信心和喜悦，仿佛在与其铿锵有节的韵文形式相呼应。字形结体很注意变化，通篇气韵整肃划一，富于节奏感。笔法折挫屈曲，与秦刻石鼓文颇多相似之处。由此入手，似乎可以寻绎出石鼓文书法风格的渊源。《虢季子白盘铭》以其独特的风神，在中国书法史上

---

① 《复杨柳岑书》，《东塾集外文》卷五，见黄国声主编《陈澧集》（一），上海古籍出版社 2008 年版，第 490－491 页。

② 陈永正：《岭南书法史》（修订本），广东人民出版社 2011 年版，第 167 页，"大学者陈澧的书法"一节。

③ 《与陈懿叔书》，《东塾集》卷四，见黄国声主编《陈澧集》（一），上海古籍出版社 2008 年版，第 168－169 页。

④ 转引自朱万章《黄子高的篆书及其〈续三十五举〉》，见《岭南金石书法论丛》，文化艺术出版社 2001 年版，第 242 页。

留下了光辉的印记。①

陈澧十分喜欢秦琅邪台石刻。秦始皇二十八年（前 219）东巡登琅邪而立。相传为李斯所书。康有为《广艺舟双楫》："《琅邪》秦书，茂密苍深，当为极则。"杨守敬跋云："嬴秦之迹，惟此巍然虽磨泐最甚，而古厚之气自在，信为无上神品。"该刻石为秦篆正体。一方面由于刻石颂德的功利倾向，力求作品书风的茂密与巍然，用来昭示秦帝国一统天下的皇皇功绩；另一方面，也是秦朝统一文字的标准，所以有工整严谨的作风。② 陈澧为《琅邪台刻石》写过三篇跋文。在《琅邪台刻石跋》中说：

> 翁覃溪《复初斋集》有此碑跋尾云："壬子夏按试青州，访诸学官弟子，有段生松岑诺为拓之。时以夏秋，海水盛长，不可往。"阮文达公文集有此碑十三行拓本跋云：琅邪台在诸城县治东南百六十里，东南西三面环海，台上有海神祠，秦碑在焉。拓时须天气晴朗，否则雾重风大，拓不可成。观翁、阮二家跋语，则知此碑拓本之所以难得矣。余家藏一本，摹写数十过，欲刻于石而无别本参互审定。今伯瑜得吴荷屋中丞藏本，借观匝月，颇自信摹本不谬，可以刻石矣。③

从这篇跋中可知陈澧家藏一本《琅邪台石刻》，自己"摹写数十过"。后又借吴荷屋藏本，"借观匝月，颇自信摹本不谬，可以刻石矣"。后又写《重刻琅邪台秦篆拓本跋》，云："天下石刻最古而无疑议者，惟琅邪台秦篆诏书独完存于世，拓本难得。""宋熙宁九年，东坡守高密，摹刻于超然台。高密距琅邪仅百余里，尚摹而刻之，盖亦以椎拓之难故也。今去东坡八百余年，岭南又远隔数千里，学篆者欲求拓本一纸而不易觏也。余昔时得一纸，凡十二行，钩摹者屡矣。后借得友人二本，亦十二行，盖皆孙渊如所拓，与余所藏本互相比较审谛，摹成定本，适得百年前断碑无字者，其石坚厚无匹，乃刻而置之学海堂。近日广州人士多学篆书者，可以得秦篆之法矣。余既题记刻秦篆下，复详述于新拓本后。"④ 后又写《再跋琅邪台秦篆新刻本》，曰："此余亡女娴所摹也。始余欲重刻此碑，手自钩摹屡矣，而皆不似，以为老眼昏眩也。后返省城，屡使刻工钩摹，尤不似。最后使娴摹之，娴以墨点积成之，与旧拓无异，见者不知为摹本也。今刻本不能

———————

① 《虢季子白盘铭》，见刘正成主编《中国书法鉴赏大辞典》（上），大地出版社 1988 年版，第 29 页。

② 刘正成主编：《中国书法鉴赏大辞典》（上），大地出版社 1988 年版，第 55 页。

③ 《琅邪台石刻跋》，《东塾集外文》卷三，见黄国声主编《陈澧集》（一），上海古籍出版社 2008 年版，第 390 页。

④ 《重刻琅邪台秦篆拓本跋》，《东塾集》卷四，见黄国声主编《陈澧集》（一），上海古籍出版社 2008 年版，第 150 – 151 页。

无失，盖得十之六七耳。娴甚聪明，余最爱之，今夭死矣。余每见新拓本，辄悲不忍视。雪浛书此，后之摹刻古碑者，宜用此法也。"① 我们从这三篇跋文中可以得出三个结论：第一，陈澧深知琅邪台石刻拓本之难得，十分钟爱它，自己摹写数十遍。第二，对拓本校勘十分严谨，借不同的藏本反复校对，摹成定本。第三，为使岭南人士学习秦篆刻，把琅邪台刻石拓本重新刻石置于学海堂，为弘扬传统文化而做出了贡献。

吴《天发神谶碑》，此碑又名《天玺纪功颂》《免功颂》《吴孙皓纪功碑》，俗又称《三段碑》《三击碑》。世传为皇象书。三国吴天玺元年（267）七月立。石旧在江苏南京天禧寺，曾多次移地。石呈圆幢形，环而刻之。宋时已断为三段。篆书。三段共存两百余字。清嘉庆十年（1805）三月毁于火。拓遂难得。故宫博物院藏有宋拓本。有重刻本多种，影印本甚多。历代书家对此碑评价甚高。宋黄伯思《东观余论》："若篆若隶，字势雄伟。"清张叔未谓其"雄其变化，沉着痛快，如折左刀，如断右钗，为两汉以来不可无一，不能有二之第一佳迹。"康有为《广艺舟双楫》谓其"由篆变隶，篆多隶少者"，"笔力伟健写古今"，"奇伟惊世"，"篆隶之极"。此碑结体用篆法，而字形取方，且多杂隶书体势。魏晋时期的书法处于历史的转折期，由篆向隶转变，此碑以隶入篆，是这个时期的典型代表作。②

陈澧对此碑十分重视，曾写《重刻天发神谶碑以诗纪之》：

> 东吴神谶之碑文，篆书隶笔疑八分。（阮文达公说。）我思故乡此古刻，惜我□□碑先焚。信哉好古生苦晚，借得纸本生欢欣。年少眼明有同嗜，（俞梧生。）双钩细若蛛丝纹。我今老矣不自珍，廿年故纸堆灰尘。竭来书局有好事，付之西樵镌翠珉。属君缺泐要如旧，勿似□□［十四］贪圆匀。更为辨析一二字，勿似萃编徒失真。若论篆法我有说，□□□□□□□（按：此恐非完篇。）③

据《陈澧先生年谱》，同治十三年（1874）十一月，以《重刻吴天发神谶碑》移置学海堂。汪宗衍《陈东塾先生年谱》云"据拓本"。④

陈澧临摹《天发神谶碑》的情况，我们从陈垣与其子陈约（书法家）的通信中略知一二。收入陈智超编注《陈垣来往书信集》中的陈垣与陈约的信（包

---

① 《再跋琅邪台秦篆新刻本》，《东塾集》卷四，见黄国声主编《陈澧集》（一），上海古籍出版社 2008 年版，第 151 页。

② 刘正成主编：《中国书法鉴赏大辞典》上册，大地出版社 1988 年版，第 137 页。

③ 《陈东塾先生遗诗》，见黄国声主编《陈澧集》（一），上海古籍出版社 2008 年版，第 589 页。

④ 黄国声、李福标：《陈澧先生年谱》，广东人民出版社 2014 年版，第 261 页。

括陈垣对陈约来信的批复）217 通，其中有十多通说到《天发神谶碑》。今按时间先后摘要以下：陈垣的批复加"（　　）"。

1936 年 11 月 2 日，陈垣的批复：（陈东塾收到未？……东塾此篆略仿《天发神谶碑》，曾见过否？）

1936 年 11 月 26 日，陈约致陈垣：廿日得接东塾篆两轴。……《天发神谶碑》虽曾过眼，而印象含胡，今见东塾篆，依稀辨认耳。

1936 年 12 月 29 日，陈约致陈垣：《秦诏版》（铜版，极难得），《峄山碑》（石刻，已残），《天发神谶碑》等（翻刻者极多，隔三、四度手，不如学人墨迹。二碑学海堂有翻刻），望能寄下。

1937 年 1 月 17 日，陈约致陈垣：昨日同时收到书三册（《天发碑》、集篆四种、陈篆），即流览一宵，我开眼界，受益不浅。……前年赐下陈澧先生手卷（此极难得之品，应宝之）。

1937 年 1 月 30 日，陈垣批复：（近得一原刻《神谶碑》，剥落虽甚，神气尚存，较之广州重刻本，相去天壤矣。但不睹广州重刻本，亦不知此本之桂也。）

1937 年 2 月 7 日，陈垣致陈约：即早见东塾篆六言一对，写《神谶》，甚精，系甲戌年先生六十五岁作。比日前付粤钟山陈澧篆册（此册不可学），远胜之矣。对文亦甚佳，云：欲寡过而未能，恐修名之不立。索值三十元，还十五不售，可惜。虽日写《神谶》，然与影印之座右铭又不同，精品也。可惜可惜。二月七日。

1937 年 2 月 14 日，陈垣致陈约：曹魏《三体石经》与吴《神谶》年代相近，故皆用方笔。

1937 年 2 月 17 日，陈约致陈垣：东塾篆格言，与《神谶碑》（广州重刻。《神谶》有原拓本，大不相同）对看，前者略有楷意，后者隶所从出。

1937 年 3 月 7 日，陈垣致陈约：魏三体石经残石，系近年出土，东塾时未见。然因其学《神谶》（吴魏同时），故极相似。吾见东塾篆众矣，如此联尚是第一次见也。以视座右铭进一步。

1937 年 3 月 7 日，陈约致陈垣，3 月 14 日陈垣批复：（东塾篆联照片已见否？告我。此学《神谶》而青出于蓝者也。此之谓善学，亦谓之善变。）

1937 年 3 月 18 日，陈约致陈垣，25 日陈垣批复：东塾联极精，若（"若"圈改为"似"，并批：若字容易误会为若果）不经意，而自然超妙，尤其（此处添一"是"字）章法严谨，非老年人（"年人"圈改为"乎"）不办，较之座右铭之尚不免（"尚不免"删去）愈来愈大，确胜一等。鞠普先生亦称之，俪以为其运笔用正铎，未合《神谶》（青出于蓝，又何必合），随执笔为证。《神谶》如何从侧锋入，以侧锋出，说来未尝不形似，（寄粤原拓《神谶》二种，收到未？）

1937 年 3 月 27 日，陈约致陈垣，4 月 4 日批复：此次寄下《神谶碑》两种，确较前寄广州重刻本不同（"不同"前添一"大"字）……即如起初学篆，其意不过欲稍通《说文》，实不知有所谓《三体石经》《天发神谶碑》也。大人陆续下各碑，督促学习，始稍求字形之趣……①

以上材料说明几个问题：第一，陈澧学篆书，从临摹《天发神谶碑》入手，青出于蓝而胜于蓝；第二，陈垣搜集各种拓本、刻本，寄给陈约，要陈约从中学习篆法，特别要学习陈澧书法；第三，陈澧根据拓本，《重刻吴天发神谶碑》移置于学海堂，让岭南学人学习。

陈澧师从黄子高学习篆书，黄子高 43 岁时作《续三十五举》。这是一部专论篆书之作。历述书法之源流变迁，及家派流别。其言篆曰："讲篆书者约有三家：一曰考古家，一曰写字家，一曰摹印家。以许氏为宗，证以经典之异同，此考古家也。广搜金石诸刻，专讲笔法，此写字家也。至于摹印，又在二者之外。"自序云："余少入塾即喜摹印，学为小篆，兼及古文。或者不察，从而问途。窃喜吾之不孤，深恐其辞之未达。杜门谢客，以笔代谈。"这本书讲篆书，有很多精到之处，其中有一点就是学篆以《说文》为本。学习篆书，必先掌握《说文解字》。"说文都九千三百五十有三字，日写三百余字，一月可遍。把笔既写，然后再加临摹，方可渐进于古。"又曰："童蒙入塾，塾师先教以摹写上大小，若将《说文》五百四十部之字镂板印朱如童时仿字式，稍有资禀无不参作篆者也。"通《说文》是学篆的基本功。再"广搜金石诸刻"，分析其得失，吸收其所长，避其所短，则学者可以升堂入室矣。② 陈澧精通《说文》，又广搜金石诸刻，传世作品多达二百种，以其篆书最为人所重。张维屏称："粤东二百年来，篆书当推石溪（黄子高），石溪作古，当推兰甫。"③ 陈永正说："陈氏小篆，虽受黄子高影响，体貌略有相近之处，但情韵方面，却远胜于黄氏。"陈团初说："关于篆书的创作与研究，陈澧先生则和邓石如、吴熙载、赵之谦一样，为摆脱传统束缚而努力，使方圆兼备，熔小篆和金文、石鼓文之笔意，如铁石般挺硬，曲折而自然。""诗人之赋丽以则，上士闻道勤而行"一联，可代表其篆书的整体风格。陈澧曾临习汉《祀三公山碑》及《天发神谶碑》，但"从先生所书'勤力参时无恤饥寒'这件横幅看，方笔一目可见，金石味极浓，即有《天发神谶碑》的特色，但又不同于它的面貌"。陈澧的篆书，"谨持有则"，"法度谨严，

---

① 以上各条见陈智超编注《陈垣来往书信集》（增订本），生活·读书·新知三联书店 2010 年版，第 1020、1023、1029、1032、1035－1036、1037、1039、1041－1042、1014 页。

② 朱万章：《岭南金石书法论丛》，文化艺术出版社 2001 年版，第 245－246 页。

③ 《张南山全集》第五册《谈艺录》卷下，广东高等教育出版社 1995 年版。

晚年之作，尤为朴茂有致"①。这是现代书法家恰当公允的评品。

陈澧的楷书植根于欧阳询，对欧阳询之子欧阳通《道因法师碑》领会尤深。康有为《广艺舟双楫·述学第二十三》谈自己学书的过程说："得北宋拓《醴泉铭》临之，始训古人墨气笔法，少有入处，仍苦凋疏。后见陈兰甫京卿，谓《醴》难学，欧书惟有小欧《道因碑》可步超耳。习之果茂密，乃知陈京卿得力在此也。"说明陈澧对欧阳通的《道因碑》下过功夫，"得力在此"并以此指导康有为学习楷书，康有为果学有成效，"习之果茂密"。所以，陈永正说："陈澧书法走沉厚茂密一路，以欧体的楷法作大字，故结构用笔皆严谨不苟。"②《道因碑》，全称《大唐故翻经大德盖州多宝寺道因法师碑文并序》。唐龙朔三年（663）十月立。李俨撰，欧阳通书，范素镌。楷书三十四行，行七十三字。额楷书"故大德因法师碑"七字。后人对此碑评价颇高，笔力劲健，有父（欧阳询）书遗风。据说，父亲逝世后，母亲徐氏教他习父书。家虽贫，却能遍购其父书迹，刻意临仿，数年后尽得家学，继承了其父的书风。此碑被推为"唐碑中之赫赫者"③。

陈澧还学习王羲之、王献之。他曾写过一副对联："百一诗篇追古雅，十三行字写精研。"此"十三行字"是指王献之的《洛神赋十三行》。为单刻帖，小楷。原迹书于麻笺，至宋残佚。南宋贾似道先得九行，复得四行，刻于水苍色端石上，美称"碧玉"，故又称《玉版十三行》，又称《贾刻本十三行》《碧玉本十三行》。后又有从此石摹刻者十余种。原石数遭流落，现藏北京首都博物馆。此为王献之的名作。它的艺术价值要从楷书的发展来加以认识。楷书源于汉末，而成熟于魏晋。现存最早的楷书作品传为钟繇的《宣示表》《荐季直表》等，尚存隶意。楷书入晋，经王氏王子进而完善。王羲之的《乐毅论》《黄庭经》等小楷，因已足其法度完备。王献之的小楷《洛神赋十三行》突破其父成法的束缚，"别创其法"，点画劲健，体势峻拔奇巧，风神秀逸萧散，是楷书中追求写意书风的经典作品。后世楷书对所谓晋人格调的追慕，莫不以王献之《洛神赋十三行》为圭臬。④ 陈澧说"十三行字写精研"，可见他对王献之追慕之深。

陈澧行书的作品，流传亦甚多。陈永正说陈澧的行书，"植根于米芾而辅以李邕，用笔参以欧阳父子之法。融汇各家，自成一体"⑤。日本《明清书道图说》，刊载陈澧七言联行书一则："天水光摇秋万顷，星河凉转夜三更。"这是陈澧晚年的作品，人书俱老，是一种佳作。笔法苍老凝练，行笔涩劲，沉稳爽利，

---

① 陈永正：《岭南书法史》（修订本），广东人民出版社 2011 年版，第 168－169 页。
② 陈永正：《岭南书法史》（修订本），广东人民出版社 2011 年版，第 168 页。
③ 刘正成主编：《中国书法鉴赏大辞典》上册，大地出版社 1988 年版，第 481 页。
④ 刘正成主编：《中国书法鉴赏大辞典》上册，大地出版社 1988 年版，第 174－175 页。
⑤ 陈永正：《岭南书法史》（修订本），广东人民出版社 2011 年版，第 171 页。

清雅绝俗，结构谨严。张菊英评价此联说："陈氏曾致力于米芾的书法，奠定了扎实的基础。……此作品似又参以欧书的严整，显得挺拔俊丽，结体严密方劲。同时又以险取胜，其字的重心压在左侧，而以千钧之势出一奇笔压向右侧，使每个字的结体形成一种逆反之势，然后再向右用力，使之化险为夷，可谓是险中求稳，别有天趣。"① 陈永正说，张氏所评，可以概括陈澧大部分行书的特色。

陈澧的隶书，当时亦有名气，求书者甚多。1940 年 2 月，以著名学者叶恭绰为主任委员的中国文化协进会，在香港大学冯平山图书馆兴办了广东文物展览会，共征集展品两千余件。在抗战时期，这个展览会影响巨大。继而又出版了以该展览会内容为主的《广东文物》一书。从该书中知道，展品中有陈澧的图像、书画手迹、批校、典籍等 20 多件。其中，卷二图版一四一为"陈澧书铁庵额"。此额为隶书。陈澧跋曰："铁庵先生曰：铁，钝物也，吾以名吾庵。陈澧曰钝胜于锐，权知万物之轻重，而干莫不能也。遂书之。同治戊辰四月澧并记。"② 著名书法家麦华三说："兰甫隶书，亦甚朴茂。尝见其'铁庵'二字，字大盈尺。用笔厚重，有受禅表遗意。"③

陈澧的篆刻。陈澧"篆隶真行书无不好也，无不为也"④。他精通金石之学、小学、《说文》，学殖深厚，自幼喜爱刻印。他在诗中说："性拙本寡交，交辄金石坚。"⑤"蒐句无功刻印刓，近来好懒兴全删。无端偶学邯郸步，又费浮生半日闲。"自注云："余自幼喜刻印，后以惜目力不为也。近来复不喜为诗，今年恒过蒲生，乃稍刻印，又以韶台索和，率成八绝句以塞责耳。"⑥ 陈澧是晚清岭南篆刻最重要的倡导者。他的印学自有渊源，著名印章鉴藏家潘有为是陈澧岳父潘有度的胞兄，书画、篆刻家潘正炜亦是陈澧妻兄，受他们的熏陶，陈氏浸淫于秦汉古印中。后又从谢兰生学。谢兰生之父谢景卿是清中叶"淳正典雅"粤派印风的开创者。⑦ 为乾嘉年间粤中篆刻名家。谢兰生刻印亦学自其父，但法度则稍变之，在汉人基础上吸取浙派诸子的章法刀法，每用切刀，力求劲健朴茂，自具面目。陈澧又与黄子高、徐灏、孟鸿光等一批金石师友交厚，研经考史，切磋印

① 刘正成主编：《中国书法鉴赏大辞典》下册，大地出版社 1988 年版，第 1253 页。

② 广东文物展览会编：《广东文物》上册，广东人民出版社 2013 年影印本，第 96 页。

③ 麦华三：《岭南书法丛谭》，见广东文物展览会编《广东文物》下册，广东人民出版社 2013 年影印本，第 725 页。

④ 《与陈懿叔书》，见黄国声主编《陈澧集》（一），上海古籍出版社 2008 年版，第 168 页。

⑤ 《读书饮酒醉后得书五首》，见黄国声主编《陈澧集》（一），上海古籍出版社 2008 年版，第 569 页。

⑥ 《和张韶台谢孟蒲生刻印并简蒲生八首》，见黄国声主编《陈澧集》（一），上海古籍出版社 2008 年版，第 583 页。

⑦ 梁晓庄：《岭南篆刻史》，广东人民出版社 2017 年版，第 40 页。

艺，互相影响。

清代乾嘉年间，在碑刻书法的影响下，岭南篆刻确立了"印从书出"的观点。陈澧力主以古籍之学治印学，治印必先治小学，懂篆法，有学识，才能治印。他在《和张南山先生为梁蔼邻中丞作商爵诗》中说："我生夙好金石文，上穷斯籀下隶分。""歌诗唱和各奇绝，更得篆法心所欣。我观古文笔锐出，蝌蚪掉尾形蝹蝹。周鼓秦碑玉箸法，瘦硬有似秋鹰筋。从兹下阅汉吴魏，两体屹若张两军。夙疑中郎论篆势，微本浓末何云云。""更考唐人篆碑额，源流一线无歧纷。惟应三体鼎足立，彼十八体空尘氛。""幸遇公卿雅好古，阮梁先后钩摹勤。"① 诗中像数家珍一样，历述周秦石鼓，汉唐石碑，篆隶真迹，可见他学识深邃，印学源流谙熟。他在《和张韶台谢孟蒲生刻印并简莆生八首》中自述他对刻印的爱好。张韶台、谢孟、莆生（孟鸿光，字蒲生，别署丝剑山人），都是他亦师亦友的篆刻宾。自注说："蒲生有《梅雪轩印谱》。""余爱铜印，蒲生谓油砟著铜辄殖败，不喜之。然其《印谱》仿古铜印最多，故以此嘲之。""余爱铜印，常携印归。蒲生、韶台皆居清水濠，其西傍城根，人云多鬼，故戏及之。"② 从这些片言只语中，可见他们的共同爱好和深厚情谊。特别是陈澧与蒲生，年龄相仿，陈澧曾馆于张维屏家，张家与蒲生所居处不远，故陈澧常常造访，切磋印艺，研讨金石，陈澧在《摹印述》中说："刻印，有作篆极工但依墨刻之不差毫发即佳者，有以刀法见长者，大约不露刀法者多浑厚精致，见刀法者多疏朴峭野，孟蒲生孝廉云：'古人刻碑，亦有此二种。'蒲生深于篆隶金石之学，其所论往往造微。"③ 又有"摩挲金石吾同癖，夜夜笼灯上小楼""绿剑山人擅妙词，即论摹印亦吾师"④ 之诗句。陈澧对孟蒲生之印极为赏识，孟氏殁后，陈澧为之立传。略云：

> 孟蒲生，名鸿光。……自其幼时，能强记，其父为讲子史精华事，越数日使覆述之，不误，则赏以戏玩之物，抱与观剧以为常。及读书，每日摘钞帖壁上，日阅一遍，后月朔所帖易去前月朔所帖，日日如是，其勤挚如此。由是记诵浩博，为诗文属对工巧。好小学及金石文字，能为篆隶书，尤善刻印。……澧昔与蒲生谈小学甚欢洽，《凡将》佚文，蒲生诵之无遗误，且言所出。澧畏服之。又尝问："君读注疏几部？"蒲生曰："遍读十三部矣。"其实学如此。……广州府修志书，欲为蒲生立传，余哀蒲生，聊书送志局，

① 《和张南山先生为梁蔼邻中丞作商爵诗》，《陈东塾先生遗诗》，见黄国声主编《陈澧集》（一），上海古籍出版社 2008 年版，第 556 - 557 页。

② 《和张韶台谢孟蒲生刻印并简蒲生八首》，《陈东塾先生遗诗》，见黄国声主编《陈澧集》（一），上海古籍出版社 2008 年版，第 583 页。

③ 《摹印述》，见黄国声主编《陈澧集》（六），上海古籍出版社 2008 年版，第 213 页。

④ 黄国声主编：《陈澧集》（一），上海古籍出版社 2008 年版，第 583 页。

或有可采择者乎。①

邓尔雅称蒲生为东塾门下士，说："东塾于初学，主张当先从员朱文入手，余少小时，访东塾之曾孙之远（公睦丈之长子，字大我）。见东塾所遗之印，于完白山人为近，东塾门下士孟蒲生，工篆刻，初法钝丁曼生，东塾辄亲拟印稿，命蒲生依样优镌，不自刻也。蒲生逝后，则何昆玉代为之，亦东塾门下也，但似不如蒲生尤能得东塾笔意，余曾见东塾印稿，写以银朱，丹毫员折，精劲停匀，在秦刻汉额之间，与刀镂泥钤无异，平日写篆，临《琅邪台》及《天发神谶碑》居多，文集中有孟蒲生传，其末句云，自蒲生死后，无复能刻印者矣，犹孔子之恸颜焉。余每见蒲生自刻印，仿丁陈为多，但无剑拔弩张之习，受东塾之诚也。"②

陈澧遗留下来的篆刻作品不多，现能见到的是其嫡孙捐赠给中山大学的数方白铸铜印。"陈兰甫""陈澧之印""陈澧印信""兰甫"等用姓名印是他早年刻铸的佳作，白文印纯属汉人法乳，篆法妥帖自然，虚中有实，线条富变化，深得汉印古拙深厚之趣味。著名古文字学家、印人马国权谓其印"琢白填朱，并皆佳妙，置于汉印之林而无逊色"③。

陈澧中年以后因目力关系，亲自刻制的印章并不多。但兴到之时，又亲自篆稿于印石上，嘱门生孟蒲生、何昆玉刻之。《广东文物》上册卷二，出版摄影图片三二二，载有"陈澧手篆印稿"八方，喜乐园藏，其中"胡锦燕印"共五方，两大三小；"胡氏苏门"二方；"苏门"一方。旁有作者自注"用"或"不用"字样，或注明"仿汉印""可刻浙派""圆朱文之朴者"，可见其对艺术严肃认真的态度。④ 台北故宫博物院出版的《陈兰甫先生书画特展目录》，刊有陈澧所篆写、昆玉刻制的六方朱文印章。其中"别有怀抱""十目一行"朱文印借鉴了元人印式，所篆印稿取法秦小篆笔意。陈澧所作圆朱文印，将石鼓文、小篆、汉碑额及李阳冰篆书融为一体，引进印面，"印从书出"，自成一格。⑤

陈澧对岭南篆刻艺术的贡献，除了他的篆刻实践之外，还对篆刻做了理论概括，著《摹印述》一书。《摹印述》成书于道光二十七年（1847）。本书对篆刻理论做出的贡献主要表现在以下几个方面。

元人吾丘衍著《三十五举》，介绍篆刻艺术，对后世影响颇大。陈澧参照

---

① 《书孟蒲生》，《东塾集》卷五，见黄国声主编《陈澧集》（一），上海古籍出版社2008年版，第204页。

② 邓尔雅：《印学源流与广东钱人》，载《南金》杂志，1947年刊行。

③ 转引自梁晓庄《岭南篆刻史》，广东人民出版社2017年版，第174页。

④ 陈永正：《岭南书法史》（修订本），广东人民出版社2011年版，第301页；《广东文物》上册，广东人民出版社2013年影印本，第157页。

⑤ 梁晓庄：《岭南篆刻史》，广东人民出版社2017年版，第175页。

《三十五举》格式，讲述篆刻的法则，全篇为论小学、篆书、印章源流、沿革以及印章布局、笔法、刀法、品评印章的标准等，是一部重要的印学论著。

提出治印要重学识，篆刻家要重视自身修养和提高印外功夫之修炼。他在序言中，开宗明义地指出："摹印，古人小学之一端也。古摹印既有师法，故文字精雅，为物虽小，而可与鼎彝碑版同珍。后人为之，不能及也，不讲小学，不能作篆书、隶书故也。"① 强调要学刻印，首先要通小学，即文字学。而在篆书三体（古文、小篆、缪篆）当中，"摹印以缪印为字主，而缪篆仍当以小篆为根本"。摹印要先知字体，再"讲求作字家法"，多读古碑版。作字要以"雅正"为主，而"用印固当学篆书，且当学隶书，古印往往似汉隶"。能作篆书、隶书，才能作印。他强调"作印先检《说文》，识其字从某从某，然后酌其章法。如尽依《说文》觉其窒碍，宜有省变，则仿汉隶之体为之可也。省变非但指全字而言，偏旁皆可仿之。故欲知汉隶省变，当先识《说文》正体"，表现了他既尊重传统，又主张讲求灵活的辩证观点。强调"印外求印，印从书出"的身体修养的重要性。这是陈澧的心得，值得好好体味。

道光以后，浙派印风盛行于岭南，陈澧对时下印风提出批评，说浙派今时盛行时人所刻过于"方折峻削"，"近人变本加厉，或近粗犷，或又纤仄，颇乖大雅"。他说"深于篆隶之学，多见古碑古器古印，则方圆皆得其妙"，对"以臃肿锯牙燕尾之类，貌为古拙"的不良倾向提出批评。"古铜印文古茂浑雅，章法则奇正相生，笔法圆而厚，苍而润，有钗头屈玉鼎石垂金之妙，与古隶碑篆隶无异，令人玩味不尽。然好古印者少，好时样者多，甚矣，训古之难。"引导岭南印学步向"雅正淳古"的新风气。

陈澧的教育思想

陈澧一生主要从事教书育人和学术研究两件事。学术研究的情况已如上述，关于教育情况，他从道光二十年（1840）至同治六年（1867）一直任学海堂学长（八学长之一），达27年之久。同治六年至光绪八年（1882）逝世，任菊坡精舍山长共15年。学海堂是清代广东第一所提倡实学的书院，是汉学在广东开始大规模发展的标志，已如上述。菊坡精舍故址在越秀山南麓属应元宫南部地。同治五年（1866），广东巡抚蒋益礼和两广盐运使方濬颐，将位于应元宫西南侧，在第二次鸦片战争中遭英法联军毁损而废弃的长春仙馆重新改建为菊坡精舍。"菊坡"是南宋名相，广州增城人崔与之的字，相传崔与之曾在此地讲学，故取

---

① 《摹印述》，见黄国声主编《陈澧集》（六），上海古籍出版社 2008 年版，第 208 页。以下引文均见此篇。

此名为纪念这位名人。同治六年（1867）秋建成。聘陈澧为山长。菊坡精舍的办学宗旨与讲求实学方面，与学海堂无异。陈澧在《菊坡精舍记》中说："澧既应聘，请如学海堂法，课以经史文笔。学海堂一岁四课，精舍一岁三十课，可以佐之，吾不自立法也。"① 同治九年（1870）菊坡精舍仿照《学海堂章程》制定章程。与学海堂不同的是，菊坡精舍在陈澧在世时，仅聘他一人为山长。陈澧逝世后，仿学海堂例，不设山长，公举学长四人，共同治校。

菊坡精舍办聘陈澧一人为山长，这给陈澧贯彻其教育思想及讲学带来极大方便。陈澧在菊坡精舍讲学，以学术为重，不以举业为期，把自己的读书方法、汉学经验灌输给学生。他在给好友郑小谷的信中说："承乏菊坡精舍讲席，诸生肯来听讲，此亦堪慰老怀。"② 在给弟子廖泽群的信中说："菊坡精舍近日课期，听讲者多至四十余人，好经学能文章者今年新得六七人，甚可喜。讲授阅卷，虽劳亦乐也，特以告吾弟知之。"③ 可见他在此任职的欣慰之情。

教育宗旨：行己有耻，博学于文。

陈澧的教育宗旨取法于顾炎武，他在《菊坡精舍记》中说："取顾亭林说大书'行己有耻，博学于文'二语揭于前轩，吾不自立说也。""尤以行己有耻为先。"④

顾炎武在《与友人论学书》中说：

> 愚所谓圣人之道者如之何？曰"博学于文"，曰"行己有耻"。自一身以至于天下国家，皆学之事也；自子臣弟友以至出入、往来、辞受、取与之间，皆有耻之事也。耻之于人大矣！不耻恶衣恶食，而耻匹夫匹妇之不被其泽，故曰："万物皆备于我矣，反身而诚。"呜呼！士而不先言耻，则为无本之人；非好古而多闻，则为空虚之学。以无本之人，而讲空虚之学，吾见其日从事于圣人而去之弥远也。⑤

在《日知录》卷十三"廉耻"条又说：

> 《五代史·冯道传论》曰："礼义廉耻，国之四维。四维不张，国乃灭

---

① 《菊坡精舍记》，《东塾集》卷二，见黄国声主编《陈澧集》（一），上海古籍出版社2008年版，第96页。

② 《与郑小谷书》，《东塾集外文》卷五，见黄国声主编《陈澧集》（一），上海古籍出版社2008年版，第483页。

③ 《与廖泽群书 五首》，《东塾集外文》卷五，见黄国声主编《陈澧集》（一），上海古籍出版社2008年版，第478页。

④ 《菊坡精舍记》，《东塾集》卷二，见黄国声主编《陈澧集》（一），上海古籍出版社2008年版，第96页。

⑤ 《亭林文集》卷三，华忱之点校：《顾亭林诗文集》，中华书局1983年版，第41页。

亡。"善乎，管生之能言也。礼义，治人之大法；廉耻，立人之大节。盖不廉则无所不耻，不耻则无所不为。人如如此，则祸败乱亡妄谈亦无所不至。况为大臣，而无所不取，无所不为，则天下其有不乱，国家其有不亡者乎！然而四者之中，耻尤为要。故夫子之论士，曰："行己有耻。"孟子曰："人不可以无耻，无耻之心，无耻矣。"又曰："耻之于人大矣，为机变之巧者，无所用耻焉。"所以然者，人之不廉而至于悖礼犯义，其原皆生于无耻也。故士大夫之无耻，是为国耻。吾观三代以下，世衰道微，弃礼义，捐廉耻，非一朝一夕之故。①

顾炎武据《论语·子路》篇"子贡问曰：'何如斯可谓士矣？'子曰：'行己有耻，使于四方，不辱君命，可谓士矣。'"②的论述，提出"礼义廉耻，国之四维。四维不张，国乃灭亡""士大夫之无耻，是为国耻"的重要命题。实际上，陈澧在菊坡精舍即以"行己有耻"作为德育的内容教育学生。

陈澧遵循儒家的教育理念主张以德治国，以国家天下为重，提倡个人道德修养。格物、致知、诚意、正心、修身、齐家、治国、平天下，这是儒家培养人才的"八目"。《大学章句》云："格物而后知至，知至而后意诚，意诚而后心正，心正而后身修，身修而后家齐，家齐而后国治，国治而后天下平。"③ 这是儒家对士提出的具体道德要求。

陈澧认为培养人才必须以德育为首，他的德育当然是儒家的伦理道德，只有按照儒家的"八目"，才能培养出治国平天下的人才。他说："儒者读书，出则办天下之事，处则兴天下之学。办事必藉权位，兴学则得自为之。"④ 读书以经世致用，顾炎武认为，"目击世趋，方知治乱之关必在人心风俗，而所以转移人心，整顿风俗，则教化纪纲为不可阙矣"⑤。陈澧有同感，认为在学校中必须以儒家的纲纪教化学子，才能祛弊救时，拯救国家于危难之中。他希望通过倡明学术，由学术而出人才。从而转移风气，匡济天下。他毕生致力于《东塾读书记》的写作，目的正是这样。在《与胡伯蓟书》中说：

> 仆之为此书（按：指《学思录》，后改为《东塾读书记》）也，以拟《日知录》，足下所素知也。……至于治法，亦不敢妄谈，非无意于天下事

---

① 栾保群、吕宗力校点：《日知录集释全校本》（中），上海古籍出版社 2011 年版，第 772 - 773 页。

② 杨伯峻译注：《论语译注》，中华书局 1980 年版，第 140 页。

③ 朱熹：《四书章句集注·大学章句》，齐鲁书社 1996 年版，第 1 - 2 页。

④ 《礼记质疑序》，《东塾集》卷三，见黄国声主编《陈澧集》（一），上海古籍出版社 2008 年版，第 116 页。

⑤ 《与人书九》，《亭林文集》卷四，《顾亭林诗文集》，中华书局 2008 年版，第 93 页。

也。以为政治由于人才，人才由于学术，吾之书专明学术，幸而传于世，庶几读书明理之人多，其出而从政者必有济于天下，此其效在数十年之后者也。①

陈澧说："《学记》曰：'君子如欲化民成俗，其必由学乎！'……是故《学记》一篇，乃治国平天下之本也。不由学，必不能化民成俗。"② 又说："圣人之道，修己治人。然修己若何，治人若何，必求之古圣贤之书然后其事不谬，且彬彬乎有文焉。……修己者，诚意、正心、修身也。治人者，齐家、治国、平天下也。求圣贤之书，格物致知也，其事不谬而彬彬有文，至善也。"③

陈澧所处的晚清时代，统治阶级日益腐败，官吏贪赃枉法，贿赂公行，道德沦丧。官僚如此，士也不例外，道德废，功业薄，气节丧，文章衰，不知礼义廉耻为何物，时人感叹说，历观有史以来，士习之衰，未有甚于今日者。陈澧对此十分不满，发出强烈的谴责之声，他说："今日士习之坏有三：一曰攻八股文而不读书也。虽然犹作文者也。其次则写字而不作文，然犹不犯法者也。其下则怀挟倩代而不必自作文。"④ 晚清社会风气的败坏，带坏了士风。"天下人才败坏，大半由于举业。"⑤ 陈澧不愿与腐败的世风学风同流合污，一再赞扬"狂狷"，而痛诋"乡愿"。他在《东塾读书记》卷三中说：

> 孔子曰"狂者进取"。孟子申之曰"其志嘐嘐然，曰'古之人，古之人'"。孔子曰"狷者有所不为"，孟子申之曰"不屑不洁"。然则狂狷者，"古"与"洁"也。孔子曰"乡原，德之贼也"，孟子申之曰"非之无举，刺之无刺"，"居之似忠信，行之似廉洁"。其为贼安在哉？在"阉然媚于世"之一言，在"同乎流俗，合乎污世"之两言而已矣。狂狷、古洁，不媚世，不同流合污，则孔子谓之"吾党"。乡原媚世，同流合污，则孔子谓之"贼"。⑥

① 《与胡伯蓟书》，《东塾集》卷四，见黄国声主编《陈澧集》（二），上海古籍出版社2008年版，第175页。

② 《东塾读书论学札记》第3则，见黄国声主编《陈澧集》（二），上海古籍出版社2008年版，第357页。

③ 《东塾读书论学札记》第114则，见黄国声主编《陈澧集》（二），上海古籍出版社2008年版，第378－379页。

④ 《温伊初时文序》，《东塾集》卷三，见黄国声主编《陈澧集》（一），上海古籍出版社2008年版，第134页。

⑤ 《与胡伯蓟书》，《东塾集》卷四，见黄国声主编《陈澧集》（一），上海古籍出版社2008年版，第175页。

⑥ 《东塾读书记》卷三，见黄国声主编《陈澧集》（二），上海古籍出版社2008年版，第60－61页。

陈澧又说："其为人也，以狂为志，以狷为行，不同流俗。其著书也，有宗主，有赞，有辨。其出而仕也，难进易退，进则尽忠匡救，退则安贫乐道。"① 陈澧以此来唤醒士人，要做敢于进取，不做坏事的"狂狷"者，不要做随波逐流、媚世奸猾的"乡愿"。这就是陈澧"行己有耻"的德育观。

"博学于文"，是陈澧的智育观。《论语·雍也》篇说：子曰："君子博学于文，约之以礼，亦可以弗畔矣夫！"② 就是说，君子广泛地学习文化知识，再用礼节来加以约束，也就可以不至于离经叛道了。李炎武《日知录》卷七"博学于文"条曰：

> "君子博学于文"自身而至于家、国、天下，制之为度数，发之为音容，莫非文也。……《传》曰："文明以止，人文也。观乎人文以化成天下。"故曰："文王既没，文不在兹乎！"而《谥法》"经纬天地曰文"，与弟子之学《诗》《书》六艺之文，有深浅之不同矣。③

按照顾炎武对"博学于文"的解释，一切经天纬地的学问都是文，它包括了全部"人文化成"的历史文化知识和"制之为度数，发之为音容"的全部人类实践活动，也就是今天所说的全部哲学社会科学和自然科学的知识。

陈澧是"博学于文"的典范。他自言其为学曰：

> 时习《论语》《孝经》《孟子》，粗览诸经注疏、宋儒理学、周秦诸子，略涉礼乐、律数、训诂、音韵、天文、地理、文章、诗词。余之学如此耳。④

陈澧《学思自记》第 17 条："《学记》'离经辨志'一段，此余之学问所得也。"⑤ 此段即《离经辨志斋记》，文曰：

> 取堂中士课以《十三经》、四史、《文选》、杜诗、韩文、朱子书，每人专习一本，其事四条：曰句读，曰钞录，曰评校，曰著述。……会学海堂新构书斋，澧言于众曰："是斋也，宜因事为名，《学记》曰：'入学，一年视离经辨志。'郑注、孔疏曰：'离经者，断句也。辨志者，辨其志欲习何经也。'今之专习一书者，辨志也。以句读为首者，离经也。宜曰'离经辨志之斋'。"众皆曰："善。"澧遂言曰："经学深矣，博矣；史家、儒家、文章

① 《学思自记》，见黄国声主编《陈澧集》（二），上海古籍出版社 2008 年版，第 759 页。

② 杨伯峻：《论语译注》，中华书局 1980 年版，第 63－64 页。

③ 栾保群、吕宗力校点：《日知录集释全校本》（上），上海古籍出版社 2011 年版，第 403－404 页。

④ 转引自钱穆《中国近三百年学术史》下册，第 687 页。

⑤ 《学思自记》，见黄国声主编《陈澧集》（二），上海古籍出版社 2008 年版，第 760 页。

家之学亦深矣，博矣，自古以来，罕有能兼之者也。不读书者，不足言。其号为读书者，则又涉猎零杂，今日读《诗》，明日读《礼》，其学必不成。今日读此卷，明日读他卷，其学亦必不成。非特不成而已，涉猎零杂，则性情浮躁，此学者之大弊也。夫救天下之弊，必以古法救之。自汉以来，儒者必专治一书，专治一书，必始于章句。其时朝廷每一经置博士，其私家传习者，每一经亦必有师。今诸君子各专治一书，以句读为始，合于古法，积之久，学业必成。"①

陈澧这段话，是指读经、史、子、集四部的方法，当然是"博学于文"的范畴。他在《与菊坡精舍门人论学》中要求门人学什么以及怎样学，下面摘录他的若干语录：

> 凡为士人，必于四科之学，择其一科而为之，将来乃成人材，而四科之学，皆必求之于经史。
>
> 凡为学，必先自择其性之所近而施功焉，性所不近，虽欲为之，必无成也。取一经注疏，或一史，或唐以前诗文一部，或朱子《文集》《语类》，阅之旬日，觉得有心晓处，即性所近也。
>
> 仆在此精舍十年，所说皆古人之说，从不自出一说，深恐教人误了路头也。仆性情本如此，所著之书亦然。……
>
> 凡为学，工夫要专，见闻要广。专习一书，日日不间断，且不错时刻，而以余功看《四库提要》，则得之矣。
>
> 凡专习之书，必要落笔圈点，又要抄撮。
>
> 凡经学要熟诵经文，史学亦要摘读，诗文则必须熟读，而且多读。如此则必能作佳篇，即使不能，而胸次自必不同庸俗人矣。
>
> 《论语》所云"愤悱"，愤者心求通而未得，悱者口欲言而未能，此是将得门而入光景。若求通未得，欲言未能，而即退缩，则终身不得门而入矣。
>
> 凡课卷，高取批好者，从此更勉，乃有益。若自满，则不惟无益而有损矣。不高取批坏者，看批坏之处，以后不再犯，则其益甚大，万勿以此而沮丧也。
>
> 凡作文作诗，最忌庸俗。若因庸俗语易于写出，将就完卷，非但此卷不能佳，而且永无进益矣。不如改为习经史，得尺则尺，得寸则寸。
>
> 凡读书，要求知古人所已知，不可求知古人所未知，此即不可好立新说之意。

---

① 《离经辨志斋记》，《东塾集》卷二，见黄国声主编《陈澧集》（一），上海古籍出版社 2008 年版，第 95 页。

凡经学，要识义理，非徒训诂考据而已。朱子书义理，仆有《语类日抄》五卷，汉儒经注义理，仆有《通义》七卷，皆可为先路之导。

凡史学，要知治乱兴亡之由。

凡读古人诗文，要取其开我之心胸，养我之性情。

…………

精舍以学问为重，不是为取超等，治经者更不是要作经解。如仆今日有虚名，人皆谓之有经学，然仆自中年以后，不作经解久矣。可见治经不在乎作经解也。初学借作经解以为治经之路，借取超等以为学问进益之征耳。

…………

书卷虽不能丰，亦不可转相蹈袭。若以蹈袭为便宜，则亦不便宜矣。凡学问文章，未有便宜而得者也。凡便宜者皆折本折亏者也，戒之哉！①

在《策问》中，要求学生回答的问题有：

经学、小学、子史文章之学，皆儒者所有事。韩文公之学□而得其性之所近者。诸君子性所性者何事？其各以告仆。……

十三经注疏，注者何代何人？疏者何代何人？其书之醇疵真伪。

二十四史，某史者何代何人，其书之大概若何？

《汉志》诸子、周秦诸子书存于今者几种？某书为某家者流，分析言之。

朱子注《四书》，于《大学》《中庸》则题曰章句，于《论语》《孟子》则题曰集注，何以不同欤？章句之名，集注之体，皆有所自出，能言之欤？

朝廷功令：《四书》文遵朱子，《易》《书》《诗》《礼记》遵程、朱、蔡、陈四家，《十三经注疏》亦颁在学宫，此著书人名字、朝代、里贯事，读书人断必不可不知者，其略举以对。②

我们从以上这些论学短语和《策问》试题中，看出陈澧的"博学于文"，亦以此要求弟子，这是陈澧渊博精深的智育教育思想的体现。

提倡改良科举制度

陈澧对清代的科举制度有深刻的体会。青少年时期的陈澧在科举考试中还算顺利，23 岁即中了举人。但此后六次进京赶考，均落第南归。这种考试上的挫折和痛苦的经历，使他对科举制度开始反思。他从河源县学训导解任之后，遂仿

---

① 以上语录见《东塾集外文》卷一，见黄国声主编《陈澧集》（一），上海古籍出版社2008 年版，第 316－318 页。

② 《策问》，《东塾集外文》卷一，见黄国声主编《陈澧集》（一），上海古籍出版社2008 年版，第 319 页。

宋朱熹遗意作《学校贡举私议》，在序中说：

> 人主所以治天下者，人材也。所以教育人材者，学校也。取人材而用之者，贡举也。是故学校贡举之法善，则得人材，而天下可得而治也。其法不善，则不得人材，而欲以治天下，不可得也。昔朱子著《学校贡举私议》一篇，凡□□言，指陈澧当时之弊而思变其法。自朱子之殁，至于今六七百年，天下莫不尊朱子，而朱子之议卒未行也。今学校贡举之弊，殆又甚于朱子之世。澧以海滨贱士，蒙朝廷选为学官，无以自效，到官两月告病归，辄仿朱子之意，竭愚心著《私议》一卷，不敢好高远深博之说，庶几切实可行，或有裨圣治于万一也。①

可见陈澧对选拔人才之重视。《私议》中有"议学校之官""议学校之书""议考试之法"，等等。此外，陈澧还有《科场议一》《科场议二》《科场议三》《推广拔贡议》等文，都涉及改良科举制度的问题。归纳起来，主要有几个问题。

一是批判八股制艺之时文。《科场议一》开头即指出："文章之弊，至时文而极，时文之弊，至今日而极。士之应试者又或不自为文而勦袭旧文，试官患之，乃割裂经书出题。于是题不成题，文不成文。故朱子谓时文为经学之贼，文字之妖。其割裂出题，则经学贼中之贼，文字妖中之妖也。"并指出"时文之弊有二：代古人语气，不能引秦汉以后之书，不能引秦汉以后之事，于是为时文者不读书，凡诸经先儒之注疏，诸史治乱兴亡之事迹，茫然不知，而可以取科名、得官职。此一弊也。破题、承题、起讲、提比、中比、后比，从古文章无此体格，而妄立名目，私相沿袭，心思耳目缚束既久，锢蔽既深，凡骈散文字、诗、赋皆不能为。此又一弊也。前之弊大，后之弊小"。② 为什么要废时文，他在《读书论学札记》中有更深刻的分析。他说："士子懒读书，足以乱天下。懒读书而求科第，遂竟为清代录旧。以余所知而言之，自嘉庆己卯科至今五十年，清代录旧而中者不可胜数，其人遂为达官，安得天下不乱乎？""有时文五百年，无未出之题，大约每一题有数千万篇，不割裂则不能避录旧者，而割裂又坏文风。""惟有废时文而后免于录旧之弊。而浅陋不能之人，犹谓时文不可废，此不足与论也。"③

二是改革考试内容和考试方式。他在《科场议二》中对考试内容及方式，

① 《学校贡举私议》，见黄国声主编《陈澧集》（五），上海古籍出版社 2008 年版，第701 页。

② 《科场议一》，见黄国声主编《陈澧集》（一），上海古籍出版社 2008 年版，第77 - 78 页。

③ 《东塾读书论学札记》，见黄国声主编《陈澧集》（二），上海古籍出版社 2008 年版，第 374 - 375 页。

提出四条意见：今之试士分三场，第一场考《四书》，第二场考《五经》，第三场考对策。第一条意见是"《五经》题当试经解也"，而不是代古人语发挥经义。其理由是："夫说经者必根据先儒之说而后不失于杜撰，必博考先儒之书而后不失于固陋，又必辨析先儒之说之异同而择其善，而后不失于驳杂。今使之代古人语气，不能引证先儒之说，应试者挟一坊刻《五经》标题足矣。是适以困读书之人而便不读书之人，故曰《五经》题当改试经解也。"① 第二条意见是应该恢复以前曾经实行过的专经考试。因为"自汉以来兼通五经者几人？夫以二千年中寥寥无几人，而悉以责之天下科举之士，无怪粗疏蔑裂，有通五经之名，而无通一经之实也"②。与其如此，不如每人专治一经，有益于圣学。第三条意见是："改对策为史论，而命题以《御批通鉴辑览》为准。夫对策者，所以观其博通古今也。然而古今之书浩如烟海，即问十对五，亦难其人。""夫士不可不知史事，前代之治乱兴亡，与夫典章制度、前言往行，有益于人者甚大，但二十四史之书太多，《资治通鉴》亦复繁博，且作史者人非圣贤，不能无偏，惟《御批通鉴辑览》书不多而事备，又经圣人之论定，以此命题著论，则士必通知古事，有益政治。""史论则以一人一事为题，非通悉此人之事迹，此事之本末，不能成篇。夫论一事而精通，固胜于对数十事而钞袭也。"③ 第四条意见是："试诗改为试赋（或不废诗，但增试赋）。""八股文、经解、史论或可场外预拟，以其无韵也。诗虽有官韵，而一韵亦可以预拟。赋则限以八韵，虽同题而不同韵，则不可以直钞，其于鉴别真伪为最易，当以第三场试之。如其赋不通，则《四书》文、经解、史论非其自作，可知也。"④ 通过考试内容的改革，使科举制度更完善。

三是改革录取方法。他在《科场议三》中说："今之科场，士子多者至万余人，人各为十四艺，试官不能尽阅也。于是三场专重第一场，视二场三场无足轻重，甚至有不阅者。故士皆专力于《四书》文，而成荒经蔑古之风也。"为解决这一问题，陈澧认为欧阳文忠《论更改贡举札子》提出的办法，"诚最善之法也"。"今学政及府州县之试上即此法，乡试、会试诚当仿而行之。第一场去其文不佳者，其留者视中额三十倍以为准。乃试第二场又去其不佳者，其留者视中额十倍以为准。乃试第三场然后取中如额。其第一场第二场所取必限以数者，虑考官苟且自便，于第一场仅取中如额，而第二场第三场无去取也。此法行则考官于二场、三场卷可尽阅，且二场、三场皆所以定去取，且亦不能不尽阅。而士于

---

① 《科场议二》，见黄国声主编《陈澧集》（一），上海古籍出版社 2008 年版，第 78 - 79 页。

② 《科场议二》，见黄国声主编《陈澧集》（一），上海古籍出版社 2008 年版，第 79 页。

③ 《科场议二》，见黄国声主编《陈澧集》（一），上海古籍出版社 2008 年版，第 78 - 80 页。

④ 《科场议二》，见黄国声主编《陈澧集》（一），上海古籍出版社 2008 年版，第 80 页。

二场三场皆所以决得失，其用力必笃，十年之后，通经博古之才，必渐多矣。""此法于考官及士皆甚便，必可行也。"①

四是推行拔贡与科举并行之制度。他在《推广拔贡议》中说："取士之法有二：荐举也，考试也。"有人说，荐举制容易出现徇私奔竞之风。陈澧不以为然，认为"举人、进士，夤缘关节者岂无其人耶？举人、进士文理不通者，多矣。而文理不通之拔贡寓意实少。""荐举之法善矣，其故何也？拔贡始举于教官，必尝试高等而无劣行者，否则惧学政诘责。学政三年一任，其试士也再，又合前任所试以稽其高下，而三年中，于士之知名者亦必有闻焉。及教官之举之也，又一再试而后拔之，非如乡试、会试以一日之短长而去取之也。且一县而拔一人，苟文行庸劣，即不能报一县之士之心，非如乡试、会试可谢以糊名易书，而文字之真伪、素行之善否皆不得而知也。此拔贡之法所以善也。"晚清乡试、会试作弊之士子越来越多，防不胜防。推行拔贡制，就可以减少从科举进入仕途的人数，作弊之数量也可以下降。陈澧建议改十二年一拔为三年一拔，"其数以州县之大小为差。其廷试授官也，与进士等。使天下之士得由二途并进，岂不善哉"②。

陈澧以上改良科举制度的主张，是针对晚清教育弊端丛生的现状而提出来的，虽然还是以传统学科为主，但在当时还是有进步意义的。

提倡分科教学

陈澧讲教学，多次提到分四科，说"我之学在分四科，而以经学为本"③，又说"《学思》义例、《论语》四科、《学记》'离经辨志'一段，此余之学问所得也"④。陈澧的"四科"教学，源于孔子的因材施教，根据学生个性差异而采取不同的引导方法。《论语·先进》篇说："德行：颜渊，闵子骞，冉伯牛，仲弓。言语：宰我，子贡。政事：冉有，季路。文学：子游，子夏。"⑤ 德行、言语、政事、文学（按：指文献及文化）四科对后世影响深远。

关于"四科"，陈澧在《与徐子远书》中说：

> 然门户之争，总不出孔门之四科：德行，道学传也；言语，文苑传也；文学，儒林传也；政事，则大而将相、小而循吏传也。四科之人，皆天下所

---

① 《科场议三》，见黄国声主编《陈澧集》（一），上海古籍出版社 2008 年版，第 80 - 82 页。

② 《推广拔贡议》，见黄国声主编《陈澧集》（一），上海古籍出版社 2008 年版，第 82 页。

③ 《东塾读书论学札记》，见黄国声主编《陈澧集》（二），上海古籍出版社 2008 年版，第 384 页。

④ 《学思自记》，见黄国声主编《陈澧集》（二），上海古籍出版社 2008 年版，第 760 页。

⑤ 杨伯峻译注：《论语译注》，中华书局 1980 年版，上海古籍出版社 2008 年版，第 110 页。

不可无，故孔门兼收而不偏废，尤不交争。争则有胜负，有胜负则必偏废，偏废则天下受其害矣。近著《四科论》一篇，以明此意，欲学者各因所长，以成其学。①

陈澧的《四科论》并未写成，但在《东塾读书记》卷二中专门讨论了"四科说"。"德行、言语、政事、文学，皆圣人之学也，惟圣人能兼备之，诸贤则各为一科。所谓学焉而得其性之所近也，惟诸贤各为一科，故合之而圣人之学乃全。后世或讲道学，或擅辞章，或优干济，或通经史，即四科之学也。"② "《世说新语》有德行、言语、政事、文学四门。隋崔颐撰《八代四科志》三十卷（见《隋书·崔廓传》后），盖为八代人作传，而分为四科。自古以来可传之人，无出于四科之外者也。""四科之学，非但不可相诋，抑且不可妄谈。讲道学者谈辞章，办政事者论经学，皆多乖谬，辞章、经学两家亦然。……凡非己之所长者，不必置喙也。"③

陈澧认为，四科兼备，只有圣人才能做到，其他人则各为一科。怎样选择自己所学呢？"所谓学焉而得其性之所近也"，即应该根据自己的特点和兴趣来决定自己选择的科目。司马文正公《乞以十科举士札子》云："人才之性，各有所能。或优于德而啬于才，或长于此而短于彼。……是故孔门以四科论士，汉室以数路得人。"陈澧引这段话之后说："公论人才，皆以四科，可见四科者，王者所以治天下也，不可缺一也。"④

中国历史上真正确立分科教学的学者是北宋的胡瑗（993—1059）。胡瑗，字翼之，泰州泩陵郡如皋县人。原籍陕西安定堡，门人学者称他为安定先生。他先后在苏州郡学和湖州州学长期坚持教学。晚年曾任国子监直讲和主持太学。他为苏学所订学规，成为当时各地郡学的榜样。在湖州州学任教时，远道来学的学者常有几百人。宋朝中央政府对于他在苏、湖两学的教育成就很重视，曾派人考察总结，撰为《学政条约》一卷，作为指导各地教育之参考。

胡瑗认为，"圣人之道"有体、用、文等三个方面："君臣父子，仁义礼乐"等封建体制是体；"诗书史传子集"等经典著作是文；把这些道理付诸日用，福国利民是用。学校就是要向学生传授"明体达用"之学。国家选拔和培养人才，如果不以体、用为本，而专讲究声律浮华的词藻为应付科举考试做准备，一定会

---

① 《东塾集外文》，见黄国声主编《陈澧集》（一），上海古籍出版社 2008 年版，第 456 页。

② 《东塾读书记》卷二，见黄国声主编《陈澧集》（二），上海古籍出版社 2008 年版，第 23 页。

③ 《东塾读书记》卷二，见黄国声主编《陈澧集》（二），上海古籍出版社 2008 年版，第 24 – 25 页。

④ 《东塾读书记》卷二，见黄国声主编《陈澧集》（五），上海古籍出版社 2008 年版，第 25 页。

败坏世风民俗。为了培养"明体达用"之人才，就要因材施教。他采取分斋教学制度，如其中的经义斋。他用"穷经以博古，治事以通经"的方法教学生，很有成效，为宋朝培养了不少"博古通经"的人才。① 胡瑗分科教学的目的在于纠正隋唐以来，仕进尚词藻而不讲经义，苟趋利禄的不良学风。

陈澧十分推崇胡瑗的分科教学方法，说"教人师胡安定"。② 并说敬慕胡安定过于二程（程颐、程颢），以胡安定之经义治事教士，则能培养出真才实学之人才。在《东塾读书记》卷二中说：

> 朱子《名臣行录》《黄东发日抄》皆载胡安定教授湖州，敦尚行实，置经义斋、治事斋。经义斋者，择疏通有器局者居之；治事斋者，人各治一事，又兼一事，如治民、治兵、边防、水利、算数之类。其在太学，有好尚经求者，好谈兵战者，好文艺者，好节义者，使各以类群居讲习。澧谓此乃四科之遗意。《学记》云："教人不尽其材。"胡安定之教教，可谓尽其材者也。③

陈澧在他掌教的菊坡精舍开始实施分科教学的主张。在《与菊坡精舍门人论学》中说："凡为士人，必于四科之学，择其一科而为之，将来乃成人材，而四科之学，皆必求之于经史。""凡为学，必先自择其性之所近而施功焉，性所不近，虽欲为之，必无成也。取一经注疏，或一史，或唐以前诗文一部，或朱子《文集》《语类》，阅之旬日，觉有心晓处，即性所近也。"④ 他认为，人的精力是有限的，且兴趣爱好、性格倾向都有所不同，自古以来，四科兼通者是很少有的。要学有所成，必须选择与自己性格相近者一科，锲而不舍地学习，才有可能成功。陈澧根据学生自己的喜好和特点分科教学，与当时府、州、县学及书院单纯讲求时文、帖括相比，显然更合理，更适应社会的需求。

注重教学相长及学术规范、学术道德的培养

陈澧在《菊坡精舍记》中说："澧既应聘，请如学海堂法，课以经史文笔。学海堂一岁四课，精舍一岁三十课，可以佐之，吾不自立法也。每课期，诸生来

① 《中国大百科全书·教育》，中国大百科全书出版社1985年版，第124页。
② 《默记》，见黄国声主编《陈澧集》（二），上海古籍出版社2008年版，第741页。
③ 《东塾读书记》卷二，见黄国声主编《陈澧集》（二），上海古籍出版社2008年版，第24-25页。
④ 《东塾集外文》卷一，见黄国声主编《陈澧集》（一），上海古籍出版社2008年版，第316页。

听讲，澧既命题而讲之，遂讲读书之法。"① 最能说明他在菊坡精舍讲学内容的是现存《与菊坡精舍门人论学》《策问》《菊坡精舍讲稿》《论学》和《菊坡精舍集》二十卷。从这些文献看，他强调学习基础知识和教学的实践性，注重教学相长，教学生读书治学的方法。如要学生"专习一经"，"经学必专习一经，自古以来，经师未有不专习一经者也"；"读注疏"，"学问贵识源流。诸经注疏，乃诸经最古之学也"，"可知治经必先读注疏矣"；"读史"，"为史学者，当读全史，否则但读马、班、陈、范四史，晋以下则读《通鉴》"，"读史当兼一经"；"专习一书当自择"，人之读书，性固有所近，不近不可强也，"性之所近，惟自知之，虽父不能知其子也"；"文章当专习一家"，"或散文，或骈文，或诗，固当专习。而文又当专一家，诗又当专一家，且当择其近古者"；"读书当顺次第"，"读书第一卷未了，不读第二卷。读第一行未了，不读第二行"；"读书当摘录"，"摘其精要，与自己心得者，与有疑者，或加以评论"；等等。②

　　从策问学生的题目看，他重视基础知识的训练。"十三经注疏，注者何代何人？疏者何代何人？其书之醇疵真伪。""二十四史，某史者何代何人，其书之大概若何？""《汉志》诸子、周秦诸子书存于今者几种？某书为某家者流，分析言之。""朱子注《四书》，于《大学》《中庸》则题曰章句，于《论语》《孟子》则题曰集注，何以不同欤？章句之名，集注之体，皆有所自出，能言之欤？""朝廷功令：《四书》文遵朱子，《易》《书》《诗》《礼记》遵程、朱、蔡、陈四家，《十三家注疏》亦颁在学宫，此著书之人名字、朝代、里贯事，读书人断必不可不知者，其略举以对。"③

　　他常与学生切磋学问，探索钻研遇到的各种重点、难点、疑点，并指导学生阅读自己的著作。他说："余所钞集《汉儒通义》《朱子语类日钞》，为汉学、宋学者当读之。近时各省通人有称赞此二书者，余曰：'此不敢谦。此汉儒书之善，朱子书之善，吾何力之有焉！'其人曰：'吾子择之精也。'余曰：'披沙拣金，乃为择之精，此乃宝山所捡得者，吾何力之有焉？愿学者读之，不可不知其宝也。'"整理者黄国声加案语曰："以上手稿首页有东塾旁批云：'携上菊坡精舍。''此乃顺笔写出，可同看而未可传钞也。'则为讲授提纲，并供诸生传览者。"④

　　① 《菊坡精舍记》，见黄国声主编《陈澧集》（一），上海古籍出版社 2008 年版，第 96 页。

　　② 《东塾集外文》卷一，见黄国声主编《陈澧集》（一），上海古籍出版社 2008 年版，第 320 - 322 页。

　　③ 《东塾集外文》卷一，见黄国声主编《陈澧集》（一），上海古籍出版社 2008 年版，第 319 页。

　　④ 《东塾集外文》卷一，见黄国声主编《陈澧集》（一），上海古籍出版社 2008 年版，第 322 - 323 页。

现存《菊坡精舍》20 卷，是汇集了同治六年（1867）至光绪七年（1881）间菊坡精舍诸生的优秀课卷。陈澧门人廖廷相在跋语中说："此菊坡精舍课艺，自同治丁卯迄光绪辛巳凡十五年，皆陈先生所定。前已刻成十之六，其余选录，或未刻，或需再订者，皆有手记。壬午春，先生归道山，稿本存学生陶春海孝廉处，茌苒十余年未遑卒业。丙申秋，因与同门诸友检点存稿，补所未备，都旧刻重校一过，并取先生所为《精舍记》弁诸卷首，以见论学大旨。因述其颠末云。"① 出版《菊坡精舍集》是根据《菊坡精舍章程》而编集。该章程的内容包括："省垣各书院，以时艺课士，此间向仿学海堂例，试以经史诗赋，不拘体格，俾得各尽所长，务为根柢之学。每月定期初八、十八、二十八日三课，在精舍扃试，当日缴卷，不准继烛，如违即除名出院。""课卷前列可备选刻者，另抄一册，由院监收存，俟集有成数，酌议送呈操选政者选改发刻，卷仍随时散给各生。"② 检《菊坡精舍集》内容，卷一至卷六为经学，卷七至卷十为史学，卷十一至十五为赋、颂、箴、铭，卷十六、二十为诗，都是学生的优秀作品，说明陈澧注重培养学生的研究及创作能力。

陈澧特别重视对学生学术规范和学术道德的培养。他曾写《引书法》凡十条，其中两条最为重要：

　　一、前人之书当明引不当暗袭，《曲礼》所谓"必则古昔"，又所谓"毋勦说"也。明引而不暗袭，则足见其心术之笃实，又足征其见闻之渊博；若暗袭以为己有，则不足见其渊博，且有伤于笃实之道矣。明引则有两善，暗袭则两善皆失之也。

　　二、引书必见本书而引之，若未见本书而从他书转引则恐有错误，且贻诮于稗贩矣。或其书难得不能不从他书转引，宜加自注云"未见此书，此从某书转引"，亦笃实之道也。若其书已亡，自当从他书转引，然亦必须注明所出之书也。③

他认为"说经之文与时文不同者，时文不能引书，说经之文则必须引书。引书有引书之法，得其法则文辞雅驯，不愧为读书人手笔，且将来学问成就著述之事亦基于此矣。"④ 所以他在《与菊坡精舍门人论学》中说："《引书法》十

　　① 《菊坡精舍集》，见陈建华主编《广州大典》第 514 册，广州出版社 2015 年版，第 561 页。

　　② 刘伯骥著《广东书院制度沿革》，商务印书馆 1939 年版，第 139 – 140 页。

　　③ 《引书法》，见黄国声主编《陈澧集》（六），上海古籍出版社 2008 年版，第 232 – 233 页。

　　④ 《引书法》，见黄国声主编《陈澧集》（六），上海古籍出版社 2008 年版，第 232 – 233 页。

条……必要看。"① 又说："书卷虽不能丰，亦不可转相蹈袭。若以蹈袭为便宜，则亦不便宜矣。凡学问文章，未有便宜而得者也。凡便宜者皆折本折亏者也，戒之哉！"② 可见他教育学生恪守中国传统的学术道德和学术规范。

陈澧一生培养学生甚多，有赞成汉宋调和、反对门户之争、成就显著的学者群，如赵齐婴、桂文灿、胡伯蓟、黎永椿、林国庚、陶福祥、廖廷相、陈树镛、汪兆镛等；有从政而获得高官者如谭宗浚、于式枚、文廷式、冯焌光等；有在清末新政中做出贡献的如梁鼎芬等。有学者认为，陈澧及其培养的学生形成了晚清的"东塾学派"，有其一定的道理。③

2019 年至 2022 年撰写，周永卫参与整理。

---

① 《东塾集外文》卷一，见黄国声主编《陈澧集》（一），上海古籍出版社 2008 年版，第 317 页。

② 《东塾集外文》卷一，见黄国声主编《陈澧集》（一），上海古籍出版社 2008 年版，第 318 页。

③ 李绪柏：《东塾学派与汉宋调和》，见桑兵、关晓红主编《先因后创与不破不立：近代中国学术流派研究》，生活·读书·新知三联书店 2007 年版，第 75－194 页；王惠荣：《陈澧思想研究》，中国社会科学出版社 2008 年版，第 200－213 页。

清末民初广东廉江的一颗璀璨明珠——江琼

一、序言

《岐岭江氏族谱》江琼（1888—1917）的著作，已知书目有 50 多种（包括学术著作、诗、小说、散文、诗话、文话、译作等种类），已查找到的有 28 种。廉江市人民政府方志办公室原主任钟珠和江琼后人江日亨、江荣宇先生把已找到的 28 种著作加以标点整理，编成《江琼著作汇编》出版，这是一件很有意义的事情。

我花了几个月的时间，阅读江琼的著作和相关背景材料，深为他的才华横溢所动容，为他创新的学术成果所折服。他生活于 19 世纪末 20 世纪初的西学东渐时代，从他的作品看，他是一位"新学"人物，是一位站在反封建潮流前列的新人物，一位时代的"弄潮儿"。他 29 年的生命像一颗流星在空中发出的灿烂光辉只是一瞬间，但他作品的价值是永恒的。他不愧为清末民初廉江的一颗璀璨明珠。

江琼的著作涉及经、史、子、集四部，这四部都是中华优秀传统文化的组成部分。习近平总书记的治国理政思想，特别强调培育和弘扬社会主义核心价值观必须立足于中华优秀传统文化，"深入挖掘和阐发中华优秀传统文化讲仁义、重民本、守诚信、崇正义、尚和合、求大同的时代价值，使中华优秀传统文化为涵养社会主义核心价值观的重要源泉"。本文比较详细地介绍江琼的家世、家族及教育，民主革命社会活动，以及学术研究成果及文艺创作，希冀使读者对江琼在继承和弘扬中国优秀传统文化中的地位和作用有一个概括的认识。

江琼的堂侄江日亨长期研究其家族的历史，有很多重要成果。本书的写成得益于他的长文《廉江文化名村南溪》（未刊稿）。关于江琼家世、家族、教育背景材料，主要来自该文。我在写作过程中，经常向他请教许多重要问题，如关于《芙蓉泪》的论述，多吸收他的意见。在此谨致由衷的谢意。

二、 家世、 家族与教育

（一） 家世

江瑔，字玉泉，号山渊，清光绪十四年（1888）出生于广东省高州府石城县（今廉江市）南溪村。江日亨在《廉江文化名村南溪》一文中说，南溪村是岐岭村的子村。岐岭建村已达 300 年。岐岭江氏先祖一支隐居福建汀州上杭县，再迁永定县。明嘉靖年间举人江念（作圣）公次子江柔（安贞）公由闽迁粤茂名；柔公次子江鼎（金铉）公再由茂名卜居石城丰一都下仓村。鼎公长子文富公是一位穿村走乡的货郎，一天路经岐岭，略懂堪舆术的他，见此地青山环抱，林木茂盛，四水汇聚，前面一马平川，景色秀丽，山川形胜，遂置受田地，带家眷到此定居，村名原为"麒麟寨"，后改为"岐岭寨"。文富公是个收买货郎，作为岐岭村的开基祖有点不相称，而他的上二代即父亲、祖父也只是普通老百姓，作为开基祖也不合身份。因此，岐岭村把远在福建的明代举人出身的曾祖父江念公奉为开基祖，始迁岐岭的文富公成了岐岭村的第四代祖。岐岭村经过逐步发展，到八、九、十、十一世，走向鼎盛。江瑔的祖父诚和公是十二世祖。诚和公的祖父、十世祖江浩然公，拥有当铺十八间半，常以手推车队运送铜钱，人称"江百万"。而且读书人多，有功名者多，做官者多，有"十人九居官"之说，可见江瑔的祖先是富家大族，在岐岭村是望族大村。

（二） 家族

江诚和（1816—1871）从岐岭村迁出来建南溪村，成为南溪村的始祖。在廉江东南的良垌与平坦之间，有一条流出湛江海的南桥河，其中一段人称南溪河，南溪村就坐落在南溪河旁。南溪村在清代出了父子祖孙三代举人和一批著名人物，以其杰出的社会政治文化活动所起的作用和影响，传扬粤西，名噪一时。

南溪第一代始祖江诚和，《高州府志》和《石城县志》（1931 年版）都有《江诚和传》。他于清朝咸丰十一年（辛酉年，1861），参加乡试。所谓乡试，明清两代每三年在各省省会（包括京城）举行的考试。凡本省生员与监生、荫生、官生、贡生，经科考、录科、录遗考试合格者，均可应考。逢子、卯、午、酉年为正科，遇庆典加科为恩科。考期在 8 月，分三场，考中被录为举人。江诚和参加正科考试，考中录为举人。他为南溪村的第一代举人。中举后，曾做过短期的兵部武库司主事（正六品），加员外郎衔。后辞官在廉江"主讲松明书院，英俊多出其门"，"善属文尤工诗赋，作《松明书院赋》，孙观察称为奇才"，"平生刻意治经"，"兼通医算之学"，"乐善好施，见义勇为"。他有三大举措。

一是建"绳武桥"。鉴于地处高雷廉琼交通要道的南桥河两岸，被宽深的河水阻隔。虽然先祖江浩然捐资设义渡，但年年洪水泛滥时，船不敢渡，交通断绝。遂以诚和、式和弟兄名义兴建高于洪水位、四个船孔可过木帆船、阔长牢固的大型石桥，名为"绳武桥"，取"承先志，绳祖武"之义。桥如巨龙蜿蜒，呈100度角弯曲形，显得矫健壮观，别具特色，实为罕见之作。石桥始建于1868年秋，1869年春建成。正桥长60余米，连引桥有百多米，宽约3米，翼以扶栏，东西两端各建一亭，西亭跨立桥上，两面正顶石刻"绳武桥"，两旁刻联"绳陈继始先犹行率乃，武接遵同轨有极归其"。行人车马必须穿亭而过。此亭侧旁10米处是南溪村口魁星楼，夏夜清风习习，流水淙淙，明月当空，波光闪闪，沙滩洁白，四野寂静，南溪村的青少年男女，多到此桥头乘凉，列坐在两旁扶栏上，谈论时政见闻趣事。东亭是一大茶亭，名为"绿野亭"，建在桥旁的大榕树下，为过往路人供茶，甚至憩宿。亭内竖大理石碑多块，分别刻�* 了状元林召棠、知县伊绍鉴、宗人江熙和等撰写的《新建绳武桥记》，三人原碑文均见《石城县志》(1931年版)中。石城县知事伊绍鉴的《新建绳武桥记》，说江诚和建桥是帮助千万人而且帮助人于长远的举措，"此江氏一门盛德也"。高度评价了江诚和的建桥善举。江琼在《琴缘》一文中记载此桥曰："余家一面枕山，三面临水，余祖曾建石桥，飞跨水上，蜿蜒数十丈。"并有诗记这桥的景色："绳武桥边去，新晴好放舟。片帆随石转，一水傍山流。落日乱峰外，荒烟古渡头。天涯又木落，萧瑟洞庭秋。"(《舟中作》见《南社丛刻第二十三集》)。江琼还以"绿野亭边一草庐"作为自己的斋号，并以《绿野亭边——草庐诗话》作为自己作品的题目。可见"绳武桥""绿野亭"对江琼影响之深。

二是建"桥西草堂"。这是一座外表简朴大方，内里宽敞高雅的跑马楼式庭楼巨宇，位于绳武桥西头北侧，首层占地面积1000多平方米。它是南溪村的主体建筑、全村的中枢和总代表。它的建造，是南溪村建村的开始，取名"桥西草堂"。"草堂"，旧时文人常自称山野间的住所为草堂，有自谦卑陋之意。陆游《老学庵笔记》卷一，"杜少陵（杜甫）在成都有两草堂。一在万里桥之西，一在浣花居，皆见于诗中"。白居易《庐山草堂记》："匡庐奇秀甲天下山，山北峰曰香炉峰，北寺曰遗爱寺，介峰寺间，其境胜绝……白乐天见而爱之，若远行客过故乡，恋恋不能去，因面峰腋寺，作为草堂。"江诚和称家居为草堂，当然是仿古人自谦之意。前座为门楼，有大门、中门和门房（设有通传人员）。大门上挂着"桥西草堂"大门匾，为名书法家南海李应鸿所书。门联是："好景愧无多只此绿水一湾，青山四面；会心原不远只在三更月上，初夜潮生。"把南溪村的景色和主人的心境融在联内。

进了中门，越过天井，登阶上了大拜庭。也就是中座。中座为主楼，庭楼结合，拜庭可容百人，为接官迎宾或家族庆典行礼之处。拜庭连接着首层两房一大厅，人称"中厅"。厅内陈设华贵高雅。两房原做接待嘉宾用，其一在20世纪30年代已设有挂壁电话，架线良垌，接通廉江。拜庭两边隔天井是两厢，各有一厅二房，供远道前来看书或客人留宿。后座楼下有一大讲堂，供讲学和研讨之用。

"桥西草堂"的设计是江诚和生前的构思，他参照各地著名建筑的格局，结合自己的心得和需要，力求大方实用。但他未能亲睹草堂的建成，于1871年遽尔长逝，享年55岁。草堂的落成约在1875年，他的妻子和一群20岁左右的儿子完成其遗愿。

三是"涵万楼藏书"。"草堂"中座的二楼连同两厢二楼的厅房，这就是江家驰名的藏书楼，称为"涵万楼"。江诚和爱书，由于科举考试、主讲松明书院和钻研医学，"家内藏书七万余卷"。他要营造读书环境，培育儿孙世代书香，以期"有书不虑子孙穷"。涵万楼藏书究竟有多少，江日亨对涵万楼的建设及其藏书，有过如下论述：江诚和时，已经"家内藏书七万余卷"。他不仅建造桥西草堂，还要建立巨大书库，营造读书环境。但他的愿望生前未能实现，藏书楼的建置，主要归功于他的第三子江履中。江履中弱冠之年，已饱读诗书，爱书如命。他亲到广州、上海、北京采选书籍，连同江诚和所藏，"得二十余万卷"。他购书的原则是博、精和完整，所以藏书楼取名为"涵万楼"，意为"包涵万有"。其中有诸子百家的名著、二十四史、《资治通鉴》《卢成文集》等，有《四库全书总目》（清乾隆武英殿版，200卷），还有很大一部分医学著作，后来又增加了一些近代文学名著和康有为、梁启超的著作。新版书有民国后商务印书馆的《万有文库》1200本，仅占两个书柜。藏书绝大部分是线装木刻、石刻大本，不少是精本善本甚至是孤本。还收藏有明清名家的书画，岭南画派宗师居廉作品就有多幅。江履中对藏书倾注了毕生心血，特辟桥西草堂整个中座楼100多平方米的二厅四房和两厢楼80平方米的厅、房作书库，中座楼主库环以走廊，库内乌木框架、百叶窗，注意了干燥、通风、采光、避晒、防潮；使用统一的多孔铜片上锁门扇的高大书架，贴壁环立，不下百个。书架整齐地叠满一套套线装书，每套书都夹以书板，涂有丹黄防蛀，扎以丝带，成为套匣。基本按经、史、子、集分类，江履中亲自编有《涵万楼书目》四卷。① 江诚和有子女13人（男9女4），是为第二代。这一代男子中，人人各有专长，这里主要介绍五子江慎中。

江慎中（1860—1909），字孔德，号蟫盦。我们在《广雅书院同舍录》的表和传中，查到他的有关资料。他咸丰十年（庚申，1860）生，高州府石城县民籍充县学廪生，光绪戊子（1888）科，本省乡试中式，第63名举人，世居石城县

① 江日亨：《廉江文化名村南溪》（未刊稿）。

岐岭村。①

他是南溪的第二代举人，获同知衔拣选知县（按：同知，官名，称各官衙长官的辅佐副职为同知。清代地方各府州的知府下设同知），封奉政大夫。少年时已"博览群籍"，有"书柜"之称；他的文章"渊雅有法""诗犹雄健"。他入读广雅书院，对他的一生影响甚大。广雅书院是两广总督张之洞创办的新型书院，其宗旨是"中学为体，西学为用"，不以八股文课士。选广东、广西两省学生各一百名入院肄业，院内课程分经、史、理、文四科随学生选择。1902年改为两广大学堂，开中国书院改学堂的先例。1903年改名两广高等学堂。1906年改称广东高等学堂。首任山长为梁鼎芬。江慎中的经学研究为张之洞和广东学政汪鸣銮所器重，为山长"梁节菴（鼎芬）先生高足"。他中举后，入京遍交学者名流，与翰林院编修江标、叶昌炽、程秉钊等友情深厚。随后绝意功名，回乡致力著述和教育，主讲本县松明、同文两书院十余年。

茂名籍侍郎杨颐慕其学行高洁，嘱托高州知府聘他为高州高文书院院长，"一时名士皆出其门"；科举制废，高文书院改为学堂，仍受聘为学监（校长）。他门生遍高雷，为当地培养人才做出了贡献。清朝举人、公车上书积极分子、民国国会议员周廷劢，蒋介石的幕僚长、秘书长、河北省政府主席杨永泰，中国科学学部委员、前华南农学院院长、世界著名水稻专家丁颖，20世纪30年代广东省政府主席林云陔，民国广东高等法院院长、勷勤大学校长陆嗣曾等都是他的学生。著名经济学家、前法商学院院长黄典元撰文说，"江慎中先生为高州中学堂监督时，典元从受业，与琼、璠晨夕切磋，至相契"，以作为江慎中的学生而感荣幸。孙中山对江慎中的进步倾向和影响力也有所闻，曾亲笔写信给江慎中请他支持革命（此信由江慎中长子江珣保存至中华人民共和国成立之初被毁）。江慎中著作甚丰，更是研究《春秋穀梁传》的专家，著有《春秋穀梁传条例》《穀梁传条旨》《穀梁传解诂》《穀梁传笺释》，汪鸣銮、俞樾、叶昌炽等名流为其《条例》作序（三序都收入1931年版《石城县志》），叶昌炽更评为"悬之国门，一字不易"的佳作。他还著有《用我法斋经说》《蟫盦论学私记》《南溪文稿》《南溪诗稿》等（书目均见于《石城县志》）。

他逝世时享年49岁。李文泰的挽联起句就是"岭海失斯人　鸿博无光"，并非纯属溢美之词。

从岐岭村搬到南溪村的只是江诚和的五个儿子，即二子敏中，五子慎中，六子懋中，七子元中，九子建中。因此，南溪人的第三代是指这五兄弟的儿女。在第三代中，有的学有专长，为国家做出贡献，有的献身于革命事业，壮烈牺牲。

这里只介绍江慎中的长子江珣。江珣，字璘如，号拙存。是江琼的胞兄。光

① 参见周汉光《张之洞与广雅书院》，广东人民出版社2012年版，第574、第600页。

绪二十九年（癸卯，1903）中举，是南溪第三代举人，也是清朝末代举人。"珣年五进庠，以古学受长沙张文达公百熙知，己亥院试以一等第一名补廪，经古场因《高骠骑故宅》诗，为公所激赏，悬牌特招复试，庚子科选录全省副榜生第五名，并以'吐纳英华，能窥古学之窍'考语咨送广雅书院肄业。"陈熙晟《廉江南溪江家二三事》一文对此事做了很好的说明："珣应童子试时，借寓高州高力士试馆，其时年方十二岁（按：应是十七岁），临场时，主考官见其年幼，异之，问其住何处，答以高力士试馆，因即令其以试馆为题，作诗一首，珣即席赋七律以应，诗云：'曾披青史有余哀，今向将军旧馆来。开国宁关公有种？诸人孰料祸成灾！生闻私语盟牛女，死有游魂到马嵬。一片荒凉荆棘里，野花如雪为谁开？'主考官对此诗甚激赏，尤其对五、六两句，认为想象力丰富，殊非他人所能及，因而获中秀才。"江珣中举后获同知衔选知县，翌年任吴川县知事（县长）。后值广东法政学堂初成，由县保送肄业。各种考试均列最优等第一名。毕业于法律特别科。番禺吴道镕太史赠一联云："家学优长，天资卓绝；文章尔雅，履蹈清贞。"与茂名熊英同称"高州二才子"。他历充广东政法学堂编辑讲义教员、石城县劝学所所长、石城官立地方自治研究所所长。他是同盟会会员，又因江慎中、江琼关系，民国成立后，孙中山特委他为廉江第一任民政长（县长）（按：委任状保存至中华人民共和国成立之初被毁）。以后一直在司法界任职，历任各地或广州地方审判长、广东高等法院推事或庭长、合浦地方审判厅厅长、广州市土地裁判所主席裁判官、广东省政府第二科科长，还被委为廉江县文献委员会委员长，曾挂衔主纂《石城县志》（1931年版）。陈济棠下台后，抗战时期告老还乡，回到了南溪。著有《仪礼丧服小笺》《郑学堂礼说》《拙存居诗稿》。他生平好写诗，诗文造诣高，都全部遗失了。其子忆录其《游莫愁湖》诗一首："只为饥驱作远游，有田何日遂归休。我来愁比渔泽甚，怕听湖名是莫愁。莫愁艇子有耶无，水阁楼台且啸呼。不见美人来打桨，荒烟浓雾此游湖。"这是一首诗情切，深有江西诗派特色的诗。江珣在南溪第三代中居长，有功名，有学问，又长期为官，与达官显贵结交，在当地颇负声望，为岐岭、南溪人所尊重，是南溪第三、四代时期的当然的家长人物，也是岐岭江氏的族长。

江氏家族"三代举人"，在科举功名至关重要的时代是辉煌的、令人钦羡的。这不仅是粤西仅有，在全国也是不多的。茂名举人周廷劢曾撰文说"在郡邑中更数百年而不一见"。吴川举人李文泰还做过考证："我圣朝崇尚儒林，昌明经学，海内鸿博之士，文苑之英，类皆待诏。祖孙父子，辉映先后，我朝三世以经学鸣者，海内厥为四家，若安溪李氏、长洲惠氏、高邮王氏、嘉定钱氏，今得石城江氏，且五之矣。桑梓之荣，萱苏之庆也。"说清朝重视经学，而连续三代能以经学（明经科）考取举人的，全国只有五家，其中就有南溪江家。所以，江家有"三代举人，书香世家"之赞誉。

（三）教育

江瑔所受的教育，可分为三个时期。

1. 在家乡廉江时期

江瑔的祖父诚和、父亲慎中、胞兄珣三代举人，出身于书香人家，祖、父、兄都是饱学之士，善于培养后代，家里藏书丰富。江瑔对他在家读书的情况，有过两段回忆。一在《绿野亭边——草庐诗话》中说："余家世业诗书，以经学继世。先君手置书亦十余万卷，四部悉备，筑楼藏之，颜其楼曰涵万，余十余年寝于是中，乐而不倦，更从事于撰述，稿将盈尺，每为学士大夫所谬推。"在《琴缘》一文中又说："先君更筑草堂于桥西，曰桥西草堂，购图书五十余万卷（按：应是二十余万卷之误），庋其中，任他人观之。"青少年时代的江瑔，在如此丰富的书海中遨游，吸取人类创造的文化知识，无疑这是他成长的得天独厚的条件。

桥西草堂内设置学塾，延请饱学之士当塾师教学龄儿童读书，取名"培彦小学"，南溪人都称草堂为"大书房"。南溪第三、四代很多人都在"大书房"读过书。江瑔自然在"大书房"读过塾师所教的各种书籍。桥西草堂的配套设计，中座二楼是"涵万楼"书库，后座二楼中间是大厅，陈设典雅：酸枝云石炕桌几椅；江西名瓷大花瓶和画卷筒；墙上名家书画屏轴；壁挂古琴。这是大人们研讨、议事之所，也是琴棋书画欣赏、娱乐之处。尤其体现在南溪的第三代兄弟中，他们都各擅长一种乐器，议聊之余，或兴致来时，聚集奏一回。大厅左右四间前读后卧"套房"，是供第二代兄弟及子孙潜心读书之所，文房四宝、琴棋书画，一式陈设，古色古香，前对浩瀚书海——藏书楼，后向树荫花香的大花园，幽雅清静，真是个读书的好环境。花园内建有一座塔亭式的"字纸亭"，凡有文字的废纸不得随便委弃，要拿到字纸亭焚化，体现了一种敬书惜字的良好文化教养。

江瑔除在这种环境下接受塾师的教育之外，还直接受其父兄的教育。在《绿野亭边——草庐诗话》中，说父亲教他学诗，要"情景兼至"，"余初学诗，先君子即教以此道，沉绎既久，稍会于心，虽邯郸学步，不足以追踪古人，然未尝无片联数句，裒然含弦外音，足为朋辈所称道者。如'离愁同落叶，一样散纷纷''斜阳含两意，落叶带秋声'等，均颇有深致，唯恐仅得古人之皮而遗其骨耳"。父亲慎中曾主讲廉江县松明、同文两书院，江瑔是否跟随读书，不得而知。但父亲曾任高州高文书院院长，江瑔曾在此就读。他在《琴缘》一文中，叙述父亲与茂名友人许飚阶得琴的奇遇故事。在文后山渊曰："余幼岁，先君每哽咽述先生（按：指许飚阶）事，谓天之报施善人，不宜如是。厥后先生族人择子弟名景劢，字剑酿者，以嗣先生之子。余弱冠，与剑酿同学于高文书院，先君适为院长。剑酿亦善诗古文辞，能绳其祖武，先君心乃大慰，叹曰，吾友死无憾矣。"（另见前面黄典元之说），可见江瑔受父之亲炙。

江瑔受胞兄瑸如之教尤深，感情甚笃。在《绿野亭边——草庐诗话》中说："余兄仑孺［瑸如］先生，博读群书，无所不学，著书数十卷，经史之余，尤得诗之三昧，格律风神，两造其极。……余昔旅于广州，岁暮未归，余兄忆余，曾寄以诗，曰：'为客怜吾弟，频年别故乡。池塘定有梦，风雨不联床。书札因双鲤，殷勤寄五羊。天涯又霜雪，何日买归航。'词旨缠绵，言浅意深，天性之亲，露于言表。……余昔在家无事，恒与吾兄联句，家庭之乐，莫与伦比。某岁余兄弟方由省垣归，到家刚为除夕，甫卸客装，即拈毫联句，余犹忆其诗曰：旅行犹昨日，［仑］辛苦两人归。游子家如客，［泉］明朝岁又春。一年终此夕，［仑］百感集吾身。［泉］且聚天伦乐，［仑］椒盘祝老亲。又春日即事联句，余犹忆一联。余兄句云'水声春色里'，余续之云'烟影夕阳时'。论者谓二句均写景如绘，工力悉敌，难分轩轾。余终愧余诗力绵薄，不及余兄之浑厚也。"我们从这段手足之情的论述中，可见江瑔受兄瑸如教育之深及互相磋商学问之切。

江瑔就是在这种优越的环境下接受塾师的督教，并受父兄亲炙，使他童年时代奠定了深厚的国学基础。17 岁县试冠军，第二年院试以第一名进庠；科考以一等第一名成为廪生。从此走出廉江，走进省会广州。

2. 在广州广东高等学堂时期

江瑔何时进广州，读什么学校，在《绿野亭边——草庐诗话》中有迹可循。他说，"余于民国前五年留学羊城"。民国前五年应是 1907 年（光绪三十三年），时年 19 岁。在文末说与罗君的友谊及其诗，说"罗君字宿曼，粤之南海人，昔与余同肄于广雅书院，今为北京大学校生，少年英俊，聪颖天生。今复沈毅好学，成就未可量也。昔日同学羊城时，曾共寓于西门外彩虹桥侧，故其诗有第三语"。（按：罗君赓嵩送余诗云："两载京华意惘然，不堪回首旧山川。虹桥别后余三径，海上归来尽一廛。潘岳有才偏作令，江郎有恨去鸣絃。萧条鸟水西头驿，碧草如烟上客船。"）

江瑔所说的广雅书院，是张之洞于光绪十四年（1888）所创办，他的父亲慎中、胞兄瑸如均就读于广雅书院。清末为救亡图强，革故鼎新，停办科举，饬令各省纷设高等学堂以培养人才。广雅书院亦于光绪二十九年（1903）改为两广高等学堂，1906 年改为广东高等学堂。按清末学部定章，高等学堂是一省最高学府。江瑔于 19 岁（1907）考入由广雅书院改制成的广东高等学堂，对他的一生影响甚大。

首先是广东高等学堂的藏书。广雅书院建冠冕楼藏书，规模极为宏壮，分东西两盈以藏庋图籍。大抵《书目答问》所列之书，已具备七八。而康熙、雍正、乾隆三朝所编的巨大典籍，也都齐备。至于通行之本，必具两部，以供学子借阅。各大丛书，如粤雅堂丛书、海山仙馆丛书、知不足斋丛书、以及二十四史、十三经注疏、皇清经解等，有备至三四套者，藏书之富，亦可概见。比较重要而常用的经史，则放置于各斋舍的第一间空房，以便诸生随时检阅。戊戌变法失败后，康有为之万木草堂藏书，被政府没收，移置于广雅书院。广雅书院的藏书，更充实了①。广东高等学堂沿袭着广雅书院的藏书及其制度。江琼在此读书，如鱼得水，对他的成才，无疑起了重要作用。

其次，江琼读书时的学堂监督（总理）为吴道镕。吴道镕（1852—1936），字玉臣，号澹庵，原籍浙江会稽，先世经营盐业，到达广东，遂落籍番禺。光绪庚辰进士。入翰林，散馆授编修，遽归、不复出。乐于教育英才，诱掖后进，以讲学著述终其身。粤督岑春煊聘他为广东高等学堂监督。他融会新旧，管教宽严并济，启迪训诲。而道德高厚，凡事以身作则，诸生莫不翕然从风。江琼累试第一，尤为吴道镕所器重。

学堂当时的师资力量雄厚，谢祖贤（次陶）任史学教习，他精通经史，出入于诸子百家之中，而且长于雄辩；在经学，杨寿昌以精审著称；文学史，有徐信符，博览群书；英文科，由韦标与李汉桢充主任，韦氏是英国律师，李氏的英文造诣亦深。名师济济一堂，可谓盛极一时。江琼得这些名师的教育，对他的成长自然十分重要。

最后，江琼在校学习成绩相当优秀，毕业后服务社会，对国家贡献良多，与高州杨永泰、顺德岑仲勉，共称"广高三杰"。

杨永泰，字畅卿，高州茂名县人。7岁就读，12岁应县学试，曾登案首，补博士弟子员。14岁入广东高等学堂。每有集会请愿，辄被推举为代表，俨然为学生领袖。后考入北京大学法律系。毕业后，一直参加与政治，曾任广东省省长。岑仲勉，字铭恕，顺德县桂州人。生而颖悟，受业于名师，15岁时已读完五经，兼治通鉴。在广东高等学堂时，寡言力学，悟性甚佳，国学根底深，更追求科学知识，对天算一科，用功最勤，喜读南海邹伯奇遗著。嗜西北史地，对《山海经》《穆天子传》已有深刻研究。在学时已通反切音韵，对粤大儒陈澧韵学诸书，备极推崇，岑氏一生治史，著述甚丰，是史学名家。马国维在《近代史学家岑仲勉先生传》中说："自张文襄公在粤创建广雅书院，延聘通儒，讲学其间，粤士辐辏，人才鼎盛，学者多能以其学显扬当世，惟囿于旧学者多，能独辟途径，创立新知者，则有石城江山渊、顺德岑仲勉二先生。惜江天年不永，成就有限。岑则学贯中西，博通群学，史学尤有重大贡献，发扬我国创建文化之精神，其所造诣，远迈前人。"②

---

① 参见周汉光《张之洞与广雅书院》，广东人民出版社2012年版，第340–341页。
② 周汉光：《张之洞与广雅书院》，广东人民出版社2012年版，第471、473、479页。

3. 在日本留学时期

江瑔在广东高等学堂毕业后，于宣统元年（1909）东渡扶桑，留学日本。据江日亨《粤西近代才子与民主革命者江瑔先生》一文说："20 岁赴东洋留学，毕业于明治大学，是南溪江氏跨出国门第一人，也是廉江第一人。"南京图书馆编《中国近现代人物像传》江瑔条载："日本明治大学法科毕业。"① 另一种说法是读早稻田大学，周汉光著《张之洞与广雅书院》说江瑔"毕业于日本早稻田大学"（第 471 页）。江日亨是依据 1931 年修的《岐岭江氏族谱》所载，当较可靠；且当年修谱的主纂是江珣，江珣是江瑔胞兄，对江瑔最了解，江瑔名条即使不是他亲撰，也必经他审定。江瑔毕业于明治大学，当为准确。江瑔在日本的情况，现有材料披露得不多，只知道他在日本参加了孙中山领导的同盟会，并进行反清宣传，这是他成为民主革命社会活动家迈出的重要一步。

三、 民主革命社会活动家

（一）孙中山领导的中国同盟会会员

1905 年，孙中山在日本成立同盟会。孙中山是 20 世纪初中国革命党的形象，同盟会是以留日学生为主体，其骨干大都是学界精英。1909 年，21 岁的江瑔赴东洋留学，后于日本明治大学法科毕业。在留日期间参加了同盟会，为推翻清王朝进行革命活动。他参加同盟会的时间，应在 1909—1911 年之间。在日本的情况，没有材料可以说明。1912 年 9 月 11 日《中国同盟会粤支部杂志》第七期载《中国同盟会粤支部会员题名录》，这一"题名录"，应是江瑔回国后的情况。"题名录"分（甲）各分会委任员；（乙）会员注册者；（丙）本会加盟者。我们在"本会加盟者"栏中，查到有"江璟"一名，疑是"江瑔"之误。因为该表分姓名、籍贯、职业、介绍人等项，"江璟"籍贯为石城（即廉江），职业为省会代议士，介绍人为朱述堂、李熙斌。而当时江瑔为广东临时省议会代议士，由此可知"江璟"应为"江瑔"之误。② 江瑔受同盟会任命为粤支部廉江分部部长，发展组织，仅廉江岐岭、南溪就有多人受他影响参加了同盟会。（江日亨《粤西近代才子与民主革命者江瑔先生》）

（二）中华民国第一届国会众议院议员

1911 年，辛亥革命成功，1912 年中华民国成立，为民国元年，各地推选国

---

① 南京图书馆编：《中国近现代人物像传》，上海古籍出版社 2011 年版，第 308 页。

② 参见中国人民政治协商会议广东省委员会文史资料研究委员会主编《孙中山与辛亥革命史料专辑》，广东人民出版社 1981 年版。

会议员。江瑔被高州六县一致推选为国会众议院议员，1913年春赴京参加国会成立大会。他事后以笔名"梦余"在《小说新报》发表《都门忆语》和《旅京一年记》（正、续共三篇），记述他在京的情况。《旅京一年记》记述了他进京的旅途所见，宋教仁被刺之后的紧张局势及对国民党的影响，宴会情形，政党与国会的关系，各党派之间的斗争及国民党在参议院获胜的情形，议员的待遇及北京交通情况，尤其是记述开幕式的盛况以及从一开始各党派就争执不休的情形。此文可以说是国会开幕情况的真实记录，是一篇有用的史料。

江瑔支持共和，反对帝制，此文亦有记录。"正式国会，将行开幕，议员八百，联翩齐集都门，国旗飘扬，士民欢呼。此实我中国数千年未见之创局，而新建民国之盛典也。其时忽有裘平治者，湘人也，由湘发电至北京，谓共和制度，不宜于中国，请即恢复帝制，建立君主。为民国建造以来，倡复帝制之第一声，可谓独具眼光，言人之所不敢言，发人之所未能发。闻者皆一笑置之。"全国人民反对帝制，支持共和，"巩固共和之深心，可以惊天地而泣鬼神，辉金石而照日月，吾侪小民真可谓有讬得人之庆矣"。

江瑔在京开会期间，与著名学者黄钧选住在一起，在《绿野亭边——草庐诗话》有记载："余友黄钧选先生，名锡铨，粤之嘉应州人，年已六十余，吾粤宿儒也。生平足迹遍天下，又遍历南洋各岛，前清时，为广西候补知府，又曾为檀香山领事。民国成立后，充广东临时省会议长，余是时亦忝列议席。获与先生相切磋。时先生适为六十寿辰，众同人醵资祝贺，而寿文则公推余撰焉。正式国会开幕，余与先生又俱被选为国会议员（按：余为众议院议员，先生为参议院议员。先生本为候补第一，旋以唐君绍仪不愿应选，以先生补充）。入都又同寓于潘家河沿高州会馆，时与议员同寓者，余与先生外，更有何子士果……共六人。日出席于议院，夜则与谈学问经济之事。……无何，国会解散，诸人皆困乏，长安不易居，不能久留滞，于是往日之会，风流云散，余与何子、周子，先相继出都，林子之美洲，许子赴日本，李郭诸子，亦联翩南返，惟先生独留。诸人未行时，各为诗以互相赠送。先生亦为诗以送余侪之行。"

江瑔这段话，说明"国会解散"之后，他即南返。在《都门忆语》中说："余于癸丑（1913）之岁，四月八日入都，十一月十日出都，前后七月有奇。""解散国会"，是袁世凯推翻共和，恢复帝制的重大阴谋。国会是国家最高立法机关，是民主共和国的标志，共和制度存亡系于国会。袁世凯通过各种手段，篡夺了大总统职位之后，把国会视为他称帝，实行独裁统治的最大障碍，开始对国会议员进行压迫和迫害，或监视，或逮捕，人人自危。袁世凯为了踢开国会，以乱党的名义取缔国民党、取消国民党议员的资格，使国会不足法定人数不能开会而瘫痪。11月4日下令解散国民党，追缴国民党籍议员的证书、徽章，并通令全国。① 江瑔就是在这种白色恐怖下逃离北京。他进北京时，有《入都》诗记之："一剑随身雪里过，西风落日渡滹沱。文章观海波澜阔，诗句入燕慷慨多。云影孤鸿沈紫塞，涛声万马走黄河。愧无三寸惊人舌，排议金门气不磨。"（见《山渊诗稿》）这首诗反映了江瑔当时满怀豪气，准备在人生征途上大显身手的豪情壮志。他离开北京时的心境，又别有一番滋味。多首诗记之。

在《有客十首之四》诗序云："余自国会解散，幪被南归，重为当道所忌，军警临门大索，荷枪实弹，如临大敌，苍皇逃亡，幸脱虎口，瞻望前途，怆恨无桎，旅居寡欢，赋此寄慨。"

> 有客有客行江皋，踯躅不前心徒劳。
> 前有虎狼后波涛，黑云蔽野风萧骚。
> 随身惟有鞘中刀，披发仰天歌且号，
> 歌声上彻霜天高。

> 有鸟有鸟刷其羽，苍茫四顾思高举。
> 疾风忽起振林楚，巨石纷飞作人舞。
> 绕树三匝栖无所，载飞载鸣心酸苦，
> 举目无俦泪如雨。

> 有酒有酒盈金樽，酒香扑鼻口流涎。
> 我欲一饮吸百川，倾樽痛醉销愁怨。
> 竭来忽觉心烦冤，百忧万感丛吾前，
> 举盏欲饮难下咽。

> 有家有家归未得，万山千山皆秋色。
> 豺虎当道攫人食，白骨盈城血化碧。
> 行人无语空叹息，身欲奋飞无羽翼，
> 故乡何处白云白。

这四首诗反映了他对袁世凯解散国会的无比愤怒、对北京白色恐怖的鞭挞和悲愤，以及对自己前途的悲观和渺茫。

还有四首和诗，诗序云："癸丑（1913）冬，国会非法解散，冒雪南返，首次天津，候舟半旬，接到友人程华甫送行诗，步韵和之。"

> 归途未半雪如丝，第一销魂是别离。

---

① 谷丽娟、袁香甫：《中华民国国会史》（中），中华书局 2012 年版，第 673 页。

入梦难忘知己友，破愁赖有送行诗。

短衣匹马奔穷发，湖水扁舟访子皮。

吾舌已瘖不须结，从今艾艾复期期。

第二首《再叠前韵作于舟中》。

第三首《三叠前韵兼示旧同学诸子》：

寒枝无叶柳无丝，一曲凄凉古别离。

归路此身仍是客①，饯行以酒不如诗②。

砚端尚染文山血，笔底定惭杜甫皮。

如此劳神休驻足，片帆归去访安期。

第四首《四叠前韵兼示旧同学诸子》，末句云："诸公华国文章富，一洗乾坤会有期。"

这四首诗答谢了友人的送行，又寄托对旧同学诸子的思念，既反映了作者的无限惆怅，也寄托着革命成功的期望，"一洗乾坤会有期"。

在《山渊诗稿》有"十一月六日出都许杏庄（景劭）以诗送行步韵答之"四首，这几首诗反映了作者对北京的人情冷暖已有深切体会，"燕地无春色，人情比夏云"。表示自己将归南方"嗟余书一束，十载历辛勤。归去寻真我，狂吟傲帝侯"。在南方从事学术研究和文艺创作，谢绝一切世事。这一心境，在《绿野亭边——草庐诗话》中也有记载："前者国会选举，忝列第一，振衣入都，寄身于政海浩瀚中，学殖荒落者将及一年。议席解职，买舟南归，喜获以复理故事，专从事于经史词章之学，一切世事，概从屏绝。"这些诗和文都反映作者经过国会议员的挫折，决心"归去寻真我"，从事学术研究和创作。

从现有材料看，江琼1913年冬离开北京南下，1914年到1916年，其活动及创作主要在上海。这三年是他创作的高峰期，大量学术研究成果和小说、诗词创作成果，多发表于上海刊物和出版机构。他的朋友、南社社友胡寄尘（胡怀琛）1923年作的《江山渊》一文介绍说：

我和他认识，在民国五年，大家同在进步书局担任编辑事。江先生于经史子集之书无所不读，曾著《读子卮言》一书，由商务印书馆印行，直到现在仍风行于世。先生对于小说，也做得不少。当恽铁樵编《小说月报》的时候，常有先生的短篇在那里发表，大概都是明清间的野史，然事有来历，并非空构造，所以比较有价值。同时《妇女杂志》及《小说新报》中也常有先生的小说。此外，有一单行本名曰《芙蓉泪》，由泰东书局出版。

---

① 时粤省党祸最烈，杀人如麻，拟暂留上海，归期未定。

② 未行前承诸子以酒饯别。

胡寄尘像我和江先生订交时，曾赠他一首诗道："谈经岭海称家学，说稗江湖算异才。别有伤心来尘底，大明旧事劫余灰。"那时候我们的交情很好，不多几时，江先生便往北京去了，因为他本来是国会议员，国会被袁项城解散了，所以他跑到来卖文。这时候共和复活，国会恢复原状，他当然要往北京去。

《国会议员集会通告》书影胡寄尘这段回忆，说明了两个问题：一是江瑔南归后，主要在上海以"卖文"为生，上引《三叠前韵兼示旧同学诸子》的注文可以为证，创作了大量作品；二是他 1916 年去北京参加了第一届国会第一次恢复后的常会（1916 年 8 月 1 日至 1917 年 6 月 12 日）。

1916 年 6 月 6 日袁世凯死后，北洋政府大权由段祺瑞执掌。以国民党为主的一些反对袁世凯政权的议员，即酝酿恢复第一届国会。有国会议员 211 人署名的《国会议员集会通告》称："敬启者：议员等忝受国民委托，彼袁氏非法蹂躏，有职莫举，忽忽三年。值此国变非常，允宜依法集会。查《临时约法》第 20 条，参议院得自行集会、开会、闭会，第 28 条以国会成立之日解散，其职权由国会行之，是国会议员得自行集会、开会、闭会，为《约法》所规定。议员等鉴于时势之必要，已自由集会，先后莅临者达二百余人。兹特正式通告，凡我两院议员统限于 6 月 30 日前齐集上海，以便择定相当地点，定期开会。"在《通告》署名的 211 人中，有广东议员江瑔、邹鲁等 11 人。此《通告》在《申报》1916 年 6 月 2 日至 16 日反复刊登。6 月 18 日，旅沪议员 321 人在《申报》第 1 张第 1 版（广告版）再次刊登《国会议员集会紧急通告》："同人等公议催集，两院未到议员于 6 月 30 日以前齐赴上海。现在经费筹妥，并择定开会地点。国事危迫，一发千钧，务请两院诸君为国效劳，即日来沪，幸无迟延。"

6 月 7 日，黎元洪在北京东厂胡同副总统府行就任大总统职典礼，正式就任大总统职。梁启超、孙中山、蔡锷等都主张承认黎元洪接任大总统，段祺瑞组织内阁，恢复《临时约法》，召集国会。经各方协调，6 月 29 日，大总统发布恢复国会令。这一命令基本上满足了国会及南方各派的要求。孙中山认为，上述命令发表，表明北京的当权者已赞成共和，决定对北京政府采取支持的态度。遂敦促在沪的议员北上，以便组织一个好的国会，制定一部好的宪法，把国家引入法治轨道。于是议员齐集北京，1916 年 7 月 28 日，在众议院议场两院议员会合开谈话会，为 8 月 1 日的开会典礼做准备。第一届国会第一次恢复后的常会，8 月 1 日，参、众两院议员在众议院议场举行开会典礼。① 江瑔参加了上述议员为争取恢复国会的斗争，并于 7 月份赴北京参加第一届国会第一次恢复后的常会。1917 年农历三月初六，江瑔在北京寓所突然暴病逝世，灵柩扶回家乡。他是在众议员

① 谷丽娟、袁香甫：《中华民国国会史》（中），中华书局 2012 年版，第 827—835 页。

任内殉职，为反对帝制，恢复共和做出了应有的贡献。

当时有些议员在地方任县知事，江瑔在《绿野亭边——草庐诗话》（续）中说，在开会期间，一起住的除黄钧选之外，还有"何子士果（潮州人，名寿朋，今为昆山县知事）"等，说明何士果任昆山县知事。《岐岭江氏族谱》记载，江瑔"贵州补用县知事"。① 在《绿野亭边——草庐诗话》中，有两次提到在黔任职之事。一处说，"友人朱觉斯先生送余之官黔中诗，为七言古风一章"；另一处说，"余为贫而仕，签分黔中，出都时，良友故人，咸以酒钱行，且钱以诗，以壮远道之行色。余谫陋不文，愧无以答诸公之盛意也"。可见江瑔在任众议院议员期间，曾出任"贵州补用县知事"。但材料所限，不能知其详。

（三）柳亚子领导的南社成员

南社，是辛亥革命前后著名的文学团体，提倡民族气节，鼓吹反清革命。发起人为同盟会会员陈去病、高天梅和柳亚子。1909 年 11 月 13 日成立，活动中心在上海。取名"南社"，有"操南音，不忘本也"之意。"南"字与陈去病有直接关系，他改字为巢南，名其集为《巢南集》。

"巢南"本于《古诗》"胡马依北风，越鸟巢南枝"之名句。"胡""越"对峙，与"排满革命"的思潮相吻合。民国后他解释说："南者，对北而言，寓不向满清之意。""社"字既有广义的社团之意，又与明末清初的复社、几社之社有关。②

南社的第一个组织纲领《南社例十八条》，第一条云："品行文学两优者许其入社。"第四条云："愿入社者须写明何省何县人及其通讯处。"因此，能比较准确地统计南社的成员。1911 年正月编发的《南社社友通信录》只有 93 人，9 月出版的《南社社友第二次通信录》就有 228 人，1916 年《重订南社姓氏录》已有 825 人，柳亚子的《南社纪略》附录的《南社社友姓氏录》所录社员达到 1170 人。③ 据孙之梅统计，南社社员的地理分布：江苏第一，437 人；浙江第二，226 人；广东第三，172 人。而广东 172 人中，廉江籍的只有 1 人，就是江瑔。④

柳亚子《南社纪略》附录《南社社友姓氏录》载："江瑔，字玉泉，号山渊，广东廉江人。已故。599。"柳亚子在"附记"中说，"至所附亚剌伯数字，表示填写入社书之先后"。说明江瑔入社的时间是比较早的，当在 1914 年到 1916

---

① 江日亨：《粤西近代才子与民主革命者江瑔先生》。
② 孙之梅：《南社研究·前言》，人民文学出版社 2003 年版。
③ 《南社纪略》，上海人民出版社 1983 年版。
④ 孙之梅：《南社研究》，人民文学出版社 2003 年版，第 66 页。

年之间，因为 1913 年 4 月出版姚光编的《南社姓氏录》，著录社员 403 人①。江瑔入南社的介绍人可能是蔡哲夫，因为蔡哲夫（广东顺德人）是南社第一次雅集 19 人中唯一的广东人。在南社的发展壮大中蔡哲夫也是功臣之一。1917 年蔡哲夫在《答高燮书》中说："弟窃思南社发起以来，更得宁太一、高天梅、傅钝根与弟辈，各于其地搜罗人才，费煞几许心力，以期成一东南文人渊薮。"② 蔡哲夫是江瑔的朋友，从江瑔《与蔡哲夫书》中可以看出他们之间的交谊颇深，因此，蔡哲夫介绍江瑔参加南社是可能的。

1917 年春，江瑔于北京逝世之后，柳亚子编的《南社丛刻》第 20 集，于同年七月出版。这集刊登二页南社亡友遗像，之一为邓子彭、温静侯、江山渊。郑逸梅：《南社丛谈》附录一、南社社友姓氏录（此与柳亚子所编大同小异，所记江瑔同）；二、南社社友著述存目表，载江山渊有《山渊阁诗草》《仿庵文谈》《绿野亭边——草庐诗话》《诗学史》《作文初步》《读子卮言》《劫余残灰录》《旅京一年记》《楚声录》《姓名古音考》《芙蓉泪》《辣女儿》。三、南社社友斋名表，载江山渊有仿庵、詹盫、山渊阁、绿野亭边一草庐。江瑔逝世前，把他的作品《与蔡哲夫书》（民国元年四月五日写）、《公祭黄克强先生文》（1916 年写）和诗 20 首，寄给柳亚子，柳把收到的文稿，编成《南社丛刻》第 23 集、第 24 集。由于当时的条件所限，未能出版，珍藏于北京图书馆。直到改革开放的 1994 年，柳亚子哲嗣柳无忌，把这两集列入"国际南社学会丛书"，由社会科学文献出版社出版。江瑔上述诗文收入第 23 集。

江瑔为同盟会会员，为中华民国第一届国会众议院议员，为南社成员，他为民主革命而奔走，为维护共和、反对帝制做了不懈的努力，最后殉职于众议员任职之上，他不愧为民主革命社会活动家。

四、《读子卮言》及其影响

（一）出版背景

《读子卮言》二卷，民国六年（1917）二月上海商务印书馆出版。铅印竖排。卷一下题"廉江江瑔山渊学"，版权页署"编纂者廉江江瑔"。江瑔民国六年农历三月初六日，暴卒于北京，生前是否见到该书出版，不得而知。

先秦诸子是中华文化的重要内容和活水源头。汉武帝"罢黜百家，独尊儒术"以后，儒学成为文化正统，先秦非儒学派则被排斥、吸收和改造，基本处于

---

① 杨天石、王学庄：《南社史长编》，中国人民大学出版社 1995 年版，第 326 页。
② 原载《中华新报》1917 年 10 月 13 日。转引自《南社史长编》，第 518 页。

异端地位，或处于儒学或经学的附庸。晚清至民国初年，随着中国学术的嬗变和西学东渐的历史契机，诸子学得以复兴。章太炎、刘师培等为推动诸子学的复兴起了重要作用。子学复兴，从正统儒学的附庸地位脱离出来，与儒学相抗衡，这是历史的进步，是中西文化交融的产物，是一种思想解放潮流。因为真正的思想解放，不仅需要发展、改造正统学说，而且必须肯定、阐扬有价值的非正统思想。诸子的学说，不仅有思想价值和现代意义，而且是批判正统儒学的思想武器。① 江瑔在子学复兴的历史潮流中，出版《读子卮言》，是有进步意义的。

（二） 内容与影响

《读子卮言》之"卮言"一词，出自《庄子·天下》篇的"以卮言为曼衍"，意为无心之言，散漫流衍，不拘常规之意。又《寓言》篇曰："卮言日出，和以天倪。"意为无心之言日出不穷，合于自然的分际。又解："卮，支也；支离之言，言无的当，故谓之卮言也。"后人用"卮言"，作为对自己著作的谦辞。②

《读子卮言》有一个精辟论点，认为诸子皆是史，说"近儒谓'《六经》皆史'，其实诸子、诗赋、兵书亦皆史也。班《志》谓'道家者流，出于史官'，其实九流之学亦尽出于史官也"。班《志》和刘歆《七略》言诸子百家出自王官，"皆由近源言之，而未溯其远源者也""凡学有源流，由流可以溯源。然有近源，亦有远源，溯近源而不溯远源，亦未得学之真也""班、刘二氏溯诸子之近源，故源各不同，而不知更溯而上之，其源实俱出于一。查九流虽支分派别，而皆出于古之史官者也"。江瑔"诸子皆史"像"六经皆史"一样是不刊之论。

江瑔还特别指出，中国百家之学，咸出于道家。"道家者，上所以接史官之传，下所以开百家之学者也。""黄帝固为道家始祖。是时百家未兴，道家即岿然以立，然则谓有史官即有道家可也，谓有文字即有道家亦无不可也。""老子以前，首家独盛；老子以后，百家朋兴。而诸子之学，虽支分派别，源远流歧"，而溯其源"咸萌芽于道家，实了然无可疑。故司马谈《论六家要旨》，首推道家；司马迁撰《史记》，'先黄老而后《六经》'。盖溯其学术所自来，而不能强为倒置也"。这是发人所未发的深刻见解。

《读子卮言》第一章最后一段话，对我们了解《读子卮言》很有帮助。文曰：

> 余不敏，治百家语有年，寝馈既久，颇有所悟，每亦有为前人所未见及者，窃不自揆，用敢以积年所得，援近儒《礼经通论》之例，述为兹篇，

① 罗检秋：《近代诸子学与文化思潮·引论》，中国社会科学出版社 1998 年版。
② 陈鼓应注译：《庄子今注今译》（下），中华书局 1983 年版，第 884、727 页。

分章标论，前后仍有条贯。往往一篇之稿，经年累月而后就，虽有时言或近于奇创，而详征博引，必有据依，非敢故立异说。

这里所说的《礼经通论》，为邵懿辰著，成书于清咸丰十一年（1861）前。原书凡 30 篇，上卷 19 篇，下卷 11 篇，下卷遗失无存。现存本收有《论礼十七篇当从大戴之次本无阙佚》《论孔子定礼乐》《论乐本无经》《论十七篇中射礼即军礼》《论王礼》《论五礼》等 19 篇论文。此书阐明礼意，意蕴宏深，大抵在辨明《礼经》传授源流，斥古文《逸礼》之伪。多发前人所未发，深为学者推崇。江瑔仿此书之例而成《读子卮言》，凡 16 章。卷一，第一章"论子部之沿革兴废"，第二章"论诸子与经史集之相通"，第三章"论诸子百家之相通"，第四章"论诸子之渊源"，第五章"论九流之名称"，第六章"论儒家不能与经部并立"，第七章"论六经之名本于道家"，第八章"论孟子非拒杨墨荀子非非思孟游夏"，第九章"论荀子姓氏名字"；卷二，第十章"论道家为百家所从出"，第十一章"论黄老庄申韩之递变"，第十二章"论老子之姓氏名字"，第十三章"论文子即文种"，第十四章"论墨子非姓墨"，第十五章"论杂家非驳杂不纯"，第十六章"论农家非言农事"。每章开头冠以"论"，即每章为一个论题，16 章即 16 个论题，也就是 16 篇论文。邵懿辰、江瑔著作中的"论"，我以为即是南朝刘勰"文心雕龙·论说"篇的"论"。

刘勰强调"论"，必须文辞明晰，说理透彻。范文澜 1923 年在天津南开大学讲授《文心雕龙》，阐释"论"之意义：

> 凡作论辩之文，必先审定题目，题既确定，始从事于题义之分析：（一）题字之意义必须了解。（二）追溯本问题之原委。（三）确定题字之意义，使论辩有一定之范围。（四）除去问题之骈拇枝指，使所欲论辩之要领显露，于是由此要领下是或非之判定。彦和（按：刘勰字）所谓研精一理，盖一问题所论者，必止一理，始能精微无爽也。（五）论辩不能专呈一己之见解，必取反对方面所持理由，互相比较，然后补苴罅漏，敌无可乘之机。[①]

我们通读《读子卮言》之 16 篇论文，严格按《论说》篇中"论"的要求，严谨地论述每一篇的论题，每篇第一段为论题，提出问题，以下列出论据，每篇言之成理，持之有故。虽自谦为"卮言"，但"详征博引，必有依据，非敢故立异说"。也说明作者对该书的自信以及喜悦。

此书出版后在学术界得到很高的评价，影响甚大。胡适 1918 年写定，1919

---

① 范文澜：《文心雕龙讲疏》，见《范文澜全集》第三卷，河北教育出版社 2002 年版，第 171 - 173 页。

年出版的《中国哲学史大纲》（上卷）第 12 篇《古代哲学的终局》中的第一章"西历前三世纪之思潮"中，论述"农家"的学说时，在小注中说："参看江瑔《读子卮言》第十六章《论农家》。"①

1923 年，江瑔的好友南社社友胡寄尘（胡怀琛）在介绍江瑔时说，"江先生于经史子集之书无所不读，曾著《读子卮言》一书，由商务印书馆印行，直到现在仍风行于世"，"《读子卮言》一书有永久的价值，在三百年内必不消灭"（胡寄尘《说海感旧录·江山渊》）。

1924 年，钱基博出版《国学必读》，卷下"国学概论"中即选入《读子卮言》中的《论子部之沿革兴废》《论九流之名称》《论道家为百家所从出》三章。在"作者录"中评介说："江山渊，名瑔，廉江人，著《读子卮言》二卷，中有精到语。"②

1947 年，张舜徽草拟《初学求书简目》，于百家言"近人通论之书"部分列出四种，江瑔《读子卮言》列居第一，并说："此皆通论诸子之书，有论说，有考证，初学涉览及之，可以诸子源流得失、学说宗旨，了然于心，而后有以辨其高下真伪"。

2012 年，张京华在《读子卮言》出版弁言中说："窃以为，在民国间乃至整个近现代，在众多同类著述中，当推江瑔这部《读子卮言》最具启发和最有影响。"③ 而华东师范大学出版社，把此书作为"国学初阶"丛书中的一种出版，可见此书具有历久而不衰的学术生命力。

五、《新体经学讲义》及其价值

（一）出版背景

江瑔著《新体经学讲义》，封面印有"教育部审定""师范学校参考用""商务印书馆发行"等标志。封底署中华民国七年一月初版，十年四月再版，编纂者：师范讲习社江瑔。江瑔于民国六年（1917）暴卒于北京。《新体经学讲义》单行本初版时，他已离开人世。而此讲义民国六年三月至六月先刊于师范讲习社《新体师范讲义》期刊第一至第四期，商务印书馆出版。第二年商务印书馆出版单行本。

关于师范讲习社，要追溯到 1903 年（清光绪二十九年）清政府颁布《奏定

---

① 胡适：《中国哲学史大纲》，河北教育出版社 2002 年版，第 263 页。
② 钱基博：《国学必读》（下），上海古籍出版社 2011 年版，第 281 页。
③ 江瑔：《读子卮言》，华东师范大学出版社 2012 年版，"出版弁言"第 10 页。

学堂章程》（这年是癸卯年，故亦称"癸卯学制"）。该学制规定了各类学校的章程、管理、奖励、考试等。规定学校的立学宗旨是"以忠孝为本，以中国经史文学为基，俾学生心求一归于纯正，而后以西学瀹其知识，练其艺能，务其他日成才，各适实用"。学制将师范学堂分为初级师范学堂（中等教育性质）及优等师范学堂（高等教育性质）两等。初等师范学堂培养小学师资。①

为贯彻执行"癸卯学制"，商务印书馆于 1905 年（光绪三十一年）在上海创设速成小学师范讲习所，并于 8 月 20 日正式开学。其宗旨为"以简易方法讲习各学科，以养成小学教员之用"。张元济、蔡元培、杜亚泉、蒋维乔等任教，设教育学、教育史、教授法、管理法、心理学、伦理学、国文、历史、地理、博物、物理、化学、生物、生理、算学以及实地练习等学科，肄习期为半年。②

1910 年（清宣统二年），商务印书馆成立师范讲习社，发起人为严复、郑孝胥、蔡元培、黄炎培、梁启超、伍光建、夏曾佑、王季烈、罗振玉、张元济等 26 人。总纲：宣统元年奏定小学教员检定章程，凡二年以下之简易师范生及举贡、生监文理明通者，均需受检定试验，得有文凭，方准充当教员。本社根据此章刊行讲义，预备应检定试验之用。科目有修身、经义、国文、算学等 12 科，"本讲义准据检定章程参以实地经验，延聘各科名家分科担任"③。

1911 年辛亥革命成功，1912 年成立中华民国。元月，中国民国教育部颁布《普通教育暂行办法》，称"凡民间通行之教科书，其中，有尊崇清朝廷及旧时官制、军制等课，并避讳、抬头字样，应由各该会局自行修订，呈送样本于本部及本省民政司、教育总会查存"。商务印书馆根据新颁布的法令，修改其编纂之教科书，以适应中华民国之用。对于师范讲习社原来编写的讲义，也在修订之列，1916 年 3 月 14 日，张元济在致陈筱庄、经亨颐的信中，也谈到"为《师范讲义》事"④。

1917 年 2 月，商务印书馆发行第二届师范讲习社讲义。《师范讲习社第二次发行新体师范讲义简章》称：

> 普及教育之着手问题，在推广小学。推广小学之先决问题，在培植教员。培植教员之唯一问题，在兴办师范学校。虽然，师范学校以缺乏人材故，不易设；以缺乏经费故，不易多设。部章规定为省立学校之一种，省之教育经费不能尽属之师范学校。一省得十所左右，已有不易维持之感。但此

---

① 参见《中国大百科全书·教育》，中国大百科全书出版社 1985 年版，第 319 - 320 页。
② 张人凤、柳和城：《张元济年谱长编》上卷，上海交通大学出版社 2011 年版，第 169 页。
③ 张人凤、柳和城：《张元济年谱长编》上卷，上海交通大学出版社 2011 年版，第 306 - 307 页。
④ 张人凤、柳和城：《张元济年谱长编》上卷，上海交通大学出版社 2011 年版，第 421 页。

十所左右所培植之师资，胡足一省小学之需用？小学教育必尽师范出身，则河清难俟；任其滥竽充数，则偾事堪虞。教育部特定师范学校第二部及讲习科之规程，职是故也。年来各省师范学校陆续遵令办理，但入此第二部及讲习科者，教员之资格已具，特教授之智能未充，苟有补助自修之法，不难养成优良之实力。此本社发行讲义之缘起一也。小学教员，入则困于生计，出则困于教务。弃职就学，势所难能。有书自修，则一举数便。此本社发行讲义之缘起二也。学说愈近愈精，方法愈新而愈切。汇集新学说新方法，以示人方针，裨益教育，何可胜计。近来教育上之主张，莫不大进步、大革新。要当顺此思潮，益求进步。此本社发行讲义之缘起三也。本社于前清宣统二、三年间，曾发行师范讲义，分科目九，讲义二十有六。入社同志，几达万人，殊极一时之盛。迸异势迁，教育之制度迭有修订，而第二部及讲习科之教科目、教授时数，皆较本科轻减。为修学便利计，则新讲义自不容缓。此本社发行讲义之缘起四也。各地小学日增，教员不尽属师范毕业。行政方面，遂有检定教员之举。不得检定证书，即无小学教员之资格。京师及各省，曾已行之。至于私塾老师，亦有取缔、考试之事。倘得适宜之讲义，供给此项老师之自修，俾将来可应检定试验，于教育前途不无裨益。此本社发行讲义之缘起五也。①

在《简章》中说明师范学校第二部学科目，部令定为修身、读经、教育、国文等科目，"延请富有学识经验者，编述讲义"。标明《经学讲义》讲述者为"众议院议员前广东高州中学校校长江瑔"。

由此可见，江瑔《新体经学讲义》是商务印书馆创设的师范讲习社为适应民国初年的教育需要而出版的众多讲义之一种。参加编写讲义者均为"富有学识经验者"，可见江瑔在当时学术界、教育界之地位。

(二) 内容及价值

该书篇幅不大，分七章，近六万字，但言简意赅、深入浅出地说明了学习经学的重要意义、学习程序和方法、群经之缘起、传授和家法、经学史的分期及发展概略、经学的流派等重要问题。全书的内容，见仁见智，读者可自行判断。我有几点读后感，可以与读者分享。

第一，赞同章学诚"六经皆史"说。

"经"与"史"的关系，是中国经学史和中国史学史研究的重要课题之一。章学诚在《文史通义》的首卷，提出了"六经皆史"的命题。章学诚提出这一

---

① 张人凤、柳和城：《张元济年谱长编》上卷，上海交通大学出版社 2011 年版，第456—457 页。

命题，基于以下理由：①古代"未尝有著述之事"，六经只是"先王"政典的历史记录；②这些政典，不是空洞说教，而是"有德有位"的人，用以"纲维天下"的；③这些政典不是故意编造的，先王以它"协于天道"而"切于人事"；④六经是"有德有位"的周公汇集其大成的。所以，"六经皆史"的"史"，是指夏、商、周三代以上的"史"；而章学诚的"六经皆史"的"史"，不单是指"史料"，而有"经世"意义的"史"。三代以前，六经"以示帝王经世之大略"。章学诚认为六经是三代盛世各守专官的掌故，是当时典章政教的历史记录，切于人伦日用，而非圣人为了垂教立言而故意编造的，因此提出"六经皆史"这一命题。这一命题在中国史学史上有积极意义。①

江瑔在该书第三章第一节"古代之六经"中说："六经者，古代之史也。《尚书》记言，为唐虞三代之史。《春秋》记事，为春秋列国之史。《易》为上古羲农之史。《诗》为商、周、十五国之史。《礼》《乐》尤为一代制度之史。（江瑔在此加按语说：'六经皆史'，李卓吾、章实斋、龚定庵诸人力持其说，颠扑不磨，殆成定论。）古代声名文物，咸萃于此。"在第一章"绪论"中说，"吾国素称古国，声名文物，震铄东西，焜耀千古。自文字肇始，迄于今兹，殆数千余年，文化相绳，久而不绝"，"所谓数千年声名文物之邦者，于何见之乎？曰尽萃于六经。六经者，吾国祖若宗开疆辟土，惨淡经营之伟史也"。该书是按"六经皆史"的理论来架构全书。

第二，学习经学的意义。

作者在"绪论"中说："自孔子删订修纂以后，一字一句，莫不有深意存乎其间。有大义焉，有微言焉。大义可求诸经文之中，微言须会于经文之外。大氐六经之道，言进化而不言退化，言入世而不言出世，言实际而不言虚无。以不同为归宿，以仁义为设施，以强健不息为途程，以觉人救世为责任。可以随人而施教，可以随世而施政。虽世道有治乱，风化有变迁，亦莫不范围于六经之中而不可越。故六经之为学，大之可以求典章制度之宏，小之可以为广见博闻之助，显之可以致家国天下之用，微之可以获身心性命之益。其道至广博而无涯，为万世学术所从出焉。"这段话透彻地说明了学习经学的作用。从经学中可以学到修身、养性、齐家、治国、平天下的本领。

"六经"是中国古代学术思想文化的重要组成部分，是中国优秀的传统文化。"绪论"又说，近数十年来，西方学说传入中国，有人"诋六经为破碎，斥古学为支离，一唱百和，遂成风气。甚至有悍然倡为废经之说，举世不以为非，是不啻举我祖若宗惨淡经营之伟史，为数千年人心精神之所系者，一旦而芟夷

---

① 参见朱维铮编《周予同经学史论著选集》（增订本），上海人民出版社1996年版，第711－716页。

之，而惟外人之是慕。卒之所学于外者，仅获皮毛，而己国相传固有之精神，则销铄殆尽"。因此造成道德沦亡、名教衰落，风俗败坏，使国家处于飘摇之中，精神无所寄托，这都是因为没有学习经学之缘故。

第三，治经之程序与方法。

因为经学源远流长，派别分歧，历代经学之著作，浩如烟海，令学者望而生畏。作者指出六条治经之要诀：一曰明小学以树基础，二曰本古注而参新疏，三曰严派别而参异同，四曰辨真伪而黜异说，五曰专一家而期精一，六曰求实学以期有用。"以上六端为治经之阶梯，修学之程序。""学者执是以为准，循序以进，赴之以毅力，持之以恒心，勿躁进，勿躐等，勿求速成，六经之道，其将复明于今日乎！"

第四，在论述中略人所详，详人所略，在书中提出许多独到的新见解。比如讲诸经之缘起，除讲孔子删定之六经之外，对孔子删订外之诸经如《尔雅》《论语》《孟子》《孝经》等亦多所论述。在讲经学流派时，除讲古文今文，汉学宋学外，对齐学鲁学之分、南学北学之别亦多论述己见。

2014 年 12 月华东师范大学出版社出版了张京华根据民国七年上海商务印书馆原版整理点校的《新体经学讲义》，作为"国学初阶"丛书中的一种。说明本书具有长久的学术生命力。

六、 编纂 《作文初步》

（一） 马建忠著《马氏文通》

清光绪二十四年（1898），上海商务印书馆出版了马建忠（1845—1900）著《马氏文通》。马建忠，字叔眉，江苏丹徒人。他处于西学东渐的 19 世纪中晚期。年轻时在上海读书，学会拉丁文、希腊文、英文和法文。1875 年留学法国，精求西方文明。他是我国近现代知识分子的先驱、一位重要的思想家、外交家和具有世界眼光的学者，他在学术上的最高成就就是撰写了《马氏文通》。这部书把西方语法学成功地引进中国，创立了第一个完整的汉语语法体系，奠定了中国现代语法学的基础。梁启超说："最近则马叔眉建忠著《马氏文通》……创前古未有之业。中国之有文典，自马氏始。"（《论中国学术思想变迁之大势》）为什么要写这部书？马建忠在《后序》中说，"余观泰西，童子入学，循序而进，未及志学之年，而观书为文无不明习"，"计吾国童年能读书者固少，读书而能为文者又加少焉，能及时为文而以其余年讲道明理以备他日之用者，盖万无一焉"，"西文本难也而易学如彼，华文本易也而难学如此者，则以西文有一定之规矩，学者可循序渐进而知所止境，华文经籍虽亦有规矩隐寓其中，特无有为之比拟而揭示之。遂使结绳而后，积四千余载之智慧材力，无不一一消磨于所以载道所以明理之文，而道无由载，理不暇明，以与夫达道明理之西人相角逐焉，其贤愚优劣有不待言矣"，"斯书也，因西文已有之规矩，于经籍中求其所同所不同者，曲证繁引以确知华文义例之所在，而后童蒙入塾能循是而学文焉，其成就之速必无逊于西人。然后及其年力富强之时，以学道而明理焉，微特中国之书籍其理道可知，将由是而求西文之所载道，所明之理，亦不难精求而会通焉"①。全书取材于四书、三传、《史记》《汉书》以及韩愈的文章，例句有七八千之多。分 10卷，卷一讲正名，介绍主要的术语。卷二至卷九，依次论述各类实字和虚字，卷十论句读（即句法）。由此可见，马建忠写作《马氏文通》的主要目的就是要通过学习汉语语法，尽快教会中国人掌握当时通行的文言文，以改变中国在文化教育方面的落后状态，反映了马建忠强烈的爱国精神及人文关怀。

（二）根据《马氏文通》语法理论编纂《作文初步》

上海文明书局印行江瑔编纂的《作文初步》，版权署"廉江江山渊著"。为什么要编纂这部书呢？他在"编辑大意"中说，"坊刻文法（按：即语法）书多矣，不失之浅，即失诸深，谬种流传，为害非细。此编由浅入深"，讲作文之大体以及作文必经之阶段，即字法、句法和笔法。

在第一章"总论"中，他开宗明义说，中国文字之体，错杂万端，使学习作文的中国人，"甚至童年执笔，皓首而不能通者"，"盖中国数千年来有文学而无文法学（按：即语法学）故也。中国亦非无文法也，盖无形之文法，散寓于文字之中，隐而不可见，无人条举而出之，以示后学，斯与无文法等也"，"泰西各国之教儿童，必先教以文法之书"，"循序而进，由浅而入于深，由易以趋于难。故上自名士大夫，下至妇人孺子，无一人不读书，无一人不识字。中国无文法之学，父之教其子，兄之教其弟，师之教其弟子，亦徒循故常，不能辨白其文法之所在，一任少年小子，彷徨歧路"，"夫文字者，有统系有条理之科学也。有统系则秩然而有序，有条理则井然而不紊"，"文章之道，虽隐而实显，虽难而实易。不得其道，则埋首终身，终无丝毫之益；得其道，则朗若列眉，粲然在目。以之御天下之文，若目在纲，纲举而目自张；若庖人解牛，迎刃而解"。儿童作文之艰难，是由于不懂文法，"编为兹篇，以为后学之津逮。首章泛论作文之概要，次章以后，则列举文法之大端。意不求深，言皆有证；文体万端，纲要胥备"，"学者执是以求之，按程而进，触类而引申，不俟期年，其殆天下无不可读之书，无不能作之文也乎"。由此可见，江瑔编《作文初步》的目的和马建忠作《马氏文通》的目的是一样的，都是希望中国人学习文法，掌握汉语语法，

---

① 马建忠：《马氏文通》，商务印书馆 2010 年版，《后序》第 8 页。

学好作文，以便学习中国文化知识。马建忠走在前，将西方语法学引入中国，而江瑔步其后，将马建忠建立的语法学知识引入文章学，使学子学习作文能纲举目张，事半功倍。

"总论"分八节：作文宜有程序、作文宜先学散文而后骈文、宜先学论事之文而后学析理之文、作文宜多识字义、作文宜熟史事、宜熟古文（按：即经史子集之集部）、宜多作、宜培气（按：即文要有文气）。简要说明学习作文要循序渐进。还以三章分别讲字法、句法和笔法。在此，我只强调两点：第一，书中材料相当丰富，所用例句，皆出自经史子集古籍，"言皆有证"。第二，行文中，必要时引用西方的文法做比较。例如"字法"章，说中国字大略区分为三类：一曰实字，二曰虚字，三曰动字。与虚字相类者有二：一曰半虚半实字，即形容字；二曰嗟叹字。"自海禁既开以来，东西各国之文字，流入中国。吾国学士，往往取彼国之文法，以吾国文字相附合。于是以吾国文字，仿彼国之例，区分为八类。如名词、代名词、形容词、动词、静词、系动词、介词、嗟叹词，剖析可为入微。然以供学者之研究则可，若施之于初学，究多未便，转不若吾国旧日之为得。盖初学之于分类，贵简而明。"故以"吾国旧日之类为本"，分别叙述之。"实字"，可分为三类：公共实字，本有实字，代字。在此作者加小注说："按西人文法，亦分此三种。前二种或译为公名词，专名词；或译为普通名词、固有名词，其义均同。后一种即代名词，然西文别立为一类。本书统称为实字，故附于此。"又如讲"动字用法"，作者加小注说："按西文于动词，分类最繁，即以时候言之，有已过、现在、将来之分。三者之中，又各分数类，逾十二类之多。乱人耳目，殊觉无谓。初学习之，每畏其难，究不如吾国之简明而易晓也。"讲"形容字用法"，说"形容字者，即吾国旧日所谓半虚半实字也"。作者加小注说："按西人文法，八类之中，亦有形容字，与吾国半虚半实字同意。惟吾国旧名未妥，故此篇直称形容字。"讲"嗟叹字用法"，说"嗟叹字者，即属于虚字中之一种也"。作者加小注说："按西文亦有嗟叹词，与吾国同。西文独立为一类，吾国则属于虚字中。然其字虽无多，究与虚字略异，故此篇特举而出之。"凡此种种，皆以初学者明了为宗旨。

此部著作，说明江瑔在西学东渐时代潮流中，站在时代的前沿，将西方的语法学理论，结合中国古籍的实例，深入浅出地说明作文的字法、句法、笔法，从而使学子事半功倍地提高写作能力。

七、"经世致用"的史学成就

江瑔对中国古代史学有较深入的研究。史学足以经世致用，自唐杜佑，宋司马光、李焘、徐天麟、李心传、陈傅良、王应麟、马端临，以迄清初顾炎武、黄宗羲、王夫之等人发挥得淋漓尽致。中国史学讲求真求致用。从江瑔所处的晚清民初时代来说，运用史学达致用的目的，他做了两方面的工作。

一是研究南明史。

清廷积弱，列强入侵，及至清末，国粹派提出，欲救中国，必先排满，"唯有保同种排异族而已。不能脱清朝之羁绊，即无以免欧族之侵凌，居今日而筹保种之方，必先自汉族独立始"①。顾颉刚曾说："南明史的研究，由于民族主义思想的刺激。"② 民主革命派创办的《民报》，在创刊号以孙中山名义发表《〈民报〉发刊词》，公开将同盟会的"驱除鞑虏，恢复中华，创立民国，平均地权"十六字纲领阐释为民族、民权、民生"三大主义"（简称"三民主义"）。辛亥革命前后，许多爱国志士，研究南明史，为明末死节之士立传，刊布记录南明史事之著作，以表彰民族气节。江瑔是同盟会会员，他遵循同盟会的纲领，研究南明史，求史以致用，阐发民族气节，抒发民族情怀。

据不完全统计，江瑔关于南明史的著述有：

在《小说新报》以"山渊"名连载《楚声录》。计五言诗有陈良谟《绝命诗》、万寿祺《甲申二律》《赠阎古古诗》、傅青《主朝沐》、吴嘉纪《挽王为宪诗》，七言律诗有杨廷枢《绝命诗》、杨廷枢《绝命辞》、傅臻《绝命诗》，还有文、疏，如《唐王誓师文》《唐王谕诸臣文》《唐王祭告渔梁镇文》《黄道周请唐王监国疏》《黄道周再请唐王监国疏》《黄道周三请唐王监国疏》《唐王监国谕臣民文》《周汝玑等迎贺唐王笺》等。在每诗、文后，按《史记》"太史公曰"的赞论形式，用"山渊曰"，说明该诗、文的写作背景以及诗人的忠烈事迹，篇篇感人至深。为什么要编《楚声录》？山渊在"编者识"中说："回忆有明亡国，殷鉴匪遥，其时忠臣烈士，赴义而继，揽其烈轨，则天惨地愁；诵其遗章，则神惊鬼哭。声尽变羽，气今犹生。敬遗徽，可为矜式。因博采群书，集其残章碎句，萃于一编，颜曰楚声录。是何意态雄且杰，亡国之音哀以思。庶可以一招吾国已断之魂，一振告将灰之气矣。"可见，江瑔辑《楚声录》以表彰南明忠义之臣民，以抒发民族气节、家国情怀的意义是十分明显的。

在《小说新报》，以"山渊"名连载《季明义士传略》，计有苏城五烈、辽民任某、两太监、卖蔡翁、樗叟、赵卯、医僧不空、某刺客、陆氏父子、王氏兄弟一、王氏兄弟二、王氏兄弟三、柳敬亭、伛偻翁、兵张有德、江阴九老、江阴壮士等。在《季明义士传略》序中，江瑔说明季"死节之盛，殉国之烈，前无千古，甚至辟陋下士，能辨华夷，市井细民，竟死君国，奇光焜耀于史乘"，正气虩炳于宇宙。今搜集史料，"掇成季明义士传略一卷，凡乞丐仆役，商贾兵卒、

---

① 清末民初文人丛书《刘师培》，中国文史出版社 1998 年版，第 205 页。

② 顾颉刚：《当代中国史学》，上海古籍出版社 2002 年版，第 90 页。

医僧画客，以及其他微贱之士"都为其立传。"昔陈祖范作忠义辨，谓明季布衣殉国，宜称曰义，不宜称忠。兹本其意名曰义士。始于天启崇祯之世，终于顺治康熙之间。"为这些义士立传，"上将以闻潜德幽光而彰先哲，下将以树坛宇坊表而风末俗。是书之于世，其殆不无小补乎"。每篇最后以"山渊曰"的方式，阐明作者为传主立传的目的意义。还有单篇《记王延善》，专载明末河北王建善、王延善兄弟二人，及子侄辈王馀恪、王馀佑、王馀严兄弟三人抗清义举。文末山渊曰："历代当鼎革时，死节之盛，莫过于宋明。而以诸生起义，殉生报国，尤以明为创见。王延善一诸生耳，无守土之责，义可以不死，乃断胫流血，百折不挠，其子三人，或死或亡或隐，无一为不义屈者，忠贞之气，方之史可法、张煌言诸公，岂云多让。"而这些义士的事迹，寂寂无闻于世，"余故博采诸家之记载，琐语残文，互相比勘，述为是编"。

《小说新报》又连载山渊"明季轶闻"《亡国风流史》，作者认为风俗败坏，可以亡国。"赫赫皇明，遂一亡而不可复兴矣。往车虽复，来轸方遒，其可不一举其事，以为当世警乎。""明季轶闻"有数篇：之一，《夏令尹外传》；之二，《词臣殉国记》；之三，《指冢》；之五，《成德外传》；还有未记次序的赵士超。这些轶闻就是要世人吸取明亡的教训。在《指冢》文末，山渊曰："自古亡国，以明为最惨。死节之士，亦以明为最多。往往一二遗闻轶事，废墟遗迹，供后人之凭吊，以为亡国山河之点缀，后人复仇之念，亦因此触而即生。"作者写这些文章的目的是非常明显的。

山渊还发表《劫余残灰录》，在序中说："窃尝以《明史》成于清臣之手，纪明季事，多未足凭，且止于崇弘二代，而不及于三王，其间烈事伟迹，湮灭何限。吴氏撰《小腆纪年》，亦以忌讳所在，不敢过为表彰。国亡已可悲，史亡尤可痛。"余不揣冒昧，"妄思发阐，欲仿谢氏《西魏书》之例（按：《两魏书》为谢启昆于乾隆年间所撰。谢氏以魏收撰《魏书》，以东魏为正统，于西魏十分简略，认为失当，于昆搜集史料，撰成《西魏书》，对西魏史事，言之甚详。），为季明书一编，以上续《明史》而补其缺。乃采残史，广掇遗闻，笔而录之，先成札记若干篇"，"颜曰《劫余残灰录》，以揭橥于有众，其或者可使我国民触目而惊心，咸晓然于亡国之痛，而奋然知所以自警乎"。其札记有《明季宗室之无能》《明宗覆亡之惨》《南都诸臣不知时势》《史督师忠有余而胆不足》《同气异操》《女丈夫》《神木》《魏珰生祠考》等，篇篇都揭示明亡的教训以警示后世。

二是为革命先烈立传，表彰他们的历史功绩，缅怀他们的家国情怀，如《丘逢甲传》《徐骧传》《庞雄烈士传略》《公祭黄克强先生文》等。

《丘逢甲传》，署名"江山渊"，发表于民国四年（1915）《小说月报》第六卷第三号。丘逢甲于民国元年（1912）二月二十五日病逝于广东蕉岭镇平淡定山居。民国四年，江山渊即为他立传，写《丘逢甲传》。在序言中说，"清政不纲，志士仁人，揭橥民主之义，播厥声于寰宇。辛亥倡义，若疾风涤尘垢，不半载而奠共和之局。数千载之帝制，于焉以熄。故言共和纪元，必推端于辛亥焉。然窃谓共和之制，辛亥以前，已有行之者，不徒见诸空言，且征实行，建总统，开议会，定国旗，更官制，远挹唐虞之遗风，近掇法美之良制，共和之规模遂粗定，其时固在辛亥以前十余年也。不过兵威未足，国力未充，外无援兵，民无固志"，"遂于旋踵而雾解烟消，等于昙花一现，大好河山，拱手而授于异族（按：指日本）。其中之志士仁人，血欲化碧，志已成灰，归去无家，惟效杞人之大去其国。如台湾之丘逢甲者，其事足悯，其志尤可哀。虽其地限于一隅，其事不逾数月，然实为辛亥倡义之先声，而海外孤臣血泪之所聚也。又讵可听其霾烟泪没而无传乎，作丘逢甲传"。丘逢甲的后人丘铸昌说江瑔"成为海内外最早宣传逢甲生平事迹的传记作者，而且文中充满了对逢甲的崇敬之情"。江瑔在文中，肯定了丘逢甲首倡筹组抗日保台义军，而且成为全台义军的统领，表彰他"国族至上"的家国情怀；同时，对丘逢甲"以民为本"，以苍生为念的精神风貌以很高的评价；对其锐意新学，培育英才的教育思想也高度赞扬。文后山渊曰："逢甲不死矣。"此传为学术界所推崇，常被引用。如林增平为徐博东、黄志平的《丘逢甲传》原版作序时说：据有关记载，远在1894年黄海海战失利、日本侵略军入寇辽东的时候，"逢甲已窃忧之，太息曰：'天下自此多事矣！日人野心勃勃，久垂涎此地，彼讵能恝然置之乎？'"（江山渊《丘逢甲传》）。丘逢甲最早揭示了日本的侵略野心。①

与丘逢甲有关的徐骧，江山渊作了《徐骧传》（《小说月报》第九卷第三号）。丘逢甲组织抗日义军督守台北，不久日军猛攻三貂岭，台北旋即告失，义军被迫退守台中一带。尔后，丘部将领汤兴、姜绍祖、徐骧等率军狙击入侵者于新竹，屡战不利，饷尽弹绝，所部星散，徐骧壮烈牺牲。"徐骧者，台南人也。其乡背山临水，古木低环，百余家聚以居焉。乡之人无大富，亦无极贫窭者，然皆朴实敦厚，言行谨笃，休休有古人风，而尤以骧为表率。"山渊口，"吾昔曾为台湾逸民丘逢甲传，纪台北事颇详。然逢甲之为逸民易，骧之死节难，出于诗书巨族之逢甲易，出于闾阎细民之骧尤难"，"吾民茹外族侵陵之痛久矣，以台湾之寥僻，且有骧，中国之大，何患无材。一旦有事疆场，吾敢信草野之下，奋袂以兴，效骧之尽忠国事者，必大有人在。倘吾国皆骧"，"又何外族之足惧也。嗟乎，爱国之士，其曾闻骧之风否乎。呜呼，可以兴矣"。

《时代动向》半月刊，发表了江山渊《庞雄烈士传略》。此传收入邹鲁编《广州三月二十九日革命史》中。此传记述庞雄烈士的家世、生平及革命业绩。

---

① 徐博东、黄志平：《丘逢甲传》（增订本），九州出版社2011年版，"林增平序"第15页。

庞雄，字苏汉，吴川之上蒙（今湛江市坡头区龙头镇上蒙村）人。家颇寒，其父璧如，恒以课士为业。父笃于学，知华夷之辨，每指之以训示诸生。雄禀承父训，益卓荦有大志，卒以一死报国家。雄能读父书，惟只举大义，尤关心于一代盛衰兴亡之迹。及至辛亥（1911）三月二十九日广州起义时，临阵请缨，与黄兴等先锋并肩战斗，转战达旦。最后被捕壮烈就义。《传略》记云："雄与诸党人转战达旦，且战且走，目击党人死伤过半，尸首相枕藉，流血凝于地，作赤色，誓不独生。四月初一日，遂束手就缚。缚时，怛然无张皇色，沿途谈笑自若，恂恂然仍不失其往日儒者之气象。及就讯，慨然承认，不少讳，并直述起义之情形，及痛骂官场之腐败，痛快淋漓，闻者感动。述毕，复大笑。……问曰：尔至此，得无悔乎。雄厉声曰：吾视死如归，立志已久，只惧一死未足以尽责，男儿死耳，讵似尔等之首鼠两端耶。言时声色俱厉，眼眦欲裂。闻者皆辟易，声洪大，震屋宇，审官惧，不敢与之辩。麾出，斩之。"一个大义凛然、视死如归的壮士，活灵活现地出现在读者面前。广州起义失败后，革命党人潘达微通过善堂出面，收殓包括被捕牺牲的庞雄烈士在内的遗骸72具，葬于广州黄花岗，史称"黄花岗七十二烈士"。

1994年，社会科学文献出版社出版柳亚子编、马以君点的《南社丛刻第二十三集第二十四集未刊稿》，第二十三集收入江瑔《公祭黄克强先生文》。

黄克强（1874—1916），原名轸，字厪午，湖南善化（今长沙）东乡人。素具民族思想，和陈天华、宋教仁等组织华兴会。后在日本得识孙中山，合组同盟会。曾策划长沙起义，失败，遭清吏通缉，改名为兴，字克强，无非寓"再接再厉"的意思。辛亥黄花岗起义，他与赵声实为主要策划者，起草《起义报告书》。民国建立，克强任陆军总长。临时政府北迁，任南京留守。二次革命，他据南京，起兵讨袁，失败后亡命日本，继游美国，在海外力事宣传革命。民国五年（1916），袁世凯死亡，他回国寓居上海。1916年病逝于上海。他擅长书法，加入南社，为南社社刊《南社丛刻》题签。克强逝世，1916年11月出版柳亚子编的《南社丛刻》第十九集，载克强遗像二帧，附《谨书黄克强先生》及《悼克强先生杂语》二文。《南社丛刻》自1910年1月至1923年12月共出版22集，大部分都为柳亚子所编。

为什么江瑔《公祭黄克强先生文》发表于《丛刻》第23集呢？原来因南社的内部矛盾，柳亚子1918年辞去南社主任职务之后，南社社员的稿件仍源源不断地寄给柳亚子。柳亚子对来稿总是慎之又慎地保存并予以整理，后来更请人誊写，亲自校勘，汰去"已刊"之作，写上标题，即成《南社丛刻》第23、第24集未刊稿。这两集由于当时囿于条件而未能及时出版，藏于北京图书馆。直至改革开放之后，柳亚子哲嗣柳无忌组织"国际南社学会丛书"，将这两集纳入《丛刊》刊行。从标题上看，显系22集出版后编成；从背景看，诗文多为1918年前后所作。① 江瑔此文应是 1917 年逝世前所作，并把它和其他诗、文寄给柳亚子，柳亚子将它编入第 23 集。该文赞扬黄克强"维公于国，有大勋劳；维公于民，望重功高""拔剑奋起，气薄幽燕，十年驰驱，身为之先，兰以香熏，膏因明煎。国由兹奠，躯由兹捐，呜呼哀哉""金石或烂，公名永茂，方彼元凶，一芳一臭。公所遗言，后死是守，公未竟志，我党是负。古皆有死，死不可苟，公年未老，嘻公已寿。天风铿鸣，海波怒吼，英灵归来，鉴兹刍酒。呜呼哀哉！尚飨"。祭文高度评价了黄克强对革命的丰功伟绩，对他的逝世表示深切的哀悼，并立志要继承他的未竟之业。

八、《芙蓉泪》及其社会意义

民国四年（1915）上海泰东书局出版江山渊的长篇哀情小说《芙蓉泪》，现做下列评介。

（一）故事梗概

书中描述一对青年男女萧若存与李肖蓉的婚恋故事。若存书香世家，才情横溢，就读于高等学堂。肖蓉从小父母双亡，寄养于亲戚即若存隔邻的族人家，养父善待肖蓉，供其读书，长达十年，出落得才貌双全。二人从小同学，青梅竹马，两小无猜。养父中年暴亡后，肖蓉即为养母所不容，百般虐待，沦为仆婢。二人长大，渐生情愫，私订婚盟。若存在广州读书，一年难得回来见面几次，而养母防范森严，二人只能偶尔偷会于花园芙蓉花下，或是情诗暗传。其间肖蓉屡因若存情殇罹病而悲痛欲绝，若存也为误听肖蓉噩耗而几度昏厥。二人婚事初因父母以肖蓉奴婢身份认为门第不当而先后作梗，后又为养母等奸人设计陷害而险遭不测，最后则是好事将谐的前夕，肖蓉因消息不通而误以为绝望，投水自尽，若存也因心灰意冷而出了家。全书以芙蓉花为线索，初写若存酷爱芙蓉花，遍求名种栽于园中，又几次梦见芙蓉花神和亲觐芙蓉神庙。肖蓉则在出生时其母梦见芙蓉花神托世，因而取名肖蓉；肖蓉殒命后，还有芙蓉花神归位的描述。中间更有二人在芙蓉花前邂逅、流连的叙述和吟咏、品评芙蓉花的诗。全书更贯串二人事事、处处伤情流泪于始终，故而名为《芙蓉泪》。

（二）《芙蓉泪》中的主人公原型

据说就是江瑔自己。据江瑔堂侄江日亨的考证，有四个证据。

依据之一是中华人民共和国成立前家族中人（他的弟侄辈和妯娌们）每每

---

① 《南社丛刻第二十三集第二十四集未刊稿》马以君《前言》。

说起《芙蓉泪》，偶会偷偷说这是江琼写他自己的故事。说他曾和家中一婢女相恋，遭到长辈强行拆散，将婢女他嫁，结果婢女投水自尽。言之凿凿，应当不是空穴来风。而他也写了"以自己的青年现实生活为蓝本"的话。依据之二是书中主人公的名字、生活环境，多处影射、暗合作者状况。例如：男主人公名若存，而江琼字玉泉，与若存谐音；女主角名肖蓉，婢女则名阿蓉。"若""肖"又有"似"的意思。若存家住邑中麒麟圃，移居西涧；江琼则家麒麟寨（现名"岐岭寨"），移居南溪。若存家有藏书十万卷，又有后园，各户有门通往园中；而江琼家有大书房（名"桥西草堂"）一座，内有"涵万楼"书库藏书十多万卷；大书房有后花园，各家有后门相通。若存就读于省高等学校，胞兄磷石，就读于省法政学校；江琼则就读于广东高等学堂，胞兄璘如也在广东法政学堂读书。书中有一情节是若存的叔父与若存父亲对话，说到"吾家诸侄多英发，颇能克家，惟女子中，罕有深于学问者，殊为憾事"。正与江琼家族状况吻合。

依据之三是江琼的政治遭遇所写的诗，在《芙蓉泪》中也有所反映。（已见"民主革命社会活动家"一节所引）。依据之四是江琼还著有一短篇哀情小说《玉楼惨劫》，描写他的朋友汪生与环姑相恋，为环姑兄嫂所梗，并将环姑鬻给商人为妾，后环姑投缳自尽。江琼在小说结束时加了一段按语："山渊曰：余与汪生为忘形交，所处之境亦同，比闻环姑为情死，哀之不已。而汪生亦病骨萧条，不盈一握，思有以殉环姑于地下，余力慰之以节其悲。汪生出其夙昔与环姑赠答之诗词若干章以示余，泣语曰：'子心余之心者也，幸为余述而存之，天上人间，感且不朽！'余感其诚，强诺之。诗词哀怨顽艳，可泣可歌。年来奔走海内，未遑执笔，重负良友之托。兹谨撮其略于此，异日终当有以成之也。"佐证他也有类似遭遇，感同身受。我非常同意江日亨的考证。

（三）《芙蓉泪》的社会意义和影响

《芙蓉泪》的文字表达优美，善于运用四六骈体文，十分抒情、赏目，体现了作者深厚的国学功底。更有大量格律诗。小说辞藻华丽，情节缠绵恻怛，十分感人，但不庸俗、不艳情、不狎邪。正气、自然、纯情，运用心理、情景描写，展示人物内心世界。当年上海泰东书局推荐此书时说，江琼"近以其著述之余，兼及于小说，凡数阅月而后成此书。述一女士与某少年结婚事，欲合忽离，将成又败。离奇谲诡，变化万状。如行山阴之道，如过五都之市。及其结局，终归无成。一则投身弱水，一则寄迹空门。声情凄婉，一字一泪，读者亦当为之泣下。迩来哀情小说多矣，然皆陈陈相因，拾人牙慧。非事不足以惊人，即词不足以动目。此书摛词则千锤百炼，藻彩纷披；叙事则柳暗花明，天地别有。情文兼至，意态环生。此书一出，定必空冀北之群，贵洛阳之纸"。可见对此书评价之高。

《芙蓉泪》及江琼其他一些短篇小说，多发表于民初上海"鸳鸯蝴蝶派"的刊物《小说新报》。从小说的内容来看也属于"鸳鸯蝴蝶派"。"鸳鸯蝴蝶派"小说之所以在民初形成高潮，首先是因为辛亥革命推翻了清王朝，封建观念对人们的钳制力有所松弛，人性开始了朦胧的觉醒。其次，当时我国的翻译文学形成了高潮，一时间，西方通俗小说源源不断地涌进中国，"中国的创作，也就在这汹涌的输入情形下，受到了很大影响"（阿英《晚清小说史》）。一些小说家自觉地以欧美的"文明"小说改造我国的小说。从而形成了"鸳鸯蝴蝶派"。这类小说突破了封建礼教的束缚，提出注重小说的"娱乐性、趣味性、消遣性"的口号，要求作品描写"相悦相恋，分拆不开，柳荫花下，像一对蝴蝶，一双鸳鸯一样"的情侣。"鸳鸯蝴蝶派"小说，曾受到人们的批评，实际上，从某种意义上看，这类小说和改良派、革命派的思想启蒙是互补的。改良派、革命派的思想文化启蒙，比较集中于政治层面，他们所倡导的民主、平等、自由观念，往往只适用于国家和社群，是一种严肃高雅的启蒙。"鸳鸯蝴蝶派"小说，则要求个性解放，反对父母之命、媒妁之言的婚姻，要求实现社会成员个体的权利和自由，这类小说反映的是民众的感性觉醒。同时，这类小说的文字通俗化、口语化，在中国古代小说向现代小说的演变中，也做出很大贡献。我们还应该特别指出，《芙蓉泪》是作者抒发自己的哀怨情怀，寄托对死者的无限眷念，是真实的存在。体现了对爱情的忠贞不渝，予以永恒的纪念。江瑔的"鸳鸯蝴蝶派"小说的进步性是应该充分肯定的。

九、 江瑔先继承后创新的文论与诗话

《江瑔著作汇编》收入江瑔有关中国古代文论和诗话的著作，有以下几种：《省�譬斋文话》《仂庵文谈》《仂庵笔记》《绿野亭边——草庐诗话》以及《作文初步》中的第四章"笔法"。江瑔命名自己书斋为"仂庵"。"仂"，据《广雅·释诂四》《玉篇·人部》《集韵·职韵》，释为"勤也""不懈"。"庵"，《释名·释宫室》释，"草圆屋曰蒲，又谓之庵"，是用草木盖的小舍。后代称僧民所居曰庵，士大夫或借以自号。可见"仂庵"是江瑔勉励自己在简陋的小舍，勤力不懈地读书学习和创作，带有自谦的性质。在这些著作中，作者对中国古代文论和诗话的几个概念或术语，在吸收前人成果的基础上提出自己独立的见解。

（一）关于文体

中国古代文体论，已成学术界讨论的热点。早在20世纪30年代，罗根泽编撰《中国文学批评史》，首先设置"文体类"专章，得到朱自清的高度评价，认为文体论理论指示人们如何创作，如何鉴赏各体文字。南朝刘勰《文心雕龙》首列的《原道》《征圣》《宗经》三篇，是"文之枢纽"。《原道》探讨"文"的

本原，指出文本于道，文是至高无上的道的体现。文有广义、狭义之分，广义的指天地间万物所表现的形态色泽和声韵之美；狭义的指人们用文字写作的文章（包括具有文学性的作品和实用文章）。我国上古时代的一些杰出帝王，往往是具有非凡智慧、能力的领袖，被称为"圣王"。《征圣》篇的征圣，意为验证于圣人。古代帝王圣人，在进行政治教化、外交、个人修养等方面，都重视运用文辞和文化措施。经书的文辞，在不同场合表现出不同风貌，或简或繁，或明或隐，但都运用恰当，足为师范。圣人文章的特点是既雅且丽，华实兼备，堪为准则。《宗经》篇，对经书的价值、思想艺术特色、影响进行阐述，文章必须宗法经书。经书表现了永恒不变之道，它们起源于邈古、绵延久远，经孔子编纂而成《易》《书》《诗》《礼》《春秋》"五经"（原有"六经"，《乐经》经秦火失传），它们内容深奥，文辞典范。经书对后代文章产生巨大影响，后代的论、说、辞、序等20种主要文体，分别渊源于"五经"，经书是后代各种文章取之不竭的源泉。作文如能宗法"五经"，则文章可以取得"六义"之美，即为文章树立六条标准：情深、事信、义直、风清、体约、文丽。前三条是指思想内容，后三条是指形式和语言风格。要求文章的内容与形式高度统一。

《文心雕龙》自《明诗》至《书记》20篇，分别论述各种文体。把经、史、子、集各方面的作品都纳入文学的范围。他把文体分为33类，各种应用文体分为24种。这种文体分类是当时的实际情况，也反映了人们对文体的认识。这是对南朝以前的文体的总结。

南朝时代，文人们往往把作品分为文和笔两大类。《南史·颜延之传》："竣得臣笔，测得臣文。"这是分别"文"和"笔"的最早记录。《文心雕龙·总术》说："今之常言，有文有笔，以为无韵者笔也，有韵者文也。"刘勰赞成这种分类，《文心雕龙》自《明诗》至《谐隐》10篇论述有韵之文，自《史传》至《书记》10篇论述无韵之笔。①

江瑔在《省愚斋文话》和《仿庵文谈》中对文、笔问题阐述了自己的见解。江瑔认为，因为萧衍的《昭明文选》，不选经、史、子，有的学者遂谓经、史、子不属于文，这种说法是不对的。"文者实包罗万象，兼经、史、子而言之。"考《昭明自序》，"其不选经、史、子者，各有取义，非谓经、史、子非文也"，"若贾子新书有《过秦论》，《文选》则采入'论'类。《文选》第四十九卷、第五十卷，选史论九篇，史述赞四篇，纯为史体，且多采录于两汉书中，是《昭明》亦选子、选史矣"。

江瑔举出许多例子，说明经是文。他说经为文之正宗，一切文章，莫不本经而出，《诗经》为诗、骚之滥觞；《孟子》为论辩之蓝渝；《尚书》《左传》为碑

① 　以上论述参考王运熙《文心雕龙五十篇题解》，见《王运熙文集》第3卷。

铭墓志及纪事之嚆矢。古代深于经者必宏于文，子游传《礼》，子夏传《诗》，圣门推为文学。西汉经学极盛，文学亦彪炳千载，可知"经"之与"文"，原非两途。阮元按《文选》说法，亦说"经"不得称为"文"。而说"文"自孔子《易》之《文言》始，但是《文言》是十翼之一，难道不是"经"吗？阮元的说法是不通的。

江瑔认为"文"之与"史"，是很难区分的。自古长于著"史"者必能作出很好的文章，未有舍去"文"而言"史"者。《史记》一书，为史家正宗，作文的人多以它为正宗，奉《史记》为圭臬。清代章实斋作《文史通义》，乃合文史为一，这是人所共知的。历史上的文体繁杂，其中很多是与史体相类的，如行状、碑文、墓志之类，与史中纪传之体，没有什么差别，这是显而易见的。

江瑔认为，诸子百家体裁各有不同，但文体亦多从诸子派生而出。例如赋为一种文体，而《荀子》中有《赋篇》，开后代骚赋之先河；诔这种文体，出自《庄子》；辩难这种文体，出自《韩非子》；论辩这种文体，出自《孟子》。汉代诸子中，如扬雄、东方朔、刘向、主父偃、庄助等人，又都善于写文章，成为绝响。所以"子"的体裁，很难界定，自周秦诸子及因为《昭明文选》以"沉思翰藻"为宗旨，所以不选经、史、子。后代的文人，不完全理解《文选》选文的标准，所以编选文集时摈弃经、史、子而不录，这是不对的。直至近代曾国藩深知文之范围极广，他编《经史百家文钞》，兼录经、史，他的见识超越前人。

古代文体，不外骈文、散文两种，如考其先后，则以骈体文为先。六经以排偶有韵者多，所以六经尽是骈俪之文。六朝以后，始有文、笔之分。说韩愈善于文，柳宗元善于笔，文、笔分为两途。有人以骈偶者为文，直说者为笔，这都是文人学士好奇而胡乱分开，古人并没有在文之外，有笔之说。江瑔认为，所谓笔，是指短言简语，而非长篇巨制之称，如后代笔记、随笔、漫笔之类，不是"文"之外另有一种"笔"。如说"文"为骈文，"笔"是散文，那么韩愈、柳宗元都是散文家，哪有"文""笔"之区别呢？所以文、笔之分是不恰当的。

江瑔认为"笔"，是指短言简语，他在《小说新报》发表《仿庵笔记》，从已找到的江瑔25篇笔记来看，他是实践了自己的看法。这些笔记短者几十个字，长者也不过千字。其题材很广泛，涉及政治、历史、经济、文化、自然科学、社会科学等许多领域。或记见闻，或辨名物，或释古语，或述史事，或写情景，每篇说明一个道理。如《西王母》，解释西王母之称，并言其在中西交通之位置。《八骏》，极言其神速，非马，亦非八马。《古人从母姓》，考古代一种制度。《焚书不只祖龙》，叙述中国图书聚、散的历史，讲述从秦政开始，到八国联军，中国图书遭十二次厄运，等等。每篇都有新意。这是江瑔用自己的创作实践，来阐明对"笔"的解释。

（二）关于文气

"文气"，是中国古代文论术语，指文章所体现的作者精神气质。"文气"这一概念来自古代哲学概念"气"。在先秦哲学里，"气"是指某种构成生命、产生活力、体现为精神的抽象物，无形而无所不在。万物有了"气"，就获得生命活力。春秋战国时代学者大都重视"气"的社会作用。

"气"的概念用于文学评论，最早是三国时代的曹丕。他在《典论·论文》中说："文以气为主，气之清浊有体，不可力强而致。"他所说的"气"就是文气，是文章所体现的作家的精神气质，是作家天赋个性和才能，所以是独特的，不可强求，也不能传授。他以这样的文气为文章的特征，用为写作和批评的准则。从此，"文气"便成为古代文论的一个重要概念和术语。

南朝刘勰《文心雕龙》，对文气的内容和作用，在《养气》《神思》《体性》《风骨》等篇，做了较为全面的论述。他所说的"气"，实质是作家的精神气质。他认为作家靠天赋、才能和精神气质从事写作劳动，在完成写作过程及体现于作品的特征和作用，就是作家的"文气"。因此，在养气观上强调保养身体，调理精神；在文艺论上则继承曹丕观点，吸取魏晋文论成果，更多总结骈文写作经验，着眼于构思、成文、风格等方面。他说的"气"的具体内容，不但出于天赋，也可以通过学习和修养，取得改变和提高。这比曹丕"文气"完全是天赋的提法有了进步。

隋至唐初，骈文盛行，其文论大致趋于重视风骨气调。唐代"古文运动"前驱作家如独孤及、梁肃、柳冕等都强调文章的政治教化作用，文论偏重文章思想内容。他们论文气，便强调思想志气，要求具有鼓舞人心的正直雄气和生气勃勃。这实质上是以儒家道义为指导的进取精神。韩愈、柳宗元的"古文运动"，倡导古文，反对骈文，韩愈直接把孟子的"养气"观点引入文气论。他认为作者学习古文，首先必须学习古道，读书养气，培养儒家仁义道德的思想气质。学习古文要从读书立志开始，"非三代两汉之书不敢观，非圣人志不敢存"，犹如入迷，坚持下去，然后能判别"古书之正伪"，并能对不合古道的非议做出正确的反应。坚持终身"行之于仁义之途，游之乎《诗》《书》之源"。他认为作者具有这样的思想气质，文章就能写好。他以水和浮物来比喻文章的内容与形成，"气，水也；言，浮物也。水大，而物之浮者大小毕浮"。"气"为文章的内容，犹如水；"言"为文章的形式，犹如浮物。这是"文以气为主"，内容决定形式的生动比喻。柳宗元的文气论，强调作者为文应从儒家五经取"道"，以为根本；写作态度应清醒严肃，防止"轻心掉之"；并要博取先秦、汉代诸子史传及屈原《离骚》各家之长。所以，他所说的"气"，以儒家道义为根本内容，并要求有清醒严肃的写作态度及为道义内容服务的语言艺术，是一种内容与形式结合的写作指导思想。韩、柳主要从写作古文的原则和方法的角度，确立了作家思想修养与文章内容及形式关系的基本观点，奠定了儒家养气观和文气论的文论基础。

清代以方苞、刘大櫆、姚鼐为三祖的桐城派文论讲义法，提出了掌握"文气"的方法论，即"因声求气"。刘大櫆在《论文偶记》中说："神气者，文之最精处也；音节者，文之稍粗处也；字句者，文之最粗处也。然论文而至于字句，则文之能事尽矣。"提出通过朗读字句，掌握文章音韵节奏，体会作家精神气质的学习古文、写作古文的方法。姚鼐也说，"文章之精妙，不出字句声色之间"，"学文法无他，多读多为"，"深读久为，自有悟入"。近代张裕钊总结说，内容决定文辞，文辞表现内容，但文辞的畅通有力则决定于作家神气，而神气体现于声节，所以掌握方法便是"因声以得气"，通过朗读体会精神气质。桐城派文人教人的方法，大半从朗读入手，熟读前贤的作品，熟悉章法音律，自然而然地就受到潜移默化的影响，转而运用到自己的创作中去，就可以一气呵成，累累如贯珠。此所谓"因声求气"，因气品文。①

江琼对历代文气论的观点是非常熟悉的，在自己的作品中也提出自己的看法。在《作文初步》第一章"总论"的第八节"宜培气"中，对"文气"做了详尽的解说。他认为学习写文章，应先学写散文，因为"学散文则气易畅。夫所谓气者，何物也？气无形，不可见。而下笔千言，所以能活泼流畅，笔飞墨舞者，则气为之也"。一篇文章，好似人的身体。文有首段，握要点睛，犹人身之有头脑；文有承收，按事铺叙，犹人身之有四肢；文有格局，相题布局，犹人身之有体格；文有枝叶，反复譬喻，犹人身之有血脉；文有辞藻，修词炼句，光彩动人，犹人身之有容貌、气宇。人所以能活动其身体，运用其心思，而生存于人世间，不在于头脑、四肢、体格、血脉、容貌、气宇，而在于气。有气运用于全身，而后体格壮，血脉充，容貌、气宇光泽美丽，头脑、四肢亦各尽其用。人而无气，则体格瘠，血脉僵，容貌、气宇枯而不扬，虽有头脑、四肢，亦仅为无识之躯壳而已。

他认为文章同人体一样，人必须有气而后生，而文亦必须有气才是好文章。文有气，其全文必畅而流，其词必充以沛。典丽之文，则大气盘旋；悲壮之文，则壮气淋漓；雅洁之文，则清气扑人眉宇。自文章开头至末尾，均一气所呵成；纵横变化，亦随其气而舒卷。若黄河之水，自天而来，万里奔赴，而朝宗于海；若昆仑山脉，蜿蜒东行，或起或伏，磅礴数万里。有气之文，多至万言，而不觉其长，少至数十语，而不觉其短。无气之文，奄奄无生气，作者几经艰苦而后终篇，读者未阅一半，即头眩而思睡。可见文气之重要。

---

① 以上论述参见王运熙《中国古代文论中的文气说》，《王运熙文集》第 4 卷。

文之体与人之体同，文之气与人之气亦同。观其文可以知其人。孟子善养浩然之气，其文汪洋恣肆，亦有浩然之气。人之气宜养，而文之气亦宜培。人应从少年开始养气，因为少年之气，尤为可贵，朝气方盛，未有丝毫暮气以杂之，少年具有一种英锐之气。少年为文，亦不能掩其烂漫之天真，此气即存于文中。但少年时，血气未定，可以决东西。善于培养它，则蓬蓬勃勃之气，与年俱长，他日之精进，未可限量。若不善于培养它，或抑压它，则再而竭三而衰矣。初学少年学习写文章，词之不工，笔之不洁，议论不当，都不是主要的缺点。惟其英锐之气得不到培养，是最主要的灾患。英锐之气，是少年应当有的，得不到应有的培养，老益颓唐，虽词极工，笔极洁，言论极当，都不过是金玉其外，败絮其中。因此，教育者必先使被教育者培养"气"，既要培养人气，又要培养文气。

怎样培养"文气"？江琼主张学习桐城派。他在"总论"第六节"宜熟古文"中，主张熟读古文。桐城派讲"文气"强调八个字：格律、声色、神理、气味。古文，是数千年文人学士，各竭其心思才力，写成文章，传于后代，是我们学习的楷模。只有读古文，我们才知道文章有体裁、辞调、声色、格律、气味。熟读古文，才能使我们的文章体正、辞工，声色、格律、气味达到最完善。学习写文章的方法，"一切皆可于古文中求之，无容他求矣"。怎样读古文？江琼主张不能泛泛读之，"必反复熟读之而后已。读之既熟，而后古文始能为我用，而后古人始真不啻为我之师。否则泛泛然读，随读随忘，读与不读等也。至若读之之法，或宜默读，或宜朗读，必熟之乃已。庶几可以得古文之益，不致徒劳而无功"。

由此可见，江琼对中国古代文论理论是非常熟悉的，在继承前人理论的基础上，提出自己的见解，并编写成讲义，教育后代。

（三）关于诗话

诗话是中国古代诗歌理论批评的一种形式。它的萌芽很早，但正式出现在宋代，北宋中叶欧阳修的《六一诗话》，是中国第一部诗话。以后诗话成为评论诗人诗作、发表诗歌理论批评意见的一种广泛流行的形式。诗话的特点是，不以系统、严密的理论分析取胜，而常常以三言五语为一则，发表对创作的具体问题以至艺术规律方面问题直接性的感觉和意见。而它们的理论价值，通常就是在这些直接性的感觉和意见中体现出来。

江琼在《绿野亭边——草庐诗话》中，结合友人的诗作进行评论，提出对诗歌创作的见解。归纳起来，有几点值得注意。

1. 关于诗的情与景的关系

在《小说月报》发表的《绿野亭边——草庐诗话》（以下简称《诗话》）。

明末清初的王夫之有《薑斋诗话》（王夫之号薑斋）传世，他强调诗的社会作用及现实性，认为诗歌的创作必须有作者生活经历为基础，在《薑斋诗话》中说："身之所历，目之所见，是铁门限。"诗歌必须重情重意，情景交融，认为"含情而能达，会景而生心，体物而得神，则自有灵通之句，参化工之妙"，"无论诗歌与长行文字，俱以意为主。意犹帅也"，情景交融才是好诗。

江琼在《绿野亭边——草庐诗话》中说："吟咏之道，不外情景兼至，偏于景者固非，偏于情者亦未为得。善于诗者，必寓情于景，即景以生情，是以于淡雅幽静之中，而含沉咏不尽之趣。"他认为陶渊明"采菊东篱下，悠然见南山"，王摩诘"行到水穷处，坐看云起时"，皆淡雅而有深致，兴味无穷，所以超以象外，成为绝响。他又以牡丹诗为例，历代咏牡丹诗甚多，但能切牡丹之身份，而寓以深意者，并不多见。他特别推崇朋友马小进的牡丹诗。民国二年（1913），他与马同是众议院议员，滞留京都，崇孝寺牡丹盛开，一花而红绿二色，当时骚人毕集，吟咏众多，马小进末韵一语"红是花魂绿是魄"，寥寥七字，包罗无穷，即此一语，足以压倒千万言矣。

他又以游山诗为例，历来佳者甚多，"惟所贵者，宜即景而合于情。若故作奇语，而于情理未合，虽足以惊人于一时，终不能名曰佳构"。他以广东朋友罗程褒《舟中望七星岩》七言古风一章为例，说此诗琅琅可诵，读之若恍见其葱茏蓊郁之气，突起于目前，此确为舟中望七星岩诗，而非游七星岩诗，题与内容相符，情与景合，是一首好诗。他改诗中的两个字："七星岩在沥湖中"的"在"字改为"峙"字，变为"七星岩峙沥湖中"；"荧荧光澈斗牛何"的"何"字改为"宫"字，变成"荧荧光澈斗牛宫"。这一改，诗更美了，情与景更融为一体。

2. 关于诗的气势问题

桐城派论诗重气势，刘大櫆提出神气说，认为诗最重要的是气盛，但气要由神主宰，"神者气之主，气者神之用"。姚鼐特重气势，认为文以气为主，诗"尤贵气健"，尤其偏重阳刚之气，形成一种阳刚之美。怎样才能使今体诗形成一种阳刚之气势？应该学习古文之法，"以古文法通于诗，故劲气盘折"，"遒健峭厉，具开合动荡之势"。方东树直截了当地提出，诗最难的是七古，而要学七古，"须解古文者而后能为之"。综观韩愈、欧阳修、苏东坡三家的诗，其"章法剪裁，纯以古文之法行之，所以独步千古。南宋以后，古文之传绝，七言古诗遂无大宗"。这一观点影响到晚清，黄遵宪提出"用古文家伸缩离合之法以入诗"。

在格律诗方面，桐城派以杜甫为法。林昌彝说，杜甫的近体诗，"五言律四十字中，包涵万象；至数十韵、百韵，运动变化，如龙蛇空贯，往复如一线"。曾国藩说姚鼐最服杜甫五言长排，"以其对仗工，使典切，而气势复纵横如意也"。方东树认为，姚鼐"作诗亦用古文之法，七律劲气盘折，独创一格"。曾国藩把姚鼐的方法奉为圭臬。五言、七言古体诗重气势，早有定论，对格律诗强调气势，却是桐城派独到之处。

江瑔在《绿野亭边——草庐诗话》中，强调诗的气势。民国初年，江瑔赴贵州任职，在京城友人以诗送别。江瑔逐一评论友人的诗。评论许杏庄两首五言律诗，认为"前章大气盘旋，一气卷舒而成，寥寥四十言，有'黄河之水天上来，奔流到海不复回'之势，此体惟唐人有之"。次章亦典重凝厚，只字不肯苟下，以"送君心似月，长照贵阳城"结尾尤有余味。评论朱觉斯七言古风一章，"笔曲而能达，力坚而能举，意态雄杰，大气盘旋，随手写来，似不甚着力，而其实非有万夫之勇不能举"。诗中叙事曲折，一笔一转，一句一意，尺幅之中，包罗万千之态，他人非有百十韵不能写完，而此诗竟以十余韵概括之，而不觉其短，好像身入万山重叠之中，而不能寻其出路，真是一首气势磅礴、不可多见的杰作。评论黄钧选题为《寻春词》送别诗，认为"全诗数十韵，而力足以举之，意态雄杰，大气扶舆，曲折变化，一气呵成"。

江瑔不但认为友人的送别诗很有气势，而自己创作的诗也有具气势之句。他刚入京城参加众议院会议，写了《入都》一诗："一剑随身雪里过，西风落日渡滹沱。文章观海波澜阔，诗句入燕慷慨多。云影孤鸿沉紫塞，涛声万马走黄河。愧无三寸惊人舌，排议金门气不磨。"他认为京城为首善之区，气象雄敞，进入雄迈之境，足以开拓诗人之心胸，所以能写出"文章观海波澜阔，诗句入燕慷慨多"这样具有气势的诗句。

3. 关于诗与意境的关系

这一命题实际上是诗的遣词造句与诗的意境的关系问题。

江瑔在《绿野亭边——草庐诗话》中，以分析友人朱觉斯的诗及其对创作诗歌的见解来说明诗歌的遣词造句与诗歌的意境的关系问题。

朱觉斯，名振基，一号介弓，与江瑔同郡，茂名县人。清癸卯科，与江瑔兄江珣同参加乡试，仅中副车（乡试之副榜贡生），时人非常惋惜。清末废科举建学校，江瑔的父亲慎中为中学校监督，聘朱觉斯为史学、文学教员，任教过10年。后来任福建某知县。但朱为纯学者，名利观念十分淡薄。他勤读深思，以求真理。以善于思考著称于时，心细如发，见解深刻尖锐，他的诗文，妙想天开，不肯拾人牙慧，往往言人之所不敢言，发前人之未发，所以语必惊人，词必动众。关于创作诗歌的方法，朱觉斯曾对江瑔说：诗道虽大，词与意尽之，而学诗之法，有从意入手者，有从词入手者，两途不可以强同。从意入手者，意必胜人，后再从事于词，词安适则诗佳矣；从词入手者，词必胜人，后再从事于意，意入细则诗佳矣。殊途而同归，一致而百虑，二者程序虽相背而驰，而成功则一也。这段话的意思是说，创作诗歌无非是遣词造句与诗的意境要尽善尽美。有人从意境入手，有人从遣词造句入手，两条途径不可强求一致。从意境入手，其意境必胜过人，然后遣词造句，如果词与意境相合，这就是一首好诗。从遣词造句入手，则词胜过人，词与意境合，也是一首好诗。殊途同归，效果是一样的。

江琼认为，朱先生的见解十分深刻。世人学诗，往往循以上两条途径而不自知，又往往学习到半途而中止者，不知有多少！以朱先生的方法去救治天下学诗者，十分必要。江琼总结说：诗文之道，贵于词与意兼到，而后可称完璧无瑕。词胜于意，则华而不实；意胜于词，则丰而不泽。是故词佳矣，而陈言不去，言之无物，终为识者所讥；意精矣，而佶屈聱牙，笔不足以达之，则亦有意若无意，二者其失均。而诗与文之比较，诗为尤要，盖古文家往往专以笔调风神相尚，屏绝词藻，而诗则万万不能也。这是说，诗文之道，贵在词与意境相一致，才可以称为完璧无瑕。词胜于意境，是华而不实；意境胜于词，达不到应有的效果。所以，词虽佳，但不去掉陈旧的语言，言之无物，终为有见识者所讥笑。意境虽然很好，但词句令人读不懂，则意境似有若无，二者失去均衡。诗和文相比较，诗尤为重要。古文家作文可以卖弄风情，堆砌辞藻，但诗则万万不能。

由此可见，江琼论述诗与意境的关系，是十分深刻的。

江琼在继承中国古代文论和诗话优秀成果的基础上，结合时代和自己创作经验，就文论和诗话提出自己的见解，这是中国优秀传统文化的一个方面，不应被遗忘，特辟一节以介绍之。

综观江琼的学术著作，他赞同"六经皆史"说，提出"诸子皆史"说，认为"文之与史，很难区分"（文即是集）。因此，就学术思想而言，他主张经史子集，实质皆史；后人分为四部，其源实一。这一思想是前人所未发的一个创新思想，很有学术价值，值得我们深入研究探讨。

原载《江琼》，广东人民出版社 2016 年版。本文摘要写成《清末民初广东廉江的一颗璀璨明珠——〈江琼著作汇编〉序》，发表于江日亨主编《江琼著作汇编》，（香港）中国评论学术出版社 2016 年版。

论陈序经对疍民文化研究的贡献

一、序言

陈序经（1903—1967），海南文昌人。中国近现代杰出的政治学家、文化学家、社会学家、历史学家和教育家。1925 年毕业于上海复旦大学，1928 年获美国伊利诺伊大学博士学位。1929 年至 1932 年，再度留学德国。回国后历任岭南大学、南开大学、西南联合大学教授，西南联合大学法商学院院长、南开大学经济研究所所长、南开大学教务长、岭南大学校长、中山大学副校长、暨南大学校长、南开大学副校长等职。曾任第二、三届全国政协委员，广东省第一、二、三届政协常委。

陈序经毕生从事教学与研究。从事学术研究，涉及的领域很广。端木正在陈序经《东南亚古史研究合集·序》中说："陈序经先生是现代中国学术史、教育史和文化史上的大师。""凡历史学、政治学、社会学、经济学、教育、法学、民族学，无不精审，且每多独到之见。"岭南大学学长李毓宏说："在岭南大学过百年的历史中，共有九位校长。但以学术成就来说，陈序经校长最受推崇。"据统计，他的学术著作在 530 万字以上。① 由于陈序经主张中国应该"全盘西化"，并遭到多次批判，所以，他的政治学、文化学观点被广大读者所熟悉。由于他长期从事大学教育，他在教育学和历史学方面的成就，也为许多学人所关注。他的社会学论著及其贡献，关注的人不很多。其实他在复旦大学学的是社会学，留学学的是政治学和社会学。他为中国社会学的发展做出过重要贡献。他的社会学论著主要有《社会学的起源》《疍民的研究》《乡村建设运动评议》等。中山大学胡守为就曾经指出陈序经有两方面很大的贡献，"一是他对疍民的研究，这方面研究由他开始的；另一方面是他在教育方面的功绩，即解放前挽留下一大批著名学者，要把岭南办成南方的清华"②。本文就陈序经对疍民文化研究的贡献，谈一点学习心得，请方家指正。

① 陈其津：《我的父亲陈序经》增订本，长征出版社 2007 年版，第 234 页。
② 陈其津：《我的父亲陈序经》增订本，长征出版社 2007 年版，第 250 页。

二、 开运用社会学的理论与方法研究疍民文化的先河

"社会学（sociology）是现代社会科学中从某种特有的角度，或侧重对社会，或侧重对作为社会主体的人，或侧重对社会和人的关系，进行综合性的研究，因而具有自己独特的对象和方法的学科。"[1] 关于社会学的起源，学术界有各种各样的说法：有的认为起源于法、德两国的学者著作里；有的则"也受了民族的特殊观念与传统思想的影响，而往往从自己民族的历史人物的著作里找出社会学的起源"；有的则愈拉愈远，如"近来有好多人以为亚里士多德政治学里所用政治这个名词，就等于现在所谓社会这个名词"。为解决这个问题，陈序经阅读了很多法、德、英、美的原文著作，在 1937 年 4 月写了《社会学的起源》[2] 这本书。绝大多数社会学家认为"社会学"一词最早是由法国哲学家、社会学家 A. 孔德在 1838 年 10 月出版的《实证哲学教程》第四卷正式提出的。据考察，这部共六卷著作，至 1842 年才出齐。从第一卷（1830 年）到第三卷（1835 年 9 月）没有出现过社会学这个词，使用的都是"社会物理学"这个术语。因此，根据第三、四两卷发表的时间间隔推算，"'社会学'这个名词，大概是 1835—1838 年之间用的"[3]。这是陈序经《社会学的起源》一书做出的贡献。

产生于 19 世纪上半叶的社会学，19 世纪末从国外逐步引入中国。19 世纪末，帝国主义列强加紧了对中国的侵略和文化渗透，清王朝的封建统治日趋腐败，中国处于日益严重的民族危机和社会危机之中。中国的洋务派、改良派，关心社会，参与政治，鼓吹变法，认为要救国，只有维新，只有向西方学习。中国开始向西方学习时，先是学习其船坚炮利的技术，即学习自然科学技术，同时保持中国传统的伦理纲常。甲午战争及洋务运动失败的教训，使中国人认识到，学习西方不但要学习自然科学，而且还要学习西方的社会科学。19 世纪末 20 世纪初，中国学术界，通过不同的途径引进和吸收西方社会学的有关理论和观点。早期的中国社会学以翻译介绍英国、美国、日本的社会学著作为主。

20 世纪三四十年代，是中国社会学的建设时期。这个时期中国社会发生激烈变动。日本帝国主义侵略中国，中国的民族矛盾和阶级矛盾空前加剧，中国陷入严重的社会、政治、经济危机。一批先后在国外学成归来的知识分子，较为著名的有孙本文、陈达、李景汉、吴文藻、吴泽霖、吴景超、许德珩、阳翰笙、费孝通、雷洁琼、杨堃、陈序经等人，为社会学知识在中国的传播和发展付出了大

---

① 《中国大百科全书·社会学》，中国大百科全书出版社 1991 年版，第 1 页。
② 该书 1949 年 6 月由岭南大学西南社会研究所出版。
③ 《中国大百科全书·社会学》，中国大百科全书出版社 1991 年版，第 1 页。

量的心血。这个时期理论社会学研究有两种倾向，即西方社会学倾向和唯物史观社会学倾向。西方社会学倾向的主要代表人物有孙本文、黄文山、陈序经、吴文藻等。社会调查与方法研究，有较大的成绩，影响较大的社会调查，在北方有李景汉主持的定县社会概况调查和梁漱溟对山东邹平的大规模调查研究。在南方较重要的调查研究成果有乔启明的《江宁县淳化镇乡村社会之研究》、刘保蘅的《上海市人力车夫生活状况调查报告书》、陈序经主持广州岭南社会研究所的《沙南疍民调查报告》、伍锐麟的《三水河口疍民调查报告》和《旧凤凰村调查报告》、朱汉章的《泗阳县社会调查》、言心哲的《农村家庭调查》、陈达的《南洋华侨与闽粤社会》、广西省政府统计室的《南宁社会概况》等。在大量社会调查的基础上，进行了社会调查方法的研究。代表作有黄枯桐的《农村调查》、李景汉的《实地社会调查方法》、张锡昌的《农村社会调查方法》等。在中国社会学建设时期，无论对理论社会学的研究，还是对社会调查与方法的研究，陈序经都做出应有的贡献。①

　　从 1931 年到 1934 年间，陈序经在岭南大学任教，在此期间他只是教书和做学术研究工作，没有负担任何行政工作。他曾发起在岭南大学成立岭南社会调查所，主要是调查华南，尤其是广东疍民的情况。文学院和学校领导当时要他去当这个调查所的负责人。不过他想起父亲的话，"既不赞成我在国内参加政治活动，又不赞成我回去南洋做生意"，就坚决推辞了。而推荐伍锐麟任岭南社会研究所所长。在伍锐麟主持下，产生了《沙南疍民调查报告》和《三水河口疍民调查报告》。伍锐麟是陈序经在美国伊利诺伊州的伊利诺伊大学的同学，攻读社会学硕士学位，又读了三年神学院取得牧师资格。后来陈序经与伍锐麟成为连襟，陈序经夫人黄素芬与伍锐麟夫人黄素莲是姐妹，两家关系非常密切。上述两个疍民调查报告，陈序经都参与其事。《三水河口疍民调查报告》说："岭南社会研究所，除已在广州对水上居民作详细研究外，更为普遍研究起见，便于民国二十三年 3 月 24 到 29 日由该所所长伍锐麟先生偕同陈序经教授、梁锡辉君，并得何格思先生为向导，出发调查西江一带水上居民的生活状况。"② 至于在此之前的《沙南疍民调查报告》，在"绪言"中说：闽江和珠江流域的疍民人口，估计在 200 万以上。疍民最多的城市是广州，估计在 10 万至 15 万之间。疍民的大量存在，在政治上、经济上、交通上、治安上、教育上都存在很多问题。所以，"我们因为一来觉得疍民的位置的重要，二来又觉到关于疍民的研究，还未萌芽，所以觉得这种研究，是刻不容缓的"。"民国二十一年春，岭南社会研究所成立之

---

　　① 《中国大百科全书·社会学》，中国大百科全书出版社 1991 年版，第 27、第 492 页。

　　② 《岭南学报》1936 年第 5 卷第 2 期。伍锐麟著、何国强编：《民国广州的疍民、人力车夫和村落——伍锐麟社会学调查报告集》，广东人民出版社 2010 年版，第 471 页。

后，关于疍民的研究，始有整个计划和相当的步骤。岭南社会研究所的目的是在于促进和实施南中国的社会调查。"为了工作的效能和力量的集中，首先调查广州的疍民。为什么选择沙南呢？所谓沙南，是二沙头的一部。二沙头是珠江中一岛屿，北与广州的东山和大沙头对面，南和岭南大学对面。岛西部为广州很著名的颐养园医院。东南北三方的周围，多为疍民居住，北方的叫沙北，东方的叫沙尾，南方的叫沙南。第一，沙南与岭南大学有密切的关系。岭南大学在广州中心城区对面的河南岛，由广州来岭南大学，必须斜渡珠江。从岭南大学到广州的交通，完全依赖艇舶。而棹驶艇舶者，大多数是沙南的疍民。岭南大学是基督教会学校，在传教上、教育上和医药上都与沙南有密切关系。第二，岭南大学和沙南在距离上，也比他处的疍民为近。第三，沙南疍民大多数有固定的住处，调查工作也比较容易。他们调查疍民的目的是明白疍民的真实情况。他们运用社会学的方法进行调查，调查报告所反映的"是沙南疍民的确实的状况"①。

陈序经提出并参与了上述两个疍民调查报告。关于他调查疍民的细节，曾任香港《大公报》驻广州办事处主任的黄克夫有一段生动的回忆，今录下，供大家玩味：陈序经写《广东疍民》历史就是经过深入调查研究的。那时他从美国留学归来，在岭南大学任教，他注意到千千万万广东的水上人家——疍民的语言、风俗、习惯，有独特之处，于是常到水上人家去访问，有时星期天，他雇艇游河，与艇家闲话家常收集资料。又利用一个暑假时间，搭船到梧州，然后包租一艘帆船，放流下广州，预先又雇请几个六七十岁的"疍家"，有男有女，随船同游，一路上谈了七八个昼夜。他认为水上人家疍民，原是一个少数民族，后来逐渐为汉族所同化。这是他在研究工作上的创新精神。② 这是对一个社会学家进行社会调查的活灵活现的描述。陈序经在上述两个疍民调查报告的基础上，结合文献记载，写成《疍民的研究》一书。关于做学问，陈序经 1949 年在岭南大学曾写下以下一段话："约在一九三五年或三六年，南开大学学生出版一种刊物要我写一篇文章，我以《读书的六到》为题。所谓六到，一为口到，二为心到，三为耳到，四为眼到，五为手到，六为脚到。在这篇文里，我用不少篇幅去说明脚到的必要。""经过十多年后，我愈感觉做学问需提倡'六到'，而特别是'脚到'。"③ 陈序经搞疍民调查，是他提倡读书六到的具体见证。

三、《疍民的研究》的学术价值

陈序经著《疍民的研究》，1946 年由上海商务印书馆出版。共分十章。下面

---

① 《沙南疍民调查报告》，载《岭南学报》1934 年第 3 卷第 1 期。
② 陈其津：《我的父亲陈序经》增订本，长征出版社 2007 年版，第 319 页。
③ 陈其津：《我的父亲陈序经》增订本，长征出版社 2007 年版，第 236 页。

介绍各章的内容。

第一章"疍民的起源"。这一章分八节，把30余种关于疍民起源的传说或学说，概括为六类：一是从疍民的体格和疍民所有艇舶的形状说明其来源的，二是从疍民的疍字解释其来源的，三是以为疍民乃由某种动物而来的，四是以为疍民乃来自某一地方的，五是以为疍民乃始于某一时代的，六是以为疍民乃始于某种民族的别名或其支流的。然后对每类的说法，引用文献资料，加以解释，并说明这些说法所据之"史实与常识之不相符的地方"，"没有一种关于疍民起源的传说或学说能够给我们一个合理或满意的解答"①。那么，疍民究竟是怎样来源的？他认为，要解决这个问题，必须做好三种工作：第一，对于过去关于疍民的文献记载，要加以系统的整理和深刻的批判研究。第二，对于疍民的文化要加以实地的调查；第三，对于疍民的体质要加以科学的测验。解决了以上问题，疍民的来源问题是否可以得到最终的解决呢，也很难说。不过，作者认为，从梳理以上六类说法来看，有些说法是可以排除的，如认为疍民的形象似疍，或其艇舶似疍，所以称"疍民"，是难以相信的；从"疍民"的"疍"字来解释他们的来源，也很勉强；以疍民由某种动物而来，近于迷信，不能当作事实来看。但有两点对于研究疍民的起源，有密切的关系。第一，从地理上看，疍民最初分布于四川三峡之间。唯据顾炎武《天下郡国利病书·广东八》引《晋书·陶璜上疏》，晋时广州南岸周旋六十余里，已有不少疍民。第二，从时代上看，疍民在汉时已有。但这两项所指的疍民，是陆居的疍民。至于水上的疍民，好像是唐以后才有的。这样，就产生一个问题，水上的疍民，是否由陆居疍民移居水面呢？如果是，那么他们为什么跑到水上居住呢？同时为什么现在只有福建、广东、广西才有疍民，而四川没有呢？这些问题很重要，而且需要研究解决。最后，作者说，"其实，疍民乃汉族之说，固很少人主张"，说"疍民乃别的种类的别名或其支派之说，也缺乏确实的证据"，"疍民的历史，据常璩的《华阳国志》既在晋初，据宋王谠的《唐语林》卷七，又以为'诸葛武侯相蜀，制蛮鲵、侵汉界'。则假设疍民为本来一种独立的民族，也无不可。盖巴蜀西南一带在汉代尚为非汉族的人们所居住，中国人对于这些民族，很少认识，对于他们的历史及来源，更无所知"②。

第二章"疍民在地理上的分布"。这一章说疍民在地理上的分布，从两方面说，一是历史上的分布，一是最近来的分布。历史上的分布，引用《华阳国志》等大量文献，认为"大约晋朝永嘉以后，以至隋代，疍民在地理上所分布的地域甚广。北到甘肃，南到广东，西到四川之西，东至湖北和湖南"。到唐代，据文

---

① 陈序经：《疍民的研究》，商务印书馆1946年版，第41页。
② 陈序经：《疍民的研究》，商务印书馆1946年版，第43-44页。

献记载，广西也有疍民。唐代兵威较盛，版图较广，故四川两湖的疍民，或被政府之征伐，或同化于汉族。此外，也有不少向南迁移，其结果是：在宋代的疍民所聚居的地方，多在两广一带。同时关于疍民的记载，多称他们为水居民族。如周去非《岭外代答》、范成大的《桂海虞衡志》、陈师道的《后山丛谈》、乐史的《太平寰宇记》等，记载均以水居为疍民的特点。

以上宋代各种著作之记载疍民水居者，以《太平寰宇记》较早。此书成于宋太平兴国年间（约公元 978 年间），既然记载疍民水居，那么疍民水居的历史必然更早。据顾炎武《天下郡国利病书》所述晋陶璜上书有"广州南岸皆蛮疍杂居"的话，也许这时的疍民已有水居。后来因为汉族南迁，在陆者或被迫而水居，或同化于汉族，相沿到唐之晚年，宋之初年，所有疍民，皆是水居。宋代以后的疍民，从文献中找到证据，大部分都是水居的。事实上，我们以为最初的疍民，大概多是或全是陆居。不过因为他们的水居的历史久远，人们遂称为水上民族罢了。

疍民最近的地理分布，明末清初之关于疍民的记载，多只说及广东的疍民，福建、广西的疍民，记载不多。据现在所知，疍民的分布区域，不出广东、广西和福建，以广东最多。而福建、广西的疍民有来自广东之说，都值得探讨。

广东的疍民，大概分布于三个区域：第一是珠江流域，第二是沿海一带，第三是韩江流域。珠江流域，疍民最多的地方是番禺、南海、三水、顺德、中山、新会、东莞各地的珠江主流及支流。在这些地方，凡是有河流、小溪之处，都有疍民的踪迹。

由广州沿着西江到梧州一带，凡是轮船停泊的商埠、城镇，如容奇、马宁、九江、三水、河口、肇庆、六步、悦城、六都、德庆、都城、封川等都有大量的疍艇、疍民。北江方面，三水河口、清远、韶关都有疍民。东江流域的东莞石龙、惠州也有疍民。

沿海一带，从东部的汕头至西部的北海，以及海南岛一带，都有疍民。以前钦州、廉州和惠州所居的海岸的疍民很多，现在要以香港、澳门一带为最多。

从前韩江上游，疍民很多，可是近年来，大为减少。不知何故。现在在韩江、江口、汕头的疍艇，多为客家人。

在广西，梧州的疍民最多，其次为柳州和南宁。

在福建，则沿海一带与闽江，均有疍民，而以福州为最多。

疍民萍踪无定，他们在地理上的分布，随时可以变更，真可谓"四海为家"。

第三章"疍民的人口"。疍民的人口究竟有多少，这是一个不易回答的问题，每个朝代都有不同。就近现代而言，各种统计数字悬殊。作者"为了得到一种比较合理而近于实际的统计，在过去的数年间，曾到过珠江流域及沿海一带做过好几次的初步观察"，书中附有大量各种调查表格，"略就年来我们在各处所作的初步观察，两广福建的蛋民总数，大概当在一百万到二百万之间"，"广州市的蛋民人口，当在十五万左右"。①

第四章"蛋民与政府"。这一章讨论几个问题：第一，蛋民与政府的关系；第二，政府统治蛋民的机关和组织结构；第三，关于解放蛋民和蛋民参与政治的问题。蛋民在历史上被视为蛮夷盗贼，政府对他们尽压迫之能事。最早提出解放蛋民，让蛋民参与政治的，是清代雍正帝。雍正七年（1729）五月二十八日曾下过一篇谕令：

> 上谕：闻粤东地方，四民之外，别有一种名曰蛋户，即傜蛮之类。以船为家，以捕鱼为业，通省河道俱有蛋船，生齿繁多，不可计数。粤民视蛋民为卑贱之流，不容上岸居住，蛋户亦不敢与平民抗衡，畏威隐忍。踡蹐舟中，终身不获安民之乐，深可怜悯。蛋户本属良民，无可轻贱摈弃之处，且彼输纳渔税，与齐民一体，安得因地方积习强为区别而使之飘荡靡宁乎？著该督抚等转饬有司，通行晓谕，凡无力之蛋户听其在船自便，不必强令登岸，如有能力建造房屋及搭棚栖身者，准其在近水村庄居住，与齐民一同编列甲户，以便稽查。势豪土棍，不得借端欺凌驱逐，并令有司劝谕蛋民，开垦荒地，播种力田，共为务本之人，以副朕一视同仁之至意。（参见《雍正朱谕》）

这是雍正帝对蛋民表示同情的一纸文书。乾隆帝亦下过类似的谕令。

民国二十一年（1932），广州市政府所设立的"调查人口委员会曾发表一篇《告水上居民书》，说到大规模的人口调查，陆上居民已完竣"，"我们还要水上居民注意和认识的，就是这次调查人口，在政府方面是要替人民谋利益，是想把地方自治来完成"，"在人民方面我们更要认识填报人口之后，我们才能获得市籍；有了市籍，才有市民资格，才能受政府一切法律保障，和受到市民一切的权利"。这篇文告，实际上是承认蛋民的政治和法律地位与陆上居民的绝对平等。而且这篇文告，已避免用"蛋民"这两个鄙视之字，而改用"水上居民"，这应该是一个很大的进步。

政府正式承认蛋民地位与陆上居民等同，是很晚的事情，但蛋民服务于政府，却可以追溯得很久远，或在隋代或隋代以前，蛋民即服务于政府，或参加政治工作。

第五章"蛋民的职业"。关于蛋民的职业，有些人以"捕鱼为业，卖淫为生"这两句话来概括。其实这两句话不但片面，而且有侮辱的恶意。本章详细介绍了古代和现代蛋民的职业。

---

① 陈序经：《蛋民的研究》，商务印书馆 1946 年版，第 59 – 91 页。

　　第六章"疍民的教育"。本章略述了历代疍民一方面受贫困的压迫，一方面受陆上人的欺凌，不准入学读书，也没有机会。最早关注疍民教育的，是清光绪二十八年（1902）间广州河泊所大使王勋，筹办省河疍民学校。民国时，法律上承认疍民与陆上居民平等，所以开始注意疍民的教育问题。本章略述了公私立的疍民教育学校，特别介绍了岭南大学社会研究所对广州沙南和三水河口市疍民教育情况的调查。最后作者认为"男欢女爱之所以被人们轻视，其主要原因是没有教育"，我们应该"真心诚意地来帮助疍民的教育的发展"①。

　　第七章"疍民的家庭与婚姻"。疍民的家族观念，似乎较为薄弱，其原因有三：第一，他们完全浮生水上，亲属移动较剧；第二，艇舶能容的人数有限，男女结婚后分住他艇；第三，他们少谙文字，谱系不通，传几代后，世系也不复辨别了。所以，疍民的家族观念，没有中国农村社会那么浓厚。但是，疍民还是有家族组织的，表现在：①有姓氏；②有宗祠，有的还有族谱。

　　疍民的家庭多为小家庭，多行一夫一妻制，一夫多妻者甚少。疍民的婚姻、儿童情况，多引文献记载说明之，颇引人入胜。

　　第八章"疍民的宗教与迷信"。疍民的宗教以基督教为主，这与传教士在疍民中传教有关。疍民亦有崇拜佛，道两教者，但为数不多。至于疍民的迷信，与陆上居民无异，迷信神、鬼、巫婆者比比皆是。

　　第九章"疍民的生活"。本章分疍民的住、食、衣、娱乐、合会组织、卫生、丧俗各方面分别加以叙述。

　　第十章"疍民的歌谣"。疍民很爱唱歌，渊源甚远，可惜少有流传。历来文献，记述疍歌，只有李调元《粤风》第一卷所载三首；乾隆间花溪逸士编的《岭南逸史》第三卷第十回中记有四首。

　　现代的疍民歌谣，往往随各地的方言而异，福建的疍歌，与广东的不同；广东潮州的疍歌，与广州的殊异。钟敬文《疍歌》一书，多采自广东惠州一带。"著者年来于广州沿江一带的疍歌，曾注意搜集，所得不下百首。可惜七七事变后，遗失多半。现在所存者，不过一小部分。兹特把它分别整理叙录于下。"②有《疍家妹卖生果》。每年中秋节，在明月之夜，男女疍民集中广州石涌口一带唱疍歌，叫"唱姑妹"有男女对唱，有男女独唱。女子出嫁时，有哭词，俗名叫"开叹情"。也有骂媒婆的哭词。疍民死了，家族哀哭，也有哭词。疍民结婚之夕，各人对新娘唱种种歌谣以取乐。疍民中流行一种风俗，每年三月初一为疍家婆买力之日，疍家婆唱"买力歌"。此外，还有许多足以表现疍民实际生活的歌谣。

---

①　陈序经：《疍民的研究》，商务印书馆 1946 年版，第 144–145 页。
②　陈序经：《疍民的研究》，商务印书馆 1946 年版，第 189 页。

我们对以上十章的内容，做了简单的介绍。由此，我认为《疍民的研究》一书的学术价值表现在以下几个方面。

第一，作者运用历史学与社会学相结合的方法，搜集了相当丰富的文献资料和社会调查所得比较准确、可靠的材料，全面梳理了疍民的历史和现状。历史研究讲实证的考证方法，本书研究疍民的历史时，运用乾嘉考证的方法，对材料加以分析、辨伪、去伪存真，实事求是的论证。分析问题客观、实际、材料与逻辑有机的统一，有一分材料说一分话，像剥竹笋一样，一层一层地剥，最后暴露出笋心——结论。这一方法，在第一章"疍民的起源"和第二章"疍民在地理上的分布"中显得尤其突出。社会学也讲求实证的方法，而它的实证靠社会调查所得的真实材料。陈序经对疍民的研究，没有停留在文献记载上，也关注现实，长期做实地调查。该书在疍民的人口、职业、教育、婚姻、家庭、宗族、宗教、生活、歌谣等篇章中，就采用了上述广州、三水调查的疍民素材。该书是一部历史学与社会学相结合研究疍民文化的开创性著作，澳门文史学家区金蓉认为，这部书"是对我国人文科学研究一个卓越的贡献"①。体质人类学家黄新美也认为"这本专著对疍民研究作了卓越的贡献"②。我不敢说它是"绝后"的著作，但肯定是一部"空前"的著作。研究疍民历史者，绝不能无视这部著作的开创性。我们还应该指出，社会学传入中国之后，在中国的南北方产生了许多著名的社会学家和研究社会学的著作。陈序经是有代表性的南方的社会学家，其《疍民的研究》是南方社会学的代表著作。

第二，选择研究课题，要关注现实，要心系中华民族的兴衰，关乎民生的贫富和地位之平等，要有一种社会责任感。疍民这一群体，人数众多，据陈序经估计，20 世纪 30 年代，广州市的疍民人口约有 15 万。他们是社会的弱势群体，居无定所，组织松散，以水产为副食，文化水平较低。陈序经研究疍民，从中华民族的立场出发，是要为弱势群体争平等，论地位。例如，据史书记载及民间传说，说疍民多以打劫为生，称之为"疍家贼"。陈序经在援引清代毛奇龄、屈大均等学者所谓"疍家贼"的著述之后，说：

> 我们过去以为传记及志书之多视他们以行劫为生的盗贼，恐怕未免于言过其实。盖疍民本为人们所目为蛮夷种类，他们就使没有强盗行为，也为人们所鄙视虐待，何况人们之对于他们每尽其压迫之能事，而政府又从而怂恿之，无路可逃，不为强盗必至饿死。故凡一般人之能稍明了其实况者，无不

① 黄新美：《珠江口水上居民（疍家）的研究·区金蓉序》，中山大学出版社 1990 年版，第 1 页。

② 黄新美：《珠江口水上居民（疍家）的研究》，中山大学出版社 1990 年版，第 4 页。

嗟叹其为世间最可怜最贫苦之民族。①

又例如，关于疍妇"卖淫为生"问题，陈序经说："卖淫为生"是一般人所想象中的疍民的职业。所以有好多人，一谈到"疍妇"这两个字，就会联想到"妓妇"这两个字。"故若谓疍妇皆妓妇，则错误过甚。这正像游上海四马路而见野鸡者，谓上海妇女皆为野鸡，没有区别"，"疍家妇女之当娼者，正像陆上妇女之当娼者，到处都有"，"然其所以至此，大都由于贫穷所致，且都属少数例外。我们在调查沙南的疍民，约一千人中，妇女之充当私娼者不出三人，可知人们所谓疍妇皆以'卖淫为生'之见，实为错误"②。陈序经研究问题的这种社会责任感，是我们应引为圭臬的。

陈寅恪在《冯友兰中国哲学史上册审查报告》中说："凡著中国古代哲学史者，其对于古人之学说，应具了解之同情，方可下笔。"③ 研究历史，对古人"应具了解之同情"，陈序经研究疍民，是对疍民的被压迫、艰辛的生活寄以深切的同情，并希望解决这种不平等的社会现象。我们摘录几段文字供读者参考。

> 人们不但不允许疍民们读书考试，而且不准他们陆居。不但不准他们陆居，甚至他们穿丝绸也不许可。所以怪不得有些人说："疍民是天下最可怜的人"了。到了现在，居然也会谈起参政的问题，发起参政运动，企图得到参政的权利，这是值得我们注意的。④

> 疍民以艇渡客，普通入息无多，能多得一点钱，虽牛马之劳，而为陆上人们所觉得所得方不抵所失的，她们也皆乐为之，故在疍民之中，不分老幼男女，没有一个人不终日劳碌。他们认为以艇掉客，也许十日无客光顾，然一月之中，能有十次，也聊胜于无。盖其生活艰难，使之不得不出此。⑤

> 其实享受教育，是每一个所希望的。我们真心诚意地来帮助疍民的教育发展。这样，将来疍民与我们之间，就不至发生何等的隔阂了。⑥

陈序经研究处于社会底层的疍民，社会学是人类认识社会和改造社会的强有力的工具，陈序经客观而忠实地记录、搜集和整理疍民这种社会现象的信息，为深入地认识和有效地解决疍民问题提供了重要资料。所以，《疍民的研究》一书

---

① 陈序经：《疍民的研究》，商务印书馆 1946 年版，第 115 – 116 页。
② 陈序经：《疍民的研究》，商务印书馆 1946 年版，第 124 – 128 页。
③ 陈寅恪：《金明馆丛稿二编》，上海古籍出版社 1980 年版，第 247 页。
④ 陈序经：《疍民的研究》，商务印书馆 1946 年版，第 101 页。
⑤ 陈序经：《疍民的研究》，商务印书馆 1946 年版，第 189 页。
⑥ 陈序经：《疍民的研究》，商务印书馆 1946 年版，第 145 页。

的学术价值是不言而喻的。广东著名学者杜国庠说，《疍民的研究》一书，"具有人民性"。

四、 为新中国解决水上居民的贫困鼓与呼

1949 年新中国成立后，即着手解决疍民这个弱势群体的问题。根据 1951 年 5 月 6 日政务院《关于消除带有歧视或侮辱少数民族性质的称谓、地名、碑碣、匾联》的指示，广州市各界人民代表会议通过决议，"一律不再使用旧社会以犬、鸟、兽、虫等为偏旁撰写少数民族称谓"，禁止使用"蛋"字指称疍民。政府领导及有关文件，称这个群体为"水上居民"。周恩来总理对水上居民的生产、生活特别关心，三番四次地指示，人民政府要帮助他们解决陆上居住问题，要帮助他们解决生产工具，改变"连家艇"，等等。1954 年 6 月，周总理视察广州，推动了《珠江区水上居民转业安置计划》出台。

陈序经怀着一颗爱心、同情心长期关注、研究疍民，希望为他们争得平等，走上富裕的道路。但是，在旧中国，这种愿望只是一种幻想。新中国为陈序经实现他的愿望铺平了道路。陈序经时任广东省政协常委、全国政协委员，他要为解决水上居民的平等和贫困问题鼓与呼。1957 年 3 月 14 日在全国政协会议上，他作了《华南水上居民需要特别加以照顾》的长篇发言。摘要如下：

> 从宋代到解放以前，虽然经过约有千年之久，但这种水上居民的贫苦生活，并没有什么显著的改变，周去非所描写的一切情况与习俗，到今还多少保留着。

> 在封建社会的时代，他们曾受了重重的压迫。他们受了苛捐杂税以及各色各样特别严重的歧视和虐待。譬如科举考试，不许他们参加。他们结婚时，不准穿着红裙。此外，又如阻止他们上岸居住，这件事连封建统治者雍正也为他们抱不平，因而下令反对。男的被一些人称为"疍家贼"，女的被一些人叫做"咸水妹"——后一名词，无疑是帝国主义者入侵以后才出现的。

> 解放以后，党和人民政府对他们十分关怀，数次派专人去了解他们的生活状况。在土改时期，他们之中，也有的分得土地。同时，在其他方面，作了很多改善他们生活的工作。他们以舟为室，萍踪匪定，难得受教育的机会，乃设立水上学校，或在陆上专为他们开办学校，鼓励他们读书。水上文化船，水上医疗船，主要的都有为着他们而设置的。又介绍他们找职业，生活太困难者，给以救济。同时，又帮助他们建筑房舍，移居陆地。

> …………

> 解放以后，他们的生活虽然有了很多的改善，可是从整个来看，还是较

为贫穷的人民。而且，从个别的情况来看，有的生活更加困难。比方，自广州过江的轮船公司成立之后，过江多有电船，过去成千成万靠着载客渡江为活者，大受影响。以往一家五口，每天入息有一元以上者，现在，很多只能得一二角。虽然人民政府尽量设法去救济，可是救济并不是治本的办法。

我的意见是，当他们为少数民族来处理，应该没有问题。但也应该指出，是否这样去做，还是次要的问题，主要的问题是：因为他们在经济上，在文化上，都极为落后，需要特别加以照顾。如果我们不当他们为少数民族来看待，那么在他们全部或大部分尚未迁居陆地而同时他们的经济与文化生活还没有显著的改善之前，为着照顾他们这种特殊情况，应该设立一种机构，专为处理和解决他们的问题，使他们的经济与文化的生活，能得到全面与特殊的照顾，逐渐消灭其落后的现象，更快的能与全国各族人民，一齐走向社会主义的光明大道。①

这是一个有良知的爱国知识分子发出的呼吁。

广州市党政领导对从根本上改善水上居民的处境非常重视。1959 年 6 月 29 日，中共广州市委扩大会议上的总结报告说："水上居民上岸是必要的。"1960 年制定《关于广州市水上居民住宅修建方案》，确定在珠江东河道由黄埔、大沙头到西河道的如意坊、增埗，南航道由洲头咀到白鹤洞和花地及荔枝湾范围内居住的艇上及水棚、吊楼的居民，均应上岸定居。为此，依据"少拆民房，少占农田且靠近珠江"的选址原则，在河南基立下渡、纺织路、竹园、芳村二沙地、山村、牙灰冲、中山八路等地建设水上居民住宅。其中，芳村二沙地、山村等地区 1956—1960 年间投资 37 万元建成面积约 5.2 万平方米的水上居民住宅，水上居民 2 万人上岸定居；新建水上子弟小学 9 所，并有卫生所、文化馆、自来水等设施。1963 年，广州市政府又拨款于滨江东路建造了 58 栋约 7 万平方米的水上居民定居点，2600 多户水上居民喜迁新居。② 党和政府把全部水上居民搬迁上岸，结束了历史上留下来的水上居民浮家泛宅的生涯。这是水上居民的一件大喜事，他们迁居在崭新的住宅里，安居乐业。

从上述我们可以看到，陈序经对疍民文化研究的贡献是巨大的：他开运用社会学的理论与方法研究疍民文化的先河；运用历史学与社会学相结合的办法，撰写了学术价值甚高的《疍民的研究》一书，堪称历史学与社会学著作的典范；并为新中国解决水上居民的贫困鼓与呼。

时代在前进，科学在发展。对疍民文化的研究，要在已有成就的基础上取得

---

① 陈序经：《华南水上居民需要特别加以照顾》，载《人民日报》1957 年 3 月 14 日，第 3 版。

② 《广州百科全书》，中国大百科全书出版社 1994 年版，第 693 页。

更大的突破，必须在研究方法和手段上有创新。中山大学人类学系黄新美教授根据陈序经"对于疍民的体质上要加以科学的测验"的意见，用体质人类学和医学人类学的方法，研究疍民，取得重要成果，集中反映在其所著《珠江口水上居民（疍家）的研究》一书中。比如她说，"疍家"这个名称的原意乃指以"小船"或"艇"为家的群体而言。"疍"是传承古南越语音对"艇"或"小船"的称谓以汉字所出的音译。"家"这个名词是从中原传播过来，在岭南乃指人的群体而言，这是一个古老的借词。"疍家"不是贬义词，有它自己的原意。① 这是对"疍家"一词来源的崭新看法。只要我们运用新的理论和方法来研究疍民文化，一定会取得更大的成果。

原载《疍民文化研究》，香港出版社 2012 年版。

① 黄新美：《珠江口水上居民（疍家）的研究》，中山大学出版社 1990 年版，第 123 – 124 页。

岑桑： 知识渊博、 治学严谨的著名学者

岑老一生获得过很多奖励，如 1996 年获中国出版首届 "伯乐奖"；1997 年，他任执行主编的 "岭南文库" 获第三届 "国家图书奖"；2005 年被授予 "南粤出版名家" 称号；2006 年获 "中国出版韬奋奖"；2007 年入选 "读者喜爱的岭南文化名人五十家"；2015 年获第二届 "广东文艺终身成就奖"；他的传记和事迹列入 "当代岭南文化名家" 丛书公开出版。他创作出版文艺作品 30 多种，编辑出版图书数百种，在编辑出版和文学创作两方面均取得了令人瞩目的成就，所以，人们知道他是著名的文学家、卓越的出版家。

2006 年，岑老 80 高龄出版了署名 "端木桥" 的《清初岭南三大家》（广东人民出版社）；2007 年出版了《陈邦彦父子》（人民出版社）；2008 年 4 月，出版了署名 "葛人" 的《丘逢甲》（广东人民出版社）；同年 10 月，出版了署名 "端木桥" 的《陈恭尹》（广东人民出版社）。这四种书，总共近 40 万字，是为明末清初和清末民初的陈邦彦、陈恭尹、屈大均、梁佩兰、丘逢甲五位历史名人立传的历史类著作。这几种书虽然属于通俗读物，但认真阅读，仔细分析，是属于大家写小书的学术普及著作，图文并茂，深入浅出，文字优美，可读性强，说明岑老不仅是著名的文学家、出版家，也是一位知识渊博治学严谨的学者。

一、 学术前沿的选题

《清初岭南三大家》，是为清初著名诗人番禺屈大均、顺德陈恭尹和南海梁佩兰三人立传。三人居里邻近，时相过从，在创作上互相推重，在当时岭南地区最享盛名。这三位诗人被称为 "岭南三大家"，最早的文献见于清康熙三十一年（1692）王隼所编《岭南三大家诗选》。王隼（字蒲衣），番禺人，明遗民王邦畿（字诚篇）之子。父殁，弃家入丹霞山为僧，师事函昰禅师，法名古巽，久之返于儒，为 "粤诗四大家" 之一。张德瀛《词征》卷六云："吾粤当国初时，如陈恭尹、屈大均、梁佩兰、王隼皆以诗鸣，有四大家之称。"① 其人虽生于清立国之后，但继其父志，颇有遗民情怀。王隼为什么要编《岭南三大家诗选》，康熙二十年（1681），他在《六莹堂集序》中回忆早年侍学于其父的情形，明确说明

---

① 王富鹏：《岭南三大家研究》，人民文学出版社 2008 年版，第 19 页。

他最推崇且交情最深厚的是屈（大均）、梁（佩兰）、陈（恭尹）三人①。十年后就编了《岭南三大家诗选》。据近人邓之诚《清诗纪事初编》载："王隼尝选佩兰及屈大均、陈恭尹之诗，为《岭南三大家诗选》，隐以抗'江左三家'。后来洪亮吉遂有句云：'尚得古贤雄直气，岭南犹似胜江南。'"② 这里所说的"江左三家"，即明末清初诗人钱谦益、吴伟业、龚鼎孳三人的合称。三人皆由明臣仕清，籍贯因都属旧江左地区，诗名并著，故时人称为"江左三大家"。邓之诚、洪亮吉之说是否合理，可以讨论，但屈、陈、梁三家诗在诗坛影响甚大，却是历史事实。

王隼编《岭南三大家诗选》之后，"岭南三大家"的组合，得到南北诗学界的认同。著名诗人王士禛在《渔洋诗话》卷上说："南海耆旧屈大均翁山、梁佩兰药亭、陈恭尹元孝齐名，号三君。"③ 康熙三十三年甲戌（1694）北方著名诗人王摅来广州，与梁佩兰、屈大均、陈恭尹等游。十二月北归，梁佩兰以诗赠之，且以青花端砚赠行，王以《梁药亭太史以诗送行赋答》云："先有同里屈与陈，世称岭外三诗人。旗鼓相雄不相下，笔端变化各有神。"王摅之称"岭外三诗人"，就是指梁佩兰、屈大均、陈恭尹。康熙五十七年，梁无枝刻《南樵二集》，张尚瑗作序曰："迩日三大家追步明初五先生，而与燕、吴主持诗柄名家唱酬应和，风雅赖以不坠。"此"三大家"就是指屈、陈、梁"岭南三大家"。方朝《勺湖亭稿·周乳峰传》说："当是时，翁山屈氏、独漉陈氏、郁洲梁氏并皆以风雅鸣于东南。"清抄本，广东省立中山图书馆藏。也以屈、陈、梁并举。④

学术界对屈、陈、梁分别进行研究比较多，把三家作为一个群体进行研究则较少。1980 年广东人民出版社出版刘斯奋等《岭南三家诗选》是凤毛麟角。20世纪 80 年代以后有的高等院校的硕士、博士学位论文，以"岭南三大家"为研究选题，将三家作为一个群体进行的研究则逐渐多起来。2006 年岑桑出版的《清初岭南三大家》，是一个学术前沿的课题。

屈大均（1630—1696），初名绍龙，字翁山，又字介子。广东番禺人。16 岁时补南海县生员。清顺治三年（1646）清军陷广州，其父告诫说："自今之后，汝其以田为书，日事耦耕，无所庸其弦诵也。今之时，仕则无义。洁其身，所以存大伦也，小子勉之。"⑤ 他受到教育，矢志反对民族压迫。次年，18 岁的屈大均参加其师陈邦彦以及陈子壮、张家玉等的反清斗争，同年失败。后至肇庆，向

---

① 参见吕永光校点补辑《六莹堂集·王隼序》，中山大学出版社 1992 年版，第 8 页。
② 邓之诚：《清初纪事初编》下册，上海古籍出版社 1984 年版，第 986 页。
③ 《清诗话》之《海洋诗话》卷上，中华书局 1963 年版，第 177 页。
④ 参见王富鹏《岭南三大家研究》，人民文学出版社 2008 年版。
⑤ 汪宗衍《屈大均年谱》，收入欧初、王贵忱主编《屈大均全集》第八册，人民文学出版社 1996 年版，第 1858 – 1859 页。

南明永历帝呈《中兴六大典书》，不久因父病危急归。顺治七年（1650），清兵再陷广州。为避清廷逼迫害，遂于番禺雷峰海云寺削发为僧，法名今种，字一灵，号骚余。并将其所居名"死庵"，以示誓死不臣服清廷之意。并取永历铜钱一枚，以黄丝系之，佩肘腋间，以示百折不改的操守。积极参与反清活动，不避艰险，远走东北、东南、西北等地，联络有志之士，密谋策划反清复明活动。顺治十六年（1659）到会稽与魏耕同谋匡复大计，遣义士用蜡丸裹书送给郑成功。六月，郑成功果以舟师攻南京，收复四府三州24县。顺治十八年（1661），清廷查悉是魏耕引郑成功来攻，乃将其捕杀。又悉屈参与其事，亦欲追捕，屈急避地桐庐。次年，归抵番禺，蓄发还俗归儒。康熙十二年（1673），吴三桂叛清，以蓄发复衣冠号召天下，屈毅然入湘从军。后悉吴三桂只为个人利益打算，没有匡复明朝之志，乃托病归家。康熙二十二年（1683），郑成功之孙克塽降清，屈自此不再进行匡复活动，居番禺沙亭，靠务农、卖文为生，过着半隐居的生活。同时，还从事对广东文物、方物、掌故的收集编纂，编《广东文集》《广东文选》。著有《广东新语》，记述广东的天文、地理、山川、矿藏、草木、鸟兽、诗文、食货、民族、习俗等，有很高的史料价值。又编有《皇明四朝成仁录》，为南明抗清死节之士立传颂扬。

屈大均以诗文名世，在"岭南三大家"中列居首位。传世的诗集有《道援堂集》《翁山诗外》《屈大均诗集》等。文集有《翁山文外》《翁山易外》等。岑桑在《清初岭南三大家》中，以"孤忠耿耿屈大均"为题，叙述其跌宕悲壮的人生和分析其脍炙人口的作品。最后岑老说：

> 屈大均的一生，是诗人的一生，也是学者的一生，又是反对民族压迫的斗士的一生。作为诗人，大均写了大量反对民族压迫，呼唤正义与自由，揭露征服者的暴虐，悲悯老百姓的苦难，抒发对南明政权腐朽败亡的忧愤，以及反清复明事业的江河日下，自己壮志难酬的痛苦心情。他的这些诗篇，气势磅礴，感情浓烈，直抒胸臆；意象瑰奇，充满浪漫主义色彩，因而脍炙人口，领风骚于当时的岭南诗坛。①

梁佩兰（1630—1705），字芝五，号药亭，别号漫溪翁、紫翁、二楞居士、晚号郁洲，广东南海人。世居广州城西梁巷，幼习经史百家之学，素以才闻。清顺治十四年（1657）应广东乡试，中第一名解元。后30年间六次进士会试，均落第。康熙二十七年（1688）第七次会试中第，时年近六旬，功名心已淡然。旋入翰林院庶吉士，任职不到一年，便乞病假南归。康熙四十一年（1702）奉诏入京复职，仅一月余，因不习满文，被革去庶吉士职位。此时梁已72岁，他不愿

---

① 端木桥：《清初岭南三大家》，广东人民出版社2006年版，第41–42页。

遵命候选知县，遂在京师以诗文会友，交结了不少显宦名士。翌年南归。晚居广州，唯以诗酒自娱。梁博学多才，工诗外，又善填词、书法、绘画，但多被其诗名所掩。平生著作甚多，除有诗集《六莹堂集》传世外，文集均已不存。梁的诗作风格与"三大家"中的屈、陈不同，岑桑在书中说，梁与陈大致同龄，同属珠江三角洲人，又同时活跃于岭南诗坛，因此相稔，但与屈、陈的生活道路大不相同。屈、陈毕生慷慨悲歌，以抗清复明为职志；梁则不但不同此道，反而对统治者帖耳称臣，热衷于科举以求显达。不过，道虽不同，三人还是作为益友时相过从，彼此还常有唱和。梁写过《秋夜宿陈元孝独漉堂读其先大司马遗集感赋》，赞扬恭尹之父邦彦一生大节凛然，所著文章不能改其一字。在这草堂的孤灯之下读着先烈的遗著，感到凛冽如霜的正气迫人而来。说明佩兰还是一个有正义感的人，因反对民族压迫而同情抗清事业的人。① 佩兰较有意义的作品是某些反映民生疾苦的篇章，如《养马行》《采珠歌》《采茶歌》《雀飞多》《樵夫词》等。这类诗内容清新，语言通俗，感情自然，不失为佳作。岑老说，梁佩兰的作品在当时广为传诵。在翰林院时，京城的富贵中人纷纷向他索取题咏以光门第。被誉为"岭南三大家"中的一员，实至名归。

陈恭尹（1631—1700），字元孝，初号半峰，又号罗浮布衣。陈邦彦之子。15 岁补诸生。清顺治三年（1646），清兵攻陷广州，其父邦彦起兵抗清，家属遭清兵杀害，时恭尹年方 17 岁，只身逃脱，藏于亲友家。父被俘，不屈而死。顺治五年（1648），南明永历帝回肇庆，恭尹上书陈诉乃父邦彦殉难情况，授锦衣卫指挥佥事之职，并给假回家治丧。顺治七年（1650）冬，清兵再陷广州，他匿于西樵山寒瀑洞中，从此与永历帝失去联系。此后十年，他怀着国破家亡的剧痛，积极从事反清活动，曾来往于福建、浙江、江苏一带，企图与郑成功、张煌言等抗清力量取得联系，而未有结果。不得已，回家与三五友人砥砺读书，伺机而动。顺治十五年（1658），他再度出游，欲投永历帝，因兵戈阻塞而未果。次年，永历帝逃往缅甸，恭尹遂回到家乡，定居于广州。晚年号"独漉"，取古诗"独漉独漉，父仇未复"之意，于此可见其反清复明的志节。康熙十七年（1678）秋，清廷怀疑他与三藩事件相牵连，把他下狱百日。出狱后，以卖文过活，诗酒自娱。康熙三十九年（1700）病逝于广州。陈恭尹工诗，与屈大均、梁佩兰被称为"岭南三大家"。遗著有《独漉堂文集》15 卷、《独漉堂诗集》8 卷，宣统间刻本《独漉堂全集》传世。岑桑在本书中以"陈恭尹和他的诗"为题叙述他与梁佩兰的一生及分析他们诗歌创作的成就。此外，岑桑还写过《陈恭尹》一书，以"血火新朝""悲愤人生""诗人之诗"三题铺陈其可歌可泣的人生。岑桑对恭尹诗的评价说："恭尹认为诗歌贵在新，'当求新于性情，不求新于字

① 端木桥：《清初岭南三大家》，广东人民出版社 2006 年版，第 73 页。

句'；主张'文章大道以为公，今昔真情留纸上，莫将唐宋滞胸中'。强调文学创作必须不断发展，必须不断有所变化；反对盲目崇古，拟古。对于自己的主张，恭尹身体力行，因此他的作品意境新颖，意象新奇，感情真切，不见陈言，不闻腐息，卓立自成一家。"①

对于"岭南三大家"诗的风格，清人王煐在《岭南三大家诗选》的序言中做了这样的概括：屈大均诗"如万壑奔涛，一泻千里，放而不息，流而不竭；其中多藏蛟龙怪，非若平潮浅水，止有鱼虾蟹鳖"，陈恭尹诗"如哲匠当前，众材就新，运斧成风，既无枉挠，亦无废弃。梁栋榱题，各适其用。准程规矩，不得不推为宗师"，梁佩兰诗"如良金美玉，韬锋敛采，温厚和平，置之清庙明堂，自是瑚琏圭璧"。岑老对"岭南三大家"的评价，引下列他的几段话来说明：

> 王煐的评说，简约而精辟极了。如果说，这三家的诗作仍不无共通之处，那就是贴近生活，关心民瘼，对岭南山川景色，风物世情的描述上，都渲染了鲜明的地方色彩，寄寓了对故土的眷恋之情。"岭南三大家"都各有千秋。②

> "岭南三大家"，他们作品的思想性、艺术性都达到了令人刮目相看的高度，足与北方诗坛诸俊彦并肩而无愧，取得了全国性的影响，使一向不被看好的岭南文化界现出了勃勃生气。尤其是体现在他们（以屈大均为突出代表）作品中强烈的社会政治意识、鲜明的抗争精神，对于现实生活的积极切入，以及豪迈的感情、瑰奇的意象，使酝酿于明代中后期的岭南文化渐趋成熟，在文学上体现了与其他岭南文化形态相呼应的鲜明风格，促使岭南文化在博大精深的中华文化中形成为自有其特色的一种充满活力的地域文化。③

> "岭南三大家"，由于他们在诗歌艺术领域的不凡成就，大大提升了岭南诗坛在全国范围的地位，使向来不被重视的岭南诗歌创作在 17 世纪中叶以后，逐渐产生了全国性的影响。有学者认为"岭南三大家"出现以后，岭南文化这一概念方得以形成；"岭南三大家"对作为一种文化实体的岭南文化得到广泛认同，居功甚伟。④

这几段精辟的诊断，说明了三个重要问题：一是三人的生平及其艺术风格的异同；二是岭南文化这一概念的形成，"岭南三大家"是标志性的成果；三是岭

---

① 端木桥：《陈恭尹》，广东人民出版社 2008 年版，第 83 页。
② 端木桥：《清初岭南三大家》，广东人民出版社 2006 年版，第 18 页。
③ 端木桥：《清初岭南三大家》广东人民出版社 2006 年版，第 81 页。
④ 端木桥：《陈恭尹》，广东人民出版社 2008 年版，第 83 页。

南文化在中国乃至世界文化史上的地位。这些论述，如果不是对中国文学史、岭南文化史、"岭南三大家"有深入研究、全盘了解，是写不出来的，足见这一课题的前沿性以及岑老的学者身份。

《陈邦彦父子》是为陈邦彦及其儿子恭尹立传。陈邦彦（1603—1647），自幼随父读书，尤精《毛诗》《周易》。18岁中秀才，此后因屡试不第，遂讲学于故乡顺德锦岩山下，时人尊称为岩野先生，各地青年慕名前来就读，在讲学中，教育学生以忠义立身、气节是尚。明崇祯十七年（1644）三月，明朝倾覆。明宗室相继在南方建立弘光、隆武、永历等南明政权。陈邦彦追随南明政权，率义兵与南海陈子壮、东莞张家玉所率义兵密切配合，进行抗清斗争。清将佟养甲攻陷广州，掳其妾何氏和两个儿子为人质，写信劝其投降，陈邦彦在信上批曰："妾可辱也，子可杀也，身为忠臣，义不顾妻子。"佟杀害其妾和两个儿子。邦彦在清远与清军巷战，身受重伤，左右牺牲殆尽，遂投水自尽，但水浅，不得死，为清兵俘获，押至广州。佟养甲要他投降，派人给他治伤，他厉声斥骂，又5日不食。顺治四年（1647）九月二十八日就义于城内四牌楼。后人慕其忠烈，与陈子壮、张家玉合称"岭南三忠"，而以陈邦彦为首。岑老以"铁骨铮铮陈邦彦"为题叙其一生。遗著有《雪声堂集》10卷，清中叶邑人重刊，易名《陈岩野先生全集》（共四卷）传世。在明末，陈邦彦亦以诗名世，与邝露、黎遂球一起，被称为"岭南前三家"。

岑桑在"编后小记"中说："少时已慕'岭南三忠'和'岭南三大家'的盛名，一直为这父子俩在历史上和文学上的光辉业绩所感。"[①] 这本小书歌颂了父子俩的民族气节、家国情怀以及艺术创作的承继关系。把两人结合起来研究，也是一个不错的课题。

《丘逢甲》一书，为丘逢甲（1864—1912）立传。丘逢甲，又名秉渊，字仙根，号仲阏等，祖籍广东镇平（今蕉岭），生于台湾苗栗。6岁能诗，7岁能文。清光绪三年（1877）应试，年最少而交卷最早，以案首中秀才。福建巡抚丁日昌主考，连称"奇童"，赠以"东宁才子"（台湾亦称东宁）印。光绪十三年（1887）入台湾兵备道唐景崧幕府，帖拜唐为师。翌年中举。光绪十五年中进士，授工部主事，不久，辞归台湾，主讲崇文、衡文、罗山等书院。光绪二十年（1894）中日甲午战争，丘逢甲奉旨督办团练，统领全台义勇，抗日保台。梁启超、黄遵宪、柳亚子等，都表彰其倡导自主抗日保台的义举。所率义军溃散，他与家人乘船内渡，在祖籍镇平定居。为表示不忘光复台湾素志，为其子丘琼定别号"念台"，将房舍定为"念台精舍"。

光绪二十三年（1897）任潮州韩山书院山长。二十五年（1899）创办潮州

---

① 岑桑、李健明等编著：《陈邦彦父子》，人民出版社2007年版，第120页。

271

"同文书院"。翌年由广东当局派赴南洋调查侨情，向侨胞筹募办学经费。二十七年（1901），迁同文书院于汕头，改为岭东同文学堂，自任监督（校长）。同文学堂是广东第一所新式学堂，广泛传播了西方文明和改革思潮，培养学生千余人，后来大多参加了同盟会。三十年（1904）冬赴广州，任广东教育总会会长。宣统三年（1911）九月，广东光复，任广东军政府教育部长。十月代表广东赴南京出席独立各省组建临时政府会议。民国元年（1912）1月，因肺病南返，至潮州，接到被推举为临时参议院议员之电。2月25日，病逝于镇平。

丘逢甲擅诗，多以爱国忧民为旨，苍凉沉郁，慷慨激昂，梁启超许为"诗界革命巨子"。传世有《岭云海日楼诗钞》近 2000 首。

《丘逢甲》一书，以"生逢乱世""在祖国的忧患中成长""甲午风云""且看鹰翅出云时""丹心不死尚唐年""怆然内渡""雄心依旧借诗销"七目叙其一生及分析其诗。对丘逢甲的总体评价，岑老曰：

> 领导义军进行抗日保台斗争，是逢甲生命史中最为辉煌的亮点，这一段可歌可泣的历史，使逢甲成为反帝反侵略斗争的英雄。离台内渡后，逢甲不遗余力振兴教育，推行新学，为中国教育事业作出了重大贡献，同时以他"大江东去，倚剑长歌"般的诗篇，在诗坛灌入英气雄风，从而成为众所公认的诗坛巨匠。南粤人民将逢甲奉为先贤，实至名归。丘逢甲这个英雄的名字，先贤的名字，将在历史上彪炳千秋。①

丘逢甲这样一位重要人物，由于种种原因，20世纪中叶，对丘氏的研究在大陆基本上处于停滞状态，到70年代末改革开放后，情况才有所改变，海峡两岸对丘氏的研究蓬勃发展。岑老于2008年出版的《丘逢甲》自然是学术前沿的热门课题。

二、 科学的治学方法与严谨的学风

历史唯物主义要求我们研究历史人物，要把该人物放到当时的历史环境去考察，因为杰出人物的素质是时代所培养的，杰出人物赖以成为杰出人物的社会课题是时代提出来的，杰出人物的舞台是时代提供的，离开一定的时代条件，就不可能产生特定时代条件下的杰出人物来。"沧海横流，方显英雄本色"。杰出人物总要在一定的背景条件下才能显示出自己的特殊才能。岑桑紧紧抓住这条历史唯物论的基本方法来研究这五位杰出人物。在《陈邦彦父子》"编后小记"中说："为编写《清初岭南三大家》作准备，阅读了许多有关资料，参考了不少别

---

① 葛人：《丘逢甲》，广东人民出版社2008年版，第94页。

人的著作，对明末清初的历史和社会有了进一步的认识；对陈邦彦、陈恭尹父子的生平以及他们当年的活动和影响也有了较为深入的了解。"明末清初这几位杰出人物，生逢乱世，是"天崩地解"的时代，"他们毕生的活动无不紧扣当时波诡云谲、血雨腥风的境界。要了解他们的行止和心路历程，必须回顾当时的历史和社会状况，因此在小书中置有自己认为不可或缺的、关于明朝的兴衰和清初乱世的一章，以期与后面所述父子俩的抗清活动和作品内涵有所呼应"①。

"论从史出"和"观点与材料的统一"也是科学的治学方法的体现。史与论的关系问题，是学术界一个重要的理论问题。历史科学是一门实证的学问，要承认客观的事实，不能以主观的爱憎，涂改历史的事实，不能专凭理论去武断事实，研究历史必须根据具体的史料，必须从具体的史料出发，而且搜集史料要尽可能做到"竭泽而渔"，对具体史料进行科学分析，从中引出正确的结论，这种结论经得起时代的考验。"事实胜于雄辩"，这就是史学的魅力所在。岑桑研究上述五个历史人物，都体现这种"论从史出"和"观点与材料的统一"的科学方法。我下面仅举一些例子来说明。

研究陈邦彦。陈邦彦在南明隆武朝升为兵部职方司主事，监粤兵入江西，协助掌管兵部的建明伯苏观生防守北线。清兵南下，攻赣州，苏观生按兵不动，陈邦彦多次请战，但不被批准，以致赣州沦陷。关于赣州一战，岑桑搜集了屈大均《皇明四朝成仁录》中的陈岩野传、《陈岩野文集》附录中陈恭尹撰乃父行状、《明史·苏观生传》等史料来叙述，自然符合客观事实。又例如两广总督丁魁楚、广西巡抚瞿式耜、湖广总督何腾蛟在肇庆拥桂王朱由榔为监国，旋称永历帝。而苏观生在广州拥立朱聿鐭为帝，改元绍武。由此出现了永历帝与绍武帝两个政权并立的状况。对这段历史，岑桑搜集了相当全面的材料，如《明史·苏观生传》、陈恭尹撰乃父邦彦行状、屈大均撰陈岩野传、瞿其美撰《粤游见闻》、陈邦彦先后两次致书苏观生的函件、无名氏《行在阳秋》、《南明野史》等，在分析这些史料之后，岑桑下结论说："邦彦觉得苏观生此人行为卑劣，不可为伍，于是决定留下来辅助桂王朱由榔。"岑桑研究历史，"论从史出"，"材料与观点的统一"，这是科学的研究方法。

注重文献记载与实地考察历史场境相结合的实事求是的严谨学风。20世纪20年代，王国维在清华大学讲"古史新证"，创立"二重证据法"，运用文献记载与地下出土的文物相结合，进行史学研究。这种方法经过近百年的实践，已普遍被学界所接受，广泛地运用于学术研究。岑老研究陈邦彦的墓地，就进行实地考察，并运用考古材料。邦彦就义时，亲友畏祸，均不敢近。独有与其有总角之

① 岑桑、李健明等编著：《陈邦彦父子》，人民出版社2007年版，第120页。这是"时势造英雄"的科学的治学方法的体现之一。

交的乡人罗炳汉，匿于刑场旁，俟邦彦就义后，"出而亲抱其元与尸合殓"，将遗骸携返顺德大良，权埋于自家后圃。据冯奉初撰《陈恭尹传》记："先生（指恭尹）北游闽浙七年归，一日，有父友遇于途，责之曰，君先人未葬，四世宗祊无托，奈何徒欲以一死塞责，绝先忠臣后耶？因泣而谢之。"所谓父友，就是罗炳汉，家住锦岩山下，亦即邦彦的邻居。恭尹得知此事后，才将父母移葬于增城九龙之山。此事在《独漉堂集》的《增江前集》自序中有记载："丁酉首春，奉先公大司马、彭夫人枢，合葬于增城九龙之山。"① 恭尹《小禺二集》中有《修先墓作》六首，顺德同乡陈荆鸿对此六首诗作笺释，说该墓以年久湮没，中华民国二十二年癸酉（1933），广东清查坟山公所按址往寻，得于增城雅瑶乡九头龙山，遂倡议重修。甫启兆，发现葬时《圹志》，瓦质朱书，为先生（指恭尹）手迹，益证忠愍公（指邦彦）原墓不讹，遂新其垄而加固焉。并立碑记。《笺释》，还附录《圹志》原文。按《圹志》，凡忠愍公太夫人之里氏、彭夫人之里氏，及生卒年月、墓之坐向、葬之时日，均得其详，足补家谱传状之不逮。② 陈邦彦的墓地在增城九龙山上，已被文献和考古资料所证明。然而，在顺德大良北门处，在锦岩山下，陈邦彦的雪声堂故居附近，有一个地方，相传是陈邦彦遗墓所在：深藏居民庐舍里，有高七八尺的一支灰圆柱，下广上狭，柱上既没有刻字，旁也没有立碑记。民国三十七年（1948），县政府曾将它修葺一新，补亭种树。人们议论纷纷，有说这墓才是真的，增城那处是伪的；有说这墓是葬头的，增城那处是葬身的。像煞有介事般，混乱视听。据陈荆鸿考证，清乾隆四十一年（1776），说是褒扬胜朝忠烈，明令各省县地方，对于明末死节诸臣，建祠立祀。大良的所谓陈邦彦墓，正是往时罗炳汉家花园、也是邦彦忠骸曾经暂葬之处。后人为了纪念他，所以在原地立一标志，等于现时的纪念碑而已。③ 岑桑曾亲自考察了增城九龙山陈邦彦墓地。在《陈邦彦父子》一书中说："笔者最近由增城市博物馆负责人偕同前往九龙山该墓地探访，只见墓地周围杂草丛生，墓地已被掩蔽于茂密草莱之中，几经扯拔高可及肩的野草藤蔓，方得寻及荒坟。念及铁骨铮铮的一代英烈的山坟荒凉至此，不觉泫然。"并抄录了墓碑碑文和民国时期增城县政府保护碑碑文载于书中。④

　　岑桑写过一篇《冼夫人故里安在》的散文。这篇文章缘起于 2004 年间，"岭南文化知识书系"，人物系列中有"冼夫人文化"一项选题。冼夫人是我国

---

① 陈恭尹著，陈荆鸿笺释，陈永正补订，李永新点校：《陈恭尹诗笺校》上册，广东人民出版社 2016 年版，第 45 页。

② 陈恭尹著，陈荆鸿笺释，陈永正补订，李永新点校：《陈恭尹诗笺校》上册，广东人民出版社 2016 年版，第 476 – 477 页。

③ 陈荆鸿：《岭南名人谭丛》，广东人民出版社 2009 年版，第 108 – 109 页。

④ 岑桑、李健明等编著：《陈邦彦父子》，人民出版社 2007 年版，第 71 – 73 页。

南朝时期一位女杰，生活于今粤西一带的俚人首领。她雄才大略，高瞻远瞩，为祖国统一、民族团结、社会进步和经济发展做出过卓越贡献，在民间有"岭南圣母"之誉。改革开放之后，粤西各县市纷纷成立了各自的研究机构，出版过不少著作，可谓硕果累累。对于冼夫人的历史功绩，众说认同，从无争议，但对其出生地则持不同意见，莫衷一是。据《隋书》《北史》记载，冼夫人"高凉人也"。但高凉是历史上对今粤西一带地域一个州郡的名称，其范围包括今阳江、高州、电白等地。冼夫人究竟诞生于高凉的哪一个具体地点，也就成了众说纷纭的话题。岑桑为了敲定《冼夫人文化》一书的作者，他带领有关编辑，到阳江、高州、电白等地进行调查研究，听取相关地区举出的有关证据。"电白说"提出三条论据。①历史上众多典籍和志书，都有电白县山兜丁村乃冼夫人故里的记载。②山兜丁村，有一座纪念冼夫人的娘娘庙。在粤西一带，只有冼夫人庙或冼太庙；称作娘娘庙的，独有山兜丁村这一座。据说"娘娘"是母家对出嫁了的又卓有功绩、身份显赫的女性的称呼。因为冼夫人是本地人，故建"娘娘庙"以纪念她。娘娘庙外墙底层用不规则的石块垒成，考古专家认为这是隋代典型的建筑风格。上层厚砖属唐宋之物。明清以后经过多次修建。这娘娘庙显然始建于冼夫人殁后（殁于隋仁寿二年）不久的某个时期。2002年7月17日，广东省人民政府办公厅行文，公布电白县电城镇山兜丁村的隋谯国夫人冼氏墓（含娘娘庙），是第四批广东省文物保护单位。③娘娘庙后，有"隋谯国夫人冼氏墓城"和"谯国夫人冼氏墓碑"。墓碑为清嘉庆己卯年（1819）电白县知县特克星阿、电茂场大使张炳所立。墓城史志有记载，至今仍残存城墙七段。墓而建城，只有身份极高者才可能享此殊荣。2004年7月15日至9月21日，广东省考古研究所，对"隋谯国夫人冼氏墓"进行考古勘探，其勘探报告称，"目前能够确认与冼夫人卒年相当的器物，是1号探沟第三组建筑所用青砖……换言之，墓地的始建年代在隋代"，"山兜墓地边长过百米，可见等级甚高"，"山兜墓存龟趺且雄伟，也足说明等级之高"。俚人有女子死后归葬娘家，所遗财物亦归娘家的习俗。"隋谯国夫人冼氏墓"足以证明冼夫人出生于电白山兜丁村，冼夫人是电白人。岑桑经过调查研究，冷静分析各方证据，又披阅了相关的文献资料、考古资料及现代学者研究成果之后说："作为冼夫人故里之争的局外人，笔者愿投'电白说'一票。"① 最后选定电白研究冼夫人的学者吴兆奇、李爵勋撰写《冼夫人文化》一书，出版后在社会上反响良好。说明岑老运用文献资料与考古材料结合起来研究的严谨学风。

---

① 岑桑：《岑桑自选集》，广东人民出版社 2015 年版，第 171 页。

三、 散文式的解诗与通俗性的释典

岑桑是著名文学家，善写散文和诗歌，散文文字优美，像行云流水一般。有学者研究他散文的艺术特色，说他"写出自己的情调和色彩"①。戴厚英在《谈谈岑桑的散文》一文中说：

> 散文就是诗。散文家和诗人一样应是心中充满激情的人。……岑桑的散文所以写得好，就因为他本质上是个诗人的缘故。……我常常羡慕岑桑驾驭语言的能力。读他的散文，语言的流畅和优美总给人留下特别突出的印象。我甚至可以凭语言去辨认岑桑的文章了。岑桑谙熟中国古典诗词，常常信手拈来，加以引用或生发，为文章增添光彩（当然，有时也有堆砌之嫌）。但，岑桑散文的语言魅力还不在这里，而在于：他善于用最形象、最生动的词汇写景状物；用最准确、最鲜明的文字抒发感情。他善于把抽象的哲理、思想化成具体生动的形象，又把山山水水变成有情有性的活物。他讲究语言的声调、色彩和节奏，讲究句式的排列和变化。②

岑桑上述四本书，传主都是著名诗人，必须引用诗人的诗来说明他们的行状和艺术特色。又因为这四人（特别是明末清初的三大家）所处的时代是文网炽烈、动辄遭祸的时代，因此诗歌中引用许多历史典故来表达诗人的心境，给后来的读者阅读时带来一定的困难。岑桑引用诗人的诗时，用优美散文般的文字给予解读；对典故的解释，也信手拈来，给予通俗而又有根有据的阐释，化解读者阅读时的"拦路虎"。这四本书行文都有这种风格，我仅举若干例子加以说明。

南明永历十二年（1658），28岁的屈大均怀着从事反清复明大业的壮志北上，经大梁（即今河南开封）时，结识了一些与自己志趣相投的人物，过了一段豪饮悲歌、纵骑射猎的狂放日子。大均写《过大梁作》诗：

> 浮云无归心，黄河无安流。神鱼腾紫雾，苍鹰击高秋。类此雄豪士，滔滔事远游。远游欲何之？驱马登商丘。朝与侯赢饮，暮为朱亥留。悲风起梁园，白草鸣飕飕。挥鞭控鸣镝，龙骑如星流。超山逐群兽，穿云落两鹜。归来宴吹台，酣舞双吴钩。惊沙翳白日，垂涕向神州。徒怀匹夫谅，未报百王仇。红颜渐欲变，岁月空悠悠。

这首诗有许多词语和典故，如"神鱼""侯赢""朱亥""梁园""鸣镝"

---

① 岑桑、陈海烈等：《当代岭南文化名家 岑桑》，广东人民出版社2016年版，第116页。

② 岑桑、陈海烈等：《当代岭南文化名家 岑桑》，广东人民出版社2016年版，第158、160页。

"吹台""百王"等，是读者的拦路虎。岑桑解读这首诗说：这是一首充满浪漫色彩，想象力极其丰富的诗篇。首四句用以形容诗人自己，以及他当时引为同志的那个群体奔波不息的生活状态：像云那样居无定所，四处飘游；像黄河那样永无定息；像神鱼（诗人幻想的灵物）那样腾跃于紫云之中；像苍鹰那样直击长空。这样的英雄群并驾远游，要游到什么地方呢？为的是要驱马到商丘（今河南省东部，商代为商丘邑，春秋时为宋国都）。侯嬴、朱亥都是战国人。秦攻赵，围赵都邯郸。赵求救于魏国，魏王命将军晋鄙领兵十万救赵，晋鄙屯兵不进。侯嬴向信陵君献计，通过魏王宠妃窃得兵符，夺取兵权，赵国因而得救，侯嬴却自刎而死。侯嬴、朱亥都因此成为世人景仰的英杰。诗人在这里将此时与自己同游的志士们尊为如同侯嬴、朱亥那样的侠义之辈。梁园在今河南省商丘东，为汉代梁孝王刘武所筑，亦称"梁苑"或"兔园"。梁孝王好宾客，常在梁园宴请名人雅士，故著名。这里写野外苍茫肃杀的景象：令人有悲怆之感的大野之风，从梁园那边吹来，掠过离离野草，发出飕飕之风。鸣镝指响箭。驰马于原野上弯弓搭箭，矫健的马群像流星雨一般，翻山越岭，追逐群兽，双箭射落云间的双鹜。猎罢归来，宴饮于吹台（即禹王台）。饮罢举起一双吴钩（一种弯刀）酣畅地作双刀之舞。所起的尘土把白日也遮住了。生活虽然痛快，可是壮志未酬，内心痛苦得直要流泪。自己徒然胸怀报国之诚，可是至今尚未能为"百王"（意指大明历朝）雪恨。年轻的容貌日渐变老，时光白白地流逝了。① 通过岑桑优美通俗文字的解读，一首贯穿两千多年历史的诗篇，把一群壮士的心态，活灵活现地呈现在读者面前，可以回味作者的爱与恨，歌颂什么，鞭挞什么，得到有益的启迪。

又例如，梁佩兰与屈大均有深厚友谊，彼此常有唱和。大均远游在山西时，佩兰得知他要娶一位山西女子（即华姜），即赋《寄怀屈翁客雁门》（二首）其中一首曰：

> 春日鸣仓庚，北雁整归翮；故人在关外，三载犹作客；平生论王霸，中具胆与识；边地多苦寒，欲以炼筋骨；侧闻聘秦女，筐筥列圭璧；好色而不淫，国风重有德；所虑柔媚肠，恩爱渐相易；一旦时世来，功力不得力；天南隔万里，久俟无消息；老亲望门闾，幼妹事绤；愿言税归鞅，省勤聊促膝；和风暖萱草，皎月理琴瑟。

岑桑首先解释几个词句："仓庚"即黄莺、黄鹂；"故人"即旧友、老朋友；"筐筥"即竹编的盛器；"税"通"脱"；"鞅"指套在马颈上的皮带；"绤"泛指粗布；"萱草"即忘忧草，古人用以喻母亲；"琴瑟"古人用以喻夫妇。

然后作意译：黄莺在春日里鸣唱，鸿雁在整理羽翮准备北归了。分别三年的

① 端木桥：《清初岭南三大家》，广东人民出版社 2006 年版，第 26 - 28 页。

老朋友还远在关外作客。你平生议论诸王争霸的大局，所言都深具胆识。边远的地方天寒地冻，将会锻炼你的筋骨。传闻你将娶秦地之女，珍贵的聘礼都已放置在竹筐里了。《国风》中称颂有德行的君子，喜欢美丽的女子而又不沉迷在女色之中。所担心的是温柔女子的缠绵恩爱，会使你的抱负渐生变化，一旦时机到来，成就不了功业。天南地北相隔万里，很久都没有你的消息。老母亲倚门盼望着你，幼妹以纺织粗布为业。但愿你能说一声将要回来，从车上脱下束范马儿的皮带，觐见长辈，与友伴促膝谈心。像和风那样温暖你的慈母，在明月之下夫唱妇随。① 散文般的意译，梁佩兰真挚的感情，对老朋友的关切之心跃然纸上。

以上只举两例，但可以说这是岑桑为这五人立传，引用诗人作品的一种风格，它既说明岑老著名散文家、诗人的本色，也是岑桑谙熟中华文化、学识渊博、治学严谨的学者的体现。

四、 扎根于优秀传统文化之中的经世致用思想

岑老出身于书香门第，热爱中华优秀传统文化，熟读中国古籍，受中国古代文化的熏陶。陈海烈写的《岑桑传略》说，"他阅读的书籍相当广泛，从他十年前赠送给广东人民出版社的一批线装书的书目来看，就有'十三经''二十四史'、文字学、训诂学、音韵学、唐诗、宋词、元曲、古文论等多种门类"，"他勤览深思，笃学辨究，在书山中辛勤为径，于学海里刻苦作舟，不断吸收古今中外优秀文化的营养"②。

岑桑在《甘苦寸心知——文学生涯四十年》一文中说："这几年间（指抗战时期——引者注）家中那许许多多幸未毁于战火的藏书像一块磁铁般吸引着我。"③ 家里藏的什么书呢？岑桑在《午夜焚书》中说，"父亲没有给我留下什么'余荫'，我只继承了他的一窝书"，"我从父亲遗下的几大柜书中尝到了许多滋味，得到不少乐趣。我感谢它们"，"共和国成立之初，在省城成了家，用两只小艇把大部分藏书搬到城里"。"文化大革命"期间，"勇士们来扫'四旧'，一轮冲锋，把我家几乎所有的藏书都塞进了早已有所准备的十几个大麻包袋，由七八部三轮车运走了。临走时，群勇之首恶狠狠地对我威吓：'我们还要再来的，要是发现你还有匿藏不交的'四旧'，哼，后果自负！'""'勇士们'百密尚有一疏，我的两箱放置在阁楼暗处的线装本书，居然逃过了他们的金睛火眼"，还保存在阁楼处。但是，"勇士们"的"后果自负"四个字，震慑着岑桑，他决定烧

---

① 端木桥：《清初岭南三大家》，广东人民出版社2006年版，第71-72页。

② 岑桑、陈海烈等：《当代岭南文化名家 岑桑》，广东人民出版社2016年版，第63页。

③ 岑桑：《岑桑自选集》，广东人民出版社2015年版，第196页。

掉这两箱书以灭"罪证"。岑老在文中叙述的焚书过程及悲伤的心理活动，令人撕心裂肺。"我伤心地烧我的书，一本接着一本。对着那摇晃不定的火光，透过蒙眬的泪眼仿佛看见父亲那消瘦憔悴的颜容，他凝着自己曾用朱笔圈圈点点的书本，看它们在火焰中怎样逐一化为灰烬，深陷的双目现出哀伤的神色……我哭了。先是泪流满面，嘤嘤而泣，终于禁不住号啕大哭起来。小厨房门窗紧闭，外面谁也不知道厨房里有一个让烟灰迷糊了泪眼的人"，"我边哭边烧我的书，每当洋铁皮桶里的灰烬积得差不多了，我便把它倾进厕槽，用水冲掉。有一次由于灰烬积得太多，淤塞了厕槽，我只好用手把厕槽挖通，才得以继续我那日后每逢想起都难免为之泫然的操作"，"当我看见那两个制作精致的木箱已变得空荡荡，沉重的犯罪感便又立即像铅块一般曳坠在心头。我后悔、内疚……然而，灰飞烟灭，一切都来不及了"，"回眸那个伤心的夜晚，那些在热腾腾的空气中飞舞的烟灰，仿佛还黏住我大汗淋漓的躯体，迷糊了我泪水盈眶的眼睛"①。

我们从上述岑桑血泪般的叙述中，得到几点认识。

第一，岑桑家里藏有许多盛载着中国优秀传统文化的线装善本、珍本书，其父常以此教育、熏陶他。岑桑回忆他童年的教育说：读小学四年级时得了一场伤寒病，病后休学半年，在乡下疗养。"一向蛰伏家园读书作画的父亲时常教我读书涂鸦。"在家里玩"益智板"。"益智板"附有图书，那些图书印有动物、器皿、花卉、汉字等空心图，还有以唐诗的名句为画意构成图形的，诸如"纸屏石枕竹方床，手捲抛书午梦长""重重叠叠上瑶台，几度呼童扫不开""昨夜灯前曾有约，不辞风雨过溪来"之类。"图像古朴可爱，引人入胜。我常边用益智板砌图边念诗，对诗歌产生了浓厚兴趣。父亲因势利导，教我诵诗释义和学习古诗格律。等到病休结束时，我已能将几十首唐诗背诵如流了。"②事实上，岑桑成年以后的许多散文，从行文中知他得益于中国传统文化的影响是很深的。

第二，岑桑对中国优秀传统文化十分热爱而自信，我们从他《午夜焚书》中所描述的复杂心境就可以看得出来。另外，他原有的线装善本、珍本书已付之一炬，他20世纪90年代将收藏的线装本又捐赠给广东人民出版社，这批书应是后来他自购的。说明他对中国传统文化的深爱和眷恋。

第三，岑桑继承和弘扬中国传统文化中的经世致用思想。中国传统文化博大精深，学习传统文化就要"经世致用"，就是像儒家所讲的"诚意、正心、修身、齐家、治国、平天下"。习近平总书记说："对中国人民和中华民族的优秀文化和光荣历史，要加大正面宣传力度……引导我国人民树立和坚持正确的历史

①　岑桑：《岑桑自选集》，广东人民出版社2015年版，第71-73页。
②　岑桑：《岑桑自选集》，广东人民出版社2015年版，第193页。

观、民族观、国家观、文化观，增强做中国人的骨气和底气。"① 在党的十九大报告中又说："中国特色社会主义文化，源自于中华民族五千多年文明历史所孕育的中华优秀传统文化，熔铸于党领导人民在革命、建设、改革中创造的革命文化和社会主义先进文化，植根于中国特色社会主义伟大实践。"岑桑研究屈大均、陈邦彦、陈恭尹、梁佩兰、丘逢甲，就是宣传弘扬这些英雄人物的民族气节、家国情怀、爱国精神；他们关心人民疾苦、呼唤公平与正义，贴近现实、反映社会的积极入世思想；他们歌颂祖国美好河山、热爱岭南故乡的情愫；以及他们揭露封建专制主义的残暴。凡此种种都是岑老经世致用思想的体现。

我们从上述岑桑研究这些人物的选题、研究方法和学风、行文的表达方式以及对中国优秀传统文化的热爱与运用自如看，他既是著名的文学家、出版家，又是一位学识渊博、治学严谨、注重经世致用的著名学者。

"广东文学名家岑桑学术研讨会"论文，2017 年 11 月；收入广东人民出版社编《你还是一朵花——众说岑桑的笔墨情怀》，广东人民出版社 2019 年版。

---

① 2013 年 12 月 30 日在中共中央政治局第十二次集体学习时的讲话。

在 "南越国宫署遗址保护和建馆问题听取意见会议" 上的发言

笔者按：2008 年 4 月 8 日上午，在广州市政府 306 会议室，召开 "南越国宫署遗址保护和建馆问题听取意见会议"。会议是根据广州市政府领导指示，由市文化局领导主持，分管市领导徐志彪副市长参加。广州市文化局邀请我参加这次会议（附件一 "会议通知"）。我在会议上做了发言，阐述我的观点和意见。会议结束时，徐志彪副市长嘱我把发言稿整理补充成一个材料，送给他。会后，我用了几天时间整理成此稿，由时任广州市文化局副局长陈玉环同志转给徐副市长（附件二 "作者致徐志彪副市长的信"）。此稿便放在抽屉里，没有再做处理。日前清理旧物，在抽屉发现此稿，虽然过了十多年，现在再读一遍，觉得自己当时查了不少资料，是用功整理的，现在还有价值和意义。特辑录于此。

一、 南越国宫署遗址是岭南考古的重大发现，是广州历史文化名城精华所在

1. 时代早

广州历史文化名城中近现代的旧址、遗物比较多，而古代的则相对少。南越国距今 2000 余年，它存在五世 93 年，在岭南社会经济发展史上具有重要地位，但留下来的文献材料极少，而这个遗址所提供的材料十分珍贵。

2. 真实性与完整性

所谓真实性，是指遗址经过考古科学发掘的，不是假古董。所谓完整性表现在已探知的整个遗址面积约有 15 万平方米，目前已经发掘揭露的包括王宫和御苑两部分。已清理出 1 号宫殿和 2 号宫殿基址的东北部分，宫殿散水由平铺成行的特大方砖和卵石铺成，结砌精工。御苑遗址已知有一座约 4000 平方米的石构水池和长约 150 米的曲流石渠。石构水池南壁石板上刻的 "蕃" 字，是岭南最早的石刻。石水池南壁下埋设输水木槽，与曲流石渠连接，曲流石渠有黑色卵石、渠陂、弯月形水池，石板平桥、步石等，这样完整的御苑遗址，是中国乃至世界现存年代最早、保存较为完整的园林遗址，是岭南园林流派的源头。

3. 遗址内涵相当丰富

这个遗址保存了广州 2000 多年间（从秦到明清）历代宫殿遗址和官署遗址。

是南越国、南汉国的宫殿所在，秦汉时期的南海郡治、隋代的广州刺史署、唐代的岭南道署、宋代的经略安抚使司署、元代的广东道宣慰使司都元帅府、明清时期的广东承宣布政使司署的所在地。所以，这个遗址是广州城市发展的历史见证，是一部广州城市发展史。广州是岭南历代政治、经济、文化中心，其中心位置一直保持不变，这在中国城市发展史上是少见的。

4. 为研究岭南历史文化提供了珍贵资料

岭南的开发比中原地区稍为滞后，南越国时期社会经济发展具有划时代意义，为秦汉时代岭南经济跨越式发展奠定了基础。南越国宫署遗址出土的文物，充分反映了当时岭南地区的生产力发展水平，每一件文物都是无价之宝，可以改写广州的历史、岭南园林史和工艺史。比如"万岁"文字瓦当、巨大的铺地方砖、石构建筑等，都是当时生产力发展水平的标志，是"海上丝绸之路"的历史见证。其历史价值必然随着研究的深入而逐渐被人们所认识。遗址中发现100多枚木简，字数超过千字，是赵佗时代之物，比《史记》《淮南子》等古籍还早，是目前南越国最早的出土文献，是难得的信史，填补了岭南无简的空白。木简内容广泛，具有相当大的历史价值，是无法用金钱来衡量的，所以说这个遗址是广州历史文化名城精华之所在。

二、"南越国宫署遗址"的命名是严谨的，是符合历史实际的

（1）科学的发掘，严谨的论证。这个遗址是由中国社会科学院考古研究所和广州市文物考古研究所等三家单位派人共同组成考古发掘队进行发掘，发掘工作是在国家文物局专家组指导下进行的。每一个重大方案，都报国家文物局审批，并组织内行专家论证。命名为"南越国宫署遗址"是经过内行专家论证的，1996年国务院公布为第四批全国重点文物保护单位，是非常严肃的事情。在"南越国宫署遗址"内发现宫苑遗迹之后，1998年1月国家文物局派出由张柏副局长带领的由考古学专家徐苹芳、黄景略、宿白、张忠培、李伯谦、刘庆柱，古建筑学专家郑孝燮、傅熹年、罗哲文等多学科专家组成的专家组，经过考察和论证，认为"宫苑遗址是南越国宫署遗址的重要组成部分"，"宫苑遗址的发掘提示了公元前2世纪的中国古代宫苑的部分情况，是迄今为止发现年代最早的中国宫苑实例"，"也是广州历史文化名城的精华所在"（见《广州西汉南越国宫署遗址发掘论证意见》）。这些专家都是国内外著名的专家，是学术界十分景仰的学者，因而其结论是可以信赖的。

（2）媒体报道，有人说"古籍上从没有'宫署'一词之说"，"宫和署是内涵完全不同的两个概念。宫，是皇帝办事、议政和皇后、子女等居住的地方；署，是中央或地方行政长官办公之所在。封建社会等级森严的制度决定它们绝不

可能同时存在于一处。秦始皇的阿房宫到明清故宫 2000 多年的历史，哪一朝哪一代可以允许中央或地方行政长官的衙署设在皇帝的宫殿区内"①。这种意见，是由于对中国古代官制史，尤其是对秦汉官制史不了解所致，因而其意见是不可取的。为了把这个问题说清楚，我用文献记载和考古资料加以说明。

第一，秦汉中央官制有所谓"三公""九卿"。"九卿"即太常、宗正、光禄勋、卫尉、太仆、廷尉、大鸿胪、大司农、少府，他们是中央的官（有学者认为中央不只九卿，而有十四卿）。这些官署设在什么地方？据文献记载，西汉皇宫的保卫工作是由卫尉、光禄勋、少府三卿主领其事。西汉诸帝、自惠帝始，皆以未央宫为皇宫，未央宫的守卫即由上述三卿主其事。卫尉领下的卫士，负责未央宫之外层守卫，光禄勋率诸郎史，掌中层守卫，少府则主内层守卫。

卫尉官署在未央宫墙之内。《汉书》卷十九上《百官公卿表》曰："卫尉，秦官，掌宫门卫屯兵。"（师古注曰，《汉旧仪》云：'卫尉寺在宫内。'胡广云：'主宫阙之门内卫士，于周垣下为区庐。'区庐者，若今之杖宿屋矣。）未央宫周围有围墙，即上引胡广之所谓周垣。围墙之内，有卫尉属下卫兵之宿舍，即胡广所谓区庐，颜师古所谓仗宿屋。卫尉的主要属官有公车司马令、卫士令与旅贲令，其职掌皆为守卫皇宫，其官署皆在皇宫区内。

光禄勋之属官负责未央宫围墙内的宫馆殿阁台观，池溪花圃树林等守卫。据《汉书·百官公卿表》，光禄勋的属官很多，其官署均设在皇宫区内。

少府专门负责管理帝室财政和皇宫供养，收取全国的山海池泽之税，是皇帝的总管，属官很多，其职责也很广，其中黄门、钩盾、宦者、佽飞等也领宿卫之职。钩盾令、佽飞令之属官皆有两尉，官职称尉，所掌当是武事。《三辅黄图》卷之二《汉宫》载，未央宫"又有钩盾署、弄田"②。钩盾署《汉书·百官公卿表》云，汉少府属官，有钩盾令、五丞、两尉，官署在未央宫内。《汉书·王莽传》载，王莽临灭亡时还在钩盾署藏黄金"数匮"。《三辅黄图》卷之三《未央宫》云："内谒者署，在未央宫，属少府。"③ 内谒者，又称"内省"，有令、丞，掌管宫中所用帷帐等器物，少府属官，其署在未央宫内。

由此可见，中央九卿中的卫尉、光禄勋、少府三卿的官署是设在未央宫围墙之内的。说中央的官署不能设在皇帝宫殿区内，是不符合历史实际的。

中国社会科学院考古研究所对汉长安城的未央宫做了发掘，发表了《汉长安城未央宫》1980—1989 年考古发掘报告④。2003 年刘庆柱、李毓芳著《汉长安城》一书，其中"皇宫——未央宫"一章的一个标题为"宫殿、池苑、官署的

① 参见《羊城晚报》2007 年 5 月 28 日。
② 何清谷：《三辅黄图校释》，中华书局 2006 年版，第 119 页。
③ 何清谷：《三辅黄图校释》，中华书局 2006 年版，第 172 页。
④ 中国大百科全书出版社 1996 年版。

配置"（第 53 页）。书中说："它们作为大朝正殿、后宫首殿、皇室官署和中央政府官署建筑是宫城中不同类型的最具代表性的建筑。"（第 54 页）"据文献记载，少府所辖的尚方、永巷、宦者、钩盾、内者、织室、太官、暴室等官署均设在未央宫中。""未央宫中的少府诸官署，大多分布在未央宫西北部。"（第 80 页）

由此可见，考古发掘证明汉长安城内的未央宫内分布着大大小小的中央官署，此与文献记载是符合的（附：汉长安城遗址平面示意图和未央宫平面图）。

图 1　汉长安城遗址平面示意图（引自刘庆柱、李毓芳著《汉长安城》）

说明：1. 前殿建筑遗址　2. 椒房殿建筑遗址　3. 中央官署建筑遗址　4. 少府建筑遗址　5. 宫城西南角楼建筑遗址　6. 天禄阁建筑遗址　7. 石渠阁建筑遗址　8 - 14. 第8～14号建筑遗址

图2　未央宫平面图

（引自中国社会科学院考古研究所编《汉长安城未央宫》1980—1989年考古发掘报告）

第三，上述所说是汉朝中央的官制，而汉朝地方诸侯王宫室的官制，与中央官制相同。《汉书·百官公卿表》云："诸侯王高帝初置，金玺、盭绶、掌治其国。有太傅辅王，内史治国民，中尉掌武职，丞相统众官，群卿大夫，都官如朝。"经过几十年的研究，证明赵佗创立的"南越国"，其官制几乎全仿中央制度，我在《南越国史》一书中有详尽叙述，在此不多说。因此，南越国宫署遗址内，除宫殿建筑之外，必有官署建筑。而发掘中出土了不少南越王宫少府署属下的官署遗物，如戳印"居室"的文字瓦、陶瓮和陶罐。据《汉书·百官公卿表》云："居室、甘泉居室为少府属官，设令、丞。"《史记·卫将军骠骑列传》载："居室，署名。"可见，"南越国宫署遗址"是王宫及官署的所在地。这为已有的材料所证实，随着发掘的进展、研究的深入，将越来越证明这一点。

因此，我认为"南越国宫署遗址"的命名是科学的，是符合历史实际的。至于说古籍中没有"宫署"一词，因而不能命名为"宫署遗址"，更不成为理由。因为遗址的命名要根据遗址的实际情况；而且古籍中并非没有"宫署"一词，此词最早见于《后汉书·五行志》："（光和）五年五月庚申，德阳前殿西北入门内永乐太后宫署火。"

三、 关于遗址的保护和建 "南越王宫博物馆" 问题

这个遗址具有时代早、真实性、完整性、内涵丰富、文物珍贵的特色，是广州历史文化名城的核心所在，是岭南文化的历史见证，是广州市的文化名片。2000 多年前我们的祖先创造了如此灿烂的文明，这是广州人民、广东人民，乃至全国人民值得骄傲和自豪的，我们应该有效保护、合理利用、加强管理，用以展现广州文化、岭南文化，对国民进行爱国主义教育，构筑民族精神家园，提高人民的文化素质。

全国已有许多在原遗址建博物馆的成功先例，建遗址博物馆就是对遗址"有效保护、合理利用、加强管理"的有效措施之一。广州"西汉南越王墓博物馆"就是一个成功的例证。根据遗址的实际情况，我同意命名为"南越王宫博物馆"。

四、 关于 "南越国遗址" 申报世界文化遗产问题

广州市人民政府把"南越国遗址"：南越王墓、南越国宫署遗址、南越国木构水闸遗址等三个遗迹合起来，申报世界文化遗产，这是非常有远见之举措。2002 年 3 月，广州市文化局、南越国遗迹申报世界文化遗产工作领导小组办公室公布若干广州南越国遗迹申报世界文化遗产研究课题，我与几位研究人员参加了其中的"岭南文化多元性、兼容性的历史见证——西汉南越文王墓研究"课题的研究。经过三年多的研究，写出了 20 多万字的研究报告（此书稿已交南越国遗迹申报世界文化遗产办公室，待出版。作者按：由广州南越国遗迹申报世界文化遗产工作领导小组办公室编《南越国遗迹》一书，已由广东人民出版社 2011 年出版）在研究过程中，我们认真阅读、研究过联合国制定的世界文化遗产的六条价值标准。我们认为"南越国遗迹"符合六条标准中的三条：标准一——"是人类天才的杰作"；标准三——"包含对一种文化传统或依然存在或已消失的文明的独一无二或至少是不可多得的证明"；标准四——"是标志人类历史某一个或几个重要阶段的某类建筑物，或建筑群体，或技术组合，或景观的杰出例证"。2006 年 12 月，"南越国遗迹"已被国家文物局列入中国世界文化遗产预备名单，这是值得可喜可贺的事情。

五、 极力宣传南越国时期的考古成就与研究成果

"南越国宫署遗址"从发现到今天被世人瞩目，经历了十多年，我十分关注

这一重要发现，不但参与其中一些问题的研究，而且极力宣传南越国时期的考古成就与研究成果。1996年我任中国秦汉史研究会会长，在我的联系与推动下，中国秦汉史研究会与广州市文化局联合举办"庆祝广州建城2210年：中国秦汉史研究会第七届年会暨国际学术讨论会"，来自全国（包括香港、澳门、台湾地区）和日本、美国、韩国的学者160多人，会议的主题之一就是研究和评论秦汉时期岭南地区的经济与文化。今后我还要继续推动全国秦汉史研究工作者加强岭南地区秦汉史的研究，当然包括对南越国史的研究。

"南越国宫署遗址"的发掘和保护，今天能有这样的成绩，完全是广州市历届领导及相关职能部门如文化局、规划局、城建局等支持的结果，同时与广州文物考古工作者的辛勤劳动也是分不开的，他们工作的酸、甜、苦、辣，我都有所了解。我作为广州市市民、历史研究工作者，对他们表示敬意和感谢，这不是客套的话，而是由衷之言。

原载《广州文博》第十四辑，文物出版社2022年版。

附件一：会议通知

会 议 通 知

张荣芳教授：

根据市领导的指示，谨定于2008年4月8日（星期二）上午9时30分，在市政府306会议室（府前路1号大院），召开关于南越国宫署遗址保护和建馆问题的听取意见的会议，会议由市文化局领导主持，分管市领导参加，敬请拨冗出席。

二〇〇八年四月七日

附件二：作者致徐志彪副市长的信

尊敬的徐志彪副市长：

2008年4月8日上午，参加由广州市文化局领导主持，分管市领导徐志彪副市长参加的"南越国宫署遗址保护和建馆问题的听取意见会议"，我在会上有一个发言。遵嘱将发言内容补充整理成此材料。现由广州市文化局转给您，供参考。

南越国宫署遗址保护和建馆问题，是广州市文化建设的重大事情，市领导听取市民不同意见，是民主作风、民主决策的表现。但我认为市领导作决策时，主要应该依据内行专家的论证意见。

此致

敬礼。

中山大学历史系　张荣芳

2008 年 4 月 12 日

广东改革开放与广州地区的秦汉史研究

——以考古发现与学术研讨会为中心

1978 年实行改革开放政策以来，广东经济得到飞快发展，人们的思想观念发生了改变，史学研究也有新的突破。秦汉考古有几项重要发现，吸引多个学科的学者汇集在广州召开学术研讨会，从而推动广州地区秦汉史研究的发展。

一、 广州秦汉考古的几个重要发现

（1）1983 年发现、发掘西汉南越国第二代王赵眜的陵墓。这是岭南地区发现规模最大、出土文物最丰富、年代最早的一座彩绘石室墓。

（2）1995 年发现南越国宫署遗址。这个遗址经过十多年的发掘，发现了几个重要的南越国遗存：①南越国御苑大型石构水池；②御苑曲流石渠；③南越国木简；④南越国一、二号宫殿基址。

以上遗址的发掘分别被评为 1995 年、1997 年全国十大考古新发现。

（3）2000 年发现并发掘南越国木构水闸遗址。经研究确定，这是南越国都城（番禺城）南城墙的一处大型的防洪、排水设施，是迄今世界上发现年代早、规模大、保存最完整的一处木构水闸遗存。

以上三处南越国遗存，从 2002 年起，根据国家文物局领导和专家建议，启动了南越国遗迹申报世界文化遗产工作。2006 年 12 月，南越国遗迹被列入《中国世界文化遗产预备名单》。广州南越国遗迹申报世界文化遗产工作领导小组组织历史、考古、建筑、园林、水利等领域的专家，对上述三个遗存进行研究，编成《南越国遗迹研究》（广东人民出版社 2011 年版）一书，其中包括"南越国遗迹的建筑价值定位研究""南越国宫苑遗迹的文化价值研究""南越国木构水闸遗址价值定位研究""南越王墓多元文化因素研究"四个专题。

二、 与广州秦汉史研究相关的几次学术研讨会

（1）1996 年 8 月"庆祝广州建城 2210 年：中国秦汉史研究会第七届年会暨国际学术讨论会"。这次会议是作为庆祝广州建城 2210 年的一项活动，由中国秦汉史研究会、中山大学历史系、广州市城庆办公室和广州市文化局联合主办。参加会议的代表有来自全国（包括港澳台地区）各高校、科研、文博、出版单位

以及日本、美国、韩国的学者 160 多人，提交论文 100 多篇。这次会议的特点是：第一，境外学者多，日本是由当时秦汉史研究会会长杉木宪司率领，有十几位学者，台湾地区也来了六七人，包括年纪比较大的马先醒、韩复智等。第二，是考古、文博学界的学者多。会后编辑出版《秦汉史论丛》第七辑（中国社会科学出版社 1998 年版）。

（2）1997 年在广东龙川县召开"客家先民首批南迁与赵佗建龙川 2212 周年纪念学术会议"。这次会议由文化部华夏文化促进会客家研究所、中国社科院近代史所、中国秦汉史研究会、广东河源市人民政府、中共广东龙川县委、龙川县人民政府、政协龙川县委员会和香港崇正总会、香建创建学会、国家客家学会共同策划、主办。收到论文 86 篇，选录 32 篇编辑成《佗城开基客安家》（中国华侨出版社 1997 年 12 月版）一书。

（3）2003 年 11 月，为纪念南越王墓发现 20 周年，在广州召开"南越国史迹学术研讨会"。这次会议在广州市文化局支持下，由中国秦汉史研究会、中山大学历史系、西汉南越王博物馆主办。会议收到论文 45 篇，最后选录编辑成《南越国史迹研讨会论文选集》（文物出版社 2005 年版）。

（4）2007 年"南越国遗迹与广州历史文化名城学术研讨会暨中国古都学会 2007 年年会"在广州召开。这次会议经中国古都学会名誉会长、全国政协委员、前国家文物局局长张文彬倡议，在中共广州市委、市政府的关心下，由广州市文化局与中国古都学会共同主办的。这次会议来了不少名人，如中国古都学会会长朱士光，中国社科院考古所所长、学部委员刘庆柱，北京大学世界遗产研究中心阙维民等。这次会议的论文，由中国古都学会编辑成《中国古都研究》第 23 辑（三秦出版社 2008 年版）。

（5）2008 年 12 月"西汉南越国考古与汉文化国际学术研讨会"在广州召开。这次会议是由中国社科院考古所与广州市文化局主办，由广州市文物考古研究所、南越王宫博物馆筹建处、西汉南越王博物馆承办。这次会议是中国考古学会作为"汉代考古与汉文化系列会议"的第三次。来自日本、韩国、越南、法国、德国等国家的 14 位学者，以及我国各省市自治区考古文博机构、高等院校和台湾、香港等地区 100 多位学者参加，收到论文 80 多篇。《光明日报》《广州日报》《南方日报》《羊城晚报》、广州电视台等新闻媒体记者到会采访报道。这是近些年来关于南越国考古及秦汉历史研究的一次重要会议。

这次会议集中讨论四个问题：①西汉南越国考古发现与研究；②岭南地区汉代考古发现与研究；③汉代考古发现与研究；④汉代文化交流。会后从 80 多篇论文中，选取 37 篇和有关致辞、讲话，由中国社科院考古研究所和广州市文物考古研究所编成《西汉南越国考古与汉文化》（科学出版社 2010 年版）一书。

三、 几点认识

从广州三大南越国遗迹的发现、发掘和五次相关的学术研讨会，可以得到几点认识。

（1）改革开放改变了人们的思想观念，特别是广州市领导重视历史文化的保护与研究。这三大发现，都是在广州城中心的闹市区，寸土寸金。南越国宫署遗址，是在广州电信局大院内兴建的一座28层大楼的基础工程中发现的。经过国家文物局多次派专家论证，认为这是"广州历史文化名城精华所在"，是广州历史文化遗产的重中之重，必须保护。当时的市领导表示，广州不缺少高楼大厦，而是缺少历史文化。决定停建这座大楼，给予外商1.9亿元的巨额补偿。把儿童公园整体搬迁，2000年以后，在儿童公园范围内进行大面积发掘，发现了1、2号宫殿和宫墙。现在在宫署遗址上建成了"南越王宫博物馆"。

2000年发现的南越国木构水闸遗址，处于一个大型商业楼盘中。发掘结束后，经与开发商多方协商，遵循文物保护与城市建设互利双赢的原则，将商业大厦内遗址处改作中庭，遗址原地原状保护，并在周边建成出土文物陈列廊，一起展示，向公众开放。

南越王墓发掘后，依托墓室建立博物馆，对墓室原址原状保护。1993年博物馆全面落成，墓室原址及出土文物向公众全面展示。1999年，这座新型的古墓遗址博物馆被评为"20世纪世界建筑精品"。2008年西汉南越王博物馆被评为"国家一级博物馆"（广东有共三家，除此馆外，还有广东省博物馆、中山市翠亨村"孙中山故居纪念馆"）。

这些成绩都得益于广东的改革开放和经济发展。没有钱什么都做不成，但是有钱，也不是说什么事都能做好，还要观念更新，与时俱进，才能把事情做好。

（2）新中国建立以来，广州的秦汉考古发现与研究，证明"南蛮"不蛮，"荒服"不荒，早在秦汉时代，岭南地区的发展是不能忽视的。全国发掘70多座诸侯王墓，在当地发现王陵、王宫、都城三者俱全的，只有广州一处。希望诸君同仁，加强这方面的研究。

（3）要有海纳百川的胸怀，吸纳海内外学者来研究。上面我列举的几次学术会议，都有海内外的学者广泛参加。我这里想强调一下，广东学者的研究成果，一定要打入中原地区，获得全国学术界的认同，站在学术的前沿。井底之蛙，是难以开拓前进的。我最近几年淡出秦汉史研究领域，另有所好。但我对秦汉史研究会有很深的感情，我是创会人之一，任过两届会长，以后又忝列各届理事会的顾问，与诸位同仁有深厚的友谊，今天对诸公的到来我很高兴，预祝会议成功。

2015年11月10日在"秦汉史研究动态暨档案文书学术研讨会"上的发言。

纪念中国秦汉史研究会成立 35 周年感言

——在"中国秦汉史高端论坛"上的发言

非常感谢西安曲江艺术博物馆馆长周天游先生盛情邀请我参加"中国秦汉史高端论坛"。也作为对中国秦汉史研究会成立 35 周年的一个纪念。我是中国秦汉史研究会筹备组成员之一，又曾任过两届研究会会长，是研究会 35 年发展历程的见证人之一。今天重回西安十分兴奋，我以《纪念中国秦汉史研究会成立 35 周年感言》为题，谈谈我的感想。

一、中国秦汉史研究会在西安成立的历史条件

1981 年 8 月，中国秦汉史研究会在西安成立，有其历史必然性。第一届会长为林甘泉，副会长为安作璋、林剑鸣，秘书长为林剑鸣（兼）。研究会成立于西安，有其天时、地利、人和的历史条件。

（一）天时

1976 年 10 月打倒"四人帮"，1978 年我国开始实行改革开放政策，迎来了科学研究的春天。1979 年 3 月，中国历史学规划会议在成都召开，这是中国当代史学发展史上一次具有里程碑意义的会。出席这次会议的有来自全国主要科研机构、高等院校以及部分编辑出版部门单位的 280 多名代表，是史学界规模空前的一次盛会。"会议呼吁建立中国史的各种学术研究会和各地区的史学会，以调动和组织各方面的研究力量"。林甘泉是这个会议的组织者和领导者之一。在这个会议上，推举陈直为中国秦汉史研究会筹备小组组长（参加这个会议的秦汉史研究学者，是否在会议期间召开过筹备会议，我不得而知）。中国社会科学院历史研究所于 1978 年成立战国秦汉史研究室（主任为林甘泉），西北大学也于 1978 年成立秦汉史研究室（主任为陈直、林剑鸣）。陈直 1980 年逝世，这两个研究室的主任林甘泉和林剑鸣继承陈直的遗志，继续做好研究会的筹备工作。所以研究会于 1981 年 8 月顺利在西安举行成立大会，举行第一次学术研讨会，并拟编辑出版《中国秦汉史研究会通讯》《秦汉史论丛》和《秦汉史研究译文集》等书刊。

筹备组成员，除了陈直、林甘泉、林剑鸣之外，各高校推荐一些人参加，在我的记忆中，有张传玺（北大）、安作璋（山东师大）、高敏（郑州大学）、朱绍

侯（河南大学）、熊铁基（华中师大）、周九香（四川大学）、张荣芳（中山大学）。筹备组没有专门开过会，只是油印一份通报性质的印刷品，邮寄给各成员，通报相关情况。研究会成立前，需提前一天到西安报到，由林甘泉、林剑鸣向筹备组成员说明筹备情况以及开成立会的准备情况。

秦汉史研究会是在中国历史学规划会议"呼吁建立中国史的各种学术研究会"的号召下成立的，具有改革开放的"天时"优势。

（二）地利

西安古代称"长安"。长安是西汉的都城，是西汉政治、经济、文化中心。中国对世界的影响最早是从长安传播的。世界还不知道中国的时候，就已经知道长安了。西安有丰富的文献资料，有深厚的人文思想和丰硕的考古发现成果。

对西汉长安城的考古工作。1956 年 10 月，中国科学院考古研究所派出考古工作队，开展西汉长安城遗址的考古调查，勘探、发掘和研究工作。直到 1981 年，已取得了很多成果，这无疑引起了秦汉史研究学者的兴趣。这次参加会议的刘庆柱先生就对长安城遗址的考古做出了重要贡献。所以说中国秦汉史研究会在西安成立有"地利"优势。

（三）人和

西安有比较强的秦汉史研究队伍。西北大学 1978 年成立了秦汉史研究室，陈直为研究室主任，他是当代中国著名的历史学家和考古学家，是中国考古学会第一届理事会理事、陕西省社科联顾问、陕西省历史学会顾问。以陈直为代表的老一代学者奠定了雄厚的学科基础。陈直 1901 年生于江苏镇江，出生于一个贫困的读书人家庭，自少年开始便"尤喜治秦汉史"。从 13 岁起，即系统研读《史记》《汉书》，以后每两年必通读一遍，相沿为习。39 岁以前已在家乡刊行了不少文史方面的著作，在学界享有盛名。抗战期间，1940 年逃离沦陷区，进入陕、甘地区，在兰州、西安供职于金融机构。他利用地理优势，收购瓦当、货币、玺印、陶器等文物，作为研究秦汉史的历史资料。

1949 年后经教育部部长马叙伦推荐，由西北大学校长侯外庐聘请到西北大学历史系任教。从此得以集中精力从事学术研究。1955—1966 年间，自己编成《摹庐丛著》18 种，200 多万字。到 1981 年秦汉史研究会成立时，已出版了几种。分述如下。

《汉书新证》，1959 年出版后，在国内引起极大反响，20 年后经续补再版，更受到学人的推崇。他在该书《自序》中说，前人注《汉书》，多偏重音义，经两千多年之久，"已绝少剩义，现惟取资于古器物，为治《汉书》学者，另辟一条新道路"。他对自己的发现、发明，列举 17 种类型，共两千多条，皆前人所未言，对《汉书》研究做出了创造性的贡献。黄留珠教授指出陈直在《汉书新证》中的发明和发现，犹如自然科学中发现了新星（胡适语）。

《史记新证》是《汉书新证》的姊妹篇，1979 年出版。凡《汉书新证》已著录的部分，此书则删削不录。所谓"新证"者，是在泷川资言《史记会注考证》及水泽利忠《史记会注考证校补》之外，再用考古资料对《史记》加以解释。他认为日人这两书，"剪裁取舍，是费了一番功力"，但"精说不多"，而且"对我国传世古物情况，亦多隔阂"。陈直此书被学界奉为《史记》研究之圭臬。

《两汉经济史料论丛》初版于 1958 年，1980 年增订再版。全书包括《西汉屯戍研究》《关于两汉的手工业》《两汉工人的类别》《两汉工人题名表》《盐铁及其他采矿》《关于两汉的徒》《汉代的米谷价及内部物价情况》等六文一表。1955 年，一位研究中国经济史的朋友向陈先生说，秦汉的手工业，没有什么材料，几乎无话可讲。他在《自序》中说，"这本书，主要引用发现的考古新资料，采用文献较少"，"力求使考古资料与文献资料结合为一家，使考古资料为历史研究服务"。陈直用文献和考古相结合的方法，揭示出两汉手工业的 14 个门类。以后凡研究汉代手工业者，均不得不以它为基础。

《三辅黄图校正》，1980 年出版，是整理古籍方面的代表作。在前人校勘《三辅黄图》的基础上，对《黄图》逐字逐句做出校正，辨明源流出处，厘正传抄错误，为秦汉都城研究提供了可靠的资料。

《摹庐丛著七种》，1981 年出版，是《摹庐丛著》18 种中的 7 种专著的汇集本。

1981 年以前出版的这五种著作，奠定了陈直在秦汉史研究领域的权威地位。

林剑鸣，1935 年生，到 1981 年时 46 岁，陈直的学生和助手。西北大学秦汉史研究室主任，正值中年，在秦汉史研究领域已初露头角，出版了《秦史稿》《秦国发展史》等论著。他团结研究室的青年，形成生气勃勃的集体。后来出版的著作甚多，如《秦汉史》（上、下册）、《简牍概述》《秦汉社会文明》《雄才大略的汉武帝》等，成为秦汉史研究的名家。他担任研究会第一、二届副会长，兼任秘书长，第三、四届会长。

我所说的"人和"，除了西北大学的"人和"之外，还包括西安之外的林甘泉和安作璋。

林甘泉，1931 年生，福建人。历任中国社会科学院历史所副所长、所长、党委书记、学术委员会主任等，是著名的马克思主义史学家、中国古代经济史学家、秦汉史学家。著有《中国史稿》（第一、二册）、《林甘泉文集》、《中国古代政治文化论稿》，主编《中国经济通史·秦汉经济卷》《中国封建土地制度史》《郭沫若与中国史学》《中国历史大辞典·秦汉史》《中国大百科全书·中国历史·秦汉史》等。他长期在历史所工作，负责全国中国古代史领域研究的组织、规划工作，在全国史学领域享有比较高的威望。他十分尊重老一辈史学家，对陈直的成就，也给予较高的评价。所以，提出由陈直担任秦汉史研究会筹备组组长。林甘泉担任第一、二届会长。

安作璋，1927年生，山东人。他是新中国成立后，最早从事秦汉史研究并取得重要成果的著名史学家。出版著作有《汉史初探》、《两汉与西域关系史》、《班固与汉书》、《秦汉农民战争史料汇编》、《秦汉官制史稿》（合著）、《学史集》、《秦始皇帝大传》（合著）、《汉高帝大传》（合著）、《汉武帝大传》（合著）、《汉光武帝大传》（合著）等，在秦汉史学界有较大影响。他对陈直、林甘泉、林剑鸣都十分尊重。

陈直、林甘泉、安作璋、林剑鸣可以说是秦汉史研究会这只大船早期的压舱石，使研究会能乘风破浪前进。

所以我说，中国秦汉史研究会在西安成立有天时、地利、人和的优势。

二、 西安是秦汉史研究的重镇， 一些人物是秦汉史研究会的重要支柱

1981年秦汉史研究会成立时，西北大学秦汉史研究室的一些青年如周天游、黄留珠、余华青等还是师从陈直的硕士研究生，负责会议的接待工作，后来他们都成为研究会的骨干力量。

周天游，1944年生，浙江宁波人，1953年随父母迁居天津。南开大学历史系本科毕业。1978年考入西北大学硕士研究生，师从陈直。毕业后留校任教。先后任西北大学古籍整理研究所所长和西北大学图书馆馆长、陕西历史博物馆馆长等职。关于秦汉史的代表性著作有《八家后汉书辑注》《后汉纪校注》《汉官六种》《秦汉史研究概要》《古代复仇面面观》《西京杂记校注》等。他曾任中国秦汉史研究会第九届（2002年8月至2005年8月）、第十届（2005年8月至2007年8月）会长。从周天游的著作来看，他继承了陈直的治学风格，得陈直之真传，而且在整理陈直著作方面做出了重要贡献。出版陈直著作的出版社比较散乱，有天津人民出版社、西北大学出版社、三秦出版社、陕西人民出版社、齐鲁书社等。周天游受陈直遗属陈治成夫妇的委托，整理《摹庐丛著》，由中华书局出版，共11种（已出版了一半）。这是一件很重要的工作。他还在博物馆学等方面做出过重要贡献。他是陕西省人大代表、省政协委员、全国政协委员，是著名的社会活动家和学者。

王子今，1950年生，黑龙江哈尔滨人。1978年考上西北大学考古学专业。1982年考上西北大学历史学硕士生，师从林剑鸣，攻读秦汉史。现为中国人民大学国学研究院教授。他知识渊博，视野开阔，出版著作数十部，发表论文300

多篇，真可以说是著作等身。就秦汉史领域而言，有《秦汉交通史稿》《史记的文化发掘》《秦汉区域文化研究》《睡虎地秦简〈日书〉甲种疏证》《走向大一统的秦汉政治》《汉武帝英雄时代》《秦汉社会史论考》《秦汉边疆与民族问题》《秦汉文化风景》《秦汉称谓研究》《秦汉名物丛考》等。他主持国家社科基金项目多项，获得各种奖励多项。他的社会学术兼职也很多，最重要的是国务院学位委员会第六届学科评议组成员，中国秦汉史研究会第十一、十二、十三届（2007年8月至2014年8月）会长。

在秦汉史研究会35年的发展过程中，担任过会长的有七人，而西北大学出身的就占了三位。至于骨干力量中出身于西大、陕西师大或在西安工作的就更多了，如何清谷、黄留珠、徐卫民、彭卫、余华青等。如果加上考古领域，研究秦汉考古的学者就更多了。可见西安是秦汉史研究的重镇，当初在西安成立研究会是正确的选择。除了成立会之外，2002年还在西安召开第九届年会，今天是第三次在西安开会了。对西安的学者对秦汉史研究会做出的贡献表示敬意和感谢。

三、 展望

我想谈一点关于研究"陈直之学"的问题。

关于这个问题，黄留珠教授和周天游教授做了许多工作，黄留珠收入他的《传统历史文化散论》一书中有四篇文章：《陈直先生的治学精神和学术思想》《论陈直先生的〈史记〉、司马迁研究》《陈直先生与秦汉史研究——纪念陈直先生逝世20周年暨诞辰100周年》《陈直学述略——为纪念中国秦汉史研究会成立20周年而作》，并在西北大学开出"陈直学"选修课程。黄留珠教授做了开创性的工作。如前所述，周天游在整理陈直著作方面做出了积极的贡献。陈直的弟子出版过《陈直先生纪念文集》《纪念陈直先生逝世20周年暨诞辰100周年》名人笔谈（《人文杂志》2000年第4期）。陈直弟子林剑鸣逝世后，弟子们出版过《纪念林剑鸣教授史学论文集》等，这些都为研究"陈直之学"奠定了一定的基础。

近代以来，对于在学术上有重要成就，或在某领域做出开创性贡献的学者，学术界都呼吁建立"×××学"，如"罗（振玉）王（国维）学""陈寅恪学""陈垣学""顾颉刚学""顾廷龙学"，等等。研究这些学者的著作甚多，但恕我孤陋寡闻，还未见出版过"×××学"的著作。像黄留珠教授开出"陈直学"课程，并构建了"陈直学"的基本框架，在学术界是凤毛麟角的。希望早日能见到黄教授的大著。加强"陈直之学"的研究，提倡他"朴实"的学风，对时下世风日下，浮躁、功利的学风是一个极大的挑战。这一工作具有重要的意义。如何加强"陈直之学"的研究，我提几点建议。

（1）整理出版一部权威版本的《陈直全集》。周天游整理的《摹庐丛著》只收入陈直在西北大学期间的著作，而陈直在早期（39岁以前）也写过许多著作，有的有相当大的影响，所以应该出版一部《陈直全集》。李学勤在陈直《读金日札》的序言中也有这样主张。这对于研究"陈直之学"是必需的。

（2）"陈直学"、"陈直之学"（或"陈直的学说"）、"陈直学术思想与治学精神"等，是几个不同层次的概念。黄留珠先生的《传统历史文化散论》，把收入该书的文章分几组，其中一组就是"论陈直之学"，我认为"陈直之学"这个概念是比较准确的。

黄留珠先生对"陈直学"概念做了解释，说，所谓陈直学，应该是这样一种概念，即以陈直先生治学思想为主线而形成的一种研究中国古史，特别是秦汉史的科学方向。陈直先生的治学思想，具体包括这样三个既彼此区别又紧密关联的方法：一是"使文献与考古合为一家"，二是"搞人民史"，三是"搞手工业史"。

在陈直先生的治学思想中，"使文献与考古合为一家"是研究方法，"搞人民史"是研究取向，"搞手工业史"是落脚点，三者浑然一体，构成完整的研究秦汉史的科学方向，也就是我们所讲的"陈直学"。如上这段话把"陈直学"改为"陈直之学"，或"陈直之学说"，就更加贴切而符合实际。有自成体系的理论和方法，都可以称为"学说"。"学"应该是指更高层次的概念，指一种学科，如自然科学的数学、生物学，社会科学的历史学、经济学等。三联书店曾出版刘梦溪一本研究陈寅恪的著作，书名为"陈寅恪的学说"，就是把陈寅恪的学问，上升到"学说"来解读。在来西安之前几天，在《古籍新书报》上看到一条消息，说上海人民出版社打造"章学"研究出版重镇，出版"章学研究论丛"。这里所说的"章学"就是章太炎。究竟用"章学"的概念，还是用"章太炎之学"的概念，我想是可以讨论的。

陈直"使文献与考古合为一家"这一思想，黄教授认为，"虽然是承继王国维二重证据法而提出的，但在继承中又有新发展"。我认为王国维的"二重证据法"，是作为方法提出来的，而陈直提出的"使文献与考古合为一家"，既是一种方法，更是一种史学思想。这种思想就是考古为历史服务，他多次提出"使考古为历史服务，既非为考古而考古，亦非单独停滞于文献方面""力求使考古资料与文献资料合为一家，使考古资料为历史研究服务""题目建立在历史上，证明取材在古物上不是单靠在正史里打圈子，也不是为考古而考古，意在将历史与考古二者合为一家，使考古为历史而服务"。这一史学观点非常突出，就是考古资料与历史资料合为一家，用以说明历史发展的真相。李学勤先生也说："国外考古学不强调与历史研究相结合，而是和艺术史、美术史相结合。中国考古学和历史学的紧密结合，正是特长和特色。"所以我说，陈直的"使文献与考古合为一家"比王国维的"二重证据法"更上一层楼，由方法论上升到史学思想。

"陈直之学"除研究他的学术成就和学术思想之外，还应该包括他的学风，这种学风包括治学与为人。陈直一生无学历、无学位，但从无怨言，从未奔走于权贵之门，去谋求一官半职，从未以自己的著作为资本，为个人谋求功名利禄。他的学术与心术是一致的，即学向与道德是统一的。实事求是，绝不掠人之美，如在《楚辞解要》中，引用吉凤池的解说数条，除注明出处之外，又在自序中特意介绍名不见经传的吉凤池。在《汉书新证》自序中对颜师古注《汉书》的成就给予赞扬，但对"师古之欺世盗名，我辈亦不能不以揭发"。在《史记新证》中，把在《汉书新证》已著录者一律删削，都是一种严谨朴实的学风。我们都应很好研究发扬。

（3）要从国际的角度来拓展对"陈直之学"的研究。黄留珠先生在《陈直学述略》一文中说，是林剑鸣听日本大庭修说要建立"陈直学"。我相信在日本有像大庭修这样一些学者，对陈直十分崇拜，从国际学术交流的角度来说，一方面要将日本以及其他国家研究"陈直之学"的论著介绍到中国来，另一方面要将中国研究"陈直之学"的论著介绍到日本和其他各国去。习总书记最近在哲学社会科学工作座谈会上的重要讲话中说，我国哲学社会科学发展之路要怎么走？"按照立足中国、借鉴国外，挖掘历史，把握当代，关怀人类、面向未来的思路，着力构建中国特色哲学社会科学，在指导思想、学科体系、学术体系、话语体系等方面充分体现中国特色、中国风格、中国气派。""陈直之学"要按照这一思路，去构建中国特色、中国风格、中国气派的"陈直之学"的研究。

（4）要深入研究和正确评价陈直在中国近代学术史上的地位和作用。

（5）建议在西安建立"陈直之学"研究中心。以期达到使这一研究可持续发展。中国秦汉史研究会与西安合作，组织秦汉史学者参与到"陈直之学"的研究中来，出版"陈直之学丛书"。

以上说得不对之处，请先生们批评指正。谢谢大家。

2016 年 8 月 18 日在"中国秦汉史高端论坛"上的发言稿。

让广州大学校史在立德树人教育中活起来

——2017 年 6 月 17 日在"纪念广州大学建校九十周年学术研讨会"上的发言

我非常感谢广州大学邀请我来参加 90 周年校庆的学术研讨会。当吴小强馆长打电话说这个事的时候，我很乐意，我说一定参加，因为我对广州大学还是比较了解的，曾经参加过广大的好几个活动，都是陈万鹏教授任学校党委书记的时候。

第一个活动就是广大本科教学的评估，我从头到尾参加了，而且任文科组的组长。研究生教育的评估我也参加了。还有就是参与《广州大学校史》编写的论证鉴定会［2007 年 7 月，由原来广州师范学院、华南建设学院（西院）、广州大学、广州教育学院（广州高等师范专科学校），合并组建成新的广州大学］，讨论合并以后的广州大学校史怎样编、可不可以追溯到 1927 年创立的私立广州大学等问题。也参加《广州大学校史（初稿）》的鉴定。我记得很清楚，陈万鹏教授当党委书记的时候，当时压在他肩膀上三大任务：第一，评估要优秀；第二，整体搬迁到大学城来；第三，要拿到博士点的授予权。他说："我一定要完成这三大任务。"后来他完成这三个任务以后，就离开广州大学到广州市其他单位任职了。我对这个情况还比较了解。吴馆长打电话给我的时候，我就说乐意参加。他说我要做个发言，我说："谈什么呢？"后来想了想，还是从校史这个角度来谈。我这个发言的题目就叫作《让广州大学校史在立德树人教育中活起来》。我说要把校史在学校立德树人教育过程中激活起来！

刚才张磊院长讲得很好，要利用校史资源。我说要把它激活起来，让它在整个教育过程中发挥积极作用。我们首先回顾一下中国近现代大学发展的历程。从 20 世纪初开始到现在，经过 100 多年的发展，当然有很多很好的地方。比如说比较完整地吸收西方的经验，办了一些著名的学校，如北大、清华等。也涌现了民国时期很多优秀的教育家，如蔡元培、梅贻琦、张伯苓等。所以，现在有一些人讲怀念民国时期的高等教育。它有它的成就方面，我们应该肯定，但也存在很多问题。

新中国成立以后的高等教育发展，是很曲折的。我们这些过来人，从 20 世纪 50 年代读大学一直到现在已经几十年了，对于中国高等教育走过很曲折的道路，是有真切感受的。50 年代提出"应该使受教育者在德育、智育、体育几方面都得到发展，成为有社会主义觉悟的有文化的劳动者""教育必须与生产劳动相结合"的教育方针。极"左"思潮的发展，导致了发生"文化大革命"，把中国推到崩溃的边缘，高等教育遭到毁灭。"文革"结束以后，思想上"拨乱反正"，提出"教育要面向现代化、面向世界、面向未来"的战略思想，教育取得了举世瞩目的成就。但是改革开放初期，有些大学曾经出现过大学文化和精神缺失的现象，表现在人文精神的滑坡，办学目标的功利化倾向，官僚化气息浓厚等。近年来教育界、学术界开展"大学精神"的讨论，究竟大学精神是什么，对这个问题我比较关注。通过讨论，使我们逐渐明确了大学的文化品位和崇高理想。大学应具有以育人为本、科研为根、文化为魂三位一体的大学理念，已是人们的共识。

我们肩负着以文化育人的历史使命。以习近平同志为核心的党中央提出我们要坚持四个自信——道路自信、理论自信、制度自信、文化自信，而且文化自信是更深厚、更广泛的自信。大学就是要以文化育人。习总书记的治国理政思想，有一条很重要的论述，就是要继承和弘扬中华优秀传统文化，对传统文化进行创造性的转化，创新性发展。从中国传统文化中找出社会主义核心价值观的根和魂。

中国传统文化中的"四书"（《论语》《孟子》《大学》《中庸》），其中《大学》开宗明义说："大学之道，在明明德，在亲民，在止于至善。""明明德"，就是要求通过格物、致知、诚意、正心、修身，使受教育者成为道德高尚的君子。"亲民"，就是要求受教育者在成为道德高尚的君子之后，要亲近、体恤人民，以天下为己任，先天下之忧而忧，后天下之乐而乐，齐家、治国、平天下，服务和推动社会前进，人类进步。"止于至善"，就是要求受教育者无论是"明德济世"，还是"修齐治平"，都应该尽可能地达到在当时历史条件下至善至美的境界。在大学精神的讨论中，有学者指出，我国的大学成功地移植了西方的教育制度，却谈不上很好地继承中国古老的"大学之道"，这个说法是很深刻的。我们应该很好地继承中国优秀传统文化的精华，借鉴和吸收西方的成功经验，结合我国现代化建设中先进的教育理念，形成我国以文化育人的大学教育特色。

一所大学的校史是进行文化育人的重要文化资源，怎样使校史在立德树人教育中激活起来，发挥积极的作用，中山大学档案馆做了有益的尝试。中山大学档案馆整个数字化做得很好，还把中山大学建筑编了一本书，叫作《红楼叠影》（由时任馆长吕雅璐主编），线装本，是商务印书馆出版的，上下两册。该书的副题为"中山大学近代建筑群的人文解读"。著名教授、教育部"长江学者"吴承学写了序言《灵魂的居所》，序中说："中山大学近百年学术发展的历程固然在证明：必先有大师，方可成大学。中大校园建筑的历史变迁又何尝不在昭示：不一样的大学建筑，折射不一样的大学气度。一所大学，能够拥有让大师安身立命的居所，不亦是大学之幸乎？在漫长岁月中，那些古老的校园建筑沉淀历史记忆，浓缩人文气息，随着时间的推移，其文化遗存的珍贵价值也越发显现。"这本书是中大对学生进行文化教育、人文精神教育、爱国主义教育的绝好教材。

中大档案馆现在正在编一本《中山大学校史》简明的读本，因为我们现在编校史，越编越大，动辄几十万字，学生怎么看啊？作为研究可以，但作为普及，作为广大师生共享的精神食粮，这个就难了。他们现在想了一个办法，编一本五万字的中山大学简史。他们来征求我的意见，我看了觉得很好，提了一些意见。怎么样让校史在教育中发挥作用，激活它呢？我想有那么几条：第一，搞一本通俗易懂、师生喜闻乐见、图文并茂的校史。校史编写分两个层次，一个是科学研究的，一个是普及的。最近中大档案馆编的《中大简史》普及读物，准备今年9月份开学以后，免费发给学生。最近我们学校关工委邀请我去给2016级的工学院的学生做个报告。我问讲什么，他们说随我自己决定。我选了个题目，就是《中山大学掌门人给我们留下的精神遗产》。我谈了四个校长，就是邹鲁、许崇清、钟荣光、陈序经治校经略及其历史地位。中大90年校史，担任过校领导的人有百多个，我只讲四个人，而且配了很多图片，做了PPT。工学院的学生听了以后很高兴。我觉得要做普及的工作，广州大学也要做校史的普及工作。第二步呢，搞些展览。刚才我翻了翻发给我们的《纪念广州大学建校九十周年学术研讨会手册》和《纪念广州大学建校九十周年学术研讨会资料》两种资料。吴馆长做了很多工作，不愧是学历史出身的，是我们的同行。他们收集90年的材料，这是很好的。要利用这些材料搞些展览，你们馆里每年馆藏的书法作品一定很多，可以举行一些书法展览。华东师范大学每年办一次书法展览，可以是馆藏作品，也可以是学校书法比赛，同学们都沸腾起来了。有些同学说，这些老先生的字怎么怎么呢，办书法展览，宣传我们的书法艺术之美，让同学们从传统文化中汲取养料。还有就是搞一些校史专题展览。广大90年历史，正是中国人民、中华民族从分裂、混乱、受西方列强欺凌、丧权辱国的时代，走向统一、强盛、崛起、民族复兴的伟大时代。广州大学的发展，与中华民族的生死存亡息息相关。选择一些历史片段搞一些展览，对学生进行校史教育，这是进行热爱学校、热爱生活、爱国爱家教育的题中应有之义。第三个呢，要搞教育无非是一个历史、一个人物、一个事件。广州大学90年里有成就的，有教育思想的人不少，要把他们选出来，宣传他们的思想和业绩。编成小册子，比如说广州大学创办人陈炳权，就值得宣传。他怎么募款？到美国募捐，被大雪埋没，差点死了，这些事迹就值得宣传。90年的发展，出现很多名教授，有很多成就卓著的科学家，包括广大地震学科专家，等等。名教授所创造的业绩以及他们对广州大学和人类发展做出的贡献，都是校史教育的重要内容。还有学生，90年来培养了多少学生，把一些为国家、为民族做出重要贡献的学生事迹收集起来，编成故事。讲好掌门人的故事，讲好名教授的故事，讲好校友的故事，把这些故事与校史结合起来，让校史资源为我们在立德树人教育方面发挥积极作用。这是我的一点意见，提出来供广州大学的领导参考。

谢谢大家。

2017 年 6 月 17 日在"纪念广州大学建校九十周年学术研讨会"上的发言；收入屈哨兵、魏明海主编《纪念广州大学建校九十周年文集》，中山大学出版社 2019 年版。

楚汉成皋之战

成皋之战是楚汉战争中具有决定意义的一次战役。刘邦以 10 万兵力歼灭了项羽的 40 万大军，彻底改变了楚强汉弱的形势，为后来汉军在垓下一举消灭楚军奠定了基础。

公元前 205 年夏，刘邦与项羽在荥阳、成皋（今河南荥阳西北虎牢关）一带对峙。当时刘邦面临十分复杂的形势：正面是项羽的主力部队；北翼是反汉援楚的魏王魏豹；南翼是保持中立的九江王英布；关中章邯，从后方形成威胁。只有据齐地与项羽交战的田横，以及在项羽的心腹地带活动的彭越这两支队伍，是刘邦可能利用的力量。根据这种形势，刘邦与谋臣张良等人制定了一条"联合英布、彭越以扩大反项力量，消灭魏豹以解除北翼的威胁，消灭章邯以巩固后方"的战略方针。

公元前 205 年六月，刘邦消灭了章邯，建立了稳固的汉中基地，解除了后顾之忧。八月，派韩信、曹参等率兵大败魏军、赵军，解除了北翼的威胁。同时，刘邦又派谋士随何往九江劝说了南翼的英布归汉。

刘邦虽在两翼取得了进展，但正面作战却仍未摆脱困境。公元前 204 年五月，荥阳、成皋被项羽攻陷，刘邦找了个替身化装成自己去投降项羽，才逃出了性命。

之后，楚汉之间就展开了对荥阳、成皋的激烈争夺，形成了拉锯战。在这当中，刘邦一面与项羽正面相持，一面派人率兵渡白马津（今河南省滑县北），进入楚地，会同彭越夹击楚军，并令韩信破齐，占领齐地。

这样，刘邦便逐步完成了对项羽的战略包围。

公元前 203 年十月，项羽率军东向打彭越。走之前，他交代守成皋的曹咎说："你严守成皋，若汉军前来挑战，你坚守不出，待我平定彭越后，再来助你。"但曹咎中了汉军激将之计，率军出击，结果兵败身亡，成皋落入汉军手中。

这时候形势已经明显：刘邦兵盛粮多，项羽兵疲食绝；刘邦处处主动，项羽疲于奔命。项羽感到形势严重，被迫与刘邦订立和约，以鸿沟（一说为今河南中牟县贾鲁河）为界，西为汉，东归楚。九月，项羽将掳获的刘邦妻、父放还，引兵东归。成皋之战以汉胜楚败而告终。

成皋之战，刘邦能以弱小的力量，战胜强大的楚军，除了政治上注意争取人心，团结能够团结的力量之外，更主要的是在军事上制定了一个正确的战略方针，使楚军陷于多面作战的困境。与此相反，项羽在政治上不善于团结同盟军和内部的力量，陷于孤立的地位；在军事上没有全盘的战略考虑，没有战略基地，东奔西跑，一味应付，所以被动挨打，由强变弱，最后彻底失败。

今天重温这一战例，对我们仍有一定的借鉴作用。

原载《华南民兵》1980 年第 12 期。

官渡之战

官渡（今河南中牟东北）之战是东汉末年，袁绍和曹操为争夺中原，在官渡展开的一场大战。曹操以两万左右的兵力，击败袁绍十万大军，这一仗为曹操统一北方奠定了基础。

199 年年初，袁绍打败了公孙瓒，全部占据了幽（今河北北部）、冀（今河北中南部）、青（今山东）、并（今山西）四个州，统治中心在邺城（今河北磁县东南），拥有几十万大军，成为北方最有势力的军阀之一。

曹操占据着兖州（今山东西南部）和豫州（今河南），统治中心在许昌（今河南许昌）。他镇压黄巾军后，拥有一支独立的武装力量。在北方，他是可以跟袁绍相抗衡的唯一力量。

当时，从自然条件和力量对比上看，袁绍占着明显的优势。袁绍对于曹操控制汉献帝十分嫉恨，便于 199 年七八月间，挑选"精兵十万，骑万匹"，准备攻打曹操的大本营许昌，消灭曹操，以便自己称孤道寡，取汉而代之。

面对袁绍的进攻，曹操和谋士们分析了双方的形势后，决定采取以逸待劳、后发制人的战略。

为了争取战略上的主动，曹操做了如下部署：选择有利于己，不利于敌的许昌北面的门户官渡设防，正面阻挡袁军进攻许昌；命令臧霸进兵青州，阻止袁军自青州方向进攻；留程昱守鄄城（今山东鄄城），控制要地；派于禁率步骑两千驻守延津（今河南延津），协同扼守白马（今河南滑县东）的刘延，共同防御袁军南下；派卫觊到关中进行屯垦，稳定后方。正当曹操筹划部署对袁绍作战的时候，原来依附曹操的刘备，占据下邳（今江苏邳县东），与袁绍呼应，反对曹操。曹操为了避免两面作战，抓住袁绍迟疑不决和刘备兵力尚未集中的时机，率兵东进，打败刘备，占领下邳。

当时，袁绍的谋臣田丰曾建议，曹操与刘备正在交兵，可乘机攻打许昌，但这一建议没有被袁绍采纳。200 年二月，袁绍进军黎阳，派大将颜良去攻打驻守在白马的曹操东郡太守刘延，企图保障袁军渡河。结果被曹操用声东击西的计策，斩杀了颜良，打败了袁军，解了白马之围。袁绍渡河来追击曹操，又被曹操用骄兵之计，打败了袁绍骑兵大将文丑和刘备率领的五六千骑兵，杀了文丑，挫败了袁军的锐气。

曹操虽然取得了首战的胜利，但兵力与袁绍相比仍然处于劣势。同年七月，袁军进到官渡北面的阳武（今河南原阳县东南）。监军沮授对袁绍说："我们兵虽多，但顽强、果敢不如曹军；曹军粮少，物资储备不如我们。曹军利于速决战，我们则利于持久战。因此，我们最好跟他拖延时间。"袁绍不听。八月，袁绍主力又往前推进到了官渡。双方相持了半年之久。曹操兵少粮缺，处境十分困难，想撤回许昌，为谋士们劝止。不久，袁绍运来的几千车粮食，被曹操拦截烧掉。十月，袁绍又派车运来大批粮食，屯于乌巢。沮授劝袁绍派重兵护守，以防曹操再次抄袭。袁绍不听。谋士许攸认为曹操兵力集中于官渡，许昌必然空虚，劝袁绍分遣轻兵袭击许昌，也遭到拒绝。许攸愤而投奔曹操，把袁绍屯粮乌巢的情况告诉了曹操，并建议偷袭乌巢。曹操听了大喜，自己挑选精骑五千，打着袁军旗号，乘夜赶到乌巢，杀了袁军守将，烧毁全部屯粮。消息传到袁军营垒，袁军军心大为震动，士卒纷纷溃逃。曹军乘机出击，袁军全线崩溃，袁绍和他的长子袁谭只带了八百多骑，狼狈逃回河北，其余全部投降曹操。这一战役，曹操消灭了袁军主力七万多人。此后，曹操进一步统一了北方，成为魏、蜀、吴三国鼎立的一方。

官渡之战，双方力量悬殊，但曹操能审时度势，对战争有一个全盘的战略考虑，采取主动灵活的战术，并能及时采纳部下的正确意见。袁绍却依仗兵力优势，骄傲轻敌，缺乏战略头脑，在战术上只知一面硬攻，一线平推，并一再拒绝部下的真知灼见，使全军陷于被动挨打的地位。所以，曹操的胜利，不能不说是他主观努力和指挥正确的结果。毛泽东同志在《中国革命战争的战略问题》中，曾以官渡之战为例，用来说明"双方强弱不同，弱者先让一步，后发制人，因而战胜"的战略防御原则，这是我们应该很好学习和领会的。

原载《华南民兵》1981 年第 2 期。

淝水之战

淝水之战，是公元 383 年，东晋以八万兵力打败前秦 90 万大军的历史上著名的以弱胜强的战例。

前秦的统治者苻坚统一北方之后，积极向南方扩张，想灭亡东晋，控制江、淮广大地区。苻坚在出兵南下之前，包括苻坚的兄弟苻融在内的多数大臣们认为：东晋内部团结，无隙可乘，外有长江天险；而前秦内部民族矛盾严重，鲜卑、羌族等统治集团时刻想恢复自己民族的政权，这是前秦的心腹之患。因此，不宜南下进攻东晋。但是苻坚一意孤行，坚持出兵。

383 年八月，苻坚正式下令发兵南下。命令苻融等率领步骑 25 万为前锋；姚苌率军沿长江东下；幽、冀州的部队由彭城南下。三路共步兵 60 万，骑兵 27 万，羽林军三万。90 万军队"东西万里，水陆并进"。

东晋方面，以谢安为统帅，派谢石、谢玄率精兵八万迎战。十月十八日，苻融率领前锋攻占了寿阳（今安徽寿县）。晋军胡彬所部水军走到半路，得知寿阳失守，退守硖石（今安徽凤台西南）。苻融部将梁成率兵五万进至洛涧，在洛口阻断淮水交通。胡彬困守硖石，粮食用尽，写信请求谢石增援。胡彬的信为秦军截获。苻融建议苻坚乘晋军兵少粮尽，赶快进攻。苻坚同意，并派原来是东晋将领，后来被前秦所俘的朱序到晋军劝降。朱序到晋军后，不但没有劝降，反而透露了秦军的情况，并建议晋军应趁秦军各路兵马还未集中的时候，出其不意地发起进攻，就能打败秦军。谢石接受朱序的建议，改变方针，转守为攻。

十一月，晋军前锋刘牢之率领精兵五千，强渡洛涧，出其不意地夜袭秦军前锋梁成中军大营。秦军毫无准备，主将梁成战死，五万秦军大溃。晋军水陆并进，展开全线反攻。苻坚在寿阳城上看到晋军布阵严整，心里极度恐惧，把八公山上的草木都当成了晋兵。苻坚和苻融布置前锋军二十几万，在淝水沿岸把守，以阻挡晋军。这时谢玄派人对苻坚说，希望秦军暂时后退，让晋军渡过淝水，以决一胜负。苻坚和苻融计议，准备在晋军渡过一半的时候，派兵冲杀，以取得胜利，于是下令退兵。但秦军因军心离散，听到后退的命令，不知原因，加上朱序在军中大喊"秦军败了！秦军败了！"，这样，秦军争相奔逃，一片混乱。晋军乘机渡过淝水，展开猛烈攻击，结果秦军完全溃败，几十万大军损失十之七八，苻融战死，苻坚带伤逃回洛阳。淝水之战后，前秦迅速瓦解，再没有力量进攻东晋了。

淝水之战，弱小的晋军所以能够打败强大的秦军，除了人心背向之外，东晋内部安定、团结，能及时抓住对己有利对敌不利的时机，转守为攻，形成局部优势，突破一点，逐次击败秦军，是重要原因。秦军貌似强大，但内部矛盾重重。符坚自恃兵众，骄狂轻敌；当洛涧失利，又转为惊慌失措；当晋军要求渡淝水决战时，符坚又有侥幸取胜之心，所以招致惨败。

毛泽东同志在《论持久战》中说："错觉和不意，可以丧失优势和主动。……错觉是什么？'八公山上，草木皆兵'是错觉之一例。"毛主席在此以淝水之战为例教育广大指战员，在战争中要有计划地造成敌人的错觉，给予出其不意地攻击，以造成优势和夺取主动，从而取得战争的胜利。

原载《华南民兵》1981 年第 5 期。

孟母教子小议

　　孟轲，世称孟子，是中国古代著名的政治家和思想家。他幼年丧父，由母亲抚养。孟母对这个独生子毫不溺爱姑息，从小严加管教，精心培育。历史流传下来的孟母教子的故事，由于时代和阶级的局限，糟粕需要剔除，精华仍然可供借鉴。

三迁其居

　　孟母早就重视环境对孩子的深刻影响。传说孟母带着童年的孟子，原先居住在墓地附近，孟子玩的是埋葬死人的游戏，孟母很不高兴。于是迁到靠近市场的地方居住，孟子玩的却是扮演商人和屠夫的游戏，孟母也不乐意。于是又迁到了一间学校旁边，这时孟子在游戏中便仿效儒生的样子，设置礼器，学习作揖、谦让、彬彬有礼，孟母这才满意，认为可以长期居住了。这个故事鄙视劳动人民，这一点是应当否定的；但是孟母在教育孩子的时候，注意到耳濡目染、潜移默化的作用，这又是应当肯定的。

沽肉示信

　　孟母不仅重视言教，而且重视身教。一天，邻人杀猪，孟子问他的母亲说："邻居为什么杀猪啊？"孟母逗弄他说："给你肉吃呀！"刚说完就后悔了，她想：孩子才懂事，我就用假话哄他，是教他不诚实啊！于是向邻居买了肉给孟子吃，表示言必有信。孩子的模仿性很强，家长要以身作则，才能教育好孩子，孟母的这个经验是很珍贵的。

断机教子

　　孟母对待孩子的错误，不是简单的斥责，而是善于用行动进行启发。有一次，孟子从学校回来，见孟母正在纺织。孟母问孟子："你学得怎么样，领会到学问的真谛了吗？"孟子若无其事地说："不过如此罢了，没有什么好学的。"孟母很不高兴，立即用剪刀剪断正在纺织的纱线。孟子惊诧地问母亲为什么要这样。孟母说："我以纺织为业养活我们母子俩。现在中途不干了，我们能有衣穿、能有粮食吃吗？学习也是这个道理，要持之以恒，多学才能使知识渊博。你要是废而不学，就像我剪断纱线一样，是没有出息的。"孟子听了母亲的话，受到很大的启发，从此发愤用功，风晨雪夜，执笔不休，诵声不绝。

勉儿立志

孟母还教子要志在四方，不可沉溺于儿女私情之中。孟子在齐国谋事时，有一次表现出忧虑的情绪，整天闷闷不乐，沉默寡言。孟母见状，问他为什么这样。孟子不肯说。过了几天，孟子无事闲居，又抱柱长叹。孟母见了，带着责备的口吻说："前几天你不肯承认有忧虑，今天又抱柱而叹，究竟有什么心事啊？"孟子见瞒不过去，不得不回答，说："我的政治主张不被齐国所采用，我想离开这里。但是母亲您老了，我又不忍心离开您，正在犹豫不决，因此闷闷不乐。"孟母听了，严肃地说："现在你长大成人了，你要按照君子的道德标准去做，要志在四方，施展你的政治抱负，这样我才能得到安慰。我年纪老了，但是，应当怎样做一位好母亲，这个道理我还是懂得的，请勿以我为念。"孟母这一席话，使孟子豁然开朗。于是他毅然离开齐国，奔走于各诸侯国之间，力图以他的仁学统一天下。对于孟子的政治主张，在历史上应当如何评价，理论界有不同的看法。但孟母作为一位母亲，不以一己之私把儿子拴在身边，而鼓励他走向更广阔的天地去实现远大的政治理想，这种精神是值得发扬的。

原载于《广东妇女》1982 年第 1 期。

"中华" 名的由来

　　"中华"是我国的称号，我国古代华夏族（或单称为"华""夏"），活动于黄河流域。在古人的概念中，黄河流域处于东、南、西、北四方之中，因而把华夏族活动的地区称为中华，所以，"中华"最早就是指华夏族活动的黄河流域，也称为"中原""中土""中州""中夏""中国"等。以后，随着我国各王朝疆土的不断扩大，凡王朝所统辖的领土，皆称为"中华"，"中华"就变成我国的称号。

　　那么，华夏族是怎样形成的呢？民族不是从来就有的，而是有一个历史发展过程，人类社会由氏族发展到胞族，胞族发展到部落，部落发展为民族，华夏族就是由许多部落和部落联盟不断融合而成的。根据我国古代传说，在四五千年以前，有黄帝部落、炎帝部落、九黎部落（酋长叫蚩尤等）。黄帝部落发祥于陕西北部，后来向东迁徙，到达山西南部黄河之滨，最后定居在河北涿鹿附近，在逐渐向东迁徙的过程中，生产由游牧发展到从事农业，开始驯养家畜，种植植物。传说中的黄帝姬姓，号轩辕氏。炎帝部落发祥于陕西岐山东面，他们向外发展的路线和黄帝部落不同，大约沿渭水东下，再顺着黄河向东，到了河南西南部，最后到达山东地区。传说中的炎帝姜姓，号神农氏。以蚩尤为首领的九黎部落，其活动范围北至山东南部，南至安徽中部，西至河南东部，东面一直至海边。

　　在这些部落中，九黎部落最早进入我国中部地区，当炎帝部落向中部推进时，与九黎部落相遇，双方发生了冲突，斗争的结果，九黎部落胜利了，炎帝部落被迫逃往河北涿鹿。后来炎帝联合黄帝与九黎部落对抗，双方进行过一次大的战斗，九黎部落战败，首领蚩尤被杀。这就是史书上所说的"涿鹿之战"。战败的九黎部落一部分加入炎、黄两个部落。炎、黄部落在共同击败九黎部落之后，在阪泉接连发生了三次大战，最后炎帝部落被打败了。这就是史书上所说的"阪泉之战"。此后，炎、黄两个部落融合在一起，发展成为华夏族，在中原地区定居下来，共同开发了黄河中、下游，使这个地区成为我国古代文化的摇篮。华夏族的"华"字，有"荣"字之意，"夏"字有"中国之人"之意。古人常以"夏"和"蛮夷"或"裔"对称，或以"华"和"夷"对称。所以，"华夏"用以和四边的少数民族相区别。在进入阶级社会之后，这些原来不同祖先的居民，都自认为是黄帝的后代。春秋战国时代，中原的诸侯国都自称"诸夏"或"华夏"，有时也单称"华"或"夏"。华夏族不断融合周围的民族，像滚雪球一样越滚越大，逐渐形成汉族。所以，后世汉族也把炎黄奉为始祖，自称"炎帝世胄""黄帝子孙"。

我们明白了华夏的形成过程和意义，就容易明了"中华"一词的意义。因为华夏族活动于四周的中心，故称其地为"中华"。

原载《历史大观园》1985 年第 2 期。

严谨治学与传世著作

学者留给学校的财产，除了言传身教（以为人师表的形象教育、影响学生）的教学经验之外，还有他们严谨的学风和渊博、精深的学术著作。这种优良学风和著作是可以世代相传的，不会因时代前进而失去其光辉。

几年前以享年 93 岁去世的周连宽教授，就是生前不求显赫一时，而其著作可以传诸久远的例子。陈寅恪先生写作《柳如是别传》时，周先生协助陈先生搜集资料达十年之久。历史系一位著名教授说："我可以负责任地说，没有周连宽先生，就没有陈寅恪先生的《柳如是别传》。"而周先生在协助陈先生工作时，亦学到了陈先生严谨的治学方法。周先生回忆陈先生的治学时说："先生治学，最讲科学方法，凡要建立自己的论点，必先从时间、地域、人物和有关社会历史的各个方面，尽量搜集有关资料，以为依据。"[1] 周先生秉承陈先生的治学方法，写出了传诸后世的佳作。周先生感激涕零地说："十年间在学术上他给我的启发和指导很多，我能写成《大唐西域记史地研究丛稿》一书，就是由于他的启发和指导。"[2] 周先生提到的自己的这部著作，是 1984 年由中华书局出版的。《大唐西域记》是唐玄奘去印度取经归国后所写的记述所经国家、城邑的见闻情况，包括当地的历史、政治、地理、物产、民族、风尚等。但有关玄奘的行程，该书记载有不少差异甚至互相抵牾的地方，于是，周先生就该书的"史地"问题进行研究，写成《大唐西域记史地研究丛稿》。每一个论点都建立在能够找到的原始资料和前人研究成果的基础上，经过周密论证，反复推敲，认为无懈可击才确定下来，因此，该书是一部严谨因而可以传诸久远的学术著作。

一所大学产生这样的学术著作越多，它的学术地位就越高。学校应以承传这种优良学风为荣。所以说，严谨的学风和传世的学术著作是学校的命根子，万万不可掉以轻心。

原载《凝聚中大精神——"中大精神与校园文化建设"大讨论文集》，中山大学出版社 2001 年版，第 105～106 页。

---

[1]　周连宽：《回忆陈寅恪先生二三事》。
[2]　周连宽：《回忆陈寅恪先生二三事》。

序·评

1981 年中国秦汉史研究述评

1981 年的秦汉史研究，据不完全统计，各出版社出版的专著数种，散见于各种报刊、论文集中的论文 150 篇左右。研究的领域相当广泛，涉及的问题很多。现将情况概括介绍如下。

一

由于前几年整理出版了《睡虎地秦墓竹简》，为秦史的研究提供了重要的资料。1981 年发表秦史方面的专著和论文最多，很多问题都有新的突破。

林剑鸣著的《秦史稿》（上海人民出版社 1981 年版），是新中国成立以来第一部比较系统、全面、深入地研究秦史的著作。它叙述了"秦"由氏族部落、诸侯国至一个朝代的整个历史发展过程。针对传统的"秦人来自西方"的论点，作者提出"秦人来自东方"的观点。作者还认为秦国的奴隶制具有自身的特点：不实行井田制，而是实行授田制；缺乏严格的宗法制度；没有实行分封制等，都是新的看法。此外还有何汉文的《嬴秦人起源于东方和西迁情况初探》（《求索》1981 年第 4 期）和伍仕谦的《读秦本纪札记》（《四川大学学报》1981 年第 2 期）两文，也提出了秦人起源于东方的看法。

关于秦的土地制度，历来不太清楚。吴树平的《云梦秦简所反映的秦代社会阶级状况》（《云梦秦简研究》，中华书局 1981 年版。下文《云梦秦简研究》均指此版本）根据秦简有"授田"的记载而认为秦代以国家土地所有制为主，辅以地主土地私有制。唐赞功的《云梦秦简所涉及土地所有制形式问题初探》和熊铁基、王瑞明的《秦代的封建土地所有制》（均见《云梦秦简研究》）则提出秦代以封建地主私有制为主。唐文认为，秦代存在封建地主土地所有制、封建国家土地所有制以及自耕农民的小块土地所有制。但是，在当时，唯一获得不断发展的是封建地主土地所有制，它制约着其他土地所有制形式。熊、王文认为秦代的国家土地所有制是受私有制制约的，处于一种补充地位。朱绍侯的《"名田"浅论》（《中国古代史论丛》第一辑，福建人民出版社 1981 年版。下文《中国古代史论丛》均指此版本）认为商鞅变法所建立的土地制度，叫"辕田"或者说"名田"，两者都废除了井田制下土地定期分配和还受制，而建立了土地私有制。"名田"具有对土地私有制的承认和限制两种意义。对"使黔首自实田"的解释，过去都认为是从法律上确定了封建土地私有制。李永田的《"使黔首自实田"试析》（《群众论丛》1981 年第 2 期）对此提出了不同的看法，认为"实"字在此应解作"充实"之意，"使黔首自实田"只是秦王朝驱民归农的一项措施而已，与土地制度风马牛不相及。黄今言的《秦代租赋徭役制度初探》（《秦汉史论丛》第一辑，陕西人民出版社 1981 年版）提出秦代征收田租的办法，是以一户有田百亩的假设，而按每户征收的。田租率，过去认为是"什五税一"，该文认为是"什一之税"。对于文献中所说的秦"收泰半之赋"，作者认为是指租赋的比重，而不是指实际的租赋。

在秦代社会经济方面，安作璋的《从睡虎地秦墓竹简看秦代的农业经济》（《秦汉史论丛》第一辑）一文，用秦简资料描绘出秦代农业经济的基本面貌。作者还认为，秦代农业经济的繁荣和发展，与秦代新兴地主阶级长期坚持重农政策是分不开的。吴荣曾的《秦的官府手工业》（《云梦秦简研究》）综合研究了官府手工业的情况。秦设有工室管理手工业，从中央到地方都有。官府手工业按其生产特点分为将作（土木工程）、工官、铁官几个独立部门。在官府中从事生产劳动的工匠，一种是身份自由的，占少数；一种是身份缺乏自由的，这种人以刑徒为主。袁仲一的《秦民营制陶作坊的陶文》（《考古与文物》1981 年第 1 期）列举了 17 类 40 种民营制陶戳记，这是民营制陶作坊的产品，主要是在市场上销售，基本上是独立的个体手工业，这说明秦代商品经济是比较发达的。

关于秦代的阶级关系，吴树平的《云梦秦简所反映的秦代社会阶级状况》、于豪亮的《秦简中的奴隶》、高恒的《秦简中的私人奴婢问题》（均见《云梦秦简研究》）都有一些新意。吴文认为，秦代除地主和农民两个基本阶级之外，还有奴隶主阶级和奴隶阶级，奴隶主阶级主要分布于工商业领域，奴隶分为官、私奴隶两种。吴、于二文都认为秦代的刑徒实际上就是奴隶。高文研究了秦简中的私人奴婢，认为作为封建社会初期的秦代的奴隶，与奴隶社会中的奴隶有明显的区别。私人奴婢的反抗斗争和封建统治者的镇压，反映了封建社会初期地主阶级与奴隶之间的矛盾和斗争。高敏的《秦简中几种称谓的涵义试析》（《云梦秦简初探》增订本，河南人民出版社 1981 年版。下文《云梦秦简初探》增订本均指此版本）对"士伍""百姓""葆子""客""邦客""臣邦人"的含义做了说明。罗开玉的《秦国"什伍"、"伍人"考》（《四川大学学报》1981 年第 2 期）认为，秦自商鞅时代起，便以里直接辖"伍"，在地方上不存在"什"这一层组织，"什"只是"十人为什"的军事编制。"伍人"在地方上，指包括家属在内的整个"四邻"，军中只指同"伍"的本人。苏诚鉴的《"天下之民不乐为秦民"——试探秦始皇"更名民曰黔首"的历史渊源》[《安徽师大学报（哲学社会科学版）》1981 年第 3 期] 探讨了秦始皇"更名民曰黔首"的历史渊源。作者认为这个措施是针对秦国在兼并战争中以民为"奸"，制民如敌，使"天下民不乐为秦民"的情况，在全国统一后宣布的"安民告示"，表示从此天下共享太平，因而是一个顺应历史发展的措施。这是颇为新颖的提法。

熊铁基的《试论秦代军事制度》（《秦汉史论丛》第一辑）和于豪亮、李均明的《秦简所反映的军事制度》（《云梦秦简研究》）研究了秦代的军事制度。熊文认为秦实行普遍的征兵制度，从 16 岁开始服役。于文则认为是 17 岁。前面提到的黄今言一文则认为是 15 周岁。熊文还研究了兵役时间和兵种，于文研究了军纪和训练。白建钢的《秦俑军阵初探》（《西北大学学报》1981 年第 3 期）对秦始皇陵兵马俑的军阵做了研究，认为一号坑是主军，二号坑是佐军，三号坑是指挥所。这些都是有一定开创性的研究工作。

以往学界对秦的官僚制度的研究极为不够。高恒的《秦简中与职官有关的几个问题》（《云梦秦简研究》）研究了秦职官制度中关于官吏的任免、上计、俸禄、有秩吏、都官等问题。罗开玉的《秦国"少内"考》（《西北大学学报》1981 年第 3 期）认为，秦国的"少内"是设立在各县政府、京师各官署内掌管现金的机构，它直接受中央有关机构统辖。这是秦政府努力加强中央集权，对基层实行严格的经济控制的一个重要的组织措施。云梦秦简中常常提到"啬夫"这一官名，引起了国内外学者的研究。裘锡圭的《啬夫初探》（《云梦秦简研究》）在前人研究的基础上，广泛收集资料，系统地研究了啬夫的起源、演变过程及作用。作者认为啬夫用作官名始于战国之前，战国时有"吏啬夫"（即官啬夫）和"民啬夫"（即乡啬夫）之别。县令、长一度也被称为啬夫。该文还讨论了秦汉时代各种官啬夫的职责，认为县所属的与社会经济有密切关系的一些官啬夫，其重要性在不断降低。产生这种现象的原因，一是国家对人民控制的削弱；二是国有经济方面发生了变化。

秦汉时期的亭，由于史书记载简略，因此存在许多矛盾之处。高敏的《秦汉时期的亭》（《云梦秦简研究》）对此做了探讨，并提出了"秦汉之亭为防盗、捕盗、告警及邮传机构"的看法。

关于秦律的研究，刘海年的《秦律刑罚考析》（《云梦秦简研究》）是近年来同类性质的文章中最详尽者。作者认为秦的刑罚大体分为 12 类，并对每种刑罚条分缕析，详加考证。张铭新的《关于秦律中的"居"》（《考古》1981 年第 1 期）对《睡虎地秦墓竹简》一书把"居"注释为"居作"（即一个刑种）提出了异议，认为"居"不是刑种，只是一种代偿劳役，与"居作"是完全不同的概念，不能混为一谈。高敏的《见于秦律中的诉讼、审讯和量刑制度》（《云梦秦简初探》增订本）详细地研究了秦的起诉、审讯、量刑和判决等制度。黄展岳的《从秦律"渎职罪"看秦代对官吏玩忽职守的处分》（《光明日报》1981 年 6 月 8 日）认为，出于本阶级的长远利益，秦政权对各级官吏的要求是很严格的。管理不善、执法不力、违法乱纪、徇私舞弊、枉法裁判，一律绳之以法，以渎职罪论处。黄留珠的《略谈秦的法官法吏制》[《西北大学学报（哲学社会科学版)》1981 年第 1 期］认为，秦实行法官法吏制，法官法吏的职责是学习法令，解答官吏和人民有关法令方面的问题。设此制度是为了"明法"。秦统一中国后，法官法吏由原来"明法"的目的变成"以吏为师""以法为教"的文化专制主义了。于豪亮的《秦王朝关于少数民族的法律及其历史作用》（《云梦秦简研究》）专门研究了秦朝处理少数民族关系的法律，秦简称为"属邦律"。作者认为，秦王朝产生这样的法律，是由战国时期秦国的形势所决定的。秦的少数民族政策和法律对秦起了一定的积极作用。

对秦简《编年记》的研究，1981 年又有新的收获。韩连琪的《睡虎地秦简〈编年记〉考证》（"中华文史论丛"上海古籍出版社 1981 年第 1 期）据史籍按《编年记》所记年份逐年考证，很有参考价值。马雍的《读云梦秦简〈编年记〉书后》（《云梦秦简研究》）认为《编年记》是多次写成的。第一次只写到昭王五十三年（前 254）为止，其目的是编写秦国的大事，编者是谁，还有待今后的研究；昭王五十三年以后的是后来续编的，目的是着重记载喜的个人经历，编者就是喜。本文还就续编部分，研究了喜的家族的历史。

此外，关于秦简的研究作品，还有李学勤的《秦简与〈墨子〉城守各篇》（《云梦秦简研究》）、张政烺的《秦律"集人"音义》（《云梦秦简研究》）、于豪亮的《秦简〈日书〉记时记月诸问题》（《云梦秦简研究》）、李学勤的《秦简的古文字学考察》（《云梦秦简研究》）等，都分别就一个方面进行了有价值的探讨。

二

两汉史的研究，也获得一些重要的成果。在社会经济史方面，柳维本的《西汉农业生产发展探讨》（《辽宁师院学报》1981 年第 2 期）提出西汉的农业生产经历了两个不同阶段，即武帝前处于恢复时期，其后则走向大发展阶段。尤其是亩产量大大提高，这种提高在以后两千年的封建社会中也没有什么大的突破。本文还研究了西汉农业生产发展的原因和暴露出来的各种矛盾。这个问题过去研究不多，袁祖亮的《西汉时期人口自然增长率初探》（《史学月刊》1981 年第 3 期）就西汉前期、中期、后期及江南一些地区和宗室人口的自然增殖状况做了比较详细的研究。李振宏的《西汉地价初探》（《中国史研究》1981 年第 2 期）认为，以前说汉代地价是"亩价一金"（即万钱），这事实上是不存在的。在分析汉代社会问题时，用"亩价二千"作为一般地价是比较合适的。

关于两汉的赋税制度，有几篇文章值得注意。黄今言的《汉代田税征课中若干问题的考察》（《中国史研究》1981 年第 2 期）认为汉代的田税为"田租""假税""附加税"三项。"田租"是土地私有者向封建国家交纳的国税，其租率均在"什五税一""什一之税""三十税一"的变动范围之内。"假税"是租借国有土地者向政府交纳的国租。国家"假民公田"的"民"包括破产的自耕农和部分身份性地主。假税和田租的性质不同。刘华祝的《关于两汉的地租与地税》[《北京大学学报（哲学社会科学版）》1981 年第 4 期] 认为春秋中叶以后，土地私有制产生，地租和地税分离为两项性质根本不同的剥削内容。地租就是地主利用自己的土地私有权，向租种土地的农民索取一定数量的经济利益。地租率是百分之五十。"假民公田"的地租率与私有地主的相同。地税不同于地租，它是封建国家征收的捐税之一种，是官府财政来源之一。对西汉的"分田劫假"，历来有不同的解释，韩养民的《西汉的"分田劫假"与土地兼并》[《西北大学学报（哲学社会科学版）》1981 年第 1 期] 提出，"分田"就是豪强地主、官僚、贵族，乘国家实行"假民公田"之机，亦"假公田"，再分别租给一般贫民。国家"假民公田"按三十税一征收假税，而豪强地主转租给贫民后按"什税五"收租，这就是"劫假"。涌泉的《汉代水税刍议》（《秦汉史论丛》第一辑）提出，《汉书》虽无水税之名，但汉代曾有过水税征收。水税，是指国家对农民用水灌溉的税收。作者认为，汉代征收水税不是偶然的，马克思所说的利用运河和水利工程进行灌溉的东方国家的情形，也基本符合中国。这一观点涉及汉代社会的类型问题，值得研究。

关于西汉的经济政策，张一中的《释汉初的两个经济政策》（《求索》1981 年第 3 期）提出，汉初统治者为了贯彻休养生息、发展生产的治国方针而采取招抚流亡和轻徭薄赋两项政策，目的是把各方面的劳动力调集到农业生产上来，奖励广大农民的生产积极性，收到一定成效。所以，这些政策不是什么统治阶级的"反攻倒算"。肖黎的《浅论西汉的抑商政策》[《辽宁大学学报（哲学社会科学版）》1981 年第 4 期]，研究了西汉政府抑商的原因和抑商的措施，认为西汉抑商政策是成功的。但是，它堵塞了商品经济发展的道路，严重地阻碍我国社会经济的发展。此外，高敏的《秦汉时期的重农思想蠡测》（《秦汉史论丛》第一辑），讨论了与当时经济政策有关的重农抑末思想，认为这种思想在封建社会初期有其进步性，但随着时代的发展又有阻碍社会发展的消极作用。

李孔怀的《东汉世家地主的形成及其特点》（《秦汉史论丛》第一辑）和《东汉的政治制度与军阀割据》（《中国史研究》1981 年第 2 期）可以说是姊妹篇。前文认为东汉世家地主是由西汉中叶形成的豪强地主发展而成的。世家地主阶层在政治上、经济上具有明显的封建割据性倾向。后文分析了东汉末年的军阀割据与东汉政治制度演变的关系。东汉刺史地位提高，由原来的监察官逐渐变为地方行政长官，并掌握军权。东汉"省诸郡都尉，并职太守"和废止更役、戍役制度，使郡守的权力过大而削弱了中央的军力。这些制度的变化导致东汉末年军阀割据形成。

对两汉职官制度的研究有较大的收获。臧云浦的《秦汉职官制度的形成与影响》[《徐州师院学报（哲学社会科学版）》1981 年第 2 期] 较全面地论述了秦汉职官制度的形成和影响，认为秦汉官制在当时所起作用主要是积极的，有利于当时社会的发展。对后世的影响有积极方面的，也有消极方面的。安作璋的《汉代的选官制度》[《山东师院学报（哲学社会科学版）》1981 年第 1、第 2 期] 认为，两汉的选官制度是地主阶级为了适应专制主义中央集权封建国家统治的需要而逐步建立和发展起来的一种选拔统治人才的政治制度。这种方式，的确选拔了不少人才，起了积极作用。但由于时代和阶级的限制，其流弊也很多。李孔怀的《秦汉课计制度》（《中国古代史论丛》第一辑）认为，课计制度与选拔、任用官吏的选举制度有密切的关系。西汉前期，选举与课计制度相得益彰，使专制集权的官僚机构发挥正常的作用。东汉末年，中央政权瓦解，课计制度也衰败了。苏俊良的《试论秦汉御史制度》[《北京师院学报（社会科学版）》1981 年第 2 期] 认为，御史制度是中国二千年来封建君主专制所特有的监察制度。御史的职权范围主要包括督察百官、诸侯王和镇压农民起义。杨伟立的《均输官无别名辨》（《史学月刊》1981 年第 1 期）和杨宽的《从"少府"职掌看秦汉封建统治者的经济特权》（《秦汉史论丛》第一辑），分别探讨了秦汉职官的某些方面，也是值得重视的。

在法律方面，陈连庆的《汉律的主要内容及其阶级实质》（《秦汉史论丛》第一辑）比较全面、系统地研究了汉律，认为萧何的《九章律》九篇是汉律的核心部分，加上叔孙通的《傍章律》18 篇、张汤的《越宫律》27 篇、赵禹的《朝律》6 篇，共 60 篇，构成了汉律。吴忠匡的《"汉军法"辑补》（《中华文史论丛》1981 年第 1 期）认为，《史记》《汉书》中"军法"一词，过去的一些注释家把它解作"兵法"或"兵家言"，是错误的。"军法"即"军中约"，是约束全军的军中戒约。西汉的"军法"是西汉初年刘邦拜韩信为大将军后由韩信所订立的，早已遗失。前人做过辑佚工作。该文辑补共 20 条，对研究"汉军法"有一定参考价值。

朱国炤的《上孙家寨木简初探》（《文物》1981 年第 2 期）研究了青海大通回族土族自治县上孙家寨——五号汉墓出土的 400 片残木简，认为简文内容大都与西汉军事制度有关：一是当时的军事律令文书，二是军队的编制、阵法和标记，三是与《孙子兵法》有关的兵书。这些木简的出土，为研究西汉的军事制度提供了新资料。

史树青的《从〈风俗通义〉看汉代的礼俗》（《文学月刊》1981 年第 4 期）认为，应劭写这本书的政治目的是"辨风正俗"，企图重新整顿东汉濒于崩溃的封建统治秩序。作者从九个方面来讨论汉代的礼俗。该文从《风俗通义》反映的汉代礼俗去分析当时的社会，其方法是可取的。

三

对秦汉时期政治思想的研究，1981 年比较活跃，围绕《吕氏春秋》发表了不少文章。熊铁基发表了《从〈吕氏春秋〉到〈淮南子〉》（《文史哲》1981 年第 2 期）和《〈吕氏春秋〉反君主专制的政治理论》（《光明日报》1981 年 8 月 31 日）两文。前文认为把《吕氏春秋》和《淮南子》列为"杂家"是很不恰当的，应该把它们看作"新道家"。这种"新道家"，就是汉初盛行的"黄老之学"，它和老、庄那样的道家既有联系又有区别。从《吕氏春秋》到《淮南子》，是"新道家"的一个发展过程，而这两部书则是一头一尾的代表作。后文认为《吕氏春秋》的政治理论是主张统一、集中，而又反对君主专制。这种政治理论，后来发展成西汉初年的"黄老政治"。田昌五的《吕不韦和〈吕氏春秋〉》〔《西北大学学报（哲学社会科学版）》1981 年第 1 期〕也认为《吕氏春秋》不是"杂家"，而是吕不韦为秦王政设计的一幅政治蓝图。汉初的"黄老政治"，可以说是《吕氏春秋》的修改版。与此相反，方诗铭、刘修明的《论〈吕氏春秋〉》〔《社会科学》（上海）1981 年第 1 期〕认为，《吕氏春秋》是秦统一前杂家的代表作和集大成者。该文对《吕氏春秋》140 篇文章逐一加以分析，认为它包括了先秦诸子中各家的学说，形式上虽具统一，但思想上不成一家。作者认为，它的出现是中国前期封建社会从诸侯割据的封建国家趋向于统一的专制集权的封建国家的产物。祝瑞开的《吕不韦和〈吕氏春秋〉》（《秦汉史论丛》第一辑）认为《吕氏春秋》宣扬改良政治、批判暴君和独裁统治、主张"义战"等，有一定的积极意义，但更多地反映了封君贵族的贵生享乐观点和"分封"的愿望，宣扬了阴阳五行的一种新神学图式。其体系是唯心和保守的。

陆贾所著《新语》一书的真伪及其思想倾向，为历代学者所聚讼，或断为儒家，或认为黄老。苏诚鉴的《陆贾〈新语〉的真伪及其思想倾向》（《中国古代史论丛》第一辑，福建人民出版社 1981 年版）认为今本《新语》乃经过一再增删篡改的残书，绝非陆贾的原著。但就其内容说，基本倾向是黄老，保留了不少陆贾的原意。张志哲、罗义俊的《论〈新语〉的黄老思想》（《江汉论坛》1981 年第 6 期）也认为《新语》的基本倾向是黄老，但不是照抄原始黄老的教条，而且有自己的时代的特点。它是汉初黄老无为政治中的理论代表作。

张维华的《西汉初年黄老政治思想》（《中国社会科学》1981 年第 5 期）和《释"黄老"之称》（《文史哲》1981 年第 4 期）是姊妹篇。前文认为西汉初年的黄老政治思想，是适应汉初政治上的约法省禁、休养生息的形势，在老子思想基础上吸收了各家学说而成的所谓新道家思想。道家思想有很多消极的东西，对于社会发展缺乏促进作用。但对于某一特定时期如西汉初年，或有它一定的用处，未可一概而论。后文进一步考释了"黄老"名称的出现。

对《太平经》和太平道的问题，新中国成立以来学术界意见分歧很大。钟肇鹏的《论〈太平经〉和"太平道"》（《文史哲》1981 年第 2 期）认为，《太平经》的主要内容是肯定封建的等级制度，维护君权统治，宣扬阶级调和。就其思想体系来说，没有什么革命意义，但是，后来张角利用《太平经》中一些平均、平等的词语和思想资料，创立了农民革命的"太平道"。因此，否定两者的关系，是难以令人信服的。但是，如果没有看到《太平经》的基本思想是与农民革命相对立的，而断言它是我国"第一部农民革命的理论著作"也是不正确的。刘琳的《论〈太平经〉的政治倾向》（《社会科学研究》1981 年第 4 期）也认为，《太平经》的政治思想代表的是地主阶级中下层的利益和要求，说它提出了"农民革命的纲领"，是违背事实的。卿希泰的《〈太平经〉中反映农民愿望的思想不能抹杀》（《社会科学研究》1981 年第 5 期）则从《太平经》在政治上的效果来分析，认为《太平经》反映了农民的要求和愿望。

1981 年发表了八篇关于司马迁与《史记》的文章。施丁的《司马迁与董仲舒政治思想相通论》（《中国史研究》1981 年第 2 期）和来新夏的《从〈史记〉看司马迁的政治思想》（《文史哲》1981 年第 2 期）二文，讨论了司马迁的政治思想。施文针对以往的思想史著作中把司马迁与董仲舒作为一对矛盾处理，而提出这两人的政治思想和主张基本一致。来文认为司马迁与汉武帝的政治思想有其一致性也存在分歧。但是，这种分歧并不是根本的分歧，而是同一个阶级的政治思想家和政治实践家之间在治术上的分歧。吴忠匡的《论司马迁朴素唯物论的历史观》（《北方论丛》1981 年第 3 期）和谢仰虞的《论司马迁的历史观》（《中学历史教学》1981 年第 6 期）都认为司马迁的历史观是朴素唯物论的历史观。谢天佑、王家范的《读〈史记·货殖列传、平准书〉》（《秦汉史论丛》第一辑）讨论了司马迁的经济思想。关于司马迁的生卒年，学术界有不同的看法。苏诚鉴的《司马迁行年三事教考辨》（《秦汉史论丛》第一辑）和李伯勋的《关于司马迁的生年问题——答黄瑞云先生》［《安徽大学学报（哲学社会科学版）》1981年第 1 期］都主张司马迁生于汉武帝建元六年（前 135）。关于卒年，苏文不同意郭沫若提出的在汉武帝太始四年（前 93）死于狱中的说法，而认为卒于汉武帝后，非死于狱中。有些研究者把司马迁写《陈涉世家》说是对农民军的一支颂歌。晁福林的《司马迁与〈陈涉世家〉》［《北京师范大学学报（社会科学版）》1981 年第 3 期］认为，司马迁并没有把陈涉当作农民起义的领袖描写，而是把他当作汉王朝的"辅拂股肱之臣"来写的。《陈涉世家》实际上是奉献给汉王朝的"治安策"。

四

关于农民战争，高敏的《秦的奴隶制残余与秦农民起义》（《云梦秦简初探》增订本）认为，奴隶制残余的严重存在，导致了秦末参加农民起义的主要是奴隶、刑徒、佣奴、庶子及谪戍之徒，也导致了他们主要反对的是残酷的人身奴役制，其历史作用也表现为扫除奴隶制残余和人身奴役制。赵锡元的《关于大泽乡起义的几个问题》（《思想战线》1981 年第 5 期）认为起义的原因"是执政者过分残暴"。起义的性质是以广大农民为主体的全国人民共同反秦大起义，并不是单纯的农民起义。至于起义的结局，因为其目标只限于反抗暴秦政权的残酷统治。在这个意义上说，它取得了辉煌的胜利，从而反对中国历史上的农民起义总是以失败告终的说法。赵捷民的《陈胜吴广起义与知识分子的作用》和臧嵘的《张耳、陈余新论》（《历史教学》1981 年第 8、第 9 期）都反对把秦末农民起义的知识分子一律说成是混进农民革命队伍的阶级异己分子。臧文还认为，张耳、陈余是农民起义的领导人，在战争中立过很大的功绩。关于陈胜乡里阳城的所在地，前人有三种说法，谭其骧的《陈胜乡里阳城考》（《社会科学战线》1981 年第 2 期）提出了第四种说法，即南阳郡的阳城县（今天河南省方城县）。

关于楚汉战争中项羽和刘邦的分封问题，史学界有不同的看法。宋公文的《论楚汉战争时期项羽和刘邦的分封》和韩养民的《略论项羽的分封》（均见《秦汉史论丛》第一辑）代表了两种相反的观点。宋文认为两人分封的性质不同，所以效果全然不同，"分封在项羽那里是促使他灭亡的催化剂，在刘邦手中却变成了实现统一的杠杆"。韩文则认为，两人分封的性质相同，但在分封过程中，由于斗争策略有高下，它对战争的胜负也有一点影响。

高敏的《略论西汉成帝时的"刑徒"起义》（《中州学刊》1981 年第 1 期）论述了西汉成帝时几次"刑徒"起义的原因及其反对人身奴役制的浓厚色彩和倾向。"刑徒"起义是西汉阶级斗争的一个方面，应该引起学人的注意和研究。

过去对西汉末年的农民起义，研究绿林、赤眉比较多。陈连庆的《两汉之际河北农民军杂考》[《东北师大学报（哲学社会科学版）》1981 年第 1、第 2 期]，主要研究与绿林、赤眉起义同时，活动于河北地区的十几支农民军的情况。

五

关于历史人物评价，1981 年有一些较新的提法。秦始皇的"书同文字"是过去被研究者充分肯定的具有深远意义的事件，晁福林的《如何评价秦始皇"书同文字"的历史作用》（《学习与探索》1981 年第 2 期）对此提出了两点异议。第一，过去为了突出秦始皇"书同文字"的作用，而将春秋战国时代文字说得非常紊乱。其实，诸国间"文字同形"（即文字统一）是主流，绝大部分文字的形、音、义都是统一的。第二，按历史发展潮流和文字发展规律，文字应统一于隶书。但秦始皇用小篆来统一文字，"小篆的推行可以说是当时文字发展潮流的一个反动"。对于秦始皇的"焚书坑儒"，张烈的《"焚书坑儒"小议》（《文史知识》1981 年第 4 期）认为，秦始皇的"焚书坑儒"是秦国传统的排儒政策的继续。不过原先秦国统治者的排儒是为了推行农战政策，而秦始皇的排儒则是为了搞封建专制主义。杜绍顺的《关于评价秦始皇"焚书"问题的两点质疑》（《中学历史教学》1981 年第 4 期）对过去肯定"焚书"的两点原因提出质疑，认为"焚书"与分封制和郡县制之争没有实质性的联系；用"焚书"来统一思想，并不是统一于法家思想，而是为了维护皇权的绝对权威。因此，不能肯定"焚书"这种野蛮做法。

吴尚宇的《批判江青必须否定吕后吗?》（《齐鲁学刊》1981 年第 2 期）认为对吕后的评价，应以公元前 187 年高后元年临朝称制为界线。此前应予肯定，此后的晚期篡权应予否定。对王莽的评价，过去是否定者多，肯定者少。葛承雍的《王莽的悲剧——兼与张志哲等同志商榷》[《西北大学学报（哲学社会科学版）》1981 年第 1 期]认为王莽是一个独具卓见的改革家。王莽改革始终针对大地主阶层，但结果竟变成了对人民的浩劫。萧立岩的《略论王莽及其改制》（《齐鲁学刊》1981 年第 6 期）也认为王莽实行王田制，其见识和勇气，是难能可贵的。余宗超的《刘秀——农民战争的杰出领袖》（《江汉论坛》1981 年第 6 期）和臧嵘的《关于光武中兴》（《人民日报》1981 年 4 月 30 日）从不同的角度肯定了汉光武帝刘秀。前文认为他是一个有胆有识有策略的农民战争领袖；后文认为他登上皇帝宝座以后，治国有方，"拨乱反正，以宁天下"。

六

关于边疆地区的历史和中外交通、文化交流，1981 年发表的文章不多，但有些文章也颇有创获。武守志的《汉代河西屯田简论》[《社会科学》（甘肃）1981 年第 2 期]不同意把汉代河西屯田区分为军屯、民屯两类的流行说法，提出区分为一类是以交租承佃为特征的假田制，一类是以服役食俸为特征的戍徭制，两类性质不同。作者还认为曹魏的屯田与汉代河西屯田，尽管形式相同，而实质却异。宋治民的《居延汉简中所见西汉屯田二三事》（《四川大学学报》1981 年第 2 期）认为西汉军队屯田分驻军屯田和戍卒屯田两种。本文根据汉简着重研究了戍卒屯田的机构和组织系统。潘策的《秦汉时期的月氏、乌孙和匈奴及河西四郡的设置》[《甘肃师大学报（社会科学版）》1981 年第 3 期]和白凤岐的《试论匈奴与西域的关系》(《内蒙古大学学报》1981 年第 2 期) 讨论了西北地区的民族关系和丝绸之路的开通问题。

关于玉门关的位置问题, 历来有不同看法。甘肃省博物馆等的《敦煌马圈湾汉代烽燧遗址发掘简报》和吴礽骧的《玉门关与玉门关候》(《文物》1981 年第 10 期) 为解决这个问题前进了一步。《简报》认为这一遗址的发掘, "大大缩小了探索玉门关址的地理范围"。吴文认为马圈湾遗址当即西汉玉门关候治所。马雍的《西汉时期的玉门关和敦煌郡的西境》(《中国史研究》1981 年第 1 期) 认为 "玉门关城似应更求之于小方盘城以西"。至于西汉敦煌郡的西界, 作者反对玉门关即敦煌郡之西界的陈说, 而认为敦煌郡要远远包括玉门关以西的一大片地方, 其西境达到罗布泊东岸。

南方和西南地区的历史, 张荣芳的《略论汉初的"南越国"》(《秦汉史论丛》第一辑) 认为, "南越国"的地理范围包括现今广东、广西和越南大部分地区, "南越国"的性质是汉王朝封建诸侯国。文章就"南越国"的经济、文化发展水平谈了自己的看法, 并认为赵佗在开发岭南地区方面是有历史功绩的。

以上回顾了一年来秦汉史研究情况, 还有一些讨论古史分歧的文章, 涉及秦、汉社会性质的问题, 由于本书《中国古代史若干问题讨论综述》一文中已做介绍, 本文不再重复。总的来说, 秦史研究取得的成绩是很大的, 两汉史也有一定收获, 但社会经济史仍是一个薄弱环节, 今后应该加强。

原载《中国历史学年鉴》, 人民出版社 1982 年版。

序·评

"冼夫人文化与建设广东文化大省"学术研讨会综述

2005 年 1 月 4—6 日在广东电白召开了"冼夫人文化与建设广东文化大省"学术研讨会。这次会议召开的背景是中共广东省委、省政府提出"建设广东文化大省"之后，2003 年年底，广东炎黄文化研究会会长欧初专函给时任省委书记张德江同志，题为《关于建设"文化大省"和"冼太夫人文化"品牌的一点意见》，张德江同志把此信批示给蔡东士等同志，批示说，"欧初同志的建议很重要，我赞成。建议宣传部研究"。随后省委相关同志批示说："宣传部要专门研究一次，把宣传文化名人名作，包括历史名人的工作抓实，使之成为广东的新品牌。"在这样的背景下，广东省社会科学界联合会、广东炎黄文化研究会、茂名学院、茂名市社会科学联合会、电白炎黄文化研究会等单位，为响应省委、省政府"建设广东文化大省"的号召和落实张德江同志对欧初同志的信的批示而筹办了这次会议。

现在看来，这次会议是成功的，收到了预期的效果。衡量一个会议是否成功，有两个标准：一是会议论文的质量如何，二是组织得如何。代表们可以看出，这次会议两方面都不错。就会议论文而言，规模大，数量多，质量高，参加会议的人有 200 多人，许多省、市的老领导都参加了。收到论文将近 80 篇，提出许多新观点、新见解，反映了研究有相当的深度。会议组织得也很好，大会小会结合，讨论与考察结合，参加了纪念冼夫人诞辰的一系列活动，参观了弘扬冼夫人文化的书法展览，代表们"百花齐放""百家争鸣"，畅所欲言，各抒己见，生动活泼。有的小组讨论总结了四句话——"紧扣主题，踊跃发言，气氛热烈，略有争论"。大家对会议组织比较满意。现在我就收到的论文及同志们的讨论情况，从学术的角度做一些述评。

一、关于冼夫人的历史功绩

我们为什么要研究冼夫人，是因为她对历史做了重要贡献。这些贡献就是她一生致力于维护国家的统一，促进民族团结，保障岭南安定，发展岭南经济与文化。所以，周恩来总理誉她为"中国巾帼英雄第一人"，江泽民同志说："她是我辈和后人永远学习的楷模。"这是学术界的共识。

这次会议论文不是停留在这些共识上，而有许多深入的研究。比如有些学者从三个逻辑层次，一是分析南北朝时期民族融合的大势，二是冼夫人在促进民族融合中的主要业绩，三是隋唐时期岭南民族融合和社会发展的大势，来论证冼夫人的不朽业绩。有的学者把冼夫人"怀集百越"与赵佗的"和辑百越"的异同做了比较，认为南越国的民族融合，从总体上来说，是对入粤秦军的越化而不是岭南越人的汉化，这是当时历史条件的必然。而冼夫人所推进的民族融合，是汉化而不是俚化，也是顺应历史潮流的做法。两个都为岭南社会进步做出了重要的贡献。也有学者从"汉越文化融合"的角度来谈冼夫人，认为冼夫人对待汉越文化的态度非常高明，对汉文化既不一概拒绝，也没有全盘接受，基本上是摄其精华，弃其糟粕。如吸取汉文化中的大一统思想、和为贵的思想、民本思想等精华，剔除汉文化中的狭隘的忠君思想、男尊女卑等封建糟粕。对越族文化，保持发扬其诚信、质直、勇于同邪恶势力作斗争的优良传统，抛弃了越人好斗、轻死的落后习俗。由于冼夫人融摄了汉越文化的精华，因而她能够始终立在时代潮流的前端，准确地把握了时代前进的方向，有力地推动了历史的发展。

关于隋朝统一岭南，也有一些真知灼见。有学者认为，在中国历史上，历代中央政府曾多次统一岭南，以秦、汉、隋三朝较为突出。秦、汉是以大规模的军事进攻统一岭南的，而隋朝却基本上是以和平的方式统一岭南的，隋朝之所以能这样，其中一个重要原因是冼夫人带领百越民族归附隋朝，从而使隋朝不必发动大规模的军事行动。从这点上来看冼夫人的历史功绩，她是隋朝完成统一的推动者。

有几篇文章，探讨冼冯家族与六朝隋唐时期岭南农业经济发展与岭南豪族的演变，从中讨论冼夫人对岭南经济文化发展的贡献，也不乏新见。

有学者论述冼夫人对海南的开发的贡献，主要包括：一是恢复海南行政建制，重置崖州，使海南重新在中央王朝治理之下；二是推动汉俚文化融合；三是积极发展海南经济。因此，她赢得了海南人民的崇敬和怀念。

值得指出的是，有几篇文章探讨冼夫人取得成功的原因和人文背景。认为冼夫人把握时代精神，和中央王朝始终保持密切的关系，冼氏家族显赫的社会地位，儒家思想在岭南的传播，使岭南的伦理道德深深地打上儒家的烙印，冯冼的政治联婚以及冼夫人的雄才大略，都是她取得成功的原因。更有学者探讨了冼夫人的民本思想，正是因为她坚持中国古代以民为本的战略思想，所以能够在促进民族团结和维护国家统一的政治实践中，做出应有的历史贡献。有学者指出，"一个成功的女人的后面有着一群成功的男人"，这一群男人就是冯氏家族。

二、 关于冼夫人文化及文化产业开发

这方面的论文比较多。有学者就"冼夫人文化"这一概念的源流及基本特

征进行探讨。1997 年 9 月，湛江师范学院的刘佐泉等合写的《俚女·蛮妇·圣母·冼夫人》一文提出"冼夫人文化"这个新概念，该文发表于茂名市冼夫人研究会会刊《冼夫人研究》第三期。当时的责任编辑在"编后记"中以《我赞成"冼夫人文化"的话题》为题发表意见。不久，茂名学者陈水润、胡光焱等发表《弘扬冼夫人文化》等文章。2001 年 5 月中共茂名市委、市政府在茂名召开了"首届中国边境城市经贸旅游艺术节·冼夫人文化研讨会"，会议的论文结集为《冼夫人文化与当代中国》一书。这次会议的主题为冼夫人文化与建设广东文化大省。这种具有时代特征和地方特色的进步文化，其影响愈来愈大，在建设广东文化大省中将起着重大作用。有学者认为，"冼夫人文化"的内核是维护国家统一这个"核心利益"。

有学者认为，冼夫人文化是由与冼夫人相关的文化事象组成的一种文化形态。它的主要内容有三方面，即俚人文化、高凉文化、圣母文化。更有学者认为，冼夫人文化不是一个静态的文化现象，随着社会经济文化的发展，冼夫人文化的内涵、功能等随之发生变化。作者认为，冼夫人文化作为一个能够同时得到官、民双方认同的文化符号，是比较少见的。官方侧重于赞颂冼夫人在"维护国家统一，促进民族融合"方面做出贡献；而民众大多把她当作神灵来信仰，希望得到她的庇佑。作者从文化人类学的角度，从主客位互换的角度，对冼夫人文化进行阐释和提升，探寻一种可以交汇融通上层文化与中下层文化的方式，对建设广东文化大省有重要理论价值和现实意义。

有学者探讨建立冼夫人历史、民俗、文化、旅游带的问题，认为冼夫人活动的地域主要是古高凉地区和海南岛，其涵盖面包括广东的茂名市、湛江市、阳江市和海南省，以及粤西毗邻的广西壮族自治区的部分市县。这些地方，从古到今产生了长盛不衰的"冼夫人效应"。在这些地方建立"冼夫人文化带"，必然展示其独特的魅力，带动第三产业，带动文化、经济的深层开发。电白有冼夫人墓和建于隋代的冼夫人庙，在冼夫人文化带中，得天独厚，应当发挥其重要作用。

有学者提出电白冼夫人文化旅游区开发整体构想，以"一城一峒三冼四中心"为主要内容。"一城"就是电城景区——岭南圣母城；"一峒"就是霞洞景区——隋唐俚汉峒落遗址；"三冼"就是冼府、冼墓、冼庙；"四中心"就是冼太夫人研究中心、资料服务中心、纪念中心、旅游接待中心。有学者提出打造冼夫人文化品牌的若干构想，发行《冼夫人文化报》，正着手发起成立"中国冼夫人文化研究会""中国冼夫人爱国主义教育基金会"和"世界冼冯氏宗亲联谊会"等民间机构，同时将冼夫人品牌产业化。

还有学者提出冼夫人文化产业开发中应注意的几个问题，要正确引导群众，冼夫人是伟大的历史人物，不是神灵；修复冼庙及有关文物不能搞现代化，要仿古拟古，修旧如旧；规范管理，市场运作，让投资者能够获利，让社会各方面受益。

三、 关于冼夫人文化与民间信仰

有学者认为，冼夫人的历史功绩，正是她被尊为"岭南圣母"的主要原因。有学者从历史学和民俗学两个角度，探讨冼夫人崇拜现象产生的原因、性质、发展规模、演变过程和意义，认为研究冼夫人崇拜现象，深挖冼夫人文化中的精华，消除民众中残留的封建迷信，对进一步弘扬爱国主义精神很有意义。有学者进一步探讨拓展冼夫人信仰的文化空间。认为妈祖文化已经获国家民政部的批准，正式定名为妈祖文化，并被纳入中华优秀传统文化的范畴。冼夫人信仰，从其产生年代的久远（隋朝），史迹之真实可靠，流传之广泛（超越地域、族群），现实意义的重大，都较妈祖信仰为上，完全可以打造成文化精品，当之无愧地列入中华优秀传统文化的范畴。现在主要是拓展其文化空间，从理念上说，冼夫人信仰已非传统观念中一般的民间信仰，而是超越这种现象，融宗族神灵信仰及民族英雄崇拜的行为，可名正言顺地进入国家祭奠的殿堂。从民族空间上说，更应从广阔的层面上理解其族属空间，更有利于民族团结和祖国统一。从地域上说，冼夫人是古高凉人，当时的高凉地区包括范围很广，现不少地区都有她的踪迹，后来她率军至海南，宝岛亦留下有关她的许多风物及传说。所以，这些地区应合力打造冼夫人文化圈，而不应在其故里归属上做过多纷争，以免影响团结。弘扬冼夫人文化，旨在弘扬其爱国主义精神，加强民族团结，维护祖国统一，尊崇豪贤，奋发进取，建设繁荣富强的国家。有学者提出冼夫人崇拜不仅是一种民间信仰，更代表一种民族文化、区域文化。

有学者提出举办冼夫人文化节。在电白，自 2002 年开始，每年冼太夫人诞辰和忌辰，全县（2014 年设区）各地都举行各种活动，统称为"冼夫人文化节"。有学者认为应减少民间多神庙和纯粹求拜的鬼神文化和迷信色彩，增加冼夫人事迹介绍和文化、民族意识宣传，才能使冼夫人文化形象更加显扬。还有学者探讨了明清时期冼夫人崇拜与地方经济发展，认为通过庙会和其他祭祀仪式活动，地方经济间的商业贸易与社区整合均得到了加强，最终促进了粤西地区商品经济的发展。

四、 冼夫人文化与建设广东文化大省

岭南文化是中华优秀文化的重要组成部分，而冼夫人文化是岭南文化的重要组成部分，这是大会代表们的共识。那么冼夫人文化与建设广东文化大省有什么关系呢？有学者做了专门的探讨。有学者认为，冼夫人文化凸显四大精神：爱国主义精神、民族团结精神、爱护人民精神、改造社会精神。打响冼夫人文化品

牌，是广东的明智之举。首先，大量的史、志、文、物，是冼夫人文化的丰碑。1400 多年来，载述冼夫人功绩和风范德行的文献材料相当丰富，遗址文物相当宝贵，颂扬冼夫人的戏剧、小说、诗歌极为丰富，当代人研究冼夫人的论文十分可观。冼夫人崇拜的民间习俗遍及南中国以至东南亚国家和地区。这在我国古代巾帼英雄中，是绝无仅有的。这些材料筑起了冼夫人文化的历史丰碑，构建成冼夫人文化的巍峨大厦。冼夫人文化已经掀起浪潮，这是广东历史文化的骄傲，是打响冼夫人文化品牌的瑰丽资源。其次，打响冼夫人文化品牌，支起广东古代历史文化的顶梁柱。广东历史文化名人辈出，但功勋卓著，德行超迈，为万民尊崇而深入人心，在生时被百姓奉为圣母者，只有冼夫人一人而已。所以，冼夫人文化是广东古代历史文化一颗明珠，光彩夺目，光照万代。冼夫人文化与"三个代表"本义相通，与当代爱国主义密切相连，广东作为改革开放的先行地区，急需弘扬优秀的历史文化作为思想道德建设的基础，以加强人文氛围的打造。

有学者认为，冼夫人文化有四大部分，即爱国主义楷模文化、优秀的民族传统文化、民间亲神圣母文化、开拓型的海洋文化。这四个部分是一个相互关联、相辅相成、不可截然分开的整体。只要我们充分发挥其作用，它必将对广东文化大省的建设做出重大贡献。

五、 关于冼氏、 冯氏家族及族谱的研究

也有部分文章论述了冼氏、冯氏家族的历史以及族谱。有学者提出，冼夫人是广西壮族的先人还是海南黎族的先人，也还有争议。这次有论文提出"冼夫人是壮族先人"的论点，并对冼姓族谱进行探讨，否定冼姓来自沈姓、冼姓来自福建的说法。从分析"语言的活化石"——地名入手，论证冼姓是鉴江流域的土著，鉴江是冼姓的母亲河，是冯冼家族的母亲河。

另有学者认为，电白是冼夫人出生地，也是冼夫人夫家冯宝及冯盎以下数代裔孙的故居地。史志记载的冯家村就是今电白县霞洞镇大村一带。电白王氏同冼夫人和冯宝一家有血缘关系。霞洞冯家村为冯宝始创，第六代孙冯君衡被诬陷谋反遭杀头灭族，冯家村被夷为平地，以后荒废了 600 多年。后来王崔两姓祖宗，在冯家村废墟上建了霞洞大村。电白王氏现在四万多人，始祖王君宝，原籍福建，宋朝立籍电白，原配冯氏。其后二世、六世、八世均与冯姓结亲。冼夫人死后，隋文帝谥封为"诚敬夫人"。其后人在霞洞晏宫岭建了"诚敬夫人庙"。因冯君衡事件，诚敬夫人庙被毁，宋朝末年为王崔两姓始祖重修。诚敬夫人庙有两副对联，一是"高凉著绩；霞洞昭灵"，二是"合众心，奉一尊，诚可千古，敬可千古；分法相，庇两族，王也万年，崔也万年"。这些都表明王崔两姓同冼夫人有着非同一般的亲缘关系。

有学者从冼冯家族看汉唐时期岭南家族的演变，认为汉唐时期岭南多种类型的家族结合，成为雄踞一方的强大家族，冼冯家族是一个典型的例子。这种家族具有强大的政治军事力量，具有离心倾向，但他们能够驾驭辖地内的土著民族，是中央统治岭南的重要依靠力量。冯冼家族在六朝隋唐之际的兴衰是岭南家族演变的历史现象。冯冼等家族势力在中唐时期式微，标志着岭南家族历史角色的终结。

六、 关于冼夫人的文学形象

有学者探讨了1400多年来冼夫人的文学形象问题，认为冼夫人文学创作中存在一些问题，采用的文学形式陈旧，对冼夫人形象严重扭曲，或对其思想境界任意拔高，以现代人的思想水平来塑造古代人物；或将冼夫人神化、巫化、圣化。这些问题的产生，是由于过去创作冼夫人形象多以民间自发性质为主，缺乏严谨的艺术眼光和思维。只有还原冼夫人历史的本来面目，才能使人们更加理解和尊重她，使我们的冼夫人文学形象的创作有所依归。也有学者提出要塑造好艺术化的冼夫人形象，使之融入建设广东文化大省的历史大潮中。

七、 关于冼、 冯氏遗址的勘查开发

广东省文物考古研究所对电白县隋谯国夫人冼氏墓做了考古勘探工作，并写出了报告。还有学者对冼夫人夫家霞洞冯氏墓葬及冯家村进行勘查，并提出对冯冼家族遗迹开发利用的设想。还有学者对冼夫人幼年时行军用师的古战场遗址进行探索。

八、 其他

有学者对冼夫人文化研究成果及其主题活动进行综述，附录了冼夫人文化研究文献资料编年。还有学者提出冼夫人研究有两个高峰：一是20世纪60年代，此时，一方面做了定性研究，另一方面是循史学求真方法研究；二是20世纪80年代至今，研究领域大为扩充，文化角度是一大亮点。近几年，有从人类社会学的新角度进行研究。这是一个新的方向。

还有学者提出，冼夫人的事迹虽然已经写进了广东省教育厅编写的乡土教材《广东历史》中，但建议将冼夫人事迹也写进全国中学历史教科书，使其精神在

全国青年中得以弘扬。

　　这次会议不是冼夫人文化研究的终结，而是新的起点。希望学者共同努力，打造冼夫人文化品牌，为建设广东文化大省做出新的贡献。

　　　　　　　　　　　　　　　原载《广东社会科学》2005 年第 5 期。

《冼太夫人史料文物辑要》 首发式
新闻发布会发布词

各位专家、同志们：

中华大地上，有一位功垂千古，足以影响中国历史进程的"女中奇男子，千古推第一"的女中豪杰，她就是冼太夫人。

冼太夫人，又称冼夫人，公元522年，出生于我国南北朝时期的古高凉今电白，是一位伟大的政治家和军事家。

周恩来总理称冼太夫人是"中国巾帼英雄第一人"，在中国典籍《二十五史》中，冼太夫人是唯一立传的少数民族杰出女性。2000年2月，时任国家主席江泽民同志巡视广东时，再次盛赞冼太夫人的历史功绩，说她是我辈后人永远学习的楷模。

冼太夫人生活的6世纪，正是中国南北割据、朝代更迭时期，冼太夫人历经南朝梁、陈及隋朝，能挺身而出，抵制分裂，矢志矢意，维护岭南地区和中原王朝的政治统一，顺应和推动了历史发展的潮流；冼太夫人以毕生的精力，在治理粤西政治、协调民族关系、发展社会经济上显示了雄才大略，成为我国南方俚人的杰出渠帅。

冼太夫人吸纳秦汉以来历朝开发岭南的传统，促进岭南地区郡县化的进程，从而实现了粤西地区的经济发展。

冼太夫人奉行"怀集百越"政策，促进了岭南地区汉、越、俚等各民族的和睦和融合，顺应中华民族发展的共同意愿和利益；她一生致力于维护国家统一和民族团结，对当时粤桂南部地区和海南岛的和平稳定和经济开发做出了贡献。

冼太夫人及其精神，是中国人民千秋万代的精神财富和物质财富。冼太夫人精神，概括起来就是"爱国爱民"四个字。今天，在祖国还没有完全统一的情况下，纪念冼太夫人更有着特殊意义。

为了学习冼太夫人，弘扬冼太夫人爱国爱民精神，为促进祖国统一大业和两个文明建设做贡献，广东炎黄文化研究会、茂名市历史学会、电白炎黄文化研究会、电白冼太夫人研究会，用两年时间联合编纂了《冼太夫人史料文物辑要》（简称《辑要》）一书，该书最近已由中华书局出版发行。《辑要》以史籍原件和历史地图、文物照片、冼氏谱牒、政府公文，多方面地考证了冼太夫人生平、故里、墓城、庙宇、裔孙故居地、高凉郡疆域沿革和粤西、海南一带冼太夫人的历史遗迹，再现了冼太夫人叱咤风云、流芳百世之一生，记录了中国人民特别是粤西和海南人民对冼太夫人的挚爱和崇敬。用这样的方法、这样的形式，编辑如此丰富内容的图书，这是我国冼太夫人研究领域的第一次尝试。而且，由于它的"原汁原味"，为深入开展冼太夫人研究提供了全面、系统、可靠的珍贵史料，奠定了坚实的基础。

随着对冼太夫人研究的深入，目前一些专家、学者在冼太夫人的生卒年、故里、落葬地，以及其他的相关问题上，仍有不少分歧与争议。作为学术问题，上述争议，都可以随着史料的不断丰富和考古资料的发现，终将得出科学结论。

在继续深入研究冼太夫人的课题上，需要形成一个简单而又本质的共识：冼太夫人是 6 世纪中国历史上的杰出英雄，是全中国人民的骄傲；是粤西历史和人文背景，铸就了冼太夫人的业绩。1000 多年来，冼太夫人已是一种文化结晶，是一种岭南人民乃至全国人民共同的珍贵精神文化遗产，爱国主义与民族团结的历史楷模，属于你，亦属于我，属于全社会。冼太夫人是全国人民共同的精神财富，1400 多年来，受到了世人无限崇拜和敬仰。在我国，北至辽宁，南至海南，甚至国外的马来西亚、新加坡，祭祀冼太夫人的庙宇达数百座，尤其在粤中粤西的恩平、江门、阳江、茂名、湛江，以及海南，不仅有庙宇，且有各种盛大纪念活动，如电白山兜正月十七的"冼太夫人回娘家"活动和海南的军坡节等。

为弘扬冼太夫人爱国爱民精神，使其转化为精神财富和物质财富，物化为当地人文旅游精品。为此建议：

一、要进一步深入开展对冼太夫人的研究，把研究水平提高到一个新的高度。

二、建设冼太夫人文物古迹旅游大景区。包括恩平、阳江、阳春、电白、高州、化州、湛江和海南等地。从冼太夫人一生的不同年代、不同角度，挖掘历史遗迹，形成冼太夫人旅游的不同品牌，共同组合冼太夫人旅游专线，促进粤西地区乃至海南省经济建设的进一步发展。

三、建议在冼太夫人的故乡，建一座以爱国主义教育为主题的冼太夫人纪念公园，融瞻仰、教育、旅游、娱乐于一体。为充实内容，同时可以设计建立一座俚人陈列馆，把冼太夫人的纪念活动置于同时代的历史氛围之中，以公园和陈列馆为载体，让后人世代纪念冼太夫人，纪念岭南的这一段辉煌历史。

最后，感谢大家在酷暑的天气，出席这一新闻发布会。

原载 2001 年 12 月电白炎黄文化和冼太夫人研究会《炎黄风韵》第 4－5 期合刊。又载蔡智文主编《冼太夫人研究》，香港国际炎黄文化出版社 2002 年版。

"广府文化及阮元对广府文化的贡献研讨会" 述评

　　广东炎黄文化研究会、广州炎黄文化研究会联合举办的"广府文化及阮元对广府文化的贡献研讨会"就要结束了。本次会议是继"珠玑巷与广府文化研讨会"后的又一次有关广府文化的学术研讨会。会议主要集中为两个议题，一是广府文化，二是阮元对广府文化的贡献。从目前收到的 30 多篇论文来看，所论述的内容，多紧扣会议议题，且具有相当的研究水准。在会上，各位专家学者各抒己见，畅所欲言，使这次会议开得很成功。

　　下面谨将会议讨论的情况做一简要的述评。

一、 关于广府文化的渊源、 地位、 特点和发展趋势

　　对广府文化空间范围的界定，过去有的依据方言区域界定，也有的依据民系来界定。以方言区域界定者认为，岭南文化包含广府文化、客家文化、潮汕文化。广府文化则属岭南操粤方言地区，主要是珠江三角洲及粤西地区。以民系界定者则认为，岭南汉民族分广府、客家、福佬三大民系。在本次会议上，有的学者提出，民系是文化的载体，而方言是划分民系的主要依据之一。

　　关于广府文化的渊源，有的学者认为，南雄珠玑是广府文化的一个源头，并对开创广府文化有重要关系的人物——率领珠玑巷移民南迁首领罗贵家世及其人其事做了考察。有的学者则从历史地理背景、代表人物、佛教人物、佛教文化和粤语形成四个方面的不同角度进行考察，认为广府文化可以追溯到汉元鼎六年（前 111）在今广东封开县南部和广西梧州市地区建立的广信县。至于广府文化的形成和发展，有学者认为，岭南与广府文化形成分为三个阶段：雏形出现在汉代，以今封开为中心，以陈钦、陈元为代表；渐趋成熟在唐宋，以韶州（南雄珠玑巷）为中心，以张九龄、余靖为代表；全面确立在明代，以广州为中心，以陈献章、湛若水为代表。

　　关于广府文化在岭南文化中的地位，有的学者以人口、覆盖面积为主要指标，勾勒出广府、客家、福佬三大民系在岭南的地理分布，进而认为广府系占两大指标过半以上，是岭南最大的民系。也就是说，广府文化是岭南文化最主要的组成部分。从文化发生、形成历史过程以及物质、制度和观念等文化要素的纵横对比也说明广府文化相对于客家、福佬文化在岭南文化体系中占重要地位。以粤

序·评

337

方言的传播扩张为主要线索，说明广府文化对周边文化的历史和现实的影响，指出它是一种时代先进的文化，所以能以崭新姿态，高位势辐射其他文化，带动周围地区发展。

关于广府文化的特质，有的学者概括为重商、开放、务实、多元与兼容，也有的学者概括为创新性、大众性、远儒性、实用性等。有的学者着眼于广府文化的纵向发展，认为不同时期的广府文化在保持其共性的前提下，又会随着时代的不同而发生变异，呈现出新的特点。如有的学者从狭义文化的角度探讨了近现代广府文化，认为其有鲜明特点：一是高举以反对外国侵略为主要标志的爱国主义，二是高举反帝反封建的民主革命旗帜，三是高举文学艺术革新的旗帜。关于当代广府文化的特点，有的学者认为，随着 20 世纪 70 年代以来经济的变革和物质生活水平的提高，广府人的价值观念也迅速变化，广府文化呈现出新的取向，其文化精神集中体现为一种"新功利主义"，讲求目的性、功利性和实用性。具体取向有：①唯实创新。广府人尊重实际，勇于创新，开拓进取，不恐"资"，不排外，把中央给广东的优惠政策转变为广府人创造性的实践活动，率先在珠江三角洲冲破单一的公有制和产品经济的束缚，建立起"以市场调节为主"的社会主义的多元化的经济体制，广府成了中国特色社会主义的早期试验区。创新，是民族之魂，也是广府人之魂。②义利兼顾。自明清以来，广府人在义利关系上经历了从"桑基鱼塘"时代的"贪财重利"—产品经济时代的"不言利"—社会主义市场经济时代的"义利兼顾"的转变。改革开放，使广府人实现了产品经济时代难以实现的致富梦，"富而仁"是广府人共同的价值取向。③重教育人。"让孩子读书、不如让孩子早点做工赚钱"，曾是重利的广府人的信条。当今在市场经济大潮搏击中的广府人，面临着急剧变革的时代与瞬息万变的挑战，深感知识的重要，重教育人已成为广府人的新理念。④宗教意识泛化。在社会改革巨变中，商海沉浮，捉摸不定，一些缺乏无神论素养的人，期求异己力量的庇佑，多年来被淡化了的宗教意识又沉渣泛起，烧香敬佛，占卜问卦等迷信活动又有所抬头。⑤理想追求沉落。市场经济发育较早又有重利传统的广府人，更多关注物质利益而轻于精神追求，有的人出现"及时行乐"思想，违纪、腐败现象屡有发生；在许多较富裕地区出现游手好闲的"二世祖"。

二、 阮元及其对广府文化的贡献

阮元（1764—1849），江苏扬州人。他历事乾隆、嘉庆、道光三朝，曾任浙江、河南、江西巡抚和两广、云贵总督。不少专家、学者认为，阮元既是封疆大吏、朝廷重臣，又是学坛领袖、经术名家。这样集高官和学者于一身，长达数十年，在历史上是不多见的。他一生潜心向学、著述等身。继承了清初经世致用的传统，力破门户之见，调和汉、宋，弘扬光大了乾嘉时期严谨学风。同时，他又以发展教育、培养人才、奖掖后进而名于世。他是当时中国学术界的一面旗帜，影响一代学风。

阮元于嘉庆二十二年（1817）调任两广总督，道光六年（1826）离任，在广东任职近十年。其间，他还六次兼任广东巡抚，并曾一度兼署广东学政和粤海关监督。由于阮元是一位封疆大吏，所以一些学者对阮元在广东的政绩予以关注，这是情理中的事。有的学者认为，阮元对广州地区经济发展的贡献有四方面：其一，组织修筑了桑园围石堤，使这一地区免受洪水之灾，促进了珠江三角洲农业经济的发展；其二，倡修英德、清远之间的峡山栈道，沟通了广州与粤北的水路交通要道，有利于广州与粤北及岭北的经济交流；其三，允许进口洋米的外船易货出口，不仅解决了洋米进口船因无利可图而渐少的现象，又有利于广州地区发展农业商品经济，还可解除旱歉年的后顾之忧；其四，修建广州城和镇海楼及文化教育设施，包括扩建贡院号舍、兴建学海堂书院和杨孚祠。

阮元任两广总督之时，正是西方列强企图用坚船利炮轰开中国大门之时，因此，阮元如何处理对外关系也成为一些学者关注的问题。有的学者认为，阮元所处的时代正是中西关系史上从朝贡体制向条约体制演变的转型期。他督粤期间处理的夷务主要有海防、禁烟、通商、西学四项，都做得比较好，赢得了"不刚不柔""驭夷有方"的好评。该学者还特别指出，阮元是清朝禁烟史上的先驱，他首创的西法出于中法之说，影响及于清末。有的学者专就阮元查禁鸦片问题做了探讨，认为阮元曾开禁烟先河，对英国为首的鸦片贩子进行打击，虽因种种原因没有收到实效，但其功不可没，它为以后的禁烟提供了可借鉴的经验。

有的学者对阮元的政治风格做了探讨，认为阮元政治风格是在儒家思想的熏陶下形成的，主要表现为：①为国为民，忠于职守；②重视调查研究；③实事求是；④力行仁政；⑤任人唯贤；⑥乐育英才。

相比之下，更多论文集中探讨了阮元对广府乃至广东文化事业的贡献。

在会上，经过充分的讨论，专家学者达成共识，一致认为，阮元对广府乃至广东的文化事业做出了重大贡献。具体而言，一是创办学海堂，培养了一批具有真才实学的人才，并改变了广府乃至岭南的学风；二是重修了《广东通志》，使之成为广东旧有通志中体例最为完备详尽、史料价值最大的一部"百科全书"，被人称为《阮元志》；三是编刻《皇清经解》等最新的经学研究成果，对提升广府乃至岭南的学术文化水平有着十分重大的意义。此外，有的学者就中国书法艺术史上，提出阮元的"北碑南帖"论及其在清代书法的革新的作用。也有学者采取另外一种表述方法，认为阮元对广府文化的贡献，一是培养了一批经学家，二是推动岭南学派的形成，三是开创了近代岭南教育改革的先河。还有的学者更进一步指出，阮元督粤九年，广东学术、人才、教育、藏书、刻书诸领域都发生了深刻的变化。这说明，阮元是清后期广东学术文化的奠基者。

还有的学者认为，在探讨阮元对广东学术文化事业的贡献时不能忘记阮元督粤幕府人员的功劳，他们协助阮元重修《广东通志》，参与学海堂教务，编刊了《皇清经解》，对阮元的支持和帮助很大。但这并不是要抹杀阮元本人在这方面的成绩，而恰恰是从另一方面肯定了阮元这位学术文化事业领导者和组织者的丰功伟绩。

与会专家学者在充分肯定阮元办学、修志及刊刻图书对广府乃至岭南文化事业的贡献的同时，还分别就其中的具体问题做了深入细致的探讨。

（一）学海堂的创办及其意义

关于阮元创办学海堂对岭南学术文化事业的贡献，专家学者讨论较多，有的学者对学海堂创办的时间进行了考证，对道光元年、四年、六年三说提出质疑，认为学海堂是在嘉庆二十五年（1820）悬匾文澜书院，同时开始了教学活动，创办时间应是嘉庆二十五年。该学者还提出，阮元在学海堂的活动，影响最为深远的是为学海堂制定了著名的《学海堂章程》。该章程是阮元总结办学海堂乃至此前办诂经精舍的实践经验而制定出来的，是对旧教育制度的改革，是一个很了不起的举措，对以后的岭南教育和学术文化产生了重要而深远的影响。也有学者指出阮元创办的学海堂确实培养了一批在文化、教育、科技等方面卓有成就者，对近代岭南文化的兴起和发展起了重要的作用。有的学者对学海堂课艺进行了研究，认为存世的学海堂课艺作为当时学海堂书院教育与学术活动的主要内容，在很大程度上体现了该书院不同于同时期众多"官学化"书院的办学宗旨、管理体制、教育特色及学校理念，这和阮元的宗考据训诂之学的学术旨趣的影响有关，并认为从学海堂生员的课卷内容可以注意到实证主义学风潜移默化的影响，还可以看到"新学""西学"因素的渗入。也有学者对阮元创办的学海堂的学风进行了探讨，认为学海堂的学风可以概括为五个方面：一是严格选择教师；二是严格挑选学生；三是提倡实事求是的朴学，反对浮华学风；四是倡导研究式的教学方法，因材施教，培养学生的实际能力；五是向西方的先进技术学习，引进西方的教学内容。并认为学海堂的学风影响深远，对我们今天的社会主义高等教育也有借鉴意义。也有学者认为，阮元办学贯彻了开放的学风、经世致用和实事求是的精神，并通过曾在学海堂修习或曾任学长的八位著名学者的分析，说明阮元实学思想对广府文化做出的贡献。

（二）关于重修《广东通志》的评价

阮元主持重修的《广东通志》被古典方志学派推为"善本"，梁启超誉其"斐然可列于著作之林"。从提交研讨会的论文来看，专家学者都充分肯定《阮元志》的价值，但在评价上着眼于不同角度。

有的学者将《阮元志》与之前明代戴璟、黄佐、郭棐分别修的《广东通志》，清代金光祖、郝玉麟分别修的《广东通志》做了比较后，认为《阮志》体系完整，其中有不少方志学观点。有的学者将阮元主持修撰的《扬州府图经》《浙江通志》《广东通志》和《云南通志》做了比较，认为四志均为名志，其中尤以《广东通志》为著。有的学者将《阮志》与谢启昆的《广西通志》做了比较分析，认为《阮志》的优点有五端：①全志体例架构既全面又十分完善；②编纂选材相当广泛；③采用了"大字正文，小字笺案"的编纂手法；④注重关乎国计民生大事的记述；⑤实事求是，克服了过去方志普遍存在的夸饰攀附的流弊。

有的学者对《阮元志》中的《艺文略》进行了专门探讨，认为它大致收录了清道光以前的广东文献，不失为一部清代道光以前的广东著述总目，其中隐藏着许多广东文献的信息，为研究广东乃至岭南学术史，以及岭南地区著述之繁富、藏书之盛衰、文献之源流等提供了重要历史线索和丰富史料，具有较高的学术参考价值。有的学者剖析了《阮元志》中的"职官表"和"宦绩录"，认为《阮元志》的优点有二：一是体例完备，章法严谨，记述有条不紊；二是广征博引，取材详核，记述力求准确。

关于《阮元志》成为名志的原因，专家学者们也进行了探讨。有的学者从阮元上嘉庆皇帝修志奏折和聘用学界名学者为总纂等方面考察，认为阮元对修撰《广东通志》是非常重视的，这是《广东通志》成为名志的重要原因。也有学者从《阮元志》修撰的时代背景、阮元本人所具有的深厚的学术功底及其居中的领导作用、修志班底的构成及其主要成员的学术素养多方面做了全面分析，认为《阮志》成为名志不是偶然的。

此外，有的学者还认为，阮元重修《广东通志》，对当时粤省各府州县修志事业起了很大推动作用。

（三）关于刊刻《皇清经解》等书籍

有的学者对学海堂刻书进行了考察，认为其所刻书大体上可分为三类：第一类为公共图书，范围较广，经史子集都有；第二类为书院文献，包括书院志、讲义、学规等；第三类是书院师生的学术研究成果。其中后两类最具特色，在中国出版印刷史上占有重要地位。并考证，学海堂的刻书，有名可考者，包括后期称"启秀山房刊本"者，共40种，凡3414卷。

有的学者认为阮元主持编纂、刻印《皇清经解》是道光年间中国学术界的一大盛事。《皇清经解》的刻成，不仅使清代经学的优秀研究成果得以汇集、保存，而且对近代学术文化也产生了深刻影响。学者还具体指出，《学海堂经解》

收录了大批常州今文学派的著作，使这一在近代学术文化史上有极大影响的学派的思想学术成果得以保存流传，从而使光绪年间再崛起的以康有为为首的今文经学派，获得了宝贵的历史基础和思想资源。

对阮元经学思想的研究，涉及对乾嘉学派的评价。有的学者对阮元与清代经学的问题，提出了许多新的观点，对进一步研究阮元思想都有启发意义。

三、 几点启示

本次研讨会经过两天热烈的讨论达到了预期的目标，现在就要结束了。这次关于广府文化特别是阮元对广府文化的贡献的讨论给我们的启示也是多方面的。

其一，文化的发展必须以经济发展为基础，文化的发展是经济发展得以保持的重要条件。阮元在出任两广总督伊始，一方面抓经济，另一方面又积极推动地方文化事业的建设，所以在广东十年的功绩是很大的。今天，我们广东的经济发展，人民的生活水平提高了，但是发展学术文化事业的任务还很艰巨。如果没有文化作为支撑，那么广东经济的发展势头也很难保持。因此，我们广东学人肩负着发展广东文化事业的重任。

其二，区域文化作为中华文化的一部分，在其发展过程中，既要与中华文化整体发展相协调，又要保持自己的特色。阮元在发展广府乃至岭南文化时注意了这一点，正像有的学者指出的那样，阮元将清代最新的经学研究成果编辑成《皇清经解》，并在学海堂刊行，这是为了提升广府乃至广东的学术文化水平，使之与中华文化的发展保持同步。同时，阮元在开展办学海堂、重修《广东通志》等文化事业时，大量使用广东本地人，其旨在于保持广府乃至岭南文化的特色。

其三，地方官员在发展地方文化方面扮演着极其重要的角色。乾嘉时期，考据学臻于极盛，而广府乃至广东却显得滞后。阮元任两广总督后，积极进行文化建设，尤其是开学海堂以经史之学课士，对广东学术文化事业影响最巨。之后，广东学术、人才、教育、藏书、刻书诸领域，都发生了非常大的变化。这对于我们今天发展地方文化有着极其重要的参考价值。

其四，严谨的学风是推动学术事业发展不可或缺的条件。所谓学风，就是指教学、学习的风气、学术氛围与环境等。阮元创办学海堂，严格选聘教师和挑选学生；提倡实事求是的朴学，反对浮华的学风；倡导研究式的教学方法，因材施教，培养学生的实际能力；向西方的先进技术学习，引进西方的教学内容。在这种优良学风的熏染下，学海堂才培养出一批批学人，才改变了广东的学术文化水准。所以梁启超说："广东近百年的学风，由他（阮元）一手开出。"学海堂的这种学风对我们今天办社会主义高等教育，也有借鉴意义。

以上是拜读各位专家学者会议论文和几天参加会议研讨的几点感想。这说明我们举办这样一次研讨会是必要的，也说明我们的研讨会开得是比较成功的，基本上达到了预期的目的。但是，研讨会还存在一些不足之处。

（1）与会学者阐述自己的研究成果多，展开学术争议少。我觉得"研讨会"，顾名思义应该是有研究有讨论。由于各位学者仅阐述自己的研究成果而讨论不起来，使得会议严肃有余，活泼不足。

（2）研究问题有不平衡的现象。会议确定的讨论议题实际上分为两部分，一部分是讨论广府文化，一部分是讨论阮元对广府文化的贡献。但从收到的论文和会上发言的情况来看，讨论后者多，而讨论阮元对广府文化的贡献方面，也是讨论学海堂和《阮元志》多，而讨论阮元刊刻图书特别是校刊、刻印《皇清经解》少。《皇清经解》是清代经学研究的最新成果，它在学海堂刊刻，对提升广府及广东学术文化水平有着不可低估的作用。《皇清经解》的校刊是有清代校勘学家顾广圻（千里）参与了的。阮元说："徒以学力日荒，政事无暇，而能总其事，审是非，定取者，海内学友唯江君（藩）与顾君千里（广圻）二三人。"可见，《皇清经解》是很值得研究的。

以上是我对这次研讨会的一些不成熟的意见，遗漏错误在所难免，敬请诸位专家学者批评指正。同时，会议虽然结束了，但广大同仁对广府文化及阮元对广府学术文化事业的贡献的研究不能停止。只有大家继续加倍努力，才是学习阮元的最好的行动。

原载《岭峤春秋——广府文化与阮元论文集》，中山大学出版社 2003 年版。

序
·
评

香山文化与海洋文明

——第六次海洋文化研讨会述评

由广东省社会科学界联合会、广东炎黄文化研究会主办，中山市政协港澳台侨和文史工委协办，广东省香山文化研究基地、电子科技大学中山学院岭南与香山文化研究所、中山市香山文化研究会承办的"香山文化与海洋文明——第六次海洋文化研讨会"于 2007 年 9 月 13—15 日在中山市召开。本次研讨会收到论文 40 多篇，其内容集中在下面四个专题。

一、 关于 "海洋文化学" 的学科建设

海洋文化研究是一门综合性、多学科的研究课题，对人类海洋建设有深远的理论意义与指导意义。海洋文化学在国内尚属一门新兴学科。广东炎黄文化研究会比较早地提出在我国建立"海洋文化学"的学科设想并展开研讨。早在 1995 年召开的第一次（珠海）海洋文化研讨会上，与会代表就提出了建立"海洋文化学"的创议，并对"海洋文化学"的学科对象、基本概念、文化特质、基础学科分类各抒见解。此后，"海洋文化学"课题成为历次研讨会上的研究主题之一。本次研讨会有 8 篇论文集中论述了这个主题。

不少专家共同指出要确立海洋文化学在我国文化研究中的学科地位，使学科本身的研究具有目标性，使我国海洋文化的研究有组织、有计划地进行，并逐渐扩大海洋文化在我国文化领域的影响，从而增强我国国民的海洋意识。在海洋文化的基本概念上，一些学者认为，构成海洋文化的两个基本要素是"人"和"海"。海洋文化是人海互动及其产物的结果，是人类文化中具有涉海性的部分，是人的本质力量发生在海洋这一特殊对象上的主体自觉活动的产物和结果。一些学者不同意用"人类文明两个不同的发展阶段与发展水平"来表述"陆地文化"与"海洋文化"的差异，认为海洋文化依托于陆地文化，也回归于陆地文化，两者具有互相依存的关系，它们之间并不涉及"科学技术和社会生产力发展"的区别。中国改革开放以来，许多沿海城市能得到飞速发展，主要是托政策之赐，而非只是由于其处于沿海的地理位置。值得肯定的是，在一些专家的论文中，鲜明提出了"海洋文化产业"的概念，认为"海洋文化产业是指从事涉海文化产品和提供涉海文化服务的行业"，并初步规定了产品生产和服务的内容，其中包括滨海旅游、休闲体育、海洋渔业、节庆会展和商业化运行、服务等各大

门类。"海洋文化产业"使海洋文化、海洋经济发扬光大，有了用武之地。此外，我国海洋文化史专家、中国科学院自然科学史所的宋正海先生对我省的海洋文化研究十分关注，他提交的论文《长达千年的潮汐之争》，对世界科学史上罕见的我国古代对潮汐的认识做了全面介绍和提出了自己的灼见。

二、 岭南地区海洋文化研究

本次研讨会的突出成果之一是对岭南地区的海洋研究，许多作者从各个方面论证了岭南地区海洋文化的光辉历史和显著特色。有学者提出了海洋文化是岭南文化的特质的观点，指中国的传统文化是内陆文化和海洋文化的结合体，由于岭南是中国海上交通的发祥地，中国由海路走向世界的前沿，成为中西文化的交汇地，因之，海洋文化成为岭南文化引领时代潮流的重要基因。

在岭南地区海贸、海交史的研究上，专家们较集中在海上丝路的研究。一些学者指出，2000 年前盛世雄风的汉帝国，其时中华文化已形成有完整的海洋观，尽管其海洋观尚属于农业民族海洋观，而非西方商业民族海洋观，但畅达繁忙的海上贸易，使汉帝国通过岭南地区而被纳入当时的"世界体系"。有学者进一步指出，汉魏时期是南粤地区"海洋文化"形成与初步发展的重要时期，南粤海洋文化的形成与发展，极大地促进了南粤地区的地域开发与经济文化发展。由于积极的海外贸易活动，该时期岭南出现了大量繁荣的商业性港口城市，如番禺、徐闻、合浦，以及南朝以后以广州为中心的大批郡县的设立。岭南地区的海上活动，以"海上丝绸之路"为主要途径，构筑了中外关系史的重要地位。其时海上对外贸易已遍及东南亚，直至南亚次大陆地区，其杰出的成果，即世所认可的"佛教最早由海路传入中国"的史实。不少作者建议，今后在研究中外关系史上，应把更多的目光投向岭南地区。

在岭南地区与南洋地区的海上交往中，有作者著文指出我国历史上的三次大规模对外文化交流，均以岭南为主要枢纽。作为岭南近邻的南洋地区，是中国的船舰前往西洋都必须经过的地区，由于我国历代奉行睦邻政策，更兼海路一贯畅通，岭南与南洋地区长时期保持了修好和睦、友好往来的关系，在经济、文化上达到了共同的进步和繁荣。

南海神与天后是中国沿海最大的两位海神，有作者通过对两者信仰发展的不同历程，揭示其在海洋文化上不同的历史功能。

以往，东洋方面的研究，可谓是我国海交史研究的薄弱面。省社科院的专家在日本学术访问期间搜索了大量资料，查阅到清初至中期广东商船赴日贸易的资料。这些资料内容具体、细致，史料价值高，从而填补了我国及南粤东洋海贸的缺失和空白，这无疑是广东学者做出的贡献。

阳江发现的"南海一号"是目前世界上发现年代最早、船体最大、保存最完整的宋代远洋贸易商船。阳江"南海一号"沉船的打捞，以及国家级的海上丝路博物馆的建立，标志着我省水下考古的长足发展与取得的初步成果。本次研讨会上，有学者认为，探究水下沉船、海港遗址、海洋聚落等人类活动遗物遗迹，开辟了考古学的全新领域，对推动学术研究和促进海洋经济社会研究具有重要意义。

三、 关于广东海洋文化的现实与应用研究

目前海洋经济已成为沿海地区经济的新增长点，广东省的海洋经济发展占据全国沿海省区市的榜首。研讨会上不少学者在海洋文化理论的指导下，结合现实，注重应用研究，对广东诸沿海地区的建设，提出了许多新的课题。

中山市的学者着重介绍了中山市发展蓝色产业带的路向及新思维，主要是：①制定开发海洋高新技术为核心的"科技兴海"政策，以利于海洋产业合理调整和海洋经济发展的战略性转移；②协调经济、资源、环境的三者共存发展；③优化海洋产业结构。中山市规划的"蓝色宏图"，正有效地推动着中山市的经济建设，对其他沿海地区亦有示范意义。

针对长期以来一些地区以牺牲环境为代价对海洋资源的掠夺性开发，有学者著文提出四点对策：①健全和完善海洋法制，真正做到"有法可依"；②大力开展普法教育，牢固树立现代海洋文明理念；③强化海洋司法，完善海洋环境侵权的法律救济；④强化对执政者的再监督。从而真正做到加强法制建设，依法治海，依法兴海，实现海洋经济可持续发展。

针对人们对海洋不合理的"取予夺截"（取其资源，予其污染废弃物，夺其湿地资源，截其淡水资源），有学者以"和谐海洋"的观点，论证了"取"和"予"的关系。指出只有树立正确的"取予观"，才能繁荣海洋事业，走可持续发展的海洋道路。"取予观"值得沿海地区海洋环境管理借鉴。

四、 香山文化与海洋

本次研讨会的主题是"香山文化与海洋"，专门研究香山地域海洋文化的文章达九篇。专家们从各个角度，对此命题做了很好的阐述。

地处珠江入海口的香山，包括中山、珠海、澳门三地，香山文化一脉传承使三地在文化上共同繁衍。得地缘优势，香山人在获得渔盐之利的同时，学会了围海造田和中外贸易，形成了海洋经济和农耕经济、商贸经济并重的经济社会格局，实现了本土文化与西洋文化、中华传统文化的融合和创造性转化，从而使具

有包容性、多元性、开放性、重商性、冒险性、创新性、外向性、交融性的香山文化，成为岭南文化的代表，也直接丰富了中国海洋文化。一些专家通过研究，认为"海洋性"是香山文化的主色调，香山文化极富岭南海洋性特点，海洋文化是香山文化的起点、核心，香山文化借发展之势，地处省港澳之利，得以开风气之先，引领潮流，成为中国海洋文化的典范，为近代中国乃至世界所注目。在政治思想文化方面，郑观应开维新风气之先，孙中山的民主革命旗帜引领中国近代化潮流，刘师复开中国无政府主义先河，杨匏安是马克思主义在中国传播的先驱。在商业文化方面，香山买办是中国洋务工业、民族工业的翘楚，郑观应、徐润、唐延枢等执近代工商业巨贾之牛耳，香山的四大百货奠定了中国近代商业。在华侨文化方面，香山华侨对中国近代工业起步，对中国民主革命的推动与支持，建立了丰功伟绩。香山在教育、科技、艺术、出版等业界名人荟萃，业绩卓著，香山文化是当之无愧的近代中国文化、海洋文化的典范。

从事历史地理学研究的专家，应用中国海洋社会经济史的学派理论，分析了零丁洋海域及其范围的扩大，零丁洋海域处于正常贸易与走私贸易的重要集散地的特殊地位，随着广东社会经济与中外贸易的发展不断向海洋推进。

香山商业文化是香山文化的重要组成部分，是香山文化中最具活力的要素，有学者归纳了香山人的企业思想与成功之道：一是香山人创办企业具有海纳百川的商业文化思想，其典型实例是其创办的四大百货公司遍及全国大中城市，开创了中国的百货商业；二是香山工商业群体积极开拓进取，形成了勇于竞争、自强自尊、敢于冒险、敬业爱业的优良品质以及"初学商战于外人，继则与外人商战"的"商战"思想。中华人民共和国成立后，中山商业文化焕发了强大的生机，顺利实现了从传统到现代商业文化的转变，有专家剖析了香山商业文化的现代传承途径，指出香山商业文化的创新性利用，使之做出了更大贡献。

总而言之，本次研讨会在海洋文化学术研究上呈现了一批新的成果，彰显了本次研讨会的特点：学术立论深邃，内容丰富，视野宽阔，研讨课题的现实性、应用性以及针对性十分显著，有些论文的现实指导性强。本次研讨会的学术成果，将会对广东省的海洋经济发展，以及我国海洋文化的研究产生一定的影响。

原载《学术研究》2008 年第 3 期。

序
·
评

李勃著　《海南岛历代建置沿革考》　序

　　李勃同志把他的大作《海南岛历代建置沿革考》打印稿寄给我，嘱我为它写篇序。阅读之后，我很高兴。我的高兴来自两方面：一方面，是一本对研究海南岛历史有重要参考价值的开创性著作即将问世。在时下学风不纯、学术浮夸的环境下，能出现这样只有"坐冷板凳"方能写出来的著作，我为之兴奋。另一方面，李勃是我的学生，他1979年考入中山大学历史系，1983年毕业。我任过他们班的"中国古代史"课，他的毕业论文还是我指导的。看到学生成才，本其学业，成为史学界的一员，自然很高兴。下面我谈一下阅读本书的一点感想。

　　首先，本书所讨论的问题，是属于沿革地理的范畴。沿革地理是记述并考证历史时期疆域和政区等的沿袭与变革的领域，是我国传统舆地之学的重要组成部分、现代历史地理学的前身。沿革地理在中国起源很早，《史记·河渠书》和《汉书·地理志》开其先河，但当时并未以"沿革"命名，"沿革"一词首见于《三辅黄图》的"三辅沿革"篇。如《汉书·地理志》以记述西汉时代的政区、山川、人口、风俗为主，但也包含了丰富的沿革地理内容。在郡国县邑条下，间及其建置的沿革和地名的演替。《史记》《汉书》《后汉书》的"四夷"诸传记述了边疆地区民族的历史分布状况，成了后人研究边疆地理沿革之源。中国的"正史"中，列"地理""河渠"诸志和"四夷"诸传已成传统。十六部正史有"地理志"，六部正史有"河渠志"；除《北齐书》《陈书》等少数几部正史外，绝大部分正史都有"四夷"诸传。这些资料有相当部分是专门的沿革地理内容，是后人研究沿革地理的重要依据。南北朝以后大批地理总志和《水经注》等舆地专著的问世，极大地推动了沿革地理的发展。如唐李吉甫的《元和郡县图志》、宋乐史的《太平寰宇记》、元明清的《一统志》。这类总志在各级政区条下，多追溯历史，记载建置沿革。北魏郦道元的《水经注》是以记述当时河流水道状况为主旨，但对各流域郡、县、城邑的历史沿革也记载极详。南北朝以前成书的《三辅黄图》首立"三辅沿革"篇，以后方志承袭这一体例，宋元及其以后的方志大都首列"建置沿革"。中国沿革地理研究经过漫长的历史发展过程，形成了求实的特点。它的方法就是描述、整理与考辨。李勃的《海南岛历代建置沿革考》基本上沿袭了中国沿革地理研究的求实特点，按描述、整理和考辨的方法去研究海南岛历代建置沿革。这是本书的一个特点。

　　其次，传统的沿革地理有明显的局限性，就是长于考证，注重事实，但缺乏进一步的因果关系和变迁规律的探讨。本书除了长于考证之外，注意了一些因果关系和变迁规律的探讨。也就是说，不但考证其"然"，而且探讨其"所以然"。比如第二章"秦代、西汉时期海南岛之归属和建置考"，不但在第二节中考证了汉武帝开设珠崖、儋耳郡，而且在第三节中论述了儋耳、珠崖二郡先后废除的原因，在第四节中探讨了汉元帝罢珠崖郡后海南岛之归属。这样，不但了解了西汉时期海南岛归属与建置的"然"，而且探讨了它的"所以然"，比传统的沿革地理又深入了一步。这样的例子，每章中都有。说明本书在继承传统的沿革地理的基础上有所创新。

再次，本书突出一个"考"字。本书并不是一般地罗列海南岛历代建置沿革情况，而是研究历代海南岛之归属及建置、学术界存在的争议或悬而未决的问题，分专题加以考辨。每一章分若干专题考辨，分而言之，则是某个历史时期若干专题的考证，合起来就是某个历史时期海南岛归属与建置的综合情况。而在每个专题的考辨中，搜集材料可谓"竭泽而渔"，论证过程中，材料的排比先后，一般是同时代的材料排在前面，以后历代方志的记载排在后面，而且一般立论是建立在同时代材料的基础之上，以后的方志记载只做参考、印证。论证方法缜密有序，逻辑性强。因而，其"考"的问题，言之成理，持之有故，有较强的说服力。

最后，本书是时代要求的产物。由于海南岛历代建置沿革问题存在许多悬疑，致使很难编写《海南省通史》。李勃同志有志于搞清楚海南岛历代建置沿革，为编写《海南省通史》打下基础，于是在海南高校率先开设"海南历史"课程。1995 年又参加编写《海南百科全书》，担任"历史编"副主编。2000 年又承担海南省教育厅科研资助项目——"海南岛历代建置沿革考"。该项目 2004 年 6 月结题，获得验收专家们的好评。李勃同志潜心研究，历十余年之功，终成此书。验证了"板凳要坐十年冷，文章不写半句空"之说。社会需要，刻苦钻研，方法对头，一定能完成无愧于时代的著作。李勃同志此作，适应时代的需要，一定会获得良好的社会效益和经济效益。

祝愿李勃同志沿着这条路子走下去，心无旁骛，有更多更好的著作问世。

是为序。

原载《海南岛历代建置沿革考》，海南出版社 2005 年版。

序·评

曹旅宁著 《张家山汉律研究》 序

这是我给曹旅宁同志的第二本著作写序。我在他的第一本著作《秦律新探》序言中说，旅宁同志在职培养而能在三年之内完成博士学位论文，并得到学界好评，原因有三点：一是知识比较广博，对古文献熟悉；二是对中国古代法制史有强烈兴趣，勤奋好学，有打破砂锅问到底的钻研精神；三是学习前辈学者的治学方法，通过写札记的形式，把心得记录下来，做到言必有据，言之成理，不发空议论。拜读了他的第二本著作《张家山汉律研究》之后，觉得他基本上是按照《秦律新探》的路子走下去。因此，上述概括的三点也是适用的。

2001 年 11 月《张家山汉墓竹简（二四七号墓）》正式出版，在国内外学术界掀起一股研究张家山汉简的热潮。据不完全统计，至 2004 年 11 月，公开发表的论著已有百余篇。"二年律令"是张家山 247 号汉墓出土全部律令的总称，包括 27 种律和一种令，内容涉及汉律的主体。《张家山汉律研究》由 24 篇论文组成，基本上涵盖了这批法律简牍的主要内容。旅宁同志在攻读博士学位期间，除研究秦律之外，已开始注意汉律的研究。在研究过程中，经常到寒舍借书和谈心得体会。我鼓励他多写札记，积累到一定时候，就可以结集成书。我们还常谈一些著名史学家如顾颉刚、吕思勉、陈垣诸先生写札记的经验，认为这是行之有效的办法。

他的《张家山汉律研究》基本上是以札记的形式成文。每研究一个问题，在资料的搜集、勾稽和排比、考订上，都付出过辛勤的劳动，多数属于历史考证性质。而每个题目立论，都发前人所未发，是自己的独立见解。比如《张家山 247 号汉墓汉律制作时代新考》认为，汉律竹简中共有二十九条有"盈"字，不避汉惠帝刘盈之讳，由此断定竹简的年代应不早于汉惠帝元年。这应是不刊之论。《论张家山汉律中"宦皇帝"的性质及地位》，在裘锡圭、阎步克等学者阐释的基础上，进一步说明其性质与地位。《张家山汉律磔刑考辨》，考释了磔刑与献祭刑、磔刑与所谓车裂、磔刑与凌迟的关系。通过排比材料、钩沉索隐，揭示出磔刑的发展过程。陈垣在《通鉴胡注表微》的《考证篇》序录中说："考证为史学方法之一，欲实事求是，非考证不可。彼毕生从事考证，以为尽史学之能事者固非；薄视考证以为不足道者，亦未必是也。"本书的创见很多，在此不能一一列举。

旅宁同志用四年时间，在完成本职的教学工作的同时，撰写《张家山汉律研究》一书，其历程是艰辛的。读书勤奋，方法对头，后生可畏。愿他继续努力，做出更多更好的成绩。

是为序。

原载《张家山汉律研究》，中华书局 2005 年版。

学习饶宗颐先生锲而不舍的精神
——以新莽史研究为例

　　台湾新文丰出版社出版《饶宗颐二十世纪学术文集》14 卷 20 册，皇皇巨著，可喜可贺。最近翻阅了卷 3《简帛学》和卷 6《史学》，每种著作都反映了饶先生对学术始终孜孜矻矻、锲而不舍、精益求精的精神。谨以他对新莽史料的搜集和研究为例，来说明他对学术的追求和锲而不舍的精神。

　　饶先生在《新莽简辑证》一书的《前言——王莽传与王莽简》中说："1940 年余撰《新史序目》，刊于齐鲁大学《责善半月刊》第 1 卷第 3 期，作为该刊首篇，至今已逾半个世纪。由于我的史学观点的改变，故压下迟迟未敢写成书，另一方面，亦在等待汉简新材料的逐渐充实。"我们从《新史序目》中可见他拟撰的新莽史，包括纪 2 卷，表 4 卷，志 8 卷，列传 24 卷，共 40 卷。此书虽未撰成，但他一直在搜集史料，研究不断，1946 年写的《新莽艺文考》，按六艺略、诸子略、诗赋略、术数等分门别类考述新莽时期的著述。1954 年撰成《两汉反抗王氏者列传》，本编分 5 卷，第 1 卷为忠谏之士，不满于王氏揽权者；第 2 卷为莽所黜戮者；第 3 卷为举义抗莽而死事者；第 4、第 5 卷皆清节之士不仕莽者，凡132 人。还有 5 篇附录。1957 年撰成《新莽职官考》，包括中央百官、地方守牧，还附元始居摄之际公卿表。1994 年与李均明合作编撰《新莽简辑证》一书，内分释文之部、考证之部。考证分数量词与货币、职官与秩爵、郡县与屯成组织、诏书律令与司法、天凤三年西域战役等部分。饶先生 1940 年拟撰《新莽史》，1994 年完成《新莽简辑证》，前后逾半个世纪。对新莽史的研究，从文献记载到简牍、碑刻，资料网罗无遗（当然今后还有新出土的简牍和考古资料）。50 年的追求，始终反映饶先生的学术信念：一是勤奋、锲而不舍，咬定青山不放松；二是坚持三重证据法，田野考古、文献记载、简牍研究三者结合起来，必有创获；三是寓学术于生活之中，坚持"我的生活与学术是合一的"。我们应该学习饶先生这种精神，让它指导我们的学术研究。

　　原载《潮学研究》第 12 辑，香港文化创造出版社 2005 年版。

杨权著 《新五德理论与两汉政治—— "尧后火德" 说考论》 序

　　杨权同志 1998 年考入中山大学历史学系，在职攻读博士学位。在考虑博士论文题目时，他自己提出一个大的框架，即在两汉谶纬文献方面下功夫。我提出这个问题难度大，一是资料较少而零碎；二是学术界对谶纬文献的理解，歧义太大；三是许多大家对此都有论著传世，要有所创获，实在不易。但他说，自己以不惑之年来攻读博士，这本身就是一个挑战，在选题方面，也要面对挑战。这说明他在学术上有不畏艰难、迎难而上的精神，这种虎虎有生气的气魄，正是学术上要取得创获必需的。经过七年的努力，他终于以论文《"尧后火德" 说考论》，获得了博士学位。在博士学位论文的基础上，经过修改补充，以《新五德理论与两汉政治—— "尧后火德" 说考论》为书名，由中华书局出版。在此谨表祝贺。

　　这篇博士学位论文体现了从事学术研究要贯彻小题大做、专题深入的原则。作者在较充分掌握了原始资料和综合前贤及今人已有研究成果的基础上，考辨是非，梳理贯通，明确表达了自己的新创见。比如他指出新五德终始说的创立者和 "汉为火德" 说的首位论证者为刘向；认为 "汉家尧后" 说在西汉昭帝时已产生，而非王莽阴谋政治的产物；将光武帝刘秀 "始正火德" 理解为针对新莽的土德伪统而言，意思是始循西汉的火德正制，这些见解，都具有正本清源和深入认识的意义。这些结论，是经过充分论证的。引用资料丰富，论证严谨，应是可信的。其他的创获，读者细心阅读此书，将会有体会。

　　论文所探讨的问题是两汉意识形态里的一个十分重要的问题，但也是一个十分复杂而隐晦的问题，难以被一般读者所理解。因此，我想到顾颉刚先生的《秦汉的方士与儒生》一书。此书 1935 年由上海亚细亚书局出版时，题为《汉代学术史略》。1955 年由上海群联出版社重版时改名为《秦汉的方士与儒生》，增加了一篇序，说明写作此书的由来、经过和改名的缘由。1962 年我在还是大学三年级学生时，读了顾先生此书。顾先生在书中说明了在阴阳家和方士的气氛下成就的秦、汉时代若干种政治制度；说明了方士和儒生怎样由分而合、又怎样地接受了阴阳家和方士的一套，成为汉代的经学和若干种政治制度；说明了汉代经学如何转入谶纬，谶纬对政治又发生了怎样的作用。该书文字流畅，深入浅出，娓娓道来，引人入胜，使许多隐晦难懂的问题迎刃而解。我读完之后，豁然开朗，还在末页写下了读后感。由此我想到，杨权同志可否将依照顾先生的《秦汉的方士与儒生》的体例，将本书深入浅出地改写一本为一般读者容易读懂的普及本，也为学术普及做一点贡献。

原载《新五德理论与两汉政治——"尧后火德"说考论》，中华书局 2006 年版。

一部 "充实而有光辉" 的道教史力作

——王承文著《敦煌古灵宝经与晋唐道教》评介

著名历史学家严耕望先生在其《治史经验谈》一书中，有一节专门谈历史学的"论著标准"。严先生把杨联陞先生提出的"充实而有光辉"作为史学论著的标准，并进一步发挥了这句话的内涵。严先生认为，"这句话显然可分为两个层次，基本上要工作做得'充实'，但最高标准则要兼具'光辉'"。所谓"充实"，"最主要的是材料丰富，论断平允，踏踏实实，不发空论"，论证要"步步谨严，如做数学，无一步虚浮"。这才能算得上是内容充实的有价值的论著。"不过精审充实只是有价值论著的基本条件，不具备此种条件，根本不能跻入著作之林；至于欲其论著达到更高境界，则当在'充实'的基础上，再进一步，显示其有'光辉'。"所谓"光辉"，可以从两方面去认识："第一要有见解有识力，工作成果要显出有魄力，能见人所不能见，言人所不能言，或言人所不敢言；而同时须兼顾最基本条件——精审充实"，"第二要工作规模恢宏、组织严密，且有创获。……当然这里面还要包括一个基本条件——内容充实"[1]。显而易见，一部史学论著要达到严先生所阐释的"充实而有光辉"的标准，是不容易的。最近拜读了王承文先生的《敦煌古灵宝经与晋唐道教》（中华书局 2002年版）一书，我认为本书可以称得上"充实而有光辉"。

本书锁定古灵宝经作为研究对象。古灵宝经是指敦煌本陆修静《灵宝经目》所著录的一批早期灵宝经。1900 年发现的敦煌数万件遗书中，道教文书近 600件。而灵宝经文书占其中一半以上。本书将这批古灵宝经文书与明代《道藏》结合起来研究晋唐时代道教发展的轨迹。全书分六章，总 65 万字，850 多页。每章均以一个专题研究为基础，叙事上溯先秦，下迄宋元明，旁及儒、佛和巫道。作者不但精心钻研古灵宝经材料，而且对卷帙庞大的《道藏》经传资料也精细钻研，与它相关的儒学、佛教的资料也相当熟悉。作者从浩繁艰涩的道经文字本身出发来读出道教史的演变轨迹，这是十分艰难的研究工作。作者对与本课题相关的中外学者研究成果也十分关注。在绪论中有一节"二十世纪国内外敦煌古灵宝经研究评述"，行文中除评述中国学者的论著外，还备引日本、法国、德国、荷兰、美国、澳大利亚等国学者的论述，而且多能指出比较中肯的得失。本书立论平允、论证谨严，不发空论。作者综合运用历史学、文献学、宗教学的方法，

---

① 严耕望：《治史三书》，辽宁教育出版社 1998 年版，第 61－62 页。

将出土文献、碑刻资料与传世文献相结合进行研究，在前人研究成果的基础上，将古灵宝经与晋唐道教的研究提高到一个新的水平。所以，我认为本书称得上严耕望先生所说的"精审充实"的著作。

所谓"光辉"，就是它的恢宏和创新点。我认为本书的创新点和建树，表现在下列方面。

第一，国内外对六朝至隋唐道教的研究和认识，长期以来只重视道教宗派之间的差异和分野。而本书第一次揭示了古灵宝经思想具有极为强烈的整合道教各派的倾向，在教义上形成了"超九流，越百氏"的鲜明特点。古灵宝经中的一批"真文""天文""天书""本文"，是灵宝经最重要最核心的信仰，这些"真文"就是"道"的本体和表现形式。它既是宇宙万化之源，也是道教的本源。这种经教神学，使道教各宗各派的经典科教具备了共同的本源。因而从神学理论上确立了道教经典科教统一的基础及其神圣地位。古灵宝经创立了最高神元始天尊，它具有道教共同教主的地位，同时又促使道教体系由分散无统而逐步走向统一。因而，古灵宝经在隋唐道教统一的经教体系中占有核心地位。本书的这一创新点，对重新理清和认识晋唐道教的发展历程具有重要意义。古灵宝经不仅是与其他道教经典并列的一个一般性道经集成，而且是具有整合晋唐道教经教传统的平台和载体。因而，本书在一定程度上突破了现有中古道教史按道派来划分的格局。

第二，关于古灵宝经与天师道的关系。国内外以往的研究强调东晋南朝灵宝经等新道经与汉魏天师道的差异。本书通过古灵宝经中的定期斋戒制度、斋官制度、礼灯科仪、斋坛法式，与民间"巫道"的关系等一系列具体问题的研究，证实了早期灵宝派对天师道教法是一种继承和创造性发展，二者之间有深厚的渊源关系。这一发明，揭示了汉魏道教向东晋南北朝新道教发展的轨迹。

第三，本书讨论了南北朝时期南北道教的交流及其对隋唐统一道教的影响。尤其认为北魏寇谦之道教改革，应有晋以来江南灵宝经的影响，"而不应看成是一种完全与南方隔绝的孤立的历史现象"（本书第 668 页）。这一观点具有发覆意义。

第四，古灵宝经中具有浓厚的佛教色彩。本书着重揭示灵宝派吸收借鉴佛教的精神，而保持本土宗教传统和"文化本位"的意识，进一步阐发陈寅恪关于"道教对输入之思想，如佛教摩尼教等，无不尽量吸收，然仍不忘其本来民族之地位"（《冯友兰〈中国哲学史〉下册审查报告》）的"道教之真精神"。

本书的创新点很多，上述只举其大略。本书规模恢宏、组织严密。通过"灵宝天文"的宗教神学渊源及其重大意义、元始天尊作为道教教主地位的确立、"三洞学说"在晋唐时代的具体演变、南北朝道教之间的渗透融合、灵宝派与天师道、上清派、三皇派的关系、灵宝经与道家学说的民间"巫道"的关系、灵宝派斋醮科仪体系的形成等一系列专题研究，从比较广阔的历史画面和比较深远的思想背景，揭示了古灵宝经在晋唐道教整合和中古道教统一的经教体系确立中的地位和具体发展过程。恢宏与通识相结合，构成了本书"光辉"的境界。

在这里指出本书不足之处，一是每个专题的研究，上溯和下移未免过多，导致枝蔓化；二是目录只标章、节、纲目而不编页码，读者使用起来很不方便。

作者所以能在研究领域取得比较好的成绩，诚如他的跋文所说，是由于导师姜伯勤教授严格要求和精心指导以及中山大学历史系具有良好的学术传统，陈寅恪、岑仲勉等老一辈史学家的学风，至今仍得以赓续发扬。此外，作者锲而不舍的努力，是事业成功的保证。作者刻苦钻研、焚膏继晷地工作，是同事们的共识。愿作者有更多的优秀著作问世。

原载《学术研究》2006 年第 12 期。

序·评

罗志欢著 《岭南历史文献》 序

　　暨南大学图书馆罗志欢先生要我为他所著的《岭南历史文献》写序，因为我对研究岭南文化有兴趣，翻阅其书之后，觉得是一本用功甚勤，对研究岭南文化的读者有很大参考价值的著作，故乐于向读者推介。

　　20 世纪 80 年代以来，中国学术界出现讨论和评估中国传统文化的热潮。文化史研究的兴起，与现实社会生活有着密切的关系。因为要建设具有中国特色的社会主义新文化，必须要批判地继承历史文化遗产。对历史文化遗产不分精华和糟粕，全盘继承，不是历史唯物主义的态度。相反，对历史文化遗产采取民族虚无主义的态度，也为我们所不取。我们应该通过"百花齐放，百家争鸣"的方式，对中国传统文化进行深入细致的讨论和评估，区别其精华和糟粕，取其精华，弃其糟粕，为我们建设先进的社会主义文化所用。然而，中国不仅历史悠久，而且又是地域辽阔的多民族统一的大国。各地社会经济、文化发展很不平衡。各地区经济、文化的形成和发展，又具有鲜明的地区特点和民族特点。因此，在研究中国文化史的时候，必然会深入研究各个地区的历史与文化。因而出现了研究地域文化的热潮，各地绚丽多彩的文化，构成了锦绣中华的历史画卷。

　　广东一隅，史称"岭南"。岭南文化，源远流长。20 世纪 80 年代以来，随着全国的"文化热""地域文化热"的到来，广东也出现了研究岭南文化的热潮。据我们所知，广东中华民族文化促进会设立专项基金，编辑出版"岭南文库"大型综合性文化丛书，出版了一批富原创性、文化含量高的学术著作，该丛书获得国家图书奖。广东炎黄文化研究会编辑出版"岭南文丛"，包括"岭南文化通志""岭南文化研究论著"和"岭南文化历史文献选辑"三大系列学术丛书。广东高教厅组织广东各高校古籍整理研究单位，共同编辑"岭南丛书"，"'岭南丛书'者，岭南历代文献之荟萃也"。丛书收集岭南学者、作家之著述，及其他有关岭南之文献，包括文、史、哲、地、经、法诸类。以上书系，对岭南文化的研究都做出了重要的贡献。

　　研究岭南历史与文化，必须依靠岭南文献。岭南文献属于地方文献。著名图书馆学专家杜定友先生对地方文献范围有科学的界定，即地方文献包括地方史料、地方人物与著述、地方出版物三部分。《岭南历史文献》就涵盖了岭南地方史料、岭南人物与著述、岭南出版物三部分的内容。岭南文献记录了岭南人民的物质生产和精神生活的状况及其历史发展过程，其中蕴藏着岭南人民生产实践的总结和历代政治家、军事家、思想家、科学家、文学家、艺术家的光辉思想、哲理学说以及对现实生活的歌颂与鞭挞，这是岭南人民及历代伟大人物在历史上积累起来的巨大精神财富。因此，我们要研究岭南、认识岭南，掌握岭南历史发展的规律，探寻岭南历史的未来走向，就必须依靠岭南文献。但迄今没有一本概述岭南文献的书，本书弥补了这个缺陷，全面、系统地叙述了岭南文献源流、岭南文献刻印、岭南文献聚散、岭南文献整理、岭南文献传播，还附录了《岭南书目知见综录》《岭南学者未刻书稿简目》《岭南文献国外传播简目》等。对岭南文献的概貌及其发展规律做了很好的总结。因此，本书既是研究岭南历史与文化的入门之作，又为学者深入研究岭南文化提供了目录索引，是一本雅俗共赏的读物。

罗志欢先生现为暨南大学图书馆古籍室主任。主要从事中国古代文献的搜集、整理与研究，开设"文史文献检索与专题文献综述"课程。学术专长为文献学研究和学术史研究。他对历史文献有着浓厚的兴趣，从目录学、版本学、文献学角度研究学术史和地方历史文献。他独立或合作完成多项历史文献整理项目，发表论文40余篇，是对历史文献学造诣颇深、研究成果卓著的一位青年学者。《岭南历史文献》的出版，是他对岭南文化研究做出的重要贡献，在此谨致祝贺。是为序。

原载《岭南历史文献》，广东人民出版社2006年版。

文化奇人王云五的 "奇"
——评介金炳亮著《文化奇人王云五》

最近阅读林雄、欧初主编的"广东历史文化名人丛书"中的《文化奇人王云五》一书。该书由金炳亮著，广东人民出版社 2006 年 8 月出版。该书分六章：第一章"少年磨难"，第二章"与书结缘"，第三、四章"商务印书馆岁月"（上下），第五章"错位从政"，第六章"晚年生活"。将近 14 万字的篇幅，把"文化奇人"王云五 92 岁的传奇人生，活灵活现地呈现在读者面前。

王云五的"奇"，奇在小学都没毕业，却做了大学教授；夜校学的英语，却是胡适的英文老师；一个小秘书，很快做了教育部的司长；小书局都经营不下去，转眼成了全国最大出版机构商务印书馆的顶梁柱；一个出版社的老板，摇身一变，却做了国民政府的财政部部长；从小体弱多病，却活到 92 岁的高龄；他还发明了四角号码检字法；还培养出了台湾第一个博士；他是学问家、教育家、演说家、出版家、发明家、政治家，等等。小学都没有毕业的学历，却最终成了许多"家"，你说奇不奇？书的"引言"，把读者引入追溯王云五扑朔迷离的传奇人生之中。

本书最成功之处，就是揭示了王云五在商务印书馆的经营活动。有人曾把北京大学和商务印书馆作为中国现代最重要的两个文化机构。北京大学在 20 世纪 20 年代成功地实现了现代转型，成为中国最知名的大学和现代民主政治的发祥地。而商务印书馆由于思想上的保守和经营上的失误，发展几度受阻甚至停滞。对此，曾经把商务印书馆引向快速发展之路的商务印书馆的核心人物张元济、高梦旦等认为，必须改革用人方式，大胆起用新人，特别是经过新文化运动洗礼的西学人才。经胡适的推荐，王云五在合适的时间（五四新文化运动之后）、合适的地点（上海）和合适的场合（商务印书馆寻求变革），及时地被张元济、高梦旦这样一群具有识才的眼光、用才的胆略的人所重用，王云五在商务印书馆施展了他的聪明才智，干出了一番不同寻常的事业。

王云五在经过周密的调查研究之后，于 1921 年 11 月向张元济和高梦旦提交一份《改进编译所意见书》。这份意见书引用了现代管理科学的方法，大胆改革企业管理制度，其内容包括工效挂钩、资源共享、业务重组、团队协作、开发潜在市场、人尽其才、合理分配。这七项改革措施，涉及战略层面的出版理念、出书方向，经营层面的控制成本、提高效率，管理层面的用人和分配制度等。这说明王云五在经营管理上确有突出的才能。1921 年 12 月前后，王云五正式就任商务印书馆第四任编译所所长之后，按照上述改革意见书陆续进行。首先，王云五对编译所的组织架构进行了改组，使组织机构更加合理。其次，大量引进人才，短短两三年内，人员比原来增加了两倍以上，对原有人员进行脱胎换骨的改造。最后，出书方面大胆创新。出书方向由主要面向学校，转为面向学校和面向社会并举；以公共图书馆为主要服务对象，创编大型丛书"万有文库"；大量增加市场供应，扩大商务印书馆的市场占有率。王云五的改革是成功的。改革带来的新气象和显而易见的成效，使编译所内许多编译专家打消了初时对王云五这个无正规学历、无学术声望、无资深经验的"三无"外来者的诸多疑虑，为王云五带领商务印书馆向更高的目标进发奠定了良好的基础。

1930 年 3 月，王云五出任商务印书馆第五任总经理一职，随后赴日本和欧美各国考察，学习西方的科学企业管理方法。返国后提出"本馆采行科学管理法计划"，拟在商务印书馆推行。该计划有三大目标、四条纲领、十二个要点。三大目标是商务印书馆作为一个文化企业应该对社会文化有充分的贡献；使股东巩固资本、获得利润分红；使职工增加收入、保障福利、改善工作环境。四条纲领是指科学管理法的四项原则，即扩大生产、降低成本、提高质量、劳资双赢。十二个要点是指通过科学管理法在商务推行 12 个方面的改革。这份数万字的计划，王云五所依据的主要是被誉为"管理之父"的美国工程师泰勒的思想。但这份计划在各种势力的反对下，于 1931 年 1 月宣告流产。王云五实施科学管理法失败，原因是多方面的，总的来说，新法是资本主义的舶来品，而王云五没有结合中国的实际，操之过急，下药太猛，故流产。但王云五对科学管理法情有独钟，他不会就此而承认失败，而是暂时放缓实施步伐，调整策略。在新的历史条件下，再行实施科学管理法。1932 年 1 月 28 日，日本在上海发动"一·二八"事变，商务印书馆遭到日军大炮猛烈轰炸，商务印书馆 30 余年苦心经营之事业，化为灰烬。王云五在劫难中苦斗，1932 年 7 月 11 日，商务印书馆复业，王云五重新推行科学管理法，对商务印书馆从几方面进行改革：强化总经理个人的权力、重组经营管理架构、改革人事制度、贯彻赏罚分明的观念、改革企业制度等。遭到重创的商务印书馆能够在短短半年内复业，王云五从国外引进科学管理法，是一个十分重要的原因。此后，商务印书馆获得了巨大的发展。王云五一方面坚持大规模推出各种普及性知识丛书的出版理念；另一方面，他也谋求学术上的制高点，力争普及与提高并重。拓展教科书出版领域，推出一系列大学教科书；推出大量原创性的学术专著，推动学术与文化繁荣。到 1936 年，商务印书馆出书数量为全国之最，出版总量占全国的一半以上。20 世纪 30 年代中国文化与学术出现前所未有的繁荣，与王云五和商务印书馆有密切关系。抗战时期，王云五临危不惧，为谋求长远的发展，把目光放在香港，正式成立商务印书馆香港分馆，并亲自坐镇香港，对各地分馆做出适当调整，实行"战时体制"。在这样艰难时期，商务印书馆仍然取得显著成就，为抗战时期中国文化教育做出极大贡献。1997 年，在商务印书馆建馆一百周年之际，有学者认为："如果没有王云五那一系列重大的出版计划，如果没有王云五及其同人在战时所作的艰苦奋斗，不但商务的历史要改写，恐怕中国出版史中的某些篇章也要改写。"此话并非虚言。本书用将近一半的篇幅描述了王云五在商务印书馆驰骋数十年的历史，把一个在出版界获得成功的王云五推介给读者。有人把王云五在商务印书馆的出版活动，概括为"四百万"："四"是发明四角号码检字法，"百"是出版百科全书，"万"是出版《万有文库》。作者对王云五的定位是，"王云五的成功主要在商界即出版界，而最大的成功又主要在商务印书馆"，"出版界才是他的本位，做学问有点勉强，而从政则完全是一种错位"。这一定位是比较准确的。

本书的成功之处，还在于揭示出王云五在事业中愈挫愈奋、愈战愈勇的个性。危难之际方显出英雄本色，抗战开始后，商务印书馆屡遭劫难，先是上海的"一·二八"事变，继则"八一三"巨劫；由上海转入香港，还未恢复元气，太平洋战争爆发，再遭磨难。在民族危机和商务本身的劫难面前，他带领商务同人不断"苦斗"，化解危机，引领商务走出困境，并走向辉煌。王云五出生于上海，上海这个"冒险家的乐园"铸就了他精明个性。但王云五从来没有把自己当作上海人，反复强调自己的籍贯是香山（今中山），他自认"有十足的广东人的神气"。抗战最困难的时候，报界以"广东精神"概括他将商务印书馆三度复兴的艰难险阻："广东人所有的长处，他全有。广东人性格豪爽慷慨，明朗实在，刚强，不屈不挠，而又剃刀一般锐利而睿智。他把这些特性集于一身。广东人多勇猛精进，顽强冒险；但在遇到挫折时却也能够达观。"今天广东各界讨论形成的"新时期广东人精神"，即敢为人先、务实进取、开放兼容、敬业奉献，在王云五身上也有突出体现。

我们褪去王云五的意识形态色彩，还他"文化人"的面目，他引进科学的管理方法，改造、经营大型的文化企业，并取得的经验，在今天还有借鉴意义。他那愈挫愈奋、愈战愈勇的精神，对今天还有启迪作用。

原载《南方日报》2007 年 3 月 25 日《文化周刊》。

高荣著 《先秦汉魏河西史略》 序

　　高荣同志是甘肃张掖人。1986 年西北师范大学历史学系本科毕业后，分配到张掖师专（现河西学院）从事教学工作。1996 年考入中山大学历史学系，攻读硕士学位，以秦汉史为研究方向。1999 年取得硕士学位后回原单位工作，同年晋升为副教授。2003 年再度考入中山大学历史学系，攻读博士学位，仍以秦汉史为研究方向。在攻读博士学位期间，于 2004 年晋升教授职称。高荣攻读硕士、博士，都是脱产来中山大学学习，只是寒、暑假才回河西学院度假。他在康乐园苦读了六年，几乎把中山大学图书馆藏有关河西的书籍翻了一遍。我们相处了六年，可以说是比较了解的。2006 年 6 月博士学位论文答辩完之后，他把早已完成的《先秦汉魏河西史略》书稿交给我，请我提意见并索序。我在通读书稿之后，勾起一些往事，也有一些想法，不妨写出来，供读者参考。

　　这部书不是"急就章"，而是高荣 20 多年来研究探索河西历史的结晶。1996年 9 月，我们师生初次见面时，就谈起今后的研究方向。他谈了自己的经历，以及研究河西史的志向。大概是因为在中大读书的缘故，他曾经想选择岭南史作为研究课题。我经过考虑之后，建议他要扬长避短。我对他说，硕士阶段的学习只有三年，你初来乍到，对岭南史籍和考古资料都不熟悉，要在三年内写出一篇有一定分量的硕士学位论文，不易奏效。不如仍然利用自己对河西山川地理熟悉，基本史料谙熟并已有一定基础的优势，在西北或河西范围内考虑研究课题。同时，我也说明了自己的研究方向，一是秦汉时期的河西，一是秦汉时期的岭南。我觉得研究秦汉史，一定要认识研究河西的重要性。河西得天独厚的地理位置及其在军事战略上举足轻重的地位，使之成为中原王朝与西北游牧民族的必争之地。汉武帝打败匈奴，向河西移民、屯田，设置郡县，沟通了中西交通，使河西成为陆上"丝绸之路"的咽喉，是中西文化交汇的地方，是各民族大融合的熔炉，其地位显得更加重要。一个世纪以来，河西出土了大量汉晋简牍，为复原河西的历史提供了可能。研究河西历史，可以大有作为。他接受了我的建议，选择"秦汉邮驿制度研究"作为硕士学位论文题目，后来的博士论文也是以此为题。此后的几年，他基本上是在河西历史、简牍学领域摸爬滚打。近十年来，他发表了 20 多篇论文，都是充分运用河西出土的简牍资料，结合文献材料而加以论证的。由他领头的"河西历史与文化"学科先后被河西学院和甘肃省教育厅确定为特色学科和省级重点学科，他申报的"河西历史研究"课题也分别获得了甘肃省教育厅和国家社科基金的立项资助。至于他的博士学位论文《秦汉邮驿制度研究》，也是一篇比较优秀的论文，获得了通讯评审专家和答辩委员会的好评。《先秦汉魏河西史略》与他的博士学位论文所研究的问题，虽然各自独立，又相互联系。因此，本书不是作者心血来潮的"急就章"，而是在对文献记载和河西简牍材料进行认真梳理、对汉魏河西历史进行较长时间研究的基础上，写出的一部能够反映学术界研究状况，有自己的心得体会和创见的著作。

本书的特色之一，是对河西历史的探源和溯流。作者认为，在河西历史发展的长河中，"汉代是一个关键时期，而汉武帝元狩二年（前121）河西归汉，则更具有划时代的意义""河西归汉是河西历史发展的里程碑，开辟了河西历史发展的新纪元"（见本书"绪论"）。汉代以后，河西在政治制度、经济结构、社会生活、民族构成和文化习俗等方面都发生了深刻的变化。到十六国时期，中原文化与河西本土文化的结合，创造了河西历史上辉煌的"五凉"文化。同时，汉代河西又是先秦时代河西历史的延续和发展。要研究汉代河西，就不能不探讨建郡前的河西历史。因此，本书是对河西历史的探源与溯流。作者运用翔实可靠的材料，通过深入细致的考证，勾勒出先秦汉魏河西历史发展的基本线索。既有宏观的、全景式的描述，也有对微观的、具体问题的深入剖析，其结论也是客观、公允和可信的。因此，本书堪称研究汉魏河西历史的上乘之作。

本书引用资料相当丰富。作者在充分占有文献资料的基础上，还吸收利用了大量的简牍资料和其他各种考古资料。可以说，书中的大部分结论，都是建立在分析文献资料、简牍资料和其他考古资料的基础之上的。特别值得提出的是，书中辟出《河西汉晋简牍》一章，专门介绍了河西简牍的发现及其主要内容、河西简牍的学术价值和研究概况等。这为需要进一步研究河西历史的读者提供了方便。这一章的内容也相当丰富，基本上反映了目前国内外研究汉晋简牍的状况。

高荣研究河西历史20年，先后发表了数十篇学术论文，他的某些观点已引起学术界的关注，有些文章还被多家刊物转载或介绍。可以说，他是一位对河西历史研究有一定成绩的学者。由此，我想到一个学人的成长道路。要想在学术上有所建树，就必须有"咬定青山不放松"的精神。只要在自己认准的研究领域锲而不舍，总会有成效的。随着时间的推移，研究领域或许会有所调整，但只要坚持这种精神，就一定会取得新的成绩。愿以此与高荣共勉。

是为序。

原载《先秦汉魏河西史略》，天津古籍出版社2007年版。

丁邦友著 《汉代物价新探》 序

　　丁邦友同志于 2002 年考入中山大学历史学系，攻读博士学位，以秦汉史为研究方向。在此之前，他在郑州大学师从著名秦汉魏晋南北朝隋唐史专家高敏教授攻读硕士学位，取得硕士学位后，来广州大学历史学系从事教学和研究工作。我对丁邦友说，高先生是我景仰的前辈学者，他的马克思主义史学理论造诣很深，对中国古代典籍很熟悉，素养很高，在秦汉魏晋南北朝隋唐史领域的研究成果享誉海内外，近年来对秦汉简牍、敦煌吐鲁番文书的研究也卓有成效，获得令世人瞩目的成果。高先生指导你取得硕士学位，只要按照高先生教你的治学方法，选择一个合适的题目，勤奋搜集材料，不断更新知识，扩大知识领域，一定能够完成比较高质量的博士学位论文。

　　丁邦友在职学习五年。他勤奋学习，各门学位课程成绩优良。在学期间发表了与博士学位论文相关的论文数篇。博士学位论文《汉代物价新探》得到通讯评审委员和答辩委员会的好评，认为新的考古文物资料的出土，使汉代物价这个老课题重新成为学术的前沿。作者搜集了比较丰富的文献资料和考古文物材料，梳理了近几十年来学术界的研究成果，在此基础上，对汉代物价做了重新探讨，提出了若干创新的观点：《管子·轻重》篇的物价记录，并非完全出于杜撰，有些记录基本反映了战国秦汉的物价实际；《张家山汉墓竹简（二四七号墓）》的物价资料一部分属于战国或秦，一部分属于西汉初期；对河西物价进行了较全面的考察，并探讨了部分商品的比价；等等。论文把汉代物价研究提高到一个新的水平，推进了相关研究的进展。当然，这是参加评审和答辩的学者们对丁邦友的鼓励和鞭策。丁邦友应更加自励，更加谦虚，把学术研究工作做得更好一些。

　　我在审读论文时，觉得作者在方法论方面，有几点是值得称道的。

　　坚持王国维先生创立的"二重证据法"。"二重证据法"是王国维先生在清华研究院讲授《古史新证》时提出来的。他在《古史新证》的《总论》中说："吾辈生于今日，幸得纸上之材料外，更得地下之新材料。由此种材料，我辈固得据以补正纸上之材料，亦得证明古书之某部分全为实录，即百家不雅驯之言，亦不无表示一面之事实。此二重证据法，惟在今日始得为之。"王国维在这里把蒋汝筑在《观堂集林》序中已经提出的所谓"以旧史料释新史料，复以新史料释旧史料，辗转相生"之论，做了更科学的概括，提炼为"二重证据法"。这是严密的实证论科学体系，是研究历史的行之有效的方法。丁邦友的《汉代物价新探》，始终坚持"二重证据法"。第一章《管子·轻重》篇物价研究和第三章

《史记·货殖列传》物价研究，以出土资料证《管子》和《史记》的文献记载；第二章张家山汉简物价研究和第四章汉简中的河西物价，则以文献记载证出土资料。而且在论证中始终坚持文献资料与出土简牍互相比证。因而他的论文有所创获。

搜集材料要用"竭泽而渔"的方法。所谓"竭泽而渔"搜集材料，就是说研究问题，要把这个问题的各个方面的有关资料搜集齐全，不要漏掉一条材料（当然要完全做到是很难的）。至于写作时，用多少条材料，是另一回事。例如陈垣校补《元典章》，校出沈刻本《元典章》12000 多条错误，而只用了 1000 多条，撰成《元典章校补释例》（后改名为《校勘学释例》）。丁邦友关于《管子·轻重》篇所载的粮价的研究，在搜集材料方面，我不敢说它"竭泽而渔"了，但可以说材料是相当丰富了。首先，列出《管子·轻重》篇中有关粮价的 12 条记录，然后逐条分析。其次，把《管子·轻重》篇所载低位粮价、高位粮价、粮食平价记录，与其他文献及简牍所载加以比较，并制成各种表格，使人一目了然。最后得出结论说："《管子·轻重》篇所载的粮价基本上反映了战国秦汉时期的粮价实际，是可以为我们所利用的，应该引起研究者的重视。"这种搜集材料和研究问题的方法是可取的。

注意微观研究与宏观研究相结合的方法。所谓宏观研究，是指对所研究的问题，有一个鸟瞰式的研究，使得研究不至于迷失方向。所谓微观研究，是指潜入该问题的深处，做深入细致的实证工作，使研究成果建立在可靠的基础之上。作者注意了宏观研究的重要性，因而在有关章节中都有所表述。但应该说，本书主要是微观的实证的研究，其创新之处，也建立在微观研究的基础之上。但作者都力图从宏观去看问题，如"张家山汉简所反映的物价与战国至汉初的社会经济"，"《史记·货殖列传》所记物价的价值"等节都力图从微观入手，解决宏观的问题。宏观研究与微观研究巧妙地结合，是研究工作者的一项基本功，要解决好，非一朝之功，可以一蹴而就，要在长期的研究实践中，逐步提高。

丁邦友遵照评审委员和答辩委员的意见，对论文进行了修改和补充，经过一年多的努力，现已定稿，拟交出版社出版，嘱我写一篇序，作为论文的指导老师，义不容辞，写了以上一些话，愿与邦友同志共勉。

原载《汉代物价新探》，中国社会科学出版社 2009 年版。

白芳著 《人际称谓与秦汉社会变迁》 序

　　白芳于 2000 年考入中山大学历史学系，攻读博士学位，以秦汉史为研究方向。在此之前，她在河北师范大学历史学系师从秦进才教授，以《两汉人际称谓管窥》论文获得硕士学位。

　　入学之初，白芳来谈她本科、硕士阶段的学习情况及自己的研究兴趣，提出把秦汉人际称谓作为博士学位论文研究课题的想法。我赞成和支持她的想法。因为人际称谓能够敏锐地反映社会生活和社会思想的变化；日新月异的社会生活往往又促使称谓相应地发生很多改变。因此，人际称谓反映了社会变迁。研究这个问题是有意义的。我对她说，研究的兴趣是很重要的，许多学者一辈子就是研究一个问题，一步步深入，获得一个学位，出版一部著作，获得高一级的学位，又出版一部著作，甚至博士后研究，也是同一个课题。在同一个领域里摸爬滚打几十年，这样作品就有可能成为学术精品。所以，鼓励她在硕士学位论文的基础上，更上一层楼。

　　白芳是从学校到学校，攻读各种学位的，没有踏入社会工作过。她攻读博士学位，也是一个治史方法训练过程。因此，在入学的初期，对她谈方法论比较多。史学家是训练出来的，光有天才，无法成为史学家，天才接受了史学方法的训练，并以之进行史学研究的实践，才能成为史学家。历史研究有其基本方法，我要求她认真阅读两本书：一本是严耕望的《治史三书》，此书把严教授的《治史经验谈》《治史答问》《钱穆宾四先生与我》三本小书集合在一起。严耕望先生是当代史学名家，治学一丝不苟，考证精密。本书总结了他数十年从师问学的历程和治史的实践经验。举凡史学研究的基本方法、具体规律、论题选择、论著标准、论文体式、引用材料与注释方式、论文撰写与改订、努力途径与工作要诀、生活修养与治学之关系等诸多问题，皆以质朴流畅的语言娓娓道来，条分缕析，诚挚亲切，务求实用，可谓金针度人，是有志于史学研究的青年人的入门津梁。另一本是《励耘书屋问学记——史学家陈垣的治学》，本书是陈垣的学生白寿彝、蔡尚思、柴德赓、郭预衡、牟润孙、史树青、启功、刘乃和、李瑚、赵光贤等写的记述陈垣的生平、治学、学术、思想、贡献及励耘精神的论文集。陈垣是一代史学宗师，他的许多学生，都成为当代学术大家，从他们的记述中，可以揣摩到陈垣治史的方法。此外，我要求她精读一两本当代人的史学名著。严耕望先生在《治史经验谈》的序言中，就说过这样的话："今日青年好学者若想学习前人研究技术之精微处，只有取名家精品，仔细阅读，用心揣摩，庶能体会。若都只匆匆翻阅，一目十行，只能认识作者论点，至于研究技巧，曲折入微处，恐将毫无所获！"我觉得此言十分中肯，要学生在研究实践中，逐渐学会这样做。在领悟历史研究基本方法之后，试写一个研究专题给我看。在撰写博士学位论文阶段，白芳交来的第一个专题，就是《"臣"称谓的沿革与社会变迁》。我觉得基本上是按史学原理去做的，如搜集材料要"竭泽而渔"，注重考古资料；立论时有一分材料说一分话；选择材料时以第一手资料放在优先地位；"多闻阙疑"，不宜轻下结论等。当然，我亦提了一些修改意见。希望她就按这样的路数，一个专题一个专题往下做。因为时间有限，在毕业前只做了"臣""公""足下""万岁""夫人"等几个专题。博士学位论文《秦汉人际称谓与社会变迁》获得通讯评委和答辩委员会的好评。

获得博士学位之后，白芳应聘到广东省博物馆，分配在陈列部工作。白芳第一次从学校走上社会工作，面对的是自己比较陌生的文物、考古、博物馆事业。我鼓励她，你有历史科学的训练，对古文献熟悉，英语水平较高，写作能力较强，应该可以在博物馆做一番事业。我当时提两点努力方向，供她参考。

第一，努力尽快补上文物、考古学、博物馆学的知识，以适应工作的需要。各类文物从不同的侧面反映了各个历史时期人类的社会活动、社会关系，是人类宝贵的历史文化遗产。文物的保护管理和科学研究，对揭示人类的历史，促进当代和未来社会的发展，具有重要的意义。博物馆在人类生活中占有重要位置。博物馆在教育、科学、文化、旅游、环境保护等各项事业中，发挥着特殊的作用。博物馆是保存和研究人类文化遗产的重要机构。在博物馆工作，首先要完成本职工作；其次还要努力进行科学研究，提高业务水平。特别是对馆藏文物的研究，是工作职责之一，更应高度关注。文物分类和文物鉴定是开展文物科学研究的前提，应尽快掌握有关知识。从白芳在广东省博物馆工作六年的情况看，是尽职尽责的，并取得一定成绩。2004 年成功主持由云南省博物馆与广东省博物馆联合举办的《图像王国探秘——古滇国文物展》，并公开发表《青铜铸文明——广东省博物馆"古滇国文物展"》论文。2005 年成功主持由广东省文化厅与湖北省文化厅主办，广东省博物馆与湖北省博物馆承办的《郑和时代的瑰宝——梁庄王墓出土文物精品展》，并编辑该展的文物图录一册，公开发表研究该展览的论文一篇。2008 年成功主持由广东省文化厅与湖北省文化厅主办，广东省博物馆、湖北省博物馆承办的《剑舞楚天——湖北九连墩战国墓文物展》，配合展览，编辑该展图录一册，并公开发表研究、介绍该展的论文一篇。尤其值得指出的是，她在广东省博物馆新馆陈列筹备工作（始自 2004 年）中，主要负责《广东历史民俗陈列》中《扬帆世界》部分的内容编写、文物征集与藏品研究等方面的工作。此部分是整个历史陈列中分量最重的部分，上展文物共计 300 余件（套），其中约五成的展品是最新征集的，第一次与观众见面，还有不少是国内唯一，甚至是世界之最的重量级文物。

白芳除完成馆内的布展任务之外，结合博物馆展陈工作的特点，发挥历史文献学的优势，确立了以广东海上丝绸之路史为研究方向，以广式外销艺术品为研究特色的基本研究框架，在国内一些有影响的刊物如《中国博物馆》《史学月刊》《文物天地》《中国史研究动态》《收藏家》等，公开发表有相当分量的论文十余篇，如《宁波与海上丝绸之路》《电白与南海海上交通贸易》《论18世纪广州在中西文化交流中的历史地位》《莞香对岭南社会经济的影响》《评煜呱画〈广州港全景图〉》《清市井风情图外销壁纸》《猪仔钱——华工血泪史的见证》等在学术界都有一定的影响。

第二，要发挥英语水平较高的优势，英语能读能写能说能听，能用英语进行学术交流，在省博物馆是凤毛麟角的，只要坚持，一定有用武之地，发挥作用。2007年10月，她赴英国格拉斯哥参加英国博物馆学会年会及英国博物馆工作考察一周。出席会议的中方代表由来自国家博物馆、首都博物馆、南京博物院、辽宁博物馆、陕西兵马俑博物馆、香港艺术博物馆、香港康乐文化事务署、广东省博物馆八个单位12名代表组成。此次出访考察，收获极大。不但促成了广东省博物馆与大英博物馆、国立维多利亚阿尔伯特博物馆等多家博物馆确立了展览合作意向，还和多位具有国际知名度的古董商建立了良好的联系，为广东省博物馆从海外征集广式外销艺术品打开渠道。从2007年11月开始到2009年，省博物馆已陆续从英、美、中国香港等地征集18、19世纪外销画数十件（套），广式外销工艺品数十件（套）。这些文物的征集，丰富了馆藏品类，突出了馆藏特色。这类海外回流的广式外销艺术品的征集，为深入研究18、19世纪广式地方手工艺、广州十三行史及广东海上丝绸之路史提供了良好的学术研究资料。

白芳在省博物馆工作期间，经常与我联系，常来家里探望我和师母，谈工作中的成绩，让我们分享她的高兴与快乐；吐事业中的艰辛，博我们的同情与分忧。我们以《红楼梦》"世事洞明皆学问，人情练达即文章"联句赠她，希望她尽快成熟起来。看到白芳的成长，事业蒸蒸日上，家庭和睦，夫贤子慧，我们感到欣慰。她的博士学位论文，经过几年的修改、补充、定稿，易名为《人际称谓与秦汉社会变迁》，将要出版，向我索序，我义不容辞，写了以上一些文字，让读者除阅读她的论文之外，还可以了解她现在的工作及研究方向。"接天莲叶无穷碧，映日荷花别样红"，祝愿白芳博士的学术事业像莲叶荷花一样美丽纷呈。

原载《人际称谓与秦汉社会变迁》，人民出版社2010年版。

序·评

369

胡波著 《走出伶仃洋》 序

胡波教授通过电子邮箱把他刚刚完成的著作《走出伶仃洋》寄给我，并嘱我写篇序。我知道"伶仃洋"，最早应该是读宋代民族英雄文天祥的诗《过零丁洋》："惶恐滩头说惶恐，零丁洋里叹伶仃。人生自古谁无死，留取丹心照汗青。"对文天祥视死如归的气概十分敬佩，但对"零丁洋"所知甚少。读完胡教授的大著之后，知道他是在思考探索中山文化的特征。中山市政协副主席王远明先生提出以"走出伶仃洋"为题，探索中山人出洋的动机与目的、性质与特点、规模与范围、表现与形式、作用与影响等更加深层次的历史与文化问题。在王主席的启发和推动下，胡教授写出了《走出伶仃洋》这本著作。2006年王主席主编过《风起伶仃洋：香山人物谱》一书，该书以世纪传人、思想先驱、香山买办、留美幼童、华侨华人、四大百货、航空翘楚、文化名家、军政要人、英烈志士、乡贤俊彦为题，囊括了香山八百余年重要人物，介绍了他们的生平历史、文化遗存，林林总总，40多万字。给人的印象是香山人才辈出，群星璀璨，流光溢彩，人数之多，影响之大，令人赞叹。此外，王主席和胡教授还编辑过《香山文化：历史投影和现实镜像》《百年千年：香山文化溯源与解读》《香山文化简论》等研究、宣传香山文化的书。在研究香山文化已有成绩的基础上，进一步研究走出伶仃洋的香山人，当然是一个十分重要的课题。

本书用开阔的胸怀、丰富的资料、严谨的逻辑、流畅的文字，阐述了下列问题：香山的自然地理和人文环境，塑造了勤劳务实、灵活多变、开拓创新、团结协作和富于冒险精神的香山人；香山人出于各种原因走出伶仃洋、奔向五大洲，在世界各地艰苦创业，为发展世界经济，创造人类文明，开展世界经济文化交流做出了重要贡献；"如果说早期走出伶仃洋的香山人，是世界经济一体化的重要见证者，那么晚清以来先后出洋的香山人，则是近代中国社会变革的重要推动者"（本书"后记"语）；走出伶仃洋的香山人，具有一颗"永远的中国心"，他们和祖国与家乡亲人永远紧密地联系在一起，爱国主义是他们的精神支柱。上述道理，作者像讲故事一样，娓娓道来，让读者在轻松愉快中，受到一场香山文化的熏陶。关于本书的内容，读者诸君自己去领略，我不多说，下面想谈一下胡波教授的香山文化痴。

胡波，1963年出生于湖北英山。在武汉大学历史系获得学士、硕士学位，在中山大学历史系取得博士学位。服务于广东中山市。他扎根中山市已将近三十年，早已把自己当作一个地地道道的中山人。做过老师，任成都科技大学中山学院教授、系主任，现任中山市文联主席。他长期从事孙中山、香山买办、华侨文化、商业文化、史学理论、中国近代思想史等领域的研究。先后发表学术论文近百篇，著、编、译论著30余部，参与或主持完成的国家、省、市课题30余项。有多部论著获省市奖项。胡教授在各个学术领域的贡献良多，我只就他对香山文化研究的贡献略做介绍。

据我所知，胡波出版关于香山文化的论著有《岭南文化与孙中山》《思想人物与历史文化——孙中山与辛亥革命研究文集》《香山买办与近代中国》《中山装·一个时代的生命符号》《和美之城·中山》《香山文化简论》等。胡教授在香山文化研究方面，做了许多基础性和开拓性的工作。其理论贡献在于：第一，《岭南文化与孙中山》一书，首次系统深入地对孙中山其人其言其行进行了文化学、心理学和社会学的诠释，被认为"打开了孙中山的内心世界，使人们不仅能够看到他的表面言行，同时能够看到这些言行后面的心理原因，也能帮助读者了解孙中山思想、行动中的某些似乎个人难以解释的矛盾问题，达到了一般性研究所不能达到的目的"，"它所形成的研究历史人物的新模式也是很有价值的"。第二，率先参与并系统论述"香山文化"概念内涵、内容构成、基本特征、功能作用等，在挖掘、整理、研究和弘扬香山文化诸方面均做了富有创造性的学术探索和宣传转化等工作。第三，《香山买办与近代中国》系统地对"香山买办"做了深入研究，该书受到海内外学术界高度重视，并被广泛引用，取得了良好的社会效益。第四，率先提出"香山商帮"这一概念，并做了系统深入的研究，使香山商业文化得到进一步挖掘和弘扬。

胡波教授还积极参与中山地方社会文化和精神文明建设。其参与策划、筹建和担任顾问的"孙中山故居纪念馆""中山影视城近代名人馆""香山商业文化博物馆"等受到好评；参与策划、撰稿或任顾问的《珠江怒潮》《海外中山人》《香山幼童》《香山人在上海》《香山商帮》等文献片亦受重视，并多次接受中央电视台、凤凰卫视、广东卫视、上海东方电视台等多家媒体的采访，社会影响层面广，真正做到了学以致用，理论与实践相结合。胡波对中山文化研究达到了痴迷的程度，是当代中山市的名人。

新时代中山人精神——博爱、创新、包容、和谐在胡波教授身上得到体现。中山文化哺育了胡波，胡波为研究、宣传弘扬中山文化做出了贡献。胡波经常说自己的研究离不开中山，与其说自己的努力成就了现在的他，还不如说这块热土孕育了他。我们要立足中山，中山的繁荣发展离不开本土文化，包括文学艺术、社科研究，要解决社会发展过程中出现的问题。"扎根本土，做强本土文化"，这就是胡波博士的雄心壮志。

我的太太是中山人，每年都有机会到中山探亲访友。胡波在中山大学历史系获得博士学位，在一定意义上，我和胡波又是师生关系。我每次去中山，都有机会一起饮茶、吃饭，自然也就成了朋友。我对胡波扎根中山，为中山的物质文明和精神文明建设做出的成绩感到由衷的高兴。"接天莲叶无穷碧，映日荷花别样红"，这是唐人诗句，谨以此赠胡波教授，祝愿他的学术事业、文艺创作，像荷花、莲叶一样鲜艳，一样美。

原载《走出伶仃洋》，广东人民出版社 2011 年版。

实践 “人和” 理念的人生感悟
——胡民结著《适之道》序

　　胡民结著《适之道》就要出版，嘱我写篇序。我拜读这部作品后，感触良多。作品字数不多，只有五万字左右，但内容丰富，含义深刻，并且是民结人生几十春秋悟出来的道理，感人至深。下面谈谈我读本书的一些感想。

　　本书分三部分。第一部分为“八适”。“八适”是作者“自己在工作和生活中所见所闻尤其是所悟的为人之‘道’、处事之‘理’，希望通过‘八适’这一书画作品，把它的思想内涵和文化精华刻画出来，展示出来，让自己的同事、朋友或那些志同道合的人士、学者来更多地分享中华民族的儒家思想，更好地去光大中国的传统文化——中庸文化，并把自己的人生追求带到理想的彼岸”。可见这一部分是作者通过“八适”来宣扬中华传统的优秀文化——中庸之道，并以自己亲身经历所悟出来的“道”和“理”，来与志同道合者共享。

　　“八适”，是作者的一个创造。它以中国古钱币图案的外在形状外圆内方为表现形式，把“适”字放在中心，将“合”“可”“宜”“中”“量”“度”“当”“时”八个字分别放在适当的位置。这八个字分别与“适”字组合，就组成“合适量”“可适度”“宜适当”“中适时”“量适合”“度适可”“当适宜”“时适中”八个含义深刻的组合，作者分别对这八个组合做了详尽的解说，并做了精辟的总结：“外圆内方即外柔内刚。外柔内刚谓之为人之道，做人之本也。外圆即与人为善，注重情感与包容；内方即立身有道，处事有原则。二者兼之，刚柔相济，做到适合、适可、适宜、适中、适量、适度、适时者，成功之士也，或曰‘财富’则来之也。”

　　第二部分为“人生之‘道’随笔”。这是作者在工作生活中贯彻“八适”思想，总结人生轨迹而写的十几篇随笔，这些随笔，文字通俗易懂，说理深刻透切，都以日常工作、生活中的人和事为例子，像与同事们在推心置腹地闲谈，娓娓道来，没有半点说教的架势，使读者受到教育，真有寓教于闲谈之中的效果。

　　第三部分为“教育子女四因素”。这是作者关于培养教育子女的两篇文章。在现代社会中，尤其在中国实行计划生育政策之后，独生子女普遍，因而，教育子女问题是人们关注的热门话题。作者认为子女教育问题，是一个包括家庭、学校、社会、个人四个方面的系统工程。要把子女培养成才，就要完成这个系统工程。这部分的论述，闪烁着“八适”思想。也就是如何运用“八适”来争取教育子女的成功。民结教育子女是卓有成效的，因此，这部分也可以说是他教育子

序·评

373

女经验的一个总结。

本书的内容虽然分为三部分，但总体来说都是宣传和弘扬中国传统文化的主体——儒家的人伦思想。社会和平与发展是人类追求的两大目标。中国古人云："讲信修睦，谓之人利；争夺相杀，谓之人患。"人类怎样才能自觉而理智地促进"讲信修睦"之人利，制止"争夺相杀"之人患，以使社会和平与发展呢？儒家的创始人孔子提出以人为本的"仁"的学说。孔子的"仁"，以"爱人"为出发点，以"中庸"为方法论，以"礼"为行为规范，而将具体内容落实到"人伦"教化的实践之中。通过"人伦"教化，达到协调人际关系、调节社会秩序、维护世界和平、推动人类社会发展，进入"大同"社会的目的。儒家把君臣、父子、兄弟、夫妇、朋友定为"五伦"，提倡君义臣行、父慈子孝、兄友弟恭、夫妇互相敬爱、交友以信等品德，以期人与人之间和睦相处，从而达到社会和谐的目的。

儒家的"人伦"，以"诚""信""忠恕""和而不同"为基本内容。"诚"作为道德范畴，就是"诚实"。"诚实"是人性向善的基本素质。《大学》说"意诚而后心正，心正而后身修，身修而后齐家，家齐而后治国，国治而后天下平"，可见，"诚"为一个人修身齐家治国平天下一生事业之起点。《中庸》把"诚"作为一切德行之本，没有"诚"就没有其他仁、义、礼、智或孝、悌、忠、信等道德可言。从"诚"开始，以身作则，由亲及疏，由近而远，真正做到"诚"，才能取信于人和感动人。所以，《孟子》说，"万物皆备于我矣，反身而诚，乐莫大焉"。

"信"，是儒家人伦所必须遵循的道德规范之一。《说文》说："信，诚也。从人言。"孔子主张"忠信"，认为"忠信，所以进德也"。现在一般辞书解释"信"的意义，包括"诚实不欺""守信用，实践诺言""信从、相信"等。《论语》中，孔子论"信"有20余处，大部分为交友而言。《论语·公冶长》中，孔子曰："老者安之，朋友信之，少者怀之。"孔子把"朋友信之"作为自己的人生志向之一，可见其重要性。《论语·卫灵公》载，子张问行，子曰："言忠信，行笃敬，虽蛮貊之邦，行矣；言不忠信，行不笃敬，虽州里，行乎哉？"他认为一个人具备忠信等品质，走遍天下都不怕；否则，在社会上就会寸步难行。孔子的弟子，对"信"做了进一步的阐发。子夏强调"与朋友交，言而有信"，曾子亦曰："吾日三省吾身：为人谋而不忠乎？与朋友交而不信乎？传不习乎？"孟子进一步把"信"与仁、义、礼、智并列为"五常"，并把"朋友有信"定为"五伦"规范之一。

"忠恕"，也是儒家处理个人与群体关系的一个准则，也就是实行"忠恕之道"。孔子曾以"吾道一以贯之"之语告曾子。曾子解释说："夫子之道，忠恕而已矣。"宋代的朱熹解释说："尽己之谓忠，推己之谓恕。"所谓"忠"，就是存于人心的诚实本质；所谓"恕"，就是以人的诚实本性施之他人，亦即推己及人之仁爱意向。为什么要实行"忠恕"呢？在儒家看来，因为人之心有共同的嗜欲和好恶，故而可以运用将心比心，以己度人的逻辑方法来推测别人的心理要求，运用推己及人的逻辑方法来处理人际关系。这种以己度人，推己及人的方法，古人称之为"恕"。"恕"，从消极方面说，就是"己所不欲，勿施于人"；从积极方面说，就是"己欲立而立人，己欲达而达人"，此话的实质，就是"己所欲，施于人"。所以"恕"包括"己所不欲，勿施于人"与"己所欲，施于人"两个方面，因为"好恶与人同之"而已。

儒家在"人伦"教化中，还强调"和而不同"。孔子曰："君子和而不同，小人同而不和。""和"与"同"是大有差别的。按照古人的说法，所谓"和"，就像五音合奏，音质不同；唯其不同，才可合而为美妙的音乐。又像五味调和，风味各异；唯其各异，方能调而为可口之佳肴。所以"和"意味着允许不同个性、不同意见共同存在。所谓"同"，则是他人言是，己亦言是；他人曰非，己亦曰非。完全丧失自己的个性和主见。所以，"同"是取消个性，取消差异的绝对同一。在处理人际关系时，要"和而不同"，就是用自己的正确意见来改正别人的错误意见，使之达到适得事理之宜，不能盲从附和错误的主张。儒家以"和而不同"作为处世法则，既反对放弃自己的独立人格和见解去和稀泥，也避免了独断专行而导致自己寡助孤立。儒家进一步提出"礼之用，和为贵"，要求在共同遵守"礼"的前提下，与自己周围的人互相合作，和睦相处，以达到协调和谐的理想境界。

儒家处理"人伦"关系的方法就是实行"中庸之道"。"中庸"之"中"字，从方法上说，是适中、适度、无过无不及而恰到好处；从道德上说，是中正、公正而合乎天理人情的正道；从行为上说，是合宜、合理，无所偏倚而恰如其分。所以，"中"，含有合乎客观规律的"真理"之意。"庸"字，一种解释为常理或定理。何晏《论语集解》曰："庸，常也。"朱熹曰："庸，平常也。"可见"庸"的含义，就是平凡、平常、平易可行，既无可改易而又必须灵活掌握的通常之理。"中庸"是大道，绝非骑墙、明哲保身之论，更不是教人不要立场、不要原则，而是强调为人处世，修身养性追求适量、守度、得当，达到至善、至仁、至诚的理想境界，建立和谐的社会。

从我对儒家"人伦"思想的简单介绍中，可见这些思想对今天进行社会主义精神文明建设，构建和谐社会有借鉴意义。本书的基本内容，是民结在人生历程中总结出来的文字，而这些文字，是闪烁着儒家人伦思想光辉的。我所说的"闪烁着儒家人伦思想光辉"，并不是说民结对儒家学说有什么特别的研究，而是他根据不同时代、不同环境、不同对象，以儒家的人伦理念来处理人际关系，达到人际关系的协调和谐，在工作中取得了好的成绩，因而本书对读者是有教益的。

胡民结的人生是成功的人生。1952 年出身于广东省中山市一个农民家庭，中学毕业后应征入伍，在部队和工作中勤奋自学、积极进修，达到大专文化程度。在部队曾三次荣获三等功，被树为师、团、机关干部标兵。1985 年 12 月转业到中山供电局工作，曾任党委办公室主任、高级政工师，2001 年任局工会主席；2003 年 3 月至 2004 年 3 月任省直驻乳源第十七批扶贫工作队队长、乳源县委常委；系中山市总工会第十三届、第十四届委员会委员、常委，其间，先后被评为中山供电局优秀共产党员、中山市优秀党务工作者、广东省创建文明单位积极分子、中山市优秀工会主席、全国优秀工会工作者。

民结不但工作业绩卓著，而且刻苦学习，积极钻研，结合自己的工作撰写若干文章。其中，《增强企业政治思想工作效力之管见》被《中国电力政工》刊物采用，并被评为广东省电力系统供电学组优秀政工论文和中山市党委组织系统调研成果一等奖。

最近又撰写《适之道》大作，我得先读为快，读后写了以上一些文字，愿与作者、读者共勉。

原载《适之道》，漓江出版社 2011 年版。

锲而不舍， 如椽大笔撰写岭南春秋

——评介杨式挺先生《岭南文物考古论集续集》

2011 年岭南美术出版社出版了杨式挺先生的《岭南文物考古论集续集》（简称《续集》，肖洽龙主编"广东省博物馆离退休专家著作丛书"之一），内收入著者 21 篇论著，数十万言。前有广东省博物馆馆长肖洽龙研究馆员写的丛书总序和原广东省社会科学院院长张磊研究员和肖洽龙分别为该书写的序和作者自序。

杨先生是福建泉州人，1958 年从北京大学考古专业毕业后，分配来广东工作，在广东从事考古文物工作凡 50 年。2008 年著者编结此集时说："离校入粤五十载，文物考古系心怀，博物殿堂千秋业，前人奠基后人来。""前人奠基后人来"，我理解有两层意思：杨先生的工作，是在前人奠基的基础上向前发展的；而杨先生的成就，也为后来人奠定了基础。此书称为"续集"，是因为 1998 年广东地图出版社出版了杨先生的《岭南文物考古论集》（简称《首集》），《续集》是首集的继续和拓展。肖馆长以"五十载考古春秋，半世纪心血结晶"来总结杨先生的著作是符合历史实际的。

《续集》的内容大致分三部分：一是史前和先秦考古，二是秦汉考古和水下考古以及海上丝绸之路，三是编纂"文物志"的经验体会。我说《续集》是首集的深化、继续和拓展，是以书的内容为根据的。杨先生的研究重点是岭南史前和先秦考古，首集收入若干篇这方面的论著。《续集》收入的《广东新石器时代文化类型探讨》《广东史前玉石器初探》《从考古材料看澳门历史文化与中国内地的关系》《佛山河宕史前遗址的重要发现》《略论我国古代的拔牙风俗》《概说粤港古陶符及其相关问题》《试析石峡第一期文化的白陶及其源流问题》《略论广东青铜时代文化的几个问题》等文，都是对首集史前和先秦考古论文的继续和发展。《广东农业考古概述》《从考古发现略说海南省历史的两个问题》《试论海上"丝绸之路"的考古学研究》《加强水下考古是重现"海上丝路"昔日辉煌的必由之路》《从考古发现试论梧州与封开的历史关系》《略论合浦汉墓及其出土文物的特点》等文，则是探讨秦汉以后的广东考古与历史，是首集内容的拓展。

《续集》收入的专题研究论文，凸显杨先生的治学风格和深厚功力。

考古学理论与田野实践的结合，是杨先生治学的特色之一。杨先生的考古学论著，是在考古学理论的指导下，从事考古实践，在实践的基础上，再上升到理论去认识。首集的《自序》是一篇理解杨先生考古学成就的导读范文。杨先生在广东从事考古实践 50 多年，走遍了广东的山山水水，主持或参与了许多广东的重大考古发掘。研究考古学文化和文化类型，是史前和先秦考古学的一项基本任务。广东能列入中国史前考古学文化的，只有"西樵山文化"和"石峡文化"，近年来又增加了"河宕文化"（或称"河宕类型文化"）。这几种文化的命名及对其地层、类型、内涵、特征、年代、分期、发展序列加以研究和阐释，都有杨先生不可磨灭的功劳，首集的文章，多为学界所征引，就是明证。《续集》收入的《佛山河宕史前遗址的重要发现》一文，介绍了由杨式挺主编的《佛山河宕遗址——1977 年冬至 1978 年夏发掘报告》，由于河宕遗址的发现，在珠江三角洲诸贝丘、沙丘遗址中具有典型性和代表性，因而把它称为"河宕类型文化"。而北京大学考古系李伯谦教授认为，可以把河宕遗址命名为"河宕文化"。《广东新石器时代文化类型探讨》第一次把广东新石器文化遗存，分为 11 个类型。对此学者可以见仁见智，但杨先生有总结之功，并附有"广东新石器时代文化遗存"分期表，为广东新石器时代文化列出了谱系，极具参考价值。《从考古材料看澳门历史文化与中国内地的关系》一文，分几个部分：①澳门的地理位置与历史沿革；②澳门路环的考古调查与发现；③黑沙遗址的地层及其主要遗迹遗物；④对澳门黑沙遗址的几点认识；⑤文化特征、性质、年代及其与珠江三角洲史前文化的关系。最后作者结论说，足以证明，澳门黑沙遗址的发现和再发掘，不仅将澳门海岛上出现人类劳动生息的历史，追溯到 6000 年之前，填补了文献记载的阙如，而且从黑沙湾等遗址发现的区域性特征鲜明的文物，以及上述澳门周边今珠海市沿海岛屿的考古发现，有力地证明今澳门海岛的史前文化，乃是珠江三角洲史前文化的组成部分。澳门与祖国内地的历史文化，有着历史悠久、一脉相承、息息相关的关系。

运用考古资料与历史文献记载紧密结合研究，是杨先生治学的又一特色。杨先生是把考古学作为历史科学的重要组成部分来理解的。因此，他认为，考古学不单是指考古研究所得的历史知识；或是考古资料的搜集、保存、审定、考证、编排、整理；而是要对考古资料进行理论性的研究与解释，用以阐明各种资料的因果关系，论证古代社会历史的发展规律。例如《略论我国古代的拔牙风俗》一文，以粤港两地发现的五次史前拔牙遗存为基础，联系到山东、安徽、江苏、浙江、上海、福建、台湾等地的拔牙遗存，结合《山海经》《淮南子》以及汉晋至明清有关百越后裔僚族（黎、仡佬、高山族等）流行拔牙的文献记载，探索我国古代拔牙风俗的源流，分析拔牙的起源、分布地域以及拔牙的原因等。此文是作者从 1961 年参加增城金兰寺遗址发掘，从墓中发现有男性青年生前拔牙遗迹开始，到此文 2005 年发表，经过 40 多年的搜集资料与研究。这是一篇运用考古资料，结合文献记载，在前人研究的基础上，系统探索我国古代拔牙风俗的资料相当丰富、有真知灼见的论文，把此问题的研究提高了一个新的水平。又如

《概说粤港古陶符及其相关问题》一文，是参加庆祝饶宗颐教授九十华诞国际学术研讨会的论文，长达5万多字。本文搜集粤港新石器时代晚期至战国的陶器、瓷器上的刻画符号900多个，有400～500种，分析其形体结构，列举专家学者对陶符陶文含义的不同说法，作者提出全新的观点，认为"粤港陶符应与江南古越族及其先民分布区发现的陶符做对比，而不与仰韶文化等其他文化的陶符做泛泛的对比，这或许更能看出岭南古陶符的意义、定位和彼此关系"。学术界探讨粤港古陶符的文章寥若晨星，而此文整理出了一份比较全面系统的数据，是学界的第一次。我们知道，文字的出现是社会进入文明时期的一个重要标志。陶符虽还不是文字，但图形符号、象形符号与汉字的起源有着密不可分的关系。因此，此文对探讨岭南青铜文化和文字的起源有着不可估量的意义。又如《略论合浦及其出土文物的特点》一文，论证了合浦优越的地理区位，汉墓群分布范围广阔，地面保存封土坟丘、形制结构及其随葬物有鲜明特色。这是一篇运用考古资料结合文献记载论述合浦汉墓的不可多得的论文。

　　视野开阔，把岭南地区历史的研究，放在全国范围乃至全人类范围内加以考察，这是杨先生治学的第三个特色。《略论广东青铜器时代文化的几个问题》一文，是作者应邀参加德国慕尼黑大学东方研究所召开的"早期广东的历史与考古"小型国际学术研讨会的论文（作者因故没有参加该会）。该文全面论述了广东有没有先秦的青铜时代，是否存在过奴隶制问题。作者对广东青铜文化遗存的发现、分布、内涵、特征、年代、分期及其考古学文化类型，做了概括的表述，并说明广东存在过青铜器时代文化的客观事实；广东先秦青铜文化是在本地区的新石器晚期和末期的原始文化基础上发展起来的；广东青铜文化的创造者，主要应是本地区古越族及其先民。至于广东青铜时代有没有出现过奴隶制的问题，作者以前曾提出存在过"不发达的奴隶制"的观点，此文则进一步说"可能已出现家内奴隶制，但并未发展到以奴隶制作为全社会生活基础的阶段。也即这里的奴隶制是刚从军事民主制脱胎出来的、初期的、极不发达的奴隶制，或者正处于所谓'酋邦'（chiefdom）的发展阶段"。作者认为，要解决广东古代社会有没有奴隶制以及何时进入古代文明社会的问题，必须从理论与实际的结合上苦下功夫。目前国内较为流行的观点是把文字、铜器、城市等作为文明的标志或要素探讨文明的起源。但是把它作为世界各民族进入文明时代的统一标志，是有局限性的。因为文明起源存在着多样性和地区性。因此，在广东，必须结合"石峡文化""浮滨文化""夔纹陶类型文化""米字格纹陶类型文化"、陶器刻画符号、青铜器的性质和职能来探讨岭南文明的起源。还要努力寻找大型聚落建筑遗址、大型墓地以及墓主之间的等级关系和明确的宗教祭祀遗址等，才能得出符合历史实际令人信服的结论。这是站在人类社会发展的广阔视野上来探讨岭南的历史，既看到历史发展的统一性，又能找到历史发展的特殊性。这是科学的治史方法。

　　又例如《试论海上"丝绸之路"的考古学研究》《加强水下考古是重现"海

上丝路"昔日辉煌的必由之路》两文，是从国际视野下探讨"海上丝路"和"水下考古"。对"丝绸之路"的研究，既是老课题，又是新课题。说它是老课题，因在我国浩如烟海的古文献中有丰富的记载，近百年来有学者专门探讨中西交通史和中国南洋交通史，并发表和出版了不少论著。说它是新课题，是我国改革开放以来，从中国走向世界和让世界了解中国的视角，运用新方法和新资料来探讨这一问题。杨先生的前一文运用丰富的考古资料和文献记载，论述了南海"丝绸之路"研究简况、与南海"丝绸之路"有关的考古发现，并提出南海"丝绸之路"的考古学研究方法：一是要掌握国内发现的外国的遗迹和遗物，并确定它们出土或出水的准确地点和时代；二是要研究它们的出土地点与当时的海交路线、航线的关系；三是要了解和研究我国海交遗物遗迹在国外的发现，也即中国古代文明向世界传播的情况。把这几方面结合起来，才能构成海上"丝绸之路"考古学研究的全部内容。杨先生后一文则提出加强水下考古是重现"海上丝路"昔日辉煌的必由之路，这是具有国际性、前瞻性的深刻见解。

老骥伏枥，锲而不舍的治学精神，令人敬佩。杨先生今年已届八十，出版《续集》，距离 1998 年出版《首集》14 年。《续集》收入的论文，绝大多数是在这 14 年时间里完成的。七八十岁的退休老人，对文物考古事业如此钟爱，执着追求，这是难能可贵的。张磊院长在序言中引近人"但得夕阳无限好，何须惆怅近黄昏"的诗句来激励学人。是的，杨先生不但对"黄昏"没有"惆怅"之感，而且以"不待扬鞭自奋蹄"的精神，刻苦钻研，站在学术的前沿，做出骄人的成绩。在这里我还要强调，杨先生在此期间除完成《续集》的论文之外，还参加了集体的编书工作，完成了《曲江石峡遗址发掘报告》（遗址部分）、《佛山河宕遗址——1977 年冬至 1978 年夏发掘报告》、《广东先秦考古研究》等书。真像曹操在《龟虽寿》中所颂扬的那样，"老骥伏枥，志在千里。烈士暮年，壮心不已"。

杨先生出版《首集》时，我曾写过一篇《岭南古史研究的可喜收获》的评论文章，其中说到式挺先生取得成就的原因，概括为三点：具有较深厚的马克思主义理论素养和考古业务知识，每篇论文都建立在深沉的理论思维和充实的考古资料的基础之上，学风是相当严谨的；注重田野考古实践；锲而不舍的刻苦钻研精神。读了他《续集》的论文，深信此论不谬。

杨先生在广东生活工作了 50 多年，沐浴着云山珠水，岭南人民哺育了式挺先生；杨先生为岭南考古文物事业倾注了自己的心血和汗水，做出了卓著贡献。饶宗颐先生在为杨先生《首集》作序时，认为杨先生的著作"信足为来学典范"。饶先生对《首集》的赞誉，完全适合于《续集》。"莫道桑榆晚，为霞尚满天"，谨以此文寿杨先生 80 华诞。

原载《岭南文史》2012 年第 1 期。

挖掘论证雷州文化的力作

——司徒尚纪著《雷州文化概论》评介

2014年3月，广东人民出版社出版了司徒尚纪的《雷州文化概论》。这是司徒尚纪教授为广东建设文化强省做出的又一重要贡献。我是广东省湛江市廉江人，少年是在雷州文化哺育下成长的。青年以后虽然在北方学习、工作，但雷州文化的要素常萦回脑际。现在读到司徒教授这部大作，十分高兴。谨表示敬意和祝贺。

雷州半岛处于中国大陆的最南端，被誉为"天南重地"。此地不仅对我国具有极重要的政治、经济和军事意义，而且其区域文化和社会族群即民系，也有独特的个性，可以单独成为一个文化区域和民系，在文化学上有重要地位。但长期以来，岭南文化版图上，只划分广府、潮汕、客家三种地域文化类型以及相应的三大民系。因此，广府文化、广府人，潮汕文化、潮汕人，客家文化、客家人的概念，得到社会各界的认同和使用，并开展深入的研究，取得丰硕的成果。而雷州文化、雷州人的概念得不到重视和社会的认同而被边缘化，这对当地社会经济发展是不利的。近年来，省委、省政府有关文化发展战略、规划和报告中，已使用"雷州文化"的概念，把雷州文化与广府文化、客家文化、潮汕文化一样，列入岭南文化遗产保护工程、推进文化生态保护区建设。司徒教授的学术研究，从来是经世致用的。正是在这种背景下，他选择雷州文化作为研究对象，希冀建立起雷州文化的理论体系，揭示它产生发展的自然和人文背景、发展规律，分析雷州文化各个要素，总结其风格、优势和不足，同时阐明与此相应的雷州民系概念。以此研究成果，推动雷州文化在当地社会经济发展中起到文化软实力的作用。我认为本书是挖掘论证雷州文化的扛鼎之作。理由如下。

第一，第一次构建了雷州文化与民系的理论框架，并在理论和实践上证明了这一区域文化和民系的客观存在，这在岭南区域文化研究中具有创新意义。

第一章"绪论"，论述了区域文化概念、民系概念、区域文化与民系的关系，雷州文化与雷州民系、雷州文化和雷州民系在岭南区域文化和民系版图上的位置。

本书认为，区域是指一个有相对独立性的地理单元。区域文化是指一个区域内各种文化现象的总和，这种文化有其特定的性质、内涵、结构和历史。这些要素的整合，才组成区域文化概念。要构成区域文化，它必须具有区域基本相连成片、比较一致的文化演进过程、共同的文化特质和风格、比较一致的文化发展水平、以历史地名命名、存在一个区域文化中心等特点。这些区域文化的观点符合文化学的基本理论，具有世界学术的视野，也符合中国的国情。

民系的概念。民系也称"族群"，是同一个民族内部由于文化特质的差异而划分的群体。民系是民族中各个支派。半个多世纪以来，学术界对民系形成的条件及构成民系的基本要素等，进行深入讨论，取得重要成果。作者吸收了海内外的研究成果，认为构成民系，必须具有共同的语言、共同的地域、共同的经济生活、共同的心理素质、自我认同等各种因素。这些观点，反映了学术界研究水平。

根据上述关于区域文化和民系的基本理论，雷州文化与雷州民系的概念是否可以成立？

作者的回答是肯定的。

雷州文化产生于雷州半岛特定的热带地理环境，是雷州人适应、开发利用这种环境与资源的产物；它有四五千年的历史演进和自北向南的空间拓展过程、特点和规律；它具有鲜明的异于其他地域文化的特质和风格，构成一个海陆文化兼具的地域文化体系；传统雷州文化以历史上雷州府治雷州城为文化中心。中华人民共和国成立后则以湛江市区为雷州文化中心，形成传统与现代雷州文化中心双璧。雷州文化这些内涵，是一个完整的结构体系，抽掉其中一项，雷州文化就不成其严格意义的文化体系。

雷州民系，有它产生、定型、成熟的历史过程。雷州民系具有以下主要文化个性：居民使用雷州话；使用雷州话的居民几乎都分布在雷州半岛，并且地域连成一片，形成共同地域；有共同的经济模式，以农业为主，或农渔并重，兼及以海为商；居民历史上崇拜鬼神，风俗活动频繁，民风以淳朴著称，可谓有共同的心理素质。因而，雷州民系的概念是可以成立的。

雷州文化与雷州民系，两者互为依附之关系。它是岭南一个重要区域文化和相对独立的社会民系。在岭南区域文化和民系上，与广府文化、广府人，潮州文化、潮州人，客家文化、客家人一样，具有重要的历史地位和对岭南文化和历史，乃至对中华文化和中国历史作出过重要贡献。这种雷州文化与民系的理论构架，在过去的论著中未见有如此详尽者。

第二，挖掘雷州文化与民系的丰富资料，以雄辩的事实证明所构建的理论框架。

"绪论"以下分雷州文化和雷州民系形成发展的地理环境、历史演进过程、雷州热带农业土地利用、雷州方言文化景观与分布、雷州发达的热带海洋文化、独具特色的饮食文化、多元的宗教和民间信仰、多姿多彩的风俗文化、人才和流寓文化、器艺与文学艺术、雷州文化的风格等 11 章，论证和叙述了雷州文化和雷州民系的方方面面。所用资料包括正史、地方志、碑刻、考古、民族调查、方言调查等，注重吸收古今中外的研究成果。论证比较严谨，其观点，言之成理，持之有故；叙述清晰，可读性强。更难能可贵的是，作者与广东省政府参事室广东文化组的同事们，走遍了雷州文化覆盖的地域范围，包括雷州市、遂溪县、徐闻县、廉江市、湛江市区以及吴川市部分地区，进行调查研究，并写出《关于雷州文化的调研报告》，向省政府建言。本书是充分利用文献材料，结合田野调查资料而写成的，是我至今所见的关于雷州文化的理论框架比较完善、学术价值较高、内容最详尽、资料最丰硕、叙述最清晰、最具实用价值的经世致用之作，可以说是雷州文化与雷州民系的百科全书式的好书。

原载《羊城晚报》2014 年 5 月 18 日。

序
·
评

许锋著 《诗经趣语》 序： 从古典中汲取营养

现在喜欢古典的年轻人似乎越来越少，所以当许锋邀我为他的新作《诗经趣语》写序时，我有些踌躇。

我和许锋并不十分熟悉，相识于 2012 年，一切皆因《李章达评传》书稿结缘。东莞市文学艺术联合会为发掘东莞文化资源，弘扬人文精神，为市委、市政府建设文化名城尽绵薄之力，而组织编辑一套"东莞历史名人评传丛书"。丛书的定位，是一套研究性的严谨的学术著作。许锋与东莞文联签约的项目是《李章达评传》。他是一名作家，出版过小说、微型小说集、散文集等多部作品，而尤以创作微型小说而著称，此前很少从事学术专著的写作。此次签约，说实话，我是很为他担心的，学术专著的写作不但枯燥无趣，而且很考验作者的学术功底。果不其然，许锋交来的第一稿有些偏离学术路子，仍然属于文学的范畴。但是让我佩服的是这个年轻人没有知难而退，而是虚心听取专家意见，尽可能弥补自己的短项，在几个月之后又交来第二稿，此稿虽然还有一些地方需要修改，但是基本上走上学术的轨道了，书稿也通过了专家的审阅。我和其他几位负责审阅的专家也松了一口气。

由此可以得出一个结论：许锋对待文字是认真的，对待工作是负责的，有虚怀若谷、不畏艰难、勇于探索的精神。这一点在年轻人身上难能可贵。

毫不客气地说，在当下这样一个浮躁的社会，越来越多从事文学创作或从事学术研究的人，内心浮躁，追名逐利的思想深入骨髓，以这样的心态做学问、搞研究，是令人担忧的。让我欣喜的是许锋在繁忙的工作之余，有心思、有心境埋头于研读《诗经》，于几年中写出了一部十余万字的"趣语"，此种精神很值得鼓励。

我粗略翻阅《诗经趣语》，越读越有味道。下面想谈下我的读后感。

第一，许锋对《诗经》有比较深入的研究，从字里行间可以看出，他酷爱《诗经》，可以说是一位"诗经迷"。

《诗经》共有 305 篇（传统说"诗三百篇"，只是举其整数），是我国第一部诗歌总集，是中华民族取之不尽的文化资源、宝贵的精神财富，也是世界文学史上一朵光彩夺目的奇葩。《诗经趣语》里有 120 多篇文章，每篇多者一千多字，少者几百字。每篇文章涉及《诗经》一首诗或多首诗的内容、词语。从书的目录来看，每篇的题目都十分精致，设计得非常灵巧，而不失引诗的主旨。从每篇文章的内容来看，作者对《诗经》的内容、语句信手拈来，娓娓而谈，深入浅出，如数家珍，真是一部"趣语"。没有对《诗经》的熟读，没有对《诗经》的钟爱，是难以做到的。许锋说："读《诗经》，越觉得自己知识浅薄，觉得如今的大多数书和大多数文章，是没有任何嚼头的，从头到尾如同白开水一般。""《诗经》里的每一首诗歌，语言的表达都是精致的，都恰如其分，含蓄隽永，这些作者，个个都称得上是文字'工匠'、艺术大师。"（参见《古汉语的精致表达》）这是一位《诗经》爱好者的心声。

第二，超越产生《诗经》的时代，从《诗经》中汲取养分，运用《诗经》所蕴含的深刻思想、广泛内容、完美形式，结合当代社会的生活、人生、民俗、民风、文化、治国理政等国计民生问题，表达自己的看法和见解。反映了作者具有强烈的社会责任感和对民族、文化、传统以及当下人们种种行为方式的反省与自责，有着浓郁的忧患意识。

如何对待中国优秀传统文化，这是当代十分严肃的一个问题。或完全排斥中国传统文化，对中国文化采取虚无主义态度，主张"全盘西化"；或抱残守缺，食古不化，对外来文化一概排斥，主张文化保守主义。这两种态度都是不可取的。我们主张以中华文化为本位，立足于中华优秀传统文化之中，广泛地吸收人类所创造的一切优秀的文明成果，创造具有民族特色的社会主义新文化。中华文化的根源在儒家的六经之中（《诗》《书》《礼》《乐》《易》《春秋》，《乐经》不传，实际上是五经），而《诗经》居其首。许锋亦认识到"《诗经》是中国优秀传统文化中的核心经典之一"，"读透《诗经》，便读懂了中国文化"（见《古汉语的精致表达》），"文化之根都藏于丰沃的历史中"（参见《文化之根藏于历史》）。中国传统文化的精髓是什么？最近习近平总书记《在纪念孔子诞辰2565周年国际学术研讨会暨国际儒学联合会第五届会员大会开幕会上的讲话》中指出：道法自然、天人合一的思想；天下为公、大同世界的思想；自强不息、厚德载物的思想；以民为本、安民富民乐民的思想；为政以德、政者正也的思想；苟日新日日新又日新、革故鼎新、与时俱进的思想；经世致用、知行合一、躬行实践的思想；集思广益、博施众利、群策群力的思想；仁者爱人、以德立人的思想；以诚待人、讲信修睦的思想；清廉从政、勤勉奉公的思想；俭约自守、力戒奢华的思想；中和、泰和、求同存异、和而不同、和谐相处的思想；安不忘危、存不忘亡、治不忘乱、居安思危的思想；等等。这些优秀的思想文化，为我们认识、改造世界提供有益的启示。我们要努力结合时代条件，加以阐释和发扬，实现传统文化的创造性转化、创新性发展，使之以现代社会相融相通，为实现中华民族伟大复兴的中国梦服务。我们从《诗经趣语》的字里行间，发现作者是向着这个目标努力的。每篇文章都经过认真思考，文字严谨而有趣，把社会主义核心价值观植根于中华优秀传统文化土壤之中。

第三，《诗经》固然是一部优秀的文学作品，也是一部反映它的时代的丰富的社会史料，为了更科学地严谨地汲取《诗经》的营养，必须一字一句地透彻地读懂它，而且要进入产生《诗经》的时代，根据当时的社会结构、社会意识和人们的思想特点来理解诗义。只有在这个基础上才能更好地创作出超越时代、无愧于时代的作品。《诗经趣语》对《诗经》的解读与探究，不一定每篇都十分准确，"诗无定解"，让读者与专家分辨、评说。但是，从古典之中汲取养分，应该是无论何时何地都不该丢弃的一种优良传统，这种经世致用、知行合一的精神应该代代相传。

读了《诗经趣语》，写了以上几点认识，愿与许锋共勉。

原载《诗经趣语》，中国书籍出版社 2015 年版。

小单位，办大事

——读“东莞历代著作丛书”（第一辑）后

摆在我案头上的“东莞历代著作丛书”（第一辑）由杨宝霖主编、莞城图书馆编、上海古籍出版社于 2011 年 7 月出版。邀请我参加今天盛会的是莞城街道办事处和东莞理工学院。在此，我谨向主编杨宝霖先生、莞城图书馆、莞城街道办事处和东莞理工学院表示衷心的感谢和崇高的敬意。翻阅这套书，感慨万千。

首先谈“小单位”。编辑这套书的是莞城图书馆，莞城图书馆是莞城街道办事处下属的一个单位。这种层次的单位，在中国有多少，我没有统计过，用“千千万万”来形容，我想不为过。这样的单位，可以说是“小单位”。

主编杨宝霖先生所在的单位，也是一个“小单位”。他是东莞中学的一位语文教师。杨先生为整理、保护东莞地方文献做出了重要贡献。几十年来，杨先生在教学之余，写成专著四五部，论文百余篇，约百万字。他编纂的《词林纪事补正》《全芳备祖》《张家玉集》《袁崇焕集》等，均为学术界所推崇。杨先生勤奋刻苦，他说“每日午休，每夜十时以后，才是我从事研究的时间，数十年来，除大病外，从未在零时之前上床”，“假日，除闭门苦读外，别无他事。自弱冠迄于今，不论月华如水的中秋之夜，还是鼓乐喧天的春节之晨，不论挥汗如雨的酷暑，还是凄神彻骨的严冬，我都是寂处萧斋，灯下窗前，口吟手写，自以为乐”。杨先生《自力斋文史农史论文选集》中，对“自力斋”做了解释，有两层意思：一是先祖所遗破屋，到他娶妻生子时，已狭窄湫湿不能居，另买又没有钱，“于是自打泥砖，自拿灰匙，在祖遗的荒圃中建起一间二十多平方米的小屋。又编竹作扉，垒砖为案，泥砖承板以为床，木柴钉架以为椅，‘绳枢瓮牖’，最恰当不过了。遂名之曰自力斋”。另一层意思是，执教数十年，为学数十年，无名师硕儒为之指点迷津，无志同道合之友与之朝夕探讨，苦心孤诣，在学海中独撑一叶扁舟，茫茫渺渺，自往自来，非“自力”而何。当他的足可以传世的著作《词林纪事补正》脱稿时，自题一律曰：

> 搜遗辑佚几经年，矮屋蓬窗作郑笺。
>
> 属稿岂因贫病辍，买书常被母妻嫌。
>
> 翻残典籍三更雨，负尽黄花二月天。
>
> 尺帙摩挲聊自慰，穷径应愧昔人贤。

这是他生活的真实写照。他非常感谢妻子，“她默默地替我侍慈亲，育幼子，烦琐的家务不让我沾手，二十八年来没有拉我看过一场戏，没有拉我逛过一次街，我不顾家计，买书多了，她有些'嫌'，但只是'嫌'而已，没有骂，更没有撕，她让我集中精力，挤出时间从事教学和研究"①。我们从这里可以看出杨先生是一位多么严谨、勤奋、好学的学者。他所在的单位东莞中学，虽是一个"小单位"，但他却是一位大学者，是东莞历史"百科全书式"的人物，是我们非常敬佩的长者。今天我们看到的"东莞历代著作丛书"（第一辑），就是杨先生几十年默默耕耘结出的硕果。孙中山先生教导青年学生要做大事，不要做大官。杨先生就是一位不做大官而做大事的人。

其次谈谈"办大事"。为什么说出版"东莞历代著作丛书"（以下简称"丛书"）是一件大事呢？我有四点理由。

第一，它与实现中华民族伟大复兴、推动社会主义文化大发展大繁荣，努力建设社会主义文化强国的宏伟目标息息相关。

社会主义文化，不是从天上掉下来的，也不是人们头脑中固有的。建设有中国特色的社会主义文化，必须吸收中国传统文化中的优秀部分；同时吸收世界人类创造的一切优秀文化；总结在社会主义革命和建设中创造的新文化。中国优秀的传统文化，使伟大的中华民族雄姿英发，屹立于世界民族之林。对中国传统文化，全盘否定或全盘肯定都不对，正确的态度应该是对它进行实事求是的、科学的研究和分析，取其精华，弃其糟粕，继承和弘扬这份瑰宝，为建设社会主义文化强国服务。为此，必须对我们的祖先遗留下来的文化典籍进行整理和刊布。"丛书"总序中说，编印这套丛书的目的之一，就是"把乡邦文献抢救，保存，布刊"，"抢救，保存，布刊东莞乡邦文献，只有我们东莞人自己动手"。为了达到这一目的，他们摸清了东莞历代著作的家底，从古代至清同治间，莞人著作有889种，经调查，现存99种。同治至民国末年，约得典籍百种。也就是说，东莞历代著作，现存200种左右。他们有一种历史责任感和使命感，将分期分批整理和布刊这些珍贵的乡邦文献。这是为振兴中华、建设社会主义文化强国的大手笔。

第二，"丛书"总序中说，编印"丛书"的第二个目的，是"古为今用"。"东莞历代著作蕴藏着闪光的道德精神"，"对今人的道德教育"有重要的价值。"丛书"在宣传社会主义核心价值体系方面有重要意义。

《中共中央关于深化文化体制改革推动社会主义文化大发展大繁荣若干重大问题的决定》指出，我们应该"弘扬以爱国主义为核心的民族精神"。"爱国主义是中华民族最深厚的思想传统，最能感召中华儿女团结奋斗"，"丛书"在宣扬爱国主义精神方面将会起到很大作用。就以杨宝霖先生整理、何冀撰、何太编

---

① 以上引文均见杨宝霖《自力斋文史农史论文选集·前言》，广东高等教育出版社1993年版。

的《曼叔诗文存》为例。杨先生在《读曼叔诗存（代前言）》中，总结了何曼叔诗歌的特点之一，就是"爱国激情"。何曼叔在抗日战争中，以笔代枪，宣传抗日，写了大量爱国诗歌。对努力抗战的爱国者给予热情的赞颂。1938 年 3 月，徐州、蚌埠、济宁反攻胜利，曼叔振臂高呼，吟出"我们应战求生存，要驱敌人出国门。全民努力雪耻辱，以血洗净倭屐痕。今天读报心大喜，保卫国家咸拼死，倭儿何苦肆凶残，你们壮丁已无几"的诗句。曼叔对在抗战中坚贞不屈，表现出弥坚的民族气节的人士，大力表彰，诗以咏之。1938 年 3 月，日寇攻陷山东邹县，孟子的后代孟庆棠未及他避，日寇以为可以劫持，以做宣传。孟庆棠表示宁可殉节，绝不投降。曼叔读报闻此事，作《孟轲吟》，有句云："轲乎轲乎道久绝，孰识嗣子生光芒？倭兵凶残陷邹县，势不为屈惊强梁。"曼叔《闻张一麟为不受伪命自沉井而死》赋诗曰："敌人已入城，迫逼用伪命。誓死不受污，宁愿自沉井。中华志节在，闻讯用歌咏。"曼叔《渔家女》一诗，记述渔家女在凶残的日本兵面前，不畏强暴，高呼"胜利属于中国"，而又机智脱身之事。说完奋身投清波，敌人莫奈此女何"。曼叔的诗歌，对出卖民族的汉奸以无情的鞭挞。在《闻有和议讯不胜悲愤》一诗中，以古讽今，用南宋丞相秦桧与金讲和，卒致不能恢复旧疆的历史事实，直斥和议之非。诗云，"枢府何人是秦桧？奴孽反谓施新猷。其中不无三四辈，伴食有若孙近流"，一针见血地指出汪精卫及其党羽是秦桧、孙近之流。曼叔盼望抗战胜利，预料日寇必败，中国必胜。他唱出"同心赴国难，抗战我必胜"的时代强音。对我国抗战的每一胜利，他都以饱满的感情去赞颂。如 1938 年 4 月，日机空袭广州，其中十架被我军打落，曼叔在《打落十敌机》中唱道："廿四飞机闯市空，内中十架冒烟红。我们炮手称纯熟，今日居然建伟功。""敌机初来声若吼，市民积怒不肯走。眼看打落敌人机，百万市民齐拍手。"1945 年 8 月，日本投降了，抗战胜利了，曼叔从重庆回到南京。1946 年 9 月 3 日，回忆去年在重庆听到日本投降消息欢喜的情境，填了一首《水龙吟》，词云："去年还在陪都，曾同万众欢腾夜。开天辟地，自从盘古，这回声价。喜极心情，积年酸泪，不期盈把。彼倭人日本，欺人太甚，投降了，今签押。"

曼叔的诗歌，积极宣传抗日，激励国人同仇敌忾，不遗余力地赞颂积极抗日的人和事，无情鞭挞汉奸走狗，坚信日寇必败，中国必胜。这是高昂的民族气节，不朽的爱国精神。曼叔的爱国行动，熏陶了全家——妻子区丝宝，长子何鼎华、次子何与成、三子何太、四子何通、幼女何景珣都走上了抗日战场。杨宝霖先生也是被何曼叔的爱国行动所感召而决心不辞劳苦搜集、编辑、整理《曼叔诗文存》的。他说，读曼叔诗词，"细味之，诗似放翁，词近少游"。当他得到何太慷慨赠以《曼叔诗存》手稿残卷时，"不禁雀跃。归而细读，深惬我怀"。经过杨宝霖先生和何鼎华家属多方探寻，最后编成《曼叔诗文存》。① 我想，何曼叔的爱国主义精神，必像影响他全家和杨宝霖先生一样，教育、影响一代代中华儿女。

第三，保存大量歌颂东莞大好河山的诗文和风土人情故事，特别是保存了为发展东莞文化教育事业而做出重要贡献的人事和文献。东莞人为有这样的人和事而感到骄傲，必然会激励东莞人热爱乡土，为发展东莞的文化教育事业而努力工作，发扬先人的业绩。我们就谢创志整理的陈伯陶的《胜朝粤东遗民录》和《宋东莞遗民录》为例，说明这个问题。

陈伯陶（1855—1930），东莞凤涌人，21 岁中秀才，25 岁乡试中解元，38 岁成进士，殿试第三名（即探花）。授翰林院编修，文渊阁校理、武英殿协修，后历官国史馆协修、总纂。曾任云南、贵州、山东等省乡试副考官，授江宁提学使。他是清朝的封疆大吏，对清朝忠心耿耿。入民国后，遁迹香港九龙，以著述为乐。以前学术界都称他为"清遗老"。

对于中国"遗民"史的研究，尤其是对元初的宋遗民、清初的明遗民、民初的清遗民研究，学术界已有许多著作。陈垣《明季滇黔佛教考》《南宋初河北新道教考》是研究遗民史的重要著作。当然，陈垣这两部著作是抗战史学，是陈垣在抗日战争时期爱国思想、民族气节的表现，富有思想性和政治意义，与陈伯陶的《胜朝粤东遗民录》和《宋东莞遗民录》不可同日而语。但是，有一点应引起我们的重视。1940 年 5 月 3 日陈垣在致陈乐素的信中说，《明季滇黔佛教考》"之着眼处不在佛教本身，而在佛教与士大夫遗民之关系，及佛教与地方开辟、文化发展之关系"。② 1957 年陈垣为此书作《重印后记》说此书言"明季滇黔佛教之盛，遗民逃禅之众，及僧徒拓殖本领"③。也就是说，陈垣研究明季遗民，注意遗民对地方开辟、文化发展的重要关系。在《南宋初河北新道教考》中，陈垣反复强调，要保全"读书种子""保中国文化不亡"。他十分赞赏元初河北全真教精神，曰："全真家可贵，非徒贵其不仕也，贵其能读书而不仕也，若不读书而不仕，则滔滔天下皆是，安用全真乎！若因不仕而不读书，则不一二世悉变为无文化之人，此统治者所求之不得也，故全真虽不仕，书却不可不读。"④ 也就是说，陈垣研究遗民，非常重视遗民对地方开辟、文化教育发展、保存中国文化的作用。

陈伯陶民国时避地香港，从事著述，著作甚丰，据杨宝霖先生研究，除上述

---

① 以上引文均见杨宝霖《读曼叔诗存（代前言）》，载何冀撰，何太编，杨宝霖整理《曼叔诗文存》，上海古籍出版社 2011 年版。

② 陈垣：《陈垣全集》第 23 册，安徽大学出版社 2009 年版，第 814 页。

③ 陈垣：《陈垣全集》第 18 册，安徽大学出版社 2009 年版，第 295 页。

④ 陈垣：《陈垣全集》第 18 册，安徽大学出版社 2009 年版，第 423 – 424 页。

两种之外，还有《孝经说》、《明季东莞五忠传》、《袁督师遗稿》附《东江考》、《西部考》、《增补罗浮山志》、《东莞县志》附《沙田志》、《瓜庐文剩》、《瓜庐诗剩》、《宋台秋唱》等，其中以《胜朝粤东遗民录》和《东莞县志》最有价值。杨先生说，"清初，文字狱之风甚炽，经康熙、雍正、乾隆三朝百余年查禁销毁，晚明史料及明遗民的著作，荡然无存。即使被人冒着生命的危险保存下来的几本书，年代久远，更如凤毛麟角。陈伯陶广为搜罗，多方钩致，从方志、史乘、族谱、专集中剔抉爬梳，辑成明代遗民 312 人传记。凡前人记载有误的，详为考证，以按语出之。保存了不少晚明、清初史料"，"所辑史志，搜罗赅备，超越前人，有功文献，嘉惠学林"①。陈伯陶对东莞历史文化的发展是有重要贡献的，他的事迹应为后人所景仰。

第四，初步建立起整理、刊布地方文献的范例。著名图书馆学家杜定友对地方文献范围有具体的界定，认为地方文献包括地方史料、地方人物与著述、地方出版物三部分②。"东莞历代著作丛书"是地方文献的第二类，即地方人物与著作。编辑凡例是科学的、可行的。从第一辑的编辑、整理、刊布来看，是成功的，可作为整理地方文献的典范。希望上述"小单位"以此为契机，坚持不懈地努力，把它建设成为一个品牌，为学术事业的发展做出应有的贡献。

鉴于以上四点，我认为出版"东莞历代著作丛书"是一件大事。小单位办大事，令人敬佩。

原载《东莞地方文献整理与东莞学人研究文集》，齐鲁书社 2015 年版。

① 杨宝霖：《自力斋文史农史论文选集》，广东高等教育出版社 1993 年版，第 189 – 191 页。
② 杜定友：《地方文献的搜集整理与使用》，见《图书馆学目录学资料汇编》，书目文献出版社 1984 年版，第 91 页。

《廉江人物志》 序

在《廉江人物志》出版之际，编委会的同志要我写几句话，本想推托，但考虑到编委会的同志花了两三年时间，付出辛勤劳动，编成此书，它对发掘人才资源，促进廉江经济建设快速发展方面，会起到有益的作用。廉江是我的家乡，对家乡的同志所做的工作理应支持，所以，也就乐意说几句话。

我的专业是历史学，三句不离本行，首先介绍一下廉江的建置沿革。廉江旧称石城县，秦属象郡地，汉属合浦郡合浦县地，三国属吴高兴郡地，至唐高祖武德五年（622）析石龙县建石城县，属罗州，此县名为石城县之始。唐玄宗天宝元年（742）以濂江河取名，易名濂江县，属招义郡。南宋乾道三年（1167）复置石城县，至民国三年（1914），改石城县为廉江县，属高雷道。1949 年 11 月 1 日，廉江县解放，属广东省南路专员公署。1959 年 1 月 21 日，廉江、遂溪、海康（南渡河以北部分）三县并为雷北县，属广东省湛江专区。1960 年 11 月 5 日，雷北县易名为雷州县。1961 年 3 月 30 日，撤销雷州县，恢复廉江、遂溪、海康三县，按原县区域分治和归属。1978 年 9 月，属广东省湛江专区。1993 年 12 月 10 日，廉江县撤销，设立廉江市（县级），属湛江市代管。

廉江是广东历史悠久的县市之一，建置已达 1370 多年，地域面积 2835 平方公里，现有 29 个民族 150 多万人，其中汉族占 99%。在漫长的历史发展中，聪明勤劳的廉江人民进行了不屈不挠的斗争，创造出灿烂的文化和辉煌的业绩。新中国成立后在中国共产党的领导下，尤其是在中共十一届三中全会以来的 20 多年里，全市人民拼搏进取、开拓创新、艰苦奋斗，从根本上改变了贫困的原貌，处处呈现繁荣昌盛、秀丽多姿的景象，经济和社会各项事业持续向前发展，现已进入全面建设小康社会时期。

廉江自古物华天宝，人杰地灵，各个历史时期都涌现出许许多多杰出的优秀人物。明代翰林编修杨钦，清代进士黎正，近代著名革命文学团体"南社"成员、中国同盟会会员江瑔。大革命时期，廉江先后有 1400 多名有志青年加入中国共产党，3000 多人加入新民主主义青年团，在残酷的革命斗争实践中，他们中许多人为人民的解放、新中国的诞生献出宝贵的生命。原国民党著名"左派"廖仲恺之子全国人大常委会副委员长廖承志的入党介绍人关泽恩，原中共南路特委书记、"南路共产党的负责人、工农群众的领袖"黄平民，出生入死与敌人展开坚决斗争的女英雄李毓莲等就是其中的代表。新中国成立后，廉江人民的很多优秀子弟活跃在党、政、军、政法、科技、教育、文化、体育、医疗、卫生等领域，为国家的繁荣富强做出杰出贡献。他们中，有上海市政府办公厅原副主任、国务院参事室原参事管易文，原中共广东省委常委、省军区司令员、中国人民解放军少将温玉柱，原长江航运局（集团公司）党委第一书记蔡驱，现任山西省高级人民检察院检察长陈大豪，全国政协委员、香港知名人士、香港《文汇报》董事长兼社长张云枫，香港知名人士、著名作家李世辉，曾参与我国卫星研制设计的高级工程师刘竟志，中山大学孙中山研究所所长、著名教授、博士生导师林家有，清华大学毕业生、年轻计算机高级工程师罗彬，第 14 届亚运会女子单人10 米跳台跳水冠军、世界游泳锦标赛双人 10 米跳台冠军劳丽诗等。

本籍人士、香港《文汇报》董事长张云枫先生曾吟诗：华夏横梁乡间出，风云人物山中来。在这块红色的土地上，过去有清末民初良垌岐岭江氏三代举人（江诚和、江慎中、江珣），如今，廉江又涌现不少兄弟（姐弟）博士（硕士），如生物学博士梁纯、计算机博士梁烈与计算机硕士梁洁梁氏三姐弟；化学博士陆岩松与海洋博士陆铁松陆氏兄弟；计算机硕士杨青与神经学博士杨默杨氏兄弟；揭氏兄弟揭春雨与揭秋雨二人则相继考取清华大学，后又分别获得计算机与物理学博士学位。本籍人士、联合国总部原高级职员邹克定膝下三子，邹汉是化学硕士，邹任是计算机博士，邹游是医学博士，其女邹陵大学毕业后在芬兰驻美国纽约一家银行担任高级职员。这些人物的出现，如璀璨耀眼的群星，是廉江人民的骄傲，他们创业敬业的意志精神，与时俱进的思想风貌，艰苦奋斗的优良作风，是我们的宝贵财富。

《廉江人物志》收入廉江籍或在廉江工作过的 100 多个姓氏中的各类人物1500 多名，是廉江迄今为止资料最丰富、收录人物最多的一部人物志。由于编者工作深入细致，尊重史实，所收资料较全，使本志具有以下特点。

第一，内容丰富。为研究地方历史提供大量宝贵素材，在一定程度上反映了历史轨迹和时代风貌，对当代具有积极的"资政、教化、存史、联谊"作用。

第二，广纳群贤。历代史志多载官方人物，很少收录民间人物资料。本志打破廉江过去志书局限不仅记述党、政、军方面有影响的人物，而且收入科技、文化、教育、医药、体育、建筑等方面人物，并对其中一些有突出贡献和影响较大以及成绩显著的人物不惜笔墨，详细介绍；同时坚持与时俱进，记述了近年来受到各级表彰的先进农村乡土人才和民营经济人士"光彩之星"等对地方经济社会发展影响较大的人才，体现了以人为本，尊重知识、尊重人才的理念。

第三，突出重点，兼顾全面。本志主要记述本籍为地方以至国家做出积极贡献的人士和为革命、建设事业英勇献身的烈士。同时也对在廉江工作并有突出业绩和影响的非廉江籍人物进行介绍或立传。此外，还对本籍一些人口较少的姓氏尽可能地将其中较有代表性的人物进行介绍，使本志在收入对象和范围方面更加全面。

　　总体上看，《廉江人物志》内容丰富、结构严谨，文字流畅、详略得当，是近年来粤西地区方志系统中较为优秀的志书之一。它的出版，对促进家乡物质文明和精神文明建设一定会起到良好的作用。

　　以上数语，是为序。

　　原载廉江市人民政府办公室、廉江市地方志办公室编《廉江人物志》，内蒙古人民出版社 2003 年版。

重新整理出版清康熙六年刻十一年增订本
《石城县志》 序

　　地方志是记载一定地区（或行政区划）自然和社会各个方面的历史与现状的综合性著述，涵盖的内容相当广泛，举凡一地的建置、沿革、疆域、民族、人口、山川、津梁、关隘、名胜、资源、物产、气候、天文、灾异、人物、文化、教育、宗教、风俗等，无所不包。宋代大史学家司马光称地方志为"博物之书"；清代方志学家章学诚赞誉方志是"一方之书""国史之羽翼"。方志有"辅政资治""国史取裁""弘宣风教"等功能，后人概括为"资治、存史、教化"三种作用，所以，方志一直受到历代政府的重视。编修地方志，是中华民族文化的一种优良传统。

　　中国的方志源远流长，周代是方志的孕育期，雏形产生于秦汉，发展于魏晋南北朝，繁盛于隋唐五代，定型于宋代，元明时期继续发展，清代是古代方志的鼎盛期，民国时期有所创新，中华人民共和国时期的修志成绩，是历代不能比拟的。在留存至今的丰富古代典籍中，方志所占的比例不小，据不完全统计，现存旧时代志书有 8200 多种，约占现存古籍的十分之一。

　　广东旧志编修持续不断，据统计，广东现存旧志 486 种，居全国各省之第七位。在广东，汉晋南北朝是方志初创时期，志书数量不多，大约有 15 种。其中东汉番禺人杨孚编修的《南裔异物志》，开我国地区性物产专志之先河。隋唐是方志的发展时期，广东开始出现图经之类地志。由于年代久远，史籍失载，所知有限。宋代是方志体裁完备时期，也是广东方志发展的重要时期。据考证，广东宋代方志有 101 种。明清是广东方志发展全盛时期。据统计，明代广东修志 224 种，以嘉靖朝（51 种）和万历朝（62 种）为高峰。清朝广东共修志 441 种，其中康熙年间就修有 177 种，占 40%。康熙朝重视修志，康熙二十二年（1683），礼部奉旨传檄全国，通志设局，限三月完成。嘉庆、道光年间，两广总督阮元重视修志。他主持纂修的《广东通志》，因"体裁渊雅，记载详核"，"其价值久为学界所公认"（梁启超：《中国近三百年学术史》）。民国时期，国民政府重视修志，虽外患频仍，内政动荡，全国修志仍达 1627 种，而民国时广东只修有府志 3 种，县志 46 种。

　　石城（廉江）县修志的历史，在新中国成立前的情况大概是这样：

　　明嘉靖二十四年（1545），第一次修《石城县志》，此本已很难找到。

　　清康熙六年（1667），知石城县事古晋梁之栋纂修，本县人黎民铎汇编《石城县志》。康熙十一年（1672），石城县知县高阳李琰重辑，儒学训导长乐李尚志重订《石城县志》。此本现藏北京国家图书馆。

康熙二十五年（1686），广东布政使司经历署理石城县事燕京周宗臣、知石城县事蒲坂韩镠纂修《重修石城县志》。此本现藏宁波天一阁博物馆，有缺漏。

康熙五十一年（1712），石城县知县孙绳祖纂修，乾隆年重印《重修石城县志》。此本现存故宫博物院图书馆，有缺漏。

清嘉庆二十五年（1820），知石城县事金陵周国泰、署石城县事六安张大凯纂修《重修石城县志》，内收入历代志书的序。此本现藏广东省立中山图书馆。

清光绪十八年（1892），石城县知县蒋廷桂主修，前署礼部兵部侍郎都察院左副都御史陈兰彬（吴川翰林）总纂《重修石城县志》。编纂者认为嘉庆二十五年张大凯所修的志，"其门类繁琐，且有轻重失御"，于旧修年全削去不载，且所引旧志亦不注明何志，是疏失之处。陈兰彬因此不依旧志门类分法，重新调整为八个门类，在内容上继承张大凯志而补其阙，正其陋，全书分九卷。此志编修前后达五年之久，虽曰体例仿《阮通志》，而编纂者在体例上下了很大功夫，编纂中多有创新。此志现藏广东省立中山图书馆。

民国二十年（1931），以广东高级师范学校毕业生、廉江县县长钟喜焯（合浦人）为主修，以广东政法学堂毕业，历署石城县长、吴川县知事、广州地方审判厅庭长、合浦地方审判厅厅长、广东高等法院推事、广东省政府科长、癸卯科举人江珣为总纂《重修石城县志》。在凡例中说："志须纲举目张，始易观览。县自康熙初迄光绪壬辰，志凡六刻。张志分纲一十四，未免繁琐。蒋志仿阮文达广东通志例，稍变通之，分八纲，自属简。当今更将选举统归入人物，列纲为七，曰舆地、曰建置、曰经政、曰职官、曰人物、曰艺文、曰经述，门分类从，较觉有条不紊，披卷了如指掌。"此志现藏广东省立中山图书馆。

以上六种《石城县志》，收入广东省地方志办公室编《广东历代方志集成·高州府部》（岭南美术出版社 2009 年影印版）。

这次重新整理出版的康熙六年刻，十一年增订本《石城县志》，是现存最早的县志。历代修志都以前志为基础，此志是十分珍贵的。由于体例比较完备，内容丰富，文简意赅，为历代修志者所重视。此志上编分六卷：建置、疆域、武备、风俗、物产、祀典；下编分五卷：年表、食货、人物、文苑、杂志。康熙十一年以前的石城县的自然、社会、政治、经济、军事、文化等资料，都保存在此志中。有几点需要特别提出来，予以重视。

石城之得名及县治变迁沿革记载尤详。"碑记"篇保存了明石城县知县池阳苏洲撰书的《创立石城碑记》，云石城"以邑名言之，其地多石，四立冈阜，旋绕如城，故名。其邑故址，先在江头铺，梁废县，入罗州。宋绍兴间复置县。元皇庆间，迁县于高峰铺东黄村。天历间又迁于新和驿东，即今县治也。"这段文字把石城之得名及县治变迁描述得很清楚。

仿《史记》《汉书》每篇之后有"太史公曰"或"论曰"的体例，此志在每篇之后有"论曰"，对本篇做总结，并说明编纂者的观点。这是颇具特色的。

保存了丰富的人文资料。如宋苏东坡在石城建"松明书院"，题"松明"两字，并作《松明火诗》《飓风赋》；明邹智被贬石城，在石城做了大量有益于人民的事，人民建谪仙亭、邹公祠以纪念他，编《立斋遗文》（邹智，字汝愚，号立斋）以传后世，保存了《重修苏、邹二公合祠碑文》；明万历元年（1573）秋，南京刑部四川司郎中、海康莫天赋撰《平倭记》记述石城人民反倭寇的斗争。凡此种种，对我们今天弘扬和践行社会主义核心价值观都有借鉴意义。

康熙六年刻本，是本县崇祯六年（1633）癸酉科举人黎民铎汇编，保存了许多本县诗赋，歌颂循吏百姓，表彰乡贤义士，赞扬风俗美景。这些对我们今天宣传中华优秀传统文化，进行爱国爱乡教育都有积极意义。

廉江市人民政府方志办原主任钟珠先生嘱为本书撰序，我是廉江人，义不容辞，写了以上一些文字，供廉江市有关的先生们参考。

原载重新整理出版清康熙六年刻十一年增订本《石城县志》，世界侨商出版社2015年版。

序·评

清光绪十八年 《石城县志》 校点本序

　　廉江市地方志办公室以集体的力量，于 1995 年编纂出版了新《廉江县志》。继后，1998 年又校点了民国二十年版的《重修石城县志》。现在又校点了清光绪十八年版的《石城县志》。在这本新校点的《石城县志》出版之际，廉江市志办的同志嘱我写篇序。我是廉江人，但对廉江史志并没有太多的研究。为了尊重和鼓励廉江市志办的工作，我愿意谈一下自己的意见。

　　近人论旧方志，都说它们是我国的宝贵财富。我国方志有一个明显的特点，就是历朝历代都是全国各地普遍编修。清代修志之风大盛，全国有一统志，各省有通志，各府有府志，各州有州志，各县有县志，还有关志、道志、卫志、所志、乡志、镇志、里志，等等。全国各地普遍修志的传统是十分可贵的。由于有这个传统，对于当时人来说，得以借此将全国各地的古今情况分门别类记载和保存下来，传给后代；对于后人来说，则可以从中查阅和了解各地的各种历史资料，以补正史之不足。方志确实可以称为我国的史料宝库。清光绪十八年（1982）《石城县志》，是全国普遍编修方志之一种，自然是一种宝贵的财富。此其一。

　　其二，我国的方志，自宋朝以来即发展成为一种地方性的百科全书型的书籍，举凡一地的疆域、沿革、山川、建置、城镇、乡里、物产、财赋、户口、兵事、民情、风俗、人物、艺文、名胜、古迹、异闻、琐事，等等，可以说无所不载。这种无所不载的形式，是一个优良的传统。因为一部方志将一地的古今疆域沿革、自然条件、政治、经济、军事、思想、文化、教育、人物、异闻、琐事等，分门别类地记载下来，就概括了一地已知的全部古今情况，要了解当地重要的人、物、事，就可以从中查到。正因为如此，许多古今人物，每到一地，都要索阅当地的方志，以了解当地的历史和现状。据记载，唐朝韩愈，谪贬为潮州刺史，他路过韶州，即曾索阅《韶州图经》，了解当地的山川、形势、物产、财用、风土、人情等，以为施政的参考。宋朝朱熹，知南康军，刚到任，地方官属备礼载酒以迎，他未予理会，而是第一句便问"志书可曾带来"，可见方志对他是何等重要。清人编的《吏治悬镜》一书中，谈到新知县走马上任要奉行 32 项"莅任初规"，其中第三项即是"览志书"，原因是"一邑之山川、人物、贡赋、土产、庄村、镇集、祠庙、桥梁等类，皆志书所毕载。而新莅是邦，一为披览，则形胜之舆衍扼塞，租庸之多寡轻重，烟户之盛衰稀密，咸有所稽，而政理用是以取衷焉"。这些事例说明，方志由于"无所不载"，对当代和后世人都十分有用。清光绪十八年《石城县志》，其内容分为舆地志、建置志、政治志、职官志、选举志、人物志、艺文志、纪述志等八卷，约 60 万字，附图 23 幅。此所谓廉江"上下古今，括囊殆尽"。整理出版这部书，对今天从政、投资，发展廉江经济，对廉江的物质文明和精神文明建设都是十分有意义的。

其三，清光绪十八年《石城县志》文字质朴，详今略古。旧时修志，有识之士要求修志者真实记载一地的情况，诚如章学诚所主张的"期明事实，非尚文辞"，"据事直书，善否自见，直宽隐彰之意，固不可专事浮文，以虚誉为事也"。通观《石城县志》，文字质朴，叙事清楚，非尚文辞，而且详今略古，对今天还是非常有用的。

当然，《石城县志》像所有的旧方志一样，也存在明显的糟粕。例如对封建皇帝和封建王朝歌功颂德；在人物传记中，过多地表彰官僚、地主、富商、巨贾的德行和义举；大量表彰烈女守寡节行；记录神怪迷信和荒诞诸事，传播"天人感应"的谬说；等等。但只要我们坚持用辩证唯物主义和历史唯物主义的观点来审观，取其精华，去其糟粕，对今天还是有积极意义的。

据廉江市方志办的同志说，光绪十八年《石城县志》存世极少，目前在省内发现仅在广东省立中山图书馆有藏书。这次对其进行整理、校点、出版，具有抢救古籍的作用，意义更加重大。

对廉江市方志办的工作，我由衷地表示赞赏。愿这部《石城县志》的出版能发挥其应有的作用。

2006 年 8 月 31 日

序·评

《安铺镇志》序

2015 年 3 月间，廉江市方志办原主任钟珠受安铺镇委书记毛球的委托，把《安铺镇志（1979—2011）》稿寄给我，嘱我为该书写一篇序。我是廉江人，对此义不容辞。

我的小学、初中、高中都是在廉江城度过的。以后在天津南开大学读书，在北京中国科学院哲学社会科学部（今中国社会科学院前身）历史所工作，在广州中山大学任教，几十年一直没有去过安铺。1985 年夏天，我中学时的老师康祥、林准来中山大学找我（时任历史系副主任）和林家有（时任孙中山研究所副所长），带来《安铺镇志（1444—1985）》稿，要我们提意见。记得当时提了一些意见，并作题词。题词的内容已忘却了，但对安铺的历史留下隐约的记忆。这次我比较认真地拜读了《安铺镇志（1979—2011）》稿，凭着我几十年的治史经历和对新修地方志情况的了解，我认为这部书稿是比较好的，表现在下列几个方面。

一、符合镇志的编纂体例，编目行文规范

"盛世修志"，1978 年党的十一届三中全会确立的改革开放政策为修志工作带来了春天。各地新修的市志、县志如雨后春笋，蓬勃发展。而乡镇志怎样修，与新县志、市志有什么区别，必须认识清楚。《安铺镇志》坚持以马克思列宁主义、毛泽东思想、邓小平理论、"三个代表"重要思想和科学发展观为指导，以国务院《地方志工作条例》为准绳，坚持实事求是的原则，全面、系统、客观地记述安铺镇自然环境与建置沿革、政治、经济、社会、文化、人物的历史与现状。前有总述和大事记。大事记为全志之纲，以编年体为主，纪事本末体为辅，简要记述镇内的大事要事。全志行文准确、朴实、简洁。因此，全书体例、行文规范，符合志书为资料性文献的要求。

二、体现安铺镇的地方特色

镇志的地方特色，是镇志的生命力所在，每一部镇志都应具有浓厚的乡土气息，越是乡土的，就越是成功的。本志的特色之一，就是记述了一颗镶嵌在北部湾畔，九洲江口的璀璨明珠——安铺，怎样由明清时期与香山县（今中山市）

小榄、顺德县容奇、东莞县石龙齐名的广东四大名镇之一，在改革开放后成为全国重点镇，全国体育先进单位，全国十大美食名镇；变成了广东的现代中心镇、综合改革试点镇、先进卫生镇、体育先进镇、百强企业镇及对外开放的重点工业卫星镇，读者可以从中悟出许多道理。本志的另一个特色，就是记述了许多安铺的传统文化，比如安铺特色美食文化节以及各种名食的制作；文化艺术的传统，楹联、诗词、民间曲艺、民间歌谣、传说、趣闻、名胜古迹等，因本志而得以保存下来。这些传统文化，对我们今天实现国家富强、民族振兴、人民幸福的中国梦，践行社会主义核心价值观，都是十分重要的。

三、起到 "存史、资政、教化" 的功能

"存史"。本志重点是记述 1979 年至 2011 年安铺发展的历史，但通过大事记以及纪事本末，追溯历史起源，所以实际上是简要地记述从明正统九年（1444）安铺建镇至 2011 年安铺历史发展的脉络。纲举目张，起到了"存史"的作用。

"资政"。群众慨叹："昔日古商埠，今日新安铺。"为什么能够这样呢？就是因为镇委、镇政府科学规划绘就发展蓝图，招商引资促进产业繁荣，建管并举优化发展环境，做优文化增创发展优势，改善民生促进社会和谐，综治维稳保障社会稳定，加强党建提升干部能力。实践证明，这些举措是行之有效的，安铺人民证明它是真理，足以起"资政"作用。

"教化"。安铺人民从这部志中认识了自己的历史、自己的创造能力。在中国共产党的领导下，在镇委、镇政府的努力下，安铺镇一定会与时俱进，创造更加辉煌的业绩，使北部湾畔这颗明珠更加光彩夺目。

以上是我读了《安铺镇志（1979—2011）》的一些感想，写出来供读者参考，请读者指正。

原载《安铺镇志（1979—2011）》，中国文史出版社 2015 年版。

序·评

图文并茂描绘广东史前社会历史

——《广东先秦考古》评介

2015 年 3 月，广东人民出版社"岭南文库"出版了著名考古学家杨式挺等编著的《广东先秦考古》一书。该书是广东省社会科学界联合会（1996—2000年）立项的一个重点课题，2000 年完成结项后，交出版社，又经过十多年数易其稿，不断补充完善，直至 2013 年 8 月定稿，可谓"二十年磨一剑"。全书篇幅 847 页，65.5 万字，插图达 328 幅（每幅 1 件至 20 多件器物图片），真是图文并茂。这是广东 60 多年来先秦考古发现与研究成果的结晶，是广东史前考古的开山之作。其特色有以下几个方面。

第一，考古资料表明，广东与全国许多地区一样，经历了旧石器时代、新石器时代和青铜器时代，这是人类历史发展的普遍规律。但是广东各地区的遗址类型具有多样性和区域性，包括有洞穴、山岗、台地、贝丘和沙丘等遗址，反映了广东古代人类的居住生活环境从山洞走向河流两岸以及向海岸、岛屿发展，由此使渔猎捕捞业、种植业得到更大的发展，这是人类群体壮大、人口增长的需要，从而可以观察人类社会进步的历程。广东新石器时代文化分布广，发展阶段性及年代也比较明确，其中最重要的考古遗存是"西樵山文化"和"石峡文化"。西樵山遗址既是细石器生产地，也是以霏细岩为石料的双肩石器的生产地，对双肩石器在岭南的发展有巨大的影响。石峡文化则是我们观察华东东夷文化与岭南先越文化交流的重要窗口。这凸显了广东先秦社会历史发展的区域性特色。

第二，辟专章讨论广东中石器时代问题。我们知道，旧石器时代和新石器时代的分界是与更新世和全新世的分界大致同步的，距今约一万年。然而，在旧石器时代与新石器时代之间，是否存在一个过渡阶段——中石器时代，这在学术界是有不同意见的。本书该章撰稿者揭示了阳春独石仔遗址、封开黄岩洞遗址、英德牛栏洞遗址等遗址，有共同的文化特征。把它们与广西柳州白莲洞遗址、海南三亚的落笔洞遗址、中南半岛多个国家发现的"和平文化"相比较，这些遗存反映了从旧石器时代向新石器时代过渡的"人类历史转折点"，出现了穿孔石器和磨刃石器，先民们开始进行农作物的种植和动物驯养等经济形态。说明广东也存在距今一万年左右的中石器时代。这是一个新的提法，也言之成理，持之有据。

第三，半个多世纪以来广东的考古重大成果之一，就是确认广东先秦时代存在不发达的青铜文化。先秦青铜器的发现，已经遍及全省各地，发现地点约 300

处，青铜器 1400 多件。而这些青铜器大部分是本地铸造的，其证据是发现了青铜器石铸范；而且这些青铜器有显著的地方特点与民族特色。但是，广东出土的青铜器缺少大型容器和礼器，而且至今没有发现青铜器时代的城址或祭祀性的建筑遗址，因而说它是不发达的青铜文化。这些研究成果对阐明广东先秦历史有重要意义。

第四，注重讨论考古资料反映的社会生活及社会形态。

考古学的最终目标是阐明历史发展过程中的规律，它不但要论证人类社会历史发展的一般规律，更要探求各个地区、各个民族在历史发展过程中所表现出来的差异和造成这些差异的原因。本书十分重视对这个问题的探讨。例如对新石器时代的分析，最具典型性。新石器时代早期的广东人，出现了陶器，磨制石器有较大发展，而打制石器逐渐走向衰亡。沿海地区的先民较多地从事采集、捕捞和渔猎方面的活动。新石器时代中期的广东人，大致已处于发达或繁荣的母系氏族社会。原始农业经济初步形成，粤北地区可能出现了稻作农业。粤东地区可能已有了家畜驯养。新石器时代晚期，形成了锄耕农业，栽培稻较普遍存在于粤北、粤东北和粤西，在农业发展的基础上，家畜饲养业也普遍兴起，这与父系氏族社会相适应。已有原始的宗教观念，反映社会现实生活的原始文化艺术如绘画、雕刻、装饰、音乐、舞蹈等也在广东出现。特别要指出的是，本书探讨了广东新石器时代晚期文化与百越族的关系、广东新石器时代晚期文化与周边考古学文化的关系、从考古发现看百越民族文化源流等问题。这种将考古学与民族学、历史学融为一体进行研究，是向考古学最终目标迈进的重要体现。

本书还讨论了广东青铜文化与社会形态的关系问题。认为从青铜文化的发达程度观察，其时广东地区的越人已建立一些土邦小国，如骥兜国、缚娄国、阳禺国、儋耳国、雕题国、西瓯国、骆越国、伯虑国、苍梧国等，这些土邦小国，其中多数国家形态可能还没有发育得很充分，仍然处于部落酋长制，"多无君"。所谓"无君"，大概是指没有像岭北或中原各国那种十分严格的"君臣制度"。但这些方国存在一定的等级观念和制度，而方国之间发展不平衡，有些出现了君或王。大量青铜兵器的出现，标志着武装力量的存在，也显示了方国之间战争的存在，还有"钟鸣鼎食"礼制遗迹现象。考古资料显示，两周时期广东各地的社会物质生产水平大致处于相近的水平，但各方国之间也有差别，反映了他们之间不尽相同的社会形态和生活习俗。这些研究成果，对我们正确理解恩格斯在《家庭、私有制和国家的起源》一书中所阐明的一些观点有积极意义。

第五，融科学性、知识性、资料性、可读性于一体。本书的"绪论"篇，向读者介绍了考古学基本理论与方法，考古学与其他学科的关系，广东先秦考古发现简史，广东的地理位置和自然环境，有关岭南先秦时期的文献记载。以下各章内涵丰富、结构合理、观点鲜明、论点有据、文字通达，所用资料，有几个遗址及墓葬群，入选《二十世纪中国百项考古发现》，可见其资料的重要性。论证严谨，脚注有数百条之多，而且当页作注，方便读者。作者的严谨态度，还可以举"后记"为例。本书的所用的材料基本上截至 2011 年，而 2013 年以来，在南江流域的郁南和罗定境内已发现非常集中的 60 多处旧石器遗存地点。据《中国文物报》2014 年 6 月 13 日报道，对郁南河口镇磨刀山遗址进行发掘，出土了一批砾石打制手斧、手镐、砍砸器、刮削器等，初步确定遗址时代可能早至中更新世，属旧石器时代早期。若此，这是广东首次发现的旧石器早期遗存，填补了华南旧石器时代考古版图上广东一地的空白，将广东古人类的活动时间从已知的 13 万年前的马坝人提前至数十万年前。这一发现作者在"后记"中做了补记。

　　总之，本书告诉我们，什么是"岭南文化"和岭南文化的特色，它帮助我们建立对那段未有文字记载的广东史前历史和青铜历史的正确认识，同时也显示出岭南"荒服"不荒，"南蛮"不蛮的本来历史面目。

原载《岭南文史》2015 年第 4 期。

一部客观真实的陈寅恪传记
——读吴定宇著《守望：陈寅恪往事》

中国社会科学出版社于 2014 年 11 月出版了吴定宇教授的新著《守望：陈寅恪往事》，该书除自序、结语之外，分五章，共 50 多万字。陈寅恪是 20 世纪中国学人的杰出代表，为中国学术文化事业做出了卓越的贡献。读懂了陈寅恪，就读懂了 20 世纪的中国学术文化史。但是，要读懂陈寅恪不是一件容易的事。本书叙述了陈寅恪曲折坎坷人生，展现他不同寻常的求学经历、治学生涯、治学方法、终身守望"独立之精神，自由之思想"的学人风骨和难以超越的学术成就。作者运用大量的有关陈氏的档案文献、私人日记、书信、回忆、口述史料等第一手资料，在历史细节中，还原出一个真实的陈寅恪，为你读懂陈寅恪提供了入门津梁。其真实性主要表现在下列几个方面。

第一，真实地记录了陈寅恪守望中华民族优秀传统文化的光辉人生。

陈寅恪出生于 19 世纪末，他的学术事业开始并完成于 20 世纪。这个时期是中西文化大碰撞、大融合时期。他出身于书香世家，幼承家学，从小生活在陈氏家族文化圈中，苦读中国传统文化经典，对传统文化有深厚的感情。他的祖父宝箴、父亲三立对外来文化又持开明态度，有助于他形成开放的文化心态。他走出国门，在外留学十四五年，形成了百科全书式的知识结构。但终其一生，他始终坚持"中国文化本位论"的基本立场。他总结中国思想史的发展，认为"其真能于思想上自成系统，有所创获者，必须一方面吸收输入外来之学说，一方面不忘本民族之地位。此二种相反而适相成之态度……二千年吾民族思想接触史之所昭示者也"[1]，这是陈寅恪关于"中国文化本位论"的著名诊断。本书对陈寅恪一生的学术成就，都是基于这种认识而加以探索，用通俗易懂的文字记录了陈寅恪怎样一方面吸收输入外来之学说，又不忘本民族之地位的生动事例，守护着中华传统文化。例如他对佛经的研究，他不是研究佛教的义理，而是审视这种与中国传统儒学文化相冲突的外来文化，如何在中国扎根和传播，如何被中国本土文化所选择、消化、融合与吸收，而成为中国本土文化的一部分。

第二，经过欧风美雨的洗浴，他结合中华优秀传统文化之精华，发现了人的自我主体价值，提出"独立之精神，自由之思想"的主张，这是学术的灵魂。

---

[1] 陈寅恪：《冯友兰中国哲学史下册审查报告》，见《金明馆丛稿二编》，生活·读书·新知三联书店 2001 年版，第 285 页。

本书忠实地反映了陈寅恪一生坚守并践行这一理念，因而对学术不断创新，推动文化发展。

1929 年 6 月 2 日，为纪念王国维逝世二周年，清华国学研究院师生集资，建立"海宁王静安先生纪念碑"，约请陈寅恪撰写碑铭。其词曰，"士之读书治学，盖将以脱心志于俗谛之桎梏，真理因得以发扬。思想而不自由，毋宁死耳"，"惟此独立之精神，自由之思想，历千万祀，与天壤而同久，共三光而永光"。碑铭对王国维留下的精神财富做了深刻、科学的总结。陈寅恪一生坚守摆脱俗谛，精神独立，思想自由，发扬真理的治学灵魂和处世行事准则。1953 年年底，他在"对科学院的答复"中重申了这一精神，他要请的人、要带的徒弟，"都要有自由思想，独立精神。不是这样，即不是我的学生"，"从我之说即是我的学生，否则即不是"，可见他的信仰是何等坚定。晚年他研究《再生缘》，主要是因为作者陈端生不为"三纲五常"传统束缚的自由思想引起他的共鸣。在《论再生缘》一文中说，《再生缘》之文"为宋四六体中之冠"，"此等之文，必思想自由灵活之人始得为之""由于端生之自由活泼思想，能运用其对偶韵律之词语，有以致之也。故无自由之思想，则无优美之文学，举此一例，可概其余"。对绝世才华的女性陈端生给予很高的评价，"端生此等自由及自尊即独立之思想，在当日及其后百余年间，俱足惊世骇俗"，"陈端生亦当日无数女性中思想最超越之人也"。由此陈寅恪论到"就吾国数千年文学史言之，骈俪之文以六朝及赵宋一代为最佳"，其原因是"六朝及天水一代思想最为自由，故文章亦臻上乘"（以上引文见《寒柳堂集》第 73、72、66、63 页）。晚年写《柳如是别传》，在第一章"缘起"中，明确谈到写此书的目的，是为"表彰我民族独立之精神，自由之思想"，为"婉娈倚门之少女，绸缪鼓瑟之小妇"的柳如是辩诬。[《柳如是别传》（上），第 4 页]陈寅恪笔下的柳如是，虽是妓女出身，但深明大义，其才华、性格和儒气侠风，均为当时一般读书人所望尘莫及。陈氏通过大量的追踪考证，揭示出柳如是坚持独立精神、自由思想、民族气节、道德情操以及反清复明的本来面目。

第三，学术是陈寅恪的生命，进入他的学术领域，反复钻研其著作，把生活与学术糅合起来写，真实地反映出他的学术品格和人格魅力。

陈寅恪的学术研究，大致可分为三个时期。作者分"初探硕果""再探硕果""三探硕果"三节，分析探讨其学术成果。

陈寅恪 1926 年 7 月至清华国学研究院报到，到 1937 年卢沟桥事变爆发，被迫离开北平，正好 11 年。在国学研究院，他与王国维、梁启超、赵元任被称为"四大导师"。这个时期，他生活最安定，基本上不受外界干扰，专心治学，读书最多，思维最活跃，著述最勤，发表论文 50 多篇（包括各种序、跋）。其学术见解得到学术界的认同，赢得了良好的社会声誉。胡适评价说："寅恪治史学，当然是今日最渊博、最有见识、最能用材料的人。"① 这个时期，他完成了学术研究的第一次转型，即由对佛经版本、文字、源流的考订，转到把重点放在中华民族历史研究上，尤其注重魏晋历史的研究，为他的学术研究增加了新的兴奋点和增长点。同时为了中国学术的独立，提出了学术研究应具有"独立之精神，自由之思想"的主张。

从 1937 年 11 月陈寅恪举家逃避日寇离开北平，到 1949 年 1 月进入岭南大学，正好 12 年，完成了他学术研究的第二次转型。这个时期，正是国家多难、家庭多事、他本人多病的年代。他颠沛流离，在贫病交迫的艰苦环境中，克服图书资料匮乏、视力衰退乃至双目失明的重重困难，以惊人的毅力，完成了《唐代政治史述论稿》《隋唐制度渊源略论稿》《元白诗笺证稿》三部传世之作和 30 多篇论文及许多感人肺腑的诗歌。这是他在国难当头之时，用生命之水，浇灌出的学术之花。史学与文学是两个不同的学科，陈寅恪以诗证史、以史释诗、诗史互证，在上述三部著作中，互相参照、互相释证，在隋唐史研究中，提出许多新鲜、深刻、独到且自成体系的见解，超越前人，极富启发性，对中外学人确实起到指导作用。《剑桥隋唐史》的主编崔瑞德在该书的导言中，称陈氏为"伟大的中国史学家"，"他提出的关于唐代政治和制度的一个观点，远比以往发表的任何观点扎实、严谨和令人信服"②。可见，陈氏的研究成果是世界的文化瑰宝。

1949 年 1 月进入广州，至 1969 年 10 月逝世，陈寅恪在岭南大学、中山大学生活了 20 年。除继续在魏晋隋唐史领域发表论著之外，他还拓展了新学术领域，明清史成为他新的学术增长点，写出了《论再生缘》《柳如是别传》等传世之作，实现了第三次学术研究内容、研究重点的转移。

作者吴定宇是一位中文系的教授，他深入陈寅恪的史学研究领域，并且结合陈寅恪的生活经历和内心世界，分析其作品，展现其学术品格和人格魅力，叙述是成功的。他 1996 年分别在大陆和台湾地区出版过《学人魂——陈寅恪传》。本书是前一书的扩大和深化。周一良先生在病中，对前一书有过较高的评价，说"此书将生活与学术糅合起来写，颇为成功，对了解陈先生很有用"（本书第 500 页）。以此来评价《守望》也是适用的。

第四，真实地记录了陈寅恪的教育理念、教育实践和对教育做出的卓越贡献。

以往对陈寅恪的研究，对其学术研究成果关注较多，而对其在教育上的贡献，则相对薄弱。其实陈寅恪一生表明，他首先是老师，其次才是学者。他先后任教于清华大学、西南联大、香港大学、广西大学、成都燕京大学和广州岭南大

---

① 胡适：《胡适日记》，山西教育出版社 1998 年版，第 240 页。
② 崔瑞德：《剑桥中国隋唐史》，中国社会科学出版社 1990 年版，第 11 页。

学、中山大学等多所大学，他将中国传统私塾、书院和西方学校教育学生的长处，加以熔铸，形成自己的教育理念和独特的教育方法，把自己广博无涯的学问融入教学内容之中，注意培养学生独立思考、自由发挥的创新能力，把学生从应试教育中解放出来，甘当人梯，全力扶掖后学。因而培养了众多贡献卓著的文史大家如季羡林、周一良等。本书对此均有详细记述，弥补了学术界对这方面研究之不足。

第五，真实生动地记录陈寅恪在中山大学的故事，澄清了一些不实的传闻。

1943 年，陈寅恪在桂林广西大学任教。6 月 30 日，陈氏作为国立中山大学文科研究所特约教授，冒着被日机轰炸的危险，前往临时迁至广东北部山区小镇坪石的中山大学讲学。在坪石停留一个星期，讲了五个专题："五胡问题""清谈问题""魏晋南北朝读书方法之'合本事注'""南朝民族与文化""宇文泰及唐朝种族问题"。这自然给迁到山野的中山大学送来了学术大餐。他当时大概没有想到，以后会在中山大学度过后半生。

1949 年 1 月 19 日，陈寅恪应陈序经之聘来岭南大学由中文、历史两系合聘为教授。1952 年高校院系调整，岭大与中大合并，陈氏改任中大教授，直到1969 年 10 月逝世，在广州生活了 20 年。康乐园的风风雨雨，影响着他的生活、教学和研究。

他享受着"国宝"礼遇。在国家领导人毛泽东、周恩来以及广东省的领导陶铸、中山大学领导冯乃超以及广东省负责高校思想工作的杜国庠等的关注与安排下，他担任中国科学院哲学社会科学部委员、一级教授、《历史研究》编委、中央文史馆副馆长、第二届全国政协委员、第三和第四届全国政协常委、中山大学校务委员等职务。生活上享受着最好的待遇，配备他满意的学术助手；在三年经济困难时期，还给予各种特殊照顾，陶铸还指示有关部门为他配备最好的收音机，以便收听他最喜欢的戏曲节目；在跌倒骨折之后，由国家出钱请三个护士在家里日夜值班照料等，这些待遇在中大乃至全国学术界传为美谈。陈寅恪在康乐园深居简出，在家里接待来自京城的高官，如林伯渠、陈毅、朱德、康生、胡乔木、周扬、郭沫若等；也接待了不少来自北京、上海、香港等地的老朋友和学生，如章士钊、李四光、张奚若、陈君葆、吴晗、季羡林、蒋天枢等。中华人民共和国成立初期的几场政治运动没有冲击到他，他的心情是舒畅的，1957 年春节，他撰一副春联贴于住宅东南区一号：万竹竞鸣除旧岁，百花齐放听新莺。

陈寅恪有"教授之教授"之称，对此在中山大学有真实的记录。历史系每年迎新会上，系主任刘节向学生介绍陈寅恪，都恭敬地说："陈先生是全国知名学者，教授中的教授"。这一称谓名副其实。当时历史系许多老师如梁方仲、戴裔煊、蒋湘泽、端木正、谭彼岸、陈锡祺、全应熙、周连宽等，已是成名的学者，都来听陈先生的课，与同学们坐在一起，认真听课记笔记。比如著名的中国社会经济史研究专家、二级教授梁方仲，从 1953 年至 1955 年，先后听了陈寅恪"两晋南北朝史"和"元白诗证史"两门课，记下两大本长达百页的笔记。笔记"笔迹工整，极少涂改，讲课人脱口而出的引文和诗句，一一照录，准确度极高"，"每堂课均标明听讲月、日和星期，因事缺课必注明原因"，足见其听课之认真。中国近代史及孙中山研究专家陈锡祺在迟暮之年对儿子回忆一段难忘的往事："我跟学生一起听陈寅恪上课……陈寅恪学问很好，人也很好。"

然而，在 1957 年的"反右"运动和 1966 年开始的"文化大革命"中，陈寅恪受到了很大的冲击。晚年，家中只剩下他和妻子二人。他预先给妻子唐筼拟一副挽联："涕泣对牛衣，册载都成断肠史。废残难豹隐，九泉稍待眼枯人。"陈寅恪夫妻同甘共苦，相濡以沫，清贫一生。

陈寅恪逝世后，在国内，真正从学术文化的方位来认识、了解、研究陈寅恪，起步于 20 世纪 80 年代初。中山大学在这方面做出了应有的贡献。1988 年、1994 年、1999 年三次召开纪念陈寅恪的国际学术研讨会，分别出版了三本论文集。在陈寅恪故居（东南区一号）建立了"陈寅恪纪念室"。胡守为在历史系开出"陈寅恪著作研读"的课程，让青年学子认识、了解和学习陈寅恪。2001 年，陈寅恪女儿、中山大学化学系副教授陈美延编的《陈寅恪集》13 种 14 册，由北京三联书店出版。2003 年 6 月 19 日（农历五月十七日），是陈寅恪 113 周年诞辰，江西庐山植物园在新建的陈寅恪夫妇墓前举行了简朴的落成仪式。中山大学在发去的贺信中说：先生的爱国主义精神和"研究学问，终生坚持'独立之精神，自由之思想'，严谨治学，显示出中国知识分子的风骨和气质"，"先生的学识与人品均堪称后人之典范"，"先生的事迹为中山大学的历史增添了浓重的一笔。我们为拥有先生这样的大师而感到无上光荣"。

第六，客观地辨析了坊间流传的关于陈寅恪的"可爱而不可信"的传闻。

对于陈寅恪由谁推荐进入清华国学研究院任教授，坊间有三种说法：一是胡适推荐说，二是梁启超推荐说，三是吴宓力荐说。前两种说法固然可爱，却未必可信。作者根据《吴宓日记》《吴宓书信集》和各种来往文件，考证出是吴宓力荐陈寅恪到研究院任导师，"是吴宓生平最得意的杰作"，这可以成为定论。

陈寅恪究竟通晓多少种外语。坊间流传着陈寅恪精通或者掌握十几门外语的说法。其实这是把语言和文字的意义，混为一谈。作者通过各种资料和陈氏好友的回忆，对陈氏的外语能力做了考证。毕树棠认为"陈氏学习多种文字，主要是为了阅读而不是用来写作"，程千帆说"寅恪先生花很多功夫学外语，主要是为了阅读"。在众多的外语中，他的日语、英语、德语的口语水平高，阅读能力强，但用这些文字写作，未必得心应手。陈氏能运用梵文、藏文、巴利文等文字来考订佛经，至于其他西域文字和中亚文字，恐怕只能认识或者借用词典能查阅资料而已。陈氏侄子陈封雄说："一般说来，他能读懂 14 种文字，能说四五种语言，能听懂七八种语言，是大致不差的。这些成绩基本上是在他38岁以前取得的。"而且随着他研究重心的转移，使用这些语言文字的机会越来越少，外文水平亦应有所退化。这些考证和分析是比较客观的。

1949年，在历史的转折关头，在去留问题上，坊间有多种传闻，甚至有说后来陈寅恪后悔没有去台湾。作者根据已经发现的史料，分析当时的主、客观条件，认为陈寅恪慎重地权衡去留的利弊因素，最终决定留在康乐园从事教书和学术研究工作。这种分析有充分的史料作根据，因而其结论是有说服力的。

20世纪50年代，坊间有一个美丽的传说：斯大林在著作中，引用过陈寅恪的文章，所以，毛泽东第一次访问苏联的时候，斯大林就向毛泽东询问过陈氏的情况，毛泽东随即吩咐国内有关部门调查了解陈寅恪何许人也。经作者查阅过多种版本的《斯大林全集》，根本没有这回事，完全是以讹传讹的坊间传闻。

学术界都知道，1953年年底，汪篯带着郭沫若、李四光签署的信来广州，请陈寅恪赴北京出任中国科学院中古史研究所所长。陈寅恪写了《对科学院的答复》，婉谢到中国科学院工作。其实这是陈寅恪第四次婉谢北上。在此之前有过三次：1949年10月25日，婉谢叶企孙、吴晗电召他进京返清华大学任教；1950年第二次、1952年第三次、1953年第四次。后三次是关于到中国科学院任职事。许多人或者不知道有过四次的事实，把一些事情混在一起，以讹传讹。本书把这四次的时间、人物、事实梳理清楚，有利于学术界的进一步研究，其功莫大焉。

陈寅恪在中山大学生活了20年，为中山大学的发展做出了卓越的贡献。本书是中山大学教授写的至今为止最详尽、最客观真实的陈寅恪传记，很值得向读者推荐。尤其是吴定宇教授带病坚持写作，推出如此厚重的作品，其敬业精神，令人钦佩。

载《中国史研究动态》2016年第1期。

一部研究中华民族精神的创新之作
——评介《历史视野下的中华民族精神》

近年来对中华民族精神研究的作品可谓层出不穷，各有奇招。2014 年 3 月广东人民出版社出版郑师渠、史革新主编的《历史视野下的中华民族精神》（60 万字），在众多的作品中，可以说是独树一帜的创新之作。

首先是该书体例结构的创新。

该书的"总论"，分"民族与民族精神""中华民族精神的形成与内涵""弘扬与培育中华民族精神"三章和附录"中华民族精神研究概述"。这些内容是关于中华民族精神的论著题中应有之义。但该书也有独立的新见解。以下按历史顺序分五编二十六章。第一编，先秦秦汉：中华民族精神的奠基；第二编，魏晋南北朝隋唐：多民族交融与民族精神的整合；第三编，宋元明清：统一的多民族国家新发展与民族精神的升华；第四编，晚清民国：近代中国社会的剧变与中华民族精神的"重铸"；第五编，新中国：中国的崛起与中华民族精神的新发展。这种篇章结构安排，反映了一种崭新的观点，即中华民族精神，是在历史上生成的，随着历史的发展而变化。因此要全面、深刻认识它，必须回归历史本身，即回归中华民族发展史。用中华民族精神"奠基""整合""升华""重铸""新发展"五个关键词，厘定了中华民族发展五个阶段的精神特色，说理透彻而精准。所以该书名曰《历史视野下的中华民族精神》，给读者一种强烈的历史感、时代感和责任感。

其次是内容观点的创新。

在"总论"中，关于中华民族精神形成的原因，除论述地理环境、民族融合、农业经济这三种物质基础之外，还吸收了章太炎、傅斯年、李济等学者的观点，认为汉语言文字是一种"伟大的""爱国保种的力量"，是维护中华民族统一的重要纽带，厥功至伟。这种观点发人所未发。历代往圣先贤，如老子、孔子、庄子、孟子等思想家的卓越思想和精辟隽永的格言警句，"大禹治水""张骞通西域""岳飞精忠报国""郑成功收复台湾"等古往今来的"人物事迹"，代代相传，激励国人。这些嘉言懿行对中华民族精神的陶冶与抒发也起着重要的作用。这些都是睿智独到的见解。

党的十六大报告指出："在五千多年的发展中，中华民族形成了以爱国主义为核心的团结统一、爱好和平、勤劳勇敢、自强不息的伟大民族精神。"这无疑是我们理解和研究中华民族精神重要的思想指导，但它并不影响人们从学术层面进一步做多角度的探讨。本书提出，"和"、重德、自强不息、爱国精神是中华民族精神的核心内涵与特质，而且说"谈民族精神犹如剥笋，笋一层一层往里剥，要剥到最里层，不能再剥了，这才是真正的民族精神的核心。'和'正可以看成是中华民族精神的核心。它深刻地影响了中华民族的宇宙观、价值观、人生观与思维方式，从而渗透、制约和规范一切"（第 35 页）。这是不拘一格的真知灼见。

对每种精神的历史考察，是本书的一大特色。如对"爱国主义"的阐释。从古代的"忠君爱国"到近代的爱国主义，从维新志士的"保国"情怀到孙中山爱国主义理念的升华，从共产党人对爱国主义精神的新阐发到抗战时期舍身为国的牺牲精神、同仇敌忾的团结精神，都从理论与实践的结合上做充分的论述，使读者认识爱国主义是支撑中华民族精神大厦的中坚力量。又如对革命精神的解读，也使人有耳目一新之感。"革命"一词，古已有之，但中国古代的"革命"学说是君主专制统治的理论工具。将革命作为一种社会制度变革的思想观念，融入中华民族的心理，进而上升为全民族的精神即革命精神，则始于近代。20 世纪初的辛亥革命，由自发到自觉，由传统到现代，发生了质的飞跃；从 1921 年到 1927 年，革命精神进一步光大，革命观念及其意识形态渗入社会民众层面，革命精神愈挫愈奋；1927 年大革命失败后，中国共产党把马克思主义与中国革命实践相结合，对革命精神进行新的阐扬，并在长期的革命斗争中，形成了井冈山精神、长征精神、延安精神、为人民服务、实事求是、独立自主、艰苦奋斗、不怕牺牲等革命精神，把革命精神推向新的境界。这种对革命精神的实事求是的现代阐释，对我们今天弘扬和践行社会主义核心价值观有现实意义。

中华民族追求科学精神，但将科学精神融入民族精神的血液并非一朝一夕之功。从明清之际西学东渐，到严复将达尔文的生物进化论引入中国，为科学精神的升华奠定了基础。到 20 世纪二三十年代，国人对科学精神有一个共同的认识，即科学精神应包括"黜伪"和"崇真、崇实"两个方面。"黜伪"就是要破除对绝对真理和先贤圣言盲目崇拜，要进行理性的分析。"崇真、崇实"，就是从客观实际出发，通过实践检验和理性评判达到对事物本来面貌的正确认识。科学精神对国人寻觅科学社会主义起到导引作用，在共产党内形成重视国情分析和调查研究之风。在这个基础上，提出了"马克思主义中国化"的命题。毛泽东在马克思主义中国化过程中，把中华民族对科学精神的阐发提升到新高度。毛泽东强调"一切从实际出发"的求实精神；指出科学方法论的重要性；提出科学精神的核心是创新精神；认为科学问题最终是一个哲学问题，科学精神是唯物论精神的集中体现。本书论述中华民族追寻科学精神的历史过程，条分缕析，言简意赅，对今天弘扬科学精神有启迪意义。

"民主"概念是近代社会的产物。中华民族民主精神的形成是在近代中国人追求民主的探索和实践中完成的。中国人对民主追求的事迹可歌可泣，大体分成三个阶段：从鸦片战争到甲午战争，是初识民主并开始介绍西方民主阶段；从戊戌变法到辛亥革命，是以追求西方资产阶级民主为主要目标阶段；从五四运动前后到中华人民共和国成立，是在资产阶级民主和新民主主义民主的理想上选择和探索，最后认同新民主主义民主。新民主主义民主是马克思主义民主理论与中国革命具体实践相结合的产物，是中国各种民主思想中最完善、最科学的民主。中国人经过一个世纪对民主的追求，随着中国社会走上人民民主的道路，外来民主日益中国化，民主观念深入人心并渗透到各个领域，民主已成为中华民族精神的重要内容。本书对中华民族追求民主精神的艰难历程的探索，对我们今天如何随着时代的发展，让中华民族民主精神不断发扬光大有借鉴意义。

新中国的中华民族精神有新发展，新在哪里？这是同类著作中论述比较薄弱的环节。本书用了七章回答这个问题。内容可以概括为如下几点：①中国崛起，改革开放以来，振奋民族精神，沿着建设有中国特色的社会主义道路，开展一场复兴中华民族的伟大实践；②维护民族尊严，提高民族自信心，自立于世界民族之林，中华民族走向世界；③自力更生的精神发扬光大；④弘扬科学精神，尊重知识，尊重人才，走科技创新之路，科学技术大发展；⑤民主精神的新发展，进行中国特色社会主义民主建设；⑥英雄辈出，灿若群星，这是中华民族精神高扬的表征；⑦多民族团结，捍卫国家统一，建设和谐社会。伟大的中华民族精神，必然随着中国社会主义现代化建设的不断发展和中华民族日益复兴而不断发展，愈益焕发出新的生命力。

本书除体例框架、内容观点创新之外，引用资料丰赡，充分吸收国内外的学术研究成果，可谓研究中华民族精神的集大成之作。

《光明日报》2016 年 7 月 26 日《光明阅读·书评》摘要发表本文，题目改为《实现伟大中国梦的精神支柱》。

序·评

从 "岭南文库" 看岑桑精神

——在 "南粤出版名家岑桑同志从事编辑工作六十周年座谈会" 上的发言

20 世纪 80 年代中，岑桑首先提出编辑出版一套以弘扬岭南文化为主旨的大型地域文化丛书 "岭南文库"。1990 年省委宣传部和省新闻出版局决定出版 "岭南文库"，组建 "岭南文库" 编委会。主编由时任省委宣传部部长担任，岑桑为执行主编。经过 20 多年的努力，"岭南文库" 取得了卓越的成就，得到国内外学术界的好评，获得了国家级、省部级的多项奖励，被誉为 "研究岭南历史文化的百科文库"。岑桑是 "岭南文库" 的灵魂，一滴水可以反映太阳的光辉，我们从 "岭南文库" 的诞生、成长过程中，可以看出岑桑的精神，我把它概括为几点。

一、 与时俱进的创新精神

创新是我们事业取得胜利的基本保证。20 世纪 80 年代中期，全国出版形势发展很快，各省纷纷制订重点图书出版计划，在竞争激烈的形势下，不进则退。岑桑根据广东的实际，根据自己在出版界摸爬滚打了几十年的经验，审时度势地提出编辑出版 "岭南文库"，本身就是一种创新。为了实现这一计划，岑桑凭着他的声誉，到处求助，在党政领导部门和社会各界的支持下，建立了 "岭南文库出版基金"，这种做法在当时也是一种创新。至今，"岭南文库" 已出版了一百多种，分为历史政治、经济发展、社会文化、自然资源、人物业绩、名著选粹六大门类，是研究性的学术精品。这套丛书，许多具有原创性，填补了一些领域的空白，内容厚重、编校精良，印制精美，获得了学界的赞誉。

近年来，岑老积极配合文化强省建设，又提出创新的举措，在学术性的 "岭南文库" 的基础上编辑出版一套普及型的 "岭南文化知识书系"。这套 "书系" 至今已出版 200 多种，分为人物业绩、名城名胜、文化艺术、政治历史、民族民俗、南粤先贤、名镇系列、岭南古俗、蕴庐文萃、其他 10 个门类。每册 4 万字，图文并茂。如果说 "岭南文库" 是 "小众话题" 的话，那么 "岭南文化知识书系" 则是 "大众话题"。这两套姊妹丛书，把源远流长、光辉灿烂的岭南文化展现在读者面前。为岭南文化积累保存了许多资料，为研究地域文化起了推动作用。使 "岭南文化" 这一概念牢牢地扎根于中华地域文化的土壤之中。

最近，岑老又根据广东在对外关系史的重要地位的实际，提出出版 "岭南文库·译丛”"岭南文库·近代文史著述""岭南文库·文献丛刊""岭南文库·港澳台暨国外学者著述选""岭南文库·岭南著名学人著述选"等系列，特别重视用新史料、新理论、新工具、新方法研究岭南文化的著作，使"岭南文库"具有更强大的生命力。

二、 全面守护和弘扬中华优秀传统文化的精神

我这里突出强调"全面守护"的精神。在岭南要弘扬孙中山、梁启超、黄遵宪这些人物的思想和文化是没有争议的。但对另一类人物，清朝被推翻，建立了民国，一批前清旧臣以"遗老"自况，不事民国，但他们一生在守护中华优秀传统文化，坚持民族气节，学术成就卓著，是岭南乃至全国的重要人物。对他们如何看待，这就需要用独到的眼光、恢宏的魄力、全面守护的精神来呵护。我以"岭南文库"整理出版汪兆镛的遗著来说明这一问题。

汪兆镛（1861—1939），字伯序，一字憬吾，是粤籍著名学人，他在经史、金石、岭南文史以及诗文创作等方面皆取得重要成就。在清朝末年仅为幕客，并无一官之守。但民国建立，他以遗民自居，多次坚拒邀请，甚至他的胞弟汪兆铭（精卫）动员他，他仍表明誓不任职。当他得到溥仪亲书"福"字的赏赐时，喜不自胜，即命所居为"赐福堂"，又请人刻印一枚，文曰"宣统辛亥后番禺汪氏赐福堂印"珍藏之。

这样一位思想守旧的"老者"，在守护中华传统文化中做出了重要贡献，留下了丰硕的遗著。

《岭南画征略》为岭南历代画家史料总集，收入自唐代迄20世纪30年代止，共602人的资料。

《汪兆镛诗词集》，收入诗三种：《微尚斋诗》《微尚斋诗续稿》《澳门杂诗》；词三种：《雨屋深灯词》《续稿》《三编》。还收入三种附录：《微尚老人自订年谱》；挽诗、挽词、挽联、祭文选辑；评论。

《汪兆镛文集》收入其学术著作四种：《元广东遗民录》《广州城残博录》《山阴汪氏谱》《老子道德经撮要》；文集两种：《微尚斋杂文》《樱窗杂记》。

出版这三种著作，基本上可以较为全面地反映汪氏学术研究和文学创作的面貌。这些成就是中华优秀传统文化的组成部分。

我还举一个例子，说明汪兆镛在发现和提携岭南文化名人中的作用。史学宗师陈垣得到汪兆镛的提携，1939年汪兆镛逝世，陈垣的儿子陈乐素把这个消息告诉陈垣，陈垣在复信中说："知憬老（即汪兆镛）去世，至为感怆。卅年前，憬老见予所写作小品，以为必传。当时受宠若惊，不审何以见奖至此，然因此受暗示不少。今日虽无成，不能如老人所期，然三十年来孜孜不倦，未始非老人鼓

舞之效也。今往矣，天南知己又少一个矣，为之凄然者终日也。"从这里可知汪兆镛对后辈陈垣多加勉励，被陈垣视为"知己"，对汪的逝世表现十分哀切。

整理出版汪兆镛遗著，是岑老全面守护弘扬中华传统文化的一例。

三、 海纳百川的博学精神

岑老是著名作家、学者、出版家。就作家而言，他写诗、散文、杂文、小说，而且每种体裁的作品，都很出色，都有名作传世。读《岑桑自选集》，很受感动。其有艰苦岁月的童年的回忆；有自己创作经历的甜酸苦辣的记录；有对编辑生涯的憧憬与向往；有对颠倒黑白，对中国人民造成巨大摧残的"文化大革命"的鞭挞；有对前辈的怀念；有与同事朋友的真挚友谊；有对呵护年轻作家茁壮成长的感人事迹……他出版个人文学作品 30 多种，获得多种国家奖项。

他又是一位出色的学者。《自选集》中收入他研究郑板桥、高尔基等名家的札记。他还写过《清初岭南三大家》《陈邦彦父子》《丘逢甲》等人物评传作品。可见其学术功底很深。

他倡导建立学者型的编辑队伍。他多次应邀到省内各种编辑工作会议上做《谈编辑的自我修养》的报告，强调"编辑学者化"，要求编辑要成为某门学科的"专家"，又要努力成为具有广博知识的"杂家"。岑老以身作则，为青年人树立了博学的榜样。

四、 事必躬亲的敬业精神

"敬业"，是以习近平同志为核心的党中央提出的十二个社会主义核心价值观之一。在《礼记·学记》中"敬业"是与"乐（yào）群"一起提的，说"一年视离经辨志，三年视敬业乐群"。按照朱熹的解释，"敬业者，专心致志以事其业也；乐群者，乐于取益以辅其仁也"。就是说，要专心学业，乐与朋友相切磋。《学记》是对青年学生而言的。我们今天讲敬业，就是对事业专心致志，要有奉献精神。

岑老从事出版工作 60 年，他是一心扑在事业上的。他把出版社作为自己的"家"，他在《老编辑话旧》中说，"林彪事件之后，我绝处逢生，从'五七干校'回到曾经令我伤心透顶却又叫我永远难舍难离的广东人民出版社这个老家"，"虽说我在这个家中曾经受到过不少委屈，但是比起它曾给予自己的恩惠来，也只能算是'一个指头'的事情罢了！我怎能不深深感念这个温暖过我、培育过我和锻炼过我的家呢？在这个家中，我还有许多理解我、信任我、关爱我和支持我的亲人"。1971 年，从"五七干校"回来，满怀兴奋，要卷起衣袖大干一场。打倒"四人帮"之后，他带领广东人民出版社这个"家"的兄弟姐妹，干出了许多惊天动地的事业。他说"忠于自己深爱的事业，为之锲而不舍，奋斗终生，是幸福的。"

在他退休后的耄耋之年，又奉组织之命，筹办"岭南文库"。他宝刀未老，经过20多年的奋斗，把"岭南文库"办得红红火火，影响世界。"岭南文库"的事，事必躬亲，大到《岭南文库·前言》《岭南文化知识书系·出版说明》、编辑体例，都亲自动手写。带领编辑前往全省各地联系作者，组织稿件。广东的山山水水留下了他的足迹，粤桂大地回荡着他与编辑、作者的欢声笑语。他与许多作者结为朋友。

他家住在离出版社很远的地方，每星期赶来参加办公会议，研究、部署一星期的工作，一位米寿之长者，没有敬业精神，能如此无怨无悔，乐此不疲吗？难怪同事、作者、读者都尊称他为"岑老"。"80后"的年轻人应以年过80的"岑老"为榜样，学习他创新、全面守护传统文化、博学、敬业的精神。

慎海雄主编《当代岭南文化名家·岑桑》（广东人民出版社2016年版），摘要发表，题目改为《岑桑同志为青年树立了榜样》。

序
·
评

417

求真与致用

——陈泽泓著《广州古代史丛考》序

陈泽泓先生是历史学家、方志学家、古建筑史学家，其治学领域相当广泛，著述丰硕，可以用"著作等身"一词来形容。他是一位治学严谨，不尚空谈，虚怀若谷，不耻下问的谦恭学人。

最近泽泓先生惠寄他的新著《广州古代史丛考》书稿并嘱作序。我用了两三个星期时间，认真拜读，并冷静地思考。广州是我国最早公布的历史文化名城之一，有两千多年的历史。古往今来，研究广州历史的学者甚多，关于广州的著述可谓汗牛充栋。而本书不是广州通史，也不是某一方面的专史，而是纵的方面从珠江三角洲的旧石器时代古人类到清末的学海堂，梳理出与广州古代史相关的46个专题，做深入的研究，所以名曰《广州古代史丛考》（简称《丛考》）。由于泽泓先生知识渊博，用功甚勤，梳理出来的问题，都是该领域的学术前沿课题。这些问题或是学术界存在争议，或是有些论著的结论错误或表述不严谨，或是荒诞的戏说，或是过去的学者研究得比较少或未曾涉足的问题，等等。作者搜集了丰富的文献资料和考古资料，广泛吸收学界的成果，在前人研究的基础上，提出自己的创新观点，而这些观点大都能言之成理，述之有故，自成其说。这些问题又能抓住广州两千多年来发展的特色，概括起来就是关于广州城市建设发展史、关于广州对外经济文化交流发展史、关于儒学在广州及相关士人、关于佛教、道教在广州传播的历史。这些专题共同构成了广州悠久历史、岭南文化特色、开放魅力的历史画卷。阅读该书使我增加了许多知识，获益良多。我觉得该书反映了作者的治史境界，可以概括为以下几点。

强烈的问题意识。胡适关于做学问与待人有一句名言："做学问要在不疑处有疑，待人要在有疑处不疑。"读书做学问需要有问题意识。陈垣在20世纪三四十年代，为了培养"新史学"人才，在北京各大学开了一门"史源学实习"课，在课程说明中说，"择近代史学名著一二种，逐一追寻其史源，检照其合否，以练习读一切史书之识力及方法，又可警惕自己论撰时不敢轻心相掉也"。又说，"考寻史源，有二句金言：毋信人之言，人实诳汝"。也就是教学生对古书，对别人的结论，不要轻易相信，要经过自己的验证，要寻找"史源"。陈垣的学生李瑚在记述"史源学实习"课的心得时说："《日知录》（按：陈垣以《日知录》作为教材），后学不易窥其涯矣。史源一得，简易者知其率尔而成，繁难者亦遂知其组织。溯流而探其源，入门而窥其室，于治学致用，两有得矣。"读书要细心揣摩，否则走马观花，毫无所获。通观全书，泽泓先生读书细心，善于提出问题，不迷信盲从，人云亦云，有自己独立的见解，这是治学的一种境界。

执着的求真精神。书名曰"丛考"，每篇独立成章，集之成丛。考证是一门精深的学问，第一步是发现问题，确定考证对象，考证必须实事求是，实事求是就是求真，把事物的真实情况复原出来。梁启超在《清代学术概论》中，总结清代"朴学"有特色的学风十条，其中有"凡立一义，必凭证据；无证据而臆度者，在所必摈"，"选择证据，以古为尚"，"孤证不为定说"，"凡采用旧说，必明引之，剿说认为大不德"，"所见不合，则相辩诘，虽弟子驳难本师，亦所不避"，等等。陈垣一生从事考证，他说"欲实事求是，非考证不可"，但他对"实事求是"并没有很多的论述，而是通过踏踏实实的研究来实现，求真不体现在空言，而体现在笔端。他十分推崇清代钱大昕的考证史学，认为钱大昕治学，皆由实事求是出发，"通儒之学，必自实事求是始"。《丛考》处处体现泽泓先生实事求是的求真精神。其方法基本是按上述清儒朴学家及现代考证学家的方法从事考证，一些结论或有可商，但总体说体现泽泓先生的求真精神。

务实的致用理念。中国史学讲致用，通史以经世致用。中国传统史学，上起孔子、司马迁，中经唐代杜佑，宋代司马光、李焘、徐天麟、李心传、王应麟，迄清初顾炎武、黄宗羲、王夫之等人，皆讲经世致用史学。现当代的大史学家如陈垣、陈寅恪、钱穆、吕思勉、傅斯年、郭沫若、范文澜等都运用史学为社会服务，为人类进步、文明发展服务。泽泓先生为什么要撰写《广州古代史丛考》？他长期从事地方史志研究，曾任广州市地方志办公室副主任、广州市方志馆副馆长、《羊城古今》主编等职，他在长期的工作中，阅读了大量关于广州古代史的论著，深感现在对广州古代史的研究存在诸多问题，他梳理46个专题，不是一时心血来潮，而是长期积累的结果。广州要建设现代化的枢纽型国际大都市，必须发掘历史资源，弘扬优秀的传统文化，泽泓先生有一种历史责任感，因而把历来积累的心得编成此书。本书是经世致用史学理念的体现。

史学作为一门科学，它必须求真；史学作为一种意识形态，它又要讲致用。求真与致用的矛盾，长期困扰古今中外学人。本书作者强调求真，在求真的基础上讲致用，寓致用于求真之中，是一部求真与致用结合得比较好的学术著作。在史学求真与致用功能方面，愿与泽泓先生共勉。

原载《广州古代史丛考》，中央编译出版社 2017 年版。

序·评

"东海嫁" 与非物质文化遗产

我最近翻阅王福先生主编的《东海嫁》一书（广东人民出版社 2015 年 7 月版），增长了不少知识，也十分感动。吴茂信先生的"序"点赞了"东海嫁"这一民间文艺珍宝；点赞了这部书的编辑体例科学、结构逻辑性强、内容殷实丰富；点赞了不遗余力地发掘"东海嫁"而废寝忘食的志愿者。王福先生的"绪论"，就"东海嫁"产生的条件、发展的脉络、流传的历史、反映的生活、承载的思想感情、艺术特点、表现手法等问题做了全面深刻的分析阐述，是一篇长期深入研究，有独到见解的论文。习近平总书记《在文艺工作座谈会上的讲话》中说："只要有正能量、有感染力，能够温润心灵、启迪心智，传得开、留得下，为人民群众所喜爱，这就是优秀作品。"无疑《东海嫁》是一部优秀作品。

我今天主要想谈一谈"东海嫁"与非物质文化遗产问题。

根据联合国教科文组织《保护非物质文化遗产公约》，非物质文化遗产是指各种以非物质形态存在的与群众生活密切相关、世代相承的传统文化表现形式，包括口头传统、传统表演艺术、民俗活动和礼仪与节庆等等。非物质文化遗产是以人为本的活态文化遗产，它强调的是以人为核心的技艺、经验、精神，其特点是活态流动。认定非物质文化遗产的标准是由父子（家庭），或师徒，或学堂等形式传承三代以上，传承时间超过 100 年，且要求谱系清楚、明确。凡具有历史、科学和艺术价值的非物质文化遗产，都应列入保护之列。我认为"东海嫁"应申请列入国家非物质文化遗产保护名录。其理由如下。

"东海嫁"历史悠久，世代流传，为东海岛民众所喜爱，因而具有历史价值。

"东海嫁"是东海岛的民歌，产生于东海岛，流行于东海岛，是东海岛最有代表性的民间文化。从现有的资料看，"东海嫁"产生于明代，从明代开始，东海岛民众就以"东海嫁"交流思想、抒情、说事。据《东海岛文丹村尤氏族谱》记载，明嘉靖年间，文丹村出了一名叫尤彰然的太监。尤太监回文丹村探亲，因为他少小离家，村里人都认不出来，怀疑他是冒名兄弟，好奇地望着他。他为了说明自己的身份，便哭了一首东海嫁《认吧认》："认吧认呀认吧认，赤坎过来是那衍；那衍过去千秋窟，千秋窟来文丹连。"大家一听，赤坎、那衍、千秋窟都是文丹村周边的村名、地名，这才相信他是文丹村人。这首"东海嫁"载入族谱，流传了 600 多年。《东海岛什二昌村黄氏族谱》记载明万历年间，黄起龙后代吊祭黄起龙时，村中洪氏授命以嫁哭祭，嫁名为《明神宗年间洪氏吊祖》。这首"东海嫁"叙述南宋末年黄起龙奉命护驾，在硇洲岛护帝昺有功，南宋灭亡后，黄起龙无心仕途，在什二昌村定居，死后葬于东海岛东参。嫁歌颂他"忠臣不侍二圣上，隐居地名什二昌；惧怕番狗来作扰，弃官归农种园田"。

清代，收入《东海嫁》的有《清乾隆年间陈氏吊祖》《光绪八年郑氏吊祖》，尤其《红纸共命》一嫁，成书于光绪年间，在法国侵略者占广州湾这段时间，也在东海岛流传。中华人民共和国成立后失传，根据80岁以上的老人提供一些章节，经王福先生采访、整理，得以保存。

书中收入近现代的作品更多。《红色东海嫁》收入了解放战争时期的《祸国殃民蒋匪帮》《碧海丹心，解放海南》《赵震东火烧牛牯湾》《牛牯湾税站》《反围剿》等叙事嫁。还有《哭焦裕禄》《哭周总理》《党的恩情比海深》等歌颂党、国家领导人和英雄人物的嫁。这些都真实地反映了现当代的历史事件和人物故事。

以上内容反映了东海嫁是从民间开始创作的，流行数百年，绵延不断，真实地反映了历史的本质，因而具有历史价值。

"东海嫁"的创作坚持以人为本，深深扎根于广大民众之中，因而具有科学价值。

我们是历史唯物主义者，我们认为历史的主体是人，但现实的人，是有一定社会关系的人，而不是抽象的人。人民群众是历史的创造者，代表了社会前进的方向。因此，文艺需要人民，人民是文艺创作的源头活水，离开了人民，文艺就会变成无根的浮萍。这是科学的唯物史观的一个基本观点。

"东海嫁"首先是民众的作品，是民众诉情说事的载体，许多是临场即兴的口头创作。收入《东海嫁》一书中的大量古嫁，都是在民间流传，今天从老人口传采录的。书中把搜集到的作品分14个方面，共2500多首，每首都离不开人。《农家苦乐嫁》，反映了农家的衣食住行，从一口古井、一架桔槔、一把锄头、一把盐巴，到一年四季的喜怒哀乐、捕鱼耕海、夫妻对唱、待人接物、由贫致富，首首都诉说了农家的苦与乐，富有生活情趣，使读者陶醉在乡土生活之中。《情嫁专辑》的作品，歌颂爱情的坚贞，对爱情的丑陋现象给予严厉的批判；对情约、定情、婚恋的甜蜜，令人向往；对婚变、怨妇、叹男，寄予无限的同情。爱情是文艺的一个永恒的主题，是最古老、而又是最新潮、最鲜活、最激情、最普及、最有生命力的一种文化。东海嫁中的情嫁，哭出了人类社会生活中最想哭的真挚情感。《姑娘馆嫁》的作品，哭出了在姑娘馆里姐妹们各自对婚姻的喜与忧、苦与乐、合与分、离与散的悲欢离合，很有生活气息。

"东海嫁"的作品与我们今天弘扬的社会主义核心价值观息息相关。中华民族在长期实践中形成了独特的思想理念和道德规范，如崇仁爱、重民本、守诚信、讲辩证、尚和合、求大同等思想和自强不息、敬业乐群、扶正扬善、扶危济困、见义勇为、孝老爱亲等传统美德。《弘扬美德嫁》，教人勿欺人、勤学习、贵坚持、学做人、学养性、学谦虚、学坚强、学珍惜、学帮人、反腐倡廉、以俭教子、做百忍公、不要依势等，以这些优秀的思想和美德，教人立德做人，说理深入浅出，形象生动。《古今杏坛嫁》，哭出了人民教师热爱杏坛，忠于职守、备课、家访、写教案等教师的日常工作与生活，寄托着教师培育英才的悠悠师情和奉献精神。《劝世警世嫁》，反映了复杂的社会、人间的百态，劝人要学真善美，反对假恶丑，是一部警世通言，语言滑稽而有情趣，使读者在嬉笑怒骂中受到启迪。《孝道故事嫁》，把古代二十四孝的故事，编成"东海嫁"，使中华民族传统美德的孝道，在广大民众中传播，孝道大行天下，对个人、家庭、民族、国家都是非常有意义的事情。

"东海嫁"的这些内容，产生于人民生活之中，深刻反映了人民的心声，植根于现实生活，跟上时代潮流，是科学的唯物史观的体现，因而它具有科学价值。

"东海嫁"是一串串难得的民间文艺珍宝，具有艺术价值。

艺术是社会意识形态之一。艺术的概念有多种含义，其中一种是指按照美的规律进行的各种创作，包括文艺创作。文艺的美学本质特征，是文艺作品对自然的模仿或对现实生活的再现。文艺作品的社会功能之一，是通过人们对文艺作品的审美，达到教育的职能。"东海嫁"具有美学价值和审美价值。王福在"绪论"中说，"东海嫁贮存着非常丰富的美学资源"，《东海嫁》一书，坚持"古、土、美、新"四字原则，编造出人情之美，自然之美，大众流传嗜好之美的嫁，这些嫁表达了人们心中的美好、善良、温情、明辨是非的情怀。人们从这些美感中受到教育。所以"东海嫁"具有艺术价值。

由于"东海嫁"具有历史价值、科学价值、艺术价值，是属于联合国教科文组织定义的非物质文化遗产，建议逐级申报非物质文化遗产保护名录。国务院已决定从 2006 年起，每年 6 月的第二个星期六为我国的"文化遗产日"，建议东海岛每年这一日举行有关"东海嫁"的活动，使这一遗产得以世代相传。

原载《众说"东海嫁"》，广东人民出版社 2017 年版。

中国二十四孝故事的历史考察
与《东海嫁·孝道故事嫁》的特色

中国传统文化在某种意义上，可称为孝的文化；传统中国社会，更是奠基于孝道之上的社会，因而孝道乃是中华文明的重大现象之一。孝道、孝行在传统社会中长期流行，是中国一种基本的伦理道德，到元代，郭居敬把历史上记载的孝子故事编辑成《二十四孝图》，是一本蒙童教本，有文有图有诗，在社会影响甚大。鲁迅在《朝花夕拾》中的《二十四孝图》中说："那里面的故事，似乎是谁都知道的；便是不识字的人，例如阿长（按：鲁迅的保姆），也只要一看图便能够滔滔不绝地讲出这一段的事迹。"可见其普及、影响的深远。

一、二十四孝故事的历史考察

在中国古籍中记载大量孝行录和劝孝诗文。孝的基本观念是敬养父母。《尔雅·释训》对孝的解释是"善事父母为孝"。《说文》的解释是"善事父母者，从老省、从子，子承老也"。许慎认为"孝"字是由"老"字省去右下角的形体，和"子"字组合而成的一个会意字。西周初年即提出孝的观念，战国时期产生了系统阐述孝道的儒家经典《孝经》。汉代的统治者提出"以孝治天下"的理念，因而产生了大量宣传孝道的诗文，而孝子传则是树立孝道的榜样。在古籍中记载孝行有两种形式。

一是在历代正史书中设专类专章记述。从《后汉书》开始，有专章介绍孝子贤孙的事迹，第八十卷有《刘赵淳于江刘周赵列传》一篇，专记诸位孝子事迹，即后世《孝友传》之滥觞。但是《后汉书》还未明确以《孝友传》标题。在列传里专设《孝友传》的正史，是从唐代房玄龄等编纂的《晋书》开始的。《晋书》卷八十八《孝友传》收入李密等14位孝子的传记。以下的各朝正史，《宋书》《齐书》《周书》《南史》《隋书》《宋史》《明史》有《孝义传》，《梁书》《陈书》《北史》有《孝行传》，《魏书》有《孝感传》，《旧唐书》《新唐书》《金史》《元史》有《孝友传》。在24部正史中有17部列有孝子传。《新元史》《清史稿》虽不能算标准的正史，但也设有《孝义传》。可见在正史中专设《孝子传》（或曰《孝义传》《孝感传》《孝友传》）是一种通例。

二是有《孝子传》专书。最早的可能是汉代刘向的《孝子传》。以后，类似的书层出不穷，唐代武则天时有《孝女传》20卷；明成祖颁行的《孝顺事实》

收录 200 多人。现存《丛书集成初编》第 3354 册收录有几部《孝子传》，其中有晋人陶潜著《孝子传》。清人这方面的编著很多，如清代道光年间，高邮（今属江苏）人茆泮林，从古书中把孝子事迹一一辑佚，汇编成《古孝子传》刊行于世。刘青莲撰《古今孝友传》，李文耕撰《孝弟录》，李元青撰《诸史孝友传》等。

这一类编著，在历史上影响最大的是《二十四孝》（后来加上绘图，称为《二十四孝图》）。《二十四孝》中所辑故事，早在汉代就有记述，至元代郭居敬经过选辑和增补，始成《二十四孝图》。世间流行的《二十四孝图》至少有四种版本，所选辑的孝子及其排列顺序不尽相同。流行最广的是郭居敬辑的《二十四孝图》。其所选孝子及排列顺序如下：（虞舜）孝感动天、（汉文帝）亲尝药汤、（曾参）啮指心痛、（闵损）单衣顺母、（仲由）为亲负米、（郯子）鹿乳奉亲、（老莱子）戏彩娱亲、（董永）卖身葬父、（郭巨）为母埋儿、（丁兰）刻木事亲、（姜诗之妻）涌泉跃鲤、（蔡顺）拾葚供亲、（陆绩）怀橘遗亲、（江革）行佣供母、（黄香）扇枕温衾、（王裒）闻雷泣墓、（孟宗）哭竹生笋、（吴猛）恣蚊饱血、（王祥）卧冰求鲤、（杨香）扼虎救父、（庾黔娄）尝粪忧心、（唐氏）乳姑不怠、（朱寿昌）弃官寻母、（黄庭坚）涤亲溺器。

《二十四孝图》辑成之后，在流行过程中又不断有新的发展。《二十四孝图》流行于世间，深入人心，几乎家喻户晓，妇孺皆知。随着二十四孝的普及，社会上出现许多劝孝诗文，有署名的，有佚名的。署名的如唐朝王刚的《劝孝篇》，宋朝邵雍的《邵康节先生孝父母三十二章暨其孝悌歌十章》，清朝姚廷杰的《教孝编》，王家楫的《镂心曲劝孝歌》。佚名而又影响巨大的有《道情劝孝歌》《劝孝篇》《劝报亲恩篇》《劝妇女尽孝俗歌》《劝孝格言》《劝孝歌》，等等。

孝道观念深入人心，有的把孝子故事刻在墓葬的石刻上。在四川汉墓中，有孝悌故事的石刻，山东嘉祥汉武氏祠画像、朝鲜乐浪出土孝子图，可见关于孝子故事画，至迟在汉代就有了。南北朝时，北魏宁懋墓内石室上刻有丁兰、董永、大舜等孝子故事画，河南邓县（今邓州市）画像砖内有老莱子娱亲图，容庚藏的北魏墓室石刻中，刻有闵子骞行孝的故事。在墓室内大量地出现有关"二十四孝"文物，今天知道的多在宋金时期。以壁画、石刻、砖雕等形式出现的孝子故事，出土的多达数十处。其中有的是一部分故事图，如《文物》1961 年 11 期登载《重庆井口宋墓清理简报》说：该墓有绘画刻石的王延元、姜诗、陆绩、汴州李氏女、郭巨、仲由、闵损、丁兰乃至目连等孝子故事。有的已达 24 个孝子故事，它是作为一个整体出现的。比如，山西长子县金海陵王完颜亮正隆三年（1158）石哲墓孝子故事是以"二十四"这个数字出现的。至元郭居敬使《二十四孝图》基本定型后，其艺术表现形式更加丰富，棺材画、墓穴画、祠堂壁画、祖案画屏以及一些箱柜上都有这种题材。

另外，以孝道为主题的创作大量出现在诗歌、戏曲、传记小说、铭赋、祭文、对联等文学形式中，如三国时曹植作《灵芝篇》，前半篇列陈历代孝子人事借以表达孝子之心，后半篇直接抒写缅父情怀，一吐孝子悼亲而久积之苦水。明太祖朱元璋有《思亲歌》传世：

苑中高树枝叶云，上有慈乌乳乌勤。

乌翎少干呼数飞，腾翔哑哑朝与昏。

有时力及朝飞去，有时不及枝内存。

呼来呼去翎羽硬，万里长风两翼振。

父母双飞紧相随，乌知反哺天性真。

吾思昔日微庶民，苦哉憔悴堂上亲。

嘘唏梦寐心不泯，人不如鸟将何伸？

至于祭文、祭告文这种文学体裁，在一定意义上可以说是专为孝而创设的，历代都有精美祭文传世，如唐代张九龄的《祭二先文》、李商隐的《重祭外舅司徒公文》，宋代朱熹的《祭告远祖墓文》等。这些祭文情真意切，文字优美流畅，是祭文的范本。

在传奇、小说中，多有以孝道为中心主题的篇章。如《红楼梦》有专写皇帝孝意、妃后省亲、婢女孝行的；《三国演义》有专写丞相贤孝、大将忠义的；《水浒传》有专写李逵探母、宋江吊孝的；《封神榜》有专写君祭祖、将士救父的；《镜花缘》有《念劬劳孝女伤怀》《小孝女岭山访红蕖》《念亲情孝女挥泪眼》《女学士思亲入仙山》等回目；《儒林外史》共55回，计有八回以孝义立题，如《葬神仙马秀才送丧，思父母匡童生尽孝》《大柳庄孝子事亲，乐清县贤宰爱士》《祭先圣南京修礼，送孝子西蜀寻亲》《郭孝子深山遇虎，甘露僧狭路逢仇》等；《聊斋志异》虽多写神鬼精怪，但仍不忘以言孝开卷，第一篇《孝城隍》，专写孝子的故事；文言小说《子不语》中的《孝女》《雷诛不孝》，均是专门弘扬孝义的。

孝道观念深入人心，与封建帝王尊崇和提倡人人读《孝经》有关。《三国志·张昭传》有个故事说，皇帝问他的臣子："宁念小时所闇书？"他的大臣当即就朗朗背诵起《孝经》来了。可见《孝经》在小时候读过的书中，印象最深。传统社会的蒙童教育，首先教童子以孝道。如宋代朱熹等编撰的《小学》，辑录宋以前历代典籍中有关伦理道德方面的格言和典型忠臣孝子事迹。相传为宋代王应麟编的《三字经》，文简意赅，句句成韵，读易上口，诵便入心，如"香九龄，能温席，孝于亲，所当执"（即《二十四孝》中黄香"扇枕温衾"的故事）。宋代方逢辰编的《名物蒙求》有"君仁臣忠，父慈子孝""长幼有序，是为人伦"之句。《弟子规》全书是遵循朱熹的教义教规而对孔子关于"弟子入则孝，出则悌，谨而信，泛爱众，而亲仁。行有余力，则以学文"的文字做通俗的解释。《幼学琼林》有关忠孝伦理的条目很多，如"戏彩娱亲，老莱子之孝""跃鲤杀鸡，姜生与茅生并孝""缇萦上书而救父，卢氏冒刃而卫姑，此女之孝者"，等等。从蒙童教育开始，中国人衣食住行，人生仪礼，节日习俗，都渗透着孝道，可见孝道在中国文化中影响深远。

孝道不但在内地、中原地区流行，在边远的西北地区也广泛传播。敦煌出土的"和平二年十一月六日康本国写"《孝经》残卷，据考是北魏遗物，时为公元461年。这是在西北地区发现的时间最早的《孝经》资料。《周书·高昌传》说，高昌"有《毛诗》《论语》《孝经》，置学官弟子以相教授，虽习读之，而皆为胡语"。现在，在新疆吐鲁番高昌古墓中也发现了《孝经》和《孝经解》的残卷，实物印证了《孝经》在高昌传布的情形。其中"张孝章墓"出土《孝经》，同墓有"高昌建昌四年（558）张孝章随葬衣物疏"，因而可知《孝经》残卷的抄成时间不得晚于该年。在敦煌藏经洞发现的《孝经》写本，有的也有明确的时间。这些材料告诉我们，《孝经》在当时已经传播到中国的所有土地上。

以传播《孝经》为宗旨的《二十四孝》孝行录，有一个明显的特点，就是真实性与教化性的相对统一。一般来说，历史上这些孝子传、孝行录大都有一定的历史根据。从取材来说多取自正史，其故事的人物事迹，大都有其历史背景与根据。但由于孝行录一类著作编著的目的均是教化孝道，因此，这类书既具有一定的历史真实性，但又有为了达到教化目的而进行的文学性的夸张、想象，移植、重组。例如孟宗"哭竹生笋"，在较早的史料里只是孟宗进竹林里"哀叹"了一番，到二十四孝才被渲染成痛哭流涕。鲁迅在《二十四孝图》一文中说，他曾对"戏彩娱亲"一则原始材料与故事做过比较研究，发现南朝师觉授《孝子传》记载的，不过是老莱子"上堂脚跌，恐伤父母之心，僵仆为婴儿啼"，那所谓有意自己跌一跤，让父母取乐的说法，实在是二十四孝编者的夸张。又例如二十四孝还将史书上明确记载着的东汉蔡顺"啮指心痛"的故事，移植到了以孝闻名的曾参身上，又因为蔡氏"闻雷泣墓"一节与王裒所为相同，所以尽管事情也见于史书，为了避免重复，二十四孝里派给蔡顺做的，是一桩查无实据的"拾葚供亲"。至于虞舜"孝感动天"，而大象为其耕田，郭巨埋儿又因孝得金，王祥卧冰求鲤等诸多孝感故事，更多的是编者的文学想象。二十四孝是编给儿童、俗人看的故事，目的是劝导大众行孝，所以故事必须有实在的背景，真的人物，受劝的凡夫俗子才会相信人间曾有过那样的人和事，值得去仿效、去继承。因此，二十四孝故事本身虽非历史的实录，却是世道人心的生动折射。这样，二十四孝的教化目的，便在不言而喻中达到了。

然而，二十四孝故事，有神秘性、愚昧性的糟粕。儒家经典，自汉代董仲舒以后，其神秘性被强化了。二十四孝中的虞舜"孝感动天"，曾参"啮指心痛"，郭巨"为母埋儿"而得天赐黄金，姜诗"涌泉跃锂"，孟宗"哭竹生笋"，王祥

"卧冰求鲤"等，无不充斥着孝感天地的神秘性。所谓愚昧性，如老莱子以70岁之身佯装摔倒以娱亲，郯子为了给双亲取到鹿乳，披上鹿皮，混入鹿群，差点被猎人射死，6岁陆绩为了母亲能吃红橘而偷拿人家的橘子，吴猛"恣蚊饱血"换蚊子不叮双亲，庾黔娄因父患病而"尝粪心忧"，等等，都是一种愚昧的表现。对此，我们应有一种正确认识。对二十四孝的宣传，要吸收其人民性的、民主性的精华，抛弃其神秘性、愚昧性的糟粕。

二、《东海嫁·孝道故事嫁》的特色

2015年7月，广东人民出版社出版了由王福主编的《东海嫁》一书。何谓"东海嫁"？吴茂信为该书写的《序》对此做了解释，说：推介"东海嫁"，先要解释书里所说的"嫁"和"哭"。女子出嫁是人生重大转折，旧时的嫁女对生育自己的双亲及朝夕相处的兄弟姐妹无限依恋，难忍热泪盈眶；内心又有许多话要对家人、亲戚乃至未一起生活的夫婿说，一边哭泣一边诉说，恨不得一股脑儿倾倒出来，这就是"哭嫁"。"言之不足故歌咏之"，由倾诉至吟唱，有词有句、有腔有调，自然而然形成歌谣体。后来脱离了嫁女的背景，只要内心有什么要倾诉，便借这种语体和腔调，形成一种民歌，名字叫作"嫁"。这是东海岛独有的民歌，自然打上母体的印记，被称为"东海嫁"。出嫁时的倾诉方式是哭，于是，演绎"东海嫁"不叫"唱"，而是非常独特地叫作"哭"。打开这部书稿，呈现在面前的"东海嫁"竟是民间文艺的百花园，姹紫嫣红，令人目不暇接。

吴茂信这段文字，把"东海嫁"阐释得十分清楚，使原来对此一窍不通的我，茅塞顿开，受益匪浅。王福为该书写的"绪论"，对"东海嫁"产生于明代的历史条件、流传至今的发展脉络、具有情感民歌的特色、存在"古、土、美、新"的美学价值以及创作和表现手法等做了深刻的分析。这是一篇具有原创性的研究"东海嫁"的理论架构的论文。无疑，《东海嫁》是一部民众喜闻乐见的优秀民歌集。

该书中的"孝道故事嫁"，收入王福创作的《古二十四孝》。编者按曰："孝道是中华民族的传统美德，孝文化是中国特有的文化现象。孝道大行天下，使家庭和谐，成就了孝子贤孙。这里，我们编入王福先生撰写的《古二十四孝》'东海嫁'，此嫁是青少年成长道路上的良师益友，帮助他们启迪心智，丰富内心世界，培育完美的人格。"此嫁的"小序"曰：

> 翻开册载前朝事，重温圣贤古人书；
> 相传古代廿四孝，细看古人孝心图。
>
> 图文故事千古叹，历史悠悠孝流芳；

就将故事编成嫁，留给后来年幼人。

翻阅此组嫁，我认为具有下列特色。

第一，每嫁之前有一个提要。流传的《二十四孝图》，每一孝的故事，由三部分材料组成：即孝行录（记事）、诗歌和绘图。《古二十四孝》"东海嫁"，没有配图，而每一嫁前有一个"提要"，简单说明此嫁的内容，使读者对这一嫁有一个概括的了解。这个"提要"相当于《二十四孝图》的"孝行录"，但是，它用语体文撰写，使今天的读者容易读懂。例如：

"孝感动天"故事，"孝行录"曰："舜，姓姚，名重华。瞽叟之子。父顽、母嚚、弟象傲。舜耕于历山，象为之耕，鸟为之耘。其孝感如此。陶于河滨，器不苦窳。渔于雷泽，烈风雷雨弗迷。虽竭力尽瘁，而无怨怼之心。尧闻之，使总提百揆，事以九男，妻以二女。相尧二十有八载，帝遂让以位焉。"

而嫁的提要曰："姚星晔（按：重华之误），即虞舜，是一位受人尊敬的部落联盟首领，他带领各部落在黄河中下游繁衍生息，是一位尊敬父母的孝子。"

显然，这个"提要"比"孝行录"简明、扼要、易懂，而且带有现代历史学知识。

第二，把简单的《二十四孝图》的劝孝诗，演绎成一个长编的孝嫁故事。

《二十四孝图》在对儒家孝道观念的通俗化、普及化，使民众容易掌握方面发挥了不可估量和不可替代的作用。而《二十四孝图》所以能够广泛流行，其原因之一就在于孝行录记事与劝孝诗的统一。而《孝道故事嫁》将原来的故事加以发展，更合理、更有意义、更有说服力。例如，"鹿乳奉亲"。"孝行录"曰："郯子，性至孝。父母年老，俱患双眼，思食鹿乳。郯子顺承亲意，乃衣鹿皮，去深山，入群鹿中，取鹿乳以供亲。猎者见而欲射之，郯子具以情告，乃免。"劝孝诗曰："老亲思鹿乳，身挂鹿毛衣；若不高声语，山中带箭归。"

这样一个简单的故事，"鹿乳奉亲"嫁，把它演绎为128句的嫁词。嫁词比原来的故事有较大的发展。

原来的"劝孝诗"只说"老亲思鹿乳"。嫁词说："无门郯子无放弃，幸碰一个老中医；听了郯子情迫切，答应医人不要钱。钱财难请神医看，医德高者钱无望；神医诊断来把脉，又看舌苔问胃肠。胃肠脾土积成病，营养不良百病生；若要恢复好身体，鹿奶方能驱魔邪。邪治鹿奶是良药，郯子问明上山上；千寻鹿奶医老父，百里路途无畏长。"把中医说鹿奶能治病的道理说清楚，郯子不畏艰难上山找鹿奶是自然而然的事情，并非"老亲思鹿乳"这么简单。

又如"劝孝诗"说"身挂鹿毛衣"。嫁词说，"长途跋涉山过山，见鹿奔跑过山岗；想捉又无鹿跑快，赤手空拳抓鹿难"，后来想了一个妙计，"浮想自己扮鹿子，先披鹿皮学鹿声；走入鹿群养鹿性，深入鹿群跟鹿行。行动迅速挤鹿奶，奶水甜甜瓶来盛；这下父母有得救，夜妃酣睡日饮茶"。这样使故事更合情理、更有说服力。

又如"劝孝诗"说"若不高声语，山中带箭归"。嫁词说："饮茶开心愁云散，不料猎人搭箭射；郯子险些被射死，母鹿却亡死里行。行礼郯子求猎手，诉说原由讲春秋；为救父母假作鹿，边讲边求泪倒流。流泪诉说挤鹿奶，救爹救娘为一生；猎手兄弟听感动，孝心一时也发芽。发芽苗子行孝景，都是穷人孝子心；猎手小时失父母，兄弟两个背苦情。情是惺惺惜惺惺，郯子三人爱深深；携手结拜成兄弟，相拥三人喜盈盈。盈盈真情乐无边，三人回来拜双亲；从此勤耕相照顾，父母欢情笑绵绵。绵绵喝下鹿奶水，妙药即时笑颜开；郯子猎人尽孝道，父母乐如向日葵。"

经过嫁手的创作，使故事变得更合理，天下穷人一家亲，共行孝道乐融融，故事更具说服力。

又例如"亲尝汤药"嫁。原来"孝行录"曰："文帝名恒，高祖第三子，初封代王，生母薄太后。帝奉养无怠，母病三年，帝为之目不交睫，衣不解带，汤药非口亲尝，弗进。仁孝闻于天下。""劝孝诗"曰："仁孝临天下，巍巍冠百王；汉庭事贤母，汤药必亲尝。"这一嫁"提要"曰："汉文帝是西汉第三位皇帝，汉文帝为母亲精心侍奉和调理，是一位大孝子。"嫁手把它演绎成96句的长篇嫁。从吕后残忍，陷害刘恒母子，讲到陈平、周勃、王陵铲除吕氏，刘恒继位为皇帝。刘恒以孝治天下，使汉朝进入繁荣稳定时期，"文帝行孝又行善，天下人民喜在脸；盗贼从良坏变好，共济同船史无前"。这一嫁使历史真实与艺术真实相统一，比原来的故事丰满而有说服力，达到扩大影响的效果。

又例如"行佣供母"嫁。南朝时期的江革是廉洁奉公的大官，也是一位孝子。168句的嫁词，从孤儿寡母的生活艰难，讲到世道的险阻，人间的不平，田地被抢，背母逃荒遇强盗。江革的孝行，感动了强盗，强盗送母子回家。江革的孝行也打动了邻村不孝之子袁大，袁大改错孝顺母亲。根据史实演绎成感人故事，有很高的艺术价值。

第三，把《二十四孝图》不合理的题目、内容改写为更合理的题目，内容也改得好。

例如，"以死奉母"嫁。这一嫁《二十四孝图》的题目为《为母埋儿》。"孝行录"曰："郭巨，字文举，家贫。有子三岁，母减食与之。巨谓妻曰：贫乏不能供母，子又分母之食，盍埋此子。子可再有，母不可复得，妻不敢违。巨遂掘坑三尺馀，忽见黄金一釜。金上有字云：天赐黄金，郭巨孝子，官不得夺，民不得取。""劝孝诗"曰："郭巨思供给，埋儿愿母存；黄金天所赐，光彩耀寒门。"鲁迅在《二十四孝图》文中对这一孝故事，最"不理解，甚至于发生反感"，说"郭巨的儿子，却实在值得同情。他被抱在他母亲的臂膊上，高高兴兴地笑着；他的父亲却正在掘窟窿，要将他埋掉了"，"倘使我的父亲竟学了郭巨，那么，该埋下的不正是我么"，对这一故事给予严厉的批判。嫁手把《为母埋儿》改为《以死奉母》。在"提要"中说："郭巨夫妻是汉代有名的孝子，他们在天灾人祸、缺粮的情况下，争相牺牲自己，以保全年老的寡母，就在他们争持不下的情况下，意想不到的事情发生了。"嫁词达 128 句。从郭巨出身贫穷，因诚信传四方，娶了一个好妻子，生儿名郭金，一家生活融融。后遭天灾人祸，举家逃荒。夫妻争死为母亲，掘坑自葬，掘出黄金。嫁手一改题，又改内容。题目改得好，内容也较合理。改题目的嫁，还有《单衣顺母》改为《芦衣顺母》，《啮指心痛》改为《外出思母》，《刻木事亲》改为《迟来的孝》等。题目改得好，内容也改得好。在此不一一列举了。

有些嫁，虽改了题目，如《为亲负米》改为《百里负米》，但仍然沿袭着旧《二十四孝图》的错误内容。如这一嫁的"提要"说"《孝经》的作者子路，他劝人从善，教人孝敬父母"，说子路著《孝经》是没有史实依据的。据考证，《孝经》的作者应是孔子、曾参和他的学生（或学生之学生），而非子路。子路（仲由）是孔子的亲密弟子之一，以政事著称，诚笃忠信，办事认真，但并未著《孝经》，嫁中叙事，除少数外，也非子路之事迹。

第四，使《二十四孝图》故事浴火重生，凤凰再来。

近代以来，《二十四孝图》遭到过激烈的批判。五四运动时期，吴虞、胡适、鲁迅、李大钊都对孝道进行过深入探讨并进行猛烈的批判。其内容主要有下列几点：①认为孝是封建专制的精神基础；②认为孝极大地压抑和剥夺了子辈的个性自由和独立人格；③具体深入地批判了孝道与孝行的残酷性、保守性、虚伪性及其危害。

20 世纪 20 年代以来产生了新儒家，他们以接续儒家道统为己任，力图弘扬和发展儒学并以此来吸纳西学，谋求现代化。现代新儒家的发展大体经历了三个阶段：20 年代至中华人民共和国成立为第一阶段，以梁漱溟、马一孚、冯友兰为代表；第二阶段为 50 年代全 70 年代，其代表人物出现在港台，以唐君毅、谢幼伟为代表；70 年代至现在为第三阶段，其代表人物以海外的杜维明、成中英为代表。上述新儒家的孝道观念，其理论贡献和意义在于：第一，在古代传统儒家泛孝主义思想的基础上，明确指出中国文化是孝的文化，这对我们重新认识孝在中国文化中的地位和作用提供了学术上可贵的思想启示。第二，孝之人文意义，孝对生命价值的肯定，孝对社会和谐与团结的价值，这些认识，对现代社会中弘扬人文精神、建设现代文明有可资借鉴的实践意义。

在 1919 年至 1949 年的 30 年间，国民党政府在思想意识形态上重新恢复了儒家的官方哲学地位。民众的各阶层，在日常生活中，仍然严格遵守孝行规范，人们仍然继续弘扬传统的孝道。

1949 年中华人民共和国成立后，儒学不再被"独尊"为治国平天下的神灵。

但是社会上媒体不断呼吁"提倡尊老爱幼的家庭关系和社会风气"。总体上说，这个时期在批判继承文化遗产的原则和方法指导下，批判了传统孝道为封建统治服务和压抑晚辈个性成长、阻碍社会进步的消极性；但是批判继承了作为人类自然亲情关系上的养敬父母的合理因素。1966—1976 年的"文化大革命"，使儒家遭到空前的洗劫，"孝"似乎成了一个禁语。在"亲不亲，阶级分"的口号下，鼓励年轻人与父母划清界限，鼓励年轻人造父母的反，上台揭发、打骂正被残酷批斗的父母，人伦尽丧。可以说，十年"文革"是中华传统孝道再次受到严重冲击和破坏的时期。

1978 年，党的十一届三中全会以后，儒学研究再度复兴，传统孝道重新被以批判继承的正确态度对待之，认为"孝是具有中国特色的民族美德"，"应该大谈而特谈"，"我们大可理直气壮地说'孝'，提倡社会主义孝道，把它作为社会主义精神文明的重要内容之一"。党的十八大以来，习近平总书记多次讲话指出，中华优秀传统文化是中华民族的"根"和"魂"，并将其作为治国的重要思想文化资源。对传统文化进行创造性转化，创新性发展。最近中央办公厅、国务院办公厅印发《关于实施中华优秀传统文化传承发展工程的意见》，其中中华传统美德中就包括"孝老爱亲"。习总书记在 2016 年 12 月 12 日第一届全国文明家庭表彰大会上的讲话指出："中华民族传统家庭美德铭记在中国人的心灵中，融入中国人的血液中，是支撑中华民族生生不息、薪火相传的重要精神力量，是家庭文明建设的宝贵精神财富。"孝道是中华民族的传统美德。

《东海嫁》是 2015 年出版的，该书收入嫁手创作的《古二十四孝》，据余王才写的《编后记》说各地在采集嫁的文本时，"找到了王福先生编写的《古二十四孝》故事嫁稿本"。这《古二十四孝》嫁真是浴火重生，凤凰再来。

第五，孝文化在南方边远地区传播的历史见证。

上文说到，孝道文化在边远的西北地区传播，有出土文物及敦煌遗书等为证。在南方边陲的东海岛有《古二十四孝》嫁流行，说明孝道文化在此地流行。

东海岛位于广东省湛江市南部，面积 254.77 平方千米，是广东省第一大岛，全国第五大岛。据地质学家考证，距今 6 亿～5 亿年时雷州半岛是广阔的海域，在 2.25 亿～1.8 亿年时，地壳发生强烈的印支运动，雷州半岛全部露出水面，沧海变成陆地，而东海岛上升缓慢而成为海岛。东海岛原称"蔚律岭"，又称"阽远"。阽，意为临近危险，阽远，即临近危险的边远地区。四面汪洋，孤悬海上，是雷州大地的屏障，又是进出外海的要塞，战略地位十分重要，历代都有设防。明代设东海营于此（见《粤大记·广东沿海图》）。清雍正十一年（1733）移椹川巡司于东海之东山，嘉庆十五年（1810）设东山营。又有"东山圩，居民以渔盐为业，为东方巨镇"。可知东海之名明代已见。1899 年被法国强租，1943 年被日寇占领，1945 年日本投降，东海岛光复，广州湾辟建湛江市，东海岛为湛江市东海区。1952年，东海岛和硇洲岛划建渔民县，定名为雷东县，县治设在东山镇，是政治、经济、文化中心。目前的东海岛有东山、东简、民安三个镇，228条自然村，约15万人口。可见，东海岛是一个广东边远地区，王福创作《古二十四孝》嫁，当是中华人民共和国成立后的事情，但在此之前必然流行《二十四孝》的故事，王福《古二十四孝》嫁应是目前最高最完善的形态。这是东海岛流行孝文化的历史见证。

原载《众说"东海嫁"》，广东人民出版社2017年版。

明代东莞史学之盛
——读《东莞历史文献丛书·史部》后

一、引言

2017 年 11 月，广东人民出版社出版了由广东省立中山图书馆、东莞市莞城图书馆共同编纂，由倪俊明、王柏全任主编，杨宝霖任总顾问的《东莞历史文献丛书》（以下简称《丛书》）。① 2017 年 1 月中共中央办公厅、国务院办公厅印发《关于实施中华优秀传统文化传承发展工程的意见》（以下简称《意见》），指出"实施国家古籍保护工程，完善国家珍贵古籍名录和全国古籍重点保护单位评定制度，加强中华文化典籍整理编纂出版工作"② 是重点任务之一。《丛书》的出版，是广东省立中山图山馆和莞城图书馆落实、贯彻《意见》的重要举措。

"丛书"收入 19 个国内外藏书单位及东莞杨氏（宝霖）自力斋所藏东莞珍本秘籍共 165 种。上起南宋，下迄民国，分经、史、子、集、丛五部原版影印。杨宝霖在"前言"中说，这是东莞历史文献最完备、最大型的丛书。"成此美举，沾溉学林，功德无量。东莞泉下先贤，当今英俊，当感激无似。"③《丛书》的出版，对学习、研究习近平新时代中国特色社会主义思想、坚持文化自信、弘扬中国优秀传统文化有重要意义。

我这里要特别指出东莞著名文史专家杨宝霖先生在这套丛书中的作用。杨先生是土生土长的东莞人，爱乡之心与生俱来。"舌耕于莞城者四世矣"，"爱东莞文献之心，自垂髫始。弱冠后，为研究东莞历史文化，肄业与教书，课余之暇，沉湎于研究素材的搜集，交邑中之父老，聆逸事于故家；访莞籍之遗珍，钞丛残于午夜。五上都门，七临宁沪，东来泉郡，西履昆明。广东省立中山图书馆，居址近而莞籍丰，更是常至。'文革'中期，一闻中山图书馆开放，即入馆借钞；由南馆钞到北馆，由北馆钞到文明路的新馆。任教华南农业大学的七年里，每周三日抄书于省立中山图书馆。自回东莞，七十五岁以前，平均每月五日读东莞籍

---

① 《东莞历史文献丛书》，广东人民出版社 2017 年版。

② 《光明日报》2017 年 1 月 26 日，第 6 版《要闻》。

③ 广东省立中山图书馆、东莞市莞城图书馆编：《东莞历史文献丛书》第一册，广东人民出版社 2017 年版，"前言"第 1 页。

于中山图书馆。时间累加，约有二十年之久"①。四出访书，飘零湖海，住宿低廉，伙食粗粝。"一次，在北京柏林寺阅读东莞古籍半载（明代的柏林寺是当时北京图书馆，即今国家图书馆的特藏部），一日晚归，华灯已上，饥肠辘辘，偶有所感，口占一诗，中有拙句云：'他年邺架翻缃缥，多少芸编认指痕。'聊以自慰之情，当为识者所笑。"② 杨先生曾写过一首七律诗："搜遗辑佚几经年，矮屋篷窗作郑笺。属稿岂因贫病辍，买书常被母妻嫌。翻残典籍三更雨，负尽莺花二月天。尺帙摩挲聊自慰，穷经应愧昔人贤。"这是杨先生生活的真实写照。他感谢他的妻子，说"她默默地替我侍慈亲，育幼子，繁琐的家务不让我沾手，二十八年来没有拉我看过一场戏，没有拉我逛过一次街，我不顾家计，买书多了，她有些'嫌'，但只是'嫌'而已，没有骂，更没有撕"③。我们读着杨先生的文字，不能不为他爱国爱乡、为搜集、研究东莞历史文献的精神所感动。据我所知，"丛书"的构架、版本的选择都倾注着杨先生的心血。可以说杨先生是"丛书"的灵魂。

"丛书"收入史部著作 60 种，其中明代著作 17 种，包括了中国传说史学的纪传体、编年体、纪事本末体几种体裁。本文仅对三种书进行评介，以见明代东莞史学之盛。

二、尹守衡著《明史窃》

尹守衡（1549—1631），字用平，号冲玄，广东东莞人。尹氏是宋中叶从河南迁入东莞的仕族。但尹守衡家是一个普通人家。尹守衡从小喜欢读书，常从同族中藏书之家借书阅读，"讽诵不辍"。其父尹希颜见之，高兴地说："余少孤，为拮据养母，鲜读书。孺子能好学，可教也。"尹守衡读书相当用功，必"丙夜功尽六刻乃罢"。喜欢读《左传》，专治《春秋》经。嘉靖四十三年（1564），"年十六补诸生"。福建晋江人翁仲益是万历二年（1574）进士，时在广东做官。翁是当时《春秋》专家。尹上门请翁讲《春秋》。尹守衡为万历十年（1582）举人，时年 34 岁。次年参加会试，只获得乙榜。得授福建清流县教谕。其后屡次会试，均落第。尹守衡在清流县儒学工作时间相当长，万历二十三至二十六年

---

① 广东省立中山图书馆、东莞市莞城图书馆编：《东莞历史文献丛书》第一册，广东人民出版社 2017 年版，"前言"第 13 页。

② 广东省立中山图书馆、东莞市莞城图书馆编：《东莞历史文献丛书》第一册，广东人民出版这计 2017 年版，"前言"第 13 页。

③ 杨宝霖：《自力斋文史农史论文选集》，广东高等教育出版社 1993 年版，"前言"第 2－3 页。

间，结识了时在守丧的清流籍名宦裴应章（1536—1609）[1]。

万历二十六年（1598），在时任南京吏部尚书裴应章的推荐下，尹守衡出任江西新昌知县。上任前，入谢裴应章，忧心忡忡地对裴说："守衡不难于治民，而难于善事上官。自惟赋质颇偏，能为戆，不能为诣，能为拙，不能为巧，有负尊爱。"裴应章鼓励他一试。到新昌之后，果然与郡守监司关系不好，得罪郡守。两年后，裴应章左迁，他也因和上司关系处理不好，降为赵王府审理正。尹守衡意识到做官非他所长，于是辞职回家。赋诗曰："我闻君子，爱时进趋。时不我与，枉用相驱。出门十载，位卑名微。不才在我，敢谓知希。长裙可曳，王门可游。为客弗乐，何如首邱？路长未远，及事当返。事有不然，悔之则晚。驻马停缰，问津河梁。望云以往，知是吾乡。"[2] 做了十年官，因不善讨好上司，没有赏识之人，仍是位卑名微的小官。与其不开心，不如早日回家治学。尹守衡晚年的生活状况，资料不多。与他交往 50 年的好友张萱称他为人"至德可师"，譬如"事继母太夫人以纯孝闻，爱异母弟广文公以克恭闻，训子姓以义方闻，联姻党以洽比闻"。县中举办洛社、耆社，必请尹守衡为头。"公私宴集，先生不至不欢也。""郊内外、闾左右，诸小有言，欲涉大川者，不之县庭而之先生之庭。""即行高坐贾，田叟渔翁，一奉先生濒笑，无不虚往实归。"张萱《西园存稿》卷十八《寿尹用平年兄八十有一序》，明崇祯刻清康熙印本。可知他在当地是有一定威望的乡绅，在家乡用 30 年时间撰成《明史窃》一书。

尹守衡为什么要撰《明史窃》一书？

《明史窃》凡 105 卷，记载了从朱元璋到嘉靖时代的明代历史。是一部纪传体史书，由 8 纪、6 志、10 世家、82 列传构成。6 志是百官志、田赋志、礼乐志、军法志、刑法志、河漕志。列传有合传、类传两大类，大体按时代顺序排列；类传有道学、文苑、守令、师儒、隐逸、孝节、仙释、夷狄。最后是《叙传》。完全是仿《史记》的体例和风格。

尹守衡生活于嘉靖、隆庆、万历、泰昌、天启、崇祯时代。嘉靖中期以后的社会政治问题突出，贪污腐败成风。社会危机促人反思，直接引起经世史学思潮的兴起，一些学人认识到读书人必须通达国体，才能事功，必须研究当代史，明"世道之盛衰，人物之升降，风俗之隆替"，才能服务社会。于是掀起了一股提倡学习《史记》《汉书》，以史经世的风气。[3]

---

① 参见尹守衡《明史窃》卷一〇五《叙传》，见广东省立中山图书馆、东莞市莞城图书馆编《东莞历史文献丛书》第四册，广东人民出版社 2017 年版，第 634 页。

② 尹守衡：《明史窃》卷一〇五《叙传》，见广东省立中山图书馆、东莞市莞城图书馆编《东莞历史文献丛书》第四册，广东人民出版社 2017 年版，第 634 页。

③ 参见钱茂伟《明代史学的历程》，社会科学文献出版社 2003 年版，第 214 页；杨艳秋《明代史学探研》，人民出版社 2005 年版，第 78 页。

尹守衡是一位经世学者，认为"生今之世，不识今代之典章人物，将安适从！"① 因此，尹氏读书尤其留心当代的"典章、文物、钱谷、甲兵、山川、扼塞之要，一时士人流品、山泽遗逸之材"②。万历二十八年（1600）他回到家乡，其时已 52 岁。知政治前途已绝，在史汉之风影响下，决定模仿《史记》的风格，个人独自撰写当代史。

尹守衡早年熟读《左传》《史记》，立意要学习左丘明、司马迁，做一名"别成一家言"的史学家。他觉得明朝已有 200 余年历史，"文献具有足征，代有纂述"，编纂基础比较好，于是决定"斟酌前贤，采访近世，删成一代全书，名之曰《史窃》"。所谓"史窃"，是"拟附窃取之义"表明自己仅是私下模仿官方史官写史而已。私修国史消息一传出，"闻者群起而笑之"。尹守衡想："我以山林草野之夫，敢与石渠天禄诸贤侵其毫楮，诚僭哉！"于是不得不搁笔。正在辑著《西园汇史》的至交张萱闻说这一消息，特意写信鼓励他，说："吾以今人论古人，无伤于今人，故免于诮。子以今人论今人，宜滋多口也。虽然，子笔大如椽，直如矢，必勉之，毋避敌而退舍。"③ 张萱的支持，坚定了他的写作信心。

尹氏在自己家旁竹林筑书斋，名曰"荡云航"，全部精力专心从事《明史窃》写作。以"懒翁"自称，"不衣冠，不拜客，不与俗人言，不闻人世事"。东莞知县马维陛"时以其暇造门谈论，相得甚欢。见其书，大奖掖，更为征补遗漏，旌其庐曰清朝逸史"④。所谓"清朝逸史"，就是清明之朝的民间史家之意。写作时间长达 30 年之久，至崇祯元年（1628）成《明史窃》一书，时年 79 岁。

《明史窃》是崇祯四年（1631）尹守衡卒后，由其长子、次子考核校对刊刻的。前有黎遂球、戴国士、李贞、张萱、汪运光写的 5 篇序。这是崇祯刻，清朝顺治、康熙年间重刊本。乾隆时，《明史窃》"内《军法志》中语有悖犯，应请销毁"，著在《违碍书目》。光绪十二年（1886），东莞地方绅士据康熙本《史窃》再版。封面题"《史窃》，光绪丙戌重锓，板藏邑局"。有张萱、汪运光、黎遂球、李贞、戴国士、李思沆六篇序。前附（明）崇祯《东莞县志》、（清）雍正《东莞县志》、阮元《广东通志》中的《尹守衡列传》，后附邑人张璐的《尹守衡传》。《东莞历史文献丛书》就是选这个版本影印。1932 年，东莞县博物图

① 尹守衡：《明史窃》卷一〇五《叙传》，见广东省立中山图书馆、东莞市莞城图书馆编《东莞历史文献丛书》第四册，广东人民出版社 2017 年版，第 635 页。

② 张萱：《史窃序》，见广东省立中山图书馆、东莞市莞城图书馆编《东莞历史文献丛书》第三册卷首，广东人民出版社 2017 年版，第 4 页。

③ 尹守衡：《明史窃》卷一〇五《叙传》，见广东省立中山图书馆、东莞市莞城图书馆编《东莞历史文献丛书》第四册，广东人民出版社 2017 年版，第 635 页。

④ 尹守衡：《明史窃》卷一〇五《叙传》，见广东省立中山图书馆、东莞市莞城图书馆编《东莞历史文献丛书》第四册，广东人民出版社 2017 年版，第 635 页。

书馆开馆,得《史窃》旧版,其中有断烂者,另仿刻新版,重新印刷 18 册。前有"明尹用平先生著《史窃》,邑后学邓尔雅题"。此新版,汪兆镛曾把它寄给在北京的陈垣。1933 年 10 月 17 日,汪兆镛致陈垣函曰:"另寄东官尹守衡撰《明史窃》一部,想已收到。此书湮没已久,其中多可为张廷玉等撰《明史》拾遗匡谬也。"① 可见《明史窃》对后来张廷玉等修《明史》的重要性。汪兆镛之子汪宗衍在致陈垣的信中也提及此事。1933 年 11 月 28 日、30 日二次致信曰:"此间新印东莞尹守衡撰《明史窃》,谨寄呈一部(共十八册,分二包寄),祈哂存为荷","日前奉上一函,随寄《明史窃》十八册,《惺默斋诗》一册,度登记室"。陈垣 1933 年 12 月 15 日致汪宗衍函云:"月杪两并莘伯先生小传均拜悉,因欲俟《明史窃》《惺默斋诗》收到后并谢,故裁答稍迟,乞谅。昨日二书与老伯旧历十月十七日手谕同时收到,二书纸包已碎,幸有挂号,邮局尚加意保全。倘封面地址一失,则无法投递矣。谨谢谨谢。"② 陈垣对此书也十分注重。

《明史窃》的体例和风格模仿《史记》,但也有创新之处,表现在:

第一,本纪不称"本纪",而是用纪事本末体叙事,称"纪"。计有:《开国纪》,述太祖开国始末;《靖难纪》,述靖难之役;《革除纪》,述建文朝;《北狩纪》,述土木之役;《夺门纪》,述英宗南宫复辟;《亲征纪》,述明朝五代皇帝八次亲征蒙古、二次平内乱之事;《明伦纪》,述大礼议;《高后纪》,述马皇后事迹。在明朝的前九朝皇帝与皇后群谱中,尹氏选择八纪,实际上是专题叙述,这是不同于《史记》"本纪"的一种创新。

第二,列传选题偏重写地方官。传统史学以中央政府及官员事迹为主,地方政府及其官员写入国史的很少。国史写地方官,始于《史记·循吏列传》,仅写周末列国大夫五人,没有秦汉时代的守令。《汉书·循吏传》,只写了六位太守,没有县令。而《明史窃》的《守令列传》分循吏、能吏、廉吏、久任吏四大类。这是历代官修正史没有的。《守令循吏列传》选择了方克勤等 21 人;《守令能吏列传》选择了王观等 11 人;《廉吏列传》选择了王琠等 9 人;《守令久任吏列传》选择了贝秉彝等 9 人。这样,《明史窃》为地方守令 50 人立传,在历代官修史书中是空前的。

明代是中国地方政府办学规模最为庞大的时代,儒学教官数量特别多。尹守衡教职出身,故特别关注教官事迹。"今但录其郡县师能洁己好修者,以为教职

① 陈智超:《陈垣来往书信集》(增订本),生活·读书·新知三联书店 2010 年版,第 473 页。

② 陈智超:《陈垣来往书信集》(增订本),生活·读书·新知 三联书店 2010 年版,第 480 - 481 页。

篇，俾天下之司铎者有所观法。太学师，则别有列传。"①《教职列传》写了陈贤等 7 人事迹。

明朝以经术取士，官与吏的职责，分工明确。官与吏，完全是两套体制。尹守衡设《椽吏起家列传》，写了滕德懋、李友直、徐晞、万祺四人由椽吏取得高官的事迹，并论曰："汉兴，刀笔吏起家，往往至公卿。我朝专以经术取士，后生小子就经术不得，始跳而匿诸椽史，仕不逾丞尉功曹，经术士亦多鄙薄之，以若曹能行舞文乱国是，此不操刃而杀人者也。然在祖宗朝，乃有一二曹耦功见言信，人献其能，圣天子亦随器而使。……今想其人，岂徒碌碌干窃朝廷之爵禄者乎！然数公所以能致大位，要之皆有所攀附，缙绅君子或丑之，然尚论者安可绳以大贤君子之雅行而苛责之也。"②

敢于为生人立传，选取自己熟悉的内容收入国史之中。例如，替退休的朋友沈铁立传，就是一个典型。沈铁，字继扬，号介庵，诏安人，万历二年进士，顺德知县，官至南京主事、衡州同知。尹氏论曰："余为沈公传，有诮余曰：'生而传之，可乎？'余应之曰：'知沈公，莫余真也。余不为公传，谁知公者！人宁得全璧？'公尝与余慷慨天下事，穷日力莫相逆也。"③ 尹守衡还通过附论的形式，写了自己弟弟尹守礼的教职事迹。他在《教职列传》中最后论曰：

> 余为《史窃》，至于《教职列传》，未尝不重有感于吾弟守礼用敬氏也。守礼以岁贡，为揭阳训导，其教揭阳，一如其为诸生对所以教里中诸弟子。读书不泥训诂，著有《读书想》，皆其心得语。经习二戴《礼》，辑有《礼记醒注》。邑士故以《礼经》多罕读，读《醒注》，后学如指诸掌。为青衿三十年，进退容止，非礼不行，未尝肯蹊一趾。见士习日汙，不可以训，撰有《教学》七篇，首曰士品，二曰士制，三曰士范，四曰士学，五曰士耻，六曰士养，七曰士课，其所谆谆然为士告戒甚勤。入揭阳，即以授于多士，务率循，人人庆得师。自涖任，足不离堂斋，不涉有司门，日为诸生习课，而是科士起科第倍往时。居三载，升南雄府学教授，会内艰。服除，入京补思明教授。……涖思明，逾月而卒，囊无一钱，诸生为殡殓。初官揭阳，著有《扫昏集》，感古人利令知昏语，作此编自警，可为世鉴。④

① 尹守衡：《明史窃》卷一〇三《教职列传》，见广东省立中山图书馆、东莞市莞城图书馆编《东莞历史文献丛书》第四册，广东人民出版社 2017 年版，第 627 页。

② 尹守衡：《明史窃》卷一〇四《椽吏起家列传》，见广东省立中山图书馆、东莞市莞城图书馆编《东莞历史文献丛书》第四册，广东人民出版社 2017 年版，第 633 页。

③ 尹守衡：《明史窃》卷一百《能吏列传》，见广东省立中山图书馆、东莞市莞城图书馆编《东莞历史文献丛书》第四册，广东人民出版社 2017 年版，第 617 - 618 页。

④ 尹守衡：《明史窃》卷一〇三《教职列传》，见广东省立中山图书馆、东莞市莞城图书馆编《东莞历史文献丛书》第四册，广东人民出版社 2017 年版，第 629 - 631 页。

尹守礼，雍正《广东通志》卷三十四《选举志》贡生名单仅列名字，事迹鲜见文献。《明史窃》提供了最为详尽的传记资料。必须指出的是，尹守衡并没有用正传形式写尹守礼事迹，而是在《教职列传》论曰中叙述，可见作者不伤国史体的考虑。

尹守衡自己认为，《明史窃》对人物之评价是"一代之公案"。"是书也，不袭于谀墓之辞，不逐于群吠之犬。我明二百余年来，列朝人品有忠邪，一人志行有初终。窃谓片纸，上可直觌其肺肠，僭有论于传后，敢以比于一代之公案，似为得之。"① 同时代人对《明史窃》评价颇高。戴国士在序言中说："我国家凡三百年，所为《实录》及《起居注》者，不过条奏升除事，各一时人各一手，或视为邸报一大汇，不闻兰台之英，多董狐之直也。少忧患，并不敢愤激也。至所以搜罗而诊断之者，如《吾学编》《文献通考》《宪章录》《通纪》，不过四五公耳，其得失俱可考也。今读玄冲尹先生之《史窃》，庶几集诸公之成而微窥其忧患也。"② 张萱认为，《明史窃》一书，"盖明兴二百五十余年得失之林也"。"一日有《史窃》，即一日有先生。"张萱《西园存稿》卷十八《寿尹用平年兄八十有一序》，明崇祯刻清康熙印本。

《明史窃》也存在不完善之处，《高后纪》及《百官志》《田赋志》《河漕志》没有完成，没有刊刻。存在《叙传》与实际目录不符现象。总目作"十世家"，实际也确有十个世家，但细目却只有八世家。列传的类目，也有前后不一的现象。但《明史窃》出版于南方边陲小县东莞，出版后又很快进入明亡时期。从清代前期、后期及民国时期三次重版来看，说明《明史窃》是受欢迎的。

20世纪70年代以后，出现一些影印本。90年代以后，《四库禁毁丛刊》《续修四库全书》《中国野史集成》，均影了《明史窃》。2005年完成的"中国基本古籍库"本《皇明史窃》，据崇祯本制作而成，是第一个电子版。《续修四库全书总目提要·史部》介绍《明史窃》曰："此书风格模仿《史记》，每传附以评论，或于卷后冠以'臣衡曰'或'论曰'等字样，间复有序，或冠以'逸史公曰'。列传第八十三为《叙传》，亦仿《太史公自序》，述尹氏渊源，著作缘起及各篇本旨，可见作者之雄心。"③ 近年来学术界研究《明史窃》的人越来越多。钱茂伟《明代史学编年考》，列有《明史窃》作者尹守衡生卒条；《明史窃》成

---

① 尹守衡：《明史窃》卷一〇五《叙传》，见广东省立中山图书馆、东莞市莞城图书馆编《东莞历史文献丛书》第四册，第635页。

② 尹守衡：《明史窃》卷首戴国士序，见广东省立中山图书馆、东莞市莞城图书馆编《东莞历史文献丛书》第三册，广东人民出版社2017年版，第13页。

③ 《续修四库全书总目提要·史部》，上海古籍出版社2014年版，第39页。

和传于世条。① 钱茂伟《明代史学的历程》专门列了《史窃》一节，② 该目"尹守衡与《皇明史概》"，"概"字应是"窃"之误。并写了《明代东莞史家尹守衡及其〈史窃〉初探》论文。这是目前所见最完备的论述尹氏及其《史窃》的论文。③

三、 陈建撰 《皇明启运录》 《皇明通纪》

陈建（1497—1567），广东东莞人。关于陈建生平事迹，最早集中介绍的是明郭棐的《粤大记》，该书《陈建传》曰："陈建，字廷肇，号清澜，太守恩季子也。与兄越、超、赴皆领乡荐，而建为春秋魁。究心国家因革治乱之迹及道术邪正之机。两上春官，皆乙榜。"④ 由此可知，陈建出身于官宦之家，其父陈恩曾官至太守。陈建及其长兄们从小受过良好的儒家教育。结合其他记载，可知陈建于正德十四年（1519），补邑弟子员试，居首名。时年 23 岁，可谓少年得志。嘉靖七年（1528）中举人，时年 32 岁。嘉靖八年（1529）、十一年（1532）两度参加会试，皆中副榜。（民国）陈伯陶等纂修：《东莞县志》卷五十八《人物略五·陈建》，《东莞历史文献丛书》第二十二册。选授福建侯官县教谕。不久，以政绩迁江西临江府学教授。在福建、江西任职期间，曾受聘任江西、广西、湖广、云南乡试试官。郭棐说："所得多名士，而滇士严清，后为名冢宰，时论多之。"可见他任主考官，能选贤举能，慧眼识英才。如云南严清（字公直）就在他主考中得到选拔。后历官工部主事、两京大理卿、三迁刑部尚书，《明史》有传，是明代中后期颇有声誉的官吏。⑤

郭棐说"寻升山东阳信令"。民国《东莞县志·陈建传》说"循资升阳信令，至则以教养为急，劝课农桑，申明条约，不事蒲鞭而邑大治，又以其暇颁《小学古训》，令家诵而习之。"说明在任山东阳信县令时，关心农业生产，保证赋税征收，又兴办教育，社会安定和谐，取得一定的政绩，是一位声誉颇高的地方官。明邓淳《粤东名儒言行录》，载有陈建请辞详文一篇。据陈伯陶考证，陈建呈送这篇详文后"即缴印弃官归"。辞官后回到东莞定居，筑草堂于郭北，过

① 钱茂伟：《明代史学编年考》，中国文联出版社 2000 年版，第 115、354、367、395 页。
② 钱茂伟：《明代史学的历程》，社会科学文献出版社 2003 年版，第 307 页。
③ 东莞政协、暨南大学历史系主编：《明清时期珠江三角洲区城史研究》，广东人民出版社 2011 年版，第 328 - 342 页。
④ 郭棐撰，黄国声等点校：《粤大记》卷二十四《陈建传》，中山大学出版社 1998 年版，第 726 页。
⑤ 《明史》卷二二四《严清传》，中华书局 1974 年点校本。

着隐居生活，锐意著述。至隆庆元年（1576）卒于东莞，年七十一。①

陈建自幼爱读书，博学多闻，一生著述甚丰。学问大致可分为两个阶段，前期侧重理学，"究心学术邪正之分"；后期致力于"国家治乱之故"，也即当代史研究。

陈建著述存佚情况：

（1）《拟古乐府》2卷，明李东阳撰，陈建通考。收入本"丛书"第46册，《聚德堂丛书》本。

（2）《学蔀通辨》12卷。中华书局1985年出版整理点校本。本"丛书"第26册收入国家图书馆藏万历三十三年黄吉士、吴中立刻本，《学蔀通辨前编》3卷、《后编》3卷、《续编》3卷、《终编》3卷。同时第46册收入陈伯陶编的《聚德堂丛书》，本堂藏版的《学蔀通辨》前编、后编、续编、终编。

（3）《治安要议》6卷，本"丛书"第12册，收入上海图书馆藏清钞本。同时第46册陈伯陶的《聚德堂丛书》收入康熙五十六年重刻本。

（4）《皇明典要》8卷，《四库禁毁丛刊·史部》第3册，影印（明）王渭刻本。

（5）《皇明二祖十四宗增补标题评断实纪》27卷，陈建、陈龙可撰，《四库禁毁丛刊·史部》第32册，影印（明）崇祯间刻本。

（6）《皇明通纪集要》60卷，陈建辑、江旭奇补订，《四库禁毁丛刊·史部》第34册，影印（明）崇祯间刻本。

（7）《皇明资治通纪》30卷，陈建撰、岳元声订，《四库禁毁丛刊·史部》第12册，影印明刻本。

（8）《皇明十六朝广汇纪》28卷，陈建辑，《四库禁毁丛刊·史部》第42册，影印（明）崇祯间刻本。本"丛书"第10、11册收入北京图书馆藏本。

（9）《皇明从信录》40卷，陈建撰、沈国元订补，《四库毁禁丛刊·史部》第1册，影印明刻本。本"丛书"第8、9册收入广东省立中山图书馆藏本。

（10）《皇明启运录》8卷，嘉靖三十一年（1552）刊刻。本"丛书"第7册收入南京图书馆藏明刻本。

（11）《皇明通纪》40卷，此书版本甚多，记载的卷数亦异（详后）。钱茂伟根据台湾藏"东莞陈氏家刻本"（原刻本）整理点校，由中华书局2008年出版。分两部分：《皇明历朝资治通纪》前编，即《皇明启运录》8卷；《皇明历朝资治通纪》后编32卷，合成《皇明通纪》40卷。这是目前最佳版本。本书全称《皇明历朝资治通纪》，简称《皇明通纪》，省称《通纪》。本"丛书"第5、6册，收入北京师范大学图书馆藏，陈建辑董其昌订《皇明通纪》27卷，《皇明

---

① 陈贤波：《陈建评传》第一章第一节"家世与宦迹"，广东人民出版社2014年版。

通纪续编》18 卷。

（12）《新锲李卓吾先生增补批点皇明正续合并通纪统宗》，12 卷，首 1 卷、附 1 卷。此书题陈建原辑，袁黄、卜大有补辑，一般作明末刻本，精确地说应该是万历刻本。有《四库禁毁书丛刊补编》本。本"丛书"第 7 册收入北京师范大学图书馆藏本。

陈建的学问和著述，历来评价很高。郭棐《粤大记》说："公学识温醇，议论纯正，酌古准今，崇正黜邪。"① 康熙《东莞县志》称陈建"为学主敬涵养，以立其本，读书穷理，以致其知，身体力行，以践其实"②。陈伯陶等编《东莞县志》，称陈建的著述非文人雅士一己之得，而是胸怀家国的经世之作，"明体达用，可以开古今未决之疑，立百王不易之法，其为时所重如此。吾粤有新会之学，有增城之学，至建书出，世称东莞学，学者称清澜先生"③。将陈建与明代大儒陈献章、湛若水相提并论，可见其在广东学术思想史的重要地位。下面重点评介陈建的《皇明启运录》和《皇明通纪》两种著作。

（一）《皇明启运录》

明代中期以后社会危机严重，国势日颓，吏治渐败。在学术风气上，经世致用思潮兴起。一些有识之士，继承中国传统史学"资治通鉴"的功能，有意识地开始研究当代史，希冀在本朝开国史中找到治理社会的良方。其中有福建诏安人吴朴（字华甫）撰《龙飞纪略》，书成于嘉靖二十一年（1542）。《龙飞纪略》原名为《圣朝礼乐征伐书》，后因朋友林希文的建议，改名《龙飞纪略》，取自明太祖"龙飞在天，咸宁万国"一语。该书刊刻于嘉靖二十三年（1544），现北京国家图书馆藏有吴天禄等原刻本，《四库全书存目丛书》史部第 9 册，即据该刻本影印。

吴朴为什么要写此书？他在《自叙》中说："我圣天子（按：指嘉靖皇帝）聿求法祖，振作事功。"要"法祖"，就必须有"会一"而成的系统著作。成化间，史馆奉敕纂修《续编纲目》，但这些著作"顾乃失于考证，不知讳避。况近时有《名臣》《功臣》之录，止言武功，而不及文治。其《诸司职掌》与夫《大明会典》专详文治，而武功未昭。且岁月湮没，彼此错见。苟无会一之归，难为

---

① 郭棐撰，黄国声等点校：《粤大记》卷二十四《陈建传》。
② 郭文炳修，张朝绅等纂：（康熙）《东莞县志》卷十二《人物四·理学·陈建》，见广东省立中山图书馆、东莞市莞城图书馆编《东莞历史文献丛书》第 19 册，广东人民出版社 2017 年版。
③ （民国）《东莞县志》卷五十八《人物略·陈建》，见广东省立中山图书馆、东莞市莞城图书馆编《东莞历史文献丛书》第 22 册，广东人民出版社 2017 年版。

法祖之助。以是叹惜，而述成《纪略》"（《龙飞纪略·目录通例》）①。

《龙飞纪略》以歌颂太祖业绩为宗旨。在《自叙》中说："闻班固居乡里，续成汉书，陈寿处私家，专精国志，先大夫常范、刘辰，勤采滁和遗事，我太祖高皇帝大见欣纳，臣于征伐礼乐，采而辑之，非敢比夫四子也，直欲揄扬其盛，以蕲寡过。"② 除记录明太祖朱元璋及诸文武征伐建置之外，对典章制度，如礼乐、刑罚、宫室、田赋、杂课、兵制等也有叙述。该书在明嘉靖中叶，有抄本、刻本流传，对陈建撰《皇明启运录》有直接影响。陈建在《皇明启运录》卷八洪武二十六年十一月《谨按》曰：

> 近日有梓行《龙飞纪略》者，虽有编年，终洪武之世，然徒详于细碎，如仓官巡检升降资格与礼仪俯伏拜兴之类，皆备载，而巨要多遗，如此年处分五六事，皆刑政之大者，而此纪不载一焉，他可知矣。且其间舛谬殊多，而鄙诞可笑处尤不少，如妄谈四夷险易，谓舟师可以复大宁，其所制雷扫雷九之技，可以破北虏之类。盖出于退陬村究好事之所为，非名学士大夫之笔，其失也宜。近日缙绅多喜阅国初之事，而或未知此纪之失也。愚故辨之，而广稽群籍，参伍考订，为此《启运》之编。③

陈建对《龙飞纪略》不满意，于是"广稽群籍，参伍考订"，在短短几年时间里，完成了《皇明启运录》的写作，于嘉靖三十一年（1552）刊刻。全书分8卷。写此书的宗旨，主要是为了探究明朝何以立国，从而达到弘扬明太祖开基创业之文德武功的目的。陈建在《自序》中说：

> 人知我高皇帝之得天下也，而不知其所以得天下也；人知我高皇帝得天下之略也，而不知其所以得天下神谟睿略、始终次第之详也。我高皇帝之得天下，其详在国史实录，金匮石室之藏，学者不可得而窥；散见于后来儒臣集次诸书，则又往往拘于义例，不能不详于此而遗于彼。……其他集录，挂漏益甚，学者欲求观我圣祖所以开基创业始终之详无从焉。呜呼！昔人通天地人为儒。君子以博古通今为学，况我圣朝开创之故，而可诿于不知已乎？昔人睹《河》《洛》而思禹功，仰谟烈而不忘前王。况我圣祖反元阴山，一

---

① 钱茂伟：《明代史学编年考》，中国文联出版社 2000 年版，第 93 - 94 页。

② 钱茂伟：《明代史学编年考》，中国文联出版社 2000 年版，第 93 - 94 页。

③ 陈建：《皇明通纪》前编《皇明启运录》洪武二十六年十一月《谨按》，中华书局 2000 年版，第 287 页；另见钱茂伟《明代史学编年考》，中国文联出版社 2000 年版，第 117 页。

正天下，民至于今受其赐，而可由之而不已乎！①

《皇明启运录》卷首附《采据书目》有 35 种之多，包括制书 9 部、杂史笔记 11 部、人物传 8 部、政书 2 部、方志 2 部、文集 1 部、专著 1 部、书目提要 1 部。可见其搜集史料之勤，所谓"广稽群籍，参伍考订"并非虚言。

此书是一部编年体史书，记从元顺帝至正十一年（1351）至明洪武三十一年（1398）春，共 47 年的历史。与以往的编年体史书相比，有它的特色，每页分上下两栏，上栏刻事目，下栏刻正文。下栏叙述到某事，即于上栏刻事目。如卷一，"纪我太祖初因乱倡义起兵渡江之事，自辛卯至乙未，凡五年"。上栏刻有 40 多条事目，如"元末君昏""红巾兵起""天下大乱""郭子兴起兵""我太祖入濠城避兵""生有圣瑞""备历艰难""郭元帅救难"等。这种提要式的事目，克服了传统编年史流水账之弊，便于读者掌握阅读和记忆。

本书突出政治、军事大事，主要叙述建国前后的战争过程，不仅要人们详细了解开国史，而且要读者去探讨"我圣朝开创之故"，总结朱元璋打天下和治国的经验。有学者根据《皇明启运录》总结出明初治理天下的八条良方：善用将领，天下协应；立民兵万户府，寓兵于农；崇儒兴学；却宝玩女色，崇尚朴素；定文武科取士之法；定兵制；蠲免税粮；立长久安边之策。②

总之，《皇明启运录》有纲有目，条理清晰；长于总结历史经验教训，富有思想性和启发性。研究明代史学史的专家钱茂伟誉它是一部高水平的明开国史著作。

（二）《皇明通纪》

《皇明启运录》刊刻之后获得读者的好评，具有良好的社会效果，这促使陈建写《皇明通纪》。

他在《皇明通纪序》中说：

> 臣建往既为《皇明启运录》，以述我太祖高皇帝俊德成功始终次第之详矣。宫端泰泉黄先生（按：即黄佐，号泰泉）见之，谂建曰："昔汉中叶，有司马迁《史记》，有班固《汉书》，有荀悦《汉纪》；宋中叶，有李焘《长编》，皆搜载当时累朝制治之迹，以昭示天下。我朝自太祖开基，圣子神孙重光继照，垂二百祀矣，而未有纪者。子纂述是志，盍并图之，以成昭代不

---

① 陈建：《皇明通纪》下册附录《皇明启运录序》，中华书局 2000 年版，第 1189 – 1190 页；另见《东莞历史文献丛书》第七册《皇明启运录序》，广东人民出版社 2017 年版，第 225 页。

② 陈贤波：《陈建评传》，广东人民出版社 2014 年版，第 59 – 62 页。

刊之典。①

陈建所说的黄佐是当时广东学界的重要人物，他的建议，自然对陈建有很大触动。但觉得自己"愧乏三才"。"三才"就是唐代著名史学理论家刘知几在《史通》中提出的写史必须具备史才、史学、史识三种能力。陈建虽谦虚自励，但黄佐的建议对他有很大的鼓舞作用。他在序中说：

> 然窃自念素性有癖焉，自少壮时，癖好博览多识。解组归山林，日长。每翻阅我朝制书，洎迄来诸名公所撰次诸书，凡数十余种，积于胸中，久之不能自制。乃时时拈笔书之，取其有资于治、可通为鉴者，编年次之，参互考订，正其舛疑。又久之，不觉盈帙。虽乏三长，续貂荀、李，汗颜班、马，不计也。②

陈建接受黄佐的建议，在《皇明启运录》的基础上，继续写从洪武三十一年（1398）闰五月开始至正德十六年（1521）123 年的历史，成《通纪》34 卷，并与《皇明启运录》合为一本刊行于世，这就是我们今天能见到 42 卷的《皇明通纪》一书。

陈建写史的目的，是经世致用，他在《皇明通纪序》中说：

> 抑尝因此阅历世变，尤有感焉。祖宗时士马精强，边烽少警，而后来则胡骑往往深入无忌也；祖宗时风俗淳美，真才辈出，而迄来则渐浇漓；祖宗时财用有余，而迄来则度支恒忧匮乏也；祖宗时法度昭明，而迄来则变易废弛比比也。推之天下，莫不皆然。是果世变成江河之趋而不可挽与，抑人事之失得有以致之也？
>
> 愚间因次录，阅事变，不能自已于怀，辄潜著评议，或采时贤确言。诚欲为当世借箸之筹，以挽回祖宗之盛，所深愿焉，而力莫之能与也。有志于世道者，尚相与商之。③

陈建这种经世致用的思想，在《皇明通纪凡例》中说得更明白："此纪仿《资治通鉴》而作，凡群书所载，必有资于治者，方采录之；细故繁文，无资于治者，弗录"；"此纪叙载人物之贤否。言行之是非，一皆考据群籍，直书垂鉴，不敢虚美隐恶，以乖史笔"；"群书记载评论，及诸家碑名状传之类，或有抑扬过当者，今皆参伍矱括，归于公实，不敢苟从"。最后说：

> 故今此纪特仿《通鉴》《长编》之遗，起自国初，迄于正德，荟繁会

---

① 陈建：《皇明通纪》上册，中华书局 2000 年版，第 1、2 页。
② 陈建：《皇明通纪》上册，中华书局 2000 年版，第 1、2 页。
③ 陈建：《皇明通纪》上册，中华书局 2000 年版，第 1、2 页。

要，萃次成编。于以叙述铺张我祖宗列圣之俊德神功、鸿休神烈、訏谟远猷、良法美意，以昭示天下来世。而大意则欲奕世圣子神孙绳祖武，监成宪，振因循玩愒之弊，为先甲后甲之图，以保鸿业于亿万斯年之永。①

陈建本着经世致用的宗旨，阐述前朝的文德武功，以突显当朝的社会危机，增强人们的忧患意识。正是这种强烈的现实关怀，《皇明通纪》一经刊刻成书，一方面赢得社会广泛的赞誉和认同；另一方面引起当政者诋毁。陈建逝世后不久，《皇明通纪》即遭到禁毁。事见《明穆宗实录》卷六十一"隆庆五年九月辛巳"条：

> 广东东莞人陈建私辑《皇明资治通纪》，具载国初至正德间事，梓行四方，内多传闻失真者。工科给事中李贵和言：我朝列圣实录皆经儒臣奉旨纂修，藏在秘府，建以草莽之臣越职僭拟，已犯自用自专之罪矣。况时更二百年，地隔万余里，乃欲以一人见闻，臧否时贤，荧惑众听，若不早加禁绝，恐将来讹以传讹，为国是之累非浅也。疏下礼部覆议，请焚毁原板，仍谕史馆毋得采用，从之。

朝廷禁毁《皇明通纪》，但不能阻止它在民间的刊印、流行。明著名文人沈德符在《万历野获编》中，记该书在民间重刻之盛况。"至是始命焚毁，而海内之传诵如故也，近日复有重刻行世者，其精工数倍于前，乃知芜陋之谈，易入人如此。"② 安徽休宁人叶权在《贤博》篇中说：《皇明通纪》"非（陈）建臆说，乃博采诸书及各名士小说而成，使穷乡下邑，略知本朝沿革，不为无助。隆庆六年下令禁毁，此必有不便者主之也。此书海内盛行，虽禁亦不泯矣"③。叶权对此书的评价是公允的。此书遭禁毁之后，公开的刊刻势必中断，原刻流传很少。宁波大学钱茂伟教授，经多年的寻找、不懈的努力，终于在台湾找到了原刻本。他在《皇明通纪》后记中说：

> 1997 年下半年，我在华东师范大学图书馆读到台湾图书馆的《善本书目》，了解到台湾图书馆有一部原刻本。奇怪的是，目录著录为"东莞陈氏刻本"，但标题却作《新刊校正皇明资治通纪》。我的直觉是，是编目者弄错了，不可能是原刻本。但这个版本前编八卷，后编三十四卷，共四十二卷，符合我所认定的原著风格，它不一定是原刻本，但至少也是一个翻刻本，应该是相当珍贵的，我渴望着早日读到此书。2005 年上半年，受东吴大学邀请，我有机会去台北，看到了这部刻本的缩微胶卷。初步阅读的结

---

① 陈建：《皇明通纪》上册，中华书局 2000 年版，第 21、23 页。
② 沈德符：《万历野获编》卷二十五《著述·获通纪》，中华书局 2012 年版，第 638 页。
③ 叶权：《贤博篇》，中华书局 1987 年版，第 37 页。

果，惊讶地发现，这部书确是陈氏家刻本，这太让我激动了。原刻本《通纪》的发现，使对我此前所见各种《通纪》版本有了全新的认识，我对《通纪》的研究也因此更上了一层楼。①

2005 年 6 月，钱茂伟回宁波，即向全国高等院校古籍整理研究工作委员会申报《皇明资治通纪》整理课题，并很快获得批准。经过两年的努力，钱茂伟点校的《皇明通纪》，列入"中国史学基本典籍丛刊"，2008 年由中华书局出版，是目前最佳的本子。"东莞陈氏家刻本"的《皇明通纪》在台湾发现，并整理成现行最通行的最佳本子，列入中国史学基本典籍，这是东莞学术界的光荣，也是明代东莞史学发达的历史见证。根据该书前开列"采据书目"，共采集 117 种典籍，包括制书奏议类、杂史笔记类、方志类、文集类。说明陈建大量采用了奏疏、文集、笔记和方志资料，材料丰富翔实。李龙潜教授指出本书在编纂方面有两个特点：一是在专题研究的基础上编纂《通纪》，所以能够"做到全书体系严整，纲目翔实、分明，叙事文顺理通，举要中肯"。二是从史源性质看，充分利用原始的第一手材料，如民谣、书札、时人诗词、民间习俗和典章制度，等等。②

《皇明通纪》的最大价值在于它的"按语"，这是一部史论色彩很浓的断代编年史。最显著的特点是"按语"多，每卷之内，少则四、五条，多则二十多条。其形式有二，一种是自己直接"僭著评议"，发表议论；一种是"采时贤确言"，以别人的言论，代表自己的看法。"按语"的内容广泛，主要有三个方面。

一是探讨明帝国盛衰规律。他把洪武至嘉靖这段历史，分为洪武、建文的"创业垂统"与永乐后的"持盈守成"两大时期。正统朝是明帝国由盛转衰的转折期。他在宣德十年（1435）的"谨按"中说：

> 宣朝崩而王振专，于此见世道升降之大机焉。夫洪武开国，宦官止供守门，传命洒扫，使令之役而已，而其名无闻也。永乐中，马云、孟骥诸人闻其名矣，然犹未甚用事也。至宣德，王瑾、刘永成诸人承宠用事矣，然犹未专政柄制国命也。至正统初，英庙幼冲，王振掌司礼监，擅作威福，始事体大变。自此而天子深居大内，不与群臣相接议政矣。自此而中官势炽，中外之权一归于司礼监矣。自此而武备浸弛，胡虏跳梁，而边患日作矣。自此而承平玩愒，纪纲百度，浸以变易怠堕矣。呜呼，岂天不欲世道之常泰平！不然，胡为夺吾仁、宣二祖之速，而使王振得以呈其志、盈其恶也，可胜

① 陈建：《皇明通纪》下册《后记》，中华书局 2000 年版，第 1195 – 1196 页。
② 李尤潜：《关于研究陈建〈皇明资治通纪〉中的几个问题》，见东莞政协、暨南大学历史系主编《明清时期珠江三角洲区域史研究》，广东人民出版社 2011 年版，第 314 – 316 页。

序·评

叹哉。①

在《通纪》中随处可见"世变江河，可胜慨叹"这样的感慨。可见他十分重视探讨王朝兴衰的历史。

二是宣传自己的改革主张。其改革思想包括在吏治上，主张不拘流品、超升、久任三位一体的人才选用制度；在军事上，主张废军卫，行寓兵于农之制，加强边防，抵御蒙古人的入侵；在财政上，主张改革宗禄制度。

三是臧否本朝人物。评价本朝人物，向来是史学研究的难题。陈建敢于这样做，展示了历史学家的基本品格。

"《通纪》的按语写得十分精彩。它将明王朝的弊政揭露得淋漓尽致，把人们的注意力引到了对明王朝阴暗面的认识上，且多耸人听闻之词，十分具有鼓动性，足以'荧惑众听'，激发起人们关心国家大事的热情。在那个时代，读这样的史著，自然是十分痛快的。时人邓元锡说：'陈东莞建，仿荀氏《汉纪》撰《皇明通纪》，于人才、风格、政体、边防三致焉，视李焘《长编》有过无不及矣'。"② 明代史学史专家钱茂伟这段论述是十分中肯的。

《皇明通纪》是第一部系统记载明前九朝历史的通史专著，填补了明人写明代通史的空白。"览者以其编年叙事，文顺义明，遂推为本朝典故权舆。"③ 此后，打破了禁区，开创了一股研究当代史的新的史学风气。不断出现《通纪》补遗、续修的著作。谢国桢在《晚明史籍考》中说："明代史学，自陈氏通纪流传宇内人各操觚，遂成一时风气。"甚至到了清代，仍蔚成风气，"明人之续通纪，清初尚沿此风"④。明清时期，《皇明通纪》重刻、补遗、续修之书甚多，成为中国史学上一个非常奇特的现象。

万历时代，重刻《通纪》之风已很盛。重刻有三种类型，一是按原著卷帙重新排版；二是打乱原著卷帙，重新刊刻；三是"订合＋续补"而成的本子，这种本子多为书贾或书贾请人所为。这几种类型的重刻本有 11 种之多。续补《通纪》之风，大约也是始于万历时代，成书者有 13 种之多。⑤

为什么明后期到清初重刻、补遗、续修《皇明通纪》之风盛行？许多学者都进行过探讨。或以为是因为该书是明朝士子科举考试对时务策的最重要的参考书。此书是作者在经世致用思想指导下完成的，如上所述，书中对明朝的开国建制、政治得失、边疆地理、朝中政事等有关重要的事件，皆予以详记。并且征引

① 陈建：《皇明通纪》下册卷一一，宣德十年谨按，中华书局 2000 年版，第 599－600 页。
② 钱茂伟：《明代史学的历程》，社会科学文献出版社 2003 年版，第 234 页。
③ 陈建辑、沈国元订：《皇明从信录·总例》，见广东省立中山图书馆、东莞市莞城图书馆编《东莞历史文献丛书》第八册，广东人民出版社 2017 年版，第 3 页。
④ 谢国桢：《晚明史籍考》，华东师范大学出版社 2011 年版，第 38、40 页。
⑤ 钱茂伟：《明代史学的历程》，社会科学文献出版社 2003 年版，第 314－315 页。

当时诸家议论，适时发表作者自己的看法，力图使读者不仅能够把握明朝历史的发展历程，而且对于相关问题亦能形成一定的看法，给儒生士子们应举时务策提供了极好材料。这个道理，孟森早就提出过，他说："此书备科举士人场屋中对时务策之用。故陈建《通纪》以后，撰续《通纪》者甚多。"① 另外，自《通纪》之后，社会上掀起研究当代史的热潮，社会需要"通今"，研究和解决现实问题。"通今"成为续订《通纪》的主要原因。②

《皇明通纪》刊刻不久就传入朝鲜，其续补著作也陆续传入，成为朝鲜了解明史最重要的史书，被视为与司马迁的《史记》和司马光的《资治通鉴》同等重要的史书。而且也被朝鲜宣祖、肃宗、英祖国王经筵日讲采用，既学习明朝历史，也从中寻找治国之策。《皇明通纪》传入朝鲜，是中朝文化交流史上一件重要的事件。③

续补《通纪》著作甚多，下面我只介绍《东莞历史文献丛书》收入的两种。

《皇明从信录》40 卷，陈建辑，沈国元订。收入本"丛书"第 8、9 册（广东省立中山图书馆藏）。有《续修四库全书》《四库存目丛书》《四库禁毁书丛刊》等本。

沈国元，字仲飞，浙江秀水人。生卒年不详，约生于万历前期，卒于清初顺治间。"博综百家，肆力史学"（毕懋康《二十一史论赞序》）。万历后期，他曾协助老师岳元声订合《皇明资治通纪》。根据陈懿典《两朝从信录·序》，《皇明从信录》稿创于天启元年（1631），刻成于天启七年（1627）。

他作于庚申秋的《从信录总例》说：

> 《通纪》创于东莞陈建，自洪永迄弘正。《续纪》（按：卜大有著）补嘉隆两朝。览者以其编年叙事，文顺义明，遂推为本朝典故权舆。然名贤辈出，博洽代兴，宪章、吾学、大政、续编、典则、统宗、纪闻、汇编、史料之类，当圣明不讳之朝，百家纷纷竞胜。于是取《通纪》衷之，删芜纳新，削荒引实，参核之详，编摩之确，允称精简。神庙嘉言善政，彰彰在人耳目，然无成书，无以慰海内士民觐扬切念。今广为搜讨，无虑千卷，连章只字，罔不酌领。然必详注所出，不敢掠前人之美也。黄阁总揆，凡政令议论，当以此为推准，故录中必详。其余则以职掌之所在，定一是而条隶之，不复不滥。凡无关大政，无裨实典，讦奏而秽毒相攻狗私而毁誉交牨，亵渎君听，淆乱人事，虽工弗录。……诏谕敕旨等项，凡系天言，语语典诰，字

---

① 孟森：《明清史论著集刊》上册，中华书局 2006 年版，第 142 页。

② 李尤潜：《关于研究陈建〈皇明资治通纪〉中的几个问题》，见东莞政协、暨南大学历史系主编《明清时期珠江三角洲区域史研究》，广东人民出版社 2011 年版，第 313 页。

③ 孙卫国：《〈皇明通纪〉及其续补诸书对朝鲜之影响》，载《中国史研究》2009 年第 2 期。

字绋纶，何敢妄赞一辞，谨遵本文成句恭读，以便后学诵习。名臣奏对条议，洋洋洒洒，连篇累牍，读者反复始了，今略为标注圈读，晓然揭其意指之所在，使人开卷即得，亦肋读书之一捷也。凡有益后场经济者，全取节录，或拟题，或稽引，展书确有准据，岂不快览也哉。①

根据这篇《从信录总例》中可知，"沈国元感神庙嘉言台政，彰彰在人耳目，然无成书，乃将《皇明通纪》《续纪》二书合并，并补万历朝史事，改题《皇明从信录》。全书始元顺帝至正十二年朱元璋起兵反元，至明神宗万历四十八年（1620）。以编年之体，记明代制度、边防、吏治等；更详记神宗万历朝史实。于诏敕令旨、群臣奏章、或全载，或节录。其前 33 卷，史实之后，每有作者按语，或辨史实，或引史论。自卷三十四万历年起，更详注出处，以示征信，而据《皇明启运录》卷首采据书目，知当时陈建所据之书达 33 种。其中多有失传者，有关资料，赖此得以保存"②。

《皇明十六朝广汇纪》，28 卷，北京师范大学图书馆藏明崇祯五年友石居刻本。收入"东莞历史文献丛书"第 10、11 册。十五卷前署东莞陈建辑，安成王襄参，温陵陈龙可订，古鄞丘西校。十六卷以后署安成王襄参，古鄞丘西汇，温陵陈龙可校。有《四库禁毁书丛刊》本。

本书汇辑洪武至天启朝事，而于辽事所言尤详。所引各事，间注出处。据陈仁锡辑《皇明二祖十四宗增补标题评断实记》自序云："况我朝国史，缄自兰台石室，不传于天下也；非不欲传也，以卷帙烦多，誊写维艰，欲传而不易也，以禁阁严邃，外人罕至，欲传而不能也，虽然，亦有传之者矣。如陈东莞通纪、沈国元从信录、陈龙可广汇记，业已传播宇内，无容更赘。"由此可知《广汇记》是陈龙可辑。谢国桢曰："是书自洪武迄天启，均列颂赞，万历以后为陈龙可辑。"③ 陈龙可（1594—?），字际飞，号二何，福建泉州府晋江县人。天启二年（1622）进士，授南京户部山西主事。后官至广东琼州知府。④

中国传统史学体裁以纪传体和编年体最著，前者以司马迁的《史记》为代表，后者以司马光的《资治通鉴》为标的。在明代的东莞出现了尹守衡仿《史记》著《明史窃》；陈建仿《资治通鉴》著《皇明通纪》。而且这两种著作，原刻本都在东莞刻印，特别是《皇明通纪》的原刻本在台湾被发现后，整理点校，列入中国史学基本典籍丛刊出版。《皇明通纪》现存版本，多达 20 多种。其传播

---

① 陈建辑、沈国元订：《皇明从信录·总例》，见广东省立中山图书馆、东莞市莞城图书馆编《东莞历史文献丛书》第八册，广东人民出版社 2017 年版，第 3 页。

② 《续修四库全书总目提要》（史部），上海古籍出版社 2014 年版，第 61 - 62 页。

③ 谢国桢：《晚明史籍考》，华东师范大学出版社 2011 年版，第 41 页。

④ 钱茂伟：《明代史学的历程》，社会科学文献出版社 2003 年版，第 316 页。

所及，远至朝鲜，影响朝鲜史学的发展。明末清初出现续编、补遗《通纪》的新风气，这是中国史学界少有的现象。明代丘浚在《重修东莞儒学记》中说："岭南人才最盛之处，前代首称曲江，在今世则无逾东莞者。"① 明代东莞史学之盛，足以令东莞人自豪和骄傲，足以坚定对东莞文化的自信。

原载《广州文博》第十二辑，文物出版社 2018 年版。根据本文摘要写成《襟怀浩然气，秉笔写春秋》一文，发表于《南方日报·文化周末》2018 年 11 月 9 日，读者可参考。

① 杨宝霖：《明代东莞教育兴人才盛》，见东莞市政协、暨南大学历史系主编《明清时期珠江三角洲区域史研究》，广东人民出版社 2011 年版，第 668 页。

一部经世致用的学术专著

——评《中国珠江文化史》

由广东省珠江文化研究会组编，黄伟宗、司徒尚纪主编、广东教育出版社出版的《中国珠江文化史》出版了，这是广东学术界的一件盛事。我作为一名读者，特向长期从事珠江文化研究，默默耕耘的作者们表示衷心的祝贺、崇高的敬意和深切的感谢。拜读之后，认为它是"一部经世致用的学术专著"。

一、 为什么说是一部经世致用的著作呢

中国学术史上，有"实事求是"与"经世致用"两种不同的学术思路。在中国现代学术的建立中起过重要作用的章太炎曾说过，"学术无大小，所贵在成条贯，制割大理，不过二途：一曰求是，再曰致用"（章太炎《菿汉微言》）。史学足以经世致用，自唐代杜佑，宋代司马光、李焘、徐天麟、李心传、王应麟，元代马端临，以至清初顾炎武、黄宗羲、王夫之等人，发挥得十分尽致。所谓史的微言大义在发明古为今用之理。中国史学在求致用。为什么说《中国珠江文化史》是一部经世致用之作呢？

第一，它是适应学术的需要而产生的。珠江是中国第三大母亲河，流经广东、广西、云南、贵州、香港、澳门等省区。自旧石器时代开始，就有人类聚居生息于此流域，从而产生了特有的文化。中华文化是如费孝通所说的"一元多体"的格局。黄河文化、长江文化，在学术界研究得比较多，比较深入，有大量的成果涌现。但是，对珠江文化的研究，却比较薄弱，显得苍白无力。在中华文化中，如果以河流命名地域文化，缺少珠江文化，当然是不完整的。司徒尚纪的老师侯仁之教授说："在我国辽阔的国土上，和黄河一样，珠江也是一条有着自己独特文化风格的伟大河流，应该以饱满的热情，把它作为一位历史伟人的传记写下来。"因此，从学术上说，加强对珠江文化的研究是十分必要的。今天《中国珠江文化史》的出版是弥补中国学术缺憾的重要一环。

第二，它是适应时代的需要而产生的。珠江流经几个省区，地域范围广及40多万平方千米。当然，珠江流域中的广东，是最重要的地区。广东省委、省政府号召，不但要把广东建设成为经济大省，而且要建设为文化大省。要建设文化大省，首先要对自己的文化的历史和现状要有一个深刻的总结和认识。作者们从世界史的范围来观察广东。认为广东处于南海之滨，是海洋文化的大省。海洋

赋予广东人的开放、豁达的性格，走出国门，逐渐形成"以海为商"的海洋文明。作者认同广州是岭南文化中心地、中国民主革命策源地、海上丝绸之路发祥地、改革开放前沿地的"四地说"。从世界史的角度，从海洋文化的角度来认识广东的历史和现状，在这样认识的基础上，来研究珠江文化，因而，其研究成果为建设广东文化大省这座大厦起了增砖添瓦的作用。

第三，这部著作是在大量的调查研究和实地考察的基础上完成的。我们从本书后记中知道，近十年来，作者们踏遍了珠江流域的山山水水，所到之处，都力求为当地社会经济发展服务，力求有所发现，有所突破，并从理论上加以提高。"纸上得来终觉浅，绝知此事要躬行"（陆游语），这种精神，是产生"经世致用"著作所必需的，不同于闭门造车的"纯学术"作品。

第四，古今中外科学发展的历史，说明一个道理，一个学科的产生、发展、繁荣或曲折、衰落、固然受诸多社会条件以及学科内在原因的制约。但是，对一个学科的生命力具有决定意义的，是社会的需要和该学科对社会需要满足的程度。所以，科学工作者，要关注社会，为现实服务，为社会进步和经济发展服务，这样写出来的作品，才有生命力。

因此我说，《中国珠江文化史》是一部经世致用的作品。

二、 为什么说是一部学术著作

学术，是一种专门的学问。20世纪80年代讨论过什么是文化。当时有学者曾戏仿禅语说，文化这个词，不讲人人明白，越讲越不明白。学术这个词，或许也是这样。中国古代就有"辨章学术，考镜源流"之说。十几年前有一场学术与思想的争论。有人认为学术不同于思想，学者不同于思想家。我认为两者很难分开，梁启超作《清代学术概论》《中国近三百年学术史》，钱穆作《中国近三百年学术史》，所论述的人物，既是学者，也是思想家，所举的著作，也都是有思想的学术著作。

人类的知识是整体的，学术也是整体的。只是由于个人的能力有限，才根据知识结构分立为若干学科。不同学科有许多交叉点，而新的学科也可能在学科间的边缘创造出来。所以研究学术，也要从整体来研究。我们所以说《中国珠江文化史》是一部学术著作，有以下几个理由。

第一，有多学科综合而成的理论体系。

本书论述了珠江文化产生的地理环境、形成和发展的阶段性以及中华文化重心的南移，勾画出珠江文化的特色以及与黄河文化、长江文化的流动，中华文化多元一体的发展格局。本书的理论框架是有特色的，而且涉及的学科包括文化人类学、文化学、历史学、考古学、地理学、经济学、语言学、美学、文学等领域。把这些学科统领起来，建构自己的珠江文化理论体系，是需要勇气、学问和胆识的。本书的理论架构是一种有益的探索，能自成一体。

第二，材料丰富。

所引用材料，包括文献材料、考古材料和实地考察所得的材料。文献材料中，包括正史、地方志、碑刻等。考古材料中，注意到了各地最新出上的考古资料。比较充分地吸收了学术界的研究成果。因而资料是丰富的。

第三，对待不同的学术观点，能包容并存。

在一部包括多个学科在内的几百万字著作中，涉及许多不同的学术观点，作者采取客观评述，吸收其合理成分的态度，兼容并蓄。这是学术著作应遵循的原则。

三、 中国学术发展史上的 "求是" 与 "致用"

清代学者谈"求是"与"致用"，往往走向极端，至晚清时，"求是"与"致用"之争更演变成了既含学派又含政术的大论战。就以章太炎和康有为的学术主张为例。

章太炎认为"学术求是，不以致用"。他认为"学问之事"，终以"东原先生为圭臬耳"，把朴学家的戴震推崇到极点。他强调学在求是而不在致用。他说："仆谓学者将以实事求是，有用与否，固不暇计"（《与王鹤鸣书》），"吾今为此，独奇觚与众异，其趣在实事求是，非致用之术"（《官制索隐》）。

康有为的治学风格与章太炎大相径庭。康有为论学主经世致用，对乾嘉学者的考据很不以为然，斥之为"无用之学"。康有为追求经世，力主变革，于是著《新学伪经考》和《孔子改制考》，轰动一时，成为"思想界之一大飓风"，但在学术上却受到批评。其中一个重要原因是，这两部很有理论尝试的著作，是披着考据的外衣；而从考据学的角度评价，此二书实在太不遵守学术规则，牵强武断之处不胜枚举。

这两种主张把"求是"与"致用"对立起来，"求是"就不能"致用"；"致用"就不能"求是"。这都是片面化、绝对化的。

历史研究的对象是过去，而研究的目的却是认识今天。我们研究历史要"求是"，但"求是"是为了"致用"。要"致用"，必须"求是"，不"求是"就不能达到"致用"的目的。因此，"求是"与"致用"是统一的。历史研究方法有宏观研究和微观研究。宏观研究是用宏观的方法，揭示出历史发展规律；实证主义史学家擅长于微观研究，从各方面搜集丰富确凿的材料，无征不信。我认为宏观研究应该以微观研究为基础，否则必然会流于空洞无益的议论。真正的客观历史规律，必须从具体研究成果中概括出来，这种规律才是科学的。微观研究要以宏观研究为指导，为最终目的与归宿。所以研究历史，必须从史实出发，实事求是，也就是"求是"。而"求是"的目的是"致用"。

我们用这一标准来评价《中国珠江文化史》，有"致用"有余而"求是"不足之嫌。一些论断有牵强之处，如什么海上丝绸之路与陆路丝绸之路的对接处，"南海Ⅰ号"是"海上敦煌"，"文化"两字用得太泛，等等。

希望珠江文化研究会的学者们，在此基础上，从事更多的"求是"的实证研究，在大量实证研究的基础上，写出一部更精粹的"求真"与"致用"结合得更好的科学著作。

2012 年

椽笔描绘深蓝色　通史致用谱新篇

——评介《中国南海海洋文化史》

　　黄伟宗教授主编的"中国南海文化研究丛书"，2013 年 7 月由广东经济出版社出版。"丛书"由《中国南海海洋文化论》《中国南海海洋文化史》《中国南海海洋文化传》《中国南海古人类文化考》《中国南海经贸文化志》《中国南海民俗风情文化辨（岭南沿海篇)》》六部著作组成。这套"丛书"是为贯彻、实施 2003 年 5 月国务院在《全国海洋经济发展规划纲要》中提出的"逐步把我国建设成为海洋强国"的目标服务的。2008 年 3 月，中共中央政治局委员、时任广东省委书记汪洋，到国家海洋局表示："广东是海洋大省，海岸线比较长，经济相对比较发达。广东一定认真落实好国家海洋局对广东洋海工作的要求，努力争当全国海洋工作海洋经济工作的排头兵，在全国带个好头。"汪洋首次为"广东是海洋大省"定位，随后即制订了一系列规划，采取一系列措施，其中包括支持"中国南海文化研究丛书"的研究、出版。

　　中国南海海洋文化是一个庞大的知识体系，涉及的学科领域相当广泛，本人才疏学浅，不能就"丛书"做出整体评论，只就司徒尚纪的《中国南海海洋文化史》（46 万多字）一书，谈些读后感。

　　司徒尚纪是一位博学多才、著作等身的学者（该书扉页有作者简介，读者可参考）。我曾经给他的两部书（即《珠江传》和《珠江文化与史地研究》）写过评论。我曾经以"博学以致用"为题，评论过他的《珠江文化与史地研究》。现在出版的这部《中国南海海洋文化史》的第一个特色，就是"通史致用"。中国传统的"通经致用"的"经"是指儒家的"六经"，即精通"六经"，目的是为治理国家。司徒教授这部书，属于史学范畴，就史学而言，有所谓"古为今用""通史以经世致用"之说。要使史学发挥致用的功能，就必须从研究选题入手，选择关注现实，对国计民生有重要意义的课题进行研究。司徒教授近 20 年来，出版过《岭南海洋国土》《中国南海海洋国土》《中国南海海洋文化》等著作，但中国南海海洋文化史的研究是一个薄弱的环节。这部《中国南海海洋文化史》，就弥补了这个不足。司徒的涉海研究，完全是为适应现实社会的需要而进行的。他在"后记"中说：基于时下仍有不少人海洋观念薄弱，海洋国土意识不强，时有错误事件发生，或者囿于传统海洋知识，而不了解变化了的世界海洋大势，甚至对根据《联合国海洋法公约》规定，中国可拥有 300 万平方千米新海洋国土也茫无所知，这是很不应该的。故通过中国人民创造海洋文明历史的回忆及其在世界海洋文明史地位和影响的比较，有助于改变上述错误或模糊观念，加强海洋观念，唤醒民族的自信、自爱和自尊，"这是本书写作的一个旨趣"。

同时，在经济全球化背景下，中国要适应世界发展潮流，实行改革开放，重新打开自己的大门，从大陆走向海洋，在海洋中寻求出路，在海洋中和平崛起。这个伟大的战略转移，给中国海洋文化的复兴和发展带来极大的生机和活力。中国南海，是太平洋航运枢纽区，东西方文化交汇点，有丰富的海洋油气资源，这为海洋产业的振兴提供了强大的力量。因此，中国南海成为世界产业转移的一个重心和布局的主要地带。这个海洋经济发展的宏伟蓝图的实现，必须要有高度发达的海洋文化软实力的支持。这个软实力，除了海洋科学技术之外，还有最核心、最精要的由海洋价值观念、精神心态、思维方式等构成的海洋文化观念体系，它相比于海洋物质文化、制度文化更具有深层的、隐性的结构，也具有更强大、更持续的作用力，能够支撑起中国南海当今和未来海洋产业的发展。但如何寻找和依托这种海洋文化软实力，仍须从海洋文化历史中得到经验、教训和启示，"这也是本书写作的一个旨趣所在"（第 34 页）。

作者还特别指出，中国南海海洋文化史的研究严重滞后，"在中国南海海洋权益争端日趋尖锐复杂的背景下，对这一海区文化史的研究显得尤为必要和迫切，这恰是本书写作最主要的一个缘由"（第 15 页）。

由此可见司徒教授写作本书的现实意义及其立意境界。

第二，抓住中国南海海洋文化与大陆文化的联系与区别，来建构全书的框架。

中国南海海洋文化以大陆为依托而产生，并深受大陆文化的影响，同时也深刻地影响大陆文化。中国南海海洋文化在其发展的历史长河中，有其阶段性和连续性。而这种阶段性与连续性与中国大陆历史发展的阶段性与连续性是相吻合的。全书分 11 章，下面简要介绍各章的主要内容。

第一章"海洋文化基本理论"。主要论述海洋文化概念、内涵、特质以及中国南海海洋文化研究的历史和现状。

第二章"中国南海海洋文化形成的地理环境"。中国南海海洋文化是以中国南海海洋和濒临它的大陆地理环境的性质和特点为基础，经过人类长期以海洋为中心的社会政治、经济、文化、军事等活动创造、积淀而成的一种文化体系。而人类的海事活动，必须以大陆为依托。中国南海海洋文化就是在这种海洋和大陆的相互作用下孕育、形成和发展的。

第三章"史前时期中国南海海洋文化孕育"。史前时期指未有文字记载以前的时期，当时中国南海海洋文化已经开始孕育。南海周边的原始居民，通过各种方式，开始从事海产品的采集、捕捞、海上航行，以及其他适应海洋环境的活动，这些都是海洋文化的表现形式。距今大约 6000 年，中国南海周边地区已经闪烁着海洋文化明微的曙光。

第四章"先秦时期中国南海海洋文化初始"。在岭南，先秦大体上指从部落社会到秦统一六国，岭南归入中原王朝版图之前这段历史时期。由于生产力水平低下，采集、渔猎和农耕兼而有之，土著对海洋的认识和开发非常有限，但中国南海的交通和文化传播在史前基础上进一步加深和扩大。从现有资料看，这个时期中国南海海洋文化已进入对海洋环境的适应和海洋资源的初步开发利用阶段，并达到一定水平。

第五章"秦汉南北朝时期中国南海海洋文化发展"。秦汉封建统一国家的建立，岭南归入中原王朝版图。封建生产方式传入，郡县制推行，区划开发程度提高，对海洋的认识和开发利用，迈向一个新的历史时期。特别是汉代开辟了海上丝绸之路，中国南海海洋文化与世界海洋文化发生联系，由此产生的各种效应，深刻改变了岭南及周边地区的社会面貌，真正显示出海洋文化对大陆文化的作用力。同时，也显示出中国对海洋科学探索和规律总结达到了一个新水平。

第六章"隋唐南汉时期中国南海海洋文化兴盛"。隋唐封建统一国家的再造，奠定了中国对南海地区管理和对外文化交流的强大的政治基础。国家的强盛，吸引周边国家假道南海进入中国，由此发生的商业贸易、航运、宗教、政治、外交等往来所蕴含的海洋文化内涵不断充实和提高，与此相应的海洋精神文化也出现新的文化元素。中国政府对中国南海地区的主权管理和行政建置。"广州通海夷道"的开辟与广州世界大港地位崛起、中外海洋文化交流与传播、南海神崇拜的兴起和祭祀、涉海文字作品出现等，这些都是中国南海海洋文化兴盛的标志。

第七章"宋元开放背景下中国南海海洋文化的繁荣"。宋元继承和发展了隋唐对外开放政策，为中国南海海洋文化繁荣提供了强大的政策保障。宋元时代对中国南海的管理、开发利用发展到了一个新阶段。高度重视海上贸易政策的确立。沿海滩涂围垦与海洋农业文化成就达到更高程度。广东地区造船和航海技术有很大进步，处于全国领先地位。南宋沉船"南海Ⅰ号"承载着海洋文化的巨大信息，包括新作物如占城稻种、花生的传进与粮食生产第一次革命、海神妈祖等海神崇拜及其文化风格，等等。涉海文化著作如赵汝适《诸蕃志》、周去非《岭外代答》、汪大渊《岛夷志略》等的出现，为研究海洋文化提供了珍贵的资料。

第八章"明代中国南海海洋文化发展的高峰"。明代是岭南社会经济发展的一个重要时期，广东已摆脱过去后进状态，跻进全国先进地区行列，也迎来了海洋文化发展的兴旺局面。由于海上丝绸之路的高度发展而带来海洋商业文化空前繁荣，加之西方文艺复兴以后，文化传入中国，中国南海海洋文化加进了新的成分，逐步整合成一个多元文化体系，造成了中国南海海洋文化的新格局，标志着其发展高峰时期的到来。明代实施海禁，广东独擅外贸之利；郑和下西洋与中国海洋文化对外传播；海外新作物如番薯、玉米、烟草以及奇花异草的引入及其效益；以海为田的海洋农业文化的勃兴，围垦、基塘农业、渔盐业都有很大发展；澳门作为中西文化交流中心的形成和影响；利玛窦入粤及其在中西文化交流中的作用；海盗文化复兴；海疆文化的兴盛；海洋文化艺术的辉煌。所有这些，都标志着明代是中国南海海洋文化发展的高峰。

第九章"清代前期中国南海海洋文化盛衰交替"。清政权建立到鸦片战争之前，为中国封建社会发展后期。一方面清政府对中国南海周边国家继承明朝政策；另一方面，西方殖民主义、资本主义进一步加紧对中国南海和大陆的窥视和渗透，在实际上又使中国南海局势加入更多的外来因素。这反映在海洋文化上则呈现盛衰交替的状态，但总体上仍处于进一步发展阶段，海洋文化水平上升到前所未有的水平。清初实行海禁政策，这是中国南海海洋文化史上一次倒退行为。清中叶，海禁结束，广东一口通商政策确立，海上丝绸之路鼎盛，形成全球循环的大格局。商帮集团产生并形成灵活性、包容性、务实性、恪守诚信的海洋文化风格。中国政府加强对南海主权的管辖。海洋文化再度兴盛。

第十章"近代转型时期中国南海海洋文化的蜕变与新生"。鸦片战争的结果，打破了清王朝以朝贡方式为中心的中国海上贸易体系，代之以外国垄断为主的海上贸易体系，华南地区被卷入世界资本主义经济体系，开始了以陆地文化为中心向依托陆地以海洋文化为中心的转型时期。鸦片战争以清政府失败告终，签订了一系列不平等条约。本来海上丝绸之路是和平、友好、平等的商业贸易之路，文化交流之路。由于签订了不平等条约，直接损害了中国对中国南海的领土主权。帝国主义列强在中国南海横冲直撞，蹂躏、践踏中国领土主权，完全改变了中国南海海洋文化的性质和文化风貌。中国南海周边地区殖民地化。这个时期中西文化交流出现新的格局：西学东渐，东学西传。中西文化交流产生了新的政治思想文化成就及其代表人物。如洪秀全的太平天国农民运动理论，洪仁玕《资政新编》，容闳《西学东渐记》，何启、胡礼垣《新政真诠》，郑观应《盛世危言》，黄遵宪、康有为、梁启超改良主义思想，孙中山"三民主义"等。他们对变革中国社会，推动中国历史前进做出巨大贡献，是中国南海海洋文化史上最瑰丽的篇章。华侨文化形成并对海内外文化做出重大贡献。涉海文学艺术空前隆盛。

第十一章"现代中国南海海洋文化在曲折中前进"。1919 年的五四运动，标志着中国历史进入现代阶段。1949 年 10 月，中华人民共和国成立，结束了帝国主义对我国领海主权的侵略，南海和南海诸岛回到社会主义祖国的怀抱，进入现代海洋开发的转型时期。这个时期中国南海海洋文化的主要内容有：中国政府和人民为维护中国南海和南海诸岛领海主权进行坚决的斗争；产生了新的中国南海海洋观念；清末海南建省动议；孙中山用海洋战略家的眼光，提出新的海洋观；港澳领土主权的丧失和回归；现代海洋农业文化成就；现代海洋商业文化异军突起；改革开放背景下的中西文化大交流；涉海科技、史地和文艺作品欣欣向荣。

从我们介绍全书的框架结构来看，全书体现出作者认为中国南海海洋文化，是以中国大陆文化为依托而产生的，并深受大陆文化的影响。中国南海海洋文化的形成和发展与中国古代历代、近代、现代历史发展的阶段性与连续性是相一致的。全书整体结构合理，阐述了中国南海海洋文化自古至今在各个历史时期的发展过程、特点、性质和规律，创见迭出，是一部符合中国历史实际的中国南海海洋文化史，具有筚路蓝缕的开创之功。它在 21 世纪海洋时代将会产生积极的影响。

第三，始终抓住中国政府和人民对中国南海地区的主权和行政建置的客观事实，用历史证据说明南海诸岛是中国固有的领土。

史前时代中国南海地区即有文化往来。先秦时期，《山海经》等古籍记载中国南海先民的海上活动及海洋农业文化开发。秦汉时期开辟了中国南海海上丝绸之路，并开始测量南海地形、绘制南海版图。隋唐时期中国政府对中国南海地区实施主权管理和行政建置。宋元时代在政治上军事上对南海海洋的有效管理，有力地保障了南海各项事业的发展，使中国南海海洋文化发展远胜前代。明代对中国南海海洋意识进一步加强，海防力量向海洋纵深扩大，南海诸岛列入巡海范围。清代则在行政建置、军事活动和布局、舆图绘制等方面牢牢地奠定了中国对中国南海传统疆域的基石。鸦片战争以后，西方列强强迫清政府签订了一系列不平等条约，使中国丧失了部分南海主权。中国政府和人民为维护中国南海和南海诸岛领海主权展开了不懈的斗争。改革开放以后，相继收回香港、澳门的主权，设立香港、澳门特别行政区。

本书突出这条主线，在今天南海海洋权益争端中具有重大历史价值和现实意义。

第四，本书资料相当丰富，引用各种正史、方志、文集、碑刻、考古资料、近现代人的研究成果等材料达两三百种之多。而且配置数十幅照片、地图，真是图文并茂，可读性强。作为一部严谨的史学著作，要求尽可能利用第一手资料，有第一手资料，绝不用第二手资料；有直接资料，绝不用间接资料。本书的脚注中，有些"转见"其他书，我发现"转见"书引用的资料，是很普通的资料，随时可以找到。作者应直接找到原资料引用，显得更为严谨。可能是由于时间短，无法一一查对。但是瑕不掩瑜，这仍不失为一部成功的作品。

2014 年 1 月 6 日

欧阳小华著 《香山魂》 序

中山是一座伟人城市，也是一座名人城市。

仅在清末民初，不过数十平方千米的土地，却诞生了总统一名、总理一名、副总理四名，以及一大批以"父"冠名的名人——现代音乐之父肖友梅，博士之父王云五，航空之父杨仙逸，还有维新派领袖郑观应，上海小刀会领袖刘丽川，一代名伶阮玲玉，这些名人涵盖了政治、经济、社会、文化、艺术等领域，群星璀璨，流光溢彩，人数之多，影响之大，令人惊叹！

本书的作者小华君是体制中的人，我想，在这一个浮躁的世界里，小华君能静下心来，用业余时间写下这洋洋洒洒 30 多万字是一件多么不容易的事情。如果没有对本土文化的热爱，没有传承先哲拼搏精神和弘扬传统文化的使命感，是不可能做得到的。所以，我深为小华君的精神所感动。

《香山魂》通过撷取香山一地的杰出人物，以散文体小说的文本方式，详尽地讲述了一个个血脉清晰的名人故事，勾勒出中山精神面貌及其内在品质，对宣传孙中山伟大思想，中山名人文化，塑造中山城市形象，将会产生深远的影响。但我认为，《香山魂》更大的价值在于试图解决了一个困扰学界多年的问题：地处一隅的香山小城何以在清末民初"井喷"式地出现那么多重量级的伟人、名人？

多年来，有不少专家学者就此问题，进行过解读，较为集中的看法是因为中山近海，与香港、澳门相邻，容易接触西方，思想开放。这固然有道理，但这种地理特征何止中山？在珠三角，有许多这样地理特征的城市，所以有点令人难以信服。小华君别出心裁，提出"基因说"，我看这绝非他的哗众取宠，因为一页一页地读下去，你不得不信服他的观点。书中以风水闲笔挑起这个问题，从民间传说中捡出赖布衣说香山会出"天子"的预言，浓墨重彩地勾勒香山一地的绝佳"风水"，从而为香山文化名人的大批涌出埋下伏笔。所谓的"风水"学说，说白了，就是"环境说"，以"风水"说事，契合了当地一大风俗，将带有民俗色彩的文笔去描述香山，使此书在沉重的历史风格中带有一丝轻灵的文学意韵。在此"地灵"香山的基础上，小华君提出了"人杰"得以产生的原因——"基因说"。南宋覆亡前，大批来自中原王朝的皇亲国戚、文人雅士扎根香山，这些文人士大夫不仅带来了丰富的文化知识，而且优良的基因也在慢慢地与当地人整合，极大地提高了香山人的整体素质，厚积薄发，这就是自宋以后，香山文化渐趋繁盛，而到清末民初，在特定的历史环境中陡然喷发出万丈光芒的原因所在。

　　"基因说"统筹着《香山魂》的 15 位香山先贤，但小华君在此基础上，力图进一步深入探讨"香山魂"——中山精神。

　　中山是名副其实的名人城市，入典籍的名人就数以千计，但"弱水三千，只取一瓢饮"，小华君仅撷取香山历史上众多人物中的 15 人。这 15 人领域各异，贡献不同，从忠心耿耿的"南宋四杰"之一的马南宝到"中国空军之父"杨仙逸等。小华君并不是简单地将这些传主的生平做一般性的追溯，而是紧紧把握住这些名人拥有各自领域所作出的奉献及其共同之处——追求真善美而长期忍受苦难的心路历程，进而以感人肺腑的笔墨，写出了他们与命运抗争的崇高勇气，写出其担荷全人类苦难的伟大情怀。如对共和政体的开创者孙中山，作者更是着力于他立足本土，重点落笔其革命思想的发轫和早期思想的演进，以历史事实诠释了巴顿将军名言——"衡量一个人成功标志，不是看他登到顶峰的高度，而是看到他跌到低谷的反弹力！"。这些显然是小华君眼中的"香山魂"。

　　《香山魂》在写法上很有自己的特点。首先，小华君秉持"大事不虚，小事不拘"的写作原则，有根有据地讲述写作对象的成长背景、轶事、事迹，对真实的历史事件的细节，进行了一些文学性的虚写，使得人物形象更真实，场景更丰富。其次，小华君另辟一径，以香山本地的优美风景、民间传说和民俗风情入书。以历史真实为依据，以民间传说为基本素材，巧妙地将民间传说和风情民俗糅合在一起，再结合当时中国的政治、军事、文化大背景，从而塑造出带有"香山风味"的人物形象。再次，《香山魂》吸取"章回体小说"的写法，别具一格。第一，每篇文章都是独立成篇，但文气贯通，可以独立地看，又可以连着看，从中找到他们的影子。第二，在每章卷首、卷末均附有古味盎然的诗词，通过创作卷首卷后诗词，或提起叙述，或梳理人物功绩，或评骘人物功过等，这在现代人的作品中，是极其罕见的。

　　文学的地域色彩在很大程度上是对地域风土文化的特定指认，一方水土养育一方人，一方水土也影响着一方人。可以设想，如果中山不是民歌之乡，就很难产生像肖友梅、吕文成那样重量级的音乐家；如果中山没有"买办阶级"和"留美幼童"这两个精英群体，很难产生了中国现代商业的缔造者（中国四大百货公司的创始人全部都是中山人），以及中华民国第一任总理唐绍仪，外家官欧阳庚，等等。

　　小华君是土生土长的中山人，熟悉当地的风土人情，他的作品大多取材于中山本地古代、近代、现代发生过的事件，无论沧海桑田变迁了模样，时间泯灭颠覆了过往，有些人、有些物、有些景，清晰伫立在记忆、灵魂深处。条件成熟，即创制成这一精彩的读本。

　　纵观全书，结构恢宏，有深邃的文化内涵和浓烈的传奇色彩。无疑是一本优秀的散文体小说。

原载《香山魂》，广东人民出版社 2018 年版。

一部有创意的汉晋 "南学" 学术史

——司徒尚纪等编著《珠江上古学说学派——千年"南学"发轫期》评介

司徒尚纪、许桂灵编著的《珠江上古学说学派——千年"南学"发轫期》书稿，我认为是一部有创意的书稿。为了说明它的创新性，我首先对"南学""学术史"两个概念做一些解说。

"南学"一词最早见于《宋书·何尚之传》：何尚之为南朝庐江灊县（今安徽霍山东北）人，字彦德。晋末，起为临津令。刘裕领征西将军，补府主簿，从征关中。宋元嘉十三年（436），为丹阳尹。文帝立儒、玄、文、史四学，使主玄学。"立宅南郭外，置玄学，聚生徒。东海徐秀、庐江何昙……并慕道来游，谓之南学。"可见"南学"是一种聚生徒讲玄学的教育机构。国子监是历代中央教育机构，是教育官僚子弟的贵族学校。清代国子监南学建于雍正九年（1731），本为由内班分出学额，后只有南学长川住学，因而称在学肄业者为南学，在外肄业、赴学考试者为北学。①

后来研究中国学术史的学者把中国的学术分为南北两支，流行于北方的被称为北学，流行于南方的被称为南学。清末，西方的"地理环境决定论"曾在中国风行一时，该理论的代表孟德斯鸠、黑格尔、巴克尔、拉采尔等人的作品被陆续介绍到中国，该理论不仅弥漫整个地理学界，而且深入哲学、社会学、史学、政治学等各个领域。梁启超是较早将孟德斯鸠、黑格尔的"地理环境决定论"学说介绍到国内的人。② 而且他还用这一学说解释中国历史，包括学术史。他1902年在《新民丛报》发表长文《论中国学术思想变迁之大势》。这篇文章被胡适推许为"第一次用历史眼光来整理中国旧学术思想，第一次给我们一个'学术史'的见解"［胡适：《四十自述·在上海（一）》］。梁启超在这篇文章中尽力阐发学术思想受地理因素影响之情况。关于先秦诸子南北学派特定的分野，他说："北地苦寒硗瘠，谋生不易，其民族销磨精神日力以奔走衣食、维持社会，犹恐不给，无余裕以驰骛于玄妙之哲理，故其学术思想，常务实际，切人事，重经验，而修身齐家治国利群之术，最发达焉。惟然，故重家族，以族长制度为政治之本，敬老年，尊先祖，随而崇古之念重，保守之情深，排外之力强。则古昔，称先王；内其国。外夷狄；重礼文，系亲爱；守法律，畏天命；此北学之精

---

① 王德昭：《清代科举制度研究》，香港中文大学出版社 1982 年版，第 96 页。
② 参见郭双林《西潮激荡下的晚清地理学》，北京大学出版社 2000 年版，第 50－54 页。

神也。南地则反是。其气候和，其土地饶，其谋生易，其民族不必惟一身一家之饱暖是忧，故常达观于世界之外。初而轻世，既而玩世。不屑于实际，故不重礼法；不拘抱于经验，故不崇先王。又其发达较迟，中原之人，常鄙夷之，谓之蛮野，故其对于北方学派，有吐弃之意，有破坏之心。探玄理，出世界；齐物我，平阶级；轻私爱，厌繁文；明自然，顺本性；此南学之精神也"①　其后，梁启超又发表《中国地理大势论》，述及地理对中国发展之关系。他说，"文明之发展，莫要于河流。中国者，富于河流之名国也。就本部而三分之，复可为中南北三部：北部者黄河流域也，中部者扬子江流域也，南部者西江（按：指今珠江）流域也"，"自周以前，以黄河流域为全国之代表；自汉以后，以黄河、扬子江两流域为全国之代表；近百年来，以黄河、扬子江、西江三流域为全国之代表"，"然则过去历史之大部分，实不外黄河、扬子江两民族竞争之舞台也"，"中国历史之荣光，亦中国地理之骨相也"。梁启超从政治上、文学上、风俗上、兵事上把黄河流域与扬子江流域的异同进行比较，"其在文学上，则千余年南北峙立，其受地理之影响，尤有彰明较著者"。他列举了哲学、经学、佛学、辞章、美术、音乐各领域之南北不同。他虽然也承认人事的作用，但突出学术所受"地理上特别之影响"②。梁启超于1924年发表《近代学风之地理的分布》长文，说明他晚年仍然坚持地理环境决定学术的思想。

梁启超这一思想影响了中国近代的学者。清末民初著名学者刘师培写过《南北文学不同论》《南北学派不同论·南北考证学派不同论》等论文，都是从地域和学术风格特征来区分南学、北学。新版《辞海》亦有南学、北学的词条，释南朝之经学为南学，北朝之经学为北学。研究经学史的著名学者周予同说："南北朝时，南朝重礼学，采用郑玄《三礼》，又受玄学影响，讲经兼采众说；又受佛教影响，搞比'注'更详细的'义疏'，成为南学。北朝经义比较拘泥保守，墨守东汉旧说，不能别出新义，称为北学。也可以说，北朝'郑学'系统，属汉学；南朝'王学'系统，属魏晋学；两者仍然是汉学古文派的支流。"③

近代学者江瑔在《新体经学讲义》中，把南学、北学讲得最详细：

> 魏晋以后，南北分朝，以地理上之区殊，于是有南学北学之别。然我国江河横亘，界限南北，风气既殊，学术斯判，固不特经学也，一切学术莫不有之；不特南北朝之经学然也，古代之经学亦莫不有之；又不特传经之学者然也，即经文亦有之。

> 窃考二派之殊，初原于声音。吴楚之音清浅，燕赵之音重浊。河济之

① 梁启超著，夏晓虹、陆胤校：《新史学》，商务印书馆2014年版，第146–147页。
② 梁启超著，夏晓虹、陆胤校：《新史学》，商务印书馆2014年版，第255–278页。
③ 周予同：《经学史论著选集》增订本，上海人民出版社1996年版，第855页。

间，谓之"夏声"，即北声也；江汉之间，谓之"楚声"，即南声也。故《荀子》曰：君子"居楚而楚，居夏而夏。"《诗经》亦言曰："以雅以南"。"南"即南声也。"雅"者夏也，即北声也。学为心之声，声音既殊，学术自不能强合。

大氐北方之地，土厚水深，民生其间，多尚实际。南方之地，水势汪洋，民生其间，多尚虚无。尚实际，则其学不外于记事、析理二端；尚虚无，则其学多言志抒情，往往寄想于冥想。此南学、北学之所由分也。

如管、晏事覈而言练，邹子心奢而辞壮，吕氏鉴远而体周，尸佼、尉缭术通而文纯，慎到析密理之巧，韩非著博喻之富，此北学也。苦老子楚产，身处南方，著书五千，绵绵渺渺；庄、列、鹖冠承其遗绪，益谲诡荒唐，不可方物，流而为屈、宋之文，此南学也。

惟苏、张纵横，师事鬼谷，北学而近于南。墨翟宋人，界南北之中，是以南北并孕，既重力行，亦明天鬼，于是有"北方之墨者"，有"南方之墨者"。则诸子之学亦分南北矣。

然诸子皆出于经，而古代之六经亦有南北各殊。如《尚书》《春秋》，记言记动。……《礼》以道行，《乐》以道和……《大易》一书，由隐而之显，语似渊微，终切人事，为古今哲理之作。惟《诗》三百篇包孕南北。《雅》《颂》之诗，起于岐丰，而《国风》十五，太师所采，自邶、鄘、卫以下，大都得之于河济之间，故治世之诗，以容揄扬，衰世之诗，悲哀刚劲，有燕、赵之音，此北方之诗也。若周、召二邑，在南阳、南郡之间，文王之治，化行南国，及于汉水，故曰"二南"，其诗亦感物兴怀，比兴居多，与"二雅"之体迥殊，故一变而为屈、宋之赋，此南方之诗也。是古之六经，亦隐判南北矣。

厥后如《论语》之简重，《孝经》之平实，《孟子》之雄健，《尔雅》之典朴，《春秋三传》之体例森严，皆为北学。惟荀卿传经，兼综南北。盖荀卿虽生长于赵，东游齐，西入秦，而终南仕于楚，故合南北而冶之也。是孔子后之传经学者，亦不无南北之分矣。

自西行老子为关尹而著书，北方于是有老子之书；言、游受经，占文学之首席，南方于是有孔子之学。墨翟既兼孕于前，荀卿复合冶于后，南北之藩篱于焉大破。然为地理之所限，风气虽通，而无形中之轸域终未能尽从划除，故后世于一切诗文书画之学，亦隐然有南北之派别。况六朝之时，南北各自为国，制度不同，疆界划然，而"南学""北学"之名遂于是益显矣。①

① 江瑔著，张京华点校：《新体经学讲义》，华东师范大学出版社 2014 年版，第 64 - 67 页。

学分南北，顾炎武《日知录》有《南北学者之病》条，引《论语》评南北学者曰："'饮食终日，无所用心，难矣哉。'今日北方之学者是也。'群居终日，言不及义，好行小慧，难矣哉。'今日南方之学者是也。"① 1922 年 8 月，胡适与来访的日本学者今关寿麿谈论中日史学，认为"南方史学勤苦而太信古，北方史学能疑古而学问太简陋，将来中国的新史学须有北方的疑古精神和南方的勤苦工夫"②。

至于陈寅恪 1933 年 12 月 17 日致陈垣的信中说："岑君（按：岑仲勉）文读讫，极佩（便中乞代致景慕之意）。此君想是粤人，中国将来恐只有南学，江淮已无足言，更不论黄河流域矣。"③ 近来被引用很多，但一些学者并不知道此信的背景及引起陈寅恪感慨的内涵。

1933 年岑仲勉在广州圣心中学任教务主任兼教员。该中学出版一份《圣心》杂志（大部分文章是岑仲勉写的）。该中学通过刘秉钧（辅仁大学毕业，时为圣心中学训育主任）寄《圣心》第一、二期给陈垣，请陈垣为该刊题刊名。陈垣读了《圣心》发表的文章，爱才若渴，便把《圣心》转寄给陈寅恪，于是有了陈寅恪致陈垣之信。我们查《圣心》第一期（1932 年）发表岑氏文章 14 篇，第二期（1933 年）发表岑氏文章 17 篇。这些都是关于中外史地的考证文章，涉及中文、英文、法文等多语种。1962 年，岑仲勉将在全国报刊发表的关于中外史地考证的文章结集成《中外史地考证》（上、下册）一书，由中华书局出版。《圣心》的文章，绝大部分被收入该书，可见文章质量之高。陈寅恪指的"南学"当然包括广东的学问，而其内容自然包括史学。④

由此可见"南学"一词，最早是指讲学的教育机构，后泛指南方的学术，到陈寅恪所讲的"南学"，主要是指广东的学术，即珠江流域的学术。

关于"学术史"。中国史籍讲学术源远流长。从《庄子》的《天下》篇、《荀子》的《非十二子》篇，到史书中的儒林传、文苑传、经籍志、艺文志，代有董理，一脉相承，都讲学术。但严格地说，作为一种专门的史书体裁，它的雏形则形成于南宋朱熹的《伊洛渊源录》。到清初黄宗羲纂辑《明儒学案》，作为《学案》体的学术史才最终完成，《明儒学案》具有里程碑的意义。以后出现了由黄宗羲父子创始，由全祖望最后完成的《宋元学案》，徐世昌主持纂修的《清

---

① 栾保群、吕宗力校点：《日知录集释全校本》中册，上海古籍出版社 2011 年版，第 804 页。

② 《胡适的日记》，转引自桑兵《晚清民国的国学研究》，上海古籍出版社 2001 年版，第 50 页。

③ 陈智超编注：《陈垣来往书信集》增订本，生活·读书·新知三联书店 2010 年版，第 398 页。

④ 张荣芳：《陈垣与岑仲勉》，载《船山学刊》2017 年第 1 期。

儒学案》等。近年出版的以"学案"命名的书籍，有几部值得注意。如杨向奎主编的《清儒学案新编》十册。方克立、李锦全主编的《现代新儒家学案》三册，立案的是十一位"基本上属于现代新儒家的第一代和第二代"的代表性人物。戴逸主编《二十世纪中华学案》十册，分为综合卷、史学卷、哲学卷、文学卷四个部分，载录"对二十世纪中华文化发展做出杰出或有重大贡献的学者"四十七人学案。

"学案"体著作，《四库全书》把《明儒学案》归入史部著作（《明儒学案》条，《钦定四库全书总目》卷五十八）。"学案"体史书的结构，一般分三部分：一是在整个学案之前有一篇序文，习惯上称为"案序"，主要讲这个学派的源流，主要人物及这些人物的学说特点；二是单个儒者的传记以及作者对传主的评价；三是传主的文字选录。整个学案是由案序、案中儒者传略以及他们的文字选录组成。所以有的学者称之为"三段式结构"。"学案"有几个特点：①以表述儒者的学术门径为主要内容，旨在为有志于学的读者提供为学的方案和楷模；②只收录儒者的言语文字，以见其为学情状，不为读者做选择和判断，而让读者自做判断和选择；③学案作者实际上从选材上做了判断，有意识地引导读者的取向。①

20世纪初，梁启超将西方世界的理论引入中国，提倡"史界革命"。就历史编纂学言，在旧有的学案体史书基础上，提出学术史著述的创新。他企图总结清代学术史，1920年，发表《清代学术概论》，标志着他二度进入清代学术史研究领域。1923年至1924年，他在天津南开大学和北京清华国学研究院讲授《中国近三百年学术史》，后来把讲稿整理成同名的书出版。这部著作凡16节，主要讲了三个专题：①清代学术变迁与政治的影响；②清代学术思潮及主要学者的成就；③清代学者整理旧学的总成绩。他在《致菊公书》中说，全篇所列20个学术门类，"每类首述清以前状况，中间举其成绩，末自述此后加工整理意见，搜集资料所费工夫真不少"②，可见他对此书所下的功夫。但严格地说，此书应当说是一部未完成的作品。因为他只讲了清初，清中叶以后的学术史仅有综论而无说明，更无解剖。梁氏这部著作，对旧学案体史书，取其所长，弃其所短，试图把对学者专人的研究，融入各历史时期主要学术现象的专题研究中去。这部学术史，章节分明，纲举目张。读者所看到的，不再是旧学案里那些孤立的一个个学者或学派，而是彼此联系，不可分割的历史演进过程。所以著名学术史研究专家、中国社会科学院学部委员陈祖武说："梁先生的清代学术史著述，便在旧有

---

① 朱鸿林：《〈明儒学案〉研究及论学杂著》，生活·读书·新知三联书店2016年版，第58页。

② 陈祖武：《中国学案史》，东方出版社2008年版，第243页。

学案体史书的基础之上，实现了一个飞跃，创辟出编纂学术史的崭新体裁。"①
1931 年秋，钱穆到北京大学历史系任教，开一门选修课"中国近三百年学术
史"，一面授课，一面编写讲义，前后五载终于完成《中国近三百年学术史》这
部名作，1937 年由商务印书馆出版。这部书分 14 章，上起黄宗羲、顾炎武、王
夫之、颜元等晚明诸遗老，下至晚清龚自珍、曾国藩、陈澧、康有为，共叙述了
51 位学术人物的思想，一代学术兴替，朗然在目。此书与梁启超的同名作品，
对清汉学的学术渊源及其与宋学的关系是一条完全不同的路径。梁氏认为，清代
汉学反对宋明理学空谈心性，发展为重实证的考据学，是一种反理学思潮。钱氏
则不同意梁氏的意见，认为宋明理学的传统在清代并没有中断。不仅没有中断，
而且对清代汉学仍然有甚深的影响。他提出了清代汉学渊源于宋学，"不知宋学，
则亦不能知汉学，更无以评汉宋之是非"的见解（该书《自序》）。该书选择的
代表人物主要集中在明末清初、乾嘉、晚清三个时期，涵盖了清代学术发展史上
的经世思潮、经学考据和今文经学等各个层面。该书中彰扬宋儒学贵经世、以天
下为己任的精神。这与当时遭受国难忧患的刺激和反思当时学术界盛行的为考据
而考据的学风有关。钱穆表彰民族气节和操行，以天下兴亡为念的宋学精神，就
是他治清代学术史的意旨所在。

上面我对"南学""学术史"的概念做了简要的阐释，下面就可以谈司徒尚
纪《珠江上古学说学派——千年"南学"发轫期》一书的创新之处。

首先是该书体例上的创新。

"南学"一词的含义有发展变化，如上所述。到 20 世纪 30 年代，陈寅恪讲
的"南学"，主要是指粤人的学术，就是珠江流域的学术（梁启超在《论中国学
术思想变迁之大势》中说"西江"，实际上就是指珠江。珠江是后来的命名）。
该书用"珠江上古学说学派"命名是成立的。我说它是一部有创意的汉晋"南
学"学术史，把它定位为一部学术史。屈大均《广东新语·文语》说广东文明
"始然于汉，炽于唐至宋，至有明乃照于四方焉，故今天言文者必称广东"。广
东"南学"应以汉代为起点，也是成立的。该书体例的创新，表现在吸收了梁
启超、钱穆新章节体例的学术史的形式，又对旧学案体学术史做了改造。全书设
概论篇，介绍珠江南学发轫期的各种学说学派概况，下分上、下篇。上篇：学派
经纬，分六章，分别叙述珠江学派产生的基础；汉代珠江经学派；汉晋珠江地志
学派；汉代牟子初创岭南佛学派；珠江学派在贵州；晋代葛洪道学儒学及其他学
派。下篇：论著节选；所选传主的资料，与旧学案体所选资料比较有改造和发
展，比如每种资料加上简释或内容提要，有的还有注释和译文，方便读者利用。

该书在内容上的创新有以下几点：

---

① 丁文江、赵丰田：《梁启超年谱长编》，上海古籍出版社 1983 年版，第 1016 页。

第一，学派概念清晰。在唯物史观指导下，对师承性学派、问题性学派、地域性学派、科学的古典学派等做了介绍，并就学派产生的自然基础和社会基础做了论证。

第二，吸收了新发现的材料。比如引用近代广东廉江学人江瑔关于"南学北学之别"之论述。江瑔（1888—1917）是一位民主革命社会活动家，是柳亚子领导的南社成员、孙中山领导的中国同盟会会员、中华民国第一届国会众议院议员。他的学术著作和文学作品涉及经、史、子、集四部，研究成果丰硕。他是清末民初粤西的一位才子，可惜英年早逝，只活到了29岁。他的著作最近才由他的后人编成《江瑔著作汇编》（不完全）出版。司徒教授吸收江瑔的论述，可见他对学术是相当敏感的。

第三，研究范围扩大。以前研究岭南学术，只局限于广东，如刘禺生撰《世载堂杂记》（收入《清代史料笔记丛刊》），其中有一条"岭南学派述略"，从汉的陈元到清的陈澧、朱九江，涉及数十人，但范围只限于广东。① 毛庆耆主编《岭南学术百家》（收入"岭南文库"），选录108人，也只限于广东。而本书选录的人物，除广东之外，还选录了珠江上游贵州的人物。新、旧体例的学术史，只讲儒家学说及其代表人物；而本书不仅介绍儒学，也介绍地志学、佛学、道学等学说学派。可见本书所讲的"学术史"，不仅地理范围扩大了，而且学术内容也扩大了。

第四，充分吸收前人的研究成果，使对一些人物的研究更加深入。例如对汉代珠江经学派的研究，材料本来就不多，但写得有声有色，论述了陈钦在岭南的学术活动及其奠基作用；陈元传播《左传》的贡献；勾勒出三陈古文经学派传承关系；总结了士燮家族经学，学以致用，运用经学于治国安邦的经验，使岭南社会稳定，形成学术集体，在岭南传播儒学。这些观点发前人所未发。对经学名家虞翻的研究更令人耳目一新。他被贬谪到岭南地区，开中原人士贬谪岭南之先河，从此摆脱官宦生涯，专事学术，对《易》经做了开创性的研究，把八卦与天干、五行、方位相配合，推论象数，写成《易注》。到清代虞氏易学便成为一个学派，对后世影响很大。这一成果，使对虞翻的研究更上一层楼。

又例如，对汉晋珠江地志学派的研究，也超迈前人。东汉杨孚的《异物志》，是我国第一部地区性的物产专著，书中一一列举岭南的风俗、物产并加以解释。可惜此书在宋代已散佚。清代南海人曾钊从《齐民要术》《初学记》《太平御览》诸书中辑录成两卷本《异物志》流传至今。自辑本流行以后，代有人研究。但司徒教授，对杨孚其人及《异物志》的内容价值、历史影响做了全面系统的研究，不乏真知灼见，凸显此书的学术价值。西晋王范的《交广春秋》，

---

① 刘成禺：《世载堂杂记》，中华书局2006年版，第270－278页。

也是广东最早的方志之一。王范经历吴、晋两朝，但《晋书》无其传。从清郝玉麟等所修《广东通志·人物志》，略知其行迹及其著《交广春秋》始末。该书早佚，但郦道元的《水经注》等书引用《交广春秋》。从这些引用资料中，可知海南岛置珠崖、儋耳二郡的较详情况；《三国志》所不载的步骘杀吴巨的史实；南越王赵佗墓葬的历史掌故等，凸显了《交广春秋》的历史价值，"作为岭南地方志学派的贡献无可置疑"。晋代嵇含的《南方草木状》是我国最早的植物学文献。全书分三卷，卷上为草类植物 29 种，卷中为木类植物 28 种，卷下为果、竹类植物 23 种。著录清晰、文辞隽永、分类科学，对植物形态表达准确。所录或命名的许多植物名称，至今仍被沿用，书中内容也常被后世援引、应用。该书有中外译文十多个版本。1983 年 12 月，南京农学院举办《南方草木状》国际学术研讨会，会后出版《〈南方草木状〉国际学术讨论会议论文集》。所以说嵇含"是我国古代植物学派的开拓者"。司徒教授这一研究与介绍，大大开拓了该领域的研究视野。

又例如对牟子及其《理惑论》的研究，也出现新的局面。以往哲学界、佛教界对牟子都有研究，而本书对牟子研究的创新点表现在：①指出他是"最早和全面系统地阐释佛教的教义，是中国历史上著名的弘扬佛法的第一人，初创岭南佛教，开佛教在珠江流域乃至全国传播之先河"。②怎样才能使中国人接受佛教？牟子用中国土生土长的道教思想去解释佛教；又用中国传统的鬼神观念去解释佛教的灵魂不灭论；又从价值观方面解释佛教与儒家的价值观有相同之处。这样就把佛教解释成中国人可以接受的思想。这就使读者认识"《理惑论》在佛教教义与文化、佛教发展史、儒释道三教关系史、社会状况等诸多方面有重要的思想文化价值"，使对牟子及其《理惑论》的研究，提高到一个新的水平。

又例如对葛洪的研究。以往的研究，或专门研究其道学，或特别研究其医学、养生学及其《神仙传》。此书的第六章为《晋代葛洪道学儒学及其他学派》，对葛洪做了全面系统的研究，分九节：①葛洪其人其书；②葛洪《抱朴子·内篇》；③葛洪《神仙传》；④葛洪养生论；⑤葛洪《肘后备急方》岭南医学派；⑥葛洪《抱朴子·外篇》；⑦葛洪《西京杂记》的城市文化生活；⑧葛洪道学儒学学派摇篮罗浮山；⑨葛洪与西樵山。其结论是：葛洪是道家人物，也是儒学代表人物，"道儒两派思想渗透到了珠江流域各个地区，其中葛洪起了重大作用，奠定了道儒学派在珠江流域的坚实基础"。

尤其要指出第五章关于"贵州的汉三贤"的独特之处。以往研究岭南文化，都局限于广东、广西。这个课题是研究珠江文化。秦汉开凿"五尺道""南夷道"，促进云贵高原与中原和岭南文化的交流，珠江的西江水运上溯到夜郎，于是贵州出现了盛览、舍人、尹珍"汉三贤"，为儒家文化在贵州的代表，是珠江文化在贵州发展的一个标志。本书对尹珍的研究，使读者大开眼界。尹珍（79—

162），东汉牂牁郡毋敛（今贵州正安县）人。拜许慎为师，习《说文解字》，学儒家五经。又拜应奉为师，习谶纬之学。在家乡兴文教，影响甚大。后世研究尹珍也成了一种学问，称为"毋敛学"。本书为贵州文化寻根，褒奖尹珍在文教史上的贡献。

本书在体例和内容上都有创新之处，但也存在一些不足，表现在以下两方面。

第一，对一些人物及著作，学术界存在较大分歧意见，作者没有做介绍，只吸收自己认可的观点。如牟子及其《理惑论》，学术界的名家如梁启超、胡适、陈垣、周一良等都有过考据文章，作者一字未提。又如《南方草木状》的真伪，在乾隆时代修《四库全书》时就存在分歧。《四库全书总目》也收入此书，但在提要中指出判断其真伪问题的证据。本书的下篇谈到了它被收入《总目》，也没有说明是《四库全书总目》，使它失去了权威性。又如《西京杂记》，作者及时代都存在分歧意见，本书都没有提及。作为一部学术史著作，严谨性不足。

第二，下篇收入的资料，体例不一，有的有译文、有注释，有的则没有。同一本书应有统一的体例。

总之，瑕不掩瑜，本书仍不失为一部学术史佳作。对学习和坚持习近平新时代中国特色社会主义思想，坚持文化自信，弘扬中国优秀传统文化有重要意义。

原载《珠派南学与珠江文明——南海西樵论坛文集》，广东旅游出版社2019年版。

序·评

一部真实有立体感的 《史记》 普及读物
——读陈绍棣主编《地图上的史记》后

　　司马迁是我国西汉时代伟大的史学家和文学家。他创作的《史记》，作为史学名著，体大思精，内容丰富，贯通古今。它记载上起黄帝，下迄汉武帝太初年间的历史，是中国第一部百科全书式的中国通史。作为一部文学名著，以人物为中心，描写的人物有活跃于政治舞台的帝王及各种官吏、英雄，也有下层社会的贩夫走卒，个个栩栩如生，形象鲜明，有很强的文学性，被"唐宋八大家"奉为古代散文的典范、传记文学的圭臬。鲁迅称《史记》为"史家之绝唱，无韵之《离骚》"，值得每个中国人一读。

　　《史记》是中国优秀传统文化的重要组成部分。习近平新时代中国特色社会主义思想有一个重要内容，就是要继承、弘扬中华优秀的传统文化，使社会主义核心价值观植根于优秀传统文化之中。对传统文化要进行创造性的改造和创新性的发展。2020 年 5 月，山东友谊出版社出版陈绍棣主编的《地图上的史记》，就是一部这方面的优秀《史记》普及读物。

　　该书分六册，每册 10 万字左右，计有 60 万字。《史记》分本纪、世家、表、书、列传五部分。本书选择以人物为中心的本纪、世家、列传共 112 篇作为叙述对象，完全用白话文叙述。每篇的结构和叙述形式与一般的普及读物不同，有其自己的特色。

　　第一，每篇开始用几十个字介绍本篇的中心，并设有本篇人物档案，简要介绍其生平、爵位、职官、成就等。每篇的叙述，不是全文照《史记》的原文翻译，而是选择故事性较强，对人物一生有重要影响的段落，分设若干标题，用生动活泼的文字，勾画出历史的真实和人物形象。使读者既掌握本篇比较完整的知识，又抓住了重点，掌握了本篇的中心内容。

　　第二，为了使读者增加兴趣，扩大知识面，每篇设人物图像、历史小知识、战争示意图以及各种地图、出土文物照片、成语仓库、轻松一刻等板块，放在与叙述相关的地方，使文字与各种图像相映成趣。据统计，各类人物图像（包括图像、画像、雕塑、石刻等）近百幅；历史小知识近百条，内容包括历史事件、人物、政治、经济、军事、文化、天文、地理、官制、礼仪、文物、图籍等；战争示意图及各种地图 71 幅；"成语仓库" 91 条；"轻松一刻" 15 条；出土文物及考古现场照片 200 多张。这样，这本通俗版《史记》不再是历史事件的刻板排列，而是用文字、图像表现的有血有肉活的历史，使读者有一种立体感。

普及历史知识，强调其真实性是很重要的。它不是戏说，也不是为了谄媚某些读者兴趣而增加低级、庸俗的内容。本书的真实性表现在下列方面。

第一，班固说《史记》"其文直，其事核，不虚美，不隐恶，故谓之实录"。本书忠实《史记》的叙述文字，相当一部分是把文言文翻译成白话文，而且译文是比较准确的。

第二，选择的图片，大部分是精致的出土文物图，或者是考古发掘现场的照片，用王国维创立的"二重证据法"，使文字与文物互证，增加了历史的真实感。有些文物现藏于国外的博物馆、艺术馆和我国台北的故宫博物院，编者也加以采用。古人、现代人的著名画作，也入选其中，如现藏于台北故宫博物院的《帝监图说》，是大学士张居正为当时年仅10岁的明神宗（万历皇帝）所编的教科书，本书选了好几幅，说明帝王的为政之道。又如现藏于台北故宫博物院的《帝王道统万年图册》（明代仇英所绘），也选入了几幅。现藏于美国纽约大都会艺术博物馆的《晋文公复国图》，李唐绘于北宋末年，描绘晋文公被父亲放逐在外19年，最后回国即位的故事，也插入《晋世家》中。这些资料的搜集与利用，大大提高了本书的可读性、故事性。

第三，对历史小知识、成语的解释，文字严谨、言简意赅，可读性强，可信度高。

第四，"轻松一刻"设置的问题，答案反映了学术界现在的研究成果。如："秦始皇真的是私生子吗？"答案认为，根据《吕不韦列传》，秦始皇可能是吕不韦的私生子。但自清朝以来，有很多史学家质疑这一说法，认为《吕不韦列传》中的说法是"孤证"，在同类其他文献中没有提及，所以这种说法不足信。又例如："赵高真的是宦官吗？"答案是根据新出土的《张家山汉墓竹简》解释，"宦"是在宫中内廷任职的意思，宦人相当于王或皇帝身边亲近侍卫之臣，并不是后世所理解的"阉人"之意。这说明编者对史学上争论的问题是严谨的，实证的。

第五，本书每篇之后的"太史公说"，忠实于《史记》的原文。《史记》的"太史公曰"，是司马迁首创的史论形式，内容丰富，涉及政治、经济、军事、文化、世俗、伦理、人事等方方面面，通过这些议论，总结历代（或各国）兴衰的历史经验教训。阐述维护统一、坚持爱国、奋斗进取、革故鼎新、崇尚德义、以民为本、维护正义、反对邪恶、关注经济、和谐发展、团结友爱、忠于职守等伟大的民族精神。这些都是我们今天践行社会主义核心价值观的重要借鉴。

主编陈绍棣先生及其团队能够独具匠心，设计这样一部精致的作品，这与他的知识结构合理、学术功底深厚有关。他毕业于北京大学历史学系考古专业，师从著名历史学家、考古学家张政烺先生，参与张先生主编的《中国古代历史图谱》工作（陈先生独编春秋战国部分）。陈先生几十年从事周、秦、汉历史和考古文物的研究，成果卓著。他还具有普及历史知识的责任感、使命感，参与了译注《史记》《资治通鉴》等八部史学名著。这些都为陈先生主编本书奠定了基础。

本书不仅适合广大青少年阅读，也是中老年人，特别是离退休人员的休闲读物，可以增长历史知识，怡悦性情，涵养精神。

本文改题为《读陈绍棣主编〈地图上的史记〉》，发表于《中国史研究动态》2020 年第 5 期。

一部研究广府金石的力作

——高旭红、陈鸿钧著《广府金石录》评介

高旭红、陈鸿钧所著《广府金石录》，2020 年 7 月由广东人民出版社出版，全书共著录金石拓本 1700 余幅，分为上下两册共八章。上册为寺观坛庙类、学宫署衙类、祠堂会馆类、示谕规约类，下册为钟鼎玺印类、墓志铭表类、山水园林类、杂项类。皆以拓本、释文、考略之形式著录。本书所录金石时间跨度大，涉及政治、文化、历史、文学、艺术等诸多领域，此书的出版，是广东学术界的一件盛事。

一、《广府金石录》是以广府核心区域的历代金石为研究对象的独具匠心之作

首先，本书是第一部以"广府"命名的金石文献专著，所收辑之金石区域为今广州市行政区辖域之内。在目前的金石类出版物中，单独收辑某一城市或特定区域的历代金石者，还是较为少见的。此书的出版具有一定的示范性。

其次，本书的体例、结构具有一定的创新性。一是以图志形式呈现给读者，每一金石作品都由图版、释文、考略三大部分内容组成。以往金石研究多以抄录释文为主，将图、文、考略合而为一者较为少见。二是本书的排版方式也更好地保留了金石遗存的原貌。全书使用繁体字、竖排版，对释文标示以现代标点符号。三是为了体现金石文字原貌，本书释文尽量按原刻著录，保留了原刻中的异体字、俗字等，使读者可从中了解某些字在历史上的具体演变轨迹，从而获得一定的启发，也有助于书法文字的研究与实践。这种体例会极大地增加作者在释读、校对方面的工作量，在目前的金石学研究著作中也属少有。

最后，本书的内容观点也多有创新之处。一是所选录之金石内容丰赡，具有一定的历史文献或艺术价值。收辑种类包含青铜器、碑石及砖瓦陶木杂器等，可以说包罗了广义金石学研究的种类。全书共著录金石拓本 1700 余幅，80 余万字，分为上下两册共八章。上册为寺观坛庙类、学宫署衙类、祠堂会馆类、示谕规约类，下册为钟鼎玺印类、墓志铭表类、山水园林类、其他杂项类。所录金石时间跨度大，涵盖 1911 年以前遗存在广府地区的多种类金石，涉及政治、文化、历史、文学、艺术等诸多领域。第一作者高旭红在书前所撰《绪论》，从广府金石学发展概略、广府金石遗存文化特征、广府金石研究价值与影响三个方面做了认

序·评

475

真研究与论证，对阅读本书具有提纲挈领的作用。二是本书所录金石的考略部分也时有独特见解。如明嘉靖二十四年（1545）《明封太恭人伦母区氏墓志铭》，从碑文中"太恭人区氏者，岭南右族一葵翁廷佐配陈氏之女也。南海会元状元累官春坊谕德翰林侍讲迁冈伦公伯畴文叙之元配也"，可知墓主区氏乃伦文叙之妻，纠正了此前认为墓主为伦文叙母之误解。从碑文中还了解到状元山在明代称作石燕山。三是本书还收录了广府金石遗存中的其他国家或民族文字的金石，在释文中依原刻铭文字辑录，另附有汉译。比如在墓志铭表类之下，单独有一章"外文墓志"，收录有阿拉伯文、英文、古吉拉特文等文字的碑刻，包括元至正九年（1349）的《高丽穆斯林剌马丹墓碑》、清康熙六十一年（1722）的《艾若瑟神父墓碑》、清道光十六年（1836）的《美国波士顿商船局威廉·科尔船长墓碑》、清道光二十一年（1841）《巴斯教徒墓碑之一》等。这类外文碑刻入编金石文献，在国内也属鲜见。

二、《广府金石录》具有一定的学术价值

金石学涉及经学、史学、礼制、谱牒、哲学、文学、音韵学、书画学、科学、社会学等多方面，而广府地区是两千年来岭南的政治文化中心，其金石研究在岭南文化发展中占有重要地位。本书是研究广府各个历史时期政治、经济、文化、宗教、艺术等方面的第一手实物资料，具有较高的学术价值。

金石学的权史、补史之功不可或代。比如南越文王墓出土的"中府啬夫""殿中"封泥及"景巷令印"，可证南越国仿西汉设置相应职官，"华音宫"戳印陶器，可推测其应为南越国宫殿名，此皆可补史之阙。宋代《重修天庆观记》、明代《玄妙观重修三皇真像碑》记述广州天庆观于不同历史时期之名称及修建情况，亦可补旧史之阙。金石还可与历史文献互证补阙、互考真伪正误。如：《高祖天皇大帝哀册文》称刘龑"多才多艺，允文允武""天机秀异，韫藉风流"，与史载多相悖，给人了解刘龑一个新视角。最新发现并首次辑录于正式刊印的明正德六年（1511）《赠翰林院编修湛公墓表》，是明代著名的思想家、文学家和军事家王守仁（号阳明）为友人湛若水父亲湛瑛撰书的墓表，王守仁与湛若水皆为一代大儒，相知相契。此碑文见载于《王阳明全集》，文字略有不同，此碑拓可具辨讹补遗之功用。

南越文王墓出土了九件有铭文的铜鼎，包括越式鼎及汉式鼎，其中一件汉式铜鼎，盖上刻"蕃禺，少内"，腹壁处刻"蕃，少内，一斗二升少半"；一件越式铜鼎，盘口墨书"蕃禺□"；一件越式铜鼎，口沿内刻"少内，蕃，一斗一升"。这两款铜鼎为古南越文化与中原文化相融合之例证。

广府金石遗存也反映了这一地区历史上多种宗教文化并存且互为影响的情

况。如道教碑刻中有一方五仙观的宋政和四年（1114）《广州重修五仙祠记》，这是目前发现最早的一件与五仙五羊降临广州以及广州得名"羊城"有关的文物。碑文记载了在广州流传已久的五仙五羊的传说，说明各家史书记载大致相同，至迟到东晋后期，五仙和五羊的传说已见诸文献记载，由宋及明，祠已几易其址。这些对了解广州"羊城"传说的历史有一定的参考价值。道教碑刻中还有一方宋元丰二年（1079）所立之《重修天庆观记》，则载三佛齐（范围在今苏门答腊岛一带）地华迦罗捐资修建天庆观之经过，证明当时广府与东南亚商贸往来之情形。佛教碑刻中有一方光孝寺撰写于宋咸淳五年（1269）之《六祖大鉴禅师殿记》，载禅宗六祖惠能光孝寺落发、说法之事，此乃佛教中国化过程中之重要史实。伊斯兰教碑刻中有一方怀圣寺刻立于元至正十年（1350）之《重建怀圣塔寺之记》，正文为中文，碑额下方有三行半阿拉伯文，载伊斯兰教传播事，是中国现存最早之汉字伊斯兰教碑文。这些宗教碑刻也从另一个侧面补充了广府宗教发展史料之阙。

三、《广府金石录》具有一定的社会价值

本书从政治、经济、法律、文化、社会生活等方面呈现广府地区各历史时代的社会风气、矛盾与变革。如广府出土南朝至南汉时期数方买地券，可称为冥世土地买卖契约，是向鬼神买地、供亡人执掌的契约形式，内容多记录墓主人所买墓地四至、价钱、证人以及不许侵占等语句，可证广府地区于南朝至南汉时期巫觋之风颇盛。其中有一方南汉大宝三年（960）的《刘氏二十四娘买地券》，券文中的"金吾街""修文坊"皆是南汉国兴王府（广州）实际里坊。券文中以天干表四至的方式，以及相关神祇的表述，与当时的民风民俗、信仰、风水观念等有着密切的关系。券文的道教色彩浓厚，同时又含有佛教用语，反映了墓主人的佛教信仰，这在以往的买地券数据中并不多见。此券是经正式考古发掘的第一方五代南汉时期买地券，对研究这一时期的社会面貌、城坊建置、葬俗、民间信仰，以及买地券的流变等都具有重要价值。清康熙十八年（1679）的海幢寺《禁妇女入寺烧香示》，载清律沿袭《明律》，严禁妇女私自入寺，将妇女入寺烧香视为"淫祀"。《广东督粮道定普济院规则》则为了解清代公办救济机构情况提供了史料。

原载《中国史研究动态》2022 年第 3 期。

《南海神庙志》序

　　南海神庙，是我国现存历史最悠久、规制最完整、规模最宏大、保存历史文献和古迹最丰富的海神庙，是岭南的一座珍贵的历史文化宝库。对南海神庙相关文献的汇集整理，最早见于明万历年间郭棐的《岭海名胜记》卷十《南海庙记》。清乾隆年间陈兰芝在郭记基础上增辑内容。清嘉庆年间崔弼辑刻《波罗外纪》，内容比郭记更丰富。《南海庙记》和《波罗外纪》可视为南海神庙的志书。现在呈现在读者面前的《南海神庙志》，是一部迄今资料最丰富、叙述严谨、条理清晰，并且广泛吸收了历代和当代对南海神庙的研究成果，把南海神庙志书撰写水平提高到一个崭新高度的著作。承蒙陈泽泓先生厚爱，嘱我写序，我对南海神庙没有什么研究，实在不敢当，权写下一点读后感。我粗略地拜读书稿，除了增长知识之外，对编纂者的敬业勤奋和精益求精精神亦表示深深的敬意。我不揣冒昧，用"全面、创新、求真、致用"八个字来概括本书。

　　全面。《南海神庙志》是一部志书，志书有志书的规例，中央相关部门制定了《地方志工作条例》，该条例明确提出地方志是"资料性文献"。资料性是志书的基本属性和特征。本书"凡例"规定：以存真求实为编纂原则，遵循志书为资料性著述的体裁要求，全面、客观、系统地记述南海神庙的历史与现状。采用述、记、志、图、表、录、索引等体裁来表述，坚持"述而不论"。时限从隋开皇十四年（594）至1918年12月31日。从书稿来看，包括自然环境、建制、建筑、神祀、文物与考古、碑刻、艺文、波罗诞、重大活动与学术研究、人物等，体现了它的全面性。

　　创新。创新，是我们事业发展的原动力。随着时代的发展，与时俱进，根据编志的新规例，吸收最新的研究成果和相关学科的最新进步，用新的思想，构建一部新的南海神庙志，本身就是一种创新。从内容看，与其他新志比较，也有许多创新之处，比如文物考古资料，是科学考古发掘所得；专记20世纪90年代修缮工程；重大活动与学术研究，详记联合国教科文组织"海上丝绸之路"综合考察团考察南海神庙，瑞典仿古商船"哥德堡号"到访南海神庙；选录一些具有经典意义的论文，如龙庆忠、曾昭璇等学者关于南海神庙的论述；碑刻、艺文部分，虽有冗长之感，但从保存资料的角度看，也很有意义；凡此种种，都有一种令人耳目一新的创新之感。

　　求真。方志学是历史学的一个分支学科，历史学的科学性要求它必须求真，因而编修方志，也必须求真。全书闪烁着求真的精神，而最令人印象深刻的是历史上曾经存在，现已消失，需要进一步研究求证的事物，也记录在案，如"古地名""历史上附近庙宇""已湮没的建筑""南海神五子与'五子朝王'""珠江三角洲地区其他南海神庙""已圮之南海神庙""小谷围岛上仅存的南海神祠""已佚器物"等，凡此都按清代乾嘉考据学"博证"的要求，不轻下结论，留下继续研究的空间。另外，关于南海神庙东庙、西庙之争，各派言之凿凿，选录相关论文，让后人继续探讨。这些都反映了编纂者的求真精神。

致用。方志的功能有多种提法，"存史、资治、教化"三个功能的提法，公认度最高。"存史"是全面、翔实、客观地保存相关史料。"资治"就是从志书中吸取治国理政的经验教训。"教化"就是适应时代的需要，将当时的主流意识贯注于志书之中，使志书潜移默化地起到教育的作用。《南海神庙志》的编纂，在全国重点文物保护单位南海神庙和国家级非物质文化遗产代表性项目波罗诞的保护、传承和利用过程中发挥了重要的作用。同时，南海神庙是我国古代海上丝绸之路的重要史迹，是中外交通、文化交流和贸易发展的历史见证。2005 年起，广州文物考古研究院在南海神庙附近进行考古调查与发掘，取得了重大成果。2019 年 4 月按照申报世界文化遗产的标准重新设计。南海神庙及码头遗址，是广州六个"海丝史迹点"之一。《南海神庙志》的编纂，也为海上丝绸之路申报世界文化遗产做出了贡献。

本书的编纂的成功，是在《南海神庙志》编纂委员会领导下，组成以陈泽泓先生为总纂的编纂团队，团结协作、锲而不舍、反复修改的结果。陈泽泓先生是"全国知名的方志专家"（中国地方志指导小组办公室副主任、《中国地方志》主编邱立新语）、中国地方志学会学术委员、广东省地方志书审查委员会委员，曾应邀参加中国地方志指导小组办公室的一系列重大活动，参与拟定《地方志书质量规定》，参与编写《当代志书编纂教程》，评审全国志稿近 300 部。他自己参与编写地方志的工作，是《广东省志（1979—2000）·总述卷》《广州近现代大事典》主编、《简明广东省志》《羊城文脉——广州城建 1911—1949》总纂。发表有关方志的论文 200 余篇，撰写《岭表志谭》《岭峤志语》《简明方志编纂教程》等有影响的方志类著作。他是有丰富修志实践经验，且能上升到理论层面加以思考的方志专家。他领导的《南海神庙志》编纂团队的成员，都是对相关领域研究有素，在该领域有研究成果问世的专家。因此能够编纂出求真存实、修志资治、服务当代、垂鉴后世的优秀《南海神庙志》。值此书出版之际，谨致以祝贺。

原载陈泽泓总纂《南海神庙志》，广东人民出版社 2021 年出版。

序·评

让校园文化在立德树人教育中发挥作用

——《印象·中大红楼剪影》序

李庆双博士邀我为他和刘姝贤主编的《印象·中大红楼剪影》写序，我愉快地答应了。我有一个理念，就是应该让校园文化在立德树人教育中发挥应有的作用。近几年来教育界、学术界开展"大学精神"的讨论，我比较关注这个问题。通过讨论，使我们逐渐明确了大学的文化品位和崇高理想。大学应具有以育人为本、科研为根、文化为魂三位一体的大学理念，已是人们的共识。我在中山大学工作、生活了将近 50 年，中山大学的校园文化，包括原岭南大学古老的具有历史、文物价值的建筑群、林木葱葱和绿草如茵的优美的校园环境，无数学者勤奋治学的精神和育人经验，都深深地吸引着我，我热爱中大的校园文化。退休之后，我经常在校园里散步溜达，对校园文化有所感悟。曾经写过《景仰名人故居，热爱康乐芳草》《紫荆礼赞》等散文。对居住过康乐红楼的名人也曾关注过，写过《许崇清校长的孙中山情怀》《瞻仰陈心陶故居》等学术散文。也曾对不同层次的学生做过"图说中山大学的峥嵘岁月：漫谈中大校史""中山大学掌门人留下的治理学校的精神财富"等演讲。在这里还要提到内子黄曼宜（中学数学高级教师），她退休后，在广州市老年大学学习电脑、摄影、视频制作。她十分热爱中大的红楼和优美的校园环境。她为了给我制作"图说中山大学的峥嵘岁月"演讲的 PPT，花了相当长的时间，在校园里拍摄红楼和优美环境的照片，还认真阅读《红楼叠影》，按图索骥，不厌其烦，多次到现场寻找、拍照。2019 年，她把这些照片制作成视频、刻录成 DVD，片名为《红楼叠翠——献给中山大学 95 周年校庆》，送给她的亲朋好友和我的学生、友人。我在家里工作累了，休息时就播放这个长达 50 分钟的视频，欣赏中山大学红楼建筑群风貌美景、苍翠草木、悦耳音乐，这是一种"自家欣赏"，确是一种精神享受。

系统地研究中大红楼的第一部著作是余志教授主编的《康乐红楼——中国大学校园建筑典范》（香港商务印书馆 2004 年版）。这本书收录了康乐园内建于 1905—1949 年的红砖楼房和亭子（简称为"红楼"），介绍其历史和现状的文字 44 篇，以建成年份从远至近编排顺序。这部著作有相当的研究深度，有筚路蓝缕之功。余志教授在《红楼的价值》一文中说，"在人类的发展进程中，可以被继承的最重要的财富只有两样，一是对自然规律认知的积累，另一是文化传统的形成"，而中大的红楼"因为它代表了历史，成为传统文化的一部分"。时任学校党委书记的李延保教授为该书写了序。序文说："大学的校园就是学校发展历史的见证。在康乐园中，20 世纪的一批建筑就承载了中山大学及其前身院校百年发展的历史。"红楼伴随着西方先进科技进入中国，也是中国早期引进西式建筑的群体。一幢幢精美绝伦的小楼，如今已成为研究中西结合建筑的博物馆。"每一幢幢康乐红楼都蕴含着许多故事，叙述着做学问的艰辛，记载着名师们的风采，也留给后人无穷的遐想和敬畏。""康乐红楼更是中大校园的一道美丽风景线，成为中山大学校园文化的重要组成部分，成为陶冶和教育学生、承继文化传统的重要载体。""每一位中大学子都能从红楼中感悟到中西文化的精髓、感悟到中大历史上名师们的风采，感悟到中大深厚的人文传统的积淀。"李书记的这些话，对中大红楼的历史价值和在立德树人教育中所起的作用，做了精辟的分析。现在这些红楼，大多被广州市城市规划局列入近代、现代优秀建筑群体保护名录，被广东省文化厅批准为广东省重点文物保护单位。

2016 年商务印书馆出版了由时任中山大学档案馆馆长吕雅璐主编、档案馆人员集体编纂，历时三年而成的《红楼叠影——中山大学近代建筑群的人文解读》（线装，上下册）一书，把中山大学红楼的研究，推进到一个新的高度。中山大学自 2006 年就提出建设世界一流大学的宏伟目标，并一直为此而不懈努力。一流大学要有一流大学的文化建设。孙中山先生创办的中山大学，校园几经变迁，从创办初期几所前身院校合并，成立国立广东大学，校园分散在今文明路、越秀中路、中山二路一带。到 1933 年国立中山大学开始兴建石牌校区，并于1934 年始陆续迁入新校园，直至新中国成立后。1952 年全国高等院校大调整，中山大学与岭南大学合并成为中山大学并迁址康乐园。这部著作，就是根据中山大学校址的变迁，分为三编：第一编文明路、中山路校址，第二编石牌校址，第三编康乐园校址。这部书的特点，就是把校园建筑放在当时历史条件、学校发展变迁和广州城市发展环境下考察、勾勒出那个时代的建筑特色。正如中山大学视觉文化研究中心主任冯原教授在为该书写的"总述"中所说："每一时期的文化与政治特点，一般都会与建筑物的独特样式形成对称，并以符号—风格的形式贮存在建筑物外形特征上。而近现代的建筑，由于去时不远，留存尚多，实为见证中国百年历史的物质史料。"比如中山大学第一个时期文明路、中山路校址。此时（20 世纪初）西风东渐，渐成潮流。两广总督岑春煊选在广东贡院旧址上新建两广速成师范馆（后改为两广优级师范学堂），中山大学校园史的第一阶段中的代表性建筑钟楼就诞生于此。此时社会改革在教育上的反映就是新学与旧学的选择，用新式的师范取代旧式的贡院。钟楼是一座中西合璧、仿罗马古典式建筑，外墙呈淡黄色，就是这一时代新与旧、传统文化与西方文化的替换关系的一种对称性反映。中山大学的石牌校区建设，处于 20 世纪 30 年代。孙中山虽已逝世，但其影响深远。中华民族处于民族自尊觉醒阶段，校区建设追求民族意象和爱国精神，创造出一种传统与现代相结合的三段式建筑样式：建筑主体在平面上

序·评

呈方形、长方形或工字形等；屋顶样式挪用传统皇家建筑的庑殿顶，或歇山顶，现代式的建筑躯体上安放传统的琉璃瓦大屋顶，成为表征"宫殿原型"的符号；在门楼、台阶上正立面附加装饰符号。这种透过对传统宫殿建筑符号的重组，唤起文化自尊的宏大气象。中山大学的康乐园校址，原来是岭南大学校址。岭南大学的创办者具有西方身份，岭南大学建筑的捐助者，分为两类人。一类是美国人，另一类是海外华侨富商。前者捐建的建筑，一般采用中西合璧的风格：英式红砖墙为主体，中国传统屋顶为帽子的混合样式。这类建筑，以小型住宅为主，基本上命名为"屋"，并冠以捐助者的姓氏。后者捐建的建筑，在选择中西合璧的混合样式之中又更为强调中国传统建筑的特征，一般称为"堂"。冯原在康乐园建筑群"总述"中说，屋、堂是和谐共处、交相辉映的；是建筑设计者和捐助者共同创造了康乐园建筑群的文化价值；建筑的居住者，通常是学校的创办人、校长和大学者、教授等，重要的居住者提升或者重塑建筑物的价值。冯原在该书"总述"中说："由于中山大学这三个校园在广州城都留下了重要的空间遗产，想象一下，如果把中山大学的校园建筑从广州城的历史中抽出去，我们将很难去想象广州的完整风貌和文化品格。"从此可见中大红楼建筑的历史和文化价值。吴承学教授为该书写了序言——《灵魂的居所》，说在漫长岁月中，那些古老的校园建筑沉淀历史记忆，浓缩人文气息、古老屋舍掩映于苍翠草木，共同构成了康乐园的隽永之美。中大是学识的殿堂，也是灵魂的居所。

李庆双博士关注康乐红楼，源于他任传播与设计学院党委副书记，主管学生工作，指导一个学生文学社团——岭南人杂志社。他希望这个社团能在校园文化建设方面发挥作用，出一本文学性的校园文化书籍，最后决定以红楼为背景进行撰写。2018 年，中山大学出版社出版了岭南人杂志社编委会编辑的《印象·中大红楼——红堵翠阿，岁月留痕》。在扉页介绍说："本书以中山大学部分有代表性的红楼建筑为对象，收录中山大学师生及校友优秀的关于红楼建筑的文学性文章和摄影若干，将精致的摄影、优雅的文字、璀璨的红楼建筑历史、新颖优美的装帧完美地结合，从文学的视角和艺术的层面诠释并呈现中大人心目中的红楼建筑及其背后的故事。"由此可见，这本书与上述研究红楼的两本专著风格完全不同。李博士在《写在前面的话》中说，《康乐红楼》《红楼叠影》这两本书都很"高大上"，既有史料价值、档案价值，且极富观赏性，但较昂贵和厚重，适宜于放在案头，不便购置和携带。他出于对文学的热爱，想到了用散文、随笔和诗歌的形式来记叙红楼，其成果就是上述这本书。

李博士并不就此止步，继续研究红楼，收集红楼的资料，呈现在读者面前的这部《印象·中大红楼剪影》，就是他编辑的最新成果。李博士对中大红楼着了迷，他叙述过他与红楼的缘分。在中山大学研究生毕业后，他留在校长办公室工作近 10 年，当时的校办一直在格兰堂（旧钟楼）办公。为了宣传和保护红楼，学校还在中区的红楼墙面和楼前树碑立传。他当时所在的校办秘书科负责树碑的督办工作，能亲身参与红楼的保护和传承工作，深以为荣。他留校之初就住在南门附近主校道旁的二层红楼里，他对红楼的热爱深植于心中。这本书是《中大红楼》一书的继续和发展。如果说前一书主要是用散文、随笔、诗歌的文学形式来宣传、介绍红楼，那么这本书则带有研究性质，把一些问题、概念提高到理论层面来论述、探索，而且更多地阐述红楼蕴含的中山精神、民族精神、爱国精神等人文意蕴。从空间来说，这本书不但介绍了康乐园的红楼，而且把空间扩大到中大早期文明路、中山路校址的红楼。例如，对中大红楼命名的特色，红楼概念的延伸、历史和精神，红楼中西合璧样式的发展过程等，都有新的探索，提出新的观点。这两本书最大的特色，还在于发动本科生、研究生、青年教师广泛参与。我们宣传弘扬校园文化的目的在于育人，被育者积极参与其事，就是最好的举措，能够达到最佳的效果。

李庆双、崔秦睿编著的《雕塑上的中山大学》（中山大学出版社2020年版），是他们研究、宣传、弘扬中大校园文化的又一重要著作。为什么要编著这本书？李庆双在代序中说：

> 中山大学以红墙绿瓦和芳草地而闻名，但鲜有人提及散落于校园各处的雕塑。这些雕塑以人物造型为多，材质不一，形象各异，大小不同。既有单个，也有群雕；有室内和室外雕塑之分，也有真实人物和虚拟人物雕塑之别。真实人物雕塑中，既有中山大学创办人孙中山，也有知名学者，如陈寅恪、鲁迅等，还有校友冼星海、曾宪梓等，也包括了梁銶琚、马文辉等，还有一些与中山大学直接或间接相关者，如廖承志、达尔文等。这些真实或虚拟的人物雕塑，通过艺术造型方式，静静地向人们展示着各自的人物风貌和内心世界，也彰显着中山大学历史和文化传统及精神特质。——如果了解了这些人物雕塑，相信你就了解了大部分中大历史，之所以给本书命名为《雕塑上的中山大学》，也正是此意。

他认为，收集、整理和呈现这些人物雕塑，体现中山大学的环境育人功能，打造良好的校园文化。他对本书的定位是兼具文学性和档案性，要好看还有真实性，要图文并茂，每篇文字以3000字左右为宜。每文分人物格言或警句、人物风采、人物档案（包括人物档案和雕塑的碑文）三部分。本书收集了几个校区的室内外人物雕塑，全部整理和记录成册，"使这本书成为中山大学第一本完整记录人物雕塑的大全"。他把本书的部分作品以展板的形式先后在广州校区东校园行政会议中心大厅、南校园图书馆和珠海校区图书馆展出，受到广大师生的欢迎，获得良好的效果。他的工作方法，仍然像编写红楼的书籍那样，发动学生参与。把传播与设计学院的学生团队，分成文字组、摄影组、设计组和联络组，他们深入几个校园收集和整理资料。还请学校档案馆的崔秦睿老师一起指导学生的工作，修改和补充学生的文章，他们还亲自撰写几篇美文。共同的理念，使他们走到一起，共同奋斗。李博士在代序中记载一个故事。"记忆最深刻的是，为了弄清英东体育中心广场前的'倒挂金钟'雕塑上模糊的碑文，我和崔老师在正午的阳光下跪在碑文旁，一个字一个字地进行辨认，多亏了崔老师的广闻博记，才最终完成了碑文的辨认工作，此情此景也成了这本书的特殊印记。"这是多么动人的敬业精神。

孙中山先生的"天下为公"理念和奋斗精神，在本书的人物中都有所体现，叙述雕塑上人物的德才兼备、领袖气质、家国情怀的故事，使广大师生受到教育和得到启迪。

李庆双和吴丹还主编过《印象·中大草木》（中山大学出版社 2019 年版）一书。中大的校园非常优美雅致，茂林修竹、草木葱茏。生命科学院的学生，为庆祝学校 90 周年华诞，拍摄了校园具有代表性的植物照片，编成《康乐芳草——中山大学校园植物图谱》（中山大学出版社 2014 年版）。中山大学党委书记陈春声教授以《玉在山而草木润》为题，写了一篇序言，说中山大学环境优美，但不是一般意义上的"花园"，"我们的校园是诸多为近现代中国学术作出奠基性贡献的前辈学者居停过化之区，是许许多多以其思想成就增长了人类知识、改变了人类生活的大家名士授业解惑之所，更是无数聪慧好学的年轻人问道求学之地，这里的草木伴着知识的播种而萌芽，随着学术的进步而结果，这里的自然万物寄托过一代代学者哲人的思想与情愫，与成千上万莘莘学子共同成长"。陈书记这篇序文非常优美而有哲理。大凡一个读书人，尤其是喜爱自然、喜爱艺术的人，多辨认得一些大地的草木、鱼鸟，都是有益的。孔子教他的学生，要"多识于鸟兽、草木之名"，这是学生成长的重要途径。中山大学环境优美，环境可以育人，润物细无声，历来师生员工对这些花草树木，或以优美的文章记述它，或以热情洋溢的诗歌赞颂它，或谱成旋律柔和的曲调歌唱它。校友之歌中有一句唱词"千百个梦里，总把校园当家园"，最能体现中大人的家国情怀。《印象·中大草木》一书，收录了历届校领导、知名学者、校友、对中大草木研究有素的教职员工写的有关中大草木的诗文。还收录了传播与设计学院、资讯管理学院两院联合党委学生工作部、校团委和校友总会一起开展的"兴文化，育新人"主题征文活动的部分征文作品。这部书收录的作品，文字优美、富有感情、通俗易懂、内含哲理，配以现代画家的画作、摄影家的摄影作品。所以说它是一部饱含人文精神、雅俗共赏、图文并茂的宣传、弘扬校园文化的优秀读物。

红楼、草木、雕塑三者原来是中大固有的校园文化，李庆双博士以文化育人的理念，努力弘扬这种校园文化，作了许多有益的工作，由于他对文化和校园环境的热爱，致力于开展校园文化活动，打造了"三行情书"和"红色诗文诵读"两个校园文化品牌。

三行情书（这里的"情书"，不是男女之间的恋爱情书，而是作者对祖国、人民、社会、共产党、社会主义核心价值观、母校和亲朋发自内心真挚的情感的作品）活动，开展得比较早。在李庆双博士的主持、辅导下，十几年来他收到数千首作品，并主编了三部书：《爱的诉说——三行情书集》（中山大学出版社2013年版）、《中国梦，中大情——三行情书集》（中山大学出版社2015年版）、《我和我的母校——三行情书集》（中山大学出版社2020年版）。所谓"三行情书"，就是以诗歌的形式，用简练精致的三句话表达作者的真挚情感。三行情书有古老的东西方文化传统，易写、易记、易传播，符合时代特征，深受青年学生的喜爱。习近平总书记指出，教育要"以文化人""以文育人""以文服人"，强调要"润物细无声，运用各种文化形式，生动具体地表现社会主义核心价值观。"李博士任传播与设计学院党委副书记，探索出用三行情书和格言警句等传统文化形式，表达振兴中华、实现社会主义现代化的中国梦的宏大主题，获得了巨大的成功，《深圳特区报》《广州青年报》用较大篇幅报道了三行情书的相关活动。更加可喜的是，中山大学研究生支教团，把三行情书活动带到西藏林芝市第一中学、西藏昌都市第一高级中学和云南省澄江市第六中学，这些活动是研究生支教团所在中学的一道亮丽的文化风景线，深受当地师生的欢迎，《三行情书集》也收入西藏、云南这些中学师生及群众的作品。中山大学原党委书记李延保教授夫妇也兴致勃勃，化名"吕盛"参加了"三行情书"比赛，用"一份爱，一份承诺，一辈子"的诗歌表达相互间的深情。李书记即时捐赠了人民币2000元作为活动经费。后来李博士把这笔款项交给研究生支教团，作为支援西藏、云南活动的经费。中山大学原副校长颜光美教授为《中国梦，中大情——三行情书集》写了序言。序文说三行情书活动"已成为学校一张闪亮的名片和校园文化品牌"。他认为一个好的学生活动品牌要包含三个要素：一是有好的活动主题，主题要鲜明和积极向上，要体现家国情怀和爱校情结；二是活动的效果要能达到习近平总书记说的"以文化人、以理服人、以情感人、以美育人"；三是要学会运用新兴的传播媒介来做学生思想政治教育工作。由于"三行情书"活动的成功，"情传中国梦——三行情书活动"项目，2014年荣获"广东省校园文化建设优秀成果特等奖"，李庆双被评选为"广东省学生工作先进个人"。学生称他为学院"最有才情的党委副书记"。这是对李博士工作的充分肯定和褒奖。

就我的视野所及，进入双一流大学建设的院校，大凡都重视发挥校园文化在立德树人教育中的作用。例如北京大学，中大校友、现在北大任教的陈平原教授，出版过三种有关北大校园文化的书——《北大旧事》《老北大的故事》《北大精神及其他》。北京大学肖东发教授主编《北大人文与风物丛书》，包括《风骨：从京师大学堂到老北大》《风物：燕园景观及人文底蕴》《风范：北大名人故居及轶事》《风采：北大名师的岁月留痕》四卷，而且这些书很畅销，一版再版。更引人注目的是北京大学原校长许智宏院士，从校长岗位退下来之后，率领一个团队，将北大校园有代表性的185种植物拍成精美照片，他和顾红雅教授共同主编《燕园草木》一书，他在《草木含情》的序文中说："正是树木花草，使燕园四季分明。古树峥嵘，百花争艳，又突显出北大的灵气和活力。""这本书更大的寄托是：希望我们北大学子更好地珍爱我们的家园，保护好燕园的一草一木。"顾红雅在后记中说："燕园植物的美是要用心去体会的，我们在本书中加入了一些著名学者、校友对校园植物的描写，也添加了一些编委对部分植物的鉴赏和理解，尽量将校园文化融入到校园植物的描述中，希望这种尝试得到大家的认可。"我翻阅这本书，十分感慨，它既有科学性，又有可读性，更具欣赏价值。这不正是校园文化在沾溉着读者的心灵吗？

李庆双博士宣扬、弘扬中大校园文化工作是成功的。他之所以能够成功，首先是由于历届学校领导重视，如原党委书记李延保、郑德涛，原校长黄达人、副书记副校长李萍、副校长颜光美，现任党委书记陈春声、校长罗俊等都写过弘扬校园文化的文章或支持相关活动；学校相关部门，如学生工作部、宣传部、团委、校友总会，研究生院、传播与设计学院、资讯管理学院领导的支持，或批准相关活动立项的经费或直接领导参与有关活动；中山大学出版社大力支持，出版相关著作，王天琪社长还希望李庆双能出版系列校园印象书籍。总之，这个成功，是集体协作，加上李博士和他领导的团队努力奋斗、坚守敬业精神的结果，是践行孙中山先生博学、审问、慎思、明辨、笃行校训的体现。希望李庆双博士继续努力，为培养德、智、体、劳、美全面发展的社会主义事业建设者和接班人做出更大贡献。

原载李庆双、刘姝贤主编《印象·中大红楼剪影》，中山大学出版社2021年版。

风清气正 德泽后人

——《陈瑸家书》读后

2020 年 9 月，广东人民出版社出版了由唐有伯、龙明教授整理点校的《陈瑸全集》（上、中、下三册，"岭南文库"之一种），这是广东文化出版事业的一件大事。随后广东省人民政府文史研究馆、中共雷州市委员会、雷州市人民政府共同主办《陈瑸全集》出版座谈会于雷州市举行。陈瑸，清顺治十三年（1656）生于雷州，康熙五十七年（1718）卒于福建巡抚官署，享年 63 岁。陈瑸一生从政近 20 年，从县令做到封疆大吏，为官清廉，爱民如子，振兴文教，维护统一，热爱乡梓，弘扬雷州文化，留下令人景仰的"陈瑸精神"。《陈瑸全集》第三编收入《陈瑸家书》，并附《陈清端家范并序》。本文是阅读《家书》的一点感想。关于家书，陈瑸写过《寄家书》诗，云："离家才阅月，底事梦相寻（一作"侵"）。门户当如故，儿曹却系心。鲤庭诗礼训，花萼弟兄忧。能保无相负，邮筒一寄音。"①

一、《陈瑸家书》整理出版概述

根据龙鸣写的《陈瑸全集·前言》和"整理点校说明"可知，1921 年，海康县绅士黄景星和商人符南山合股创办道南印务局，刊印地方文献。《陈清端公家书》是这时期的印品。后来道南印刷业务越来越火红，生意越来越大，扩大经营范围。创办之初，取名"雷城道南章记印务局"，后改为"雷城道南印务局"，成为雷州半岛的印务中心。其旗下广州湾赤坎埠华文印务局印制的《陈清端公家书》，收录了当时所存陈瑸的全部书信，请名重一时的文史学者拔贡陈景鋆作序，时间为甲子年仲夏，即 1924 年夏天。

黄景星有计划地印行地方志乘和名人书籍。1925 年，他与陈瑸七世孙陈登策（字喜堂）合作，由道南印务总局排印《陈清端公四种合刻》，含《家书》四卷、《家范》一卷、《事纪》一卷、《祠纪》一卷。1927 年，黄景星死于非命，书局因此停办。陈家交给道南印书局准备排印的 12 册陈瑸《启劄草稿》等珍贵史料丢失了。陈瑸的另一个七世孙陈登魁（字梧奇）竭力搜寻，只得到四册。1930 年，陈登魁找到遂溪人陈其瑚（字丹林），将手中所存残章剩稿交给他，对

---

① 唐有伯、龙鸣整理点校：《陈瑸全集》中册，广东人民出版社 2020 年版，第 471 页。

他说："前因兵变已失十之八九；夫公之一言一语皆足以为世则，而不可一日以废。"他们所刻的本子就是 1930 年版的《陈清端文集补遗》，包括序、记等七篇、书十篇、启六篇，共 33 篇。序言作者自称同宗后学其瑚丹林。此书在道南章记印务局印行，陈其瑚写跋，落款时间是庚午年，即 1930 年。

而后，陈登魁、陈其瑚继续努力，欲编辑《陈瑸全集》。1935 年，雷州半岛遭遇台风袭击，沿海决堤百余里，当时任广东官立仁爱堂秘书之职的陈梅湖视灾至雷州，陈登魁、陈其瑚等陪同他拜谒陈清端祠。陈登魁赠给陈梅湖《陈清端公年谱》《陈氏家谱》《陈清端公诗集》等书，并告诉陈梅湖，他和陈其瑚所编的辑本"《诗文》《家书》为二十四卷，殿以《年谱》四卷，都二十八卷，为《陈清端全集》"，并请陈梅湖为《全集》和《书信集》作序。当年二月和九月，陈梅湖写成《海康陈清端公家书序》和《陈清端全集序》，分别寄至雷州。

1936 年，雷阳印书馆排印出版了《陈清端家书》。此书为线装一册，附有《陈清端家范》以及陈登魁辑录的陈瑸之子陈居隆、陈居诚的《谢恩呈词》等 11 篇文章，书后有陈其瑚写的跋。此版令人遗憾之处是，编者对陈瑸存世的书信作了删减，只摘取读书、课文、为人等方面的内容，进行分类加上标题，虽便于诵读，却失去了书信的原始性、完整性。

经过龙鸣等多年的努力，终于在陈瑸故里南田村找到广州湾赤坎埠华文印务局印制的足本《陈清端家书》。《陈瑸全集》收录的《陈瑸家书》，即以此本为底本，参校 1931 年雷阳印书馆印制的《陈清端家书》。[①]《陈瑸家书》是迄今收录最全的陈瑸从外地寄回家书，从 1693 年至 1717 年共 24 年 42 通。并附《陈清端家范并序》。前录陈景鋆写的《陈清端公家书原序》和陈梅湖写的《海康陈清端公家书序》。后录陈丹林于民国二十年（1931）写的《陈清端家书跋》。《陈瑸家书》是研究陈瑸思想的珍贵资料。

二、《陈瑸家书》宣扬的宝贵精神

"家书"，就是家人来往书信。杜甫《春望》诗云："烽火连三月，家书抵万金。"1924 年，陈景鋆写的《陈清端公家书原序》：陈景鋆造访陈瑸的后人，其后人"出其巾箧旧藏，有先生在官时家书一卷，示鋆弁言。"[②] 陈景鋆阅后，其家书的内容"举凡立身之本，为学之方，持家之道、涉世之要、服官为政之则，无不详乎言之"[③]。陈梅湖写的《海康陈清端公家书序》中也说："展其书就灯下

---

① 以上论述参考唐有伯、龙鸣整理点校《陈瑸全集》上册，"前言"和"整理点校说明"，广东人民出版社 2020 年版，第 1–37 页。

② 唐有伯、龙鸣整理点校：《陈瑸全集》下册，广东人民出版社 2020 年版，第 701 页。

③ 唐有伯、龙鸣整理点校：《陈瑸全集》下册，广东人民出版社 2020 年版，第701 页。

读，于训迪子孙学业外，其教忠、教孝、教慈、教敬、教俭、教勤，凡闻身心性命之理，阐发幽微，至义利关头，尤谆谆致意，无一语不本诸性天。"① 由这两篇序文可知，陈瑸家书内容十分丰富，是教育后代的金玉良言。我们展读这些家书，认为它在宣扬中华民族几种宝贵的精神。

（一）以孝为中心的家国情怀

陈瑸于康熙三十二年（癸酉，1693 年）初秋，离开家乡赴试至河头，在省城中式、往京会试前，分别寄回三封家书。有下列内容：

> 记祖先忌日。谨守身体。梓潼油灯。家堂朔望。教诲二弟。调和门内。无接闲人。馆门时关。

> 前河头发回家信，开去各条，须谨依无忽，今不再嘱。……家堂上每夕香灯，俱宜小心。

> 汝在家早晚须以为念，家堂香火勿失，及帝君前，俱要小心为是。至开新元旦节，更宜早起焚香叩头。及明年清明节，虽不合向，不便修墓，汝亦可代予亲到祖坟及祖婆坟、大伯爹坟上，烧纸叩头，千勿懈怠。②

康熙三十四年（乙亥，1695 年），往潮州府平远县谒耿老师，到河头寄回家书云：

> 每清晨及晚上，要点灯焚香于帝君前，亦检汝心一法，非仅为敬神明也。家内香火，逢朔望，亦要竭诚焚香点灯为要。祖先忌日，予在家已嘱过，想能记忆。③

这类内容在家书中还有一些，不必尽举。

《陈清端家范》云：

> 祖先亡期谓之忌，切须记忆。至是日必焚香点烛，随家常所办酒食供养，尽哀痛思慕之诚。所谓君子有终身之丧，忌日之谓也。④

> 家堂香火，皆天帝至尊明神，虽非我分所当奉祭，然自我祖父来，业已敬事之矣。父母之所敬，亦当敬之，推至人物皆然，况有神手?⑤

---

① 唐有伯、龙鸣整理点校：《陈瑸全集》下册，广东人民出版社 2020 年版，第703 页。

② 唐有伯、龙鸣整理点校：《陈瑸全集》下册，广东人民出版社 2020 年版，第 704 - 705 页。

③ 唐有伯、龙鸣整理点校：《陈瑸全集》下册，广东人民出版社 2020 年版，第 706 页。

④ 唐有伯、龙鸣整理点校：《陈瑸全集》下册，广东人民出版社 2020 年版，第 777 页。

⑤ 唐有伯、龙鸣整理点校：《陈瑸全集》下册，广东人民出版社 2020 年版，第777 - 778 页。

吾家坟墓远者已不尽晓，自吾祖公婆至吾父母，及同祖叔伯、同祖兄弟，俱在半洋一带，有在河以南，有在河以北，务每年加土修筑。逢清明，子孙必亲到坟所祭扫。若子孙功名发达，亦须到坟行礼，不忘本也。慎毋曰墓祭非古也。①

综合这些内容，反映了陈璚两个重要思想：一是宣扬孝道，孝敬祖先，记住祖先忌日，早、晚、朔、望焚香叩头，清明扫墓拜祭等；二是崇拜"梓潼神"。"梓潼（帝君）油灯"，要诚焚香点灯。这些属于中华传统文化中孝的观念和对自然神的崇拜。

何谓孝？孝之含义，一般认为有四个层次的意义。

一是善事父母。《尔雅·释训》对孝的解释是"善事父母为孝"。《说文》的解释是"善事父母者，从老，省子，子承老也"。许慎认为"孝"字是由老字省去右下角的形体，和"子"字组合而成的一个会意字，这是从古文字学的意义说的。"孝"的古文字形和"善事父母"之义完全吻合，因而孝就被看作是子女对父母的一种善行和美德。

二是尊敬祖先。尊祖的精神在于"慎终追远"。所谓"慎终"就是对亲祖，死，葬之以礼，祭之以礼。"追远"就是通过祭祀祖先，而使后人常存追念先人之孝思。《礼记·中庸》载："春秋修其祖庙，陈其宗器，陈其裳衣，存其时食……践其位，行其礼，奏其乐，敬其所尊，爱其所亲，事死如事生，事亡如事存，孝之至也。"② 曾子曰："慎终追远，民德归厚矣。"（《论语·学而》）对待过世的祖先，我们通过一定的仪式把他们请回来，这就是中国人的慎终追远的传统。中国的宗祠、祖先牌位，把去世的祖先变成家神，守护家族的平安，对祖先的祭祀就非常重要。孔子认为："生，事之以礼；死，葬之以礼；祭之以礼。"（《论语·为政》）而且祭祀祖先，不是流于形式，而必须是真情流露。所以孔子说："祭如在，祭神如神在。"（《论语·八佾》）这里讲祖先的"在"，不是一种实存意义上的"在"，而是指缅怀祖先的情感存在。因此，祭祀有一定的仪式，如焚香、音乐、祭文、聚餐，等等。2008 年，国家将清明节这一天传统节日确定为法定假日，这是从国家的层面来确定这种祭祀的仪式，是祭拜、缅怀祖先予以一种制度上的安排。

三是谨守身体。这是陈璚在第一封家书中开列的重要一条。在全部书信中多次告诫家人，要守护好自己身体。因为自己的生命是祖先或者父母亲的延续，所以我们要认真对待自己的身体，保全自己的生命。曾子曰："身体发肤，受之父母，不敢毁伤，孝之始也。"（《孝经·开宗明义章》）

① 唐有伯、龙鸣整理点校：《陈璚全集》下册，广东人民出版社 2020 年版，第 778 页。
② 朱熹：《四书章句集注·中庸章句》，齐鲁书社 1992 年版，第 13 页。

照顾好自己的身体，保全好自己的生命，就是对父母亲最大的孝顺。孟子说得很好：

> 事孰为大？事亲为大。守孰为大？守身为大。不失其身，而能事其亲者吾闻之矣。失其身，而能事其亲者，吾未闻之也。孰不为事？事亲，事之本也。孰不为守？守身，守之本也。①

把"守身"视为孝道最为重要的表现，是传统社会儒家学派的普遍观念。

四是继承祖先的遗志，完成祖先的事业。《礼记·中庸》说："夫孝者，善继人之志，善述人之事者也。"② 这里的"志"和"事"，就是先人的遗愿（志）、事功和经验（事）。继承先祖遗志，完成先祖事业称之为"追孝"。

以上"孝"的四层含义，在陈瑸家书中体现得淋漓尽致。孝道是一种高尚伦理道德，寄托着中国人的历史意识，表现出中国人所特有的那种为家庭、为民族、为国家的责任感，为子孙万代造福的精神，这就是一种历史责任。一个人的生命所以有价值，就在于他把个人有限的生命，融入历史的长河中，把自己看作历代祖先文化理想的实现者。中国人的孝道是一种永恒的家国情怀。

关于崇拜"梓潼神"。陈瑸在家书中，多次提到"梓潼油灯"，"家堂香火油灯勿失，及帝君（即梓潼神）前，俱要小心为是"③，还写过《梓潼县谒文昌祠》诗：

> 更衣道左谒文昌，庙貌依然云汉章。瑞启三台昭国运，目迷五色愧词场。愿培梓植（一本作杞）菁葱秀，早发潼川珠玉光。地主有灵应肋我，思通行翼莫相忘。

> 谁能如帝大夫身，敬仰星精即至神。天载无声均赋与，圣功何事可因循。若心只欲扶衰晚，普化常教悟性真。吾亦恪遵三两策，化书（一本作身）书内学为人。

> 自注：文昌化书，内有《勤行阴骘》及《惜字纸（一本缺纸字）文》二篇。④

梓潼神，文献记载甚多，或称为"梓潼帝君""文昌帝君""文昌神"是道教神。相传梓潼神姓张名恶子，居蜀七曲山，仕晋战死，后人立庙纪念。唐宋时屡被封为英显王。元仁宗延佑三年曾被封为"辅文开化文昌司禄宏仁帝君"，道

---

① 《孟子·离娄上》，见朱熹《四书章句集注·孟子集注》，齐鲁书社 1992 年版，第104 页。

② 朱熹：《四书章句集注·中庸章句》，齐鲁书社 1992 年版，第 13 页。

③ 唐有伯、龙鸣整理点校：《陈瑸全集》下册，广东人民出版社 2020 年版，第704 页。

④ 唐有伯、龙鸣整理点校：《陈瑸全集》中册，广东人民出版社 2020 年版，第670 –671 页。

家谓，玉帝命梓潼掌文昌府及人间功名、禄位事，因此称其为"梓潼帝君"。清钱大昕《十驾斋养新录》卷十九有"梓潼神"，考证甚详，今录其文如下：

> 梓潼之神，相传晋时张恶子。唐天宝十年，监察御史王岳灵，撰张恶子庙碑，见《唐诗纪事·李商隐题张恶子庙诗》："下马捧椒浆，迎神白玉堂。如何铁如意，独自与姚苌。"

王铎《谒梓潼张恶子庙诗》：

> ……判度支萧遇和诗。……时僖公解剑赠神，故二公赋诗。

吴自牧《梦粱录》：

> 梓潼帝君，在吴山承天观，此蜀中神，专掌注禄籍，凡四方士子求名赴选者悉祷之，封王爵，曰忠文英武孝德仁圣王。是南宋行都已立此祠也。《新定续志》载叶梦鼎《梓潼真君祠记》云：世言帝命司桂籍，主人间科级，是南宋之季，外府州亦立此祠矣。

虞集《广州路右文成化庙记》：

> 《天官书》以斗魁戴匡六星为文昌之宫，征文治者占焉。或曰隆灵吾蜀之梓潼者，则其神也，是以缙绅大夫士多信礼之，而文昌之祠，遂遍郡邑，皇元延祐中，书诏加封，号其祠曰右文成化，赞祠具在。而朝廷设进士科以取士，文风大行，人谓神实之。①

赵翼《陔余丛考》卷三十五有"文昌神"条，云"今世文昌祠所祀梓潼帝君"，由来已久。"然则张恶子之显灵于科目，盖自宋始，亦自宋之蜀地始。""世人因其于科目事有灵异，元时遂以文昌帝君封之，前明又以文昌额其宫，而张恶子之为文昌君，遂至今矣。"② 又据《华阳国志》，四川梓潼县一带，东晋以前崇拜恶子神，似与古老的雷神崇拜有关。

综合各种文献资料，梓潼神、文昌神，在民间有很大影响，被视为主宰人世间功名利禄之神，故文人学士多虔信之。然其神源自星辰崇拜。《史记·天官书》："斗魁戴匡六星曰文昌宫（索隐：《文耀钩》曰'文昌宫为天府'）……三曰贵相，四曰司命，五曰司中，六曰司禄。［索隐：《春秋元命包》曰：'……贵相理文绪，司禄赏功进士，司命主老幼，司灾（即司中）主灾咎也。'］"③ 也就是说，"梓潼神""文昌神"，最初是人类的自然崇拜，后来逐渐社会化，被赋予

---

① 钱大昕：《十驾斋养新录》卷十九，上海书店 1983 年版，第 457－458 页。

② 赵翼著，栾保群、吕宗力校点：《陔余丛考》卷三十五，河北人民出版社 1990 年版，第 629－630 页。

③ 司马迁：《史记·天官书》第 4 册，中华书局 1959 年点校本，第 1293－1294 页。

各种的社会功能。① 自然崇拜，是原始社会由于生产力低下，人们面对自然威力感到自己软弱无力，便把自然界的许多现象人格化、神化并加以崇拜。崇拜的对象通常是日、月、星、山、河、土地、火、石头等与人们的生产和生活有密切联系的对象，并往往伴之以一定的仪式。"梓潼神""文昌神"，根据《史记·天官书》，它最早是一种对星辰的崇拜。

陈瑸在从河头寄回的第一封家书中，把"记祖先忌日。谨守身体。梓潼油灯。家堂朔望"四者并列，叮嘱家人谨记。在第二封家书中又说："前河头发回家书，开去各条，须依无忽，今不再嘱。"在"家范"中又说："家堂香火，皆天帝至尊神明，虽非我分所当奉祭，然自我祖父来，业已敬事之矣。"② 事实上，陈瑸是把以孝为中心的崇敬祖先和崇拜梓潼神一样看待的，都寄托着他的家国情怀。

（二）以儒学思想为核心的修齐治平理念

孔子所创立的儒家学说，主要包括礼、仁等内容。礼是以亲亲、尊尊、长长、男女有别为本，建立有上下等级、尊卑长幼等明确而严格的典章、制度、规矩、仪节等的社会秩序和政治体系。仁是儒家伦理哲学的中心范畴和最高道德准则。从孔子开始，儒家对仁进行了系统阐发，其含义十分广泛，仁学中有重民倾向，要求对民宽、惠、仁爱，反对暴政虐民。儒家重仁，实即重视个人的道德修养、道德自觉及道德教化的社会作用。儒学发展到宋明，出现了宋明理学，学术界认为，宋明理学是儒家发展的第二期的开展。北宋出现了"北宋五子"：周敦颐、邵雍、程颢、张载、程颐。南宋出现了理学集大成者朱熹。

儒学的传承主要通过父子相继的家学世传、招生授徒的"家教"、学校教育和国家官制、奖惩等途径，尤其是家学的意义更为重大。我们从《陈瑸家书》中，看到他在继承、宣传、弘扬儒学文化，尤其是理学文化的作用。

现摘录几段陈瑸家书：

> 新科所中之乡墨俱在，盍复读之？可知作文宜向平正真实一路。"尝欲取四书古注疏及《集注》《章句》《大全》《或问》合汇为一书。而于逐章之末，通论诸说之得失，而折衷于朱子之言，以使学者有以定其识、一其趋，而临文无浮游不根之病；而自惠于学则下至，未敢轻有云也。然诸书具在也，学者能取而参互考证之，则所见自无谬摇矣。""朱子文字，多取法曾南丰，宋文之衷于道者，无南丰若也。学者暇时，宜取《曾集》熟玩之，则下笔当自改观。"二条乃孙子未录文论二则，可知玩心《朱注》，温习古

① 吕宗力、栾保群：《中国民间诸神》上册，河北教育出版社 2001 年版，第 68 页。
② 唐有伯、龙鸣整理点校：《陈瑸全集》下册，广东人民出版社 2020 年版，第 777 页。

序·评

文，是文家要紧工夫。①

《小学》一书，教人以明伦敬身，及嘉言善行，纤悉备具，不可不朝夕常置案头，心维口颂，身体力行。家之肖子，国之贤臣，胥是乎出。新例外场论题，兼出《性理》《纲目》诸书，急宜准《性理》书中《太极图》《通书》《西铭》《正蒙》等篇，细心研究精熟，及朱子《纲目》，亦宜讲求大意，不可概束高阁。②

其用功于四书本经，及《小学》、《孝经》、周子《太极图》、《通书》四十章、张子《西铭》、《正蒙》等书，近日命题，最宜讲究通晓，文章一道，虽日趋于新，其法脉自有一定不易。总之，穷得理明，养得气静，机到神来时，自有不知其然而然之妙，非临时牵强斧凿所可得到也。③

寄去书册六箱，内有《古文渊鉴》《朱子文集》不可不细读。其二十一史内，《史记》前后《汉书》及《五代史》亦最要紧，但必珍重书套，勿轻污损。有借去者，俱婉辞之，若来家就不妨。汝父万里购求，匪易也。④

《朱子学的》一书，乃吾乡琼山公手辑。朱子嘉言善行，略具于是。男要手抄一本，卧起出入，必以自随，心心念念，勿之偶忘。昔薛文清先生居官，唯以性理自随，此意不可忽也。朱子浑身是理，真是孔子后身。故先儒有曰："周东迁而夫子出，宋南渡而文公生。"信非偶然。⑤

《朱子学的》内圣外王道理，无一不备，是儒者有体有用之学，非但有益作文字而已，甚悔其读之晚也。逐句点断，易看、易读。《小学》《近思录》亦于每段顶上提明要旨，亦宜细细看过。昔有请朱子再为拣择《近思录》者，朱子翻一两页，曰："此亦难拣。"予亦翻至再四，果然逐条俱有义理、有意思，何能择也？此三书仍未敢寄去，恐失落。⑥

以上几段"家书"实际上就是陈瑸为子弟开列的儒学尤其是理学的重要书目，而对这些书，陈瑸十分谙熟，而且对于自己的治邑理政都非常有用，希望子弟用心去读，认真领会其意义。

这些书目概括起来就是儒家的四书五经，尤其是朱熹的《四书章句集注》《朱子大全》《朱子语类》《性理大全》《近思录》等。

《性理大全》，是明代胡广等奉敕编辑的宋人理学文集。全书"所采宋儒之

①　唐有伯、龙鸣整理点校：《陈瑸全集》下册，广东人民出版社 2020 年版，第 712 页。
②　唐有伯、龙鸣整理点校：《陈瑸全集》下册，广东人民出版社 2020 年版，第 736 - 737 页。
③　唐有伯、龙鸣整理点校：《陈瑸全集》下册，广东人民出版社 2020 年版，第 741 页。
④　唐有伯、龙鸣整理点校：《陈瑸全集》下册，广东人民出版社 2020 年版，第 758 页。
⑤　唐有伯、龙鸣整理点校：《陈瑸全集》下册，广东人民出版社 2020 年版，第 770 页。
⑥　唐有伯、龙鸣整理点校：《陈瑸全集》下册，广东人民出版社 2020 年版，第 773 页。

说，凡一百二十家"。《四库全书总目》第 26 卷以前，为自成卷帙的著述，有周敦颐的《太极图说》《通书》、张载的《西铭》《正蒙》、邵雍的《皇极经世》、朱熹的《易学启蒙》《家礼》等。第 27 卷以后，是采摘各家之言汇编的问题专论，有《理气》《鬼神》《性理》《诸儒》《君道》等，总共 13 个条目。编辑者将汗牛充栋的宋人理学名篇名论缀为一体，堪称大全，并为后世研究宋代各个学派、各种哲学、政治思想提供了丰富的资料。

《太极图说》和《通书》是周敦颐（1017—1073）撰的重要哲学著作。周敦颐是著名的理学家，"北宋五子"之一，其一生大部分时间讲学，晚年定居庐山莲花峰下，建濂溪书堂，世称"濂溪先生"，其所创学派称"濂学"。《宋元学案·濂溪学案》说："孔孟而后，汉儒止有经传之学，性道微言之绝久矣。元公（周敦颐谥号）崛起，二程嗣之，又复横渠诸大儒辈出，圣学大昌。"[1]《太极图说》全文 250 余字，内容是对《太极图》的解说。《太极图》本源于道教。该文提出了著名的"无极而太极"最高本体的宇宙生成论。认为，"太极"的一动一静，产生阴阳两仪，阴变阳合而生出水、火、木、金、土五行。"二气交感，化生万物"，"万物生生而变化无穷焉，唯人也得其秀而最灵"[2]。《太极图说》是道教《太极图》与儒家《易》说的思想结合，是以《易》说来说明《太极图》义蕴的重要思想文献，为宋代新儒家提供了本体论的依据，奠定了程朱理学的理论基础。《通书》又名《易通》，全书 40 章。以发挥《易传》和《中庸》思想为主旨，对宋明理学的若干重要范畴，特别是"诚"和"主静"做了阐述。把"诚"与"无极而太极"都提到世界本体论和伦理观的高度，认为"诚者，圣人之本，大哉乾元，万物资始，诚之源也"，"寂然不动者，诚也"[3]。同时"诚"又是仁义礼智信等一切封建道德的根源，"诚"五常之本，百行之源。通过"诚"沟通了天人关系，为封建的纲常名教进行了哲学论证。认为"主静""无欲则静""无思无欲"是修养的根本原则，可达到"圣人"的境界。《通书》和《太极图说》，开了宋明理学的先河，是研究宋儒思想的重要著作。所以，陈瑸在家书中多次提过子弟要熟读《太极图说》和《通书》。

《正蒙》和《西铭》是张载（1020—1077）的重要哲学著作。张载是著名理学家，"北宋五子"之一，"关学"创始人。他以儒学教授弟子，以《易》为主，以《中庸》为目的，以《礼》为主体，以孔孟学说为最高要求。《宋史·张载传》说："载学古力行，为关中士人宗师，世称为横渠先生。著书号《正蒙》。"《正蒙》为张载一生最重要的著作之一。原书洋洋数万言，死后由门弟子苏昞

---

① 黄宗羲：《宋元学案·濂溪学案》（一），中华书局 1986 年版，第 481 页。
② 黄宗羲：《宋元学案·濂溪学案》（一），中华书局 1986 年版，第 497 – 498 页。
③ 黄宗羲：《宋元学案·濂溪学案》（一），中华书局 1986 年版，第 482 – 484 页。

"辄就其编，会归义例，略效《论语》《孟子》篇次章句以类相从，为 17 篇"。本书在阐释儒家经典《周易》《诗经》《论语》《孟子》的同时，系统地论述了万物皆本于"气"的一元论世界观，建立了"气化"论的思想体系。还尖锐地批判了佛教、道教的荒诞无稽。① 《西铭》从儒家"天人合一"的思想出发，论证了人在自然界中的地位，"乾称父，坤称母。予兹藐焉，乃浑然中处"。提出了著名的"民吾同胞，物吾与也"② 的理想境界说，视民为兄弟，视物为同类，尊老慈幼，同情残孤鳏寡。宣扬君臣父子、忠孝节义的伦理道德，乐天安命的人生态度。本书在儒学发展史上占据重要地位。陈瑸要子弟读《正蒙》《西铭》，就是要按儒家的伦理道德进行人生修养。

陈瑸非常强调读朱熹的著作。朱熹（1130—1200），南宋大儒，理学集大成者。字无晦，后改仲晦，号晦庵，别号紫阳。江西婺源人。因寓居福建建阳考亭，故世称"考亭先生"。一生主要从事讲堂活动，以继承发扬儒学，特别是二程理学为己任，其思想体系与二程理学合称"程朱理学"，因其长期在福建讲堂，其所创立的学派称为"闽学"。陈瑸在家书中强调读朱熹《朱子全书》《朱子语类》《近思录》《小学》《朱子学的》等。《朱子全书》，清李光地（1642—1718）等奉敕辑，66 卷。因儒家尊朱子之书，往往不问真赝是非，随声附和，急需去芜存精成一书以成指南，故编是书。书成于康熙五十二年（1713）。将原有朱熹文集、语类等撮取精要，以类相次，编为 19 门。以"御纂"名义颁行全国。《四库全书总目》收录，在当时是权威的本子。《朱子语类》（亦称《朱子语录》），南宋黎靖德编辑朱熹讲学语录的分类汇编，140 卷。朱熹一生从事讲学，弟子们对他的讲话和答疑各有所记。朱熹死后，弟子们对这些记录加以汇辑刊刻，有多种版本，详略不一。诸书并行，互有出入，未尽完善。咸淳六年（1270），黎靖德将诸书合并，去其重复谬误，然后分类排比，编成此书。分理气、鬼神、性理、学、大学、论语、孟子、中庸、易、书、诗、孝经、春秋、礼、乐、孔孟周程张邵朱子、吕伯恭、陈叶、陆氏、老氏、释氏、本朝、历代、战国汉唐诸子、杂类、作文 26 门。内容涉及哲学、自然科学、政治、史学等多个领域，是研究朱熹思想的重要资料。虽然不是朱熹所手定，但反映了朱熹学说的大要及其基本思想。《四库全书》收录。

《近思录》，朱熹与吕祖谦（1137—1181）共辑周敦颐、张载、程颢、程颐关于大体而切于日用之言，取子夏"切向近思"之义以名，凡 14 卷，成书于淳熙二年（1175）。周、张、二程之书，博大精深，初学者不知所择，无从入门。朱熹和吕祖谦从《太极图说》《易通》《西铭》《正蒙》《经学理窟》《二程遗书》

---

① 黄宗羲：《宋元学案·横渠学案（上）》（一），中华书局 1986 年版，第 668–752 页。
② 黄宗羲：《宋元学案·横渠学案（上）》（一），中华书局 1986 年版，第 665 页。

《易传》中，摘录有关体用的论述，分类编排。分为道体、为学、致知、存养、克治、家道、出处、治体、治法、政事、教学、警戒、辨异端、观圣贤 14 门，共 622 条。道体论述"性之本原，道之体统，盖学问之纲领也。"（《近思录》卷一）。为学论述"为学之要，盖尊德性矣。必道问学，明乎道体，知所指归"（《近思录》卷二）。出处论述"出处之道，盖身既修，家既齐，则可以仕矣"（《近思录》卷七）。此书使学者致力于日用之实，而不使骛于高远，实为性理诸书之祖，为《五经》之阶梯，"入圣人之基"（《近思录》原序）。《四库全书》收录。《近思录》编辑非常精粹，陈瑸在家书中说："昔有请朱子再为拣择《近思录》者，朱子翻一二页，曰'此亦难拣'。予亦翻至再四，果然逐条俱有义理、有意思，何能择也？此三书（按指《朱子学的》《小学》《近思录》）仍未敢寄去，恐失落。"① 可见此书之珍贵及陈瑸之爱惜。

《朱子学的》，明邱濬（1420—1495）辑。邱濬，字仲深，琼山人。景泰进士，官礼部尚书，文渊阁大学士。是书辑朱熹语录，分上、下两卷各十篇。上卷分下学、持敬、穷理、精蕴、须看、鞭策、进德、道在、天德、韦齐；下卷分上达、古者、此学、仁礼、为治、纪纲、圣人、前辈、斯文、道统。《四库全书总目》说，上卷"纪朱子之生平言行，犹《论语》之有《乡党》也"，下卷"所以纪濂洛关闽之学所由来，犹《论语》之《尧曰》也"，"然濬阐朱子之言以示学者，即仿朱子编《近思录》《小学》之体足矣"。② 本程朱理学，"存天理，灭人欲"，论古道今，讲"修身、齐家、治国、平天下"之道。陈瑸在家书中说："《朱子学的》内圣外王道理，无一不备，是儒者有体有用之学。"③ 并于康熙五十三年（1714）写了《朱子学的跋》。说："《朱子学的》一书，乃吾乡邱琼山先生所手辑，吾师仪封张诚斋夫子于抚闽日所校订，而重梓之者也。"《朱子学的》20 篇之命名，各有深思。"读此书者能通贯首尾次第，而又于每篇中一字一句必切己省察，励志力行，庶有实得乎朱子之精义微言，无负琼山先生纂辑之意，则吾师所校订而重梓之嘉惠后学，为功岂小补已哉！"④

《小学》，朱熹、刘子澄编撰，为儿童教育课本，汇集古人符合儒家道德标准的嘉言懿行。共六卷，分内、外篇。内篇分"立教""明伦""敬身"和"稽古"，外篇分"嘉言"和"善行"。陈瑸曾写《朱子小学序》，曰：

> 《小学》一书，朱子手辑，教人以为人之法也。自天降生人，即有人之

---

① 唐有伯、龙鸣整理点校：《陈瑸全集》（下册），广东人民出版社 2020 年版，第 773 页。
② 永瑢等：《四库全书总目》上册，中华书局 1981 年版，第 808 页。
③ 唐有伯、龙鸣整理点校：《陈瑸全集》下册，广东人民出版社 2020 年版，第 773 页。
④ 唐有伯、龙鸣整理点校：《陈瑸全集》上册，广东人民出版社 2020 年版，第 211、213 页。

伦，与此身相维系。而人每不能自敬其身、自明其伦，必有待于圣人之教。此立教、明伦、敬身三者，为《小学》之纲领也。立教者，即立此明伦敬身之教。而伦何以明？即父子之亲，君臣之义，夫妇之别、老幼之序、朋友之信者。是身何以敬？即吾身之内而心求，外而威仪，衣服以章身，饮食以养身者。是九者为《小学》之条目也。然无征不信，必稽古而为之说；而又广之以嘉言，实之以善行。其教人为人之法，可谓详且悉矣。盖同此立教、明伦、敬身之圣，古之人有行之者矣。自汉以前，以稽古别之为《内篇》，汉以后之贤人君子嘉人善行别为《外篇》。内外别，而其理无别也。①

正因为《小学》如此重要，陈琏要其子弟"不可不朝夕常置案头，心维口颂，身体力行"②。

《四书章句集注》，是朱熹对《大学》《中庸》《论语》《孟子》的注释。宋以前，五经立于官学，唐孔颖达《五经正义》是官定的经书注释。宋时朱熹祖述程颢、程颐的观点。特别尊崇《孟子》和《礼记》中的《大学》《中庸》，使之与《论语》并列，对《大学》还区分经、传各10章，并重新编排了章节。认为"《大学》，孔氏之遗书，而初学入德之门也"。《大学》中的经乃"孔子之言，而曾子述之"，传乃"曾子之意而门人记之"。《中庸》是"孔门传授心法"，而由子思"笔之于书以授孟子"。《论语》《孟子》《大学》《中庸》四书合起来，代表了由孔子经过曾参、子思传到孟子这样一个儒家道统，而程颢、程颐和朱熹则是这一道统的继承者、发扬者。朱熹倾毕生心力注释《四书》，前后经过40余年，毕力钻研，死而后已。全书分为《大学章句》1卷、《中庸章句》1卷、《论语集注》10卷、《孟子集注》14卷。《大学》《中庸》的注释称为"章句"，《论语》《孟子》的注释因引用二程（程颢、程颐）、程门弟子及他人说法较多，称"集注"，后人合称为《四书章句集注》。此书主要目的是借此宣扬程朱理学思想，在注释中，把理学家的许多概念和思想加入四书中。此书注重义理的解释与发挥，而疏于名物训诂。朱熹死后，此书逐渐风行，被视为"六经之阶梯"。成为封建社会后期科举考试命题与答案的标准，知识分子必读的官方教科书。所以，陈琏在家书中，反复要求子弟必读此书。

《资治通鉴纲目》（后世也称为《紫阳纲目》，紫阳乃朱熹别号），朱熹著。此书在朱熹生前已成书，但未最后定稿。朱熹死后，稿归幼子朱在保存，10年之后，始由李方子从朱在手里取出，在泉州刊行，则距朱熹之死已经19年了。此书为朱熹一部反映其史学思想的名著，对后世影响很大。其所以有名，在于它的义例和书法继承了《春秋》的传统，其是非褒贬为后世准绳。它是"穷理致

① 唐有伯、龙鸣整理点校：《陈琏全集》上册，广东人民出版社2020年版，第307页。
② 唐有伯、龙鸣整理点校：《陈琏全集》下册，广东人民出版社2020年版，第336页。

用之总会，而万世史笔之准绳规矩"。朱熹的理学思想、伦理道德观点，贯注于此书之中，使它不只是一部历史书，而更重要的是一部政治教科书。此书的精神，反映在其所作的《资治通鉴纲目凡例》之中。《凡例》共 19 个目，绝大部分是叙述统治阶级最高层的政治活动，是一部维护封建统治的历史著作。它具有扶纲常、植名教的鲜明特点。凡事关君臣、父子、夫妇等伦理关系，都为"三纲五常"的伦理道德服务。但此书所宣扬节义等道德教育，夷夏之防的民族思想，在宋、元及明清易代之际曾经起了很大的作用。文天祥、史可法、顾炎武等历史人物就是从这些思想中陶铸出来的。① 陈瑸要求子弟对"朱子《纲目》，亦宜讲求大意，不可概束高阁"②。

从上述陈瑸为子弟开出的部分书目来看，全是儒学经典，尤其是理学重要著作。儒学讲齐家治国的入世理念。"家—国"同构是古代宗法社会的基本特点。家与国是相互联系的，家庭治理是国家治理的基础。《大学》的首章讲得很清楚：

> 大学之道，在明明德，在亲民，在止于至善。知止而后有定，定而后能静，静而后能安，安而后能虑，虑而后能得。物有本末，事有终始。知所先后，则近道矣。古之欲明明德于天下者，先治其国。欲治其国者，先齐其家。欲齐其家者，先修其身。欲修其身者，先正其心。欲正其心者，老外诚其意。欲诚其意者，先致其知。致知在格物。格物而后知至，知至而后意诚，意诚而后心正，心正而后身修，身修而后齐家，齐家而后国治，国治而后天下户。自天子以至于庶人，壹是皆以修身为本。③

这段文字，朱熹把它概括为"三纲八目"。所谓"三纲"就是"明明德""亲民""止于至善"。所谓"八目"就是格物、致知、诚意、正心、修身、齐家、治国、平天下。在儒家看来，国家与家庭是对应的，君王就是一个大家长，而家长要起到榜样的作用。陈瑸要子弟阅读理学家的书，就是要求子弟按"三纲八目"来修身、齐家、治国、平天下。如果自天子以至于庶人都能这样做，国家就能平安，人民就能富足。当然，这是为统治者服务的政治理论。

关于《陈瑸家书》惠及后人，民国二十年（1931 年）陈丹林写的《陈清端家书跋》有一段论述，今录于下：

> 公在康熙朝，以名进士秉节岩疆，其政绩之雄伟，煜耀千古，读公书者当自得之。方其宦时，骨肉之亲，远离千里，诗礼之训，惟书是传。故细而日用饮食之间，大而成己成物之道，端未见而开之，兆方形而闭之。道之而和悦其心，作之而发奋其气，警悟指谕，再三反复，以善其言行，陶其德性

① 参见侯外庐、邱汉生、张岂之主编，张岂之修订《宋明理学史》上，西北大学出版社 2018 年版，第 388 页。

② 唐有伯、龙鸣整理点校：《陈瑸全集》下册，广东人民出版社 2020 年版，第 737 页。

③ 朱熹：《四书章句集注·大学章句》，齐鲁书社 1992 年版，第 1－2 页。

者，无微不至。然后知公之诸子，能各成其才，及公后人，遵其遗训，至二百余年，而遗风未泯，巍然为吾雷世家之冠者。虽以公之德泽及民者深，故食报亦厚，而未尝非公之所以为教者。其贻谋之良，实非他人所能及。故家庭有善教育，而后乡里有良风俗，社会有好人才，理之固然而不可易者也。今公之裔孙梧奇世伯告余曰："日用之间，米盐之细，当日公固不惮烦而言之，今则亦琐屑，子为我存其纯者。"余质鲁学疏，言行之间，多可尤悔，方欲藉公名训，以自薰沐，乃数录之，以与公之后人共勉焉。①

由此可见《陈瑸家书》对后世影响甚大。

三、《陈瑸家书》的价值

2016 年 12 月 12 日，习近平总书记在会见第一届全国文明家庭代表时的讲话中指出："中华民族历来重视家庭。正所谓'天下之本在家'。尊老爱幼、妻贤夫安，母慈子孝、兄友弟恭、耕读传家、勤俭持家，知书达礼、遵纪守法，家和万事兴等中华民族传统家庭美德，铭记在中国人的心灵中，融入中国人的血脉中，是支撑中华民族生生不息、薪火相传的重要精神力量，是家庭文明建设的宝贵精神财富。"

习总书记这段讲话中的"天下之本在家"之语，出自东汉学者荀悦（148—209）撰的《申鉴·政体》，原文为："明于治者其统近，万物之本在身，天下之本在家，治乱之本在左右，内正立而四表定矣"。（见《四部丛刊》影印明黄省曾刻《申鉴》）荀悦的史学思想，中心是一种强调以史为鉴的历史观。他说，君子有三鉴，鉴乎前，鉴乎人，鉴乎镜。"三鉴"中把史鉴列为第一，认为不吸收历史经验教训，是国家衰亡的重要原因。"天下之本在家"一句则是强调善于治理的人，知道治理的根本在于由内而外，由近及远，推己及人，所以要做好事情，先要做好自己，要治好天下首先要治好家。社会是由一个个小家组成的，只有每个家庭都安定幸福，社会才能安稳。这与孟子所说的"天下之本在国，国之本在家"以及《大学》中所讲的"家齐而后国治，国治而后天下平"的思想都是一脉相承的，天下之根本在家庭，"正家，而天下定矣"。这就是儒家的修身、齐家、治国、平天下的伦理政治思想。

陈瑸除在家书中谆谆教诲子弟以孝为中心的家国情怀、以儒家思想为核心的修齐治平理念之外，还制定了《陈清端家范并序》。序中说："天下之生而下愚者，有几人乎哉？天下之生而上智者，有几人乎哉？均属中材，可成可败，学为公卿，不学庶人，其尤喫紧者，在初学一节。""穷乡绝谷不乏奇才，田夫野老亦知教子。""若为人师表，则务勤训诲，尽心引诱。""无曰淡泊，人生斯世，

---

① 唐有伯、龙鸣整理点校：《陈瑸家书》下册，广东人民出版社 2020 年版，第780 页。

珠玉锦绣，享用皆有尽期，惟冥冥能种福田，便一生受用无尽，庆余子孙，继乎不爽。"他规定了 15 条"家范"，第一条是："男儿经十岁，责令勤力诗书为要。盖诗书非但可猎取功名，亦可识礼义廉耻，养成一端，谨醇厚子弟，亦是家门福庆。至三十岁，若于功名无成，则务本力农，又治生之急务矣。"①

中国古代有良好的家教和家风，今天阅读《陈琼家书》，对我们学习和贯彻习近平新时代中国特色社会主义思想，建设社会主义文明家庭，弘扬优良家风，努力使千千万万个家庭成员为国家发展、民族进步、社会和谐做贡献有借鉴意义。

原载广东省人民政府文史研究馆编（陈海烈主编）《穿越时空说清官——陈琼及其著作评论选》，广东人民出版社 2021 年版。

---

① 唐有伯、龙鸣整理点校：《陈琼全集》下册，广东人民出版社 2020 年版，第 775 – 777 页。

纪念师友

襟怀坦白　大将风度
——深切怀念陈胜粦教授

陈胜粦教授逝世已经一年了，但他的音容笑貌仍时时萦回在我的脑海里，勾起对他的思念。我 1973 年 10 月从北京中国科学院哲学社会科学部（今中国社会科学院前身）历史研究所调来中山大学历史系任教，开始认识陈教授，至 2003年 4 月 5 日陈教授逝世，相识 30 年。但他从事中国近代史的教学与研究，而我则从事中国古代史的教学与研究。1984 年以前，我们之间只是一般的同事，见面点头、握手，互致问候，并没有太多的了解。陈教授毕业于中大历史系，留在学校当校领导的秘书。关于他才华横溢、思维敏捷，文章高手的逸闻趣事时有所闻，因此也给我留下深刻的印象。

我和陈教授由相识、相知到深交，是 1985 年以后到 2003 年他逝世。这期间，我们是同事、上下级、朋友的关系，时而他是我的直接领导，时而我又直接被他领导，这样几起几落，从我们之间的相处中，我深深体悟到陈教授襟怀坦白、大将风度的人格魅力。

1985 年学校任命陈教授为历史系系主任，由他出面"组阁"，选择系副主任。有一天他找到我，说有历史系的知名教授推荐我出任系副主任，他来征询我的意见。这对我来说是万万没有想到的事情。从我踏入中大校门开始，就一心一意想搞好自己所负责的教学和科研，这是我安身立命、立足于中山大学之所在，别无他骛。在此之前，陈教授给我留下很好的印象，他既然有意选择我当副手，我便答应试试看。后来我被任命为历史系副主任，分管教学和办班创收，我们在历史系共事了六七年。这几年我工作得很愉快，也得心应手。因为陈教授对内只抓大事，行政办公会议决定了的事情，由副手分工负责，放手让副手去做，出了问题，他也勇于承担责任，并不推诿给下属。他比较多地考虑开拓新的局面，扩大历史系在国内外的影响，提高历史系的学术地位，并为此做出了重要贡献。这显示出陈教授是一位帅才，有大将风度。我作为副手，自问良心，也是尽职尽责的，不敢偷懒，没有什么私心杂念，一心一意想协助陈教授把历史系搞好。他对副手的困难也体贴入微，想尽办法协助解决。例如，我当时是副教授、系副主任，但一家四口，祖孙三代，困居于 25 平方米的房子之中。因为我的太太不在中大工作，分房计分时比别人吃亏，几次调房都没有我的份。据我所知，他在不同场合都为我呼吁。1986 年陈教授搬到新居，他原居住的 36 平方米的房子，适合我居住。他搬走后，自己保留房子钥匙，向有关部门争取把这套房子分配给我。直到有关部门答应，才放心地把钥匙交给我。此事令我全家感动至深。我年事已高、体弱多病、又没有文化的岳母亦亲切唤他"陈教授"。他对我岳母亦经常嘘寒问暖，关怀备至。

1991 年，我们这一届班子已任了六年，本来是应该四年换一届的，当时学校为了稳定局面，要求我们继续再任两年，所以任了六年。我自己觉得，六年间在行政工作上花的时间太多了，对科研工作有很大影响，自己想做一些研究课题，都没有时间做。我向陈教授提出，想辞职，请他另找人替代我的职务。后来我才知道，原来他与时任总支书记的黄义祥教授商量，想让我任系主任，并让黄义祥教授去征求学校领导的意见。领导明确表示，张荣芳要调到学校工作，让陈教授继续担任系主任。后来我就相继被任命为中大教务长、中大副校长。这样，我就变成了陈教授的领导。我到学校工作之后，陈教授约我进行一次很长时间的交谈。他从我们六七年的共事谈起，鼓励很多，说我对他的工作支持很大。他积极支持我到学校工作，以后应该像我们在历史系工作一样融洽，要多关心和支持历史系的工作。像一把火一样的炽热的谈话，深深地感动了我，他不但没有丝毫的妒忌心理，而且多方呵护、支持，并且还勉励我在学校好好工作，一场语重心长的教诲令我终生难忘。他赤诚、热情、襟怀坦白、清可见底，令人十分敬佩。

1995 年秋，学校领导班子换届，我从学校领导班子换下来，又回到历史系从事教学与研究，时陈教授仍任历史系主任，他又变成了我的领导。他对我说，一个人应该能上能下，历史系欢迎你回来。我虽然在学校工作，但各种组织关系都留在历史系，还在历史系上课、带研究生，我从来没有离开过历史系的感觉。有些人从领导岗位上退下来时，会有一种失落感，但我却没有这种失落感，反而觉得是一种解脱，心情很轻松。这除了我没有太大官瘾，认为教学和科研才是安身立命之道的人生观之外，还与陈教授热情洋溢的欢迎，使人有一种温暖感是分不开的。为此，他把历史系所有领导、著名教授、教研室主任等通通请来，在永芳堂举行一个盛宴，欢迎我回历史系工作。他能做到这样，实在是难能可贵。所以，我不管在哪里工作，对历史系总有一种归属感。

后来陈教授病了，我每次到医院探望他，看到他那骨瘦嶙峋的躯体，不禁黯然泪下，握手相对，无以言语。陈胜粦教授永远离开我们了，但他襟怀坦白、大将风度的品格却是永恒的楷模。

原载中山大学历史系、中山大学近代中国研究中心编《陈胜粦教授纪念集》，2004 年版。

许崇清校长的孙中山情怀

许崇清（1888—1969）是我国现代著名教育家。他一生与孙中山先生结下不解之缘，孙中山的名字总让他魂牵梦绕。

在孙中山革命思想哺育下成长

许崇清，字志澄，广东番禺人。父亲炳昑以清朝户部郎中之职受命到济南帮办治理黄河，据说在河水澄清的那一年（1888）生下了他，因而取名崇清。世世代代深受黄河肆虐的人民，天天盼望黄河的澄清。父亲为儿子起名崇清，当然隐含着对孩子的厚望。所以许崇清每每想到自己的名字，就隐约有一种要为广大下层民众办实事的使命感。许崇清8岁丧父，母亲抚养四男三女，生活艰难。12岁时，许崇清被送到湖北武昌寄养在姑丈冯启钧家，并进了一所教会学校读书。这所学校与著名的两湖书院相距不远，而当时孙中山的追随者黄兴，就在该院读书，宋教仁与该书院也有着密切的联系。就这样，许崇清与他们便有了交往的机会，思想也渐渐倾向于"排满"，从而接受了孙中山的民主主义革命思想。

1905年，许崇清17岁，考取了公费留学日本的资格。在驶往樱花之国日本的轮船上，目睹浩瀚的太平洋，一望无际；追逐轮船的海鸟，自由飞翔。这引起了这个热血青年的无限感怀。他隐约记得从日本留学回来的人描述过，大清帝国的臣民留着辫子到日本留学，多被日本人耻笑。他为了到日本后不再像先行者一样被日本人羞辱，更为了表示自己与清政府决裂，毅然把自己的辫子剪掉，扔进湛蓝色的太平洋。

他到日本后，就读的是日本第七高等学校。当时在日本的华人和青年留学生受两股政治势力的影响。一股是以康有为、梁启超为代表的维新派，维新运动失败之后，康梁逃到日本，康有为利用他的影响力，聚集保皇势力，在檀香山成立了"保皇会"，旨在唤起国人保卫中华民族的意识，对现有的清廷政制进行一系列改革，这是一股激进的维新派势力，在华人和青年留学生中有一定影响。另一股是以孙中山为代表的革命派，倡导武装反清，推翻腐朽的满清政府，建立民主共和国。1905年孙中山成立中国同盟会，使民主主义的革命派从此有了统一的认识、统一的组织、统一的纲领和统一的领袖，并出版同盟会机关报《民报》。许崇清在日本受革命环境的熏陶，受革命思想的激荡。他特别喜欢阅读孙中山创办的《民报》等革命刊物。尽管有同学暗中发现后警告他说："看《民报》回国后要杀头的！"他也没有表现出丝毫的畏惧。这时期的许崇清充满着青春朝气，满怀着革命理想，在 1911 年辛亥革命爆发前夕，由宋教仁介绍加入了中国同盟会。

1911 年辛亥革命爆发，许崇清急着回国，希望自己能为国家有所效劳。他首先回到南京，后来又去了福建，看到当时的时局后他很失望。辛亥革命是一场胜利的失败。所谓胜利，是推翻了延续两千多年的封建王朝；所谓失败，是绝大部分的政权都落在了立宪派或旧军阀手中，并没有建立他理想中的民主共和国。在彷徨中，他决心回到日本第七高等学校完成他的中等教育学业。后来又考入东京帝国大学，大学本科毕业后又进入该校文学部研究院就读，开始了他的朦朦胧胧地寻求一条有别于武装斗争的教育救国的道路。

他在东京帝国大学学习，满腔的爱国热情不减，时刻忧虑祖国的前途和命运，总想多学本领为国效劳，他求知心切，学习刻苦，精通日语、英语、德语等多国语言。在专业学习上，他在《关于我的学术思想》一文中说："我在哲学、社会学、教育学领域研究多年，几乎走遍了唯心论各种形态的哲学歧路，我想独自创立一个新体系。"他在治学态度上是相当严谨的。1917 年到 1920 年回国前，曾三次发表文章，与曾任南京临时政府教育总长和北京大学校长的蔡元培进行学术辩论；也曾第一次将爱因斯坦的狭义相对论介绍到中国。他的文章写得才气横溢，也显露了他的学术锋芒和不畏权威的勃勃朝气，因而得以在当时的文化教育界崭露头角。与蔡元培辩论后，他们俩不但没有生出嫌隙，反而由此相识相知，彼此常有书信往来，结下了深厚的友谊。

1920 年 8 月，许崇清以优异成绩从东京帝国大学研究院毕业，回到上海。蔡元培相当欣赏他出色的才华，热情地邀请他到北京大学任教。在上海逗留的日子，他到法租界莫里哀路孙公馆，第一次谒见仰慕已久的孙中山。告诉孙先生，蔡元培要他到北京大学教书。孙中山非常和蔼亲切地对他说："你离开祖国多年，初回来一切情况都很不了解，我看你不必急于去北京，先在上海住下来看看，也是有好处的。上海是全国政治、经济、文化中心，住在这里了解全国，最好不过的了。"他听了孙中山语气亲切的话后，深为感动。蓦然想起另一件事：当孙中山流亡日本期间打算派出一批青年学者到欧美留学，学成归国从事教育，许崇清曾被指定去德国。后因第一次世界大战爆发而未能成行。孙中山阳光雨露般的教诲，使他铭感五内，欣然接受孙先生的劝告，在上海住下来，了解国内情况。一个多月之后，他再次往谒孙中山，表示要回广东看望阔别多年的母亲。孙中山连声说："好，好，你现在可以回家省亲，然后再到北京去。"又说："你路经香港的时候，会见到我们许多同志的，你可以和他们多谈谈。"许崇清到香港时，果然见到许多国民党人，彼此畅谈了一番。

许崇清回到广州高第街许地，见到年迈的母亲，自然百感交集。其实孙中山让许崇清回广东看看是有用意的。鉴于当时的形势，孙中山回广东重建军政府只是一件迟早的事情。果然，孙中山的两位得力助手朱执信与廖仲恺，会见许崇清后，都说广东很需要人，力劝他留下来。许崇清经过考虑之后，欣然答应留下来。但有一个条件，就是只办教育，不愿过深地介入政治。不久，孙中山在广东重组革命政府，许崇清除了出任广东全省教育委员会委员之外，还出任广州市教育局局长。广东全省教育委员会名义上有四人，但汪精卫、戴季陶等人没有到位，实际工作由陈独秀、许崇清主持。许崇清说，这段时间，"我只整理了学校管理的形式，厘定了教职员的编制和服务规程，薪俸标准和年功加俸的办法，并推行了督学辅导制度，但没有涉及旧教育的目的、内容和方法的改革"。

1922 年，许崇清已 34 岁，还没有结婚。廖仲恺早就欣赏许崇清的才华，有意介绍其最宠爱的侄女廖六薇（承麓）与之相识。廖六薇的父亲廖恩焘一直担任清政府驻外使节的要职。六薇从小跟随父母周游列国，受的几乎是全盘西化的教育，知书识礼，贤淑温柔。许崇清与廖六薇很快陷入爱河。当年 6 月，陈炯明逮捕了廖仲恺，经多方营救，廖仲恺于 8 月 16 日获得释放。不久廖仲恺、何香凝夫妇偕许崇清一道从上海乘轮船到日本。9 月 26 日在东京受到国民党东京支部的人们的欢迎。廖仲恺公开强调说，此行是来参加许崇清与侄女廖承麓的婚礼以及旅行。此时廖承麓已经在日本，她的父亲廖恩焘正在出任北洋政府驻日本代理公使。10 月 24 日，许崇清与廖承麓在北洋政府驻日公使馆举行了隆重的婚礼。廖仲恺还赋词"千秋岁"为他们祝婚。词曰：

> 节楼天际，抱尽风光丽。丛菊笑，山枫醉，秋色湛蓬莱，良夜谐人事。劳月老，不辞红线牵千里。璧合成双美，阿娇归学士。瑶瑟弄，华堂启，翩翩鸾凤集，息息心情契。齐按拍，高歌为唱千秋岁。

还特别加了一道题注说："壬戌十月二十四日，许君志澄偕承麓侄女在驻日本使署行结婚礼，赋此催妆，并祝偕老。"而在他的《自注词稿》中，题注更详："许君志澄，官服广州，时由余执柯，与第六侄女承麓订婚。壬戌九月，余因事赴日本，约与俱东。以十月二十四日良辰，在驻日中国使署成合卺礼，成美事，为赋此词，以祝偕老。"婚后，许崇清夫妇随同廖仲恺及其亲友们畅游了日本的热海、箱根等地。

对于此次日本之行，据许崇清、何香凝、廖承志、廖梦醒等人的回忆，有孙中山派廖仲恺秘密与苏俄代表越飞在日本会谈的使命。据历史学家的考证，由于年代久远，何香凝、廖梦醒的回忆可能将廖仲恺 1922 年 9 月的访日与 1923 年 1 月下旬再度与越飞同船驶抵日本热海的事件搞混了。事实上，越飞于 1923 年 1 月前往上海会见孙中山之后，举行了会谈，并于 26 日发表两人同署的《孙文越飞宣言》之后，才与廖仲恺一道于 27 日登船离沪，同抵日本热海，继续商谈有关中苏合作、共同反帝的具体事宜。不管怎样，许崇清的确协助廖仲恺做了许多鲜为人知的工作。例如，廖仲恺与越飞会谈期间，许崇清的岳父廖恩焘刚好奉调回国汇报工作，接任的驻日代办奉北洋政府的指示，每日派人搜集越飞行踪的情报，向北京报告。2月间，廖恩焘回日本后获悉这一情况，马上让许崇清通知廖仲恺采取防范措施。许崇清为这次重大的会谈的顺利进行做了贡献，也应该是毫无疑问的。

1923年年初，还在日本过新婚生活的许崇清，被孙中山任命为广东省教育厅厅长，他的人生旅途由此迈入了一个新的时期。

从上可知，许崇清的青少年是在孙中山革命思想哺育下成长的，所以，1956年他写《我所认识的孙中山先生》一文时，深情地说："我常常带着崇敬和感激的心情回忆起孙中山先生。我曾经是一个受过孙先生亲切的培养和教育的青年。在追随孙先生的短短的几年中，我深切地感觉到这位伟大的民主主义革命家对青年的爱护。"

三次执掌中山大学，为弘扬孙中山精神鞠躬尽瘁

1923年孙中山酝酿改组国民党。在改组之前，由孙中山和廖仲恺出面请许崇清加入国民党，由廖仲恺做介绍人。10月25日在广州召开国民党改组特别会议。会上，孙中山指派廖仲恺等九人为国民党临时中央执行委员会委员，许崇清等五人为候补委员。许崇清在《我的经历》遗稿中说："1923年，孙中山和廖仲恺两位先生要我加入国民党，帮助他们改组，我同意了。廖先生介绍我入党，孙先生指派我为国民党临时中央执行委员会委员（按：应是候补委员）。"执行委员会其实就是改组委员会，所以，许崇清参加了国民党改组计划和党章的草拟工作。1924年，他参加了国民党第一次全国代表大会，《中国国民党第一次全国代表大会宣言》是在国共两党合作的政治基础上，由廖仲恺、苏联顾问鲍罗廷、共产党人瞿秋白主持下起草的，其中有关教育部分，许崇清为主要起草人之一。在国民党代表大会期间选出的中央执行委员会委员中，没有许崇清，他落选了，从此他远离了国民党中央政治权力核心。年轻的共产党人毛泽东被选为国民党候补中央执行委员。这时期，许崇清高尚儒雅的人格，也许给毛泽东留下较深的印象。

许崇清虽然远离政治权力核心，但他在教育领域扎扎实实地做了许多工作，支持孙中山的广州政府，宣传孙中山的主张。例如，中国近代史上著名的"收回关余"运动就是一例。孙中山要求代表帝国主义利益的北京外交使团以及北洋政府将所扣留的粤海关关余（即盐务税）拨还给广州政府。但北京外交使团不答应，并以武力相威胁。许崇清从民族大义和民族利益出发，始终站在孙中山革命政府一边，发动广东教育界投入"收回关余"运动，使这次运动获得胜利，解

决广州政府的财政困难，也提高了孙中山的国际威望。又例如，1925 年间，他在向当时的国民政府提交的《教育方针草案》中，提出了配合孙中山平均地权、节制资本，以及发展实业计划的主张，倡议学校加强科技知识的学习，使学生成为具有实用知识和科学技术知识的生产者。

　　1924 年 2 月孙中山筹备成立广东大学，培养人才以适应革命的需要，身为广东省教育厅厅长的许崇清，兼任广东大学筹备委员会委员。由国立广东高等师范学校、广东公立法科大学、广东公立农业专门学校合并而成的广东大学于 9 月 19 日开学，孙中山勉励师生"读书不忘革命，革命不忘读书"。11 月 11 日，广东大学举行了成立典礼，孙中山亲临会场，并为新成立的大学写下了著名的训词——"博学、审问、慎思、明辨、笃行"。许崇清也陪同孙中山参加了成立典礼，聆听了孙中山的训词。1925 年孙中山病逝于北京。为了纪念孙中山，国民政府于 1926 年 8 月 21 日发布命令，宣布国立广东大学改名为国立中山大学。从此，许崇清与中山大学结下不解之缘。中山大学历来是国民党各种派系角逐争夺的场所，许崇清在国民党内并不属于任何派别。1930 年 9 月，戴季陶辞去中山大学校长一职，由朱家骅副校长升任为校长。1931 年 2 月，国民党粤系元老胡汉民、古应芬、邹鲁等人，联合汪精卫、孙科、陈济棠和桂系势力，于广东另立西南国民政府，与蒋介石的南京国民政府分庭抗礼。原属蒋氏势力的朱家骅便难以在广东立足。同年 6 月，许崇清被正式任命为中山大学校长，这是他第一次掌管中山大学。后来他曾这样嘲笑自己说："我是被利用了做国民党内派系斗争的缓冲人物。"

　　许崇清第一次执掌中山大学，他是立意要按孙中山的办学宗旨办学的。首先要完善现代大学学科的设置，与国际高等教育同步，并适应国内建设日益发展的需要。于文学院增设社会学系，改理学院为理工学院，并增设了土木工程系和化学工程系。1931 年"九一八"事变后，全国各地由爱国学生掀起的抗日救国运动风起云涌。中山大学也不例外，广州的抗日救国运动，都以中山大学学生为核心。1932 年"一·二八"事变后，中山大学的学生再次停课，投入支持十九路军的募捐和宣传活动。身为校长的许崇清，不但没有如国民党西南政权要人所愿，对爱国学生的高涨热情大泼冷水，反而同情和支持他们的行动，于是为西南政府首脑所不容，于该年 2 月被免去了中山大学校长职务，由邹鲁接任。从 1931 年 6 月至 1932 年 2 月，许崇清只任了八个月的校长。

　　1935 年春，南京国民政府考试院院长戴季陶出面邀请许崇清出任考选委员会副委员长，这是管理国民政府全国文官资格审查的专门机构。许崇清移居南京后，家庭生活是惬意、温馨的。在许崇清往南京国民政府任职不久，国民党中央决定将廖仲恺灵柩从广州移葬南京。廖仲恺追随孙中山投身民主革命，是孙中山的得力助手，为革命建立过丰功伟绩，1925 年在广州被谋刺而牺牲。国民政府委派许崇清为迎榇委员，陪同何香凝赴广州接灵到南京。移灵枢过程是非常隆重的。6 月 13 日，廖仲恺的灵枢从广州启运，14 日晨在九龙尖沙咀车站公祭，14 日下午六时由法国邮船"亚林美斯"号自香港发运。许崇清和何香凝扶灵同行。18 日下午二时四十五分，灵枢由上海用火车运抵南京车站，南京政府的党政要员们，云集月台迎接。国民党中央常委汪精卫主祭后，即行启灵。灵车上盖着青天白日绸缦，送灵队伍庄严肃穆而悲壮，经过 50 多分钟，抵达灵谷寺志公堂。许崇清夫妇一路陪伴着悲伤的何香凝母女。21 日，南京党政军各界举行规模盛大的廖仲恺的公祭仪式。在灵谷寺志公堂前悬挂着上书"模范党员"的横额；两旁的挽联是"薄海仰丰功，公真不朽；钟山郁灵气，魂兮归来"。堂内悬挂着"继承廖先生革命精神""完成廖先生未竟之革命遗志"等挽词。廖仲恺的灵枢被安放在中山陵侧天堡山下前湖之上。到此，许崇清深感完成了一件国事，也是家事，心中颇觉宽慰。

1936 年 7 月，许崇清再次出任广东省教育厅厅长，他又举家迁回广州，在东山区一栋自建的两层花园式洋房定居。日寇进攻，1938 年 10 月广州沦陷，许崇清撤往粤北。而中山大学撤退搬到了云南澄江。1940 年，日本军队已分兵三路进兵越南，窥视滇边，云南不再是一个安全可靠的学习地方。陈立夫突然奉蒋介石命令，电令所有迁往云南的大学"立即准备万一，快速搬迁"。当时中山大学的国民党派系斗争相当激烈，陈立夫与朱家骅两人暗斗，相持不下。中大当权的地方实力派取得了广东地方实力派省府主席李汉魂等人的支持，推荐许崇清为代理校长，让他马上到云南来"收拾与稳定局面"。1940 年 7 月，许崇清接过中大代理校长职后，全力负起回迁中大的工作，"经过了多方策划，辛苦经营"，终于把中大从云南迁回广东坪石，满足了学校教职员工的企盼，也实现了广东人民的愿望。这次搬迁是中山大学一段相当重要的校史，而许崇清做出了杰出的贡献。

许崇清第二次任中山大学校长。坪石物质条件甚差，中大校舍极其简陋，生活极其艰苦，但在许崇清的主持下，中大却出现了一个短暂而繁荣的学术春天。他聘任进步教授如王亚南、李达、洪深等来校任教，促进了中大民主运动和学术自由风气的发展。更重要的是提倡开展孙中山的研究。1941 年 1 月 1 日，他在《新建设》上发表《新年头的一个新贡献——中山文献馆的设置》一文，他说："中山先生的遗教，其内容的浩大宏富，实前代所未有，他撷取了中外学术的积极成果，不但是在过去的基础上所积蓄下的实际知识的集成，而且是其发展，启导着新时代的起端。"孙中山所创造的成就，"也就是全中国社会，全中华民族的成就"，孙中山理论的内容"是一个浩大宏富的理论的体系"，"所蕴藏着的科学的内容是汲取无尽的"，因此要"集合各个人所擅长，通力合作，把这些内容尽量地显揭出来，而使他的体系所从而建立的一环一节均能表露无遗，而光被万世，这样一个尝试却从未有做过"，"中山文献馆的设置也就是这种企图的一个尝试的造始"。因此，他"希望在这个新年头可以由中山大学起首，在中山大学的同事同学通力合作下，搜集中山先生的遗教、手泽，和发扬他的遗教的中外人士的著述，尤着重在选辑关于他的遗教的研究参考资料，举凡足资诠证他的遗教的各种科学的哲学的籍载，就我们讨究所得，都相与收集起来，分别门类，加以编次，以供诸学者参考的。在那里当然不单是搜辑，其他如校勘、考证功夫也是要做的。而主要的目的则在阐发中山先生的遗教所蕴藏的科学的内容，借助于将来的科学所提供的一切成果，以增益贯彻对于中山先生的遗教的理论认识，于是章句的训释，理论的叙述，都要做到，而归根结蒂馆中的活动则仍以研究为基础"。这是一篇高瞻远瞩的全面搜集孙中山资料，研究孙中山思想的动员令。他说，不但中山大学要这样做，"希望全国的学术工作同志都能够起来赞助我们，指示我们更好的做法"。1941 年元旦，许崇清对中山大学的训词曰："本校为国父手创，为阐发三民主义之学府，吾人应继续国父之志愿，发扬而光大之，以求主义之实现，并须努力使本校充实发展，蔚为世界上最光荣之学府。"可见许崇清对研究孙中山情有独钟。

然而，好景不长，有人以许崇清聘请了几位进步教授为由，联名向戴季陶密告他"引用异党，危害中大"。戴拿着这封密告信哭诉于蒋介石。于是 1941 年 7 月，许崇清被免去代理中山大学校长一职，同时任命原中大教务长张云为代理校长。许崇清第二次任中山大学校长，从 1940 年 7 月至 1941 年 7 月，只有 13 个月。

1949 年 10 月 1 日，中华人民共和国成立。11 月许崇清从香港回到解放后的广州。1951 年 2 月 20 日，中央人民政府主席毛泽东签署任命通知书，任命许崇清为中山大学校长。据说，中央开始考虑中大校长人选时另有他人，但毛泽东没有同意。后中共华南分局推荐了许崇清，毛泽东很快同意并签署了任命通知书。

早在 1924 年中国国民党第一次全国代表大会时，许崇清就认识毛泽东，并给毛泽东留下较好的印象。在 1956 年，毛泽东在北京主持召开最高国务会议时，许崇清以特邀代表资格出席了会议。会议开始前，毛泽东环视会场一周，然后问："都到齐了吗?"看看名单后特别问道："请问许崇清先生到了没有?"许校长回答说："到了。"毛泽东又说："久仰大名!"许校长连称："不敢当! 不敢当!"

这是许崇清第三次接任中山大学校长。1951 年 3 月，他《在中山大学员生欢迎会上的讲话》中，回顾了中山大学发展史，然后说："中山大学所赖以维持下来的，只是中山大学的革命传统精神。""中大的得有今天这样蓬勃的气象，正如春回大地，我们从此努力耕耘，今后的丰收是可以预期的。"他十分清楚，孙中山对于中山大学而言，具有十分重要的意义。他不仅是倡导者、组建者，而且是一种文化象征、文化资源，更是一面旗帜。因此，他治校的理念之一，就是必须让中大人时刻谨记孙中山以国家兴亡和民族振兴为己任的教导，永远缅怀孙中山，营造学习孙中山、弘扬孙中山精神的文化氛围。

首先，他重新确定符合意愿的中山大学校庆日。

广东大学是孙中山于 1924 年 2 月 4 日以陆海军大元帅的名义下令创建的。本来 2 月 4 日就是中大的校庆日。但出于对孙中山的敬仰，筹委会决定以孙中山的诞辰之日为

毛泽东签署许崇清为中山大学校长任命书

校庆日。孙中山为了预防别人为他祝寿，不把生日告诉别人。有人发现 11 月 12 日晚，孙中山请朋友吃饭，以为 11 月 12 日为他的生日，便决定 11 月 12 日为校庆日。直至 1951 年 11 月 3 日，在许崇清主持下，中山大学发布《决定以孙中山诞辰日为校庆日》的布告。11 月 12 日，许校长致电中央人民政府宋庆龄副主席："我校为国内唯一纪念孙中山先生的大学，为了加强纪念孙先生的意义，我们决定从本年起将我校校庆日改为 11 月 12 日（孙中山先生诞辰）。"此电得到宋庆龄的赞同，复电说："接读来电，欣悉你校改以中山先生诞辰为校庆日，此实深具纪念意义。"

宋庆龄给许崇清的复电

自 1951 年 11 月 12 日起，这一天便是中大校庆日。

其次，将孙中山铜像迎回中山大学。

目前，康乐园中矗立的孙中山铜像是中山先生日籍好友梅屋庄吉所赠，于 1931 年运抵广州天字码头，随后接到中大旧址石牌校园农场暂置。1933 年 11 月 12 日，中大建校九周年，在石牌举行孙中山铜像揭幕暨新校奠基典礼。1954 年，广州市人民政府借这尊铜像安放在中山纪念堂的广场上。1956 年 11 月 12 日，中大建校 32 周年，把铜像迎回康乐园校园内。许崇清校长在座基上写了碑记："此

铜像为中山先生故友日人梅屋庄吉所赠。1933年冬奉置于我校石牌旧址，1954年广州市人民政府借置于中山纪念堂，1956年11月12日复由我校迎置于此。"

许崇清校长营造纪念、学习孙中山的文化氛围，使孙中山精神深深扎根于中山大学师生员工心中。据说，"文化大革命"初期，北方的"红卫兵"串连到中山大学，看到矗立于中央草坪的孙中山铜像，他们认为孙中山也要打倒，欲要推倒孙中山铜像。中山大学的"红卫兵"自觉地组织起来，与他们辩论。最后，中山大学的"红卫兵"把毛泽东《纪念孙中山》一文抄录贴于孙中山铜像侧边，孙中山铜像才得以保存。这时的许崇清，也已被打倒，靠边站了。我想他知道此事，一定会很欣慰，因为这是他长期树立孙中山这面旗帜所结出的果实。

许崇清1951年开始第三次执掌中山大学，直至1969年逝世。他逝世时，中山大学才经历45个寒暑，而他三次掌管中大，共20年，说明他与中大关系之深。1952年2月，冯乃超副校长在欢迎许崇清第三次执掌中大时说："中山大学是应该同许崇清的名字联系在一起的。"

许崇清的孙中山情怀，给我们留下一笔宝贵的精神财富，我们应该永远铭记。

载《崇正树德，清风亮节——纪念教育家许崇清》，广东人民出版社2013年版。

景仰名人故居　热爱康乐芳草

2015 年 11 月 14 日校友日，85 届及 85 级同学们回到学校举行隆重的学位成礼仪式，感受学位授予仪式的荣誉与神圣。我代表参加成礼仪式的老师们在会上致辞，我以《景仰名人故居　热爱康乐芳草》为题，谈一点感受，与同学们分享我对中山大学的两点所爱。

一是景仰中大名人故居。

我们知道，中山大学在 90 多年的办学历史过程中，有无数名人在这里驻足、讲学，他们智睿的思想、丰富的人类创造的文化知识，积淀了我们校园深厚的文化底蕴。中大的名人故居，就是矗立在校园里让后人景仰、学习的一座座历史文化丰碑。

陈寅恪故居。

陈寅恪是 20 世纪中国学人的杰出代表，为中国学术文化事业做出了卓越的贡献。他在中山大学工作和生活了 20 年，在此培养了无数优秀学子，创作了可以传之久远的《论再生缘》《柳如是别传》等不朽著作。陈寅恪的爱国精神和研究学问终生坚持"独立之精神，自由之思想"，严谨治学，显示出中国知识分子的风骨和气质。陈先生的学识和人品堪称后人的典范，其事迹为中山大学的历史增添了浓重的一笔。坐落在学校东南区 1 号的"陈寅恪故居"是供后人瞻仰的处所。每当我行经此地，都怀着一种无限景仰的心情，默默地记诵这位大师的学问和为人。

许崇清故居。

我每天傍晚在马岗顶的林荫大道上散步，经过许崇清故居，都深深地怀念这位一生与孙中山先生结下不解之缘的现代著名教育家。许崇清在孙中山革命思想哺育下成长；他三次执掌中山大学，为弘扬孙中山精神鞠躬尽瘁。许校长的孙中山情怀，给我们留下了一笔宝贵的精神财富，我们应该永远铭记。

陈序经故居。

在许崇清故居以北几十步处，就是陈序经故居。陈序经校长学贯中西，学识渊博，功力深厚，在社会学、经济学、民族学、历史学、文化学等多个领域，研究精深，著作等身。1956 年评定教授级别时，他与陈寅恪、姜立夫三人评为一级教授。陈序经执掌岭南大学时，以不惜重金招揽人才而享誉国内外。陈寅恪、姜立夫、王正宪、谢志光、陈国桢、陈耀真、毛文书等著名教授都是他聘请来的。他既是一位有真知灼见的思想家，又是一位埋头耕耘的教育家；既是一位虚怀若谷的学者，又是一位时刻为师生着想的学校掌门人。"陈序经"三个字，已融入中山大学历史文化之中。

陈寅恪、许崇清、陈序经三位名人，都践行着"博学、审问、慎思、明辨、笃行"的十字校训而取得卓越的成就，为后人永远铭记。瞻仰他们的故居，铭记他们的教诲，是我们校友日返校的应有之义。

二是热爱康乐芳草。

中山大学茂林修竹，绿草如茵，草木葱茏，我们的校园十分美丽。2014 年，为向中山大学 90 华诞献礼，生命科学学院数十位本科同学，奔走于广州、珠海两地，拍摄了校园 227 种代表性植物照片，附上专业的说明文字，引录了诸多前辈学者的名篇佳作，编成《康乐芳草——中山大学校园植物图谱》，由中山大学出版社出版。校党委书记陈春声教授为该书写了序，并对该书给予很高的评价。

我翻阅着这部书，深深感到中大校园的一草一木，都是涵养我们人文精神、高尚人格的精神财富。据说当年岭南大学有不少教授、学生，他们的家在海外，康乐园的许多物种，是他们利用寒暑假探亲返校的机会，从美洲、澳洲和东南亚各地带回来的。中大芳草就是中外文化交流的历史见证。

大凡读书人，尤其是喜爱自然、喜爱艺术的人，多辨认得一些大地的草木、鱼鸟，都是有趣与有益的。所以孔子奖励学生学诗，举诗的效应，除兴、观、群、怨、事父、事君之外，要加上"多识于鸟兽、草木之名"。这是学生成长的重要途径。

许多花草，对我们陶冶人文精神有重要启迪。东湖、管理学院旁边的莲花，每年夏季，"接天莲叶无穷碧，映日荷花别样红"，吸引了不少学子来欣赏。古往今来歌颂莲花的作品可不少，但我独爱周敦颐的《爱莲说》，我爱莲花"出淤泥而不染，濯清涟而不妖，中通外直，不蔓不枝，香远益清，亭亭净植"。这是莲花可贵的品格，也是人可贵的精神。

中大有许多榕树，按《康乐芳草》一书的分类，有八九种之多。老榕树的品格，使人们想起智慧、慈祥、稳重而又饱经沧桑的老人。从中大南门到北门，东西两条榕荫大道，路边年年芳草，树林日日禽鸣，榕荫路连着珠江，牵着大学的精神，连着五湖四海的学子。这是学术传承、薪火相续的历史见证。

康乐园里有许多松树，"马岗松涛"曾是中大八景之一。松树的风格，按《论语》所说，"岁寒，然后知松柏之后凋"。它当凌云霄，直上数丈，经风雨，见世面，不屈不挠，岁寒而不凋，人生就应该学习松树的风格。

中大有许多杜鹃花，它不像华贵的牡丹、冷峻的菊花、清高的荷花、倔强的梅花，但它显得亲切、诚恳、质朴，它不是一枝独秀，甚至没有浓香。清明时节，我们在马岗顶北坡上看到开得灿烂的杜鹃花，给人一曲心旷神怡的颂歌。一个人没有什么可夸耀的，荣誉属于集体。这是杜鹃花给我们的启迪。

　　凡此种种，康乐园的花草，陶冶着我们的情性，铸塑着我们的人格。康乐园的芳草与中大人的品格是相通的。历史系前辈学者汤明燧教授在《竹枝词杂咏之二》中歌咏康乐园的芳草："古木参天曲径幽，红楼碧瓦马岗头。云山珠水绕康乐，花发虬枝岁月遒。"同学们在校友日返校，应在校园内多走走，感受花草给我们的人文气息，在自己的工作岗位上创造更骄人的业绩，为实现国家富强、民族复兴、人民幸福的伟大中国梦而奋斗。

原载《中山大学报》，2015 年 11 月 27 日。

瞻仰陈心陶故居

从怀士堂（小礼堂）沿着康乐路往东行，经过马应彪夫人护养院门前，再往东行三四十米，路右边有一幢两层的小洋楼，掩映在绿树丛中。这幢小楼分东西两边，东边就是陈心陶故居，陈心陶居住时门牌编号为东南区 11 号，现在为 241 号。

2014 年是陈心陶 110 周年诞辰，也是中山大学 90 周年校庆，10 月 16 日，中山大学举行"陈心陶故居"开放仪式。故居修缮一新，一楼大厅安放着由著名雕塑家吴雅教授塑造的陈心陶铜像，从一楼到二楼的连廊悬挂着陈心陶生前照片。二楼部分恢复他生前卧室兼工作室原貌。由中山大学著名古文字学家陈炜湛教授用甲骨文题的"陈心陶故居"匾额，用红木制作，镶嵌在门楣上。故居古木修竹，椰树花丛，与室内的陈列相映成趣，是康乐园科学精神和人文气息浓郁之地。开放故居，供游人瞻仰。我们瞻仰陈心陶故居，就要学习和弘扬他崇高的精神和高尚的品格。

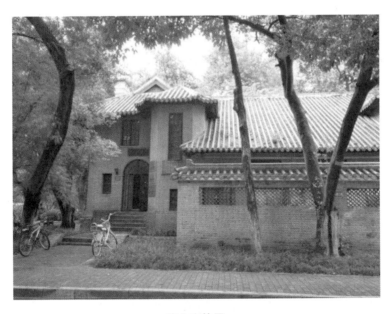

陈心陶故居

一、　学习和弘扬陈心陶的科学创新精神

陈心陶（1904—1977），福建古田县人，是中国近代寄生虫学主要奠基人，国际著名寄生虫学家和医学教育家，国家一级教授。他 1925 年毕业于福建协和大学生物系并留校任教。1926 年进入广州岭南大学生物系从事教学工作。1928 年被选送留学美国。三年获明尼苏达大学寄生虫学硕士和哈佛大学哲学博士。1931 年返回岭南大学，先后任副教授、教授、生物系主任兼理学研究所所长、医学院代院长。1952 年院校调整，他任中山医学院寄生虫学教研室主任，在中山大学生物系仍保留寄生虫学研究室，每周一天在中大研究，并兼任寄生虫学课程，直至 1962 年。他从事多种重要寄生虫病的原生物学、流行病学及防治学的开创性研究，由于治学态度严谨，方法科学，他一生发现蠕虫新种数十种，其中有重要的斯氏并殖吸虫等 7 种肺吸虫新种（占当时世界 15 种肺吸虫的近半）和广州管圆线虫。发表了 130 多篇高质量的科学论文。1940 年出版权威专著《怡乐村并殖吸虫》。1956 年出版《医学寄生虫学》，获国家科学著作一等奖，是医学寄生虫学的经典著作。晚年主编的《中国吸虫志》，获 1987 年国家自然科学奖。这些科学的创新成果，为发展寄生虫科学和防治寄生虫病，做出不朽的贡献。

二、　学习和弘扬他不畏艰辛，勇于探索的经世致用思想和学风

1950 年，广东四会等县反映，当地流行"大肚子病"，许多人因此丧失劳力和死亡。当月 9 月，他毫不犹豫地接受调查"大肚子病"的艰巨任务。他和助手徐秉锟及省防疫大队医生，冒着被土匪袭击和感染疫病的危险，自带铺盖，深入四会等县调查。重疫区里处处残垣断壁，满目疮痍，一派"千村薜荔人遗矢，万户萧疏鬼唱歌"的悲惨景象。四会、三水两县交界处的六泊草塘面积八万亩，芦苇丛生，他带领一行人撑小艇进入当地群众说的"毒河"，在芦苇丛中搜寻到血吸虫尾蚴的中间宿主——钉螺。经过各种研究及实验，首次证实此地流行的"大肚子病"就是血吸虫病。从此他投入"送瘟神"的伟大斗争。1951 年广东成立省血吸虫防治所，他兼任所长，并参加省血防领导小组。他带领团队足迹踏遍全省，共发现了 11 个疫区县，有钉螺面积 20 万亩，病人六万，其中六泊草塘病人 1 万。陈心陶认为，国际通行的药物灭螺价高、效低。1952 年年底，他根据血吸虫病存在和流行的规律，提出治理方案：应用"水（建水利）、垦（垦良田）、种（种作物）、灭（灭钉螺）、治（治病人）、管（管粪便）"六字方针来驱除"瘟神"。陈心陶在人民政府的支持下，在不同类型疫区设点试验取得巨大成功，引起国际寄生虫学界的高度关注。1955 年，苏联著名蠕虫学家彼得列谢娃来华访问时指定要见陈心陶，在三水、曲江等县"血防"试点现场考察后说："你们

消灭血吸虫病的方法是个创举!"并向我国中央政府报告了这一重要科研成果。当时全国 12 个省市流行血吸虫病,患者约一千万人,一亿人民受到威胁。1956 年国家主席毛泽东发出"一定要消灭血吸虫病"的号召。陈心陶当年出席最高国务会议,并应邀在全国政协大会做了题为《采取综合措施消灭血吸虫病》的发言,全文登在 1956 年 2 月 4 日《人民日报》第 5 版。文中提出,因地制宜,综合治理,以改变生态环境为主,结合农田水利建设,消灭血吸虫中间宿主钉螺,进而消灭血吸虫病。这一方法被中央采纳,短时间里他三次受到毛泽东主席和周恩来总理的亲切接见,由此可见,毛主席和周总理对他消灭血吸虫病这一发现和伟大创举给予极高的评价。经过陈心陶团队的努力,昔日"毒水"横流的六泊草塘沼泽变成了丰产良田,一个个"无人村"变得生机勃勃,人畜兴旺。1974 年经全国考察团考察验收,广东宣布基本消灭血吸虫病。1985 年 12 月,广东在全国率先宣布在全省范围内终止血吸虫病流行。陈心陶被追认头功。为了纪念陈心陶,1990 年 12 月,三水县人民政府、六和镇人民政府、中共中山医科大学委员会,在佛山市三水区六泊草塘地区大布边的九龙岗上建造了一座"陈心陶纪念碑"。碑文左页刻着"纪念我们著名寄生虫学家,优秀共产党员陈心陶教授 1904—1977",右页刻着"他和三水县人民共同奋战为消灭的血吸虫病,做出了卓越贡献"。让陈心陶与青山同存。陈心陶这种为人民大众服务的经世致用思想和学风永远值得颂扬。

三、 学习和弘扬他 "春蚕到死丝方尽, 蜡炬成灰泪始干" 的春蚕、 红烛风骨

陈心陶从事教学 50 余年,教过本科生,指导过研究生、进修生、各院校骨干师资、全国寄生虫学高级师资班学员近百人,桃李芬芳,为国家培养了大批寄生虫学家和教学骨干。他教育学生,把做人、做事、做学问三者统一起来,他说:"科学研究是对未知世界的探索,充满神秘和趣味。它是一项神圣的事业,但又是非常艰苦、非常枯燥的事情。它也有风险,可能会有无数的失败。有的人很多年甚至终身,都做不出什么成果。真的要甘于寂寞,讲求奉献,不能有私心杂念!"他开创性的研究成果和呕心沥血培养英才,使他成为一代宗师,高山仰止。在他生命的最后几天,还说,"医生,一定要帮我,再给我五年时间",还恳求教研室的老师,每天带几页书稿来病房让他审订。崇高的使命感,使他心中萦绕着春蚕情愫,圣洁的理想信念,让他身上自有红烛风骨。这种敬业奉献精神是我们社会主义核心价值观的重要内容。

四、 学习和弘扬他扎根于中华优秀传统文化之中的家国情怀

陈心陶是一位具有炽热爱国情怀的知识分子,他从小受养性、修身、齐家、

治国、平天下的优秀传统文化入世思想的影响，寒微的出身、艰辛的生活激励他奋发图强、热爱祖国。当他在美国刻苦攻读，取得了硕士、博士学位之后，异国浓厚的学术气氛，先进的实验设备和舒适的生活条件，都没有留住他的赤子之心。他说，"我是为解除国民疾苦才选修这些学科的，如今学业有成，我应当回国服务"，"一个中国人，他的事业必须在祖国生根"。他毅然启程回国，继续为岭南大学服务。抗日战争时期，陈心陶表现出崇高的民族气节。广州沦陷后，他一家随岭南大学迁香港。香港沦陷后，他们只能靠变卖家中物品度日。这时伪广东省府派人请他出任伪广东大学校长，他斩钉截铁地说："就是杀头，我也绝不去广州！"并对家人说："要记住：再苦再难，也不要拿'省政府'的施舍。决不能做汉奸，当民族罪人。"为了避免对方逼他上任，第二天便乔装难民潜回内地，前往粤北和江西教学。抗战胜利后，他回到复办的岭南大学任教。然而，国民党政府的统治腐败，他无法实现"科学救国救民"的美好愿望。1948 年，在苦闷之中再度前往美国华盛顿柏罗维罗蠕虫研究室和哈佛大学、芝加哥大学考察，并在那里完成了绦虫囊尾蚴免疫反应实验等重要研究。据李宝健教授回忆，陈心陶在美国复信给时任岭南大学医学院院长李廷安（李宝健父亲），他极希望回国服务，李廷安复信欣然答应。李宝健教授曾读过他们的来往书信。新中国成立，他谢绝美国大学的聘请和挽留，立即启程回国。途经香港时，又有当地科研机构以比美国更优厚的待遇聘请他。但"娘不嫌儿丑，儿不嫌娘穷"，他在广州解放之初毅然回到百废待举的新中国。

陈心陶有一个美满和睦的家庭，夫人郑慧贞从福州华南女子学院毕业，为了陈心陶的事业，她同意当"全职家庭主妇"。几十年后，她深情地回忆说："不好当啊，个中酸甜苦辣涩，味味俱全，不仅默默无闻，还要默默奉献。"他们育有五个子女（四女一男）。1945 年 1 月 12 日，在江西赣州产下一个男孩，陈心陶非常高兴，立即给孩子命名"思轩"，取意为思念爷爷陈松轩，可见他的激动，也可见他的一片孝心。他们教育子女有方，愿将此生化作雨露，悄然落下滋润孩子的心田；愿一生含辛茹苦，让子女花蕾绽放家园。五个子女，个个成才，有医生、音乐家、工程师，人人为社会服务。陈心陶有灵，在九泉之下也会含笑欣慰的。

我每天黄昏散步，经过陈心陶故居，都以崇敬的心情，站在门前默想，他虽然人走了，但留下的学术和精神遗产是永存的。故居是一座科学丰碑，是一幢文化殿堂，我们应该永远纪念这位伟大的人民的科学家。

2016 年 6 月 9 日

本文承蒙李宝健教授、吴忠道教授提供材料及修改意见，谨表谢意。

深切怀念麦老师英豪先生

——兼谈广州考古的麦英豪时代

2016 年 11 月 24 日下午，南越王宫博物馆馆长全洪告诉我："麦先生病危，我开车来接你和曾琪老师一起到医院看望他。"我与曾琪老师及我太太坐上全馆长的车，怀着急切的心情直奔广州市第一人民医院麦英豪病房。当时麦老处于入睡状态，我们没有叫醒他。他老伴黎金和儿子麦稼守候在他的身旁。我们听麦稼讲完麦老最近几天的病情，心情十分沉重。离开时请黎金老人和麦稼待麦老醒来后，转达我们的问候，祝他早日康复。我 26 日出差到江门，29 日回到广州，在《广州日报》上看到麦老 28 日逝世的消息，非常悲痛。24 日的见面，竟成诀别。30 日我和太太一起到南越王宫博物馆设的麦英豪灵堂吊唁，献上一束鲜花，祝麦老一路走好。

我与麦老师有 40 多年的交情，可谓忘年之交。现回忆一些往事，寄托我的哀思。

一、 跟随麦老师学习田野考古和考古学知识

1964 年 7 月，我从南开大学历史系毕业后，分配到北京中国科学院哲学社会科学部（今中国社会科学院前身）历史研究所工作。1964 年 10 月，随哲学社会科学部人员到山东参加"四清运动"。运动结束后留在山东劳动实习。1965 年底回到北京。当时已开始了以批判吴晗《海瑞罢官》为序幕的"文化大革命"了。历史所领导把我分配到以张政烺先生为组长的"图谱组"（当时按苏联的称谓也称为"物质文化史组"）。我在北京的 10 年，正好是"文化大革命"的 10 年。"文革"期间，没有什么业务可做。我的办公室正好在张政烺先生办公室对面。张先生每天都来办公室，我常到张先生办公室请教、聊天。1972 年年底，我们从干校（河南明港）回到北京。1973 年年初，当时我看不到哲学社会科学部的前途，也为了解决夫妻两地分居的问题，我即萌发调回广州工作的想法。经过努力，克服各种艰难险阻，终于获准调来中山大学历史系考古教研室工作。

我获得批准调动之后，1973 年 8、9 月之间，我到张先生的建国门外住宅拜访他，说明我即将调去中山大学，历史系新开办考古专业，要我从事战国秦汉考古的教学工作。也谈到我在业务上的困难。我说，我在大学的四、五年级，选择中国古代史专门化课程，学年论文、毕业论文以研究先秦史为方向。也学过"考

古学通论"这门课程，到历史所没有进行过一天的图谱业务工作，没有进行田野考古的经验，我未来的工作将会遇到很多困难。张先生是老一辈专家，在所里是没有人事权的，所以，我调动工作之事，事先没有向他报告。这次拜访一方面是去告别，同时也希望他对我今后的前途给予指导。

张先生是山东人，身体魁梧，不善言语，头特别大，脑子装着百科全书，无所不晓，所里业务人员遇到什么问题请教他，他都能热情地、无所保留地给你解决，所以，历史所流传着张先生是"活字典""活书柜"之说。对此我亦有一点体会。1966 年是鲁迅逝世 30 周年，10 月 19 日，我在王府井新华书店见到一部《鲁迅全集》（10 卷本），服务员说只剩下最后一部。我想以后可能很难见到了，即到住在新华书店不远的一位老乡家里借了 35 元（这套书定价是 35.20 元，1959 年版）买下这套书。有一天，我在办公室读第 6 卷《且介亭杂文》，对"且介亭"不知何解，跑到对面张先生办公室，请教"且介亭"何解。张先生不假思索地告诉我：当时鲁迅住在上海北四川路，是"半租界"的地方，"且介亭"即半租界里亭子间，"且"是"租"字的一半，"介"是"界"字的一半。我恍然大悟。我从山东回京不久，以为可以很快开展业务工作，所以把我的大学毕业论文《两周的"民"和"氓"非奴隶说》抄写一份送给张先生，请他指正。后来他的一位研究生告诉我，张先生说读了你的论文，说你读书很细心。"文革"期间，我不是造反派，两派打"派仗"时，哪派我都没有参加，见到所里的前辈，甚至见到被批斗对象，我都点头示好，没有丝毫恶意。我给张先生留下的印象还是不错的。

张先生听了我的述说之后，对我离开历史所表示惋惜，也表示无奈。像父亲一样关心我的前程。他当晚的谈话，我归纳为几点：一是，熟读《史记》《汉书》，教战国秦汉考古，离不开它。二是，从他的藏书中找出一本《中国考古学》铅印本讲义，非公开出版物，是北京大学考古教研室集体编的，要我好好读这本讲义，对中国考古学有一个总体了解。三是，从他的藏书中找出一本著名古文字学家唐兰写的《古文字学导论》油印本，封面上有张先生自己写的"苑峰"两字，显然，这是唐先生送给他请指教的珍本。张先生说："搞战国秦汉考古，要有一点古文字学知识，你好好读这本书，对你有用。"四是，要熟悉《仪礼》，因为要研究战国秦汉的墓葬要懂得当时的丧葬制度。我听着先生的教导，全身发热。我在他手下 10 年，未曾做过一点"图谱"的工作，而当我要离开时，他却如此关怀我、教导我，他对一位青年人是多么关切和爱护啊！他赠我的《中国考古学》讲义和《古文字学导论》，我认真地阅读、珍藏。我一直想写一点怀念张先生的文字，但由于家里的书太多，分三个地方贮藏，暂时还未找到这两本书。我有朝一日找到时，把它拍成照片，配上我写的文字，也是对张先生的一种怀念。我第二天到琉璃厂中国书店找到了商务印书馆发行的万有文库国学基本丛书本，胡培翚撰的《仪礼正义》16 册（定价 3.80 元）。后来随着我知识的增加，研究的深入，知道古代的风俗礼仪、名物制度，都要用《仪礼》的材料来印证，才懂得张先生要我熟悉《仪礼》的深意。

俗话说"无知者无畏"。我在考古学方面是一位无知者，也就敢于无畏。带着《中国考古学》讲义、《古文字学导论》《仪礼正义》，离开我生活了十五年的北方（天津五年，北京十年），直奔广州，于 1973 年 10 月 3 日到中山大学报到。

办完各种报到手续之后，首先去拜访当时考古教研室主任梁钊韬先生。梁先生刚从被批斗对象中解放出来。历史系筹办考古专业，由他担纲筹组。我像向张政烺先生述说我的知识结构的缺陷一样向梁钊韬先生说了，我可能不能胜任你所委派的工作。梁先生是广东顺德人，我和他用粤语交流。他说，你有中国古代史专业的知识结构，又爱好先秦两汉史，所缺的是田野考古知识和经验，我派你去跟随麦英豪和黎金夫妇学习田野考古。麦英豪夫妇有 20 多年田野考古经验，人又谦虚、刻苦，对广州地区的秦汉考古情况及材料非常熟悉。他现在是考古专家，非常勤奋。逢年过节，家家户户都在家团聚，他们夫妇却还在清理墓葬的工地，辛勤地工作或在居住的斗室整理资料。我第一次听到对麦英豪先生详尽的介绍，麦先生的高大形象出现在我的脑海中。随后梁先生在床底下的杂物中找出20 世纪 60 年代麦英豪夫妇编著的《广州汉墓》（上、下册）油印本（征求意见本）送给我（梁先生刚从"牛棚"中解放出来，住的地方很小，根本无放书架之处，他的书只能和其他杂物一起放在床底下），嘱我好好读这本书，对我会有很大帮助。我一生遇到的好人很多，张政烺先生、梁钊韬先生这样毫无保留地关心、提携晚辈，令我终生难忘。离开梁先生的家，带着《广州汉墓》油印本，在暮色苍茫中，兴奋地踏着自行车回到我安在广州市第五中学的家（我太太在五中任教，住在两位女教师合住的九平方米宿舍。我调回中大之后，这位女教师主动搬到其他地方住，我们一家四口暂时住在这间房子）。

大概是梁先生与麦英豪先生先打了招呼，说明了情况。当我第一次去广州西湖路麦先生家里拜访他时，他们夫妇非常热情地接待我。我看他的住地并不比梁先生好多少，户与户之间是用木板隔开的，而且楼道的灯光非常暗。麦先生说，广州基本建设的工地很多，随时都有墓葬发现，需要我们去清理。只要不怕辛苦，肯努力去学，田野考古知识不难学到。麦先生非常豪爽，说话幽默，声如洪钟，谈了 20 多年考古的艰辛与乐趣，也谈了与广州名流如容庚、商承祚等交往的逸事趣闻。第一次见面，如此热情诚恳地教诲晚辈，给我留下深刻的印象。我留下中大历史系办公室的电话，如有考古工地，通知我前往参加。

我记得第一次参加考古发掘，是清理一批南朝墓葬，大概有好几座。我发现每座墓葬坑的中部都发现有两只玉（石）猪，我请教麦先生，为什么会这样？他说，南朝的埋葬制度，下葬前让死者两只手各握一只玉（石）猪，所以每座墓中部都会发现玉（石）猪，除非墓被盗，玉（石）猪被盗墓者取走。麦先生说发掘墓葬的一个重要技术是如何找到墓边，因为是在基建工地抢救性发掘，很难找到墓边，将来有好的工地，再教你如何找墓边。当时去工地都是穿着最耐磨布料衣服，我穿的裤子，屁股处有一个大补丁，用缝纫机把这个大补丁圈十多圈线，使得裤裆耐磨。我第一次从工地回到五中的家，邻居家的小朋友看见，笑着跟着我走进我的蜗居所，我问他们笑什么，他们说，是笑你屁股上的大补丁。

1973 年秋，第一届考古专业工农兵学员已进校，我们的任务是教学生。当时的考古教研室，一个萝卜一个坑，黄慰文老师教旧石器时代考古，曾琪老师教新石器时代考古，商志老师教夏商周考古，我教战国秦汉考古，张维持老师教魏晋南北朝隋唐考古，李松生老师教原始社会史，韦贵耀老师教考古技术，梁钊韬老师除负责全面工作之外，还教民族学概论。虽然有具体分工，但只是努力方向而已。当时强调开门办学，请有实践经验的工农兵上讲坛。所以考古教研室制定的教学计划，是根据实际情况，带学生到全国各地考古资料丰富、开展有计划考古工作较多、有经验的考古专家较多的地方参观、考察，请有经验的老师上课。在博物馆、考古工地，遇到需要每门课程老师讲解的问题，由该门课的老师讲解。所以带队去外地时，只要能去的老师都跟着去。除了韦贵耀老师，我最年轻，对考古文物又需要从头学起，每次带队外出，我必是其中一员。到 1976 年，带学生去过的地方有西安、咸阳、洛阳、郑州、长沙、南宁等地，去参加考古发掘的地方，有长江流域红花套新石器时代考古发掘，广西合浦堂排汉墓发掘等。我每次带学生外出回来，都向麦老师汇报外出的收获，并请教有关的问题。

我如饥似渴地阅读着《中国考古学》讲义、《古文字导论》《广州汉墓》，以及在历史系资料室借到的《洛阳中州路》《洛阳烧沟汉墓》《长沙发掘报告》等书籍，渐渐形成了怎样对秦汉墓葬进行分期以及五铢钱在断代中的重要意义等问题，集中向麦老师请教。他以《广州汉墓》为例，主要根据墓葬形制的变化、随葬品组合的不同以及五铢钱字形的变化，把广州汉墓分为西汉前期、中期、后期、东汉前期、东汉后期五个时期，并教我如何识别五个时期的五铢钱。由于有到各地博物馆参观以及听各地有经验的考古工作者的讲课，对麦老师的解释，就很容易听懂。比如在洛阳请参加洛阳许多墓葬、遗址发掘及报告整理的蒋若是先生讲五铢钱的，他有这方面研究成果发表，深入浅出地讲解，自然收获很大。讲课中间休息时与蒋若是先生交谈，谈起麦英豪，他们是老朋友。回来我向麦老师讲起蒋先生，他说，他很用功、很刻苦，他参与编写的《洛阳烧沟汉墓》发掘报告，是我编写《广州汉墓》的参考，但觉得太琐碎，在编《广州汉墓》时对此有所改进。

如何教学生判断一座墓葬的年代，是我所教这门课程的一个重要任务。洛阳发现汉墓很多，他们的库房存放着许多出土的墓葬陶器，我大胆地向带队的领导及历史系领导提出，可否向洛阳市文管会、文化局提出，希望他们支持中山大学考古专业，按洛阳汉墓的分期，每一期捐赠一座墓葬的完整的陶器组合，作为教学标本。历史系领导及学校领导都非常支持这一建议。后来洛阳市报相关部门批准，同意捐赠五座（或七座）墓葬的资料作为考古专业的教学标本。此事商志利用他的社会关系发挥了很重要的作用。但当时这些标本被运回中山大学时，我已离开考古专业，具体情况我就不得而知了。这件事我向麦老师谈过，他说很好，问题是能否实现。因为文物部门对文物的管理是很严格的。

1973—1978 年这个时期，只要我在广州，广州有发掘工作，麦老师都通知我参加。1974 年广州发现秦造船遗址，考古专业的工农兵学员参加了发掘。我可能有其他任务（忘记了什么任务），没有参加发掘。但后来请上海交通大学造船系造船史研究专家杨槱教授来参加论证遗址性质的会议，我受邀参加了。会后麦老师还邀请我一同陪杨教授到西江流域一些造船厂参观考察，同去的还有广州市文管会主任黄流沙先生等，还听了杨教授作的关于造船史的报告。

我尊敬麦老师夫妇，他们也把我作为学生，毫无保留地教我，我如沐浴在春风雨露之中。

二、 深厚的忘年之谊

1976 年 10 月，打倒"四人帮"，结束了"文化大革命"。1978 年党的十一届三中全会，提出改革开放政策，中国迎来了发展时期。1977 年恢复高考招生制度，考古专业也招来了通过全国统考招来的第一届学生。

我面临着重要抉择，是继续留在考古教研室，还是争取调去中国古代史教研室？几年的实践证明，我不宜留在考古教研室，因为我有天生的色盲，不能辨别某些颜色，高考时我不能报考的专业，其中就包括考古专业。实践证明，在考古现场，我不能辨别地层，不能根据土的颜色找到墓边。我没有系统地学习过考古学知识，面对着通过正规考试招来的考古专业学生，需要系统的专业训练，需要独当一面带学生去从事田野考古。显然我是不能适应的。我向系领导要求调到中国古代史教研室。系领导答复我，古代史教研室不缺人，考古教研室没有人替代我任战国秦汉考古的课，这几年我的表现不错，学生反映很好。我想用滥竽充数的故事来说服系领导。齐宣王使人吹竽，喜欢听三百人一齐吹。南郭处士请为王吹竽，齐宣王派他与三百人一起吹。宣王死，湣王立，喜欢听一个人一个人独吹，处士逃（《韩非子·内储说上》）。系领导并没有理会我讲的故事，对我的申请冷处理。无奈我写了一封长信给时任暨南大学历史系主任朱杰勤先生，要求调去暨南大学历史系，从事中国古代史的教学。朱先生原来是中大历史系教授，1958 年在广州复办暨大时，为支援暨大，朱先生调去暨大任历史系主任。"文革"期间，暨大解散，朱先生又回到中大，住在马岗顶小洋楼。我调来中大后，曾多次去拜访他，请教相关问题，他对我也就熟悉了。所以我斗胆写信给他。一个星期之后，在系办公室，时任系人事秘书的李永锋叫我到他的办公室来一下，我遵命到他的办公室，他严肃地对我说，系里不会同意你调去暨大，随即把我写给朱先生的信给回我。我想调去暨大的事，事先没有对任何人说过，系领导当然不知道此事。我当时想，暨大可以不接受我，但也不应把我的信交给中大历史系呀。大约过了一个星期，时任系主任的胡守为到我居住的蜗室来，说系里研究过了，同意你调到中国古代史教研室，但条件是上完 77 级考古专业的战国秦汉考古课，并能找到一个人代替你上这门课。我当时提出，让我到北京大学历史系考古专业进修一个学期，从头至尾听完这门课。系里答应我的请求，并要我主动联系北大。

1978 年 10 月，《历史研究》编辑部和《社会科学战线》杂志社在长春联合举办中国古代史分期问题讨论会。这是打倒"四人帮"之后，历史学界第一个学术讨论会。历史系派汤明燧先生和我去参加。我大学的毕业论文是《两周的"民"和"氓"非奴隶说》，此论题与中国古代史分期问题有关。我带上修改过的论文参加会议（会后在《中山大学学报》发表，这是我第一篇公布发表的学术论文）。会后汤老师先回广州，我到北京探望历史所的老同事。同时与北京大学考古专业任战国秦汉考古课的老师俞伟超先生联系，他说正在上这门课，我可以去旁听。我喜出望外，一方面与历史所的老同事联系，希望能在历史所办公楼找一张床住下。我在那里住了 10 年，对每个研究室的房子了如指掌。有一位研究元史的同事，他在办公室里有一张床用来午休的。他爽快地答应让我晚上睡这张床，并从家里拿来被子供我使用。一方面与历史系领导请示，要求留在北京听俞伟超先生的课，课程一结束，即返回广州，时间约三个月，不需要学校出任何经费，一切由我自己解决。系领导很快答应我的要求。就这样，我晚上住在建国门内历史所元史研究室。俞老师每周上两天课，都是上午第一、二节。遇到上课这一天，早晨 5 时起床，从建国门内乘车到西直门，再转车到北京大学。在北大门口的小食店买两个包子，喝一碗小米粥，匆匆往课室赶，有时在课室门口就听到上课的铃声。这几个月真正体会到何谓"披星戴月"，早晨出学部大院门口，还满天星斗，明月当空，赶到北大时，东方既白，晨光熹微。

我抓住这一机会，用心听课，认真笔记。我可以负责任地说，我记下了俞老师讲课的百分之九十的内容（当时没有发讲义），整整记了三个厚厚笔记本。当年我是一个 38 岁的中年人了。

1979 年春节前夕我回到广州。首先去拜访麦老师夫妇，感谢他们这几年的教诲，报告我将要离开考古专业的缘由，像讲故事一样述说我在北大听俞老师课的甜酸苦辣的各种感受。寒假后开学，我将按俞老师讲课的内容，给 77 级考古专业学生上课。麦老师听后哈哈大笑，说我这叫作"鹦鹉学舌"，不过他相信我一定会教好，并建议我除了俞老师讲的内容之外，应增加一章，讲以广州汉墓为主的岭南秦汉考古，这样这门课就有特色了。我听后恍然大悟，姜还是老的辣，一语中的。我按照麦老师的意见，上了一个学期 77 级的战国秦汉考古课。系领导决定由工农兵学员毕业的冯永驱接任我的课。冯永驱原与麦英豪同在广州文物管理委员会考古队工作，后来推荐入中大考古专业就读，毕业后留在中大，他有一定的田野考古经验，是最合适的人选。

1979 年下半年我转入中国古代史教研室，开始讲授中国古代史（先秦至唐末）课程。但与麦老师的交情却与日俱增，我们之间的情谊像一坛美酒，时间越长越醇香。

我从 20 世纪 80 年代开始招收中国古代史专业秦汉史方向的硕士研究生，有两届毕业生，请麦老师担任答辩委员会委员，还请他进历史系做过一次学术讲座，讲他受国家文物局任命为组长，主持在美国和香港展出"中华人民共和国出土文物展"的见闻。他讲课声音洪亮，内容丰富，语言幽默，娓娓道来，深受同学欢迎，博得阵阵掌声，给同学留下深刻印象。

90 年代，我与黄淼章应广东人民出版社"岭南文库"之约，撰写《南越国史》一书。我在该书"后记"中说：

> 中国考古学会理事、广州市博物馆名誉馆长麦英豪研究员，是广东考古界的老前辈，新中国成立后广州地区的重大考古发掘大都是在他主持下进行的，他对广州的文物考古工作作出了重大贡献。他对南越国的历史及考古资料研究有素，造诣甚深，每谈及南越国的历史，如数家珍，对我们教益匪浅。1973 年 10 月我从北京中国科学院哲学社会科学部（今中国社会科学院的前身）历史研究所调来中山大学历史学系考古专业任教，担任《战国秦汉考古》课程。因为我是学历史专业的，不懂田野考古。当时考古教研室主任梁钊韬教授要我向麦英豪先生及其夫人黎金女士请教。从此我参加了一些广州地区的墓葬及遗址的发掘工作。我的一点点田野考古知识就是从他们那里学来的。而我对南越国史产生兴趣，也是从那时开始的。……当把书稿请麦老师审阅时，他工作实在太忙，于是把书稿带在身边，利用出差机会，在飞机、火车上，或在夜晚，抽空阅读，字斟句酌，足足写了八页纸的修改意见，态度之认真，实在令我们感动。在百忙中还为本书写了序言。在此谨向他致以衷心的感谢。

我请麦老师作序。他在"序言"中说：

> 《南越国史》面世了，这是一件令人欣喜的事情。如果说这是中国秦汉史研究系列项目中的一个重要成果，那么更可以说这是岭南地方史研究工程

中直立的一幢新的高楼大厦。……我国史学大师范文澜曾著文指出：地下发掘对历史研究至少有三种特殊的贡献。第一是创史，第二是补史，第三是证史。这本《南越国史》正是在创、补、证上下功夫。首先，它搜罗了近40年来两广地区（包括越南部分地区）所发现大量南越国时期的地下发掘资料与文献记载相结合，作出分析研究。在材料运用上力求周全，应该说是后来者居上的。其次，作者又从政治、经济、军事、文化艺术以至民情风习等方面较系统地反映南越国时期岭南大地的历史全貌，令人有耳目一新之感。再者，本书资料详尽，书后的附录《南越国史研究论著、论文资料索引》可谓搜罗备至，对读者、研究者来说都是很有用的。本书是一本很好的地方史读物和重要的参考书。

麦老师的序言是对我们的很大鼓励和鞭策，从序言和我写的后记中可以看出麦老师对我影响之深以及我们感情之纯挚。

1996年，中国秦汉史研究会将要在广州中山大学召开中国秦汉史研究会第七届年会。这年广州市将要举办盛大的广州市建城2210周年纪念大会。通过时任广州市文化局副局长陈玉环和麦英豪的努力，市领导决定将中国秦汉史研究会第七届年会纳入城庆系列活动之一。这次会议的会标为"庆祝广州建城2210年：中国秦汉史研究会第七届年会暨国际学术讨论会"，会议由研究会、中山大学历史系、广州市城庆办公室和广州市文化局联合主办。我在此之前，曾参加广东省教育代表团访问日本的活动，在日本利用空隙时间拜访过日本中国秦汉史研究会的主要领导，说明第七届年会在广州召开的筹备情况，希望他们组团参会。结果日本代表团阵容强大，由日本中国秦汉史研究会会长杉本宪司带队，许多著名学者都与会。共有十多人。我又参加过广东省出版部门访问台湾的活动，在台湾我访问了台湾研究秦汉史的著名学者，说明在广州召开的年会筹备情况。结果台湾、香港也有十多人参会，如韩复智、马先醒等名家都与会。此次会议开得相当成功，出席者160多人，国外及港澳台地区有30多位学者参会。麦英豪撰文参会，并亲自与会者讲解南越王墓出土文物。时任广州市副市长姚容宾也参加了相关的活动。由于经费充足，组织活动丰富多彩，与会代表赞不绝口。这与麦英豪、陈玉环的努力协作是分不开的。会后将论文选辑成《秦汉史论丛》第七辑，由中国社会科学出版社出版。论文集收入麦英豪的《广州地区秦汉考古的发现及收获》论文。

2007年6月29日，麦先生来函，全信如下：

张荣芳兄：数月前，陕西石兴邦先生来函，谓：著名华裔学者何炳棣90周年诞辰，由台湾史语所、近代史所与陕西考古学会、陕西考古研究院联合组织出版纪念文集，特约本人写一篇广州海交方面的文章，原来要求5月底交稿的，我拖到6月中，因对方来函催稿，才挤得10天时间写了这篇文稿（考虑到只谈考古发现，可以缩窄范围，少些文字）。核心有二：1. 是发祥地问题，论定广州的海交史不晚于南越国时期；2. 是武帝灭南越后，汉使南航的始发港问题。后者本文放在"三余论"中讨论，简要地列出三个方面作对比，得出"始发港就是番禺"。

未知这是"歪理"，还是"可存一说"？特将文稿首尾段复印呈上，请教。

麦英豪
2007.6.29

麦先生文稿的题目是《广州地区南海海上丝绸之路考古发现的遗迹遗物》。我认真拜读文稿首尾段，复电话说："一、十分佩服老师材料之熟悉，成文之快。纪念何炳棣先生文集约你写稿，可见你知名度之高，是考古名家。二、历史学者面前无定论，你的论点自然'可存一说'。"他听后哈哈大笑。

2010年，我在中山大学主持召开"纪念陈垣先生诞生130周年学术研讨会"，会后出版论文集《陈垣与岭南》（中国社会科学出版社2011年版）。我把书寄给麦老师。他于2011年11月29日致信我说：

《陈垣与岭南》收到，内容丰富多彩，令我感受到：广东不仅是近现代革命策源地，又是史学大师的诞生地。粗看一遍之后，觉得文集的编排上有点未尽善也（留下缺憾）。因为既以"陈垣与岭南"为本集书名，如果第一页的彩版，上有陈垣大师的像照，下有新会陈垣故居（保护单位）的照片，这样的第一页彩版与书名完美结合，多好！然耶？

匆复，并祝阖府安康。

我非常佩服他的敏锐以及编书经验的丰富。近几年我相继被检查出两种致命的慢性病，他经常鼓励我积极乐观，带着老伴多到花都新居（山庄）去住，那里是广州的后花园，山清水秀，空气清新，远离城里浑浊的空气，尽情享受人生。2012年12月31日，寄给我一幅墨宝："祝愿张荣芳兄：乐天长寿。壬辰岁杪麦英豪顿首。"作为2013年元旦的新年贺礼。

2015年三四月间，我参加广州大元帅府纪念馆的一次论证会，麦先生也来参加。他对我说，有一本书送给你，但很重，邮寄不便，我说我自己去取，也想探望病中的黎

麦老寄笔者的墨宝（2012.12.31）

金。我 4 月 9 日下午如约携太太赴麦府拜访，他告诉我们，上午他们俩去河南成珠饼家购买具广州特色的鸡仔饼接待你们，令我们感激不已。他送给我的书是国家重点图书出版规划项目，由钱伟长任总主编的《20 世纪中国知名科学家学术成就概览·考古学卷》第二分册，本卷主编为中国社会科学院考古所所长王巍，科学出版社 2015 年 1 月出版。扉页书"张荣芳兄惠存，麦英豪。2015.4.6"。

还贴有一纸说明："廿世纪中国知名考古学家经评选入本'概览'的有 118 人，其中广东的有 4 人，即商承祚（甲骨文）、容庚（金文）、梁钊韬（人类学）及本人（田野考古）。如所周知，商、容、梁三位前辈是当之无愧的，而本人则有恐名实不符，仍当努力。麦英豪，年八十又七。"我手捧着沉甸甸的厚礼，十分高兴和激动。麦先生入选《概览》实至名归，当之无愧，这既是麦先生的荣耀，也是广东考古界的光荣，我要祝贺他。他还送我一副对联："乙未初夏荣耀当前先礼让，芳草天涯何处无。张荣芳兄正腕番禺麦英豪年八十有七"。麦先生还对我说，上联原来写作"荣耀当前礼让先"，老伴对他说，"礼让先"是广东话，应当用书面语，后来改为"先礼让"，两副对联由我选。我说两副我都要，他哈哈大笑，两副都给了我。由此可见，他二老生活得相当默契。那天他还讲了一些童年艰苦生活的故事。我们带着这两份厚礼，兴高采烈地离开麦府。那天下着小雨，室外和风细雨，滋润着我们的友情。

我与麦老师推心置腹，无话不说，常对我讲一些令人捧腹大笑的逸闻趣事。例如，有一次去他的西湖路住宅拜访他，他说黄展岳刚吃完面条离开，回招待所了。我给他煮广州人喜欢吃的湿面饼，他说，碱水味太重，不能入口，要换成北京人喜欢吃的挂面。

麦老赠书及所附说明　　　　　　麦老赠联

我平常不吃挂面，走遍西湖路、北京路才买到两筒挂面。这个"北方佬"，真不会享受。然后手舞足蹈历数湿面饼的优点，真不愧是美食家。说完哈哈大笑。说明他与黄展岳先生交情之深。大约是20世纪80年代，有一次春节后，广州市文化局请文博部门人员在白天鹅宾馆聚会，吃自助餐。有一味三文鱼刺身，这是麦先生的至爱，但每次切鱼片只给两三片，麦先生去第四次时，切鱼片者认得了他，瞪了他一眼。麦先生说，你瞪什么，你并没有规定次数。说完故事之后，他又哈哈大笑。有一次文博部门工会组织大家去芳村"鹅公村"聚会。有一味粥非常合口味，麦老吃得太饱，回家睡不着觉，老是用双手搓肚子。第二天我有事打电话给他，他在电话里讲了这个故事，然后说，人说肚饿难挨，肚饱也难挨呀！说完，电话传来了爽朗的笑声，至今他的音容笑貌常浮现在我脑海中。麦老师比我长11岁，我们可谓忘年之交。

三、 广州考古的麦英豪时代

2015年7月下旬，麦先生被确诊为癌症晚期，广州文博部门的同志已告诉我这个不幸消息。麦先生在医院治疗了一段时间，中秋节前出了医院。麦老对前来看望他的广州文博学会会长程存洁说，前一段在南越王博物馆讲课，博物馆给他3000元讲课酬金，他想用这笔钱请文博系统的老朋友、青年同志聚一聚。2015年9月25日，广州文博部门的年轻人策划在南越王博物馆举行中秋赏月活动，邀请麦老夫妇参加，同时也邀请我夫妇俩参加。赏月之前在南越王博物馆旁边的一个大排档式的餐馆聚餐，据说麦老常在此餐馆点上一些廉价又靓最具广州特色的小菜，与同事们共进午（晚）餐。这天晚餐后到南越王博物馆讲学厅开座谈会，到达讲学厅，首先照集体相，然后由麦先生简述他的考古经历的故事。他的讲话博得与会者阵阵掌声和欢声笑语。麦先生讲完之后，由与会者畅谈广州文博事业的成就，麦老夫妇沾溉青年成长的事迹，等等。我就40多年来对广州考古界的了解和与麦老的交情，即席以《广州考古的麦英豪时代》为题做了发言。我认为从20世纪50年代开始至今，广州考古取得了辉煌的成就，由一个默默无闻的广州考古，变成了全国考古界瞩目广州考古。麦英豪入选《20世纪中国知名科学家学术成就概览》就是一个例证。我说这个时代可以称为"麦英豪时代"。我概括谈了"广州考古的麦英豪时代"的三个特点。在此我把原来的发言引申、并就搜集到材料论证一下。

第一，长期工作在田野考古第一线，主持或指导了广州几乎所有重要考古发掘。麦先生仙逝后，文博部门同志的文章，尤其是全洪于2017年3月1日在《光明日报》发表的《麦英豪：广州现代考古的开拓者》一文，做了详细的论述，我不多谈。

第二，注重运用王国维创立的"二重证据法"，把考古资料与文献史料相结合进行研究，努力将广州古代历史建立在信史基础之上。

1925 年至 1926 年，王国维在清华学校国学研究院讲《古史新证》，在第一章《总论》中说：

> 吾辈生于今日，幸于纸上之材料外更得地下之新材料。由此种材料，我辈因得据以补正纸上之材料，亦得证明古书之某部分全为实录，即百家不雅驯之言亦不无表示一面之事实。此二重证据法惟在今日始得为之。①

王国维关于"二重证据法"的学说，今天已被学术界广泛接受，这是王国维对中国学术的重要贡献之一。只要读一读麦英豪关于广州建城年代的考证，读一读他的《广州汉墓》《西汉南越王墓》《广州南海海上丝绸之路考古发现的遗迹与遗物》等论著，就会深切感受到他熟练地运用考古资料与文献记载相结合研究古史的方法，得出精辟的结论。

第三，博取别人所长，努力从北方著名考古学者中汲取其思想和方法，并结合实际，推动广州考古事业的发展，这是麦英豪考古思想的重要特色之一。

我们知道，麦英豪是 1953 年参加第二届全国考古工作人员训练班学习后，开始了他的考古事业。20 世纪 50 年代，国家基本建设工程遍地开花，急需培养考古人才，配合各地基本建设工地保护、清理文物。由文化部文物事业管理局、中国科学院考古研究所和北京大学历史系联合举办考古人员训练班。给这个训练班上课的都是考古学、历史学的名家，如郭沫若、郑振铎、夏鼐、翦伯赞、梁思成、裴文中、贾兰坡、陈万里、苏秉琦、阎文儒、宿白、安志敏等。麦英豪上完理论课之后，又到郑州、洛阳等地参加考古发掘，理论与实践结合。可见麦英豪就是吸吮北方名家的"乳汁"成长的。

麦英豪不止一次对我说过，夏鼐先生对他的影响最大，他是在夏先生耳提面命中成长的。夏先生于 1985 年 6 月 19 日逝世。后来，麦英豪写过《夏鼐先生与广州文物工作二三事》一文纪念夏鼐先生。他回忆考古训练班学习结束，即回广州参加发掘龙山岗 53 号东汉木椁墓。这墓出土一件楼船模型，木船板都有彩画。这件彩画楼船能否复原？一时束手无策。他写信向夏先生汇报了木船的出土状况及复原上遇到的困难。不久，夏先生复信，"给我们详细介绍了考古所在长沙发掘的 203 号墓出土的一件木船的资料和照片，还详列了有关汉代舟船各部分名称的文献材料。先生办事的认真态度，扶掖后辈的真情实意，使我感动"。关于《广州汉墓》，麦先生说：

> 《广州汉墓》这本专刊从编写到出版都得到夏先生的关心和具体帮

---

① 王国维：《古史新证——王国维最后的讲义》，清华大学出版社 1994 年版。

助。……1961 年，我们计划先把 1960 年以前发掘的 400 余座两汉墓葬材料进行整理发表，我把这个打算函告夏先生和黄展岳同志，他们很快就写了回信，对我们的计划表示赞成和支持。先生鼓励我们一定要把这个报告写好，还建议可作专刊安排到科学出版社出版。

在整理这批汉墓资料的过程中，我们碰到了出土珠子不好鉴认的难题。……后来先生答应帮助我们鉴认，黎金同志把标本送到北京，夏先生边鉴认边解说珠子质料的特点，除写上中文名字外，还逐项加注外文学名。有个别学名先生怕自己记不准，翻出他那本批注得密密麻麻的英文词典一一核对。当他看到一种药蚀花的肉红石髓珠子时，笑着说，这种珠子可能来自海外，与海交史有关，我要写文章研究它，我们提出可以向他提供材料，他摆手说，不忙，我不能抢先，等你们的材料发表后，我才写文章。这虽然是一点小事，亦反映出先生对他人劳动成果的尊重。

1963 年底，我们把《广州汉墓》油印稿寄请先生审阅，他指定请由陈公柔先生审稿。……1975 年夏先生与黄展岳同志商谈恢复专刊出版的事情，并提出《广州汉墓》可以先上。……一直拖到 1977 年秋，在夏先生的支持下，黄展岳同志在所长办公室隔邻腾出一间房子给我们作为改稿的工作室。……很感谢夏先生给我们的特殊照顾。关于书名，我们一开始是用《广州汉墓》的，后来有人提议改为《广州秦汉墓》。我们请教了夏先生，他认为还是照旧为好。因为西汉前期在概念上已把秦王朝最后这一段时间也包括在内了。……《广州汉墓》的插图和图版作密集式编排，就是根据夏先生这个意见来处理的。

由此可见，《广州汉墓》倾注了夏先生的许多心血。麦先生向夏先生学习他的高风亮节。①

麦英豪上述论述，我们在《夏鼐日记》中得到印证。《夏鼐日记》共有 5 条关于《广州汉墓》的记载。1965 年 7 月 2 日（星期五）记：上午赴所，下午广州文管会麦英豪同志由林寿晋陪同，前来商谈广州汉墓发掘报告事。1977 年 11 月 9 日（星期三）记：上午麦英豪同志由广州来，准备修改《广州汉墓》定稿付印。1978 年 2 月 6 日（星期一）记：上午赴所，麦英豪同志谓今晚即南下，要负责 4 月间在香港的出国文展。《广州汉墓》已基本完成，仅余结论及图版，将找人替代完成，仍争取按期交稿。1979 年 1 月 4 日（星期四）记：今天在家休息。审阅麦英豪的《广州汉墓》的结语部分。1979 年 1 月 8 日（星期一）记：返所与黄展岳同志商谈将《广州汉墓》（麦英豪写）定稿事。以上见《夏鼐日

---

① 中国社会科学院考古研究所编：《夏鼐先生纪念文集：纪念夏鼐先生诞辰一百周年》，科学出版社 2009 年版。

记》卷七、卷八，华东师范大学出版社 2011 年版。一个考古工作者的一本考古发掘报告，得到夏先生如此厚重关注和支持，反映了夏先生提携后辈的高尚师德。

关于西汉南越王墓，麦先生说：

1983 年 6 月 8 日，广州解放北路的象岗山上发现了一座汉代大型石室墓。6 月 15 日我们奉命到北京，上午先到文物局汇报发现及勘查情况。下午再到考古所，王仲殊、安志敏、王廷芳、徐苹芳、乌恩等几位所的领导同志正等着我们（当时夏先生正在参加全国人大会议，当考古所的领导向夏先生汇报广州的重大发现，先生听了很高兴）。他指出："这是一个重大的发现，不下于马王堆和满城汉墓，因为已经暴露出来了，要及时清理保护，我们要从中国考古事业来考虑这个问题，一定要把这座汉墓的发掘事情办好。考古所要尽量运用我们现有的技术水平，尽我们的最大力量投入这项工作中去。考古所要参加发掘工作，而不是去作客，要跟广州的同志一道把这件事情办好，不要把它看成是个额外负担，要看作是考古所义不容辞的责任。如果人力上一时有困难，有的工作要停就停，要抽的人就抽，一定要把这墓的发掘做好，请通知广州的同志，赶快写个材料通过省报上来，由文物局、考古所会衔上报国务院，待批准后进行正式发掘。考古所要选派人与地方的同志联合组成发掘队，但队长要由地方同志担任，考古所的同志也可参加。发掘的出土物，考古所一件不要。为了保证质量，早日把发掘报告出版，所里派人参加编写，出版时考古所的名字要排在后头。"

当听到考古所领导传达夏先生的意见后，麦先生说：

我们感到十分高兴。因为先生的决定是新中国成立后三十多年来考古所队伍第一次越过五岭。五十年代初只到了长沙，以后的重点放在黄河流域。这次把队伍拉到广州来，这是岭南考古史上的一桩大事。同时，我们还觉得先生对问题看得多深，考虑得多全面周到，连最细微的事甚至发掘报告出版时署名的排列先后也想到了，体现了他作为中国考古学界最高学术研究机构的领导者所具有的眼光、胸怀和谦逊的态度。

关于清理墓室的情况，麦先生说：

1993 年（按：应是 1983 年）9 月中旬，南越王墓发掘工作进入关键时刻——打开主后室大门，着手清理墓主棺椁遗物的阶段。文物局沈竹副局长和夏鼐先生，还有王廷芳同志一同到了广州，他们深入发掘现场检查、指导工作。夏鼐先生在工地蹲了两天，详细询问了前一段的发掘和发现情况，他看到墓主的棺椁已朽，一再叮嘱我们要注意板灰痕迹和棺椁饰物的出土位置和方向，这对以后推测复原棺椁的式样、大小尺寸等都是重要的依据。在内棺位置处已露出玉衣，已见到有散乱现象，他及时提醒我们，可考虑采取分层揭取或整取的办法，要勤记录、多绘图，尽量取足取齐玉衣形制、穿结方式等资料。已出土的实物，夏先生都认真地逐一查看，有时打开小本作些记录。他看到了出土大批墨丸后，又提到化验问题，指出墨的主要成分是碳，容易鉴定，要弄清楚它是松烟或油烟的墨，化验的难度就大了；还有，要制成墨丸得加入胶质东西，当时是采用植物的还是动物胶，经过了两千年之久，看来已起化学变化，胶质可能不存在了。在内棺足箱处出土一件盛药丸的银盒，这件银盒的造型及纹饰都很别致，与中国古代器物的传统式样迥异。我们直觉的认为这是"进口货"，是目前所知我国海交史上最早的一件舶来品。夏先生对此持十分慎重态度，经过前后两处的仔细观察，他才说这有可能是来自西亚地区的银制品。他还承诺为我们查找可与之对比的外国材料。遗憾的是，病魔一下子夺去了先生的生命，我们的要求与期望落空了。

关于砌筑南越王墓用的红砂岩的来源问题，夏先生很感兴趣。广州番禺莲花山港一带散布着由红砂岩组成的大小山岗，这里有一处古代采石场。南越王墓的石料是否采自这里，然后从水路运来？夏先生考察此地，看到一个紧靠一个的开采面，一层接连一层的斧凿痕迹，组成了人力与自然巧合的一个悬崖峭壁、千沟万壑的奇特景观。夏先生要求考古人员要调查清楚这个采石场的规模与开采年代，还有石料运出的码头位置所在等问题，写个调查报告在《考古》上发表。后来考古人员调查，连片言只字的文献材料都没有，也未发现任何题记和碑刻，这篇文章没有写成。近年来广州市着意将采石场景观开发为游览区，番禺文化局领导请求夏先生给遗址命名题书，麦先生记述此事说：

> 先生很谦让，说自己不是书法家，又不是什么名流。当我们建议从考古角度命题，先生答应了，亲笔写了"莲花山古采石场遗址"的题书，因为没有随身带备图章，回北京后还记着把钤了章的宣纸函寄给我们，这是先生在广州留下的唯一墨宝。可以告慰于先生的是，先生的遗墨已经放大成直径数尺的大字，精刻在采石场遗址区当眼的峭壁上，永留景仰。字如其人，先生的学风，先生的高洁品德，先生对党，对人民事业的献身精神，后之来者，得睹先生遗墨，如见其人，风范长存。①

《夏鼐日记》中有几段关于南越王墓的记载，可以和麦英豪的记述相印证。

1983年8月12日（星期五）记：晚间麦英豪、杨式挺二同志偕广州市文化局邵局长来谈广州西汉墓的发掘问题，黄展岳同志陪他们来。

---

① 以上引文参见麦英豪《夏鼐先生与广州文物工作二三事》，收录于《夏鼐先生纪念文集：纪念夏鼐先生诞辰一百周年》，科学出版社2009年版。

1983 年 9 月 17 日（星期六）记：中午赴机场前往广州，王廷芳、沈竹二同志偕行，飞机延至 12：40 左右始起飞，行至江南后，白云多奇峰，抵广州，穿云层下降白云机场，已是 3 时 20 分。广州市府秘书长施振同志，麦英豪、黄展岳同志等都来机场迎接。坐车进城，下榻东方宾馆。……洗面稍息后，赴工地参观，即在附近建设中的国家饭店之后。象岗山周围皆为高楼大厦，中间一山丘，已削去 17 米，为一面积约万平方米（100 m×100 m）的高平台。墓离原地面不过一米有余，墓道为斜坡式，前室、顶盖及第一道门已移去，前室及两耳室已清理完毕，门上及壁上有卷叶图案，第二道门后为棺室，可通左右两耳室及后龛，双门紧闭，现于左侧门下施工，穿一穴可容一人于门下钻进去。闻棺椁前有陶器三堆约 50 余件，二玉璧（龙凤纹谷璧），已取出。我所白荣金、杜玉生、姜言忠、韩悦四同志在此间襄助工作。文物局文博所蔡所长偕同技术员及黄景略同志，湖北省博物馆一同志，也在此襄助工作。现正在研究开第二道门，拟将门轴铜枢圈凿开，尚未成功。至工作室，参观出土丝织物（有刺绣，现成堆，不可揭开）、五色石（朱砂、雄黄、孔雀石、紫石英、白石英）、石门及前室盖石等。参观后返东方宾馆。晚餐后谈工作，并阅已洗印的彩色工作照相二册。黄展岳等走后，我洗澡后即睡。

1983 年 9 月 18 日（星期日）记：上午赴中山纪念堂，现将陈列室楼上改为工作室。先至会客室。省中党政领导人已来，有梁灵光省长等。寒暄后，放映录像片，约 15 分钟，为前段发掘情况。然后至储藏室参观珍品，以玉具剑上的玉饰为最多，亦精美。有临时取来的玉 Rhytan［牛角杯］及银盒（作莲状）为最精，尚有金银带钩、金饰等，此外有封泥、漆器、象牙猪等物。再至现场参观，并开会讨论打开第二道门的办法，初步决定取出双门，具体方案明天请市基建施工单位来商谈。午后又赴中山纪念堂，再细看早晨以人多未及细看各件，如金扣，纸（？）（在两镜之间），一部分铜器（钟，不知名物）等。晚间至市委第一招待所，慰问北京来的工作人员，并谈保护修整器物措施。

1983 年 9 月 19 日（星期一）记：上午赴市文化局，观已拍的发掘南越王墓电影，已有 4 本，可放 40 分，基本可用，但需要剪裁补充。这里即为前发现南越"造船工场"处，在地下约 5 米，凡 3 列，都已盖上，其旁曾发掘出南越时建筑铺地砖，但与"船坞"木结构没有重叠关系。（后参观陈氏书院），出来后，至工地一观，闻上午市基建部门已来过，决定包工提取石门，明日来施工。……晚间梁灵光省长为我们设宴提前赏月，主人为省长梁灵光与省委常委杨应彬、市人大常委会主任欧初、市长叶选平、市委书记许士杰、市秘书长六位，还有省文化局副局长徐垣彬、市文化局副局长饶志忠及市文物队队长麦英豪等，客人为沈竹、王廷芳和我，一桌共 12 人，至 8 时许散席。

1983 年 9 月 21 日（星期三）记：上午赴象岗山工地，昨天已起出第二道门，并进椁室清理椁外四周的随葬品。坠石四块已移去，棺中有玉衣片及玉器、金泡。棺椁四周有大铺首六件，后室有大件铜器及陶器。东侧室。器物较少，为陶器及铜容器，未见棺迹。至招待所，讨论下一步工作方案。又取出高足玉杯，有三花瓣饰圈，分为三部分，可以接合在一起。玉杯似广西贵县罗泊湾西汉墓出土者，唯贵县出土者为一块玉料制成。返东方宾馆，与黄展岳、白荣金、杜玉生三同志一起午餐。……5 时半用膳，赴机场。预定 6：45 起飞，来送者有麦英豪、施振、饶志忠、黄淼章及黄展岳五同志。上飞机后，又以梯子出故障，移不开，延误了半小时，天气奇热，汗流不止。起飞后，不到 3 小时即到北京，小汪来接，抵家已近 11 时。

夏先生 1983 年 9 月 17 日至 21 日共 5 天，在广州指导南越王墓发掘工作。返京后还惦念着南越王墓的发掘进展。9 月 22 日（星期四）记：晨间王廷芳同志来电话，谓黄展岳来长途电话，墓中出土"文帝玉玺"金印、"赵眜"玉印等。……他们走后，与王仲殊同志谈广州工作情况。9 月 24 日（星期六）记：下午赴所，旋赴京西宾馆，在苏秉琦同志处遇及刘大年同志，谈及广州南越王墓事。12 月 11 日（星期日）夏先生在夫人李秀君陪同下来广州参加中国科学院广州分院会议，12 月 12 日（星期一）记：在广州，偕秀君赴南越文王墓发掘队库房（中山纪念堂），参观近来出土文物。12 月 13 日（星期二）下午偕黄展岳、麦英豪二位赴象岗，参观南汉（按：越之误）文王墓、兰圃及越秀公园（镇海楼、五羊石像）。1984 年听他谈南越文王墓中整理遗物时，新出土铜桶上有战船四艘，上有战士持武器持首级。又发现铜勺之间有纸样物。（以上见《夏鼐日记》卷九）

我们从《夏鼐日记》中知道，麦英豪抓住一切机会向夏先生学习，出差去北京，很多时候都抽时间去考古所或夏鼐家拜访，向他请教；或者夏先生出差来广州，多由麦英豪接待。夏鼐在美国讲学，麦英豪抓住在美国的机会去听夏先生讲课，例如 1981 年 3 月 27 日至 4 月 30 日，夏先生偕夫人李秀君去美国，先后在堪萨斯大学、哈佛大学、加州大学洛杉矶分校和伯克利分校、斯坦福大学等处公开讲演。1981 年 4 月 21 日（星期二）记：下午 2 时半抵洛杉矶，周鸿翔教授来接。22 日记：上午周鸿翔教授来，偕至大学部。11 时至考古所，由所长 Barciolati（原为意大利人，曾在叙利亚发掘）接待……下午 1 时，由此间考古研究所、东方语文系、文化史博物馆、对华交流计划四个单位，联合邀请我讲演，在加利福尼亚教职员中心讲演，可容 200 人左右，坐得满满的，还有人站着。由 Barciolati 所长主持，由周鸿翔教授（按：周鸿翔为美籍华裔学者，时任美国加州大学洛杉矶分校教授）致介绍辞，然后由我讲《妇好墓的发掘》，约 1 小时，利用幻灯，效果不错。听众中有劳幹（贞一）夫妇，劳夫人已30多年未见面矣；黎东方夫妇，黎自清华一别已40余年未见面。又有青铜器展览，随展人员麦英豪、郝本性、朱捷元三位同志。讲演至3时始散。夏鼐还通过写信教诲麦英豪，《夏鼐日记》中记载，给麦英豪写过七封信。夏鼐还让麦英豪在考古所做学术报告。例如，1978年7月13日（星期四）记：今天下细雨。上午赴所，与麦英豪同志谈请他下星期作报告事。1978年7月25日（星期二）记：上午所中开会，由麦英豪同志作参加香港举办的出土文物展的报告，由我主持，谈了一个上午（见《夏鼐日记》卷七）。从1965年7月2日至1984年5月4日，19年时间里，《夏鼐日记》中出现麦英豪的名字共35次，可见他们关系之深。从这些来往中，夏鼐的考古学思想、理论、方法给麦英豪以深刻的影响；夏鼐的为人处世的作风、为党为人民为国家为考古事业而奋斗的精神，都深刻地影响着麦英豪。

南越王墓发掘之后，广州相继发现南越国宫署遗址、南越国水关遗址等，为了论证这些重要遗址的性质及年代，麦先生一如既往，依靠北京的名家，请中国社科院考古所的徐苹芳、刘庆柱、黄展岳，北大考古系的宿白、高崇文，国家文物局的谢辰生、黄景略，故宫博物院的张忠培等老专家来穗参加论证，或者带着材料往北京，向老前辈请教。麦先生不止一次对我说，"南越国宫署遗址"的名字，是宿白定的。

因此，我的结论是，广州考古事业有今天的成就，与北方著名考古学者的关怀和支持是分不开的；正是麦英豪深刻认识这一点，紧紧依靠北京的考古名家，从而推动广州考古事业的发展。

广州文博中秋赏月座谈会后合影

我讲完"广州考古的麦英豪时代"之后，把座谈会移到南越王博物馆顶层的露天广场。备有中秋月饼、水果、花生等应节食品，我们一边喝茶，一边品尝食品，一边赏月，明月当空，清风习习。大家都明白，只是心照不宣，此时虽然个个欢声笑语，但脸上掩盖不住凝重、苦涩的表情。我想起苏东坡的中秋词："人有悲欢离合，月有阴晴圆缺，此事古难全。"苍天呀，广州考古业需要麦先生，诚如麦先生常对同事说的"我还有许多事情要做，许多事情还未完成"。

为表达我对麦英豪先生的哀思和缅怀，写了以上文字。麦先生永远是我们敬仰和怀念的师长。

原载《广州文博》，文物出版社 2017 年版。

我所知道的欧初同志对岭南文化整理
与研究做出的开创性贡献

20 世纪 80 年代以来，中国大地掀起了声势浩大的文化研究热潮。随着文化研究的不断深入，人们认识到文化建设的重要性。尤其是我们悠久的民族文化，对于现代化建设具有特殊意义和价值，对于提高人的素质有重要作用。岭南特殊的地缘和社会环境，形成了岭南文化。岭南文化与其他地域文化，如齐鲁文化、荆楚文化、吴越文化、巴蜀文化一样，是中华民族优秀传统文化的组成部分。为了适应研究文化，尤其是研究岭南文化的需要，1992 年 7 月，成立了广东炎黄文化研究会。我参加广东炎黄文化研究会的活动时，欧初同志任会长。

1995 年至 2012 年，我和张磊同志是广东炎黄文化研究会常务副会长并兼任学术委员会主任，参加广东炎黄文化研究会一些会长会议，协助欧老策划、处理一些学术上的事务。欧老除积极筹集研究会的经费之外，对学术上的事情亲力亲为，事必躬亲，在会员和学者中有很高的威望。因此，研究会在号召、组织、团结广大学者参与整理、研究岭南历史文化方面做出开创性的贡献，研究会在广东学术界有一定的影响。我在这里所说的广东学术界，包括高等学校的教授、哲学社会科学研究机构的研究员、一些政府机构对学术有兴趣的人员、中学老师对学术感兴趣者，等等。动员范围之广泛，参与人员之众多，恐怕是改革开放以前所罕见的。就广东而言，改革开放以后，有这样规模的从事如此众多的学术活动的民间团体，也是少见的。欧老对岭南历史文化整理与研究作出的开创性贡献，就回忆所及，有两个方面值得记述。

一、编纂"岭南文丛"

广东炎黄文化研究会于 1995 年 9 月成立"岭南文丛"编委会，欧初任编委会主任、"岭南文丛"主编，广泛吸收广东各学术领域的学人参加编委会。

"岭南文丛"总序说：

> 岭南文化源远流长，从远古文化遗存，百越文化圈的形成，到宋明理学，乃至近、现代文明，岭南都为中华文化的发展作出了卓著的贡献：唐代之慧能，开南禅宗风，众流汇归，使凡言禅，皆本曹溪。张九龄以其政治地位和学养，影响唐代以至后世的诗风，开创了"张曲江体"，是岭南诗的开山祖。明代陈献章、湛若水，独立门户，一扫宋学拘泥守矩之陋习，倡导鸢

飞鱼跃的活泼的自得。屈大均、陈恭尹、梁佩兰岭南三家诗，其成就远出元明之上，赢得了"尚得古贤雄直气，岭南犹似胜江南"的美誉。涉猎多方的经学大师陈澧，其经学不为汉宋门户所囿。黄遵宪是诗界革命的领袖，创立了新诗派，主张诗歌要追上时代的步伐，讽咏新思想、新事物，反映时代的精神，务去陈旧颓靡积习，焕发了诗歌的生命力。晚近之康有为、梁启超、孙中山，更是博采中西，启蒙民慧，一言出而天下惊。高剑父、高奇峰、陈树人为代表的岭南画派，主张"折衷中西，融合古今"，代表了一种先进的学术思潮，在现代美术史上，产生了广泛影响。

研究会以研究和弘扬中华民族优秀文化特别是岭南文化，振奋民族精神，促进物质文明和精神文明建设为宗旨。为了全面、系统、科学而又有深度地总结岭南文化的优秀成果，我们又筹集资金，组织学人编纂"岭南文化通志""岭南文化研究论著"和"岭南文化历史文献选辑"三大系列学术丛书，简称为"岭南文丛"文化建设工程。其目的是为最终创立"岭南文化学"奠定扎实的基础。

"通志"系列，以"志"的形式，全面而系统地梳理和总结岭南文化诸方面的发生和发展的全过程，揭示其历史沿革与主要特征。此系列丛书，既有一定的资料性，更具有学术思想的价值。"研究论著"系列，侧重于从理论高度，集中反映岭南文化各个方面研究的最新成果。"历史文献选辑"系列，则本着抢救历史文献，保存珍贵遗产的宗旨。尽可能地网罗具有历史和文化价值的各种手抄本、善本、罕本及孤本等书籍，加以编校和整理。这三个系列是一个配套的文化工程，虽然体例不尽相同，内容也各有倚重，但结合起来又构成一个有机整体，彼此之间可以相互补充，相互贯通，借此为岭南文化研究及培养岭南文化研究人才，做好"资粮"的准备。

编委会这一构想本身就是一个创新工程，虽然在执行过程中，工作有些调整，也没有完全按计划完成，但十多年中，取得卓越成绩。今分别梳理如下。

（一）"岭南文化历史文献选辑丛书"

据我所知，共出版了三种。

（1）欧初、王贵忱主编《屈大均全集》共八册，人民文学出版社 1996 年版，欧初、王贵忱写了前言。本书获得国家出版总署 1998 年优秀选题一等奖。

屈大均（1514—1587）是明末清初著名的文学家和学者，诗名尤著，与陈恭尹、梁佩兰并称为"岭南三大家"；是明末清初遗民的代表者之一，他坚持遗民立场，表现了民族气节和独立的人格，为当时及后世树立了光辉榜样；为整理和研究地方文献做出了重大贡献。

清朝大兴文字狱，把屈大均的著作列入焚毁"违凝"图书，使之难以流传。嘉庆、道光以后，文网稍弛，选刊诗文集中，间有选收屈大均诗文。清季虽有重刊屈大均著作之举，但未见有人对屈氏遗著进行收集整理。民国以来收集屈氏著作、研究屈氏行谊和思想者渐多。

《屈大均全集》是新中国成立后第一次全面整理出版的屈氏著作，是国家古籍整理规划中的一个重点项目，历时 13 年。本书对学术的贡献在于：

第一，从广州和香港两地公私藏书家手中征集到迄今为止所见的屈大均全部著作近 400 万字，这是一部最完整的《屈大均全集》。

第二，收集大量屈大均著作早期版本、原刻本、善本，编辑全集时，以这些本子为底本，进行校勘、校点、整理，原则上保持屈大均生前定本原貌，这是最权威的一个本子。

第三，附录三种：一是汪宗衍著《屈大均年谱》；二是汪宗衍辑《投赠集》，选录屈大均生前诸友投赠之诗文；三是李文约编《屈大均资料》，选收屈大均传记资料和历代刊行之屈大均诗文集之序跋诸文。这三个附录对研究屈大均行谊、交往及思想有很高的学术价值。

因此，《屈大均全集》是欧初同志对整理和研究岭南文化历史文献的开创性贡献之一。

（2）影印明黄淳等撰《厓山志》（上、下册），广东人民出版社 1996 年版。欧初写了"前言"。

厓山，位于广东新会南，与汤瓶嘴对峙如门，形势险要，是南宋抗击元军的最后一个据点。祥兴二年（1279）正月，元军追至厓山，南北合围，断绝了宋军的粮食、淡水，经过 30 多天的激烈战斗，宋军全线崩溃，丞相陆秀夫负帝昺蹈海自尽，一时从死宫嫔、臣僚、眷属无数。

《厓山志》搜集和整理这一时期的臣民前仆后继、不惜牺牲一切的大无畏精神和英烈事迹、以及后人对他们的景仰而写的诗词歌赋，并记录了那些为表彰厓山节烈而出力捐资、建祠立典的有识之士、乡绅宦人呼吁奔走筹建的热情和经过。

《厓山志》编纂过程复杂曲折，流传到目前的本子极少，多是手抄本。这次以徐信符南州书楼藏手抄本卷一至卷五和欧初五桂山房手抄本卷六至卷七影印出版。这是欧初为抢救历史文化遗产，宣传民族气节、爱国主义精神做出的开创性贡献。

（3）影印黄节著《蒹葭楼自定诗稿原本》，广东人民出版社 1998 年版。欧初写了"前言"。

黄节（1873—1935），广东顺德人。是近代成就卓著的诗人，也是一位著述丰富的学者，尤其以诗学名世。他的《蒹葭楼诗》对后世影响甚大。

黄节的《蒹葭楼诗》由北平监狱木工雕版，商务印书馆于 1935 年精印线装三千册（简称"刻本"）。黄节还请人抄写了两本手抄本，这两本手抄本均为欧初五桂山房所藏。其一，有黄节亲自校定的原迹和陈三立题辞的原件及"刻本"有意回避政治问题而删去的《我诗》，"刻本"付印后才作的 1935 年甲戌诗十四首（简称"原本"）。其二，卷首有唐恩溥手书一识"蒹葭楼自定诗稿原本庚辰十月漫游濠镜，高斋出示此册，读竟怆然，因题其端"和黄节题记"此册无副本最好饬人另抄一过校对无讹原册寄回尤感节记"以及书眉校记多处，此外尚有叶恭绰书眉正传抄错字一处（简称"乙抄本"）。

这两个手抄本稍有差异，以"原本"最为完备。此次影印以"原本"为底本，以"乙抄本"和"刻本"作校勘，并出校记附书后。这是一本有文物价值和学习、研究黄节诗作的好书。这是欧初做出的一个贡献。

（二）"岭南文化研究论著"丛书

这一系列丛书，分两个方面：一是由广东炎黄文化研究会组织的岭南文化研讨会论文选集；二是学者个人单独完成的论著。以出版研讨会论文集为多。

会议论文集总命名为"岭峤春秋"。据我所知，出版了下列作品。

（1）《岭峤春秋——岭南文化研究论集之一》，中国大百科全书出版社 1994 年版。收入论文 60 多篇，总 46 万字。

这是 1993 年 9 月，广东炎黄文化研究会成立一周年在番禺举办的第一次岭南文化学术研究会的论文集。欧初为论文集写了《岭南文化论丛序》。他认为这次研讨会"着重对岭南文化的历史地位和特点；岭南文化与中原文化、荆楚文化、海洋文化的关系；岭南文化发展的轨迹与走向；当代岭南文化等问题，做了较广泛而又有一定深度的讨论"。

（2）《岭峤春秋——岭南文化研究论集之二》，中国社会科学出版社 1995 年出版。

这是 1994 年 12 月在江门市举行的第二次岭南文化研讨会论文集，收入论文 50 篇，将近 50 万字。

（3）《容庚先生百年诞辰纪念文集——古文字研究专号》，广东人民出版社 1998 年版。收入论文 75 篇，附录 3 种，总共 65 万字。

这是 1994 年 8 月 21 日至 25 日，在中山大学和东莞召开的"纪念容庚先生百年诞辰暨中国古文字学术研讨会"的论文集，欧初为会议写了《生无废事，死毋遗忧》一文，他十分佩服容庚"坚信真理，正直不阿""一生勤奋，治学严谨""诲人不倦，珍惜友情"的为人精神。会议学术秘书处在《文集》的后记中说："值得大书一笔的是，论文集之能够出版，是与欧初同志自始至终的关心和支持分不开的。去年年底，当欧初同志获悉论文集的出版遇到困难时，不但慨然答允在财力上给予扶持，而且争取论文集纳入《岭南文化研究论著选辑》的出版规划之内。"

（4）《岭峤春秋——珠玑巷与广府文化》，广东人民出版社 1998 年版。收入论文 30 篇，总 29 万字。

珠玑巷位于粤北南雄城北 9 千米的梅关古驿道上，自唐朝张九龄开凿大庾岭新道后，珠玑巷是岭南、岭北的主要通道，岭南最早接受中原文化的地区之一，中原、江淮人民拓展南疆的第一个结集点、桑梓地、中转站。珠玑巷成为珠三角 140 多个姓，全球 4000 多万后裔心目中血缘、地缘、族缘的情结之乡，被誉为"珠江三角洲之母"。1996 年 10 月，广东炎黄文化研究会与南雄市联合在南雄召开"珠玑巷与广府文化研讨会"，首次就珠玑巷文化展开学术讨论。欧初致了题为《长忆当年开拓劲，珠江水暖稻鱼肥》的闭幕词。他说，这次会议主要探讨了"珠玑巷的人文价值""珠玑巷人南迁""珠玑巷与广府文化关系""珠玑文化、珠玑精神""南雄、珠玑经济腾飞"等问题。他说"会议开得很成功。由于珠玑巷研究，在岭南文化研究中是一个新课题"，许多问题有待拓展，需要继续深入探讨。

（5）《岭峤春秋——省港澳文化交流论集》，广东人民出版社 1999 年版。收入文章 48 篇，总 29 万字。

1997 年 7 月 1 日 0 时，中国恢复对香港行使主权，神州大地一片欢腾。不久，广东炎黄文化研究会在广州召开"香港回归后粤港澳文化交流研讨会"。欧初在会上致了题为《香港回归后文化交流展望》的开幕词。他回顾了粤港澳自古以来就是一家的历史以及改革开放以后三地文化交流取得的成就。对今后三地文化的交流提出三点意见。第一，必须坚定不移地贯彻"一国两制"方针，实行港人治港，高度自治，继续巩固和保持香港作为东西文化交流窗口的地位。第二，必须弘扬中华文化，增强民族意识，实现"人心回归"。第三，建立"文化的引桥"，扩大粤港澳三地文化交流领域，提升交流层次，优势互补，共创繁荣。

（6）《岭峤春秋——黄节研究论文集》，中山大学出版社 2003 年版。收入论文 30 篇，总 24 万字。

这是 1998 年 12 月在黄节故乡顺德召开的"黄节学术研讨会"的论文集。本书收入欧初两篇文章，一是《我诗如此殆天为——〈蒹葭楼自定诗稿原本〉前言》，一是《讵向前人强学来——〈蒹葭楼诗〉师承之我见与黄节对教育事业的贡献》。前一文我在关于影印黄节《蒹葭楼自定诗稿原本》中主要介绍了此书的版本情况以及影印的价值。而此文的前半部分及《讵向前人强学来》，主要是欧初对黄节生平及其诗研究的成果。黄节一生处于清末民初的大变革、大动荡时期，欧初循着他一生的历程，结合当时的社会背景，去看他的为人和诗作。"他的诗是生活在大动荡时期，忧国忧民，凄怆苍凉，愤怒郁勃的内心写照，是时代和他的身世，性格使然，用他的'我诗如此殆天为'来评论他的诗最为切当。其诗的主要社会内容既然如此，以一个饱学之士，熔铸经史，旁汇百家的诗笔出之，其风格自然是悱恻峭健，蕴藉风华"。关于黄节的师承，存在多种看法，章炳麟说："历后山、宛陵，浸淫于汉魏六朝乐苑披声之诗"；黄节的诗盟诸贞壮说他似唐；而近人刘峻却说"学三山"（李义山、陈后山、屈翁山），真是见仁见智。欧初认为陈三立"必欲比类于后山为近"，较为中肯。后山即宋代诗人陈后山（师道）。欧初在文中举出许多黄节诗渊源于陈后山的证据。这是欧初研究黄节诗的重要心得。

这次会议，主要研讨了：①黄节的生平活动与人际关系；②黄节的诗歌，认为黄节首先是一位满腔赤诚的爱国志士，然后才是诗人和学者；③黄节的学术成就。以往对黄节学术思想与学术成就的研究不多，这次别开生面，提出了许多新的观点，值得学界重视。

这么大规模地专门举行有关黄节的学术研讨会，不论在广东，还是在全国，都是中华人民共和国成立以来第一次。而且接受了在番禺举行的徐信符学术研究会的经验，举办了黄节文物展览，由中山图书馆、广州博物馆提供了 40 多件文物，不少是第一次拿来展示，使参会者加深了对黄节的认识和了解。

（7）《岭峤春秋——广府文化与阮元论文集》，中山大学出版社 2003 年版。收入论文 30 篇，附阮元督粤纪事年系，总 36 万字。

为纪念阮元逝世 150 周年，1999 年 12 月，广东炎黄文化研究会在广州召开"广府文化及阮元对广府文化的贡献研讨会"。这次会议是继"珠玑巷与广府文化研讨会"后的又一次有关广府文化的学术研讨会。会议主要集中研讨两个议题，一是广府文化。学者就广府文化的渊源、地位、特点和发展趋势各抒己见，深入讨论。二是阮元对广府文化的贡献。集中讨论三个问题：①学海堂的创办及其意义；②对重修《广东通志》的评价；③刊刻《皇清经解》等书籍。欧初为会议提供了《下车施教化，兴学重人才——大力弘扬阮元重教兴文、尊重知识、尊重人才的精神》一文。他认为阮元在长期的仕途生涯中，提倡学术，奖掖人才，整理典籍，刊刻图书，勤奋钻研学问，撰大量著作，集高官重臣和学者于一身，是不可多得的历史人物。今天的领导干部，应该学习阮元"下车施教化，兴学重人才"的精神。

（8）《岭峤春秋——雷州文化论文集》，中山大学出版社 2003 年版。收入论文 30 篇，总 28 万字。

2001 年 12 月，广东炎黄文化研究会在雷州市召开"雷州文化学术研讨会"。会议集中讨论了五个问题：雷州地区历史与文化，雷州港与海上丝绸之路，雷州半岛的贬谪文化，雷州地区的宗教信仰以及雷州市旅游开发。

（9）《岭峤春秋——徐信符研究文献集》，广东人民出版社 2004 年版。收入论文 32 篇和徐信符遗著 4 种，总 37 万字。

1998 年 9 月，广东炎黄文化研究会在番禺召开"徐信符先生学术研讨会"。

欧初在会上致开幕词。他说研究会的学术讨论如何深入下去，他认为要多做些增砖添瓦的工作，因为我们是民间学术团体，人力、财力、物力都有限，不可能什么事情都做，但总可以做增一块砖、添一片瓦的工作，"做一些别人没有注意到、暂时未做到的工作"，对徐信符研究就是这方面的工作。

徐信符是我国著名的藏书家，从教数十年，著有多种文、史、法学讲义，集藏书家、学者、教授于一身。但长期以来，没有引起人们的重视。这次会议组织了20多位学者研究徐信符的藏书、各种讲义，阐释他藏书及著作的成就。特别是徐信符后人徐家凤写了《徐信符和南州书楼》一文，并附录信符公简谱，使徐信符的事迹及贡献为更多人所称颂。这次会议还有一个创新之处，就是把徐信符捐献给中山图书馆的部分藏书、著作和版片运去会议现场展览，还编了《徐信符先生著述、墨宝和旧藏南州书楼古籍善本展品简介》，使与会者可领略其崇高精神之一斑。

（10）《岭峤春秋——"冼夫人文化与建设广东文化大省"学术研讨会论文集》，香港出版社2006年版。收入论文62篇，总38万字。

2005年1月，广东炎黄文化研究会在电白召开"冼夫人文化与建设广东文化大省"学术研讨会。欧初在会上致开幕词。他说，省委提出建设"文化大省"的战略构想是正确的，他2003年年底，向时任省委书记张德江同志写了题为《关于建设文化大省和冼太夫人文化品牌》的一封信，提出三点想法，其中一点是建设文化大省，要"从广东实际出发，要有岭南品位，广东特色"。张德江批示说："欧初同志的建议很重要，我赞成。"这个会议就是在这种背景下召开的。他说，在建设文化大省中，打出"冼太夫人文化"品牌有着重要意义。"冼太夫人精神"集中概括为"爱国爱民"，这种精神有利于振奋民心，把各方面积极性调动起来；有利于加强祖国同海外侨胞的血肉情谊，有利于中华民族优秀文化向全世界传播和交流。

（11）《岭峤春秋——海洋文化论集》，广东人民出版社1997年版。本书是将在珠海和深圳分别召开的两次海洋文化会议的论文集中起来出版，上辑为珠海会议的论文24篇，下辑为深圳会议的论文22篇。总29万字。

"海洋文化"这一概念，欧初比较早地（1995年）在炎黄文化研究会提出来讨论的问题之一。第一次讨论会是在珠海举行的，会标为"海洋文化（珠海）笔会"。欧初写了《研究海洋文化、增强海洋意识是当代一项战略任务》一文。全文分三部分。

①研究海洋文化的重大现实意义。他认为"研究海洋文化这个课题，应结合沿海经济特区与滨海城市的现代化建设来进行考察"。②关于海洋文化的定义、内涵和基本特征。他认为，现在"海洋文化还没有一个公认的定义"，其内涵也众说纷纭。但是"一门新兴学科的建立，其概念、定义以至整个学科体系，不可

能一蹴而就，只要大家都能从各个不同角度提出建设性意见，从中进行比较，互相补充，就能使它日趋丰富和完善。我们确信，一门全面、系统、科学的'海洋文化学'，迟早会建立起来，我们愿意为这门学科体系的建立，做出应有的贡献"。海洋文化的基本特征则表现为重商性、开放性、多元性、兼容性。③海洋文化与岭南文化的关系。他认为岭南文化受海洋文化影响甚深，在各个领域都有其独特的风格。

第二次"海洋文化（深圳）研讨会"（1996年），欧初以《广开文域，纵目五洋——以贸易通海，以文化兴海，以公法治海》为题，做了会议的总结。根据学者们的意见，他认为"未来文明的出路在于海洋"，"海洋事业对人类的生存和发展至关重要"，海洋文化研究具有超越时代的意义，希望我们的研究事业能持续不断地坚持下去。在会上并传达一个信息，国家教委批准，在湛江创办"广东海洋大学"，于1997年挂牌招生。

（12）《岭峤春秋——海洋文化论集（三）》，中山大学出版社2002年版。收入论文37篇，总共25万字。

这是2000年11月在东莞召开的第四次海洋文化研讨会的论文集。欧初在会上做了《第四次（东莞）海洋文化研讨会论文述评》的报告。报告分四部分：对21世纪中国海洋文化的展望，关于中国海洋文化史的认识，关于海洋文化和海洋科技事业，关于东莞海洋文化和港址选择问题。最后，欧初总结本次会议取得的收获。

第一，进一步提高了海洋意识，尤其是对21世纪中国海洋文化前景的探讨，充分肯定了中国海洋文化在社会主义现代化建设中的文化价值。

第二，海洋文化研究的领域，逐步扩宽、不断深化。出现了一系列跟国计民生息息相关的关于海洋文化与海洋科学技术事业的研究，增强了海洋文化研究的应用价值。同时又联系实际，探讨了发展东莞海洋文化的一些问题。

第三，本次会议在研讨举办形式上有了新的突破，学者不仅认真阐述自己的学术成果，还能积极深入互相研讨切磋，真正做到了研、讨相结合，营造了良好的研讨学风。

这本论文集还有一个特色，就是收入一篇关于广东炎黄文化研究会海洋文化研究活动述略和一篇广东海洋文化研究概览（1995—2000）。这两篇文章系统地论述了广东和广东炎黄研究会关于海洋文化研究的历史、现状和未来的展望，对了解这方面的情况很有帮助。

（13）《岭峤春秋——海洋文化论集（四）》，海洋出版社2003年版。收入论文39篇，总共近29万字。

这是2002年在阳江举行的第五次海洋文化研讨会的论文集。这次会议主要研讨下列几个议题：①关于海洋文化研究基本理论的深入和拓展；②努力建设与海洋经济相适应的海洋文化；③保护海洋环境和海洋资源；④对中国古代海洋文化的深入探索；⑤关于阳江市的滨海旅游。

（14）《香山文化与海洋文明——第六次海洋文化研讨会文集》，广东人民出版社 2009 年版。收入论文 39 篇，总共 41 万字。

这是 2007 年 9 月在中山市召开的第六次海洋文化研讨会论文集。这次会议主要讨论四个问题：①关于"海洋文化学"的学科建设；②岭南地区海洋文化研究；③关于广东海洋文化的现实与应用研究；④香山文化与海洋文明。

"岭南文化研究论著丛书"的另一形式，是学者个人专著，已出版的有五种。

（1）覃召文著《岭南禅文化》，广东人民出版社 1996 年版。20 万字。

欧初为该书写了"序"。序文引用柳宗元《赐谥大鉴禅师并序》说"凡言禅皆本曹溪"，"曹溪"是慧能说法传道之所，地处曲江，属于岭南，"要研究中国禅文化，不能舍岭南禅文化而论。正所谓正本方能清源，一旦洞悉了岭南禅文化，中国禅文化的精神风貌也就历历在目，了然在胸了"。岭南禅文化有不少宝贵的遗产，千百年间，岭南禅文化也有盛衰正变、升降沉浮，其间英才辈出，篇籍迭现，这足以说明岭南禅文化其活跃的状况。岭南禅文化在中国文化史上有独特的地位。"这部《岭南禅文化》正是对此作系统性研究的理论著作之一"，"书中的材料新、观点新、方法也较新"，"注重独辟蹊径，填补空白的开拓性与创造性"。我们进行社会主义物质文明和精神文明的现代化建设，要创造新的社会文明，"固然要坚持马克思主义，弘扬共产主义精神，但从文化遗产中吸取其积极的因素也是必不可少的。因此，倡导'心性—自性'说的禅宗文化就具有其可资利用的思想价值。只要我们认真地贯彻'古为今用'的方针，吸取其精华，剔除其糟粕，禅宗文化中的积极、合理的因素，对于今天新文化的建设也能起到其应有的社会作用"。这篇序文，是欧老对待优秀传统文化的积极态度的重要论断的篇章之一。

该书分五章：第一章岭南禅文化的形成与发展，第二章岭南的丛林禅院，第三章岭南禅文化人物，第四章岭南禅文化的特质，第五章岭南禅文化的历史影响。作者在"结语"中指出，岭南禅文化的历史局限性，精华与糟粕杂陈，"我们不能以全盘肯定的态度来对待岭南禅文化，而应该批判地吸收其精华，并力求做到古为今用，以之为龟鉴，为发展当代的岭南文化所用"。岭南禅文化对于当代的价值起码包括两大方面："首先，祖宗对自性的重视及对偶像的破除，有利于人的精神解放，进而促使人的解放"，"第二，禅文化、岭南禅文化的务实性、世俗性的倾向可以为当代岭南文化的发展提供有益的历史经验"，作者呼吁在当前禅学热中，不应"偏重于诸如数息入定，打坐参禅之类的形式的模仿"，而应该"对它的精神旨趣与思想实质"做更多的研究，"才能真正弘扬这种文化传统，从而为发展新的文化作出贡献"。

（2）黄明同等著《孙中山经济思想研究》。

（3）邓毅、李祖勃编《岭南近代报刊史》，广东人民出版社 1998 年版。27 万字。

本书由暨南大学新闻系教授程天敏写序，序文认为，岭南新闻传播事业史的研究是比较薄弱的环节，虽有人申报"广东新闻史"的研究课题，但成果很稀少，"广东新闻史"的成果，让他望眼欲穿，这本《岭南近代报刊史》，禁不住为之惊喜。"喜的是，这本书为岭南新闻传播事业史填补了开头难的一段重要'空白'开了一个好头儿"，而且"它占有和掌握了大量的史料，并能运用马克思主义的立场、观点、方法对史料进行梳理，进行由表及里、由此及彼、去伪存真、去芜存菁的分析，从而获得正确的符合实际的历史结论。它既非以论代史，也不是史料挂帅，而且史论结合，以史带论"。"惊的是"，这本书的作者并非专门从事新闻事业的专家，而是两名年轻的"门外汉"。他们"所以能够编写出这么一部很有意义的新闻史书，一条根本原因是有个好学风，坐得住冷板凳，不赶浪头，不追时髦，不急功近利，而是专心致志于自己所要研究的课题"。这种精神难能可贵，可敬可佩。

全书分八章：第一章绪言；第二章外国人在岭南的办报活动；第三章岭南早期资产阶级报刊的创办；第四章维新变法时期的岭南报刊；第五章民主革命早期省港革命派报刊；第六章民主革命时期资产阶级在国外的办报活动；第七章辛亥革命时期省港资产阶级报刊的新发展；第八章民国初年的岭南报刊。在前言和绪言中，作者认为岭南近代报刊是中国近代报刊的发祥地，在中国报刊史上起了"先导作用"和"推动作用"。

（4）赵春晨著《晚清洋务巨擘——丁日昌》，广东人民出版社 2001 年版。总 21 万字。

丁日昌（1823—1882）是晚清一代名臣和洋务运动的中坚人物，在世时有"吏治，洋务，冠绝流辈"之称誉。本书分六章：第一章仕途多艰，第二章迅速崛起的洋务干才，第三章名噪一时的吏治能手，第四章屡膺重寄的交涉大员，第五章海防近代化的倡导与实践，第六章负谤与病休，余论：丁日昌与潮汕文化。本书出版后，受到学术界的关注，先后获得 2000—2001 年度广州市哲学社会科学优秀成果奖和第五届潮学奖。

（5）骆伟编著《岭南族谱撷录》，广东人民出版社 2002 年版。全书 48 万字。

书前有前言、概述、编例。书后有四个附录：①岭南姓氏族谱数量表；②岭南姓氏族谱分布表；③收藏单位及简称对照表；④参考书目。

作者在"概述"中，论述了岭南氏族的来源及经过；岭南姓氏族谱及其分布概况；岭南谱牒的特点。在结束语中说：谱、志、史，历来被认为是研究史学的三大史料来源和史学的重要组成部分。岭南族谱，是历代岭南人民所创造的文化积淀之一。它能反映一个时代、一个地区的各个方面，也可以说是岭南历史发展的缩影。特别是某些重要人物和史料性、学术性较强的族谱，可为有关历史事件和人物提供准确的史料依据，以补文献记载的不足。同时，族谱也是追先祖的功业、志世系的源流、纪宗支的派衍记录，它可起思根念祖、报本追源、清源明流的作用。尤其是岭南氏族，流动性大，族谱无疑是迁徙他乡或旅居海外华侨寻根问祖的佐证。所以，收集族谱、研究族谱、开发族谱，对弘扬传统文化，促进学术文化研究，促进民族团结和祖国统一，进行爱国主义教育，均具有特殊的意义和作用。

本书共收入 179 姓、2332 种岭南籍谱牒。收录的地理范围，主要是原广东省行政区域所管辖市、县，包括现广东、海南两省和广西北海、钦州、防城以及香港、澳门等地区。按谱主姓氏（复姓以第一个字）笔画为序排列，方便利用。这一课题是广东炎黄文化研究会的开创性工作之一。

（三）"岭南文化通志丛书"

欧初为"岭南文化通志丛书"写了"前言"，说：

> 岭南文化滥觞于旧石器时代，到新石器时代出现二元发生发展趋势，即内陆的农业文化和沿海的海洋文化以各自的方式出现并发展。进入青铜时代以后，这两种文化开始互相渗透、交融，逐渐汇成一体，但务农与拓海仍然作为这一文化的两极存在，并通过两极不断接收来自中原的农业文化和海外异域文化的影响，使岭南文化的内涵不断丰富、特点日益鲜明，终于形成富有特色的区域文化。
>
> 岭南文化的成熟大概要晚至明清时期。成熟的主要标志是，作为中华民族大文化的一个组成部分，岭南文化已经完全把握中原主体文化的内涵，告别以往的模仿，开始进入自为阶段；海外传入的一些文化内容，也被有选择地结合进本土文化之中，形成新的文化形式。而更重要的是一种新的文化精神在这一时期开始出现。陈献章的理学及治学精神，已经体现出岭南文化那种务实而善于创新的风格，后来的学人，更将这一风格不断充实和强化。
>
> 本丛书以"志"的形式，旨在将这一文化进行系统而全面的整理，从而体现出它的基本内涵和特点，便于进一步摒弃和继承。
>
> 在充分反映文化的基本内涵的基础上，尽量突出研究者对该文化的研究心得，追求史料翔实，见解独到，从而更好地把握岭南文化的时代精神，为社会主义物质文明和精神文明建设服务。

这篇前言是欧老关于岭南区域文化形成和发展的重要论述之一，并就"岭南文化通志"编纂的要求阐述得十分清楚。原计划分 18 卷 50 册。据我所知只出版了3册。

（1）李大华著《道教思想》，广东人民出版社1996年版。总20万字。

作者在"导言"中说，自从有五仙人服五色衣，乘五色羊，"遗穗与州人"的美好传说以来，岭南便与民族宗教结下了情缘。岭南罗浮山，为道教的第七洞天，是举世闻名的仙人栖息地。葛洪、鲍靓共同开创了岭南道教。广州的三元宫、罗浮山的冲虚观这两个广东最大的道观，是葛、鲍创立的。在岭南发生的道教所经历的两次革新，影响巨大。一次是葛、鲍所致力的从民间道教改造为神仙道教，一次是隋代苏元朗倡导的由外丹道教向内丹道教的转变。因此本书分上篇：外丹道教思想；下篇：内丹道教思想。分别展开论述。在附录中，论述岭南道教的历史影响。岭南道教人文精神的影响主要表现在自由精神、自然精神两个方面。本书第一次系统整理了岭南道教思想，具有开创性意义。

（2）陈泽泓著《岭南建筑志》，广东人民出版社1999年版。总共46万字。

本书分十五章：第一章导论，第二章岭南建筑发展概论，第三章岭南建筑基本特色，第四章城市建设，第五章宗教建筑，第六章塔（幢），第七章坛庙、祠堂，第八章书院、学宫、会馆，第九章亭台楼坊，第十章交通、水利工程，第十一章民居建筑，第十二章园林建筑，第十三章陵墓建筑，第十四章军事建筑，第十五章近代公共建筑。附录：广东、海南列为全国、省重点文物保护单位的建筑遗址和建筑物名录。

中华建筑文化是世界建筑史上体系完整、最富有民族特征的建筑文化之一，岭南建筑文化是建筑文化的一个组成部分，是中国传统建筑体系的一个重要分支。本书的特色在于，从纵的方面讲，记述了从远古至民国时期岭南建筑发展概况，勾勒出岭南建筑的基本特色；从横的方面讲，全面地论述岭南建筑的各个方面，而且图文并茂，插入作者自绘的各种建筑图样。撰写岭南建筑志难度是很大的，诚如作者在"后记"中说：第一，已出版的中国建筑史专著，涉及岭南的记述近乎凤毛麟角，可资鉴之材料甚少；第二，建筑广泛存在于各个领域，从文化的角度去阐释建筑，涵盖历史、地理、考古、民俗、建筑工程、美学、宗教诸学科，涉及知识面极广；第三，旧时文献及现时地情书对建筑的记述既不全又不规范，甄别、整理材料很费力气。作者花了很大工夫完成此稿，这是一部开创性的著作。

（3）沈英森主编《岭南中医》，广东人民出版社2000年版。总共33万字。

本书由我国著名中医学家、岭南中医倡导者邓铁涛教授，中国科学院院士、世界卫生组织传统医学顾问、中国中西医结合学会会长陈可冀教授，著名中西医结合医家、香港中医药管理委员会委员兼中医组主席张大钊教授等分别作序。主编沈英森教授为暨南大学医学院中医系主任。

本书分八章：概况，中医教育，中西医学交流，岭南温病学发展和贡献，岭南儿科学的发展和主要学术贡献，岭南草药的特色，岭南针灸学的发展和主要学术特点，医家、医案、医话及其他。附录五种：岭南文献有关中医药记载、近代广东中医期刊、广州医学求益社同人录、广州医学卫生社同人录、本书医学人名索引。

本书重点阐述岭南中医作为地域性医学，既源于中国医药学，是中国医药学的一个重要组成部分；但又由于岭南所处的地理位置、气候环境和民风民俗，形成了具有岭南风格的独特的地域性医学。概括地说，岭南中医具有继承性、区域性、务实性、包容性四个特点。

编著者采取严肃、认真、实事求是的科学态度，是一部集理论与实践、整理与发扬、历史与现实的研究岭南中医的历史渊源、学术特点的医学专著。诚如陈可冀在序言中说："《岭南中医》一书，广征博引，联系实际，从地理、气候等方面论述岭南疾病的特点，并对岭南医事、史事、人物、效方、草药、医案、医话、药械、保健及养生方面，作出系统介绍和评述，实为继承发展岭南中医药学之壮举"。邓铁涛在序言中说："这本《岭南中医》，比较全面地反映了岭南医学的面貌和特点。"张大钊在序言中说："这本《岭南中医》相信对在这个地区工作的医师，一定有很大的实用价值。"

二、 编撰 "广东历史文化名人丛书"

从 2005 年到 2010 年，广东省委宣传部与广东炎黄文化研究会联合组织编撰"广东历史文化名人丛书"，由广东人民出版社出版，共出版了 50 册。这套丛书由广东省委宣传部部长（初为朱小丹，后为林雄）和欧初共同主编。

（一）缘起

2003 年广东省委提出建设文化大省的号召，欧初于当年 12 月给时任省委书记张德江同志写了一封信，题目为《关于"文化大省"和"冼太夫人文化"品牌的一点意见》。在信中，欧初提出："建设'文化大省'，目标宏伟，内容丰富。可以从多个方面去考虑，去规划：一是继承和弘扬优秀民族文化，把中华优秀文化推向世界。二是海纳百川，面向世界，把世界各地的优秀文化吸纳过来，为我所用。在弘扬'自己的'和吸纳'他人的'过程中，取长补短，再创新机。三是从广东的实际出发，要有岭南品位、广东特色。"张德江同志于 12 月 17 日，对欧初的信做了批示，"赞成"欧初的"建议"，并"建议宣传部研究"。当时省委其他领导同志也做了批示：把宣传文化名人名作，包括历史名人的工作抓实，使之成为广东的新品牌。接到张德江同志的批示后，广东炎黄文化研究会及时组织有关人员进行研究，如何贯彻落实批示精神。经研究，广东炎黄文化研究会向省委宣传部提交了编写"广东历史文化名人丛书"（以下简称"丛书"）的请示报告，宣传部做出了与广东炎黄文化研究会联合编写出版"丛书"的决定，并发文明确"丛书"编撰的指导思想、总体设想、组织机构及经费等问题。

（二）目的、意义及欧初的作用

经过一年多的努力，"丛书"第一辑 10 本于 2005 年 9 月出版。广东省委宣传部和广东炎黄文化研究会联合在珠岛宾馆迎宾厅召开出版座谈会。座谈会上，还进行了企业向边远地区的学校捐赠"丛书"的赠书仪式。

朱小丹部长在座谈会上做了重要讲话。他说，我们组织编撰、出版这套"丛书"，直接的目的是要深入挖掘、研究和宣传广东丰富的历史文化资源，通过去粗取精，去伪存真，去其糟粕，取其精华，古为今用、继承创新，为建设文化大省服务。广东以其源远流长的文化积淀、深远厚重的人文底蕴孕育了一大批历史文化名人。这些历史文化名人，是中国优秀文化的一种典范，他们建立起来的一座座文化丰碑，是我们今天发展先进文化、建设文化大省取之不尽、用之不竭的宝贵资源。

我们组织编撰、出版这套"丛书"，更深一层的目的，就是要大力弘扬以爱国主义为核心的伟大民族精神，民族精神是优秀文化的精华。广东历史文化名人有一个共同的特点：就是他们的生平业绩和思想品格，凝聚着中华民族的伟大民族精神。这种精神就是，坚持国家和民族利益至上的民族自尊品格，万众一心、共赴国难的民族团结意识，不畏强暴、敢于牺牲的民族英雄气概，百折不挠、自信自立的民族自强信念，开拓进取、勇于创新的民族创造精神，坚持正义、追求和平的民族奉献精神。正是因为有这些历史文化名人所体现出来的伟大民族精神做支撑，广东在历史上总是开变革风气之先，引领时代进步潮流。我们今天研究宣传这些历史名人，就要大力弘扬在他们身上体现出来的伟大民族精神，使其融入"敢为人先、务实进取、开放兼容、敬业奉献"的新时期广东人精神之中，成为推动我们努力建设经济强省、文化大省、法治社会、和谐广东、实现全省人民富裕安康的强大精神动力。

朱小丹部长在讲话中充分肯定了欧初同志为这套"丛书"的出版做出的突出的贡献。在"丛书"的编撰过程中，欧初同志亲力亲为，不顾自己年迈体弱，亲自参加和主持编务会议，关注每一步工作进展，"丛书"的出版凝结着他的心血。

（三）社会影响

这套"丛书"研究的对象是"历史文化名人"，指的是在一定的历史时期、一定的领域或学科，曾经取得卓越的业绩，或其思想具有重大影响，在中国历史乃至世界历史上具有相当知名度的杰出人物。编写时坚持实事求是、批判继承的原则，坚持"百花齐放""百家争鸣"的原则，坚持深入浅出、雅俗共赏的原则。既讲求科学性和学术性，做到言必有据，并反映最新研究成果；又努力面向社会，面向大众，面向市场，用通俗生动的文字和精美的图片资料反映传主的生平与思想。如上原则是"丛书"的共性，而"丛书"中的每本著作所特有的立意、结构、行文，则体现了作者们的独创性劳动，这是每本书的个性。"丛书"统一开本、统一字号、统一装帧，单列成册，集列成丛。这套书在社会上影响很大。许多学者都认为这套"丛书"从策划、定位，以至具体细节都非常成功。成功之处表现在：指导思想明确，定位准确；专家写名人，打造文化精品；学术性与通俗性的完美统一，高雅而不失大众化；装帧精美，价廉物美。

这50本书的书名，都经过编委会的深入认真研究，不统称为"评传"，而书名要体现传主的精神风貌及主要贡献，欧初在这方面的贡献，给编委会同仁留下深刻的印象。

附50本书书名于下：

《南越开拓先驱——赵佗》

《巾帼英雄第一人——冼夫人》

《岭海千年第一相——张九龄》

《南派禅宗创始人——惠能》

《明代心学宗师——陈献章》

《近代思想启蒙先锋——康有为》

《跨世纪的文化巨人——梁启超》

《民主革命的先行者——孙中山》

《近代中国留学生之父——容闳》

《近代之世界学者——陈垣》

《北宋名臣——余靖》

《岭南心学传人——湛若水》

《刚正不阿的清官——海瑞》

《清初爱国诗人——屈大均》

《杰出的诗人外交家——黄遵宪》

《近代强国之路的探索者——郑观应》

《爱国志士·诗人·教育家——丘逢甲》

《学界泰斗——陈寅恪》

《20世纪的伟大女性——宋庆龄》

《文化奇人——王云五》

《南宋名臣——崔与之》

《南宋廉直谏官——李昴英》

《明代经世儒臣——丘濬》

《明末抗金英雄——袁崇焕》

《岭南睁眼看世界的先驱——梁廷枏》

《晚清醇儒——朱次琦》

《百科全书的学者——邹伯奇》

《晚清洋务活动家——丁日昌》

《太平天国开创者——洪秀全》

《近代法制改革者——伍廷芳》

《中国铁路之父——詹天佑》

《岭南诗宗——黄节》

《伉俪革命家——廖仲恺与何香凝》

《亦僧亦俗的文化奇人——苏曼殊》

《文武兼备的革命家——朱执信》

《民主党派的开创者——邓演达》

《农民运动大王——彭湃》

《启蒙思想家·革命家——杨匏安》

《文韬武略一元戎——叶剑英》

《中国电影艺术大师——蔡楚生》

《清代岭南大儒——陈澧》

《晚清小说大家——吴趼人》

《岭南画派大师——高剑父》

《开拓近代交通事业的文化人——叶恭绰》

《墨者·学者·革命者——杜国庠》

《中国图书馆事业开拓者——杜定友》

《学识渊博的优秀教育家——陈序经》

《中国民俗学奠基人——钟敬文》

《粤剧万能老倌——薛觉先》

《人民音乐家——冼星海》

　　以上就我所知从两个方面论述欧老对广东历史文化整理研究做出的开拓性贡献。欧老在革命战争时代，为中国人民的解放事业做出卓越贡献；中华人民共和国成立以后，为广东省广州市的发展而奋斗，业绩卓著；退休后又退而不休，在文化领域做出惊人的成绩。欧老的精神是值得我们永远学习的。

　　　　　　　　　　　　　　　　　　　　2016 年初稿，2018 年修改。

纪念坚守中山大学史学传统与 "学以致用" 优良学风的戴裔煊先生

——读《戴裔煊自述》后

戴裔煊先生（1908—1988）于 20 世纪 80 年代，应《晋阳学刊》之约写了一篇《戴裔煊自述》（以下简称《自述》），五六千字。据我所知，至少有两种出版物收入此文。一为北京十月文艺出版社出版的《世纪学人自述》第 3 卷；二为书目文献出版社出版的《中国当代社会科学家》第 8 辑。此文分 "我对民族学发生兴趣从事研究的由来与经过" "我粗浅认识的西方民族学" "此调不弹久矣" "学以致用为原则" 四个子目，后附 "主要著述目录"。此文简明扼要、言简意赅地阐述了他的学术渊源、师承关系及其治民族史、历史学的 "学以致用" 优良的学风。学习此文对我们今天纪念戴裔煊先生和学习习近平总书记关于学习和研究历史必须坚持历史唯物主义的重要论述有重要意义。

一、戴裔煊的师承

（一）带领进入治学之门的沈刚伯

带戴裔煊进入民族学和历史学之门的是沈刚伯。《自述》中说："1929 年我由中大预科升本科历史系，那时沈刚伯老师从英国留学归来不久，任中大历史系教授，开设过世界古代史、考古学、史前史、初民宗教、中国文化西行研究等课程。"他把 "史学与民族学一炉共冶"，"沈先生博闻强记，讲课口若悬河，条理分明，娓娓动听。每学年开出几门课，从来不带讲稿"，"沈先生学问渊博，有名士风，我敬佩他，他也器重我，鼓励我。后来他往南京中央大学任教，叫我负笈转学，我因病没有去。他把中英庚款留学考试后的试题寄给我叫我作准备，我跃跃欲试"，"沈先生的教导，奠定了我以后治学的基础和研究民族学这一方向"[1]。

沈刚伯（1896—1977），名汝潜，字大烈。生于湖北宜昌。11 岁入湖北方言学堂。14 岁（宣统二年，1910）毕业后，进武昌高等师范学校（武汉大学前身），1917 年毕业。1924 年考取官费留学，入英国伦敦大学大学院研习埃及学及

---

① 戴裔煊：《戴裔煊自述》，见高增德、丁东编《世纪学人自述》第三卷，北京十月文艺出版社 2000 年版，第 275 页。

英国史、宪政学。1927 年学成后归国，先在武汉大学任教。1929 年，经俞大维介绍，到中山大学任教，被增聘为中山大学语言历史学研究所委员。他在中山大学的表现是很出色的。在他的努力下，1929 年底成立历史学会（1930 年 4 月改称历史组），沈刚伯任主席。在学生中成立史学研究会。根据当时的课程表，他开设的课程主要有西洋古代史、西洋中古史、西洋近代史、史前史、初民宗教、西史研究法、中国文化西行研究、英国史、罗马史等。他的讲课得到学生的好评。教学之外，常参加学生的史学研究会的活动，给予指导，与学生有深厚的学术情谊。1931 年沈刚伯应聘到南京中央大学任教，文科学生近两百名联合签名，呈请校长挽留沈教授。校长许崇清及接任校长邹鲁对此事十分关注。沈刚伯在中大任教两个学年，给史学系学生留下极深的印象。①

1948 年，沈刚伯应邀到台湾大学短期讲学。后来国民政府教育部长朱家骅请他出任文学院院长，沈刚伯遂在台湾居留下来，直至终老。朱家骅曾商请沈先生出掌台湾大学，他没有出任，推荐傅斯年任台大校长。沈刚伯的史学思想与傅斯年不同，傅斯年要把史学建成"与天文、地质、物理、化学等同伦"，沈刚伯则认为"史学无法像自然科学之客观如实"，主张"贯注时代精神的新史学"，史学要经世致用，以纯粹史学为基础的实用史学，是他理想的史学。所以有学人称沈刚伯是"史语所的益友"。②沈刚伯的"经世致用"史学思想给戴裔煊以深刻的影响。他曾经动情地说："沈先生是我最好的老师"。在回复大学时代的同班同学张华痕的信中说："我们同窗四载，至今相违已五十余年。遥想当年同在沈刚白（伯）先生门下，荷蒙奖掖。如今沈师早已作古，我辈亦已老矣。日前曾寄赠诗作，捧读之下，回首往事，难以忘怀。"③

（二）"视他亦师亦友亦兄长"的黄文山先生

黄文山（1901—1988），社会学家、历史学家，号凌霜，广东台山人。1918 年考入北京大学，1921 年毕业，获文学学士学位。同年作为孙中山的代表赴苏联出席远东人民大会。1922 年留学美国，在哥伦比亚大学治社会学。从美国民族学奠基人鲍亚士（F. Boas，1851—1942）受业，获文学硕士学位。1927 年回国后任上海国立劳动大学教授、教务长。1931 年，许崇清出任中山大学代理校长，增设社会学系，聘黄文山为社会学系教授兼系主任。在社会学系讲授四门

① 史义：《沈刚伯与学生的情谊》，见曾庆榴、林亚杰主编《岭南史学名家》，中国文史出版社 2008 年版，第 199 - 203 页。

② 杜正胜、王汎森等：《新学术之路——"中央"研究院历史语言研究所七十周年纪念文集》上册，"中央"研究院历史语言研究所 1998 年版，第 423 页。

③ 章文钦：《戴裔煊先生传略》，见蔡鸿生主编《澳门史与中西交通研究》，广东高等教育出版社 1998 年版，第 329 页。

课：各派社会学研究、文化人类学、社会科学方法、西洋社会知识发展。黄文山任教仅一学期，因病赴上海治疗。社会学系学生恳切要求他返校任教，主持系务。

据《戴裔煊自述》，黄文山翻译有索罗金（P. A. Sorokin）的《当代社会学学说》，"我读其译著，心焉向往，以未得及门为憾"。1934 年戴先生从中大毕业后，在家乡两阳中学任教两年，后失业，留在乡间译詹姆士（E. O. James）的《人类学导论》。"刚巧文山先生托朱谦之先生觅助手编《民族学书目》，朱先生荐我承乏。这是我知道民族学这个名称，正式从事研究的开始。不久，日寇侵华，七七事变发生，空袭频数，我避地乡居，后黄先生建议我入中大研究院深造。"1938 年秋，戴先生考入中大研究院文科学部攻读硕士学位。不久，广州沦陷，中山大学迁往云南澄江。戴母不许戴先生入滇，直到 1940 年秋，中大由澄江迁回粤北坪石。戴先生返回学校继续学业。在朱谦之指导下，完成硕士学位论文《宋代钞盐制度研究》。在写硕士学位论文期间，"文山先生自美归来，长中大法学院，携归许多民族学社会学新著。不久又在重庆北碚中山文化教育馆研究部负责民族组研究工作。他潜研文化学，嘱我研究民族学。我乘机纵览馆藏民族学书籍"，"如果说我对于西方民族学的历史发展及各个学派的理论与方法知道一点的话，是与黄文山先生的教导和帮助分不开的。我往年在中大未及门受业，这时比及门弟子所受教益尤多。我视他亦师亦友亦兄长，他也把我当家人子弟"。1943 年春夏，戴先生病卧医院数月，全靠黄先生及其家人无微不至的照料，使先生病体迅速恢复。1944 年，《民族学史》脱稿后，戴先生在《自序》中写道："微先生，早已埋骨东川，马毙坟头，今且霜凋宿草矣！是书无由写，写亦不能成。至于每有疑难，随时商榷请益，则尤其余事也。"[①]

黄文山的著作和译著十分丰富，《文化学体系》是他 30 余年文化学研究的结晶，堪称代表作。他运用文化学派的观点和方法分析和研究社会进化，认为社会进化不外是文化的演进；文化的演进源于社会进化，又支配社会进化的方向。他长期致力于建立一门"文化学"学科，主张应用人类学、史学、社会学等各学科领域的知识综合研究文化现象，以说明文化体系的类型与结构等问题。[②]

黄文山 1949 年去了台湾，当选台北"中央研究院"院士。其后定居美国，曾任南加利福尼亚大学教授、洛杉矶中国文化学院院长、台湾大学和香港中文大学客座教授。黄先生因新中国成立前曾供职政界，新中国成立后内地曾对他进行过批判，称之为"反动文人"。戴先生并不忌讳，把他与黄文山在中华人民共和

---

① 章文钦：《戴裔煊先生传略》，见蔡鸿生主编《澳门史与中西交通研究》，广东高等教育出版社 1998 年版，第 330 页。

② 《中国大百科全书》编辑委员会：《中国大百科全书·社会学》，中国大百科全书出版社 1991 年版，第 94 页。

国成立前的关系写入《戴裔煊自述》。20世纪70年代末，戴先生更托人辗转带信去美，问候黄先生。此信在黄先生逝世前不久，送到病榻，黄先生勉强提笔，写下"卅载违离，得书至慰"八个字，便再也写不下去。戴先生晚年，一再念着这八个字，它寄托他对黄先生的悼念之情。① 可见黄文山对戴裔煊影响之深。

（三）受朱希祖"新史学"理论的影响

朱希祖（1879—1944），字逖先，又作遏先、迪先，浙江海盐人，我国现代著名的历史学家、藏书家。1905年考取官费留学，赴日本早稻田大学师范科研习历史。其间，师从著名国学大师章太炎先生，为"章门五王"之一。1909年学成归国，曾在浙江两级师范学堂等校任教。1919年12月出任北京大学史学系主任，积极推行历史教学课程体系的建构和改革，"此种制度实施以后，国内公私大学，纷纷仿行。于是中国史学，乃得跻身于科学之列，始渐有以史学名于世者"② 同年10月，朱希祖讲授"中国史学概论"，这是中国史学成为一门独立学科的标志。积极引进西方先进史学思想，其目的是"以欧美新史学，改革中国史学"③。朱希祖在建构史学教育体系、史学的现代转型中做出了重要贡献。

然而，北京大学内部"欧美派"与"法日派"学者之间矛盾很深，朱希祖受到排挤。1930年12月7日，北大出现学生匿名传单《北京大学史学系全体学生驱逐主任朱希祖宣言》，同日，学生匿名致信，迫其辞职。朱先生被迫辞去北大史学系主任一职。1933年9月，经黎东方介绍，中山大学校长邹鲁电聘朱希祖为史学系主任。10月15日抵达广州。至校，见校长及文学院院长吴康，始知学校因开课已久，史学系主任一职已另聘朱谦之担任，遂专任教授。时《广东通志》已归中山大学编纂，邹鲁当即聘朱先生为编纂委员会委员。11月，文学院又聘朱先生为文史研究所主任。1934年1月，南京中央大学校长罗家伦聘朱先生为史学系主任。2月21日，朱先生从广州出发往南京。实际上朱先生在中大史学系任教一年半。④ 这期间戴裔煊正在中大读本科，他受朱先生教诲最深的有几件事。

1. 指导撰写本科毕业论文

《戴裔煊自述》中说，大学本科毕业论文指导老师是朱希祖，论文题目为

---

① 章文钦：《戴裔煊先生传略》，见蔡鸿生主编《澳门史与中西交通研究》，广东高等教育出版社1998年版，第330页。

② 傅振论：《先师朱逖先先生行谊》，见《文史大家朱希祖》，学林出版社2002年版，第218页。

③ 朱希祖：《北京大学史学系过去之历史与将来之希望》，见周文玖选编《朱希祖文存》，上海古籍出版社2006年版，第330页。

④ 朱元曙、朱乐川：《朱希祖先生年谱长编》，中华书局2013年版，第356－400页。

《南蛮之史的研究》。为什么选定这个题目呢？因为先生出生于广东省阳江县。春秋战国时是百越地，唐称恩州，宋改称"南恩州"，本越族所居。在当地语言、风俗、习惯方面还有不少越族文化元素残存，因此对南方民族文化史的研究发生兴趣，故选定这个题目。首先遇到的是对"蛮"的解释问题。《礼记·王制》："南方曰蛮，雕题交趾，有不火食者矣。"为什么南方民族统称为"蛮"？从古人注释中得不到满意的解释。只有从许慎的《说文解字》得到启示。《说文》蛮、闽都是它种，写成今字是"蛇种"。"我因为学习过初民宗教，知道这种解释最确当。世界上许多落后的部族，他们都有图腾信仰，认为他们是由一个共同的祖先传下来。这个共同祖先是一种生物或无生物，通常大都是动物，也有植物。有这种物的共同祖先的人群，这种物就是他们的共同图腾或标记，认为彼此间有神秘的亲缘关系。""我的论文指导老师出示他所写的《客家研究导论序》：'蛮为蛇种，狄为犬种之说，或由神话相传而来，或由所祀祖先神祇而来。张士琏《海阳县志》谓潮州蛮人所奉神宫皆为蛇象，而瑶畲所奉祖先为槃瓠，此盖古代图腾社会之标帜，非必为蛇种犬种也。'希祖先生早已论证蛇和犬是古代图腾社会的标志。确有卓见。他是实事求是的历史学家，不相信真有蛇种犬种，亦无足怪。"戴先生论文的结论：肯定"蛮"或"蛮夷"，本来没有鄙贱的含义。《史记·楚世家》楚子熊渠自命为蛮夷。《南越尉佗传》：佗自称"蛮夷大长老夫臣佗"不以为耻，可以证明。论文写成时，朱希祖老师又早已离开中大，由朱谦之老师继续担任指导。1934 年毕业时，论文被评为甲等，其基本内容以《蛮族与图腾关系之史的检讨》为题，刊于《现代史学》第 2 卷第 1、2 期合刊。用图腾理论来解释"蛮"，是一种"新史学"理论。

2. 听朱希祖的课，在治学方法上，受益匪浅

根据《朱希祖先生年谱长编》，朱先生在中大期间，开过"中国史学概论""元史""明史""《史通》研究""地方志研究"等课程。关于朱先生讲课的情况，当时的学生王兴瑞回忆说："朱先生在史学系讲授的是元史、明史和《史通》研究等课目，除了史学系同学之外，文学院其他各系同学选读的也很多，上课时极拥挤，他的说话尽管带着颇重的浙江土音，并没有减低同学们听课的兴趣。上'《史通》研究'课时，他对于刘知几的史学理论和所举的史实，每每有所驳正，引证赡博，听之入神。当时史学系主任为朱谦之，以介绍西洋史学理论为同学所欢迎，史学系同学称为'二朱'。"① 可见朱希祖讲课受学生欢迎的情况。

这里我特别强调"中国史学概论"这门课。朱希祖在北京大学、辅仁大学、北京师范大学、清华大学、中山大学、中央大学等开设过"史学史""中国史学

---

① 朱元曙、朱乐川：《朱希祖先生年谱长编》，中华书局 2013 年版，第 361 – 362 页。

概论""本国史学概论"等课程，有一本讲义。1943 年在重庆，这本讲义被定名为《中国史学通论》，由独立出版社出版。2010 年，商务印书馆编辑"中华现代学术名著丛书"，收录上自晚清、下至 20 世纪 80 年代末中国大陆及港澳台地区、海外华人学者的原创学术名著（包括外文著作），以人文社会科学为主体兼及其他众多学科。希望其能与"汉译世界学术名著丛书"共相辉映。2015 年把朱希祖《中国史学通论》列入该"丛书"出版。说明它是一部原创性的经典著作。这部著作分中国史学之起源、中国史学之派别两篇，后附九篇附录。本书有两个特点：一是作者试图以近代史学的范式来总结和归纳中国传统史学成绩；二是涉及史书众多，令人惊叹。特别以《史记》《汉书》为例，说明重视现当代史是中国史学的优良传统。①

朱希祖研究史学，最重科学方法。所谓科学方法者即治学有条理系统，根据迹象能求其真，进而明其因果关系。治史首贵物证，次取文证；首贵原始资料、直接资料，次取孳生资料、间接资料。其治学方法"上承清初朴学风，下开近世科学之渐"②。朱希祖的治史方法给戴裔煊以深刻的影响。

（四）受朱谦之"现代史学运动"的熏陶

朱谦之（1899—1972），字情牵，福建省福州市人，是我国著名的历史学家、哲学家和东方学家。17 岁时以福建省第一名的成绩考取北京高等师范学校（北京师范大学前身），后改入北京大学法预科，毕业于北京大学哲学系。在校期间，亲聆学界名师的教诲，饱读中外哲学、历史文化书籍，开始发表文章。1919 年怀着满腔革命热情，参加"五四运动"。1921 年离京南下，在杭州师从佛学大师太虚和尚，在南京向著名佛学家欧阳竟无求教。1929 年获国民政府中央研究院资助，东渡日本潜心历史哲学的研究，两年后归国，任上海暨南大学教授。后由陈中凡介绍，中山大学校长邹鲁聘朱谦之到中大任教。从 1932 年起，出任中山大学教授，先后兼任史学系主任、哲学系主任、文学院院长、研究院文科研究所主任和历史学部主任等职。1952 年全国高等学校院系调整，调回北京大学哲学系任教，1958 年转入东方哲学研究。1964 年中国科学院哲学社会科学部组建世界宗教研究所，调入该所任研究员。1972 年因脑出血逝世，享年 73 岁。在学术界被人称为"百科全书式的学者"，学术领域包括历史、哲学、社会学、文化学、教育学、文学、音乐、宗教等，著述丰硕。2002 年福建教育出版社出版《朱谦之文集》，共 10 卷，几乎囊括了他的全部著作。

---

① 周文玖：《朱希祖和他的〈中国史学通论〉》，见《中国史学通论》，商务印书馆 2015 年版，第 553 页。

② 傅振论：《先师朱逖先先生行谊》，见《文史大家朱希祖》，学林出版社 2002 年版，第 214 页。

朱谦之1932年至1952年在中山大学任教20年，为中山大学历史系、哲学系的发展做出过重要贡献。他在自传式的著作《奋斗廿年》《一个哲学者的自我检讨——五十自述》《世界观的转弯——七十自述》《中大二十年》都不同程度地回忆了在中大20年的历史。戴裔煊在中大读本科和硕士研究生，正是朱谦之掌历史系的时期，受沾溉甚深，今举几例。

1. 受"现代史学运动"的熏陶

20世纪30年代，日本侵华，民族危机空前严重，学术风气也为之一变。历史学虽然离不开故纸堆，离不开书本，但眼光必须放到现实上，目标必须看到国家、民族。30年代初，国人对中日矛盾上升有不同反应，大体存在北方妥协、中部消极、南方坚决的特点。当时中山大学因师生激烈的抗日活动被称为"抗日大本营"（邹鲁语）。朱谦之回忆说，"我应聘到中山大学，决心来提倡'南方文化运动'。原来'九一八事变'时，我适任教上海，气愤之余，以为欲救中国，须根本上从文化着手"，"深感于民族之不能复兴，乃由于文化之不能复兴"。他写了《南方文化运动》一文，"所谓南方文化，从知识的进化言，就是科学的文化。从物质的进化言，就是产业的文化。再从文化社会学的观点看，中国只有民族的无产阶级（大贫）与半无产阶级（小贫）才能创出产业的文化与运用科学的文化，所以南方文化的本质，实际就是民族的无产阶级文化"①。

"南方文化运动"对历史学而言，就是要使历史学科学化和时代化。科学化，尤其是社会科学化，引入进化论，求出社会发展的一般法则，是历史研究要结合社会现实的一种理论阐释和理论准备；时代化，实则是史学社会科学化在现代史学研究领域的实际运用。在中山大学开展"现代史学运动"，颁布《备战历史教育大纲》，提出联系实际，与考据、复古相对立的"考今"口号，这些都是史学研究转向现实的反映。要进行"现代史学运动"首先对史学系的课程进行改革。朱谦之在文学院会议上报告史学系课程编订的要旨，"（甲）史学为社会科学之一种，故史学系课程应多备社会学科课目。（乙）注重文化史和近代史之研究。（丙）中国各部通史，应定为必修课目"，再加上"注重史学理论"。当时史学系课目分类包含史学理论、文化史、世界史、现代史、基本学科与辅助学科五大类，明显体现了史学的社会科学化色彩。朱谦之当时任"史学概论""史学方法论""历史哲学""专题研究""文化哲学"等课程。

史学系主任朱谦之与文史研究所所长朱希祖，在"现代史学运动"中有共同的学术理念。第一，提倡学生用科学方法治史，应注重全社会文化为主，以纠正清代学者偏于地理官制、琐碎考订和近代学人偏于人名考证之弊。主张"史学

---

① 朱谦之：《奋斗廿年》，见《朱谦之文集》第一卷，福建教育出版社2002年版，第73-74页。

以文化史为依归"，研究生必须尽力搜罗和阅读所认定某时期的全部史籍。第二，重视对学生进行历史哲学、史学方法论和史学史三个层面的训练。第三，注重现代史与社会史、经济史、科学史等领域的研究。① 戴裔煊在中大读本科和硕士研究生，自然受到这些课程及观点的熏陶。

2. 组织史学研究会

朱谦之在《奋斗廿年》中说，"我来中大第一桩事就是组织史学研究会和提倡现代史学运动。这时文学院院长吴康（敬轩），是我北大旧友，约我为史学系主任。那时史学系人数不多，教授有萧鸣籁、陈定璠、陈安仁几位，我为着联络感情与研究学术起见，在史学系的行政机构之外，更与本系同学谭国谟、黄松、戴裔煊等提议设立史学研究会。史学系各年级学生均为当然会员，而我和各教授则隐然居于领导的地位。这史学研究会在过去十二年中，贡献不少。除学术刊物《现代史学》按期出版外，并发表《五四运动特刊》《十周年纪念论文集》"，"还发表许多专号，如《中国经济史专号》《中国现代史专号》《史学方法论专辑》《文化学专号》，均为风气之领先者"②。戴裔煊以学生的名义参与了发起史学研究会，而且积极在《现代史学》刊物上发表文章，如《纸币印刷考》《清代盐课归丁史源试探》等。

3. 指导撰写硕士学位论文

20 世纪 30 年代初，国民政府教育部批准中山大学成立研究生院，可以招收研究生。1933 年 2 月 5 日，文学院院长吴康谈招收研究生事。命朱希祖撰文史研究所招收研究生计划。《本所招考研究生纪略》云：本校各研究所，向无招考研究生优给津贴以务长期研究者。自朱希祖先生为本所主任后，始建议于邹校长，分文学史学各招研究生四五人，先行试办，文学以纯文学为主，史学以文化史为主，略陈条理，颇蒙邹校长采纳。其办法与北平各大学研究院及研究所不同之处有二：①北平各研究院研究所，其研究之题目，范围极小，而由研究生自己提出，其研究年限较短，本校文史研究题目范围较大，由本所指定，其研究年限也较长。②北平各研究院研究所，如北京大学，仅有奖学金，而无津贴；清华大学，虽有津贴，每月仅给 30 元，研究生不能维持生计，往往辍学，就有给之事（按：原文如此），本所则月给毫银 80 元。而且规定研究期限为三年。规定研究范围和程式。第一年，点读所认定某期之重要史籍。本所制有《文化史编纂条例》，点读各期史籍须做笔记，按照《文化条例》分类记录材料（点读史籍及所作笔记随时由导师稽查）。第二年，编纂所认定某期之文化史，将第一年记录所

① 参见曹天忠等《国立中山大学"现代史学派"与中国现代史学研究的"社会科学化"》，《中山大学与现代中国学术》，商务印书馆 2014 年版，第 315 – 336 页。

② 朱谦之：《奋斗廿年》，见《朱谦之文集》第一卷，福建教育出版社 2002 年版，第 75、79 页。

得之材料，参考其他书籍，详为编纂（参考书由本所导师指导）。第三年，提出所认定某期历史中之重要问题若干加以极深研究，每两个月作成论文一篇，全年至少须作论文 5 篇（论文题由本所导师认可及指导）。1933 年文史研究所录取研究生正取 4 名、备取 2 名。并按上述规定程序严格培养。①

戴裔煊是 1934 年本科毕业后，在家乡阳江工作了几年，遵黄文山的建议，报考研究生，再入中大研究院深造，1938 年秋考入中大研究院。不久，广州沦陷，中大迁往云南澄江。直至 1940 年 10 月中大迁回粤北坪石。戴先生返校继续学习，于 1942 年 7 月取得硕士学位。

其学位论文为《宋代钞盐研究》，指导老师为朱谦之。戴先生在 1957 年出版的该书《自序》中说："本书写成，得朱谦之先生多所指导，特于此表示感谢。"本论文严格按上述培养研究生的程序进行。（关于本论文的介绍详后）戴先生是朱谦之先生在中大培养的优秀的最得意门生之一。朱谦之在《中大二十年》文中回忆说，"《现代史学》和史学研究会的设立，是我在中大所做的一件大事"，"我寄托成就这些青年史学家身上。当时为《现代史学》撰稿的，除历史系的教员外，青年学生中后来成名的有：戴裔煊、董家遵、朱杰勤、陈啸江、王兴瑞、江应樑、丘陶常、梁钊韬、彭泽益"。② 戴裔煊列为首位，可见他不负老师之期望，在学术上取得成就，令老师高兴。

（五）著名民族学家杨成志的高足

戴裔煊是著名的民族学家、民族史学家。其民族学的素养除受上述黄文山的影响之外，在中大读本科和研究生时，受杨成志的教诲甚深。他在《自述》中说：

> 我在解放前研究过民族学，写过一些文章和一本《民族学史》，在中山大学地理系及法商学院担任过这门功课的教学工作，解放后，曾随中央访问团到过粤北瑶山和海南岛，对瑶、苗、黎各少数民族作过短期调查访问。但自知毕竟是个坐在安乐椅上埋头伏案搞研究的工作者，缺乏人类学、语言学等方面专门技术训练，缺乏田野考察经验，未曾深入少数民族社会长期与群众共同生活，未曾做到思想感悟与研究对象打成一片。③

---

① 朱元曙、朱乐川：《朱希祖先生年谱长编》，中华书局 2013 年版，第 388 - 392 页。

② 朱谦之：《中大二十年》，见《朱谦之文集》第一卷，福建教育出版社 2002 年版，第 183 - 184 页。

③ 戴裔煊：《戴裔煊自述》，见高增德、丁东编《世纪学人自述》第三卷，北京十月文艺出版社 2000 年版，第 274 页。

所以有学者说他是"一位安乐椅上的民族学家"①。当然，这是戴裔煊的自谦，也是相对于他的长于民族学田野调查的杨成志老师而言的。

杨成志（1902—1991），乳名浩，字有竟，中国当代著名民族学家。广东海丰人。1923—1927 年就学于岭南大学文科历史系，并主编《南大青年》《南大思潮》和《南风》等刊物。他曾为孙中山速记"青年当立大志"演讲词，参加"六二三"惨案游行。支援省港大罢工及反英斗争。1927 年任中山大学助教。1928—1930 年受中山大学和中央研究院指派，与俄人史禄国教授夫妇、容肇祖共四人赴云南调查少数民族情况。以后杨成志深入四川大凉山彝族地区，调查研究奴隶社会结构及彝族生活情况、风俗习惯、语言文字、宗教信仰、文化特征，写出《云南民族调查报告》《罗罗族巫师及其经典》《罗罗族太上消灾经对译》等专著。这是中国最早的民族学田野考察著作。返校后，1932 年由中山大学派往法国留学，获巴黎大学人类学院高等文凭和以《罗罗族文字与经典》论文，获得巴黎大学民族学博士学位。1934 年在伦敦参加首届国际人类民族科学大会，并宣读了论文，论文被英国皇家人类学会的《人类》杂志译成英文发表。黄文山评价说："国内研究罗罗专家以杨氏为巨子……他用法文著《罗罗文字与经典》，有法国巴黎大学中国史学教授马氏伯乐（Maspeto）序言，是罗罗文字与经典的重要著作，在国际民族史研究上当占一席。"②

1935 年冬，杨成志由欧洲返校，被聘为文学院历史系副教授，很快升为教授并成为独当一面的学科带头人。并任研究院秘书长、文科研究所所长、人类学部主任、人类学系主任等职。开过社会起源、史前考古学、历史考古学、史学理论及方法、史料整理法、断代史、专门史、民族史专题研究、民族学、民俗学、中国边疆研究、文化史专题研究、文化人类学、体质人类学、人类学理论及方法等课程。③ 1949 年调往北京任职，在中大任教达 23 年之久。戴裔煊在中大历史系读本科及研究生，必定受到杨成志的学术熏陶。他经常向杨成志请教，要求给他介绍一些人类学名著。1948 年杨成志以"国立中山大学文学院教授兼历史学研究所人类学组主任"的名义，撰写《国立中山大学设立人类学系建议书》，呈报教育部。这个建议书提出中山大学设立人类学系的理由有五项。其中第一项：研究方面——本校人类学研究人员对我国西南边疆民族及其他之专门研究，列

① 何国强：《记一位安乐椅上的民族学家》，载《中国农业大学学报》（社会科学版）2008 年第 4 期。

② 杨成志：《杨成志自述》，见刘昭瑞编《杨成志文集》，中山大学出版社 2004 年版，第 2 页；《中国大百科全书》编辑委员会：《中国大百科全书·民族》，中国大百科全书出版社 1986 年版，杨成志条。

③ 黄义祥：《倡办人类学系的杨成志》，见《岭南史学名家》，中国文史出版社 2009 年版，第 239 页。

13 名人员，其中有"戴裔煊：人类学理论与西南民族史研究（卅二年本校硕士）"①。杨成志写的《我与中山大学人类学系》中说："研究院招收并培养硕士研究生，学习期是二到三年。我培养的学生有戴裔煊、朱杰勤、江应樑、王兴瑞、梁钊韬……"共 11 人，"还有的名字记不起来了。他们后来都成为人类学、民俗学、历史学各个方面出名的专家教授"②。杨成志在培养的出色弟子中，把戴裔煊列为首位，可见戴裔煊是他的高足。

（六）陈寅恪（1890—1969）称戴裔煊"后生可畏"

当代中国的历史学家中，戴先生最敬佩陈寅恪、陈垣两位史学大师，称他们为"二陈老师"。中华人民共和国成立后，戴先生与陈寅恪先生同任教于中山大学，同住康乐园，戴先生多次前往陈宅拜谒，自侪于弟子之列。他以教授身份，同自己教过的学生坐在一起，认真倾听陈先生讲授《元白诗笺证稿》。1978 年，上海古籍出版社重版《元白诗笺证稿》，书末增入陈先生生前所作的《附校补记》十三条。第一条录马永卿《嫩真子》的一段原文，并加按语："此条乃戴裔煊先生举以见告者。〈论语·子罕〉篇云，'后生可畏，焉知来者之不如今也。四十五十而无闻焉，斯亦不足畏也。圣人之言，岂不信哉！'附识于此，以表谢意，并记烛武师丹之感云尔。"③ 可见陈先生对戴先生十分器重，所以在 1956 年教授定级时，陈先生对戴先生曾有"三级有余，二级亦可"的评语。

（七）十分敬佩而未曾谋面的陈垣

戴裔煊先生对陈垣先生（1880—1971）也十分敬佩。陈垣，广东新会人。曾任辅仁大学、北京师范大学校长，长期居住北京。中山大学文史研究所曾于 20 世纪 40 年代聘他任顾问。他未曾来过中大，与戴先生从没有见过面。但他们的史学思想是相通的。抗战时期陈垣在北平各高校首创"史源学实习"一课，以此课培养训练学生的治史能力。戴裔煊于 1942 年 6 月《现代史学》第五卷第一期发表过《清代盐课归丁史源试探》一文，论证清代盐课归丁制度，从史源的角度考察，应起源于五代。戴先生的"史源试探"与陈垣的"史源学"并非同一概念，但两者有异曲同工之妙。戴先生受陈垣史学思想影响最深的是"提倡有意义之史学"。陈先生 1943 年 11 月 24 日致方豪信曰："至于史学，此间风气亦变。从前专重考证，服膺嘉定钱氏；事变后颇趋重实用，推尊昆山顾氏；近又进一步，颇提倡有意义之史学。故前两年讲《日知录》，今年讲《鲒埼亭集》，亦

---

① 刘昭瑞编：《杨成志文集》，中山大学出版社 2004 年版，第 263 页。
② 刘昭瑞编：《杨成志文集》，中山大学出版社 2004 年版，第 272 页。
③ 陈寅恪：《元白诗笺证稿》，上海古籍出版社 1978 年版，第 347 页。

欲以正人心，端士气，不徒为精密之考证而已。"① 戴先生的"学以致用"的治史风格即来源于顾炎武、陈垣等著名学者。

二、"学以致用" 的学术风格

如前所述，戴裔煊学生时代在中大受名师沈刚伯、黄文山、朱希祖、朱谦之、杨成志的亲炙，又景仰前辈史学大师陈寅恪、陈垣等。戴先生长期于中大历史系任教、研究，形成自己的学术精神和求真与致用紧密结合的治学风格，而这种精神与风格与中大的史学传统是一脉相承的。

中国传统史学是讲"经世致用"的，从孔子的《春秋》开始，中经唐代杜佑、宋代司马光、李焘、徐天麟、李心传、陈傅良、王应麟、马端临，至清初顾炎武、黄宗羲、王夫之等，把"经世致用"之意义发挥得淋漓尽致。近代以来，史学界有所谓"求真"与"致用"之争。史学作为一门科学，其品性要求它必须"求真"；而历史学作为一种社会意识形态，其功能要求它必须"致用"。"求真"与"致用"的对立统一，构成了史学价值观的基本内容。中国传统史学，常是"求真"服从"致用"，在"致用"大前提下"求真"，以此达到两者的统一。在中国现代史学家中，有所谓"求真派""致用派"。"求真派"强调史学以求真为目的，提出了"视学术为目的而不视为手段""在学问上只当问真不真，不当问用不用"等治史旨趣和口号。"致用派"则大力提倡历史学的"致用"一面，强调"致用"是历史学之所以存在和发展的根本原因，治史的目的只有一个，即是为现实服务，认为历史的真只具有相对性，离开了史家赋予它的现实意义，便没有任何价值。这种把"求真"与"致用"对立起来，认为"致用"就不可能"求真"；"求真"就难以"致用"的观点都是不全面的。

真正的科学历史学，必须首先把求真放在至高的地位。只有保证研究所得出的结论具有客观性、精确性，经得起实践和时间的考验，才能保证历史学的科学性。强调求真，并不意味着反对坚持科学前提下的致用。就整体的历史研究而言，求真与致用是不可能分离的，二者并不互相排斥。历史学之所以能够源远流长、生生不息，其原因就在于历史学有着不可或缺和不可替代的致用属性。② 所以，一个真正的历史学家，一定把求真与致用结合起来，使自己的研究成果，成为"有意义之史学"③。

---

① 陈垣：《陈垣致方豪函》，见陈智超编注《陈垣来往书信集》增订本，生活·读书·新知三联书店 2010 年版，第 326 页。

② 张书学：《中国现代史学思潮研究》，湖南教育出版社 1998 年版，第 153 页。

③ 陈垣：《陈垣致方豪函》，见陈智超编注《陈垣来往书信集》增订本，生活·读书·新知三联书店 2010 年版，第 326 页。

明末清初的顾炎武（1613—1682）在其传世名著《日知录》卷十九《文须有益于天下》条中说："文之不可绝于天地间者，曰明道也，纪政事也，察民隐也，乐道人之善也。若此者，有益于天下，有益于将来，多一篇，多一篇之益矣。"① 其门人潘耒在原序中说："昆山顾宁人先生，生长世族，少负绝异之资。……当明末年，奋欲有所自树而迄不得试，穷约以老。然忧天闵人之志，未尝少衰。事关民生国命者，必穷源溯本，讨论其所以然。足迹半天下，所至交其贤豪长者，考其山川风俗、疾苦利病，如指诸掌。精力绝人，无他嗜好，自少至老，未尝一日废书。"② 顾炎武的经世致用之学，对后世学人产生深远影响。

陈垣十分尊崇顾炎武，抗战时期在北平辅仁大学等高校开"史源学实习"课，即以顾炎武《日知录》、全祖望《鲒埼亭集》为教材，并发奋为这两本书作注，"欲以正人心，端士气"，并作《通鉴胡注表微》一书。此书是达到"古为今用""通史以经世致用"中国传统史学目的的最高境界，求真与致用紧密结合的典范。胡三省为什么要注释《通鉴》？陈垣在《表微》1957 年《重印后记》中说：他要揭露宋朝招致灭亡的原因，斥责那些卖国投降的败类，申诉元朝横暴统治的难以容忍，以及自己身受亡国惨痛的心情，因此在《通鉴注》里，他充分表现了民族气节和爱国热情。但这样一位爱国史学家，他的事迹长期以来没有被人揭示出来。陈垣当时生活在日寇统治下的北平，其处境正与胡三省处于元朝统治下的处境一样。他要通过《表微》，把胡三省的生平、处境、民族气节和爱国精神揭示出来。这部书，陈垣称它是自己"学识记里碑"③，白寿彝先生说它是陈垣先生"所有著作中最有代表性的作品"④。

戴裔煊先生是顾炎武、陈垣经世致用史学的忠实继承者，他在《戴裔煊自述》中有"学以致用为原则"一节，其文曰："我向来主张学以致用为原则。解放以来经过不断学习，体会到要学用一致，不为无用之学。用，一言以蔽之，就是为人民服务，解决问题。"⑤ 戴先生说："我常常想，究竟我所研究的、所讲授的，说明和解决了什么问题？有什么用处？"⑥ 纵观戴先生一生的学术生涯，对

① 顾炎武著，黄汝成集释，栾保群、吕宗力校点：《日知录集释》全校本，中册，上海古籍出版社 2011 年版，第 1079 页。

② 顾炎武著，黄汝成集释，栾保群、吕宗力校点：《日知录集释》全校本，上册，上海古籍出版社 2011 年版，潘耒序。

③ 陈垣：《通鉴胡注表微》，见陈智超主编《陈垣全集》第二十一册，安徽大学出版社 2009 年版，第 402－403 页。

④ 白寿彝：《要继承这份遗产》，见陈智超编《励耘书屋问学记》增订本，生活·读书·新知三联书店 2006 年版，第 110 页。

⑤ 戴裔煊：《戴裔煊自述》，见高增德、丁东编《世纪学人自述》第三卷，北京十月文艺出版社 2000 年版，第 285 页。

⑥ 转引自何国强《论戴裔煊的民族学研究》，载《广西民族研究》2008 年第 4 期。

所研究的问题，产生的成果，不论是专著还是论文，都是在求真的基础上讲致用的精品，所以能经得实践和时间的考验。现举几个例子以说明之。

1931年"九一八"事变后，一批富有忧患意识的中国知识分子真切地感受到了民族危机，起而为经世致用之学术，提倡边疆史地研究。1940年4月，国民政府教育部成立史地教育委员会。1941年3月1日，中国边疆学会成立于成都，顾颉刚被推为理事长。中国边疆学会由齐鲁、华西、金陵、金陵女子四所大学共同发起。适值马鹤天、赵守钰各自在陕西、重庆分别成立了中国边疆学会。社会部通知三方合作，并谓总部应设在重庆，其余两会为分会。1941年10月，教育部训令专科以上学校应设史地学会，以发扬民族意识。1942年1月，《中国边疆》创刊，由中国边疆学会出版。

1943年3月24日，中国史学会成立大会在重庆召开。选出理事21人，戴先生的老师朱希祖、沈刚伯都被选为理事。26日，中国史学会召开第一次理监事联席会议，选出常务理事九人，朱希祖、沈刚伯均被选为常务理事。[①] 1942年，黄文山从美国带回许多民族学社会学新著，任中大法学院院长。不久又赴重庆北碚，任中山文化教育馆研究部民族组主任。1942年戴裔煊在粤北坪石中山大学完成硕士学位论文答辩之后，10月赴重庆，应聘为中山文化教育馆研究员。戴先生在黄文山领导下，潜心研究西方民族史和中国西南民族史。

戴裔煊从1942年到重庆至1945年抗战胜利，在重庆中山文化教育馆负责两项任务：第一，编辑两种刊物——《青年中国季刊》《民族学研究集刊》。第二，从事《民族学史》及《中国民族学研究史略》的研究。戴先生的编辑、研究工作都服从于增强中华民族的民族意识大局，为抗战胜利服务。1943年4月，《中山文化季刊》创办。此刊由中山文化教育馆负责编辑出版。《中山文化教育季刊》在抗战爆发后因印刷困难和人事变动等原因停刊。《中山文化季刊》是《中山文化教育季刊》的续刊。此刊多发表抗战时期爱国知识分子如翦伯赞、郭沫若、侯外庐等的学术文章。戴裔煊在1943年7月出版的《中山文化季刊》第1卷第2期发表《宋代食盐生产及统制方法研究》，同期发表的还有翦伯赞、侯外庐、邓初民、夏醴泉、彭泽益、罗莘田等学者的文章。[②] 这时期完成的约30万字的《民族学史》，至2001年定名为《西方民族学史》，由社会科学文献出版社出版。该书是出版社编辑出版的"人类学论丛"中的一种。"出版者的话"说："本丛书的着眼点有三：翻译介绍人类学经典之作；翻译介绍与中国社会尤其与

---

① 王学典主编：《20世纪中国史学编年（1900—1949）》下册，商务印书馆2014年版，第867-868页。

② 王学典主编：《20世纪中国史学编年（1900—1949）》下册，商务印书馆2014年版，第870、876页。

中国现实有关的重要著作；展示中国人类学者的理论思辨和田野工作的成果。"① 戴先生此著列入"人类学论丛"出版，可见其重要性及其价值。

杨成志在上述中山大学成立人类学系的建议书中，把戴裔煊列为对"人类学理论与西南民族史研究"有研究的人员，是有依据的。戴先生除有《西方民族学史》专著之外，还发表了几篇运用西方民族学理论、方法和中国史地学方法研究西南民族史的有影响的论文。

《僚族研究》，近八万字，1948 年发表于中山文化教育馆编的《民族学研究集刊》第 6 期。这是一篇开拓性的研究文章。自晋以后至隋唐，史籍中记载僚族之史料甚多，史不绝书。然而很少人去研究它的来踪去迹。戴先生此文，首先从名称渊源的探寻，读音的比较，断定"僚"本出于"骆"或"雒"，亦即"lao"之对音，其种即汉代之骆（雒）或骆越。再用西方民族学"文化圈"的理论，以僚文化为标准，与南方各族文化做比较，从住宅（桩栅建筑干栏）、铜鼓、服饰（桶裙、椎髻、文身、凿齿）、特殊风俗（岩葬、猎头、鼻饮）等方面的相同情况及其历史上的联系，考察僚族与南方各族的关系，认为僚族的老家为骆越地，其中心区域在广东西南部、广西南部及西南部至整个老挝之地。由四方辐射，分布于印度支那。在中国南部，可分两支，西支散布于四川、贵州、湖北、湖南；东支则至长江口。这一民族在学术上应称之为"骆"或"僚"。又认为僚族在数千年前已是中华民族的一个重要部分，与其他各族无异。从而驳斥西方学者的所谓汉族从西北来的错误观点②。全文搜集资料精勤、取材广博、论证逻辑严密，结论几无可辩驳。此文在国内外学术界影响较大。

《干兰——西南中国原始住宅的研究》，约五万字，由岭南大学西南社会经济研究所于 1948 年作为"专刊甲集第三种"单行刊行。本文分：一、名称考释；二、干兰的类别及其特征；三、干兰式建筑的作用；四、栅居的分布与传播；五、栅居的变迁与残存五部分。

论文对文献上的"干兰""干栏""干阑""高栏""搞栏"等名称进行比较，认为所以有这种种不同的写法，则由于这个名称是译音，时间不同，空间不同，译音的方言又有不同，所以写成汉字，不免小有差异。至于叫住宅"干兰"的，并不限于中国西南，中国西南以外亦有之，并不限于一个民族。干兰式建筑最主要的特征是"悬虚构屋"，地板是离开地面的，人不是住在平地上而是住在楼板上。这是一种特殊的文化元素，因为要使楼板离地，所以要有支持着楼板的桩柱。建筑在树上可以不用桩柱。柱一般是用木的，用石的可以说是种变形，是受外来文化的影响。"干兰"的作用主要在于防止地板的潮湿、防避瘴气、疟

---

① 戴裔煊：《西方民族学史》，社会科学文献出版社 2001 年版，第 2 页。
② 戴裔煊：《僚族研究》，见中山文化教育馆编《民族学研究集刊》1948 年第 6 期。

蚊、毒虫、怪兽和敌人的侵袭。"干兰"建筑的分布与传播，戴先生用西方民族文化历史学派"文化中心""文化区"的理论以及史地学的方法来解释，认为这种"干兰"文化的中心，在东南亚洲沿海地区，包括中国西南、中南半岛及南洋群岛。这些地区构成一个文化圈，"干兰"分布最密集的就是在这个文化圈里。论文最后说："我们研究社会文化，欲获得深切的了解，必须利用史地学的方法，从横的方面作地理的瞭望，探求其空间的分布与彼此间的关系；从纵的方面，作历史的透视，探求其时间上的变迁，这是我试用这种方法研究西南中国原始住宅'干兰'的结果。"① 所以，陈永龄等人称"这是用文化历史学派文化圈的观点来研究民族史的一个典型"②。

《棉种棉织流传入中国与西南民族的关系》，此文八万字，刊于岭南大学《社会经济研究》第 1 辑（1951 年）。作者在《引言》中说："棉的原产地是什么地方？怎样传播？中国什么时候才知道有棉？什么时候开始栽种？由什么人来做传播的媒介？种棉以后对于国民经济有什么影响？关于这些问题，中外古今学者，未见有人作综合赅括精辟的考索。"还有，棉与棉布是西南中国原始文化的重要元素。栽种及纺织技术传入中国，与西南民族有什么关系？这些问题，中外学者"始终不能扫荡阴霾，揭发事实的真相，不能不认为憾事"③。

戴先生运用民族学和史地学的理论与方法对上述问题进行研究，分五个子目：一、引言；二、草棉的原产地及其传播；三、中国远古的棉及棉种棉织传入中国年代的种种推测；四、棉及棉织物名称之地理分布；五、棉种棉织传入中国与西南民族的关系。经过研究，戴先生认为，草棉的原产地在印度及其附近地方。棉种及棉织物传入中国，由两条路线：以"白氎"或"白叠"名者，主要传自西域；以"古贝"或"吉贝"名者则出自南海。佛经中"古贝""劫贝""劫波育""劫婆娑""迦波罗"等名称，即为古梵语棉花或棉树的译名。棉花自印度传至南海、华南，向来都是叫"吉贝"或相近的名称，显然是在棉种由印度及其邻近地区传播于各地时，连这种植物的名称也一齐传播过去。草棉之传入中国，最初是出自南海，而最先种棉织布的是南蛮。《尚书·禹贡》"扬州"称："岛夷卉服，厥篚织贝。"古扬州大体上包括今安徽、江苏、浙江、江西、福建、广东等省，古为百越之地。越人的文化特色，居则巢山馆水，衣服则衣卉，故"织贝"实指织造吉贝。中国古籍上的蛮布有各种名称，如賨布、幏布、班布、马会布、藉细布、桂布、榻布等，都是指西南蛮族所织的棉布。蛮布的蜡染法及其所用的染料蓝靛，亦可能出于印度。棉织技术，最初甚劣，至元代黄道婆自崖

---

① 蔡鸿生编：《戴裔煊文集》，中山大学出版社 2004 年版，第 52 页。

② 章文钦：《戴裔煊先生传略》，见蔡鸿生主编《澳门史与中西交通研究》，广东高等教育出版社 1998 年版，第 335 页。

③ 蔡鸿生编：《戴裔煊文集》，中山大学出版社 2004 年版，第 62 页。

州归来，传授棉织法，技术乃大改善，因此棉纺织业兴起。戴先生在"种棉及棉织业对于中国所发生的影响"一目中说，棉织品起初传到中国来，不为中国人所接受，遇到相当的抵拒。不欢迎的原因，主要是因为价值太贵了。切合实用而有价值的东西，始终为人所重视，棉纺织工业跟着兴起，使上海成为这种工业的中心。棉布的织造，随着时代推迁而日见精美。技术的改进与销路互为因果。棉织品遂成为中国人所欢迎，并成为生活的必需品。①

以上三篇论文，是戴先生穷尽中外文献资料以求真，并结合时代之需要以致用，关注国计民生的经世致用的"有意义之史学"的范例。这些著述，使戴先生跻身于 20 世纪中国著名民族学家之列。

戴先生的硕士学位论文《宋代钞盐制度研究》是求真与致用相结合的经世致用史学的又一典范。戴先生在《自述》中说，家乡南恩州是宋代以来双恩盐场所在地。宋代外患迭作，军费浩繁。国家在风雨飘摇中能支持三百余年，盐起着重大作用。抗战期间，国土沦陷，金瓯残破，无异宋时。目睹双恩场盐运紧张，自觉文弱书生不能执干戈以卫社稷，持七寸毛锥子也应有裨于国计民生。北宋范祥以制置解盐钞法著名，因此以宋代钞盐制度为题，试用民族学家提倡的纵横两面探究途径，阐明这种制度产生发展变迁与时代环境的交互关系及其所起的作用与影响。② 戴先生在该书《自序》中说："本书原稿写成于十五年以前。竭数年精力，晨夕、寒暑、风雨无间，始底于成。曾引用宋代官私撰著、文集笔记凡二百余种——取材于原著。解放前将由商务印书馆，列入'中山文库'，清样已经印就，尚未出版。现就原稿略加增补删订。并附录《宋史食货志盐法正误》一文作为新著刊行。"1957 年商务印书馆出版发行，1981 年中华书局重印。③ 本书出版以来，学术界评价很高，影响广泛。港台著名学者牟润孙在《记所见之二十五年来史学著作》一文中说："此书为研究宋代盐法制度史之专书。作者引用宋代著述二百余种，于宋代售盐给钞制度之实现、沿革、官员、地区，以及此制度对国计民生之关系与影响，无不溯其本源，明其流革。考证至为细微，叙述也颇能得其体要。治宋史与经济史者，苟不洞悉两宋钞盐制度，则宋代政治与社会上若干问题，均不易得其解释。作者斯编实以钞盐制度为中心，对于环绕此制度诸问题，均有极深刻的探讨。"④ 1990 年人民出版社出版的中国社会科学院历史研究所研究员郭正忠撰的《宋代盐业经济史》近 80 万字，在前言中说：《宋代钞盐制度研究》，"给我以震聋发聩般的重要启发"，"我的这部书稿，是在学习、

---

① 蔡鸿生编：《戴裔煊文集》，中山大学出版社 2004 年版，第 109 – 110 页。

② 戴裔煊：《戴裔煊自述》，见高增德、丁东编《世纪学人自述》第三卷，北京十月文艺出版社 2000 年版，第 278 页。

③ 戴裔煊：《宋代钞盐制度研究·自序》，中华书局 1981 年版。

④ 转引自蔡鸿生编《戴裔煊文集·前言》，中山大学出版社 2004 年版。

继承戴先生著作精神的基础上并在他本人的热诚支持和反复鼓励之下完成的"①。于此可见此书学术水平之高以及戴先生提携后辈学者的高尚精神。

关于本书的求真精神，作者说："著者研究宋代钞盐制度，抱有两种希望，一为从静的方面观察此种制度之真相，一为从动的方面观察此种制度的发展。关于前一种，只有遍考群索，凡与宋代盐制有关之资料，俱尽可能加以搜集整理。举凡宋代正史野乘文集笔记奏议之类，有可取材者，就力所及，索隐钩沉，虽未敢云网罗无遗，而主要资料，多已征引及之，盖希冀如此以表明事实之真相。"此书分三编：第一编将宋代盐产运销制度做一概述；第二编从横的方面着手，使与盐制相关之各部分个别提出加以研讨；第三编从纵的方面着手，使此种制度由产生以至变迁，于叙述之余，并说明其所以然，及其与各方面之种种关系。② 其求真精神还表现在附录《宋史·食货志盐法正误》一文。对于《宋史》的舛谬，前人赵翼、钱大昕、《四库全书总目》等都有所指摘，戴裔煊专考订《宋史·食货志盐法》的部分错误，钩稽群籍，加以考证。计有"名称的错误""年代的错误""事实的错误""文字的错误"四项，对每条错误都旁征博引，考证其错误之所在，"希望治史者对于此部分资料的利用，不至以讹传讹"③。这是对史料利用的十分负责的态度。

至于本书的"致用"，除上引《自述》中所说的"自觉文弱书生不能执干戈以卫社稷，持七寸毛锥子也应有裨于国计民生"一段感人肺腑之话外，全书许多地方都流露出对百姓的同情和对国家的拳拳赤子之心。在《自序》中说：宋代盐的销售主要采取官卖和通商两种形式。"官般官卖制盐利主要归地方，卖盐息钱为地方经费所取给。通商则盐利归中央，中央可以直接支配，灵活运用。"由官般官卖制改变的钞盐制，盐利由地方转变到中央，解决了宋政府的财政问题。但是宋徽宗崇宁以后，蔡京用事，大改钞盐制，结果加重了对人民的剥削榨取。"蔡京推广钞盐制，其弊害尤甚。蔡京'欲囊括四方之钱实中都，以夸富强而固恩宠'，推广钞法于东南六路，盐罢官卖，地方已经失去盐息收入……地方官吏只有向人民榨取。……并且钞法屡更……往往'朝为豪商，夕侪流丐'，'家财荡尽，赴水自缢，客死异乡，孤儿寡妇，号泣吁天者，不知其几千万人'，这又造成了社会严重的阶级矛盾。"④ 蔡京用事，钞法屡变，对社会民生造成不良影响，引起人民的不满。这是戴先生经世致用的笔法。

戴先生晚年的澳门史研究，也是他"学以致用"的重要体现。戴先生澳门

① 转引自章文钦《戴裔煊先生传略》，见蔡鸿生主编《澳门史与中西交通研究》，广东高等教育出版社 1998 年版，第 306 页。

② 戴裔煊：《宋代钞盐制度研究》，中华书局 1981 年版，第 366 页。

③ 戴裔煊：《宋代钞盐制度研究》，中华书局 1987 年版，第 374 页。

④ 戴裔煊：《宋代钞盐制度研究》，中华书局 1987 年版，"自序"第 2—3 页。

史研究的学术贡献，和他在为祖国收回固有领土澳门方面所起的重要作用等，澳门史研究专家发表了许多论著，做了充分的论述和高度的评价。我在这里只强调一点，戴先生在《自述》中说："广东是祖国的南大门，毗邻港澳。香港是中英鸦片战争中国失败后，1842 年《江宁条约》英帝国主义强迫清政府割让的，这是尽人皆知的史实；但澳门怎样为葡萄牙占据，没有人了解。历史记载闹不清，传教士捏造谣言，国际上所谓汉学家诸多猜测考订，不但没有把真相弄清楚，反而越考越模糊，越使人迷惑。像这样的重大问题，这样的糊涂情况，确是我们的耻辱。我激于义愤，不自揣量，考校中外史文，驳斥荒谬言论，实事求是，辨明真相。从 1956 年开始，我就边教学，边从事澳门史料的搜集、整理、研究工作。"① 戴先生在这一领域"坐冷板凳"，坚持研究 30 多年。他的研究成果被学术界所认可，誉他为"澳门史研究的奠基人"②。戴先生于去世的前一年，1987 年 3 月 26 日《中葡联合声明》草签，澳门进入回归祖国的过渡时期，广东省社科联主办的《学术研究》杂志社记者，就澳门史研究采访戴先生。戴先生说："澳门史研究是一项开拓性的工作，有许多问题尚未解决。比如研究的领域和课题要进一步扩展。"指出研究澳门史应当注意的问题："首先要有中国自己的研究特色，要发掘更多的资料，用充足的理由阐明自己的观点，即不要盲目附和西方一些学者的观点。……其次，在使用外文材料时要有所选择和考订。因为殖民者为了掩盖他们占据澳门的实质，往往会混淆是非，指鹿为马。因此……研究澳门史应该以比较可靠的中文记载的史料为主，结合外文资料互相印证。"③ 戴先生这两段话，把一位坚持开拓精神、坚持求真与致用紧密结合的优良学风的爱国学者形象活灵活现地呈现在读者面前。戴先生的精神和学风值得我们永远纪念和学习。

2018 年 11 月
"纪念戴裔煊教授诞辰 110 周年学术研讨会"论文。

---

① 戴裔煊：《戴裔煊自述》，见高增德、丁东编《世纪学人自述》第三卷，北京十月文艺出版社 2000 年版，第 285－286 页。

② 章文钦：《澳门史研究的奠基人戴裔煊先生》，载《当代港澳研究》2014 年 6 月版。

③ 史能：《戴裔煊教授谈澳门史研究》，载《学术研究》1987 年第 3 期。

深切怀念巩绍英、刘泽华两位先师

我 1959 年至 1964 年在南开大学历史学系读本科（当时学制是五年）。1963 年下半年至 1964 年上半年巩绍英先生为我们年级的中国古代史专门化开设"中国政治思想史"课程，刘泽华先生是他的助教，同我们一起听课，并负责发参考资料、课堂讨论、辅导等工作。巩绍英是刘泽华的老师辈。当时刘先生给我的印象，是一位很勤奋的青年教师。课间，同学们在教室外打闹嬉笑，刘老师一人坐在课堂的后排专心阅读《论语》《孟子》之类的书。当时我们学生只知道巩先生原是中华书局副总编辑，是老革命干部，刚从北京调来不久。刘老师是南开历史系 57 级学生，考上大学前已在石家庄工作了几年，是调干生，有才华，工作能力强，因工作需要，在 1958 年提前毕业，在历史系任助教。

"中国政治思想史"这门课及巩先生给我印象最深且影响我一生的事情有几件。

一是巩先生并不善于讲课，语言没有幽默感，但很严谨，逻辑性很强，资料丰富，引经据典，不说空话。板书一横一竖，整齐严谨，有书法美。发很多参考资料，包括阅读书目和从古籍中辑录的相关资料。这些资料是散发的，并不是一次发齐。因为都是中国古代专门化的学生，对古代史有浓厚兴趣，都用心听课、记笔记。这门课对我影响很大。

二是期末考试用口试的形式。这是我在南开读书破天荒的第一次。以往的期末考试都是笔试，当巩先生、刘先生宣布这门课用口试，大家都很紧张，不知如何应对。考试这一天，巩、刘先生坐在桌子对面，学生面对他们，坐着回答问题。老师让学生从一个筒子里抽题目，抽到什么题目就回答什么问题。在我的记忆中，一张试题分三部分：一道论述题；一个或两个名词解释；一段原始资料，要求翻译及串讲。前一位学生在回答问题时，老师让下一位学生抽题，并把抽题结果给老师过目，然后在旁边的房间做准备，一般是 10～20 分钟，视前一位学生答题情况而定。我不记得抽到的论述题和名词解释是什么了，但原始资料却记得是《孟子·梁惠王》中的一段文字。因为我对先秦史有兴趣，对发下来的资料比较认真阅读。所以容易过关。对这种考试形式，同学反映都比较好，学生可以同老师对话，老师也可以启发学生。这是考试的一种创新。其缺点是花的时间长，我记得我们 30 多位学生，用了两天时间。我在中山大学历史系教中国古代史课，有一年期末考试也用口试方式，但因学生太多（除了历史专业的本科生还有考古专业、民族学专业的学生），只用了一次，就没有再采用。

三是巩先生与学生的关系非常融洽，他常拿着一把扇子，从东校门寓所，沿着马蹄湖、新开湖步行到学校西南村学生宿舍，与学生促膝谈心；学生也是他寓所的座上客，我就是其中之一。我当时正在写毕业论文，指导老师是王玉哲先生。他出一个大题目——"两周生产者的身份"，可根据自己研究的兴趣和进展，再确定一个小的题目。我经过一段时间的研究，确定题目是"两周生产者'民'和'氓'身份研究"。我在巩先生家的书柜里，见有中华书局出版的《十三经注疏》上、下两巨册。我对巩先生说，在王先生指导下，正在研究"民"和"氓"的问题，问他可否借《十三经注疏》给我用一段时间。他慨然答应。我把《十三经注疏》抱回宿舍，借助叶绍钧（圣陶）编的《十三经索引》和《佩文韵府》、哈佛燕京学社编的各种《引得》等工具书，找出了先秦典籍中民和氓的记载，最后完成了《两周的'民'和'氓'非奴隶说——两周生产者身份研究之一》的毕业论文，王先生很满意，给了满分5分（当时是5分记分法）。直到毕业论文完成，才把这部在我宿舍放了三四个月的《十三经注疏》还给巩先生，巩老师并没有嫌时间长，可见巩先生对学生的爱护和期望。我的论文除王先生审阅之外，我还请巩先生审阅。当时巩先生提的意见现在大都忘记了，但有一批语我终生难忘。在论文中，我把"贼"字写成贼字，他在旁边批注"此贼多带一把刀"，既幽默又令人印象深刻，可见巩先生审阅论文时多么仔细。

我在大学高年级时，还学填词，写了四首《南开好——调寄望江南》。有一次去拜访先生时，请他给我修改。他看了一下，说把它留下，他好好给我改。过了一段时间，他通知我到他家里，我一看原来的词改得密密麻麻。当时我既不懂词韵，也没有文学天赋，居然请老师改词，说明我当时的无知，也说明老师平易近人，没有架子，才令我如此鲁莽。巩先生改词的笔迹，原来我都保存，但几十年过去，时过境迁，家里藏书和杂物又多，不知放在什么地方了？我记得南开大学校友总会向我约稿，我曾把这四首词给他们，后来刊登在《南开校友总会通讯》上。现在年老体弱，很难寻觅到它们了。

四是关于毕业分配。1964年毕业前，我报考了王玉哲先生的研究生。有一次在路上遇到王先生，他说，如果不回广东，从暑假开始就好好阅读郭沫若的《卜辞通纂》。听了这话，我心里很高兴。虽然没有明确说录取，但下意识中我认为有很大希望。有一次去拜访巩先生，他明确告诉我，中国科学院哲学社会科学部（今中国社会科学院前身）各研究所派人来南开大学选择毕业生，他建议系领导分配小组，让被选中的毕业生去学部各研究所，在研究所是搞研究工作，录取为研究生也是搞研究工作，而且研究条件学校还不如研究所。虽然我已被录取，但他建议让我去学部历史研究所工作。历史研究所派来选择毕业生的人（当时是所里的学术秘书之类），看到我的论文，说我是主张西周封建说的，历史所的主流是追随郭沫若主张战国封建说的，让我去历史所是否合适。巩先生向他解释说，这个学生他了解，青年人的学术观点可以改嘛，到历史所工作，受所里学术空气的熏陶，他自然会改变的。1958 年中国科学院历史研究所邀请巩先生参加郭沫若主编的《中国史稿》的编写班子，受聘为兼职研究员，参加起草《中国史稿》编写提纲和初稿的工作，后来又参加了较多的编改事宜。他在历史所的领导层中，说话是有一定影响力的。就这样，我被分配到中国科学院历史研究所。

我在历史所工作了十年（1964—1973 年），适值"文革"时期，没有开展什么业务工作。有一次我在历史所张政烺先生的办公室谈起巩绍英先生，他说巩先生是老革命干部但读古书很多，知识渊博，他是骑在马背上读书的，给我印象很深。1971 年，巩先生从南开大学被借调到中国历史博物馆参加通史陈列修改工作，还参加了"出国文物展"的筹备工作。我曾去中国历史博物馆探望过他，他还招待我在历史博物馆饭堂吃晚餐（吃包子）。我 1973 年 10 月从历史所调来广州中山大学任教，巩先生于 1973 年 11 月病逝于南开大学北村寓所，享年 53 岁。没想到在中国历史博物馆的见面，竟成永别。

刘泽华先生对巩先生的最大贡献，有三件事。第一，据刘先生的《八十自述——走在思考的路上》所述，"文革"期间帮助巩先生完成"党员登记"。1968 年，进驻南开大学的"工军宣队"，按照当时运动的程序，共产党员要重新进行登记。革命群众给巩先生戴上"资产阶级知识分子"的帽子，要巩先生承认这个结论。巩先生 1936 年参加中国共产党，枪林弹雨中九死一生。东北激战时，曾任过四平市委书记、辽宁教育厅厅长等，是高级干部。革命群众硬说他是革命意志衰退分子，属于资产阶级知识分子。巩先生坚决不承认这个结论，双方顶撞起来，党员重新登记时，硬不能过关，当时刘泽华先生是历史系"革委会"成员，"工军宣队"知道刘先生与巩绍英先生关系密切，要刘先生做巩先生的工作。刘先生建议双方都让一步：巩先生承认进城后受资产阶级思想影响，有个人主义；而负责党员重新登记的领导，也不要硬让巩先生承认是资产阶级知识分子。这样的老党员、老革命，硬是不让登记，也说不过去。拖了一段时间之后，才让巩先生过关，重新登记。第二，为巩绍英先生立传，写过《巩绍英》一文，该文发表在《南开人物志》上。这篇文章一万多字，详述了巩先生一生的重要贡献，包括抗日战争、解放战争时期的赫赫功勋；新中国成立后在人民教育出版社主编中小学历史教材，为中国基础教育作出了开创性贡献；在中华书局任副总编辑，领导具有深远意义和影响的历史丛书编纂工作；在学术领域和古典诗词创作方面的杰出成就；以及所在单位历次对他人格和品质的评价鉴定。这是一篇对巩先生有深入研究的生平和学术思想评传。第三，刘先生继承和发展了巩先生的事业，在中国政治思想史领域做出了重要贡献，成为国内外著名的专家、学者。这是对巩先生在天之灵最大的安慰。

我在这里特别要强调《巩绍英》一文中，对巩先生在南开大学任教的一段评述：

> 1963 年 4 月巩绍英来南开历史系任教，家未安顿好即投入紧张的备课。秋季开学即给毕业班（按：即我们班）讲授"中国政治思想史"。巩绍英把教师职业视为圣事，也是多年的夙愿。这次再执教鞭，格外高兴。这在《采桑子——1963 年 9 月 5 日南开大学历史系第一次授课后有感》中有真切的记录（按：原词略，下文我再作阐释）。开设"中国政治思想史"是历史系建系以来首创，据知，也是当时国内高校历史系仅有的。巩绍英能在短期开出此课，是他长期积累的结果。他从 50 年代后期开始即有志研究中国古代政治思想史，在中华书局工作期间，即着手编辑并拟出版《中国古代政治文选》。他系统地披览了浩繁的历史著作，从"二十四史"和众多的文集中选出了百多篇名作。由于成竹在胸，所以能在很短时间内把授课所需要的一切准备妥当，除了课堂授课外，他还印发了讲义、参看资料和书目，当时能做到如此齐全的教师是不多的。巩绍英讲课并不太善言词，也缺少幽默，但他以严密的逻辑和不着虚言的丰富内容，像磁石一样吸引住听课学生。他也在教学中获得了无限的乐趣和难得的心灵的满足，《答同学新年赠诗兼以自慰》记述了这种情怀（按：原诗略，下文我再阐释）。
>
> 巩绍英与同学相交，越师生而任朋友，他常从东校门寓所步行到学校西南村同学宿舍促膝谈心、话家常，毕业后同学结婚，他也赶去祝贺。同学们也是他的座上客。有时他回北京一些日子就去给他看家。学生不仅把他视为可敬的师长，更视为朋友，向他诉述心中的喜怒哀乐，融融之情，感人肺腑。在日后的回忆中，他对这次的教学感到十分惬意，是他人生中的一大乐趣，是最美好的一页。他与同学的情交与日弥深，曾作《采桑子——忆1964 年毕业同学》表达了依依之情（按：原词略，下文我有做阐释）。

刘老师这段评述，可以说是巩先生给我们上"中国政治思想史"课全过程的实录，读起来特别亲切，非常感谢刘老师。从《巩绍英》一文中，知道东方出版社 1998 年出版了由巩先生之弟巩绍贤作笺注的《巩绍英诗词全编笺注》（以下简称《笺注》）。以前我只知道巩先生喜作古典诗词，造诣甚高，也曾给我修改诗词习作，并把他的作品寄来几首送给我，但不知道他的创作量如此之大。我第一次知道巩先生有诗集，是在纪念南开建校八十周年丛书《回眸南开》中读到杨生茂先生写的《短暂停留南开园，风度音貌今犹存——记巩绍英同志》一文，文中说到巩绍英不畏强暴，孤身到造纸厂的废纸堆中寻找诗稿的事，"巩绍英从小喜爱作诗，保留下最早诗篇系 1935 年而作。他时时挂念着那些被抄走的诗稿的命运，硬是顶着被批斗的危险把全稿找了回来"。我读杨先生的这篇文章，心情十分沉重，海角天涯，几十年与巩先生杳无音信，他竟然做出如此惊天动地的感人事迹。刘老师文中，提供诗集的名称、出版社和出版时间，我即在淘宝书店网购，2021 年 5 月 12 日收到此书。巩绍贤在"例言"中说："原作在'文革'期间几遭化浆之灾。作者从堆在造纸厂的废纸堆中找回手稿，1970 年手抄副本寄到阜新来（逝世前又随作随寄），还在信里引了两句古人的话：'吾宁不食两庑豚，不删风怀三百韵。'《诗词选注》能在故乡辽宁问世，这是作者生前求之不得，逝世 18 年后才得以实现的。"从这里可知巩先生诗集的厄运和幸运。

巩先生的诗词博大精深，巩绍贤的笺注，花了很大功夫，为我们读懂巩先生的诗词提供了方便。下面我就巩先生在南开历史系为我们讲授"中国政治思想史"期间或前后作的几首诗词，凭借着《笺注》的帮助，谈谈我的理解和感受。

天津答邱汉生同志其一

一别金门觅钓纶，烟波浩渺问前津。
遥临黄海千重浪，顿忘红羊累劫尘。
杨柳迎风添袅娜，蛟龙得水倍精神。
葭灰飞尽知春近，桃李花开处处新。

天津答邱汉生同志其二

郁郁霜崖千丈松，萧萧岁暮转葱茏。
论诗共剪西窗烛，读史频敲五夜钟。
愿纳涓流朝大海，试培蚁垤作丘封。
书生意气如相许，联袂嵩云六六峰。

（《笺注》第 98 页）

《笺注》题解：日记云，"两年以来，曳尾泥涂，进退不得，来南开后才走上轨道，时光如逝，颇觉黯然。又此次来津，学校上下均极热情接待，期望颇高，暑假后即开课，如不全力以赴，何以当此"。这段日记，充分反映了当时巩先生的心情。据巩绍贤编的《巩绍英年谱》，1955 年肃反运动开始，因"重业务、轻政治"，撤销党内工作。1956 年下半年到 1957 年底在中共中央高级党校学习。其后，有关领导多次要他出任相当重要的领导职位，但他更恋于文史研究，都一一谢绝了。1961 年 9 月任中华书局副总编辑，参加党内领导小组。1963 年 4 月天津南开大学历史系任教。他在《日记》中所引"曳尾泥涂"一典，出自《庄子·秋水》篇：比喻做官显贵，但受约束，倒不如象泥路上拖着尾巴爬行的乌龟那样，做个老百姓自由自在。后因以"曳尾泥涂"（或"曳尾涂中"）表示过隐逸的平民生活。巩绍英日记中引此典，比喻自己对官场生活感到厌倦，到南开大学来教书，过平民生活，感到愉快。

第一首诗，说明他离开京城去觅隐居的生活，来到烟波浩渺的天津。天津的境况是"杨柳迎风添袅娜"，自己如"蛟龙得水倍精神"。不如意的生活将结束，迎接春天的到来，"桃李花开处处新"。

第二首诗，说明屹立在霜崖的"千丈松"，到岁暮也"转葱茏"。与友人"论诗共剪西窗烛，读史频敲五夜钟。"做学问要像涓流一样朝大海，积小成大，可以成山峰。我与友人意气相投，共同攀登学术的高峰。

采桑子
（一九六三年九月五日南开大学历史系第一次授课后有感）

十年不识灵山路，鹫岭云深，碧海波深，闲却禅关一片心。
拂衣重上青莲座，贝叶新经，桃李枝新，散尽桃花不着尘。

（《笺注》第102页）

《笺注》题解：讲授中国政治思想史，此词是来新夏先生"与绍英在一起相谈共同写的"。

灵山，即灵鹫山。旧称"耆阇崛山"，新称"姞栗陀罗矩吒"，译曰"灵鹫""灵头"，山形似鹫，且又以山上鹫鸟多，故名。如来佛祖曾在此山讲法华经，佛家以此山为圣地，佛学是如"云深""波深"一样高深的学问，1952年12月至1954年2月，巩绍英曾在长春东北师范大学任研究部副主任、主任，讲授过中共党史，"十年不识灵山路"，指他离开东北师范大学，已十年不做教学工作了，参禅的心闲了下来。现在来南开大学历史系执教，"拂衣重上青莲座"。按佛家的说法，半跏坐为吉祥座，结跏趺坐为莲花座，诸佛恒以莲花为座。此处以佛陀升莲花座讲经，比喻自己登大学讲台授课。"贝叶经"是指佛经，贝叶，即贝多罗叶，经冬不凋，印度人多以之写经文，故云"贝叶经"。"桃李"指学生。"散尽桃花不着尘"，佛教故事说佛祖说法，有天花纷纷坠下，不着世俗的灰尘。"尘"，是佛教的术语，谓一切世间之事法，如色声香味触法等染污着真理者。巩先生认为，教学之职是神圣的事业，以从事教育事业为荣。

答同学新年赠诗兼以自慰

一灯瑟瑟欲穷年，敢拟南华天下篇。
月上卢沟思鼓角，枝围柝社倦丹铅。
盘桓皂枥犹前导，焯烁荆山望后贤。
仆仆齐梁惟此乐，春风弦诵自陶然。

（《笺注》第109页）

《笺注》题解：一九六四年新年。原作有"续成天下篇"一语。

第一联说自己颤颤瑟瑟读了一辈子书，原想仿《庄子·天下》篇，撰成一部中国学术史。用"南华天下篇"或"续成天下篇"都是一个意思，根据文献记载，唐朝天宝年间追赠庄子为南华真人，所著书为《南华真经》。《天下》篇是《庄子》的最后一篇，是最早的一篇中国学术史，批评先秦各家学派的论著。本篇保存了许多佚说，像宋钘、慎到、惠施、公孙龙等人的学说，在这里可以得到一个概略的了解。巩先生在授课中，对上述诸子的学说都有专门的讲述。第二联，上句写当年"七七"卢沟桥事变，自己参加抗日战争的思想状态，下句谦虚地说自己老大了，对考订文字、校勘古籍都力不从心了。第三联写自己仍然像老骥伏枥一样徘徊在学术界，起"前导"（指官吏出行时的仪仗）作用，希望培养出光彩夺目、出类拔萃的"后贤"（"荆山望后贤"，相传春秋楚国卞和在荆山得到和氏璧）。第四联写孟子为宣传政治主张，风尘仆仆奔走于齐国和梁国，并乐此不疲。我在南开大学得天下英才而教育之，像春风化雨，"陶然自乐"。这首诗是巩先生当时教学和思想的真实写照。

采桑子

（忆一九六四年毕业同学）

白云浩浩青鸾杳，海北天南，雁碛蛮烟，看遍江帆无数山。
红霞烂熳东风老，翰墨香传，杨柳枝妍，春去春回又一年。

（《笺注》第 137 页）

《笺注》题解："青鸾"，传说中凤凰一类的神鸟。赤色多者为凤，青色多者为鸾。这里借指 1964 年毕业的同学。"雁碛"，北方大雁栖宿的水中沙地。"蛮烟"，南方少数民族地区的烟云。"东风"，即春风，比喻温和可亲的气象。俗语云"春风风人"，比喻给人以教益或帮助。全词意为 1964 年毕业的同学，像传说中凤凰一类的神鸟一样，在白云浩浩中，飞往天南海北，飞到北方极远的大雁栖宿的水中沙地；或遥远的南方少数民族地区。看遍了祖国美丽的名山大川。同学们在全国各行各业，创造业绩，像红霞灿烂、杨柳枝妍。而我这个曾给你们温和可亲的"春风"已进入老年。但教育事业像翰墨香传，一代接一代，"春去春来又一年"。这首词反映了巩先生对自己教过的学生的浓郁感情及寄予殷切的厚望。

效鲁迅《自嘲》而广其意

小帽轻衫解敞裘，凤池莲社两风流。
纵横笔阵千夫敌，宛转舌耕孺子牛。
岁值龙蛇身益壮，业兼孔老意方遒。
朝来喜见花如锦，点缀春光十二楼。

（《笺注》第 118 页）

《笺注》题解，原注：（一）讲授中国政治思想史。（二）一九六四、一九六五两年为辰、巳年。（三）兼图书馆职。

鲁迅 1932 年 10 月 12 日写的《自嘲》诗原文："运交华盖欲可求，未敢翻身已碰头。破帽遮颜过闹市，漏船载酒泛中流。横眉冷对千夫指，俯首甘为孺子牛。躲进小楼成一统，管他冬夏与春秋。"①

巩先生"效鲁迅《自嘲》而广其意"。第一句讲自己在天津过着平民百姓的生活。第二句的"凤池"，是凤凰池的简称。禁苑中池沼。魏晋南北朝设中书省于禁苑，掌管机要，接近皇帝，故称中书省为凤凰池。"莲社"，东晋僧慧远居庐山东林寺，与刘遗民、雷次宗等十八人同修净土，中有白莲池，号莲社。此处借指天津南开大学。"凤池莲社两风流"，意思是，在北京任重要职务，在天津南开大学讲学，两地一样过着风流倜傥的生活。在学术界撰文与同好讨论商榷，在讲坛上讲授中国政治思想史。1964 年、1965 年是辰、巳年，按十二生肖为龙、蛇年，我身强力壮，意气风发，像孔子一样，担负着培养学生的任务。还像老子一样"守藏宝之史"，指兼任南开大学图书馆馆长之职。早晨起来看见如锦的花簇，点缀着我像神仙住过的居处。这首诗反映了巩先生在南开大学的愉快心情。1965 年巩先生还写了五首《忆江南》，赞美天津和南开大学。

巩先生 1963 年至 1966 年"文革"前，还写了《沁园春》（游天津水山公园）、《踏莎行》（看天津青年演员曲艺，梅花大鼓尤称绝唱）、《踏莎行》（题京韵大鼓）、《踏莎行》（题乐高大鼓）、《浣溪沙》（题单弦）、《浣溪沙》（题河南坠子）、《更漏子》（咏天津时调）、《更漏子》（咏联珠快书）、《一斛珠》、《渔家傲》（欧阳海之歌）等作品，反映了巩先生对戏曲的兴趣和造诣。

我 1964 年从南开大学历史系毕业至今已 50 多年，几十年来，与刘泽华先生很少见面，联系也不多。但刘先生从 20 世纪 80 年代开始，逐步成为国内外有影响的史学名家，他的论文和著作在学术界有很大影响。作为学生，自然受其影响。刘先生逝世时，我与李吉奎先生（李吉奎先生是刘先生的同届同学，现任教于中山大学历史学系）联合向南开大学历史系致唁电。对刘先生的逝世表示哀悼，并向刘先生的家属致慰问。现在回忆起来，刘先生对我影响较大的几件事，值得记述。

1979 年，人民出版社出版了由刘泽华先生牵头编撰的《中国古代史》上、下册，约一百万字。这是"文革"后出版的系统的第一部中国古代史大学教材。我 1973 年调入中山大学，最初是在考古教研室担任"战国秦汉考古"课的教学。1980 年，我由考古教研室调入中国古代史教研室，担任"中国古代史"先秦至唐末的教学。当时选择什么教材，我有过一番思考。刘先生牵头的这部书，署名者都是我在南开读书时为我开过课的老师，如王玉哲、杨翼骧、杨志玖等。其他如冯尔康、郑克晟、汤纲等，我在南开时都已知道他们的名字。当然这是当时考

---

① 《鲁迅全集》第七册，人民文学出版社 1959 年版，第 151 页。

虑的因素。但更重要的是它的内容。它是当时见到的公开出版的内容最全面系统的教材，涉及中国古代史的政治、经济、文化、民族、中外关系等方方面面。当时史学界对农民起义与"让步政策"或"反攻倒算"等，讨论得纷纷扬扬，使人眼花缭乱。学术界的主流是把农民起义放在每个朝代之末尾来论述，新朝代吸取农民起义的教训，采取了一些"让步政策"，从而推动了历史的前进。但后来有人提出，新王朝对农民只有"反攻倒算"，没有什么"让步政策"。于是有的教材，把农民起义放在每个新王朝的前面论述，这样很难说清楚历史的连续性。刘泽华这部教材，把大规模的、引起改朝换代的农民起义单独列一章，既不附属于一个王朝的末尾，又不以它领头。这样写法很符合我的观点，因为农民起义时期，社会矛盾和社会关系既不同于前朝，也不同于后朝，是一个特殊时期。这部书史料丰富、论述严谨、观点平稳。所以我选择它作为教材。我教了差不多十年"中国古代史"，都用它作教材。刘先生的《中国古代史》对我"中国古代史"的教学有很大的帮助。

1984 年，南开大学出版社出版了刘先生的第一本著作《先秦政治思想史》，他把这一著作签署寄给了我，我非常高兴。近读刘先生的《八十自述——走在思考的路上》，他 1959 年下半年到中山大学跟从杨荣国进修中国思想史，交给杨先生的第一篇读书报告，也可以说是一篇论文的初稿，主要着眼点放在政治思想，杨先生支持他的方向。杨先生说，他的《中国古代思想史》就侧重政治思想。同时指出，中国政治思想与哲学、伦理道德等紧密联系在一起，很难分开，所以目光还是要宽些为宜。杨先生的点拨，对刘先生以后的研究有很重要的指导性。1963 年至 1964 年，巩绍英先生给我们开设"中国政治思想史"课，刘先生是助教。20 多年来，刘先生"咬定青山不放松"，坚持中国政治思想史研究，出版《先秦政治思想史》，是实至名归。

这部著作给我最大的影响，是他的独立思考。第一，他认为政治思想既有阶级性，又有社会性（超阶级性）的内容。他并不全盘否定阶级分析，认为社会是划分为阶级的（包括等级、阶层、集团等），但在政治思想范围内，不能把每一种思想命题统统还原为阶级的命题，因为政治思想对象本身不都是阶级的。第二，他把人性论问题作为一个实在问题进行分析。认为战国诸子最有价值的认识，是有关人性问题的讨论。人性问题发端于春秋，当时讨论的人们追求的"利""富""贵""乐"等命题，都是发自人的本性。战国诸子扩大了人性问题的讨论。他分析了春秋战国时期，诸子热衷于讨论人性问题的原因。本书论述思想家时，多以人性论以及历史观等理论作为分析的起点。第三，把君子专制作为政治思想的主体。认为诸子政治思想基本属于君主专制，对君主专制在当时的作用，并没有完全否定，在"矛盾的陈述"中给予程度不同的肯定。第四，关于政治思想的价值、是非的判定。他认为研究政治思想史不能只限于描述，还要考察它的价值。为了判定一种思想的价值，他提出了大大小小不同的价值标准。这部书的许多观点是他独立思考的结果，在当时是空谷足音，在学术界有很大反响。

刘泽华先生从事中国古代史，尤其是中国古代政治思想史的教学与研究，特别偏重于先秦秦汉的政治思想史，中国秦汉史研究会对先生很景仰和尊重，研究会的历届理事会都聘请他为顾问。

谨以这篇文章作为向巩绍英先生、刘泽华先生两位先师在天之灵献上的一束小鲜花。

2021 年 6 月 16 日

为学严于律己，修身宽以待人
——我所理解的林甘泉马克思主义史学的品格

我 1964 年从南开大学历史学系毕业，被分配到中国科学院哲学社会科学部历史研究所（现中国历史研究院古代史研究所）工作。当时林甘泉先生已是历史所的骨干力量，负责学术秘书工作。我是刚分配来的大学生，自然与林先生没有多少接触。后来开始了"文化大革命"，我是"逍遥派"，但对"文革"初期，林先生受冲击之事，觉得他很委屈。1973 年 10 月，我调来中山大学历史学系工作。在历史所工作了十年，林甘泉先生是年青一代的马克思史学家，理论素质高，生活朴素、诚恳待人，办事公道、严于律己，是所里的笔杆子，后起之秀，中宣部有什么大的理论问题、重要文章的写作他或参与其事，我这个"小字辈"都略有所闻，对他十分崇敬。

我来中山大学工作，将近 50 年，林先生出版的著作，几乎都赠送给我，计有《中国古代史分期讨论五十年》、《中国史稿》（第二、三册）、《中国古代政治文化论稿》、《林甘泉文集》、《中国封建土地制度史》（第一卷）、《中国历史大辞典·秦汉史》、《中国经济通史·秦汉经济卷》、《孔子与 20 世纪中国》、《文坛史林风雨路——郭沫若交往的文化圈》、《从文明起源到现代化——中国历史 25 讲》等，每本在扉页都写上"荣芳同志指正，林甘泉"题词，这令我十分感动。我对林先生的著作，大部分都认真拜读。随着我知识面的扩大，从林先生的著作中，汲取马克思主义唯物史观养分，理论素养逐渐提高。在林先生逝世三周年时，举办"林甘泉史学研究理论与方法座谈会"是很有意义的，对今天我们学习贯彻习近平新时代中国特色社会主义思想，建设有中国气派、中国特色、中国风格的历史学理论体系、科学体系、学术体系、话语体系都是十分必要的。我以《为学严于律己，修身宽以待人——我所理解的林甘泉马克思主义史学的品格》为题，谈谈我的学习体会。

一、为学严于律己

（一）坚持马克思主义唯物史观

我们知道，马克思主义传入中国之后，李大钊 1919 年在《新青年》第 6 卷第 5、6 号上连载《我的马克思主义观》，系统地介绍马克思主义唯物史观，并归纳唯物史观有两个要点。其一，人类社会生产关系的总和，构成社会"经济的构造"。这是"基础构造"，一切政治的、法制的、伦理的、哲学的，凡是精神上的构造都是"表面构造"，喻之为建筑中的上层。"表面构造常视基础构造为转移，而基础构造的变动，乃以其内部促他自己进化的最高动因，就是生产力。"其二，生产力和生产关系（或称"社会组织"），二者中，生产力是最活跃、最革命的因素。"生产力一有变动，社会组织必须随着变动。"自 1920 年起，李大钊先后在北京大学等高等院校讲授"唯物史观研究"，阐明了唯物史观的基本原理。1924 年，李大钊（署名李守常）著《史学要论》，由商务印书馆出版。讲述什么是历史、什么是历史学、历史学的系统、史学在科学中的位置、史学与其他相关学问的关系、现代史学的研究及于人生态度的影响六个问题。他认为"历史不是只纪过去事实的纪录"，"历史是社会的变革。再换句话说，历史是在不断的变革中的人生及其产物的文化"，"今日的历史学，那是历史科学"。历史科学必须具备三要义：①社会随时代的经过发生进化，人事的变化推移，健行不息；②就实际发生的事件，一一寻究其证据，以明人事发展进化的真相；③今日的历史研究，不仅以考证确定零零碎碎的事实为毕乃能事，而且必须进一步寻求一个普遍的理法，以明事实与事实之间的相互的影响与感应。这部仅有四万字的著作，是中国马克思主义历史学理论的奠基之作。[①] 自李大钊之后，所有的马克思主义史学家，无不以唯物史观为指导，致力于"寻求一个普遍的理法"，即历史规律的探寻。在他们看来，是不是以唯物史观为指导，承不承认历史运动规律和承不承认经济的归根到底的决定作用，是衡量一切史学是否具有科学性的最高标准。

我们检视林先生的所有历史学著作，都是以唯物史观为指导而创作的作品，每部著作都闪烁着唯物史观的光辉。他不但在自己的著作中运用唯物史观，而且撰写专文，阐明唯物史观的科学性，尤其是在各种历史观泛滥，或有人贬低、诋毁唯物史观的科学性时，他总是理直气壮地站出来，坚持自己的理论观点。20世纪 80 年代中期，史学界一度曾经有过关于"史学危机"的讨论。有人认为在"左"倾思想的长期束缚下，指导历史研究的理论和方法公式化、简单化，历史观念陈旧等，因此存在一种淡化马克思主义理论指导的倾向。林甘泉 1996 年发表《20 世纪的中国历史学》，1997 年发表《新的起点：世纪之变的中国历史学》两篇重要文章，总结 20 世纪的中国历史学，并对新世纪的历史学寄予厚望。1997 年又写了《我仍然信仰唯物史观》，2003 年写了《关于史学理论建设的几点意见》和《世纪之交中国古代史研究的几个热点问题》。在这些文章中，他阐述一个重要问题，未来世纪中，历史学究竟怎样才能保持自己的科学品格？他

---

① 参考谢保成著《增订中国史学史》（四），商务印书馆 2016 年版，第 1737 – 1740 页。

说："我仍然信仰唯物史观。因为和其他史学理论比较，我认为还是它最正确。"他认为历史研究是对历史认识的一个过程。按照历史认识逻辑和历史的发展，它大致可以分为记述、实证和诠释三个层次。"史学从记述、实证到诠释，是一个认识不断深入和提高的过程。记述和实证可以复原历史过程的某些表象，但历史的本质、价值和规律只有通过阐释才能得到说明。历史的阐释反映了一个史学家的历史观，所谓唯心史观和唯物史观的对立，通常就是在历史认识的这个层次上表现出来的。"历史的记述和实证，是历史研究的基础性工作。"马克思主义唯物史观的产生使历史研究真正成为一门科学，指的是唯物史观为历史的阐释提供了一个最科学的理论和方法。""唯物史观是一种开放的、发展的学说。"它"吸收和改造了两千多年来人类思想和文化发展中一切有价值的东西。就唯物史观的这种本质来说，它永远要随着时代的发展而发展，而不会使自己陷入落后于时代的危机。全部问题的关键在于我们怎样对待它、掌握它，是把它当作研究的指南，还是把它变成公式和教条"，"唯物史观生命长青"①。

（二）坚持实证求真的史学精神

林甘泉在总结 20 世纪的中国历史学时，指出近代实证史学的创立，是中国近代史学的重大成果。王国维运用近代科学方法研究中国历史所做的大量工作，标志着近代实证学在中国创立。王国维继承了乾嘉学者无征不信的优良传统，又吸收了近代西方史学的观念和方法，开创了历史研究的新局面。他创立的"二重证据法"，以地下实物与文献记载互相释证，一直被治古代史的学者奉为圭臬。②他多次说过马克思主义史学必须以实证研究为基础："马克思主义史学并没有轻视史料，也不排斥实证，老一辈马克思主义史家比如郭老，他关于中国古代社会研究的具体观点有些后来都修正了，但他最大的贡献是把马克思主义唯物史观与实证研究结合起来。郭老在实证研究方面的功力，即便非马克思主义的史学家也是承认的。"③ 以马克思主义为指导的史学家，如果说在实证方面有其优越性的话，那就是马克思主义可以帮助他们在研究工作中避免出现无谓的烦琐考证的偏向，通过实证研究可以从一些历史现象发现它深处和背后的历史内容和意义。

林甘泉在秦汉史研究领域取得丰硕成果，在该领域"有积极引导和统筹组织

---

① 林甘泉：《我仍然信仰唯物史观》，见《林甘泉文集》，上海辞书出版社 2005 年版，第 469－481 页。

② 林甘泉：《20 世纪的中国历史学》，见《林甘泉文集》，上海辞书出版社 2005 年版，第 350－351 页。

③ 邹非辰、江媚：《正确看待马克思主义史学的历史发展——访林甘泉研究员》，载《史学月刊》2000 年第 1 期。

之功"。在中青年学者中，"起到榜样和典范的作用"。① 他运用"二重证据法"，将考古资料与文献记载结合研究，得出令人信服的结论，就是一个榜样实例。1975 年 12 月，湖北云梦发掘了十二座战国末至秦始皇时期的墓葬，其中 11 号墓出土了一千多支秦代竹版秦简。林甘泉写了《云梦秦简所见秦朝的封建政治文化》一文②。该文根据秦简对秦朝政治文化、政治制度的考证，引起学术界的重视。

　　林甘泉运用"二重证据法"研究中国封建土地所有制的成绩是卓越的。他1963 年在《历史研究》上发表《中国封建土地所有制的形成》一文③，在文中肯定了中国封建社会存在封建国家土地所有制、封建地主所有制和自耕农土地所有制三种形式。20 世纪七八十年代，随着出土文物资料的发表，他的研究更加深入。1975 年 2 月，陕西岐山县京当公社在董家生产队发现了一批珍贵的西周青铜器。其中卫鼎甲、乙和卫盉的铭文，记载了周共王时期出租和转让土地的事实，这是研究西周土地关系的重要资料。《文物》拟发表这批铜器，编辑部就铜器上铭文约林甘泉写一篇文章，林写了《对西周土地关系的几点新认识——读岐山董家村出土铜器铭文》一文④，与发掘简报同时发表。林先生认为，这批铭文中都有关于土地转让的记载，但是不是土地自由买卖的证据呢？他认为只能说明西周中叶以后，土地私有化的过程已经日益明显，但这种土地交换还带有相互馈赠的性质，并不是属于商业行为的土地交易。"我们从卫鼎甲、乙和卫盉的铭文中，还看不出裘卫有采用封建生产关系的迹象。"⑤ 1986 年文物出版社出版《文物考古论集》，收入林甘泉《中国古代土地私有化的具体途径》长文⑥，他运用出土文物结合文献记载研究认为，中国古代土地私有化历史过程的肇始可以上溯到西周中期甚至更早一些。它经过了漫长而曲折的道路，终于形成了非劳动者和劳动者两种不同的土地私有制。秦始皇统一六国之后，"使黔首自实田"，这在

---

　　① 王子今：《政治史的文化考察——简评林甘泉教授著〈中国古代政治文化论稿〉》，见《史学理论与史学史刊》，北京师范大学出版社 2005 年版，第 352 页。

　　② 见林甘泉《中国古代政治文化论稿》，作者在后记中说：这篇文章原题为《云梦秦简与法家路线——读云梦出土的秦简》，发表于《文物》1976 年第 7 期。收入《论稿》时，改了题目，"内容也做了大大的扩充和修改"。

　　③ 林甘泉：《中国封建土地所有制的形成》，见《林甘泉文集》，上海辞书出版社 2005 年版，第 125 – 159 页。

　　④ 林甘泉：《对西周土地关系的几点新认识——读岐山董家村出土铜器铭文》，见《林甘泉文集》，上海辞书出版社 2005 年版，第 85 – 94 页。

　　⑤ 林甘泉：《对西周土地关系的几点新认识——读岐山董家村出土铜器铭文》，见《林甘泉文集》，上海辞书出版社 2005 年版，第 94 页。

　　⑥ 《文物考古论集》，文物出版社 1986 年版。收入《林甘泉文集》，上海辞书出版社 2005 年版，第 24 – 63 页。

一定意义上可以看作是全国范围内土地私有化过程的完成。"土地私有制的确立及其在全社会中成为支配的形态，意味着获取地产财富已成为人们最重要的生活目的之一，而土地买卖和土地兼并就成了扩大地产的重要手段。此后二千年中国封建社会的土地关系，基本上就是沿着这一轨道向前发展的。"① 林甘泉这一研究成果，获得学术界相当多学者的认可。林甘泉还写过《从出土文物看春秋战国间社会变革》一文②，这篇文章运用中国科学院考古研究所编《新中国的考古收获》和文物编辑委员会汇编《文物考古工作三十年（1949—1979）》所公布考古资料，结合文献记载，研究春秋战国间的社会变革。他的结论注释了郭沫若一派春秋战国之际是中国封建社会开始的常说。当然，这个问题是中国史学界长期争论而至今仍求解决的问题，但林甘泉力图运用"二重证据法"来证明自己的观点，其精神是可嘉的。

我们以林甘泉主编《中国经济通史·秦汉经济卷》为例，说明他是如何在马克思主义唯物史观指导下，通过广泛搜集资料，进行实证研究，得出结论的。该书引证的历史文献，包括前四史、诸子、政书、类书及编年体史料，考古资料包括各种简牍、刻石、画像砖、壁画、考古发掘报告，以及历代和现当代学者的研究论著等210余种，出注共计2530多字，对资料可谓一网打尽。而作者使用这些资料时，长于辩证分析、严密考证、独立思考、求真求实。例如对汉代人口的统计数，史籍记载有三个不同的数字。这三个数字，究竟哪一个是正确的？作者说"要考证这三个数字哪一个可靠，是很困难也是不必要的。因为古代户口统计的可靠性只能说是相对的。即使三个数字完全一致，它也不可能是十分精确的。上述三个人口数字最高至最低相差仅200多万，三个数字记载均近6000万。考虑到其他各种增减因素，我们大体上可以估计，汉代人口数高数已达到6000万。"③ 可见这6000万人口是经过对众多材料的审辨、推敲之后确定的，而不是凭空妄论。

又例如关于秦的傅籍标准问题，古代学者孟康、颜师古等人往往以汉代的情况推测前代制度。认为秦的傅籍标准是20岁或23岁。湖北云梦睡虎地秦简出土论者乃多以《编年记》所载的傅籍年龄为依据，认为秦人的傅籍标准是15岁或17岁。随后，有学者又曾提出，秦的傅籍标准是身高，而不是年龄。作者经过一番认真考证之后，采用了秦汉傅籍最初是以身高为标准的看法。秦始皇十六年

① 林甘泉：《中国土地私有化的具体途径》，见《林甘泉文集》，上海辞书出版社2005年版，第59-60页。

② 林甘泉：《从出土文物看春秋战国间社会变革》，见《林甘泉文集》，上海辞书出版社2005年版，第103-124页。

③ 林甘泉主编：《中国经济通史·秦汉经济卷》上，经济日报出版社1999年版，第121页。

（前231）"初令男子书年"后，傅籍的标准才以年龄制代替了身高制。① 该书论证的方法，是列举大量事实作为依据从而得出结论的实证法。所以著名经济史学者黄今言评论说，该书是"一部开拓创新，求实崇真的力作"②。

吴承明先生在《中国经济通史·总序》中说："本书各分卷各专题的研究方法不尽相同，但都是以实证主义作为基本原则的。'实证'原是'确实'的意思。历史研究首先是求实，无证不信，故实证主义可说是史学的第一原则。"③《秦汉经济卷》实践了吴承明在总序中的要求。

（三）坚持关注现实的经世致用思想

林甘泉在《20世纪的中国历史学》一文中说：

> 史学是联结现实和历史的一门科学。不仅近现代史的研究与现实有密切关系，而且古代史研究的视角和价值判断也不能不受现实的制约。正因为如此，我们不认为史学可以脱离现实而躲进象牙之塔，而且主张史学应该为现实服务。但历史研究如果完全按照现实的需要来剪裁历史事实，这实际上就取消了史学作为一门科学的存在。历史学从根本上说来，必须从学科建设的需求出发，在马克思主义指导下贯彻百家争鸣的方针，鼓励史学家进行创造性的研究，才能得到健康发展和繁荣。④

林甘泉这段对历史与现实关系的道理说得十分透彻。首先肯定史学与现实有密切关系，受到现实的制约，应该为现实服务，因为一门学科的兴衰，归根结底取决于它是否能够满足社会的需要，而史学也是如此。其次，历史学是一门科学，历史研究不能完全按照现实的需要来剪裁历史事实。最后，历史学要健康发展和繁荣，必须在马克思主义指导下贯彻百家争鸣的方针。

林甘泉十分关注现实，注意从当代中国现实需要选择研究课题。林甘泉2003年10月28日在《光明日报》发表《中国古代的"民本"思想及其历史价值》一文，从"民本"思想的历史渊源，说到贾谊"牧民之道，务在安之"以及"为富安天下"的政治设计，到近代"民本"思想的演变，进行梳理和辨析，他认为"民本"思想是中国传统文化中源远流长的珍贵历史遗产。"中国共产党批

---

① 林甘泉主编：《中国经济通史·秦汉经济卷》下，经济日报出版社1999年版，第701-708页；"本卷后记"，第1004-1005页。

② 黄今言：《一部开拓创新求实崇真的力作——评林甘泉主编〈中国经济通史·秦汉经济史卷〉》，载《中国经济史研究》2000年第4期。

③ 吴承明：《总序》，见林甘泉主编《中国经济通史·秦汉经济卷》上，"总序"第3页。

④ 林甘泉：《二十世纪的中国历史》，见《林甘泉文集》，上海辞书出版社2005年版，第370页。

判继承历史遗产，赋予'民本'思想以全新理论内容，梳理'民本思想'的文化内涵及其发展演变的历史脉络，对于建设有中国特色社会主义的政治文化有重要的借鉴意义。""中国共产党是一个代表中国最广大人民根本利益的党。建设有中国特色的社会主义文化，需要我们以马克思主义理论为指导，对古代和近代的'民本'思想加以批判继承，吸取治国安邦的历史经验教训。'以民为本'的思想，将在社会主义中国真正焕发出其历史的光辉。"① 这篇文章的致用思想是十分鲜明的。

1985 年 5 月 27 日，林甘泉在《人民日报》发表《中国历史的分裂和统一》，指出"国家的统一始终是历史的主流"。他引用孙中山先生的话："中国是一个统一的国家，这一点牢牢地印在我国的历史意识之中，正是这种意识，才使我们能作为一个国家而被保存下来，尽管它遇到了许多破坏力量。"林甘泉说，"当我们今天讨论中国的前途时，这是不可忽视的一个重要历史背景。""回顾我国历史上统一和分裂的局势变迁，我们从中可以得出一个认识：中国这个伟大的国家是不会长期处于分裂状态的，统一的历史潮流是不可阻挡的。凡我史学同仁，如何顺应历史潮流，为祖国的和平统一作出应有的贡献，笔者有厚望焉。"② 这篇文章具有十分重要的现实意义。

1995 年，林甘泉在《传统文化与现代化》第 3 期发表《夷夏之辨与文化认同》一文，认为近年来，在弘扬传统文化的讨论中，论者对于传统文化增强中华民族凝聚力的作用做了充分的肯定，"但多数文章似乎偏重于汉族自身的凝聚力立论，对于汉族和各少数民族之间的凝聚力问题注意不够"，"本文拟就传统文化中的夷夏之辨与各民族文化认同的关系，进一步作一些探讨"③。文中认为儒家思想在历史上对民族关系既有消极作用的一面，也有积极作用一面。以儒学为代表的传统文化，除了讲"夷夏之防""内诸夏而外夷狄"之外，还讲"王者无外""四海一家"。"正是后一种思想，成了维系和加强华夏和汉族与少数民族之间联系的重要纽带。尽管'四海一家'的思想与我们今天所讲的民族平等思想有本质不同，但它对统一多民族国家的历史发展和中华民族凝聚力的形成具有重要的意义，是传统文化中值得珍贵的思想遗产。"④ 这篇文章对我们今天正确认识和处理汉族与各少数民族的关系，加强各兄弟民族之间的凝聚力，具有现实的借鉴意义。⑤

----

① 林甘泉：《中国古代政治文化论稿》，安徽教育出版业 2004 年版，第 224、234 页。
② 林甘泉：《中国古代政治文化论稿》，安徽教育出版社 2004 年版，第 337、304 页。
③ 林甘泉：《中国古代政治文化论稿》，安徽教育出版社 2004 年版，第 311 页。
④ 林甘泉：《中国古代政治文化论稿》，安徽教育出版社 2004 年版，第 333 页。
⑤ 参考卜宪群《林甘泉史学研究的理论与方法》，载《学术界》2018 年第 11 期；卜宪群《林甘泉先生的学术经历及治学特点》，载《邯郸学院学报》2008 年第 3 期。

以上几条马克思主义史学的基本素养，林甘泉在几十年史学研究实践中，始终坚守，学问日益提高，逐渐到了炉火纯青的地步，使他成为著名的马克思主义史学家。这就是他为学严于律己的体现。

二、　修身宽以待人

老子《道德经》第四十八章节中，有一句话，"为学日益，为道日损"。"为学"主要是指向外追求和拓展经验与知识，这是需要通过积累才能逐渐达到的；"为道"主要是指向内追求和反省并提升精神境界，这是需要摒弃自己内心的偏执、妄见和机巧，使之这种"智巧"一天比一天减少，精神境界达到"为道"的要求。① 林甘泉为学严于律己始终坚守马克思主义理论。"为道"就要进行自我修身。儒家讲修身、齐家、治国、平天下，修身是根本，从自身的道德修养开始，才能实现齐家、治国、平天下的理想。

林甘泉长期在中国社会科学院历史研究所工作，任所长的时间比较长，所内同志都称他为"老所长"，他曾任中国史学会副会长、中国秦汉史研究会会长等职。他是当代中国史学诸多重要活动与规划的组织者、参与者、亲历者，为当代中国史学的繁荣发展做出了重要贡献，在史学界有很高的威望。这除了他马克思主义史学理论深邃、学问渊博之外，与他高尚的修养、谦恭礼让的人格也有很大关系。谦恭，包含着对群体和他人智慧、能力、贡献的肯定和对自己学问的永不满足。礼让，是谦恭的外部表现。谦恭礼让的美德，带来了人际关系的和谐、群体的团结和事业的成功。

2004 年，历史所成立 50 周年，林甘泉写过一篇《五十年的回忆和思考》的文章②，这篇文章只有五六千字，但把历史所的学术传承、集体协作、努力学习马克思主义理论、为新中国历史学领域做出的开拓性贡献，叙述得淋漓尽致。这篇文章是他带着对历史所的深厚感情写的，也是他虚怀若谷、谦恭精神的具体体现。

他是"建所初期到所而尚幸存的一名工作人员"。他引用《庄子·养生主》"指（脂）穷于为薪，火传也，不知其尽也"说，"学术的传承也如同薪尽而火传一样，烛薪的燃烧是有穷尽的，但已经点燃的火却会传续下去。当我们庆贺历史所建所 50 周年时，不能不怀着深深的敬意，想念那些在建所初期点燃起学术

---

① 陈鼓应：《老子注译及评介》（修订增补本），中华书局 2009 年版，第 245 页。
② 原载中国社会科学院历史研究所编《求真务实五十载》，中国社会科学出版社 2004年版。后收入《林甘泉文集》，上海辞书出版社 2005 年版。

薪火的前辈学者"①。然后如数家珍一样，讲述郭沫若、范文澜、陈垣、向达、侯外庐、熊德基等老一辈领导披荆斩棘，扫除前进中的困难和障碍，艰苦创业的精神。接着以崇敬的心情，讲述早期来所的著名老专家如顾颉刚、杨向奎、胡厚宣、张政烺、贺昌群、王毓铨、谢国桢等在所里的研究任务，以及特邀一批著名史学家如蒙文通、唐长孺、谭其骧、白寿彝、翁独健、韩国磐、李埏、邱汉生等参加所的研究工作和指导青年同志。这就创造了一种良好的学术氛围。

他说："在历史所工作50年，我所接触的前辈学者给我留下了两点很深刻的印象，一是他们严谨扎实的治学精神，二是他们学习马克思主义理论的强烈愿望。""正是马克思主义的理论指导，使他们开拓了自己的历史视野，对中国历史的认识比先前深入了。"他举例说，杨向奎组织青年同志学习社会经济形态理论，用来指导古代史的研究。还和青年同志一起赴少数民族地区参加调查，主持曲阜孔府档案和乾隆理刑科题本的整理，目的在于了解明清时期的阶级关系和剥削形态。② 王毓铨（1910—2002）是较早接触马克思主义经典著作的学者，他对中国封建社会存在人身依附的超经济剥削的研究，是遵循马克思主义社会经济形态理论的一种探讨。孙毓棠（1911—1985）研究宋代的赋役制度，指出在中国封建社会中，地租和赋税分化了，地主阶级获取地租，而封建国家获取赋税，但他们往往用各种方法把原本应由他们承担的田赋转嫁到农民头上。农民被迫为封建国家从事的徭役不是劳役地租，而是代表地主阶级的封建国家对农民的一种超经济剥削。"毓铨先生和毓棠先生的不同见解表明，在马克思主义理论指导下，并不是要求两家对中国封建社会经济形态的特点作公式化或没有个性化的理解。他们在研究工作中仍有足够的求同存异的学术空间。"③

林甘泉对贺昌群怀有特殊的感情。2003年，贺昌群的女公子贺龄华不辞辛劳，四处搜求，基本上把贺昌群的论著收齐，出版《贺昌群文集》，以纪念贺先生诞生100周年。贺龄华请林甘泉为文集作总序。林甘泉在《总序》中说：

> 昌群先生来历史研究所后担任秦汉魏晋南北朝史研究室主任，我除了在他指导下从事研究工作之外，还协助他做一些研究室的科研组织工作。无论在业务上或待人接物方面，我都得到了贺先生的许多教诲。时至今日，我对他一直怀着浓厚的感激之情。我还想起了贺先生在患病期间，仍然不辍笔耕，时刻牵挂着他未完成的研究课题。他曾经严肃地对我说："像我们这样

① 林甘泉：《五十年的回忆和思考》，见《求真务实五十载》，中国社会科学出版社2004年版，第1页。

② 林甘泉：《五十年的回忆和思考》，见《求真务实五十载》，中国社会科学出版社2004年版，第5页。

③ 林甘泉：《五十年的回忆和思考》，见《求真务实五十载》，中国社会科学出版社2004年版，第6页。

的人，应该是伏案而死的。"这句话使我受到很大震动，使我懂得做学问是应该如同战场上的士兵一样，生命不息，战斗不止的。正是基于对先生的深厚感情和对他精神的敬仰，我才接受了龄华同志的嘱托，并借此机会把贺先生的论著全部拜读了一遍，对先生道德文章的风范又有了进一步的认识。①

这段话对贺先生的感恩和敬仰之情跃然纸上。林甘泉评价贺先生说：

昌群先生学贯中西，兼治文史，著述甚丰。文集的出版可以使我们比较全面地了解这位笃实学者的学术成就和贡献，使执后学者从中得到教益。文集中还收入一些政治性文章，有助于我们认识昌群先生在近代中国社会变迁中的心路历程。他曾经倾向于走中间道路，寄希望中国实现欧美式的资产阶级民主政治。但国民党统治的极端腐败使他的这种幻想彻底破灭。在光明的中国和黑暗的中国两种命运决战的前夕，他终于勇敢地站出来抨击国民党当局，支持进步的学生运动。贺昌群先生政治态度的这种转变，在老一辈的知识分子中是颇有代表性的。②

林甘泉继续说：

贺昌群在解放前对马克思主义理论接触不多，解放后他用了大量时间认真攻读马克思主义的经典著作，并且力图把马克思主义的理论指导和实证研究结合起来。马克思主义理论可以帮助一个学者在观察一些历史现象时，找到这些历史现象之所以产生的深层次的原因。……新中国成立不久，贺昌群就把中国封建土地国有制作为自己的一项重要研究课程。他先后发表多篇论文，并于1964年结集出版《汉唐间封建土地所有制形式研究》一书。……这部专著不但为国内众多学者所称引，而且也为外国汉学家所重视。《剑桥中国隋唐史》的主编英国学者崔瑞德（Denis Twitchett）在他的《唐末的商人、贸易与政府》一文中，就对贺昌群此书非常推崇。③

由此可见，作为历史所的领导林甘泉，对从旧社会来的贺昌群的学术成就和严谨治学的精神的景仰，对他学习马克思主义理论并运用于自己的研究实践，所取得的进步，感到由衷的高兴。这是何等高尚的情操、何等谦恭的态度。

顾颉刚先生（1893—1980）是新中国成立初期由上海调入历史研究所工作的。林甘泉说："这是中央决定的，是经过毛主席、周总理批准的。1953年，为了贯彻毛泽东主席提出的'百家争鸣'的方针，中央决定成立历史问题研究委员会，创办《历史研究》杂志和在中国科学院成立三个历史研究所。从中央到

---

① 林甘泉：《贺昌群文集》，商务印书馆2003年版，"总序"第1－2页。
② 林甘泉：《贺昌群文集》，商务印书馆2003年版，"总序"第1页。
③ 林甘泉：《贺昌群文集》，商务印书馆2003年版，"总序"第10－11页。

科学院，对顾先生都很尊重的。他被定为一级研究员，工资标准是 300 多元。顾先生说家里开销大，他家子女多，过去生活条件好，再加上喜欢书，开销确实大。后来想怎么办呢？尹达、刘大年与科学院领导商量，因为工资级别是国家统一规定的，无法变化，只有采用其他补救办法，好像是中华书局出一部分钱，请顾先生替他们审理稿件，这样给顾先生凑满每月 500 元。500 元的工资水平在 50 年代学者中很少有，可以说是相当高的。"① 虽然顾先生调来历史所工作及其相关待遇，不是林甘泉能够决定的，但从叙述的文字看，林先生对顾先生是相当尊重和熟悉的。

1996 年，林甘泉写过一篇《20 世纪的中国历史学》的论文，总结 20 世纪的中国历史学。他认为对中国近代实证史学做出重大贡献的学者，应该包括顾颉刚。顾颉刚最初受康有为和崔述著作的影响，对古书、古史产生了怀疑，开始用一种新的眼光看待中国的古史。提出"层累地造成的中国古史"观，"对传统古史系统产生了极大的冲击，对廓清远古历史的迷雾是有功绩的。顾颉刚注意用民俗学和神话学的材料来研究历史，这个方法是可取的"②。2001 年 12 月 24 日上午，林甘泉接受采访时说："顾先生自己也承认，他做的是盖房子打基础的工作，主要考证史实和古书的真伪。1932 年，他在《古史辨》第 4 册的'序言'里就曾说过，我自己决不反对唯物史观，但感觉到古史年代、人物事迹、书籍真伪，需用于唯物史观的甚少。我现在做基础性的工作，然后由唯物史观的人来构筑大厦，这个思想很难得。每个人都在寻找适合自己的学术定位工作，顾先生所作的就是考辨古书的真伪，'古史辨'主要是疑古，但并不是对一切古史都怀疑，现在也不能说'古史辨'都错了，有的怀疑错了，但许多怀疑是正确的。""顾先生在 20 年代学术成就很高，考辨古史，提出一系列富有创见性的观点。他在 30 年代发起成立'禹贡学会'，创立《禹贡》半月刊。抗日战争爆发后，他又辗转西北、西南等地，宣传抗日，后又开办书局，经商做生意，学术研究受到很大影响。倒是在解放后，他脱离了一切干扰，专心致力于《尚书》研究，校勘、注释、翻译、评论，不仅对《尚书》字词作了疏证，而且对其每篇产生的历史背景也进行了细致考订，得了可观的成绩。可惜这一工作没有完成……但这也是《尚书》研究一笔极为宝贵的遗产。"③ 可见林甘泉对顾颉刚学术成就的评价是客观的，也得到学术界的认可。

① 沈颂金：《认古史辨的评价及其相关问题——林甘泉先生访问记》，载《文史哲》2003 年第 2 期，第 20 页。

② 林甘泉：《20 世纪的中国历史学》，见《林甘泉文集》，上海辞书出版社 2005 年版，第 353－354 页。

③ 沈颂金：《论古史辨的评价及其相关问题——林甘泉先生访问记》，载《文史哲》2003 年第 2 期，第 21－22 页。

他还在著作中对张政烺的历史成就予以评析：

> 张先生在史学界素有"小王国维"的美誉，以实证功力见长。但刚出版的《张政烺文史论集》，却为我们展现了他用马克思主义理论指导历史研究所作的努力。……他在 1998 年为《学林春秋》所写的《我与古文字学》中仍然坚持要把古文字考释与古代社会形态的研究结合起来的方向。文中说：'五十年代时我曾将商代社会视为氏族社会末期，到六七十年代，此种看法已有所转化，我已确认商代已有国家。且是奴隶制国家。已有阶级分划。但商代社会形态中的许多问题，如生产关系的实现，社会组织结构等都是需要探讨的，只有将具体的史实搞清楚，才有可能对社会形态、社会性质有较清楚的科学的认识。'这是一个求真务实的严肃的史学家对待古史研究的科学态度。张先生是主张从史料的实证入手的，但他从不排斥马克思主义社会经济形态理论对历史研究的指导意义。①

林甘泉对历史老一辈学者在新中国成立前的学术成就十分尊重并表示敬意，对他们在新中国成立后努力学习马克思主义理论并运用于自己的研究实践所取得进步给予充分的肯定，这是一种谦恭的态度。对历史所以外的老一辈学者也一样谦恭。例如对西北大学的老教授陈直（1901—1980）就是显例。陈直出生于江苏镇江一个贫困的读书人家庭，自少年开始就阅读《史记》《汉书》。抗战时期逃离沦陷区，转辗于陕西、甘肃地区，开始收购瓦当、货币、玺印、陶器等文物，作为研究秦汉史的资料。在新中国成立后进入西北大学历史系任教。1980 年以前出版了《汉书新证》《两汉经济史料论丛》《三辅黄图校证》等名著，在学术界享有盛誉。1979 年 3 月，中国历史学规划会议在成都召开，会议呼吁建立中国史的各种学术研究会，以调动和组织各方面的研究力量。林甘泉是这个会议的组织者和领导者之一。在这个会议上，林甘泉推举陈直为中国秦汉史研究会筹备小组组长，1980 年陈直逝世之后，由林甘泉继任筹备小组组长。对吕思勉倾尽全力（1898—1991）也一样敬重。他说：

> 吕先生治学广博，重视综合研究，他虽然以撰写通史和断代史为史学界所称道，但他的通史和断代史也是建立在实证研究的基础上的。蒙文通先生的治学也很广博，他的著作既有专门的考证，也有义理的发挥。他和徐中舒先生解放后都在四川大学教书，我曾经有一个不一定恰当的比喻，说徐老是'汉学'的路数，蒙老是'宋学'的路数。这两位老先生，解放后都重视学

---

① 林甘泉：《五十年的回忆和思考》，见中国社会科学院历史研究所编《求真务实五十载》，中国社会科学出版社 2005 年版，第 6-7 页。上述林甘泉对历史所的回忆，均见此文。

习马克思主义，在他们的文章中可以看到唯物史观的影响。①

据笔者所知，1983 年，中国秦汉史研究会在四川大学召开第二届年会时，林甘泉曾请四川大学的秦汉史研究会理事陪同他去探望蒙文通和徐中舒先生。

修身宽以待人的另一表现，就是坚守持节和廉洁的道德品格。持节的道德规范内容涉及对待富贵贫穷、生死福祸、荣辱功名、权位爵禄、人己家国的态度。其基本精神就是孟子所说"富贵不能淫，贫贱不能移，威武不能屈"的浩然之气和大丈夫精神。廉洁也是中国传统道德的一个基本规范。所谓廉洁，指的是不贪财货，立身清白，循礼行法，见利思义，是"为政之本""为官之宝"。关于林甘泉持节、廉洁的道德品格，举几个我经历的例子。

（1）1995 年，中山大学出版社出版我的《秦汉史论集》，这是我的第一本论文集。林先生是我景仰的老领导，德高望重的前辈学者，中国秦汉史研究会会长，我请他为该书写序，他爽快地答应了。有一次我出差到北京，去拜访林先生，说中山大学出版社托我转 300 元（或 200 元，具体数字忘记了）给他，作为写序的酬劳，他婉拒不收，并说为老朋友著作写序，是愉快的事，怎能收稿酬呢？

（2）1999 年，经济日报出版社出版林先生主编的《中国经济通史·秦汉经济卷》（上下册），他签署赠我一套。我写了《勇于探索新理论，勤于开拓新领域——读林甘泉主编〈中国经济通史·秦汉经济卷〉书后》的评论文章。文中说"这部巨著无论是在研究的深度，还是在广度上均超过以往的有关秦汉经济史的著述，是一部富有特色的高水平的秦汉经济史著作"，"把秦汉经济的研究提高到一个新的阶段"，"是到目前为止有关秦汉经济史研究最优秀专著之一"。林先生当时是历史所所长，我想通过他，能在《中国史研究》发表。他在电话中告诉我这套书是经济史断代研究之一，其他各卷，都是历史所各研究室和经济研究所与其他高校的人员集体编撰的，如果在《中国史研究》发表我对"秦汉卷"的评论文章，其他各卷不好处理。这说明他胸怀全局，严以律己的精神。我知难而退，该文后来收入 2005 年中华书局出版我的《秦汉史与岭南文化论稿》书中。

（3）大概是 20 世纪 80 年代末，林先生与历史所的两位老先生赴香港参加学术会议，回程在中山大学住了两天。我当时任历史系副主任，历史系陈胜粦指示我用系里的经费接待这几位老先生。林先生婉言谢绝，说不能增加我们的麻烦。

（4）我每次出差去北京，只要有时间，我都去拜访林先生。他住在皂君庙社科院宿舍，面积不大，房子老旧，家里的椅子、地面上都摆满书，每次去，他和家人都要把椅子上的书搬走，他夫人用干净抹布抹一抹，才让我坐下。有一次

---

① 邹兆辰、江湄：《正确看待马克思主义史学的历史发展——访林甘泉研究员》，载《史学月刊》2000 年第 1 期。

我与我夫人一起去看望他，我夫人事后对我说，林先生这么高级的干部，这么有地位的学者，还住这样破旧的房子，真是艰苦朴素，令人感动。我对夫人说，林先生是一位老共产党员，给我们树立了廉洁的榜样。

林先生逝世几个月之后，《中国史研究动态》编辑部组织了"笔谈：纪念马克思主义史学家林甘泉先生"一组文章。其中有一篇中国社会科学院学部委员、历史所原所长陈祖武先生写的《楷模：永远的林甘泉同志》，我摘录其中一段，作为本文的结束：

> 甘泉同志在新中国成立前就参加革命，是一位德高望重的老党员、老前辈、老领导。他数十年如一日，严于律己，宽以待人，从不因个人利益而向组织伸手。晚年多病，每次到医院，往返数十公里，从不向研究所要车，悄然而来，悄然而去。"甘泉同志"这四个字，是榜样，是楷模，是共产党人平凡而崇高的精神。这是一种什么样的精神？就是对党的事业的无限忠诚，对马克思主义的坚定信仰，对人民的赤子之心。一言以蔽之，就是为人民服务的永恒宗旨。①

本文为在北京中国社会科学院中国古代史研究所召开的"林甘泉史学研究理论与方法座谈会"论文。

---

① 陈祖武：《楷模：永远的甘泉同志》，载《中国史研究动态》2018年第3期，第42页。

历史学的学术境界

——重读蔡鸿生先生《学境》后

2022年是蔡鸿生先生诞辰九十周年纪念，特撰此文以表怀念之情。

我1973年从北京中国社会科学院历史研究所调来中山大学历史系任教，从此认识了蔡鸿生。蔡先生2021年2月15日仙逝，我们从相识到相知，将近50年。几十年的相处，蔡先生是我景仰的老师辈的长者，他学问渊博，治学严谨，诲人不倦，培养了一大批德才兼备的人才，是著名的历史学家，是中国传统文史之学的传承者，深得本系陈寅恪、岑仲勉、戴裔煊等老一辈学者的治学真谛。我经常向他请教，写的文章大都送呈给他，由他审阅，他批改认真，提出修改意见，甚至错别字也给予改正。蔡先生出版的著作，大多数都签署后赠送给我，我从中获益甚多。季羡林先生在为蔡先生的《唐代九姓胡与突厥文化》一书所作的序中说："谈到蔡先生的为人，我觉得他诚意、淳朴、不善言辞，从不夸夸其谈，自己虽然学富五车，却从无骄矜之气，是一位'恂恂如也'的老实人。"季先生的评价，很平实、到位。

国学大师王国维在《人间词话》中说："古今之成大事业、大学问者，必经过三种之境界：'昨夜西风凋碧树，独上高楼，望尽天涯路。'此第一境也。'衣带渐宽终不悔，为伊消得人憔悴。'此第二境也。'众里寻他千百度，回头蓦见，那人正在灯火阑珊处。'此第三境也。"对治学的这三种境界，徐复观在《王国维〈人间词话〉境界说试评》中说："所谓第一境是指望道未见，起步向前追求的精神状态，第二境是指追求中发愤忘食，乐以忘忧的精神状态，第三境是一旦豁然贯通的自得精神状态"。借用前人的成句（晏殊《蝶恋花》、柳永《凤栖梧》、辛弃疾《青玉案·元夕》）来说明治学的修养进阶，这是王国维的独创。据彭玉平先生《人间词话疏证》的考证，王国维对这三种境界，有过三次大同小异的表述，"至《盛京时报》本《人间词话》，王国维则又将原本针对大事业大学问专论的三种境界一下拓展到'成就一切事'，则又赋予三种境界以广阔的人文精神了。"[①] 最近重读了蔡鸿生教授的《学境》[②]，该书共收文章30篇，前面有一篇《精神生产的历史经验》，辑录名家的语录，其中就辑录了王国维这段语录（第5页）。蔡先生在该书序引中说："学问是一个望不到边际的认识领域，

---

① 彭玉平：《人间词话疏证》，中华书局1914年版，第79页。

② 蔡鸿生：《学境》，香港博士苑出版社2001年版。

有起点而无终点。""学术境界，说到底是一个精神境界的问题。'丹青难写精神'，艺术如此，学术也是如此。"在后记中又说："若干年来，我于教研工作之余，还写过一些随顺世缘的文章。尽管门类芜杂，大体上仍围绕一个中心，即对学术境界的探索和追求。"其书名曰《学境》，就是学术境界。其中有十篇阐释"义宁之学"；有几篇讨论学风问题；有几篇是书序、书评；最后一篇是学术自述《我和唐代蕃胡研究》。

自 20 世纪 80 年代以来，在市场经济冲击下，历史学作为人文学科之一，也出现了种种矛盾和困惑。一方面有不少优秀的学术著作出版遇到很大的困难，另一方面却有大量东拼西凑、粗制滥造、纯属劣品的"作品"充斥市场；一方面大力呼吁加强人文素质教育，另一方面史学人才在萎缩。要解决这种矛盾和困惑，我认为有一个认识问题，就是："历史学怎样才能保持自己的科学品格？"也就是说，历史学的学术境界怎样才能达到王国维所说的第三境界。从《学境》中我们找到了答案。

第一，历史学要关注社会，关注现实，必须"学以致用"；但不是庸俗的、媚时的作现实的脚注。《学境》中的每一篇文章，都是"致用"的，但不是"实用"的。其中有一篇《历史是奢侈品还是必需品》，是在珠海校区历史讲座的讲演记录，谈历史知识的价值问题。他认为从形形色色的历史定义中，"可以看出历史的价值。不过，这种价值不是一种实用的价值，而是文化上、精神上的价值"，"历史知识没有任何实用价值。这种超实用性，正是它的价值所在"（第105 页）。文中还以"历史智慧不是行政对策""认真读书，学以致用"为小标题，阐明历史与现实的关系。

历史学要关注社会、关注现实，这是历史学的本质特性决定的。古今中外科学发展的历史，说明一个道理，即一个学科的产生、发展、繁荣和曲折、衰落，固然受诸多社会条件以及学科内在原因所制约。但是，对一个学科的生命力具有决定意义的，是社会的需要和该学科对社会需要满足的程度。史学家应当关注社会，并以经世致用作为史学的宗旨。这在中国古代的、近代的史学发展上，本来是很明确的一个问题。刘知几、杜佑、司马光、顾炎武、王夫之、龚自珍等都有精辟的论述和深刻的见解。马克思主义史学在其长期发展过程中，始终把关注社会的进步、民族的独立、人民的解放、国家的富强写在自己的旗帜上。所以，历史学是一门现实性很强的科学。任何历史学家，不管自觉与否，他的研究都以直接或间接的方式与现实相联系。尽管有"为史学而史学"的各种思潮存在，但不能改变史学与现实联系的本质。因此，我们倡导史学要关注社会，为现实服务，这是史学的生命力所在。但是，不能庸俗地把历史学作为现实社会的方针、政策的注释者，需要什么就从历史上论证什么，更不能为达政治目的而歪曲、篡改历史事实。这是《学境》一书阐明的第一个道理。

第二，历史学要关注社会，为现实服务，必须建立在科学、求真、求实的基础之上。这种关注，必须有一个前提条件，即史学必须确保自己的独立品格。史学的独立品格就是求真、求实，即对历史真实的追求。如果史学一旦失去了这种品格，那么史学将不成其为史学。

《学境》一书的各篇文章，从不同角度阐明历史学是"求真"的学问，是实事求是的学问，并为此而大声疾呼。他在《读书不肯为人忙——学习陈寅恪先生的〈读书札记〉》一文中，认为陈寅恪先生的"读书不肯为人忙"，就是说"读书就要从虚妄之理中摆脱出来，发扬真理的光芒。所以，'读书不肯为人忙'……的实质就是读书要'脱俗求真'"（第92页）。在《"大师"小议》一文中说："'实事求是'是大师治学的原则。翻开乾嘉时代国学大师钱大昕的《潜研堂集》，这四个字几乎触目皆是。学术乃天下之公器，学府的大门是洞开的，但并不等于容许乱闯。智慧女神的猫头鹰，是会检查入门券的：凡持'实事求是'的红票者，迎宾；凡持'哗众取宠'的黄票者，挡驾。"（第103页）在为林悟殊教授《唐代景教再研究》的序中说："治学之旨，在于求真。"此类语言，在《学境》中俯拾皆是。而且，蔡教授还结合历史学系著名教授的学术成品来阐述"求真"的道理。如陈寅恪、岑仲勉、刘节、梁方仲、戴裔煊等。他们的学术成果都是"求真"的结果。在这里我想就"求真"与"致用"的关系，谈一点看法。在中国现代史学思潮中，有一种实证史学认为，科学的史学，是指和生物学、地质学一样精确的历史学，历史学完全可以建设得像自然科学那样完美无缺。傅斯年在1928年撰写的《历史语言研究所工作之旨趣》一文中，明确提出把历史学"建设得和生物学地质等同样"，使之成为"客观的史学""科学的东方学"。这种主张，对于史学的科学化是起了一定积极作用的。首先，他们明确肯定了历史学自身存在的价值。历史学不再是其他学科的分支或附庸，使历史认识获得独立，成为一门实在的科学。其次，他们以自然科学为楷模建立历史科学。因为历史学作为一门实证的、具体的学问，必须建立在丰富的、确实的材料基础上。王国维在《国学丛刊序》中说："凡事务必尽其真，而道理必求其是，此科学之所以事也；而欲求知识之真与道理之是者，不可不知事务道理之所以存在之由与某变迁之故，此史学之所以事也。"王国维认为，科学就是求事务之真，道理之是；史学就是求"事务道理之所以存在之由与某变迁之故"。史学像科学一样，是求真的。只有在求真的基础上，才能谈得上史学关注社会，为现实服务。所以我认为，历史研究的"致用"寓于"求真"之中。事实上，实证史学的学者也确实做出了很多不容低估的成绩。如王国维对甲骨文、金文、简牍和古器物的考释，顾颉刚等古史辨派对古书真伪的辨别与鉴定，傅斯年领导的史语所对殷墟的发掘，对清内阁大库档案的整理出版，对边疆少数民族原始文化资料的实地调查，等等，都大大扩展了史料的范围，搜集了大量第一手真实的史料，为科学的史学研究打下了坚实的基础。他们的工作，既是"求真"的工作，也是"致用"的工作，寓"致用"于"求真"之中。

在中国史学发展史上，总有人把"求真"与"致用"分离开来。事实上，"求真"与"致用"是不可分离的。崇尚"求真"，鄙弃"致用"，势必使史学丧失其存在的价值；强调"致用"，忽略"求真"，则必然使历史学变成政治学，而失去其发展的独立性。"求真"是"致用"的前提条件，要"致用"，必须有真实的事实为基础；否则，必将导致实用主义。"致用"是"求真"的现实依据，不讲"致用"的所谓"求真"史学，既没有必要也不可能存在。所以"致用"与"求真"相结合，寓"致用"于"求真"之中。这样，历史学就能保持自己的科学品格。《学境》所提倡的就是这种"致用"与"求真"的统一，"致用"与"求真"相结合的精神。蔡先生的著作，如《唐代九姓胡与突厥文化》《中外交流史事考述》《俄罗斯馆纪事》等，都是践行这种精神的典范之作。蔡先生是这种精神的倡导者和践行者，是"知行合一"的学人。

第三，端正学风，严守学术规范。学风问题，从本质上看是思想路线问题。在这个问题上，我认为，一是在历史研究中，强调端正学风，就是要彻底摆脱主观主义、教条主义的束缚，更加坚定和自觉地贯彻解放思想、实事求是的思想路线，坚持唯物史观要注重新的实践、新的发展。二是严格遵守学术规范。21世纪人类的生产方式和生活方式都会有很大的变化。这个变化不仅要求历史学的研究手段走向现代化，而且要求史学工作者的知识结构、研究方法和历史观念都要不断更新和优化。如果我们因循守旧，就会落后于世界学术潮流的发展，也不能满足时代对史学的要求。但是，不论时代如何变化，科学研究必须通过辛勤劳动和刻苦钻研来实现，这是不会改变的。时代不同，学术规范也会有些变化。但是，有些基本规范也是不能变的。如研究课题必须在前人研究的基础上前进，搜集材料尽量做到"竭泽而渔"，引用材料和前人研究成果必须注明出处，等等。时下有些人在名利思想的驱使下，不踏踏实实地做学问，而是热衷于"炒冷饭"；不尊重别人的研究成果，剽窃他人著述；追求轰动效应，作各种无根据的翻案文章；打着通俗化的旗号，媚俗逢迎；只追求科研成果的数量，不重视质量。凡此种种，都显示出急功近利和浮躁的学风，与历史学要求严谨扎实的优良学风是不相称的。

《学境》一书，每篇文章都与学风有关，阐明作者对学风问题的看法。其中有一篇是在中山大学2000级博士生、硕士生开学典礼上的讲话，题目是《学风、学位和学问》，专谈学风问题。这是一篇非常深刻的文章。作者认为："学风问题从根本上讲是对待知识的态度问题。如何对待知识？真的知识，要使得理论与实践统一。所以，学风问题，实际上是一个思想方法问题，大家都是有份的。它是思想性的，而不是技术性的；它是普遍性的，而不是特殊性的。……既然是思想方法问题，就带有全局性和实质性。"那么，我们要求的学风是什么样的呢？"我们要求的是一种实事求是的学风。"提倡实事求是的学风，第一必须"戒浮"。"现在常听人讲，学风很浮躁。浮躁就是轻浮加急躁。一浮躁就不可能踏实。"第二是"戒俗"。什么是"俗"？蔡教授说清华研究院四大导师经常讨论何为"俗"？最后他们共同的看法是："熟就是俗。""俗"是指一种思维状态，即考虑问题的思路到底俗不俗。我们平常讲"俗套""套语"，这就是俗。与"戒俗"相对应的就是"创新"。"我讲的创新，并不等于说可以乱创。创新是有规矩的。"创新一定要理性化、科学化。《学境》一书中，许多地方讲到创新。尤其是在阐释陈寅恪的史学成就时，多次强调陈先生的"发覆"。"'发覆'这两个字，在他的著作里经常出现。历史上有一些事物被传统的看法所掩盖，而他把真相揭露出来就是发覆。"（《为自己的学业进补》，第123页）"从事历史研究，需要'发覆'。……'覆'就是掩盖，被历史所掩盖的东西。我们到历史深处，把被掩盖的东西挖掘出来，就是'发覆'。……有人说，陈先生的史学可以叫做'问题史学'"，蔡教授认为："陈先生的史学，从创造性来讲是发覆史学，这种发覆至关重要。"（《从"头"学起》，第78～79页）季羡林先生讲过，陈先生不用僻书，而能发现人家视而不见的问题，也就是"发古人未发之覆。"靠普通的大路货材料，怎么"发覆"？蔡教授认为："发覆的本领全在脑袋，而不是口袋……陈先生发覆的本事，在于他独特的历史思维。他有非常紧密的、非常深刻的历史思维。"（第80页）陈先生所以能够发覆，"固然由于他博闻强记，掌握直接、间接有关的历史资料，但更重要的是博学加精思，也即他的治学之道有常人所无的思维力度。可以这样说，'义宁之学'并非记诵之学，而是解释之学"（《陈寅恪史学的魅力》，第24－25页）。第三是"戒甜"。因为在"甜"里容易滋生"骄娇二气"：一个是骄傲的"骄"，一个是娇嫩的"娇"。一个人有了"骄娇二气"，他的身上就没有任何忧患意识了。"生于忧患，死于安乐。"过于安乐，就要出事了（第116页）。实事求是的学风，包含着一种从难从严的要求，对自己务必从难从严要求。这个讲话中还谈到了导师与学生的关系，导师不是保姆，不是警察，不是老板，而是"引渡人"。这些都是非常深刻的见解。

只有严谨的学风，才能产生真正有价值的著作。这种著作，往往需要经久磨砺，精益求精，才能传之后世并永远给人以启迪。在这里我想引述台湾著名学者严耕望先生在《治史经验谈》一书中讲述《论著标准》的一段话来结束我的文章。严先生说，"充实而有光辉"一语，可以"作为史学论著的标准"。"充实""最主要的是材料丰富，论断公允，踏踏实实，不发空论。这样的论著，才能算得是内容充实的有价值的论著"，"不过精审充实仍只是有价值论著的基本条件，不具备此种条件，根本不能跻入著作之林；至于欲其论著达到更高境界，则当在充实的基础上，再进一步显示其有光辉"。"光辉"可以从两方面去认识："第一要有见解有识力，工作成果要显出有魄力，能见人所不能见，言人所不能言，或言人所不敢言。""第二要工作规模恢宏、组织严密，且有创获。"严先生讲史学论著的标准是"充实而有光辉"。我想这也是历史学要保持它的科学品格所必需的。

我以为做到以上三点，在未来的世纪中，历史学就能保持自己科学的品格，并获得相应的发展。这就是历史学的学术境界。

《学境》一书，是追求和探索学术境界的，是我们治学者取之不尽的思想源泉。我可以这样说，《学境》所提倡的精神是可以用来治理历史学科的。

原载《纪念蔡鸿生先生九十华诞论文集》，广东人民出版社 2022 年版。

附 录

译文： 从简牍看汉代边郡的统治制度

［日］ 永田英正著，张荣芳译

一、 汉代一般的地方统治组织

中国秦代实行郡县制，汉代继承下来作为地方统治组织的基础。即秦始皇统一天下，把全国分为三十六郡，每郡下各设若干县，作为地方统治的组织。这是在中国全国范围内实行郡县制的开始。继秦之后的汉代，采取了这样的政策：在以首都长安为中心的中国西北部的直接统治地区实行郡县制；在东部地区分封皇族和功臣。这就是所谓汉代的郡国制。但是，被分封的异姓诸侯王国，到汉高祖死时全部被剪除，同姓诸侯王国也以吴楚七国之乱为契机，到汉武帝时，规模缩小，权限也被削弱。名义上是郡国制，而实质上变成了郡县制。所以，首先以汉武帝以后的西汉郡县制度为中心，叙述一下郡县制的概略。①

根据《汉书·地理志》，西汉末年元始二年（2）的统计，全国有103个郡国，其中郡有83个。这些汉代的郡，除了京师周围设置三辅属于特别情况之外，大体上可以分为内郡和边郡两种。内郡较大，边郡即边境的郡。

内郡掌管全部民政工作的民政长官是太守，辅助太守掌管军事的军事长官是都尉。太守秩二千石，都尉秩比二千石，各有秩六百石的丞一人，下设百石以下的门下及诸曹的属吏即掾史、掾属。②

都尉只管军事，不参与民政，民政的一切事情由太守负责。还有，在需要动员郡内的兵士时，经朝廷批准，太守任将，都尉任副将，都尉在太守的指挥下工作。这样，太守和都尉在职权上有明确的区别，而两者的实际地位没有很大的不同。这样做使太守、都尉互相牵制，达到抑制各自专权的作用。

与内郡的太守一人、都尉一人相反，在边郡则是太守一人，都尉数人。边郡的都尉称为部都尉。即把一郡分为数部，每部设部都尉，部都尉管辖数县，掌管民政和军事两权。但是部都尉并不是与太守分离而独立存在的，而是在太守的指

---

① 关于汉代的郡国制，镰田重雄的《汉代的郡国制度》（见《史论史话》第二，新生社，1967年）有很好的解释，今从之。此外，详细研究汉代地方统治制度的书有严耕望的《中国地方行政制度史》上编（一）（二）（"中研院"历史语言研究所专刊之45，1961年）。

② 关于郡的属吏，详见注①严耕望书的第二章（三）《郡国属吏》项。

挥下，根据少数民族居住的边境地区的特殊性而特别委以掌管民政和军事两权。同时，与内郡一样，在边郡的太守下设有丞，此外，还特别设有秩六百石的长史。这也是根据边郡的特殊性而设置的。与都尉相关联的，还有属国都尉。汉武帝时把投降的少数民族居住地区作为属国而进行统治，属国都尉就率领这些投降者防御外来的侵略。属国都尉最初属典属国，后来属大鸿胪，这点与属于郡太守的部都尉是不同的。另外，部都尉参与民政权，而属国都尉只限于监视属国内少数民族的生活，毋宁说率领少数民族防御匈奴是它的最大任务。东汉时随着部都尉的废止，属国都尉的权力加大，把原来属部都尉管辖的地域也作为自己的管辖范围，在统治地区内具有与郡太守几乎同等的权限。

与郡同级的诸侯王国，官吏由中央任命，在王国内相当于郡太守和都尉的有相和中尉。

郡下设县。县的管辖地区大概以方圆百里作为标准，但是根据户口密度不同，其面积也不同。大概以万户为基准，万户以上的大县的长官称为县令，万户以下的小县的长官称为县长。县令、县长是行政长官，其下作为佐官的有丞和尉。丞管一般行政，尉以担当警察为主，辅助令、长统率门下、诸曹属吏。① 秩从四百石至二百石。在与县同级的列侯侯国内，相当于县令，由中央派遣，担负管理民政的任务。

县分成几个乡。乡的官吏有秩（大乡）或者啬夫（小乡），还有游徼、乡佐等，掌管力役、赋税、警察等。此外，在乡还设有三老、孝悌、力田等所谓乡官，这些人人望高，熟悉农活，与纯粹的官吏是不同的，他们主要努力教化农民和劝民农桑。乡的三老可以被选为县的三老。

乡下有几个亭和里。亭除亭长之外，有亭候、求盗等官吏。他们以警察和管理投宿作为主要任务，郡都尉通过县的尉、乡的游徼，统一指挥他们。亭往往也称为亭部，亭部有一定的管辖区域，以亭部为单位编成地籍。与此相反，里是以人户为基准进行划分的。汉代的名籍有所谓"名县爵里"之称，按规定，在写上姓名、爵位、郡县名的同时，必须写上里名。里有里正、里魁、父老等，他们在负责一里的自治的同时，还负有通知县、乡的命令的任务.

下面的图1表示汉代郡县制的统治组织系统②：

---

① 关于县的属吏，详见严耕望《中国地方行政制度史》的第五章（三）《县属吏》项。

② 严耕望《中国地方行政制度史》中登载的《汉代地方行政组织系统图》十分方便，详情请参照该书。

图1　汉代郡县制的统治组织

汉代郡县制度概略如上所述，以下用简牍史料具体叙述边郡的统治组织。

二、 边郡的统治组织

汉代，黄河上游即所谓河西走廊地方的边郡，从东到西有武威、张掖、酒泉、敦煌四郡。这四郡被称为"河西四郡"。这一带在汉武帝以前是匈奴占领，到汉武帝时驱逐了匈奴，占有了这些地方，并开始设郡。关于河西四郡何时设置的问题，基本材料是《汉书》的《武帝纪》和《地理志》，而这两个记载又互相矛盾，所以设置年代问题，自古以来就有几种说法。至近几年，日比野丈夫在《论河西四郡的建立》［载《东方学报》（京都）第四一册，一九七〇年。收入《中国历史地理研究》一书中］一文中，对以前几种说法进行了整理、批判，做了如下的推测：

汉的势力达到河西地方是在元鼎二年（前115）以后，这时首先设置河西郡。随后在元鼎六年（前111年）设置酒泉郡，元封年间（前110—前105）河西郡改名为张掖郡。天汉年间（前100—前97）设置敦煌郡，武威郡最迟是宣帝初（本始元年，前73）从张掖郡分割出来的。

正如日比野氏所指出的，《汉书》中为什么同时记载着互相矛盾的事情，而且这些记载都犯了错误？这一点是值得怀疑的。这里大体上是遵从最新的日比野之说。不管怎么说，到汉武帝元鼎以后，匈奴在漠北被击退，河西地区接连新设置了郡，并计划移民来充实这些郡的力量，加强对匈奴的防御，以确保与西域的交通路线畅通无阻。

这些边郡的统治组织，大体上是怎样的呢？在这些地区发现的汉代简牍，为解决这一问题提供了有力的线索。众所周知，19世纪末到20世纪初，西欧各国的探险家从中亚到中国的西北边境地带进行了大量的调查，英国的斯坦因

（Aurel Stein）和瑞典的斯文·赫定（Sven Hedin）等在敦煌和居延地方发现了大量的汉简。在敦煌：（1）1907 年斯坦因第二次探险得 702 支；（2）1914 年斯坦因第三次探险得 166 支；（3）1944 年夏鼐等得 48 支。总共发现 916 支。在居延，1930 年到 1931 年由斯文·赫定率领的西北科学考察团团员福克·贝格曼（Folk Bergman）发现了约一万支简牍，迄今为止，这次所获的居延汉简尚未全部发表。1973—1974 年，甘肃省博物馆在居延进行了再调查，结果发现 19637 支，将近二万支简牍。这样，在居延发现的简牍实际上总共有将近三万支。本文当然要提到敦煌，但是从上述出土简牍数字来看，出土于居延的占大多数，而且内容丰富，所以决定以居延出土的简牍为中心加以叙述。

居延，今天属甘肃省额济纳旗，在汉代，是张掖郡下的居延县城。在发源于青海省祁连山脉、流经甘肃省西部绿洲地带、注入北部的嘎顺淖尔和索果淖尔两个咸湖的额济纳河下游，有一个中国名叫黑城的废墟。居延被认为在黑城附近。据《汉书·武帝纪》，太初三年（前 102）强弩都尉路博德筑居延。天汉二年（前 99）骑都尉李陵又率领步兵千人，从居延向北，与匈奴作战。由此可知，这一带当时是对匈奴作战的前线阵地。在额济纳河流域，大大小小的军事基地，像网眼一样散布在周围。珍贵的史料——简牍就是从这些汉代遗址发现的。这些简牍被总称为"居延汉简"。

关于张掖郡的统治组织，在上面的史料中，特别重要的，有下列一些。

　　a. 御史大夫吉昧死言，丞相相上大常昌书言，大史丞定言，元康五年五月二日壬子夏至，宜寝兵，大官抒井，更水火，进鸣鸡，谒移以闻，布当用者。●臣谨案比原宗御者，水衡抒大官御井，中二＝千＝石＝令官各抒，别火（一〇·二七）图二九　甲九一①

　　b. 官先夏至一日，以除燧取火，授中二＝千＝石＝官在长安云阳者，其民皆受以日至易故火，庚戌寝兵，不听事尽甲寅五日，臣请布，昧死以闻。（五·一〇）图二一　甲九二

　　c. 制日可。（三三二·二六）图四二　甲一七二一

　　d. 元康五年二月癸丑朔癸亥，御史大夫吉下丞相，承书从事下当用者，如诏书。（一〇·三三）图七〇　甲九六

　　e. 二月丁卯，丞相相下车骑将＝军＝、中二＝千＝石＝、郡太守、诸侯相，承书从事下当用者，如诏书。少史庆、令史宜王、始长。（一〇·三

---

　　① 括号内"一〇·二七"是指居延汉简的整理编号，"图二九"是指劳幹《居延汉简图版之部》（"中央"研究院历史语言研究所专刊之 21，1957 年）的页数，"甲九一"是指中国科学院考古研究所《居延汉简甲编》考古学专刊乙之 8，1959 年）的图版编号。下文引用的居延汉简与此相同。

〇）图二九　甲三四

　　f. 三月丙午，张掖长史延行大守事，肩水仓长汤兼行丞事，下属国、农、部都尉、小府、县官，承书从事下当用者，如诏书。/守属宗助、府佐定。（一〇·三二）图二八　甲三四

　　g. 闰月丁巳，张掖肩水城尉谊以近次兼行都尉事，下候、城尉，承书从事下当用者，如诏书。/守卒史义。（一〇·二九）图二八　甲八八

　　h. 闰月庚申，肩水士吏横以私印行候事，下尉、候长，承书从事下当用者，如诏书。/令史得。（一〇·三一）图二八　甲八八

　　这些从地湾出土的原来是七零八落的简牍，复原为八简①。a、b、c 三简是诏书，在这里，御史大夫的吉是指丙吉，丞相的相是指魏相，太常的昌是指苏昌。a 和 b 简是御史大夫丙吉向皇帝的奏文。前半部分，即"●"符号以前的部分，是太史丞定首先发议，经过太常苏昌、丞相魏相，向丙吉提出的呈报书的内容，在那里陈述了呈报的意图：元康五年（前61）五月二日壬子正值夏至，照例实行兵士休息，改变水火等活动，向有关的各官吏公布。"●"符号以后的后半部分，是丙吉起草向各有关官吏公布，夏至前五日（从庚戌到甲寅）兵士休息、改变水火的具体的奏文。c 是皇帝批准丙吉的奏文。以上是诏书内容的概要。在这里特别值得注意的是 d 以下的各简，从 d 到 h 的各简，是上述诏书从上级官府到下级官府，按顺序下达的执行命令书。实际上，这部分对于了解张掖郡下的统治组织是十分重要的。

　　首先，d 简是元康五年二月癸亥（十一日）这一天御史大夫丙吉通知丞相执行诏书的通知书。所谓"承书从事下当用者，如诏书"，就是"命令接受通知书的下级有关官吏，按诏书去做"的意思。以下各简共同采取这个表达方式，这就是所谓命令下级有关官吏执行命令的通知书，这是汉代下达公文的习惯用语。而且奏文通过御史大夫呈奏给皇帝，变成皇帝的命令后，又首先由御史大夫传达下来，从这里足以看出御史大夫作为皇帝秘书的性质。

　　e 接 d 简，这是二月丁卯（十五日）丞相魏相向所管辖的各官下达的通知书。因为丞相是"协助天子处理万机"的行政最高负责人，所以他可以下命令给一切官府的长官，从这里看有车骑将军、将军、中二千石、二千石、郡太守、诸侯相。中二千石和二千石是以九卿为首的中央各官府的长官，诸侯相是王国的丞相，与郡太守一样，是地方官府的长官。张掖郡太守是接受丞相下达命令的对象之一，不用说，这一简就是张掖郡太守接到的通知书。

　　f 接 e 简，这是三月丙午（二十四日）张掖郡太守向郡内各官下达的通知书。

① 　参考大庭脩《居延出土的诏书册与诏书断简》（《关西大学东西学术研究所论丛》52，1961 年）。

发信者是张掖太守和丞二人，而这时太守和丞因为有其他事情不在，太守的事务由张掖郡长史延代理，丞的事务由肩水仓长汤代理，实际上是两位代理者联名发出信。从接受通知的各官看，以属国都尉为首，列举了农都尉、部都尉、小府、县官。根据《汉书·地理志》，张掖郡郡治是觻得县，属县除觻得外，有昭武、删丹、氐池、屋兰、日勒、骊靬、番和、居延、显美十县。简牍最后记载的县官，是指这些县的令长。但是应劭《汉官仪》记载："武帝始开三边，县户数百称为令。"（译者按：查四部备要本《汉官六种》中的《汉官仪》，无此记载，此处恐有误。）边郡的县与内郡不同，县的长官多称为令而和户数无关。事实上，居延汉简中有"觻得令延年、丞置"（九七·一〇＝二一三·一，图一九　甲五六四）、"居延令胜之、丞延"（二一三·二八＝二一三·四四，图三六　甲一一六七 A）的记载，而从敦煌简看，以敦煌郡龙勒县为例，"龙勒长林、丞禹"（敦五四〇），有时候称为长。

关于属国都尉，前一章已经叙述过。根据《续汉书·郡国志》，汉武帝时已经有张掖属国都尉，到后汉时，张掖郡都尉叫张掖居延属国都尉。如果从上下级隶属系统来说，属国都尉先属中央典属国，后属大鸿胪管辖，与郡的系统是不同的。所以，这里从郡太守那里接受通知书，是有疑问的。它是与都尉相同，还是一种权宜的处理办法呢？

农都尉，如《续汉书·百官志》所载，"边郡设农都尉屯田，主殖谷"，是率领士兵实行屯田，主管农业的都尉。根据《汉书·地理志》，张掖郡番和县设有农都尉。

张掖郡的部都尉，《汉书·地理志》记载，居延县和日勒县是都尉的治所。根据居延汉简，张掖郡北边有居延都尉，南边有肩水都尉，至少确认有两个都尉存在。日勒县治所在现在什么地方，还不清楚。肩水都尉的治所，推定在额济纳河中游甘肃省金塔县鼎新东北约 40 千米的地方（大湾）。《盐铁论·复古》篇的扇水都尉，大概是肩水都尉之误。顺便说明，敦煌郡有玉门都尉、中部都尉、宜禾都尉三都尉。

小府，一般认为是指张掖太守府。太守和都尉的官署都称为府，例如：

> 地节五年正月丙子朔丁丑，肩水候房以私印行事，敢言之都尉府。府移太守府移敦煌太守书曰，故大司马博云云。（一〇·三五 A）图六七　甲九七

所谓"小府"是一种谦称，这里指发出通知的太守府，是没有错的。具体可以考虑为丞或长史，或是构成太守府的门下、诸曹的掾属或掾史。张掖边郡的门下、诸曹具有怎样的规模是不太清楚的。f 简斜线后面有守属宗助、府佐定，这是太守通知书记录者的署名。这两人都是太守府的属官，即掾属。守属代理郡守的职务，府佐是太守府书佐的略称。根据藤枝晃的《汉简职官表》［载《东方

学报》（京都）第二五册，1954 年]，太守府有掾、卒史、属、书佐、曹史等。

g 简接 f 简，这是闰月丁巳（闰三月六日）部都尉之一的肩水都尉给所属官署下达的通知书。发信者是肩水都尉，因为肩水都尉不在，由资格相近的肩水城尉谊代理都尉事务而发信。接信者是候和城尉。候是都尉直属的下级官署的候官之长。前面讲过，张掖郡的部都尉有居延都尉和肩水都尉两个部都尉。如果根据居延汉简的材料，居延都尉下属包括居延、殄北、甲渠、卅井四个候官。根据西北科学考察团的调查，这些候官的遗址分别被推定在下列地方：殄北候官在瓦因托尼（Wayen-torei）以北十几千米的地方，遗址编号 A1，甲渠候官在破城子（Mu-durbeljin），遗址编号 A8，卅井候官在博罗松治（Boro-tsonch），遗址编号 P9。肩水都尉下属包括肩水、橐佗、广地三候官。肩水候官在肩水都尉大湾（遗址编号 A35）东北大约十千米的地湾（Ulan-durbeljin），遗址编号 A33。据推断，肩水候官之北为橐佗候官，之南为广地候官。这些候官之长为候。候官除长官候之外，还有作为佐官的丞和尉。候官的尉称为塞尉，g 简的城尉一般认为是指候官的尉。斜线下的署名卒史是都尉府的卒史。肩水都尉府有长官都尉，佐官丞，其下有门下、诸曹的掾史和掾属，这是毫无疑问的。问题是有多大规模，这与张掖太守府的情形一样，是很不清楚的。根据藤枝晃的《汉简职官表》可知，都尉府有掾、卒史、书佐、曹史和作为武官的司马、千人等。在都尉下，除了有候官以下的放哨组织之外，还设有作为兵站设施的仓。f 简所记的代行张掖太守的丞的事务的肩水仓长汤，就是属于肩水都尉的仓长。

h 简接 g 简，这是闰月庚申（闰三月九日）肩水候即肩水候官之长给所辖的尉和候长下达的通知书。这时因为肩水候不在，由肩水士吏横用私印代理行使候的事务而发信。

前面已经说过，候官之长称为候，候官也称为障，候也称为障候。王国维在《流沙坠简》中说："续汉志：领军皆有部曲。大将军营五部，部校尉一人，比二千石；部下有曲，曲有军候一人，比六百石，曲下有屯。汉制，都尉秩视校尉，其下有二候官，盖视军候，则候官即校尉下之曲矣。"所以候是六百石的官。居延汉简中有写着"右障候一人，秩比六百石"的简（二五九·二，图三四九甲一三六七），证明了王氏的说法是正确的。在候官中除作为候的佐官的丞和尉（塞尉）之外，还配备了作为武吏的士吏，作为文吏的令史和尉史等各若干名。

h 简中的代行肩水候事务的肩水士吏横就是肩水候官的士吏，文末署名令史得也就是肩水候官的令史。此外，候官还配备有戍卒。候官的吏卒大约有百名左右。

候官下有候。这个候不是候官之长的候，而是候官所属的一个烽隧单位的名称。候的首长称为候长。候的其他官吏有候史，此外，配备十几名戍卒。h 简是候官之长肩水候寄给候官的尉和候官所属的候长（肩水候长们）的通知书。

元康五年诏书的简，到 h 简就完了。现在我们看到，诏书（a、b、c）从御史大夫到丞相（d），从丞相到张掖太守（e），从张掖太守到肩水都尉（f），从肩水都尉到肩水候（g），从肩水候到肩水候长（h），一级一级下达，在下达过程中，诏书一简一简地写。这些简都在地湾即肩水候官遗址发现，而且八简都是同一笔迹，全部是肩水候官的令史得所书写，由候官掌管并保存下来。与此相同的其他册书理应也是发给肩水候长的。因为接受肩水候官通知的肩水候长有通知自己所管辖的下级组织的长官的义务。

候的下级组织是燧。燧除燧长之外，有戍卒 35 名，这是边境防卫组织的最低层组织。如果继续接前面的简，h 简下面恐怕有这样的简下达到燧：闰月某日（日的干支）肩水候长某，下燧长，承书从事，如诏书。这样，皇帝发出的诏书，就从中央普遍地传达到地方的最低层组织。

以上，以地湾出土的简牍作为线索，叙述了张掖郡的统治组织。因为叙述稍嫌繁杂，现在把它整理出来用简单的图表表示如下（见图 2）。

图 2　张掖郡的统治组织

如前所述，居延都尉下属有居延、殄北、甲渠、卅井四候官，肩水都尉下属有橐佗、肩水、广地三候官。那么，各候官下属有多少候、燧呢？关于这些，劳幹在《居延汉简考证》中，做了个候燧表，伊藤道治在《汉代居延战线的展开》（载《东洋史研究》第十二卷第三号，1953 年）中补充订正了劳氏所做的表，做居延烽燧表。但是，两氏做表的时间都在居延汉简出土地点很不明确的时候，现在，相当多的简牍的出土地点明确了，因此，对以往的工作有加以检讨的必要。决定候燧所属的办法，大体可以分四个步骤。第 I，在文书中候燧名之上写明候官名的，或者与候官名相同的候燧组。第 II，以某种形式与第 I 组候燧联系起来的候燧组。第 I、第 II 组都是从文书本身判明的。与此相反，第 III、第 IV 组则是由简牍出土地点推定的。即从候官遗址出土的简牍中找出带有候燧名的，其中明显为候燧送呈候官的公文、报告中所见的候燧，为第 III 组，其余为第 IV 组。在第 IV 组中，或者有其他候官所属的候燧渗入的可能性①。用以上办法，居延各候官所属的候燧，大体推定如下（这里包括与候燧关系不十分明确的亭和驿。表中的罗马数字所表示的是上面所说的组的序列）。

　　居延候燧表

居延都尉

　　居延候官

　　Ⅰ．堑胡燧（三·一九）　图五二六　甲四　收降燧（二七〇·二）　图三三九　定居燧（四一·三五）　图三四　甲三一七　居延亭（二三七·六四）　图五四七　彊汉亭（一〇〇·二二）　图四七　农亭（五五七·八）　图四八八　甲二三三二

　　殄北候官

　　Ⅲ．宜禾候（一〇八·一〇）　图五六五　邵适候（五三四·二＝五三四·一五Ａ）　图四三八　当南候（八八·一二）　图三九二　甲五一六

　　Ⅰ．殄北燧（四二〇·二）　图一二三　殄北右燧（一五七·五Ａ）　图三六〇　甲九〇二Ａ　渠井燧（三·一四）　图五二六　甲九　察北燧（一三三·一七）　图二〇五　尺竟燧（四八二·七）　图四三三　第二燧（亭）（二七三·二八）　图五一二　甲一四六四　备寇燧（一五七·五Ａ）　图三六〇　甲九〇二Ａ　望远燧（二三四·一三）　图一八一

　　还有可能属于殄北候官的有：胠寇燧（二七三·一）　图三九一　甲一四三一　当北燧（二七五·八）　图三九六　甲一四七八　木辟燧（八八·一九）　图三九二　甲五二六　临道燧（八八·一九）　图三九二　甲五二六　临道亭

---

　　①　关于Ⅲ与Ⅳ的区别，参见拙稿《居延汉简烽燧考》［载《东方学报》（京都）第 36 册，1964 年］的注（6）。

（三〇八·一七）　图三九一　甲一六一三　斛东燧（八八·一一）　图三九二　甲五一七

甲渠候官

Ⅰ．甲渠候（六·五）　图一九三　吞远候（二〇三·二八）　图一六二　万岁候（八二·三九）　图三三二　甲四八三　钘庭候（四·九）　图三八一　甲二三　毋伤候（二七八·七 B）　图五二五

Ⅱ．诚北候（一〇一·二六）　图四二七　甲五八二　不侵候（二七·一五）　图三三五　甲二一〇　临木候（一〇一·二六）　图四二七　甲五八二

Ⅲ．城北候（二〇三·一五）　图二六六　万年候（二〇六·二九）　图二二四　甲一一四七　靡谷候（二〇三·三三）　图一六〇

Ⅰ．甲渠燧（四八五·六四）　图二二八　却适燧（四〇·八）　图二六六　逆胡燧（三一二·九）　图二五五　甲一六六九　俱南燧（一七五·一〇）　图一七二　止害燧（一七三·二二）　图二七三　甲二四一二　止北燧（五七·二九）　图一六四　甲四一〇　次吞燧（五七·八）　图一三四　甲三九九　收虏燧（二二九·一 = 二二九·二）　图四四三　诚北燧（三·一四）　图五二六　甲九　当曲燧（一三三·一四）　图二〇五　甲七六一　万岁燧（八·六）图一八四　甲五五　武贤燧（九九·一）　图二五九　钘庭燧（二八·一）　图二二〇　甲二一一　望房燧（二六四·二六）　图一七五　临木燧（八九·二一）　图二三三

Ⅱ．惊房燧（四〇·二〇）　图二六六　俱起燧（四〇·二〇）　图二六六　察微燧（一四二·三〇）　图二三七　甲七九七　驷望燧（一三三·二五）图二〇五　甲七五二　执胡燧（一八五·三 = 四九·二二）　图一四二　终古燧（三一七·一九）　图三二五　吞远燧（一〇四·四四）　图三三三　吞北燧（一二一·二九）　图二〇二　莫山燧（一六〇·四）　图五一三　甲九四五　伐胡燧（六八·一一三）　图一八二　万年燧（二〇六·二）　图二二五甲二四三四　不侵燧（一〇四·四四）　图三三三　武彊燧（四〇·二〇）图二六六　临之燧（二三一·一一四）　图二八五

Ⅲ．乐哉燧（三五·六）　图一二九　甲二四七　高沙燧（八二·二九）图三一五　广田燧（一六〇·一三）　图二三一　甲二四三三　谷口燧（二七二·三五）　图一三五　三墙燧（一四三·六）　图三六八　甲八一二　城北燧（二八三·二四）　图四一七　制房燧（五五·二五）　图二五三　甲三九五　武成燧（二〇三·七）　图一三三　毋伤燧（一三三·三）　图一三一甲七三六　灭虏燧（三五·六）　图一二九　甲二四七　木中燧（二一四·三四）　图三五七　甲一一八七　龙山燧（八·一〇）　图一八四　临桐燧（三一一·一五 A）　图四八〇　陷陈亭（一七八·七）　图二八八　高沙亭（一

七八・七）　　图二八八　　三泉亭（三・六）　　图五六九　　甲三三　　霸胡亭
（三・四）　　图五二七　　莫山亭（一七八・七）　　图二八八

　　Ⅳ．穷虏燧（四七八・二）　　图二六七　　结东燧（二八三・二九）　　图三
六四　　甲一五一八　　白门燧（五二・五五）　　图一八八　　甲三七五　　罢虏燧
（四〇・二四）　　图二六七　　甲二八一　　平虏燧（一九三・六 A）　　图三〇二
甲一一〇四 A　　望南燧（一八五・一二）　　图二六六　　甲一〇六三　　灭寇燧
（一四四・一八）　　图一二二　　利平燧（二五七・三〇）　　图二四七　　邯会燧
（三五・七）　　图五〇九

　　甲渠候官所属的候燧，除这些之外，还发现同一组编号的4个候和38个燧：
　　Ⅱ．第十候（一八〇・三八）　　图三一九　　第十七候（一〇四・九＝一四
五・一四）　　图三二二　　第廿三候（一〇四・九＝一四五・一四）　　图三二二
　　Ⅲ．第四候（二七・二六）　　图三三五　　甲二〇九
　　Ⅰ．第三燧（二二五・一一）　　图三〇八　　第四燧（二六四・二七）　　图
一七六甲一三八五　　第六燧（二二七・一二）　　图三四二　　第七燧（三三・三
〇）　　图一八三　　甲二三七　　第十一燧（六七・一五）　　图一九七　　第十二燧
（一〇一・三三）　　图五一三　　第廿燧（二三四・四〇）　　图二一三　　第廿五燧
（三八・二一）　　图二四五　　第廿七燧（一五七・九）　　图三六一　　甲九〇八
第廿八燧（五八・二）　　图一九九　　甲四二五　　第卅五燧（二〇六・一六）
图二二五　　甲一一四六、二五三三　　第卅七燧（六八・八一）　　图一八二

　　Ⅱ．第一燧（四・四 A）　　图三七九　　甲一九 A　　第二燧（四・四 A）　　图
三七九甲一九 A　　第九燧（六・七）　　图一九三　　甲四六　　第十八燧（一六八・
一九）　　图三二〇　　第十九燧（一六八・一九）　　图三二〇　　第廿一燧（三
三・二二）　　图一八三　　甲二三五　　第廿二燧（三四・二一 A）　　图二一五　　甲
二四一 A　　第廿三燧（二四・二）　　图二一九　　甲一八二　　第廿四燧（二四・
二）　　图二一九　　甲一八二　　第廿六燧（二四・二）　　图二一九　　甲一八二
第廿九燧（二四・二）　　图二一九　　甲一八二　　第卅燧（二四・二）　　图二一
九　　甲一八二　　第卅一燧（四・四 B）　　图三八〇　　甲一九 B　　第卅二燧（四・
四 B）　　图三八〇甲一九 B　　第卅三燧（二八・一三）　　图二二一　　甲二一四
第卅四燧（二八・一三）　　图二二一　　甲二一四　　第卅六燧（一〇三・四七）
图一三五　　甲五九九　　第卅八燧（三四・二一 A）　　图二一五　　甲二四一 A

　　Ⅲ．第五燧（二七・一二）　　图五〇三　　第八燧（二五四・一九）　　图二
九九甲一三一一　　第十燧（二五九・四）　　图三四八　　第十三燧（二六・一二）
图一四〇　　甲一九四　　第十四燧（八九・一一）　　图二三四　　甲五〇八　　第十
五燧（二〇六・二七）　　图二二四　　第十六燧（一二七・二二）　　图一二七
第十七燧（一八八・二五）　　图三一〇

卅井候官

Ⅱ．累虏候（一七〇·五Ａ）　　图一一七

Ⅲ．遮要候（四五八·二）　　图四三三

Ⅰ．卅井燧（三六八·一一）　　图一二三　　骓喜燧（二一四·三四）　　图三五七甲一一八七　　降虏燧（一六三·七）　　图九五　　诚务（敖）北燧（四五七·七）图五三　　辟非燧（二七一·九）　　图一七一　　累虏燧（一六三·七）图九五

Ⅱ．受降燧（二五·一二）　　图一三九

肩水都尉

橐佗候官①

Ⅰ．橐佗候（五·一一）　　图二八　　甲三六

Ⅰ．橐佗燧（一四九·五）　　图二二　　延寿燧（二九·一）　　图六〇　　诚敖燧（八一·八Ａ）　　图四五八　　吞胡燧（二九·二）　　图六〇　　甲二一八莫尚燧（二八八·三〇）　　图一一三　　莫当燧　　石南亭（一一八·五）　　图九四　　甲六八五　　驳南亭（五〇二·七）　　图八七　　甲一九〇七

肩水候官

Ⅰ．肩水候（二四八·二九）　　图五五一　　右前候（三二九·一）　　图四甲一七〇四　　左后候（一五·二五）　　图一〇二

Ⅲ．右后候（二八四·一）　　图二〇　　甲一五二三　　左前候（一〇·三四Ａ）　　图六七　　甲九五Ａ　　东部候（二〇·一二Ａ）　　图六七　　甲一七九Ａ　　北部候（四三三·八）　　图八八　　甲一八三七

Ⅰ．肩水燧（二一五·七）　　图五五〇　　始安燧（三七·五七）　　图一三七　　执胡燧（一七九·四）　　图八三　　甲一〇一四　　乘山燧（三三九·八）图四九　　当井燧（一八三·六）　　图七四　　甲一〇一五　　破胡燧（三八七·四）图七　　平乐燧（四三·二三）　　图四一四　　甲三〇七　　并山燧（一三·七）图三九　　甲一一四　　要虏燧（一〇·二二）　　图一三　　甲八〇　　临田燧（二三九·一〇二）　　图二九　　甲一二六七九　　驿北亭燧（二九·七）　　图六〇

Ⅱ．获胡燧（七五·一七）　　图四二四　　乐昌燧（三三二·五）　　图二五甲一七〇五　　完军燧（七五·一七）　　图四二四　　禁奸燧（五·一二）　　图二八　　甲三八　　驱望燧（二八八·六）　　图一一六　　乘胡燧（五〇二·三）　　图八五　　甲一九一二　　第六燧（七五·一七）　　图四二四　　登山燧（五一五·四九）　　图八四　　甲二二四三　　如意燧（一〇·一二）　　图二九　　甲七五　　伏胡燧（二八八·六）　　图一一六　　辟非燧（七五·一七）　　图四二四　　望城燧

---

①　根据后述新发现的《橐佗莫当隧守御器簿》，增加橐佗候官。

（五六二・七）图八八　甲二三六七　毋直燧（五六二・七）　图八八　甲二三六七　要害燧（二八八・六）　图一一六　临渠燧（七五・一七）　图四二四临莫燧（二八八・六）　图一一六　临利燧（二八八・六）　图一一六　次乡亭（一九・五）图五　甲一四〇　沙头（亭）（五〇五・二二A）　图八六　甲一九一四A　驿马（亭）（五〇五・二二A）　图八六　甲一九一四A　不今（亭）（五〇五・二二A）　图八六　甲一九一四A

　　Ⅲ．安汉燧（一八三・七＝一八三・二）　图七三　甲七八二　安竟燧（一二四・一二＝一二六・四）　图三二　甲六九一　安乐燧（三三二・一四）图二五　甲一七一二　夷胡燧（三五三・一A）　图一四　甲一七九六　汉充燧（一〇・三）　图一三　甲六五　穷寇燧（三三二・二四）　图二五　甲一七二〇　彊汉燧（二五三・三）　图二〇　甲一三二二　禽寇燧（一〇・九）　图七三　甲七七　金城燧（一四六・四）　图九一　甲八三一　胡池燧（四三三・一〇）　图八　广谷燧（四三三・三三＝四三三・四八）　图八　甲一八三六　襄泽燧（一〇・三六）　图七〇　甲九八　水门燧（二五三・一〇＝二八四・一四）　图三一　当谷燧（五六四・五）　图四一　甲二三六五　东望燧（五・五）　图二八　甲三二　道山燧（四〇二・一一）　图四　万世燧（五・一八＝二五五・二〇）　图二一　甲三七　万福燧（二一三・一三）　图一六　甲一一六〇　服胡燧（一四・二六B）　图三七　甲七九四B　望泉燧（二五五・四〇A）　图三六　甲一三一八A　右北亭（二六三・一四B）　图四六五

　　Ⅳ．金关隧（三一・一A）　图一二四
广地候官
　　Ⅰ．南部候（一二八・一＝一二八・二）　图五七〇—五七四　甲一
　　Ⅰ．广地燧（五〇四・一四）　图七七　甲一九四七　河北燧（一二八・一＝一二八・二）　图五七〇—五七四　甲一　胜之燧（一三一・一九）图九一甲七三〇　破胡燧（一二八・一＝一二八・二）　图五七〇—五七四甲一　万年燧（一一二・二七）　图二〇三　甲六三四　破胡亭（一〇三・四二）　图一五一
其他不明所属的候、燧、亭：
　　安乐候（九三・八）　图二一　甲五五四　次东候（一五五・一五）　图一一〇　井东候（四三五・一六）　图五三　诚南候（三〇五・一四B）　图一二一　中部候（二一八・三）　图四一八　仓石候（二一六・三）　图七四甲一一八八　安众燧（二一九・二一）　图五一　安世燧（五〇五・二四）图七六　甲一九六八　安农燧（五八五・七）　图五二　给合燧（八五・五）图一八七　广渠燧（七五・三）　图四二四　候虏燧（三九四・三＝四六九・

一） 图一二四 左候燧（三〇三·二） 图二 甲一五七七 察房燧（五六一·一七） 图二二二 止奸燧（一六九·五 ） 图六一 执直燧（五八四·一） 图一七 井东燧（四五九·二） 图五三 先登燧（八七·一〇） 图五〇 善哉（四四一〇·三） 图一二三 大中燧（二四〇·一九Ａ） 图三四〇 通望燧（五〇五·一四） 图七二 甲一九六〇 当利燧（二八八·二二） 图一一六 南部燧（二三二·二八） 图五〇 甲二四六〇 却胡亭（四三八·一） 图一一八 守望亭（三〇三·一七） 图二七 甲一五九五 驼南亭（七五·一） 图四二四 道上亭驿（一四九·二七） 图二二 甲八八二 入房亭（五〇二·二） 图八五 甲一九一一 北房亭（五〇二·二） 图八五 甲一九一一

以上边郡，郡太守为最高长官的民政系统，直到县令以下，与内郡没有什么不同。因为边境地区的特殊性，理所当然地侧重军事系统。既作为军事系统，除设置了数部都尉外，还设置了农都尉。还配备有命令系统不同的属国都尉。特别是部都尉，其下有候官、候、燧组织，燧是最底层的巡逻组织，像网眼一样散布在周围。

三、 账簿与统治制度

在一万余支旧居延汉简中，据说有一大半是从候官遗址出土的。即甲渠候官的所在地破城子出土 5200 支，推定为肩水候官所在地的地湾出土 2000 支。在候官遗址发现的简大约占了七成。如果从内容来说，账簿的断简占了压倒的多数。关于边郡统治组织必须涉及的内容很多，在这里根据居延汉简以账簿及其有关的统治制度为中心，加以论述。

在汉代，地方郡国每年、边郡每三年一次，把统计郡国内民众的计簿提交给中央，这叫作上计①。计簿的年度从每年的十月到第二年的九月。这是继承秦代把十月作为岁首的制度。汉太初元年（前 104）制定太初历以后，改为以一月为岁首，而计簿的年度仍按原来的样子没有改变。计簿的内容，据《续汉书·百官志》刘昭注引胡广文："秋冬岁尽，各计县户口、垦田、钱谷入出、盗贼多少，上其集簿。"

就是说，每年的年尾，统计属县的户口数、垦田数、钱粮收支、盗贼人数，写在账簿里，向中央政府汇报。但是，郡国为了统计，必须要属县向郡国报告。事实上，《续汉书·百官志》的县·邑·道·侯国的长官条，《司马彪本注》云：

---

① 关于汉的上计制度，有镰田重雄的《郡国的上计》（同《秦汉政治制度的研究》第 1 编第 10 章，日本学术振兴会，1962 年）。还有严耕望书的第 8 章也有论述。

"秋冬集课,上计于所属郡国。"每年度末,总结官吏的治绩,把计簿奉献给所属的郡国。县也有义务汇集乡、亭、里等最低层组织的账簿向所属郡国提交,郡国的上计就是以属县的账簿为基础进行统计的。汉朝廷依靠这样的上计制度,掌握地方政治的实际状况和地方官吏的好坏。就这点而论,汉代的上计制度具有极大的政治意图。但是,这种账簿是怎样的?它是怎样做成的?遗憾的是无法依靠文献得知。敦煌和居延简牍的发现,实际上提供了这种账簿的活资料,推进了这方面的研究。在这里试举一账簿为例。在账簿中附有这样的标题:

● 甲渠候官甘露五年二月谷出入簿

这是甲渠候官甘露五年(前52)二月的谷物出纳簿,简上端"●"号表示标题。这一简正是账簿的封面。封面以下记载的内容。例如:

入粟大石计廿五石　车一两　囗(五九·二)图二五〇
出粟廿石　付吏卒囗人囗月食　(四六·二〇)图四五二

这是入粟、出粟的一例。这样的简一支接一支,账簿的最后有这样的简:

● 最凡粟二千五百九十石七斗二升少
凡出千八百五十七石三斗一升
今余粟七百卅三石四斗一升少
校见粟七百五十四石二斗(一四二·三A)图二三八

所谓"最凡"是总计或合计的意思。上段记载这时期入粟的总数,下段记载支出和剩余的数量,这一例中,实际剩余的数比计算上应该剩余的数多,最后记入实际剩余数量。这是账簿的账尾,在简的上端也有与封面相同的"●"号。因为,对于账簿的封面来说,这一简可以说是账簿的封底。像这样账簿的形式,先是封面,次为记账内容,最后是可以称为封底的账尾,相当完整。类似这样的簿还有籍。《说文解字》:"籍,簿也",《史记》卷五十八《梁孝王世家》的张守节《正义》:"籍谓名簿也",籍,用名簿做注解。

● 甲渠官建始二年正月郵卒名籍
一四三·一＝二〇六·三〇图三六八

这是建始二年(前31)正月甲渠候官戌卒名簿的封面,简牍把名簿称为名籍。而且名籍开头也有作为封面的简,其次是记载内容的简,最后以封底的简作结束,与前面所说的账簿的例子完全相同。[1]

从居延汉简记标题的简中,可以知道簿的种类有:记谷物出纳的《谷出入

---

① 关于簿和籍的体裁,参见拙稿《图书·文书》,见林巳奈夫编《汉代的文物》第11章的Ⅱ,京都大学人文科学研究所,1977年。

簿》《谷簿》《食簿》，记钱出纳的《钱出入簿》，记兵器及其他器具的《守御器簿》《兵簿》《什器簿》，以及记其破损状况的《折伤簿》，记录戍卒工作的《作簿》《日作簿》《伐茭簿》，记录巡视天田等的《日迹簿》《迹候簿》《候簿》，还有记戍卒携带物品的《被簿》《被兵簿》，记官吏功劳的《伐阅簿》，记马的饲料出纳的《茭出入簿》，还有《驿马阅县簿》《入关簿》《财物簿》《财物出入簿》，等等。

关于籍，有吏卒名簿的《吏卒名籍》《卒名籍》，吏卒粮食配给名簿的《吏卒禀名籍》，盐配给名簿的《禀盐名籍》，关于卒的家属，除了《卒家属禀名籍》外，还有《卒家属名籍》《卒家属在署名籍》，官吏奉给名簿的《吏受奉名籍》《吏奉赋名籍》，记类似秋射考试成绩赐劳日数的《秋射赐劳名籍》和与此相反的《夺劳名籍》，记贳买事情的《贳买名籍》，记录吏民通过关所的《吏民出入籍》，还有关于戍卒病、死的《病卒名籍》《戍卒病死衣物名籍》，此外，还有《车父名籍》《兵马名籍》《驿马名籍》，等等。除了簿和籍之外，还有例如《邮书》的《书》。簿是账簿，籍是名簿，两者应该是有区别的，这里为了方便起见，包括《书》在内，统用账簿这一名称。

从居延汉简的标题，知道有如上种类的账簿，但是在发现的居延汉简中，这些账簿和构成这些账簿内容的简，即账簿的本文，不一定对得上。在账簿本文的简中，当然也包含有其他账簿的简，它不是完整的账簿。因此，研究被认为是账簿本文的简是必要的。[①] 虽稍显烦琐，但仍拟把按形式分类的结果表示如下。括号内是出土地点的略称，破是破城子，地是地湾，博是博罗松治，瓦是瓦因托尼，大是大湾。

根据账簿的内容和形式分类：

I. 吏卒现有人员

（1）《吏卒名籍》类

a. 记官职名、籍贯、爵位、姓名、年龄（破、地、大）

b. 只有官职和姓名（破、地、大）

c. 燧长名簿（破）

d. 燧卒名簿（破）

e. 记吏卒的总数（破、地、瓦、大）

f. 记在或不在工作地点居住（破、地）

g. 雇佣者的名簿（地、大）

（2）《病卒名籍》（破、瓦、大）

① 过去我曾经根据出土地点加以整理拙稿《居延汉简集成一、二、三》，见《东方学报》（京都）第 46 册、第 47 册，1974 年。同上第 51 册，1979 年。

Ⅱ．烽燧勤务

（1）《作簿》类

a．一个部队全体戍卒一日的工作记录（破、地、大）

b．戍卒个人每日工作记录（破、大）

（2）《日迹簿》类

a．一个隧一个月的日迹（破、地、大）

b．官吏个人一个月的日迹（破）

（3）《邮书》类

a．文书向南传递的记录（破、大）

b．文书向北传递的记录以及南北不明的记录（破、地、博、大）

（4）《举书》类（破、地、博、瓦）

Ⅲ．器物

（1）《守御器簿》类

a．设备物品支出记录（破、地、大）

a′ 领取设备物品记录（地、瓦）

b．设备物品支出表（破）

c．记设备物品支出总数以及在仓库数（破、地、瓦、大）

d．记各候隧设备物品及其破损状况（破、地、大）

e．记一种器物的破损状况（破、地、大）

f．只记器物名和数量（破、地、博、大）

g．查阅设备物品整备状况的记录（破）

（2）《戍卒被（兵）簿》类

a．记戍卒个人衣服的细目（破、地、大）

b．记戍卒个人领取的衣服（破、地、大）

c．记戍卒个人所携带的兵器等的细目（破、地、博、大）

d．记病死戍卒所携带的物品（破）

Ⅳ．现钱出纳

（1）《钱出入簿》类

a．记收入、支出（破、地、大）

b．记购买物品支出的钱数（破、地、大）

c．在一简中记支付金额和购入物品的总数（破）

d．记物品名称、数量及价值（破、地、大）

e．隧长及戍卒领取现钱（破）

f．记现钱总数及余钱总数（破、地、大）

g．《钱出入簿》的残简（破、地、大）

（2）《吏受奉名籍》类

a. 记个人的官职名称、姓名和一个月俸钱的金额（破、地）

b. 记支付俸钱（破、地、大）

c. 俸钱的受领（破、地、瓦）

d. 未付的俸钱日后支付的记录（破、地、大）

e. 未付的俸钱的领取（破、地、大）

f. 记俸钱的总额及余钱（破、地、大）

Ⅴ．粮食

（1）《谷出入簿》类

a. 记入谷、出谷（破、地、瓦、大）

b. 记出谷（破、地、博、瓦、大）

c. 记谷物的余数（破、地、瓦、大）

d. 谷出入簿的残简（破、地、瓦、大）

（2）《吏卒禀名籍》类

a. 在领取粮食配给者的名簿上写上候名称（破）

b. 在领取粮食配给者的名簿上写上隧名称以及个人名字（破、地、大）

c. 在领取粮食记录上写上部署名称（破）

d. 个别人领取的粮食（破、地、瓦）

（3）《卒家属禀名籍》

a. 记成卒家属成员各自用谷数，下面用"●凡用谷"的形式以记录总数（破、博）

b. 记欠成卒家属成员各自用谷数，下面用"见署用谷"的形式记录总数（破）

（4）其他粮食关系

a. 记食盐的支付（破、地）

b. 其他粮食关系的残简（破、地）

Ⅵ．其他

（1）文书发信的记录（破、地）

（2）文书收信的记录（破）

（3）到候官处报到的记录

a. 连续不断地记入报到的月、日和时刻（破、博）

b. 在下面特别记入报到的月、日和时刻（破）

（4）个别人的秋射成绩记录（破）

（5）任命（官职）升任的记录

a. 写着"任命的年、月、日"（破、地、大）

b. 写着"某代理"（破、地）

（6）记个别债务者、债权者的姓名、品物、数量、金额（破、地、大）

（7）记吏卒的家属成员和财产（破）

（8）牛马关系

a. 马籍即马的登记簿（破、地、瓦、大）

a′. 牛籍即牛的登记簿（大）

b. 记录马钱（破）

c. 牛马的粮食菱及其出纳簿（破、地、博、大）

（9）记录吏的功劳①

a. 记官职名、爵位、姓名、功劳大小，特别记文、武之别，年龄、身长、任职之地，候官与家庭的距离（地）

b. 只记官职名和姓名以及功劳大小（地）

（10）记罪状及处罚（地、瓦、大）

（11）出入关的记录

a. 个别人的记录（地、大）

b. 吏家属的记录（地）

以上大概分为 60 余种。每种各有独特的书写形式。其中有些不是单支木简的记录，原来是编缀起来的账簿，由于编缀的绳子断了，因而变得乱七八糟。也有的是准备将来收编为账簿的。但是，这样的记录即使是账簿的簿录，要弄清它们各是什么账簿的簿录，也就是说把标题和簿录合起来，在今天是极为困难的②。因为至今几乎没有出土过整册的账簿。关于这点，在现阶段只是从账簿的封面和簿录的内容推测。另外，关于账簿在哪里制作，即制作的地方，可以根据账簿封面所写的官署得知，同时，出土地点也是重要的线索。必须注意与出土地点的关系。例如在甲渠候官所在地破城子出土的账簿中，大致有：（一）甲渠候官所作；（二）从甲渠候官所属的候隧送来的；以及（一）和（二）的副本。这些问题今后还必须详细讨论，在这里避免推测，首先作为一个问题提出来。

过去因为以居延简为材料加以论述，故大体弄清了账簿的形式、种类，知道其内容包含人的活动，官物的收支甚至日常的一切。这些账簿原则上是候官、候隧等各官署制作的。我们从很多写有官署名的账簿的封面知道候官和候制作账

---

① 在Ⅵ的其他项目中无"｜丿"。

② 在旧居延汉简中保留册书原来形式的，只有永元五年到七年的所谓永元器物簿和永光二年的候长郑赦予宁文书两件，现在增加了复原的元康五年诏书册，共有三件。但是根据报告，1973 年至 1974 年发现新居延汉简概略的甘肃居延考古队的《居延汉代遗址的发掘和新出土的简册文物》（载《文物》1978 年第 1 期），其中保留册书原来形式的，或者还能复原的，据说还有很多，数量有 70 余件。照片图版发表的话，期望得到新的材料。

簿。例如：

> ●肩水候官元康四年十月守御器簿（一二六·一一）图三二　甲七一二
> ●吞远部建平元年正月官茭出入簿（四·一〇）图三七七　甲二一

但是，最小的组织燧也制作账簿。例如上面账簿分类中的第Ⅱ类（《烽燧勤务》）第2项（《日迹簿》）第1款，是燧一个月的日迹记录。另外账簿封面也有：

> ●卅井降虏燧建二年四月什器簿（八一·三）图三七六

这是记录卅井候官所属的降虏燧的什器簿。隧制作的账簿是向其直属上级官署候报告，有时根据情况也向候官报告。

> ☑酉、临木燧长忠，敢言之。谨移邮书
> （一二七·二九）　图一二六

这是甲渠候官所属的临木燧长忠寄信的寄单。在账簿中附上这样的寄单，是向上级官署呈送的。1973年至1974年发现的新居延汉简中，发现了一组寄单和账簿，这是十分珍贵的册书。

a. 始建国二年五月丙寅朔丙寅、橐他（佗）守候义，敢言之。
谨移莫当燧守御器簿一编，敢言之。
b. ●橐他莫当燧始建国二年五月守御器簿
c. 惊□□石　深目六　大积薪三
d. □□三糒九斗　转射十一　小积薪三
e. 惊糒三石□□□　汲器二
（中略）
v. 橐他莫当燧始建国二年五月守御器簿

这是从肩水金关遗址发现的，包括残简在内共22支，并做了释读和复原①。内容是橐佗候官所属的莫当隧始建国二年（10）五月的守御器簿和寄单，简b～v21支是账簿，简a是寄单。发信者是橐佗守候即橐佗候官的代理长官义，简a的背面有令史恭的署名。一般讲是莫当燧发出的报告，向更上级官府肩水都尉府呈送的。根据这个册书，我们知道燧也能制作账簿，同时也可看到大体上首尾完整的账簿形式。这次发现的册书和后面讲到的旧居延汉简中的很大的所谓永元器物簿册书，都是珍贵的资料，是账簿与寄单组成一组的例子。做成这样的账簿并附有寄单是向上级官署报告的。由燧向候，或者根据情况向候官提出的报告，理

---

① 简Ⅴ是封底，本来应该像"·右橐佗莫当燧云云"那样，在"·"记号下有"右"字。这里看不见，如果大胆的想象，说不定是因为在编缀简的时候，这支简朝里由册书的内侧卷起，它变成了表面。

应也是如此。我们从居延汉简看，燧发出的寄单几乎没有，多数是候发出的寄单，这是由于发掘地区的关系。即到现在为止，在居延发掘的大部分地区是候官的遗址，而候的遗址没有发掘，因此，造成了这样的结果。

而且，管理燧的是候。候根据所辖各燧的账簿编成候的账簿。以简四·一〇吞远部为例加以说明。

●不侵部黄龙元年六月吏卒日迹簿（一三九·五）图二〇七　甲七八五
●吞远部建平元年正月官苣出入簿（四·一〇）图三七七　甲二一

这都是候编制的账簿。这里不称候而是称为部，是包括各自所辖的燧的意义。

a. ●广地南部言，永元七年四月尽六月，见官兵釜磑四时簿。

b. 承三月余官弩二张，箭八十八枚，釜一口，磑二合。

c. ●具弩一张，力四石，木关。

d. 陷坚羊头镟箭八十八枚。

e. 故釜一口，鋻有固口呼，长五寸。

f. 磑一合，上盖欠二所，各大如疎。

g. ●右破胡燧

h. ●具弩一张，力四石，五木破，故系往往绝。

i. 蚩矢铜镟箭五十枚。

j. 磑一合，敝尽不任用。

k. ●右河上燧

l. 永元七年六月辛亥朔二日壬子，广地南部候

m. 长，叩头死罪敢言之。谨移四月尽六月见官兵釜

n. 磑四时簿一编，叩头死罪敢言之。

这是前面提到的旧居延汉简中，由七十五支简组成的很大的册书的最后一部分。简 a 至 k 是账簿，1 至 n 是呈送账簿的寄单。根据简 a 和寄单，知道这个账簿是广地候官所属的南部候长呈送的记录永元七年（95）四月至六月现有官府的兵器、釜、磑状况的四时簿。所谓四时簿是把一年分为四期，记载一期（三个月）的账簿。与此相反，记载每月的账簿叫月言簿。由七十五支简组成的册书都是广地南部候的《见官兵釜磑簿》，最初（一）有永元五年六月的月言簿，随后是（二）永元五年七月的月言簿，（三）永元六年七月的月言簿，其次是（四）永元七年正月至三月的四时簿，以在这里引用的四月至六月的四时簿作结束。简 b 的所谓"承三月"是指接前面（四）正月至三月的四时簿而来，这账簿记前面三月时的数额，简 c 至 k 是报告四至六月的变动情况。这样的账簿把报告的连续性很好地表现出来。从全部册书来看，从永元五年六月到七年六月，器物的数额和损坏等情况没有变化。破胡隧和河上隧是属南部候管辖，南部候把这些隧的报告，向上级官府广地候官呈送。

候官接受所辖的候隧的账簿报告之后，理应也编成候官自己的账簿，向更上一级的都尉府呈送。新出土的橐他莫当隧的守御器簿即其中一例。有不完全的残简：

　　元五年八月庚戌，甲渠鄣☒

　　☒一编，敢言之，/令史☒（六八·六）图一八六

这是甲渠候官向居延都尉府呈送账簿的寄单。

　　同样，也有都尉府向更上一级的太守府呈送账簿的报告，从下面肩水都尉发出的寄单可以知道这一点。

　　本始三年八月戊寅朔癸巳，张掖肩水都尉☒

　　受奉名籍一编，敢言之。（五一一·四〇）图九六　甲二一一〇

前面广地南部候的《见官兵釜磑簿》是向候官报告的，而全部七十五支简组成的册书，由都尉府送到了太守府。

　　这样，各官署定期制作成的账簿，即使其中有些例外，但原则上，是从隧呈到候，从候呈到候官，从候官呈到都尉府，最后到达太守府，这些资料是郡向中央"上计"的准备。

　　那么，这样的账簿其可信程度如何？米田贤次郎氏曾经在《论由账簿所见的汉代官僚组织》一文中，论及这个问题。因此，下面一边介绍米田氏的研究，一边考察账簿。

　　如上所述，账簿从最小的组织隧开始，按顺序逐级向上级官署报告。但实际上，在这个过程中，实行严格的审查。其中的一个关口是候官的审查。首先请看下列例子。

　　A. ☒邮书失期，前数召候长敞，诣官对状。☒（一二三·五五）图一五五甲六八七

　　所谓邮书失期是说邮件误了期。当时边境地区传递文书，为了防止事故，规定传递一定距离所需的时间。但是，实际上在传递的时候，例如：

　　B. 南书两封　皆都尉章　诣张掖大守府　六月戊申夜大半三分，执胡卒☒受不侵卒乐己酉平旦一分，付诚北卒良。（一八五·三＝四九·二二）图一四二

　　像这样，在各中转站记上中转日期（六月戊申夜大半三分、己酉平旦一分等）和中转的人（执胡卒☒、不侵卒乐、诚北卒良等）的简，在每个所规定的中转站都替换上一支，和邮件一起传递，记录完了作为日后向候官报告的证据。这就是邮书。简 A 就是邮件没有按规定的时间传递，候官（甲渠候官）把屡次耽误的责任者候长敞召去训斥。同样的，有一简：

　　C. 诣官，会辛亥旦，须有所验，毋以它为解。（二五九·一一）图三五四

　　这一简的内容不清楚，但是被指出不称职，候官为了审问而指定日期："辛

亥这一天旦时相会"，命令到候官报到。在居延汉简中，暂时定名为《诣官簿》的一组簿录（分类表的Ⅵ〔3〕）在甲渠候官的所在地破城子和被推定为卅井候官所在地的博罗松治发现。这些简记录到候官报到的日期和事情，例如：

D. 第十七候长立，召诣官，十二月己巳蚤食入（一六一·七）图三〇二甲九五八

这种所谓召诣官，就是到候官那里报到并接受审问。①

E. 元延二年八月乙卯，累虏候长据敢言之。官橛曰，累虏三石弩一伤右检，受备以三石弩二，其一伤左检，一伤右检，遣吏持诣官，会月廿八日。谨遣驩喜隧长冯音，敢言之。（一七〇·五A）图一一七

这是元延二年（前11）八月乙卯日卅井候官所属的累虏候长据向候官呈送的文书。其内容是："累虏候有三石（表示弩的强度的单位）弩一张，损坏了右检（弩的一部分，详细情况不明）。但是，被装备的三石弩二张，一张损坏了左检，一张损坏了右检。派吏拿着弩到候官报到。报到日期是这个月的二十八日。"遣驩喜隧长冯音去报到。同样载有候官考查的简，例如：

F. 校候三月尽六月折伤兵簿，出六石弩弓廿四付库，库受嗇夫久廿三，而空出一弓，解何。（一七六·五）图八三　甲一〇一五

这是一张追问单。在调查候三至六月损伤兵器簿的时候，决定把六石的弩弓二十四张藏入武器库，但是库嗇夫久只接受了二十三张，剩下弓一张到哪里去了呢？根据以上诸例我们可以知道，候官对于所属候、隧呈上的账簿是加以严格审查的。同样，都尉府对于候官的账簿也给予极大的注意。

G. 校甲渠候移正月尽三月四时吏名籍，第十二隧长张宣使。案府籍，宣不使，不相应，解何。（一九〇·三〇＝一二九·二二）图四二九　甲七一六

在调查甲渠候即甲渠候官之长提交的正月到三月的四时吏名籍的时候，写着第十二隧长张宣出使，但一看府籍，宣并没有出使。两者的记录为什么不一致呢？这也是追问单。所谓府籍是指府的名籍，指在府保管的官吏的名籍。这里的"府"是都尉府，根据简G的追问单就可以知道，候官提出的账簿被更上一级的官府都尉府严格审查。因此，从以上的经过，我们很容易推测，都尉府提出的账簿，一定被更上一级的太守府审查。

从以上所列举的史料，特别是从E、F、G来看，在审查账簿时，要用多数账簿核对。例如简E，对累虏候提出的账簿，推测卅井候官是用累虏候支给隧的支给簿或过去累虏候的账簿来核对。简F，对某候提出的损伤兵器簿，用武器库受领簿来核对。简G，对甲渠候官提出的四时吏名籍，明显是用居延都尉府保管

附
录

---

① 参见拙稿《试论居延汉简所见的候官——以破城子出土的"诣官"簿为中心》，载《史林》第56卷第5号，1973年。

的吏名籍来核对。为了审查时用多数账簿来核对，首先至少必须保存过去的账簿。与此同时，还要编作能够用于核对的账簿。事实上，在汉简中也发现了这样的账簿。例如配给吏卒食粮的时候，首先有吏卒食粮配给名簿［分类表的Ⅴ（2）a、b］，实际支给时［同Ⅴ（1）b］又编成受领簿［同Ⅴ（2）c、d］。还有：

H.［癸酉］六日迹　戊寅十一日迹

甲戌七日迹　己卯十二日迹

乙亥八日迹　庚辰〔十三日迹〕

丙子九日迹　辛巳〔十四日迹〕

丁丑十日迹　壬午〔十五日迹〕

（二一九·一五）图一六　甲一二一七

这是关于戍卒每日的日迹记录，根据这样的记录，又有分类表Ⅱ（2）a。

Ⅰ.第三燧　卒□□，甲申迹，尽癸巳，积十日。卒韩□金，甲辰迹，尽壬子，积九日。卒张□，甲午迹，尽癸卯，积十日。凡迹廿九日，毋人马兰越塞天田出入迹。（二五七·三）图二四七

这是燧的戍卒一个月巡视天田的实际和有无异常情况的报告。但是，这些在某种意义上说，是制作账簿的通常的办法。更有下面这样的账簿：

J.丁酉卒六人　其一人养　一人病　四人伐莘　百廿束　　（三一七·三一）

图三二六

"养"是值班担任炊事，"伐莘"是割用作饲料的草吧？这大概是丁酉日候的戍卒的工作记录。戍卒六人。其中一人担任炊事，一人因病没有参加工作，实际上是四人在附近一带作伐莘的工作，一天共割百廿捆。还有：

K.第五卒高登　治墼八十　治墼八十　治墼八十　除土　除土　除土　除土　除土　除土　（二七·一二）　　图五〇三

这是戍卒个人每天的工作记录。所谓治墼是制作砖，所谓除土，按文字解释，就是铲除土，即铲除因风而堆积在障壁等上的沙土。简J属于分类表Ⅱ（1）a的样式，可以称为《日作簿》。同样，简K属于Ⅱ（1）b的样式，可以称为《卒作簿》。据此可知戍卒有两种工作记录簿，可以把这两者互相结合起来进行检查。这是防止违法的措施，有了这种措施，即使有违法的事，也能马上发现。账簿的记载有违法的，也有很多错误，这一方面是必然的现象，同时也是犯罪的对象。

L.坐移正月尽三月四时吏名籍，误十事。（一八五·二二）图二六六　甲一〇五八

犯事人的姓名、职务都不清楚，这是因为在正月到三月四时吏名籍的记载中有十次错误而问罪。

编成这样令人厌烦的多种多样的账簿，绝不单纯是为了形式。

以上论述了账簿的种类和内容、账簿编成的地方、报告、考查等。按当时的制度，编成大量的账簿，各官署尤其是太守府应该有堆积如山的账簿。今天我们看到的，只不过是冰山的一角，但是，我们从这里也可以知道汉代账簿制度的大概。而且编成那样的汉代账簿，完全是为了实行上计制度，而上计，基本上就是以过去看到的每日的原始记录编成的各种账簿为基础向上报告，这样，我们就知道了汉代的账簿行政是如何彻底。不过，至今所论述的账簿，是对边郡的军事组织而言，实际上是否原封不动地适用于内郡的制度，还有问题。但是这里所看到的彻底的账簿行政的结构和精神，应该是和地区、事情无关的、固定不变的。所谓汉代的账簿行政，极言之，就是通过账簿，把地方最基层的组织和中央联系起来，从而使中央能够掌握最基层组织的行政结构，应该说这是汉代统治制度最好的代表。汉代前后统治四百年，维持大帝国的理由之一，就是实行了这种制度。

译自《讲座·敦煌》第三卷《敦煌的社会》，大东出版社 1980 年版。原载中国社会科学院历史研究所、战国秦汉史研究室编《简牍研究译丛》第二辑，中国社会科学出版社 1987 年版，第 352～386 页。

附
录

南开教我读经典

我 1959 年秋到 1964 年夏，就读于南开大学历史学系（当时综合性大学本科学制为五年）。当时的系主任为著名史学家郑天挺教授。历史系的教学十分重视对学生进行基本理论和基本技能的训练。上基础课的老师，大都是对该学科有较深造诣的教授，每门课的教学环节都比较规范：课堂讲授—课外阅读—课堂讨论—写读书笔记—老师批改作业—期末考试等。南开的五年在我人生道路上具有里程碑的意义，在此，不但学到比较扎实的历史学科的基础知识和治学方法；而且初步尝到了如何做人的道理。历史系培养人才成功之处，在于教学生阅读经典，阅读经典影响了我的一生。

一、 选读马克思主义经典著作

第一学期的课有王玉哲教授的"中国上古史"和雷海宗教授的助手陈兰上的"世界上古史"。这两门课开列的参考书，都有恩格斯著《家庭、私有制和国家的起源》。我当时想，既然两门课都列出本书为参考书，一定很重要，我就到图书馆借阅，但看不懂，不知讲什么。本书的副题为《就路易斯·亨·摩尔根的研究成果而作》，而摩尔根是什么人，其研究成果为何，自己一无所知。书中的许多名词、术语，都是第一次接触，不了解其意义。我对王老师和陈老师说，这本书太难懂，读不下去。他们的回答是，读不懂也要读，多读几次就懂了。我接受老师的教诲，硬着头皮一个字一个字地读下去。读完第一次，我模模糊糊地知道本书的一些内容。后来我读到列宁《论国家》中的一段："《家庭、私有制和国家的起源》这部著作并不是全都浅显易懂，其中有几部分是要读者具有相当的历史和经济知识才能看懂的。我又要说，如果你们读这部著作时不能立刻全部了解，那也不必懊丧。这种情形几乎是每个人都会遇到的。可是，当你们以后一旦发生兴趣而再来研究时，即使不能全部了解，也会了解它的绝大部分。我所以提到这部著作，是因为它在这方面提供了正确观察问题的方法。它是从叙述国家产生的历史开始的。"因为有了阅读的经验，对列宁这段话有深刻体会。以后这部书我经常翻阅，我的研究专业是先秦两汉的历史，这部书更是非读不可的。因为它是关于古代社会发展规律和国家起源的著作，是马克思主义国家学说的代表作之一。现在我教学生，也像南开的老师教我一样"读不懂也要读，多读几遍就懂了"。

大学三年级时，有一门课"马克思主义经典著作选读"，任课的是当时系副主任吴廷璆教授，他选列宁的《国家与革命》作为教材，要学生精读这部书。这部书比《家庭、私有制和国家的起源》好读一些，但对于我们这些对马克思主义理论了解不多的青年学生来说，还是有难度的，好在有老师系统的讲授。通过一学期的学习和阅读，我了解了列宁在本书中不仅系统地阐明了马克思、恩格斯在国家问题上的基本理论和发展过程，而且发展了马克思主义关于国家的学说。

由于系统地阅读上述两本经典著作，马克思主义理论魅力征服了我，我有进一步学习理论的要求和愿望。希望对马克思主义关于历史科学的基本理论和方法有比较全面的了解。20世纪60年代初，人民出版社出版了《马克思主义经典作家论历史科学》一书，我买了这本书，而且如饥似渴地认真阅读。在编辑说明中说："本书是为了便于研究历史的青年集中了解马克思主义经典作家关于历史科学的一些最基本的观点而编辑的。它可以作为入门的阶梯，但不能代替经典著作的系统阅读。青年要使自己具备马克思主义理论的相当修养还须研读原著。"这本书我是随身携带的。1964年毕业后，我被分配到中国科学院哲学社会科学部（今中国社会科学院前身）历史研究所工作。当时全国在搞"四清"，我随"学部"的大队人马到山东海阳县搞"四清运动"。因为刚踏上社会工作，没有经验，不知在农村搞运动是否可以看书，所以离北京时，没有带这本书。后来请在天津工作的朋友马者云给我寄来。当我收到《马克思主义经典作家论历史科学》一书时，在扉页写上："六五年六月海阳，者云自津寄来"以做纪念。这本书的各种版本我都收藏，1961年初版，1963年修订再版，1973年对内容做了增删和调整，改名《马克思、恩格斯、列宁、斯大林论历史科学》，只印过"征求意见稿"，没有公开出版（但我也通过各种关系找到），1980年又做了较大的调整，增加了一些条目，大部分译文都按最新版本予以改正，书名仍沿用《马克思、恩格斯、列宁、斯大林论历史科学》，署黎澍主编。据我的体会，本书编得很精粹，确实"可以作为入门的阶梯"。本书影响我的一生。现在我教学生，不管本科生、硕士研究生、博士研究生，本书都是必须精读的参考书。

二、 精读史学名著

中国典籍浩如烟海，青年学生首先应该读些什么典籍，如何读应读的典籍，这是青年们十分关心的问题，尤其是高等学校历史专业的学生，怎样选择和如何阅读古籍，显得尤其重要。系主任郑天挺教授深谙这个道理。他强调历史专业的学生要"精读史学名著"。20世纪60年代，教育部统编文科教材，其中一种教材叫《中国史学名著选》由郑天挺主编。郑先生在"前言"中说："《中国史学名著选》是为高等学校历史专业课程史学名著选读编选的。目的在通过选本训练学生阅读古典历史文献的能力，并熟悉我国古代著名历史著作的各种体裁和基本内容"，"本书先编选《左传》《史记》《汉书》《后汉书》《三国志》《资治通鉴》六种选本，分册印行"，"选本重点选录名著的代表作品，包括它所反映的这一特定时期的主要典章制度、重大历史事件、杰出人物的活动、科学技术的发明与发现、文化思想的流派和民族关系等内容，以及原著者的历史观点"。选本对于选录的名著都做了说明，简单介绍它的内容、体例、写作经过和通行版本，以及著者的生平、重要著述和学术影响。我对这六种名著选本都精读过，有的是在南开读书时精读的，有的是毕业后阅读的。

郑天挺先生主编这套教材，是全国高校历史专业的学生通用的。郑先生又是南开大学历史系主任，因此他也在本系贯彻编这套教材的宗旨，当时由王玉哲教授开"史记选读"课，来新夏先生开"史学名著选讲"课。这两门课我都选修了，它们让我学到了许多阅读古籍的知识，并通过这两门课精读了部分史学名著。

在精读以上六种选本的基础上，我又精读了中华书局点校的《史记》《汉书》《后汉书》《三国志》。在我的人生中选择秦汉历史作为研究方向，与我精读过这几种名著是有密切关系的。由于精读过这几种史学名著，使我对秦汉史产生了浓厚的兴趣。即使是在给中华民族造成巨大灾难的十年"文化大革命"期间，我仍坚持阅读史学名著，阅读这些书成了我生活中不可缺少的内容。我 1973 年由历史研究所调来中山大学历史系任教，除教"战国秦汉考古""中国古代史"等课程之外，以秦汉历史为研究方向，并以此方向招收硕士研究生、博士研究生。几十年来发表过数十篇有关秦汉史的论文，出版过《秦汉史论集》（中山大学出版社 1995 年版）、《秦汉史与岭南文化论稿》（中华书局 2005 年版）、《南越国史》（广东人民出版 1995 年初版，2008 年修订重版）等论著。这些成果都得益于南开大学对我的教诲，南开大学教我读经典，经典的魅力深深地吸引了我。

我对《史记》特别爱好，不知读了多少遍。我对《史记》酷爱的种子是在南开播下的，王玉哲先生的"史记选讲"课，开启我学习《史记》的大门。首先，我被司马迁的崇高人格所感动。司马迁说君子要立德、立功、立言。他由于李陵之祸受严刑而痛不欲生，但想到《史记》未完成，又坚强地活下来，将全部愤怒倾注于《史记》中。他说"人固有一死，或重于泰山，或轻于鸿毛"，他在《孔子世家》和《伯夷列传》中，引孔子之言"君子疾没世而名不称焉"。他认为人对社会不能做出贡献，不能"终于立身，扬名于后世"，是最大的耻辱。因此，他以古人自励："昔西伯拘羑里，演《周易》；仲尼厄陈蔡，作《春秋》；屈原放逐，著《离骚》；左丘失明，厥有《国语》；孙子膑脚，而论兵法；不韦迁蜀，世传《吕览》；韩非囚秦，《说难》《孤愤》；《诗》三百篇，大抵贤圣发愤之所为作也。此人皆意有所郁结，不得通其道也，故述往事，思来者"。司马迁效法古人，从个人的悲怨中解脱出来，忍辱负重，发愤著书，写成《史记》，"成一家之言"。只有能够经受得起艰难环境磨炼的人，才能做出一番大事业。司马迁的伟大人格，对后世产生深远影响。其次，司马迁的创新精神激励着后人。司马迁创造了"纪传体通史"，这是史学发展史上的一次划时代的创新，从此奠定了史学的独立地位。《史记》体大思精。所谓体大，是指本纪、表、书、世家、列传五体俱全，各体分开来看自成为一个的独立的体系，合起来又是一部组织严密互相交融的著作。所谓思精，是指它的内容的全面性和系统性，政治、经济、文化、学术、民族、社会以及自然界的星象、历法、地理等无所不包。清代赵翼说《史记》是"全史"，并说"自此例一定，历代作史者遂不能出其范围"。最后，司马迁坚持实录的创作精神，表现了他的崇高史德。司马迁创作《史记》的目的，是要"究天人之际，通古今之变，成一家之言"。他要达到这个理想，必须不与圣人同是非，突破旧的传统思想和官方哲学框架。班固批评司马迁说："是非颇谬于圣人，论大道则先黄老而后六经，序游侠，则退处士而进奸雄；述货殖，则崇势力而羞贱贫；此其所蔽也"。班固说司马迁的"蔽"，正是司马迁思想中光彩夺目之处。《史记》肯定尊重黄老之道的文景之治。述货殖为商人立传，指出经济发展的重要性。颂游侠，是肯定这一类人牺牲自己，救人之急的道德。司马迁这些思想，在一定程度上是从被压迫人民的利益来立论，这是历史的进步。

我对司马迁和《史记》的这些认识，是从南开播下的种子，经过发芽、成长，结成果实，经过几十年漫长的岁月。我深感有必要将这些认识一代代传下去。因此我在中山大学开设"史记研读"一类的课程，写有20多万字的讲稿，如有机会，我还想将它整理出版。

三、 诵读人格修养的宝典

我 1940 年生，我读小学、中学的时候已没有诵读传统经典的制度，阅读古籍的能力也没有得到很好的训练。1959 年考入南开时，古汉语水平是很差的。大学一年级，有一门"古代汉语"课，由中文系解惠全老师讲授。这门课基本上由三部分组成：一是选录传统经典如《论语》《孟子》《诗经》《左传》等作品的若干篇章，逐字逐句解释；二是对古籍中出现频率比较高"常用字"重点讲解；三是介绍一些阅读古籍必须知道的古代文化知识。我对这门课兴趣非常大，对选读的作品，像读外语一样，高声诵读。对"常用字"也像记外语单词一样默记。通过一年的学习，我的古汉语水平有很大提高，并养成了阅读古书的兴趣和爱好。大四时，巩绍英先生开"中国政治思想史"课（当时刘泽华老师为助教），讲了一年，主要是讲先秦两汉部分。这门课印发了大量参考资料，都是选录先秦两汉思想家的原著，让学生诵读。巩先生原是北京中华书局副总编辑，一年前从北京调来南开历史系任教，他是中国古代政治思想史专家，对古代历史文献造诣甚深，讲课娓娓动听。通过这门课，我接触了大量先秦两汉思想家的资料，对原始资料读不懂的地方就向刘泽华老师请教。这门课的考试也别开生面，采取面试的方式，巩、刘两先生坐在桌前，由学生抽签，抽到的题目一般是两道，一道是论述题，一道是有关资料的标点和解释。口头答完之后，老师可以根据答题情况，再提问题。这种考试方式在当时是很新颖的，学生也很紧张。考前学生要把印发的资料诵读，甚至背诵。我这一年对《论语》《孟子》下了很大功夫，印发的篇章，大部分可以背诵。这一年因为写学年论文的需要，我对《诗经》也用过功。首先从余冠英选注的《诗经选》（人民文学出版社出版）入手，然后阅读了朱熹的《诗经集注》。还设计了一本簿，抄录有关篇章。这一年对《论语》《孟子》《诗经》下的功夫，对我一生影响甚大。

南开的五年，使我认识一个道理，阅读传统经典，应该成为每个人教养的一部分。1923 年，梁启超为答《清华周刊》记者的问题，写《国学入门书要目及其读法》，同时附了三个附录。附录一为《最低限度之必读书目》，开了包括《论语》《孟子》《诗经》等在内的 25 种书，认为"以上各书，无论学矿、学工程……皆须一读。若并此未读，真不能认为中国学人矣"。附录二为《治国学杂话》。在这篇文章中，梁启超强调对两类传统经典"希望熟读成诵"：一类是最有价值的文学作品，一类是有益身心的格言。好文学是涵养情趣的工具，做一个民族的分子，总须对于本民族的好文学十分领略，能熟读成诵，才在我们的"下意识"里头，得着根底，不知不觉会"发酵"。《诗经》就是我国最古而最优美的文学作品，所写情感对于国家社会、对于家庭、对于朋友个人相互交际、对于男女两性间怨慕等等，都有其代表作。《诗经》可以使一般人陶冶情感，养成美感，培养玩赏文学的能力，则人格不期而自进于高明。有益身心的圣人格言，一部分久已在我们全社会上形成共同意识，我既做这社会的分子，总要彻底了解他，才不至和共同意识生隔阂，在应事接物的时候，才能用得着。《论语》"字字精金美玉，实人类千古不磨之宝典"，"《论语》之最大价值，在教人以人格的修养。修养人格，决非徒恃记诵或考证，最要是身体力行，使古人所教变成我所自得"。《孟子》也是讲人格修养的最适合之书。梁启超说，读《孟子》，第一，宜观其砥砺廉隅，崇尚名节，可以自守而不至堕落；第二，宜观其气象博大，光明磊落；第三，宜观其意志坚强，百折不回，对环境之压迫，可以增加抵抗力；第四，宜观其修养下手工夫简易直捷。

我的一生中，对于《论语》《孟子》，可谓"熟读成诵"，并摘其中精要之语，常常诵读，使其精神深入我的"下意识"之中。我请书法家写孔、孟两段语录，挂于客厅以日日自警：

《论语·季氏》：

孔子曰："君子有九思：视思明，听思聪，色思温，貌思恭，言思忠，事思敬，疑思问，忿思难，见得思义。"

《孟子·滕文公下》：

孟子曰："居天下之广居，立天下之正位，行天下之大道；得志，与民由之；不得志，独行其道。富贵不能淫，贫贱不能移，威武不能屈，此谓大丈夫。"

原载《南开影响一生》，南开大学出版社 2009 年版。

我的学术道路

我 1940 年 12 月出生于广东廉江。1959 年 9 月考入南开大学历史系历史学专业（学制五年），1964 年 7 月毕业后被分配到中国科学院哲学社会科学部（中国社会科学院前身）历史研究所工作，1973 年 10 月调入中山大学历史系，历任讲师、副教授、教授，1996 年 7 月评选为中国古代史专业的博士生导师。从 1984 年开始，先后任过历史系副主任，中山大学教务长、副校长等职。此外，曾担任过国家教委（今教育部）直属高等学校专业设置评议委员会委员、全国高等教育自学考试指导委员会委员、广东省高等学校设置评议委员会委员、广东省高校"岭南丛书"编委会委员、中国秦汉史研究会会长、广东炎黄文化研究会常务副会长等社会职务。退休后任广东省老教授协会副会长、中山大学老教授协会副会长等职。

我的学术研究工作主要集中于中国古代史和岭南文化方面，以先秦、秦汉史为重点。秦汉时代是中国封建土地所有制、封建专制政治制度和大一统思想文化的确立期，在中国历史上占有重要地位，历来名家辈出，要在这个领域取得新的成就并不容易。但我在此领域孜孜以求，一步一个脚印地前进，还是取得了一些成绩。我早年曾关注过中国古代史的分期、古代生产者的身份等问题，后来把研究重点集中到了秦汉区域史，分河西地区史和岭南地区史两翼展开。汉武帝时期开辟的武威、张掖、酒泉、敦煌四郡，因在黄河之西，古称河西，是秦汉王朝与匈奴的必争之地，也是当时中西陆路交通的咽喉。以往研究河西地区史，多靠传世文献资料。近几十年来，此地区出土了大量秦汉简牍，如敦煌汉简、武威汉简、居延汉简，等等。在这个地下材料的"大发现时代"，我以一个历史学者的敏感，把简牍材料和文献记载结合起来研究，取得一定成绩，获得了同行学者的肯定。我发表的《西汉屯田与"丝绸之路"》《汉晋时期楼兰王国的丝绸贸易》《西汉长城的修缮及其意义》等论文就是此方面的代表。作为广东省籍的历史学者，我更为关注岭南地区的历史。秦汉是岭南开发的重要时期。秦皇汉武曾先后大规模经略岭南，曾在此地设郡，并迁徙中原人民与百越土著杂居，促进了这个地区的发展。对岭南地方史的研究，显而易见是整个中国秦汉史研究的一个重要方面；然而学术界对此地区的研究却一向薄弱，原因在于记载岭南历史状况的资料相当匮乏。可喜的是中华人民共和国成立五六十年来，从岭南地区的汉墓中出土了大量珍贵的文字或实物材料，这些材料在许多方面推翻了人们对"南蛮"的传统看法，证明岭南地区也有辉煌文化。从 1979 年起我便开始从事岭南地区史研究，利用"天时""地利""人和"的优势，把最新的出土资料与历史的文献记载相参证，发表了《秦汉时期岭南地区社会经济的发展及其划时代意义》《略论汉初的南越国》《汉代我国与东南亚国家的海上交通和贸易关系》《汉代岭南的青铜铸造业》《述论两汉时代苍梧郡之文化》《从西汉南越王墓出土的玉器看秦汉时期岭南文化与中原文化的融合》《论马援征交趾的历史作用》等系列论文，提出了一些被史学界认为"很值得重视的意见"。后来，我在专题研究的基础上，与人合著了《南越国史》（广东人民出版社 1995 年出版，2005 年修订再版）。作为国家"八五"规划重点选题、后来获国家图书奖的"岭南文库"之一种，此书在前人研究的基础上，详尽利用新中国成立以来的地下发掘材料，比较全面、系统、真实地复原了南越国创立、发展与衰亡的历史，真实地展示了当时岭南的社会面貌，可谓半个世纪以来国内外南越国史研究的大总结。广州博物馆名誉馆长、著名考古学家麦英豪先生称本书在创史、补史、证史上下了功夫，"是岭南地方史研究中耸立的一幢新的高楼大厦"。《光明日报》报道了本书的出版情况，认为本书"为今后南越国史研究垫下了一块基石"。这部著作后来获得广州市社会科学研究成果一等奖、广东高校人文社会科学研究成果二等奖、广东省社会科学研究成果三等奖。

1995 年 11 月，我在中山大学出版社出版了《秦汉史论集（外三篇）》一书。中国社会科学院历史研究所原所长、学部委员林甘泉先生为本书写了序言。这部近 30 万字的著作，收入我所撰著的学术论文 15 篇，集中反映了我在 20 世纪八九十年代的治学特点与研究侧重。《中国史研究动态》曾发表署名评论文章对书中的各方面创见与贡献予以肯定。

我在相当长的一段时间里担任系和学校的行政职务，行政任务繁重，但我工作、教学两不误。我曾为本科生开设"中国古代史""战国秦汉考古""秦汉历史与文化"等课程；为硕士研究生开设"秦汉史与简牍研究""秦汉史籍选读与研究""马克思主义关于资本主义以前各社会形态的理论"等课程；为博士研究生开设"秦汉史料研究""史记选读与研究""秦汉学术思想研究""简牍学""秦汉法制研究"等课程。我的讲课，注意点面结合，深入浅出，注重让学生了解学术前沿的状况，以开阔学生的视野、激活学生的思维，因此受到欢迎。特别是，我先后招收了十名博士研究生，这些学生现在多成为各学术领域的骨干，有几位已晋升为教授。

我在教学科研上取得了成绩，上级领导给我许多荣誉：1985 年被广东省高教局评为高教战线先进工作者；1990 年被中共广东省委高校工委评为广东省高等学校优秀共产党员；1993 年获得国务院颁发的政府特殊津贴。

2005 年我在中华书局出版了我的第二本论文集《秦汉史与岭南文化论稿》，收入 1995 年以后发表的主要论文，35 万字。附录《治学方法从众师中来——忆南开历史系老师对我的教诲》和学生杨权写的《思乐泮水，薄采其芹》介绍我的学术之路。

2006 年，我 65 岁，从工作岗位上退了下来。但"生有涯而学无涯"，我的学术工作并没有因退休而终止，最近几年，我又把研究视野投注到了民国学术史上，而尤其关注与广东关系密切的学者的活动。2004 年，我连续在《中山大学学报》（社会科学版）发表了《傅斯年在中山大学》（第 2 期）与《顾颉刚先生与中山大学》（第 6 期）两篇论文，评论了"中央研究院"史语所创始人傅斯年先生与民国"古史辨学派"的领军人物顾颉刚先生在中山大学任教期间对中大的教学科研与学科建设所做出的重要贡献。2004 年，广东省委宣传部和广东炎黄文化研究会联合组织编辑出版"广东历史文化名人丛书"，我是这套丛书的副主编之一。我撰写了这套丛书的一本《近代之世界学者——陈垣》，2005 年 8 月，由广东人民出版社出版。2008 年，又与人合著了《中国科学院哲学社会科学学部委员——陈垣》一书，由北京金城出版社出版。我还写了岭南文化知识书系《陈垣》，2008 年广东人民出版社出版。这些著作，都用比较丰富的材料、通俗的文字，叙述了新会籍的世界级学术大师、与陈寅恪先生并称"南北二陈"的陈垣先生的人生历程，及其在世界学术史上的地位与影响，彰显了岭南学术在中国学术的地位。

2010 年，陈垣先生诞生 130 周年，中山大学与广东炎黄文化研究会联合主办了"纪念陈垣先生诞生 130 周年学术研讨会"。这个研讨会是由我主持的。会后结集出版的论文集《陈垣与岭南》（中国社会科学出版社 2011 年版，50 万字），由我和戴治国主编。这次研讨会及论文集有其特色，即比较集中讨论了以前学术界研究不多的陈垣与岭南的关系问题。《中国史研究动态》2013 年第 1 期发表《陈垣与岭南——纪念陈垣先生诞生 130 周年学术研讨会文集评介》文章予以介绍。

我在科研和教学的田野里已经耕耘了近五十年，学术是我的生命，以读书、学术研究为乐。如今我依旧在学术的田园中耕耘，"生命不息，学术不止"，这也是我的座右铭。

原载《挚友诗文集》，香港文艺出版社 2013 年版。

从南越国史研究谈谈我的治学方法
——2016年5月20日在南越王博物馆讲座整理稿

一、 我与南越国史研究

1973年10月，我从北京中国科学院历史研究所（今中国社会科学院历史研究所）调入中山大学历史系考古学专业工作，从事战国秦汉考古教学。因为我在南开大学历史系读本科，主要学习中国古代史，没有从事过田野考古工作。当时考古研究室主任梁钊韬教授指示我跟从麦英豪、黎金夫妇学习田野考古。除了参与一些田野考古工作之外，我开始阅读麦、黎编写的《广州汉墓》（油印稿）。从此我就开始关注秦汉时期岭南的历史。从文献材料到考古资料都给予关注，开始搜集。

1980年，在厦门大学召开"中国百越民族史研究会"成立大会，并举行第一次百越民族史研讨会。梁先生派我去参加。为参加此次会议，我撰写了《略论汉初"南越国"》一文。1980年，中国秦汉史研究会在西安召开成立大会，我是创会人之一。会议决定出版《秦汉史论丛》（第一辑）。我这篇论文收入该辑，陕西人民出版社1981年出版。这是我公开发表的第一篇关于南越国史的论文。

1983年，广州发现、发掘南越国第二代王赵眜的墓葬，轰动了全世界，引起了国内外学者的关注和研究。当然也引起了我极大的关注。

我与黄淼章合著《南越国史》（将近30万字）附录王川、唐浩中编的南越国史研究论著、论文资料索引，广东人民出版社1995年出版。这是国内第二本关于南越国史的专著，是"岭南文库"的一种（第一本是余天炽等五人写的《古南越国史》，广西人民出版社1988年版）。

我们的《南越国史》出版后，在社会上反映良好，曾获得1997年广州市社会科学研究优秀成果一等奖；1998年获广东省高校人文社会科学研究成果二等奖（广东省高教厅）；1999年获广东省第六次优秀社会科学研究成果三等奖（省委宣传部、社科联、社科院）。2008年本书进行修订，由广东人民出版社出版修订本，补充了南越国宫署遗址出土的材料。吴凌云、李郁等补充了南越国史研究论著和论文资料索引。

南越国遗迹的发现，大致可分为两个阶段。第一阶段是从1953年至20世纪70年代末，主要是在城区和近郊配合城市建设抢救发掘一些南越国时代的墓葬。

第二阶段是 80 年代以后，除 1983 年发现并发掘南越国第二代文王墓之外，1995 年发现并发掘南越国宫署遗址，2000 年发现并发掘南越国木构水闸遗址。这是南越国遗址的三大重要发现。从 2002 年起，广州市政府根据国家文物局领导和专家建议，启动了把南越国上述三大重要遗址申报世界文化遗产工作，明确以申报为契机，以世界遗产的标准实施对南越国遗址的保护。2006 年 12 月，南越国遗址被列入"中国世界文化遗产预备名单"。

为了加强对南越国遗址的研究，广州南越国遗址申报世界文化遗产工作领导小组办公室委托文物考古、历史、古建筑、林园、水利等领域的专家，对南越国遗址的历史、艺术和科学价值进行全方位的综合研究，下达几个研究课题，其中南越国遗址多元文化研究的课题，由我领衔承担。2011 年，广州南越国遗址申报世界文化遗产工作领导小组办公室把几个研究课题成果汇编为《南越国遗迹研究》一书，由广东人民出版社出版。其中由我负责的《南越王墓多元文化因素研究》收入其中。该书出版后，读者对南越王墓多元文化甚感兴趣，因此将此部分内容加以扩展，由张荣芳、周永卫、吴凌云署名，以《西汉南越王墓多元文化研究》为书名，由中山大学出版社于 2015 年出版，为西汉南越王博物馆研究丛书之一。

此外，我还写过一些有关南越国史的论文：

《南越王墓解开了千古之谜》（一）（二），载《历史大观园》1985 年第 1、2 期。

《从西汉南越王墓出土的玉器看秦汉时期岭南文化与中原文化的融合》，收入饶宗颐主编《华学》第二辑，中山大学出版社 1996 年版。

《秦汉时期岭南地区社会发展的划时代意义》，收入《秦汉史论丛》第七辑，中国社会科学出版社 1998 年版。

《西汉蜀枸酱入番禺路线初探》，收入《镇海楼论稿》，岭南美术出版社 1999 年版。

《西汉初期岭南越人的宗教观念及活动》，收入《安作璋先生从教 50 周年纪念文集》，泰山出版社 2001 年版。

《汉朝治理南越国模式探源》，收入《南越国史迹研讨会论文选集》，文物出版社 2005 年版。

《论开拓岭南的功臣赵佗社会和谐思想与实践》，收入《纪念人文初祖黄帝·建设民族精神家园学术研讨会论文选集》，陕西人民出版社 2008 年版。

《论赵佗对客家文化的贡献》，收入《客家河源与天下客家》，黑龙江人民出版社 2010 年版。

从 1980 年开始至 2016 年这 30 多年中，在南越国史研究领域做过一些工作，取得一定的成绩，在学术界有一定的影响，所以"超星学术视频"邀我讲《南越国史》，制成视频，在各大学图书馆都能收看到。研究过程中，甜酸苦辣的味道都品尝过。今天就从自己走过的道路中总结一些经验教训，并上升到史学研究的方法论来认识，与同志们一起探讨。

二、 我的治学方法

一门学科有它特定的研究对象和研究方法，历史科学也不例外。20 世纪是中国传统史学逐渐走向近代化的时代。怎样才能掌握史学研究的方法，许多学者如梁启超、胡适、钱穆、严耕望等都就这个问题，发表过论文或写过著作，他们都是从自己的研究实践中总结出研究方法，大家可以参考。研究方法，这固然是一个理论问题，确实也是一个实践问题。比如一个人想学游泳，看了很多关于游泳的书，听过教练讲过许多关于游泳的课，怎样动手，怎样动脚，怎样呼吸，但总不下水学，终究是学不会游泳的，如果下到深水，非淹死不可。结合研究实践来谈研究方法，会实际一些。下面谈谈我的体会。

（一） 选择研究课题要有学术前沿意识，具有社会意义和学术价值

比如我选择"南越国史"这个研究课题，有什么社会意义和学术价值呢？

第一，要证明"南越国"所统治的地方，是中国的领土，"南越国"是西汉王朝一个外诸侯国，是秦统一岭南以后岭南地区第一个地方政权。解决这个问题不是很有社会意义、现实意义吗？

第二，要证明南越国的土著逐渐接受中原文化的影响。陆贾说服赵佗，归于大一统，逐渐汉化。我写《西汉蜀枸酱入番禺路线初探》《汉朝治理南越国模式探源》和《从西汉南越王墓出土的玉器看秦汉时期岭南文化与中原文化的融合》就是要解决岭南文化与中原文化的关系问题。

第三，《西汉南越王墓多元文化研究》更有现实意义。上述南越国遗迹申报世界文化遗产，我们对南越王墓的研究，按照列入世界文化遗产所依据的标准，指出该墓出土的一些文物，属于"标准一"，即"代表人类创造天才的一种杰出作品"；"标准三"，即"为一种现存的或已消失的文化传统或文明提供独一无二的或至少是特别的见证"。通过研究，说明墓中出土文物，有秦文化、巴蜀文化、匈奴文化、南越文化、吴越文化、齐鲁文化、楚文化及海外文化的因素。我们可以负责任地说，西汉南越王墓是岭南文化特点之多元性、兼容性的历史见证。为人们全面地了解岭南文化、认识岭南文化提供了实例。

（二） 治学从目录学入手

这一点可以说是凡有学术成就的学者的经验之谈。我读大学时，学完基础课

之后，四、五年级（当时的本科学制为五年）分中国古代史、中国近现代史、世界史三个专门化，我选择中国古代史专门化。杨志玖先生为我们开设"中国土地制度史"和"元史"两门课。每门课发给学生两种材料，一是关于本门课的基本史料目录；二是本课程的前人研究论著目录。要求学生根据这些目录到图书馆找书看，并要求精读一二种基本史料。为什么要印发这两种材料呢？他解释说，这是让学生"了解行情"，即摸清前人研究的成果和学习搜集资料的方法。至今我研究问题，都是从这种方法入手，也是以这种方法指导学生。在两种版本的《南越国史》后面都附录《南越国史研究论著、论文资料索引》，这就给读者提供了基本行情。

一代史学宗师陈垣治学以目录学为门径，尤其他熟读张之洞的《书目答问》和纪昀的《四库全书总目》，对他一生的学问影响甚大，他在《谈谈我的一些读书经验》和《与历史系毕业生谈学习历史的门径》两文中都谈到了这一点。他教儿子陈乐素和陈约做学问，也要从目录学入手，而且强调精通目录学，"可以吓倒人"。

（三）搜集材料要"竭泽而渔"

所谓"竭泽而渔"，就是要详细地占有材料。我认为《南越国史》的撰写，就是"竭泽而渔"地占有材料，包括文献资料和考古资料。关于南越国的文献史料并不多，《史记》《汉书》的两粤传，加起来才几千字。要做南越国史研究，主要是靠考古材料。在这方面麦英豪、黎金夫妇做出了重要贡献。王国维在20世纪20年代，在清华研究院《古史新证》的讲义中，对当时学术界过分怀疑古书的思潮有所批评，并提出了以"地下的新材料"（主要指甲骨卜辞和金文）印证"纸上之材料"（指古书记载）的"二重证据法"。研究先秦秦汉史，一定要"竭泽而渔"地搜集考古资料。复旦大学历史地理研究所一位著名教授，对我说，南越国史只有几千字的记载，而你演绎成几十万字的书，真有本事。这当然是鼓励的话，但没有"二重证据法"，绝对写不出《南越国史》。

有学者运用"二重证据法"解决了秦拓南疆的将领之一屠睢问题。我们知道《淮南子》记载秦五路大军进攻岭南，其中最西一路的将领是屠睢，但《史记》《汉书》没有记载此人。所以屠睢其人扑朔迷离。近年来湖北荆州张家山247号汉墓出土竹简有秦始皇二十七年至二十八年（前220—前219）郡尉"徒唯"的记载，经考证，汉简中的"徒唯"就是史书记载的"屠睢"。这也是"二重证据法"解决岭南历史问题的一例。

（四）正确处理读书与找材料的关系

一定要认真阅读几本经典著作。我认为经典著作，可以分为三类：一是马克思主义经典著作；二是史学名著，如《史记》《汉书》《后汉书》《三国志》《资治通鉴》等；三是道德修养、修身养性的经典，如《论语》《孟子》等。做学问一定要有一个认真读书的阶段，即精读几部经典、名著。我对恩格斯的《家庭、私有制和国家的起源》《史记》《汉书》《论语》《孟子》《诗经》是下过一番功夫的。陈垣说："要专门读通一些书，这就是专精，也就是深入细致，'要求甚解'。经部如《论》《孟》，史部如《史》《汉》，子部如《庄》《荀》，集部如韩、柳，清代史学家的书如《日知录》《十驾斋养新录》等，必须有几部是自己全部过目经常翻阅的书。"蒙文通认为："做学问必选一典籍为基础而精熟之，然后再及其他。有此一精熟之典籍作基础，与无此一精熟之典籍作基础大不一样。无此精熟之典籍作基础，读书有如做工者之以劳力赚钱，其所得者究有限。有此精熟之典籍作基础，则如商者之有资本，乃以钱赚钱，其所得将无限也。"这一比喻非常贴切。做学问一定要精读几本经典、名著。

严耕望在《治史经验谈》中，讲治史"原则性的基本方法"中有一条"要看书，不要只抱个题目去翻材料"。他说，要专精的问题研究，最好一方面多看这些书，更重要的是就基本材料书从头到尾地看，尤其在初入门阶段。所谓基本材料书，最主要的是指专题研究所属时代的正史。因为正史比较包罗万象，什么东西都有，这是正史体裁的好处。研究某一个时代的某一个问题，总是要看这时期正史。问题是一般看正史的人总是以自己所要研究的题目为主，一目十行地去翻材料，甚至于只看某几个传，某一两篇志。这绝对不可以。看某一正史时，固然不妨先有个研究题目放在心中，但第一次看某部正史时则要从头到尾，从第一个字看到最后一个字，一方面寻觅研究题目的材料，随时摘录，一方面广泛注意题目以外的各种问题。只抱个题目找材料，很容易将重要的材料漏去，因为有的材料只有几个字，有的材料有隐藏性，匆忙中不易察觉到，至于其他问题，更就一无所得了。如若我读正史的方法，你所注意题目的重要材料很少有遗漏的可能，而且当你看过这部正史后，对于这一时代就有了一个概括性的认识，也可以说有个全盘了解、全盘观念，这种认识观念是你自发的，因此印象比较深刻，这对于以后的研究工作是十分重要的。

抱个题目找材料的方法，当你做完这个题目，其他的东西所得不多，久而久之，将会发现学问的潜力太薄弱，难以发展。照我这种读书法，将会使你的治学、潜力愈来愈强，似乎无往而不可。严耕望先生的经验之谈，我愿与同志们共勉，在自己的治史实践中一以贯之。

（五）从名人的名著中学习治史方法

多读名人传记，尤其是近现代名人传记。

（六）搜全材料再下笔

写史学论文最重要的是搜集材料，等到材料搜集基本完备才开始撰写，这样就可以一气呵成。切忌找到一点材料，有了一点意见，就着急捉笔。这样是写不好的。我一般是有了材料，胸有成竹，就一气写成。以后慢慢修改。

我不敢说我的藏书很多。但我可以负责任地说：凡是我发表过的专题论文，我一定藏有这个专题相关的比较全面的资料。当我研究某个专题的时候，都环绕这个专题去读书、买书。我的藏书就有这个特点。写文章文字要严谨简洁明了，深入浅出，以理服人。陈垣说："发表文章，最低要求应当：（1）理要讲清楚，使人心里服；（2）话要讲明白，使看得懂；（3）闲话不说，或者少说。"我再加上一条，不要枝蔓太多，让人摸不着头脑。有的人的文章，洋不洋，土不土，引用一些连他自己也不懂的新名词、新概念，也不做解释，让人看了一头雾水。

现在对"南越国史"的研究，还有很大空间，大家要努力，把对它的研究推向更深更广的阶段。例如：

（1）全国已发掘几十座诸侯王墓，要把他们进行比较研究，现在把徐州大型诸侯王墓的材料运来广州展览，这就很好。

（2）"多元文化"问题，我们只做了南越王墓，其实宫署遗址的材料，也可以写一本书。

（3）对出土文物的解读，现在的工作做得远远不够。南越国遗址出土的材料，是一座巨大的宝库，可以发掘的东西很多，希望诸君多努力。

今天就谈到这里。完全是漫谈性质，谈得不对的地方，请同志们指正。

2016 年 5 月 20 日在南越王博物馆讲座整理稿。

后　记

　　这本文集能够完成编辑并能出版，有几句感谢的话是必须说的。文集收入的几篇20世纪80年代发表的文字，我已很难找到。发表时曾记录了题目，也曾保存了发表该文的报刊。但是时过境迁，几次搬家，现在我的书籍又分几处庋藏，我现在年老体弱无能力去寻觅它们。我把题目交给陈莉，她是我指导的博士研究生，现是中山大学图书馆古籍部副研究馆员，她在繁忙工作之余，为我一一找出，并请人录入电脑。没有她的帮助，这几篇文字，恐怕很难与读者见面了。另外，我在研究过程中需要找的书，她也是有求必应，都能及时为我借出，为我提供很多方便。首先要感谢陈莉。

　　内子黄曼宜，几十年共同生活，同甘共苦，相濡以沫，举案齐眉，相敬如宾。她除了包揽一切家务，还为我处理许多文字工作。她大学本科学的是数学，在中学教书几十年，是中学数学高级教师。退休后，在广州市老年大学学习摄影、电脑、视频制作。笨拙的我至今不会用电脑打字，我的文稿都由她录入电脑。为了编这本文集，她吃了不少苦头。电脑没有的古字，她自己制作，文章中一些表格，有时借助数学有关符号或公式，能快速进行编制，一切如年轻人一样运用自如，除了佩服和感谢之外，亦令我汗颜。最近几个月，我身体不适，几次住院检查疗理，白天她在医院照顾我，晚上回家，还为我的文集操劳。书稿清样出来之后，还参加了核对工作。没有她的帮助，我这本文集，恐怕会变成"烂尾楼"。所以，我要十分感谢她。

　　中大出版社社长王天琪和副总编辑嵇春霞，对出版此书尽了很大的努力。2018年12月20日，在《李锦全文集》（10卷本）首发式上，我与王社长谈起我想编辑一本新的论文集，中大出版社能否支持。他十分热情，表示欢迎。他因要出差，嘱嵇副总编辑与我联系。随后嵇总到我家来谈编辑的体例和要求。我即开始进行编辑。其间因为我二次住院治疗，工作断断续续进行，直至2019年6月上旬才把文集的电子版交嵇总。对王社长、嵇总编辑表示衷心感谢。责任编辑王延红老师看了我的书稿之后，提出三点修改意见：一是有两篇文章分别有长、短两文，且两文有重复之处，建议只收入其中一篇（因长的那篇2016年出了单行本，版权仍在另一家出版社，故收入短的那篇。既可窥长篇之概貌，又以序的形式再现了历史人物的光辉形象）；二是原来文稿附有的图片，不要删去，使书稿图文并茂；三是补充一篇学术年谱，使读者了解作者几十年学术生涯的历程。这三点意见，使我茅塞顿开，按此意见进行调整、修改、补充，修改调整后的书稿，比原稿更加完善，我很满意。王老师当编辑多年，思路开阔，思维敏锐，见多识广，编辑过多种好书、精品。她任本书的责任编辑，严谨认真，细心负责，使本书增色不少，十分感谢她。

另外，有两篇论文是分别与高荣、贺红卫合作的（在文后做了说明），征得他们的同意，亦收入本文集，在此谨表谢意。

张荣芳

2019 年 8 月

增订本后记

《中国古代史与岭南文化丛稿》原为中山大学出版社于 2019 年 12 月出版，现作了增订，收入《张荣芳文集》第三卷。增订本对原著作了以下增删。

一、原著的"论文·文章"部分，增加了：①《清末民初广东廉江的一颗璀璨明珠——江瑔》一文。此为广东人民出版社于 2016 年出版的小册子《江瑔》（岭南文化知识书系的一种）；②《在"南越国宫署遗址保护和建馆问题听取意见会议"上的发言》，此文发表在《广州文博》第十四辑，文物出版社 2022 版。

二、原著的"序·评"部分，删去《清末民初广东廉江的一颗璀璨明珠——〈江瑔著作汇编〉序》一文。

增加了：①《一部真实有立体感的〈史记〉普及读物——读陈绍棣主编〈地图上的史记〉后》，发表于《中国史研究动态》2020 年第 5 期；②《〈南海神庙志〉序》，发表于陈泽泓总纂《南海神庙志》，广东人民出版社 2021 年版；③《让校园文化在立德教育中发挥作用——〈印象·中大红楼剪影〉序》，发表于李庆双、刘姝贤主编《印象·中大红楼剪影》，中山大学出版社 2021 年版；④《风清气正　德泽后人——〈陈瑸家书〉读后》，发表于广东省人民政府文史馆编（陈海烈主编）《穿越时空说清官——陈瑸及其著作评论选》，广东人民出版社 2021 年版。

三、原著的纪念师友部分，增加了：①《深切怀念巩绍英、刘泽华两位先师》（2021 年 6 月 16 日）；②《为学严于律己，修身宽以待人——我所理解的林甘泉马克思主义史学的品格》（马克思主义史学研究理论与方法座谈会论文）；③《历史学的学术境界——重读蔡鸿生先生〈学境〉后》，发表于《纪念蔡鸿生先生九十华诞论文集》，广东人民出版社 2022 年版。

四、原著的附录部分，《张荣芳学术简谱——已发表文稿目录编年》一文，增加了 2020—2022 年的文章目录，拟移到本文集第九卷末。

五、增加了"增订本后记"。

张荣芳

2022 年 5 月 3 日